Australien Outback

Roland Dusik

Inhalt

Ein heißes Stück Unendlichkeit

Annäherung an das Outback	10
Tipp Highlights einer Outback-Reise	13
Landeskunde im Schnelldurchgang Australien	14
Regenwald und rote Wüste Geografie des Outback	17
Thema Australische Umweltsünden Raubbau an der Natur	18
Zwischen Dürre und Flut Klima des Outback	22
Biologische Kuriositäten Pflanzen- und Tierwelt des Outback	24
Thema Vorsicht, aber keine Panik Tierische Quälgeister	26
Thema Gefährliche Importe	31
Von der Strafkolonie zur Nation Streiflichter der Geschichte	38
Thema Abenteurer und ›Entdecker‹ Die Erforschung des Outback	40
Daten zur Geschichte	48
Das Outback heute	51
Thema Fliegende Retter im Outback Der Royal Flying Doctor Service	56

Aborigines
Die ersten Australier 60

| Tipp | Ein Blick in die Vorzeit Unterwegs mit Aborigines | 64 |
| Thema | Die letzten Spuren Felszeichnungen der Ureinwohner | 68 |

Die Wüste bebt
Outback-Feste 71

| Tipp | Kleiner Outback-Knigge Verhaltensregeln im Busch | 74 |

Bush tucker
Das Outback kulinarisch 76

Reisen im Outback

Outback-Routen im Süden

Outback für Einsteiger
Flinders Ranges 84
    Von Adelaide nach Hawker 84
| Tipp | City-Porträts Adelaide und Perth | 86 |
    Im Herzen der Flinders Ranges 91
    In die Bergwelt der Gammon Ranges 92

Auf den Spuren der Ghans
Oodnadatta Track 95
    Von Marree zum Lake Eyre 95
| Tipp | Luxuszüge durch das Outback Der Indian Pacific und The Ghan | 98 |
    Australiens größter Salzsee 100
    Alte Bahnhöfe und heiße Quellen 101
    Nach William Creek und Oodnadatta 102

Der Pfad der Drovers und Overlanders
Birdsville Track 105

    Verlassene Farmen im Nirgendwo 107

    Nach Birdsville 110

Outback extrem
Simpson Desert 112

    Tipp   Überleben im Outback
              Reisen abseits der Zivilisation 114

    Durch die Wüste 117

Auf der Fährte von Forschern und Viehdieben
Strzelecki Track 120

    Von Lyndhurst nach Innamincka 120

    Nach New South Wales 126

    Broken Hill und das Oasis Country 128

Outback-Routen im Zentrum

Auf der Touristenpiste ins ›Rote Herz‹
Stuart Highway – erster Teil 132

    Von Port Augusta nach Coober Pedy 132

    Coober Pedy 134

    Thema   Bei Maulwürfen und Millionären
                Schatzsuche in der Opal-Metropole 136

    Nach Alice Springs 139

    Alice Springs 140

    Tipp   Outdoors im Outback
              Besondere Abenteuertouren 142

Highlights in Zentral-Australien
Das ›Rote Herz‹ 147

    Von Alice Springs ins Palm Valley 147

    Das Palm Valley 154

    Der Kings Canyon 156

Uluru und Kata Tjuta	158
Thema Lasseters Traum Australiens berühmtester Goldsucher	160
Durch den Finke Gorge National Park	162

Schluchten und Geisterstädte
Von Alice Springs
in die Eastern MacDonnells 166

Ein starkes Stück Outback
Simpson Desert Loop 169

Outback-Routen im Norden

Vom Wüstenherz zum Tropenstrand
Stuart Highway – zweiter Teil 178

Von Alice Springs nach Mataranka	178
Abstecher zur Gove Peninsula	183
Ausflug zur Katherine Gorge	184
Darwin	187

Kakadu National Park
und Litchfield National Park 190

Outback-Routen im Westen

Asphaltband durch die Einsamkeit
Eyre Highway 200

Von Port Augusta nach Ceduna	200
Durch die Nullarbor Plain	202
Ins Goldgräberland	206
Thema Wohnzimmer der Bushies Outback-Pubs	208

Auf dem ›Kanonenrohr‹ nach West-Australien
Gunbarrel Highway   210

    Von Yulara nach Wiluna   210

    Goldfelder und Geisterstädte   218

Felsheiligtum im Nirgendwo
Abstecher zum Mount Augustus   219

Karijini National Park und
Millstream-Chichester National Park   223

    Durch das Land der Canyons   227

    An die Küste   230

Im Land der Canyons und Kavernen
Durch die Kimberleys   232

    Von Broome nach Derby   232

    Die Gibb River Road   237

    Thema   Brahman-Bullen und Shorthorn-Rinder Viehzucht im Outback   240

    Zum Mitchell Plateau   244

    In die östlichen Kimberleys   246

    In den Bungle Bungle National Park   248

Outback-Pfad durch ›grüne‹ Wüste
Tanami Road   250

    Von Halls Creek nach Billiluna   250

    Die Canning Stock Route   252

Outback-Routen im Osten

Im Land der weiten Horizonte
Plenty Highway und Sandover Highway   258

    Von Alice Springs nach Mount Isa   258

    Thema   Diesel im Blut Mit dem Road Train durch das Outback   260

Mount Isa – die größte Stadt der Welt	264
Auf dem Sandover Highway nach Alice Springs	265

Durch das Never Never Land
Gulf-Savannah Track — 267

Von Mataranka nach Burketown	267
Tipp Als Cowboy in Australien Urlaub auf einer Cattle Station	272
Zum Lawn Hill National Park	273
Durch das Küsten-Outback	274
Zur Ostküste	276

Zwischen Regenwald und Palmenstrand
Von Cairns nach Cooktown — 277

Cape Tribulation	280
Nach Cooktown	280
Cooktown	281

Zum nördlichsten Punkt des Kontinents
Cape York Track — 282

Von Cooktown nach Laura	282
Zu den Felsgalerien bei Laura	285
Tipp Aborigine-Kultur live Das Cape York Aboriginal Dance Festival	286
Abstecher an die Westküste	287
Der raue Weg nach Norden	289

1500 km durch die australische Geschichte
Matilda Highway — 295

Von Karumba nach Blackall	295
Thema Waltzing Matilda Australiens inoffizielle Nationalhymne	298
Zur Carnarvon Gorge	302

Serviceteil

Tipps und Adressen von Ort zu Ort	309
Reiseinformationen von A bis Z	360
Abbildungsnachweis	391
Register	392

Verzeichnis der Karten und Pläne

Flinders Ranges	85
Adelaide	86
Perth	88
Oodnadatta Track	96
Birdsville Track	106
Simpson Desert	113
Strzelecki Track	121
Stuart Highway erster Teil	132/33
Alice Springs	141
Das Rote Herz	148/49
Von Alice Springs in die Eastern MacDonnells	166
Simpson Desert Loop	170
Stuart Highway zweiter Teil	178/79
Darwin	188
Kakadu National Park und Litchfield National Park	190
Eyre Highway	202/03
Gunbarrel Highway	212/13
Abstecher zum Mount Augustus	219
Karijini und Millstream-Chichester N.P.	224/25
Durch die Kimberleys	234/35
Tanami Road	251
Plenty Highway und Sandover Highway	262
Gulf-Savannah Track	268/69
Von Cairns nach Cooktown	277
Cairns	278
Cape York Track	283
Matilda Highway	296

Ein heißes Stück Unendlichkeit

Annäherung an das Outback

Nur wenige Kilometer abseits vom Stuart Highway, der sich als endloses Asphaltband von Nord nach Süd durch den Fünften Kontinent zieht, gerät die Fahrt zu einem staubigen Abenteuer. Immer rauer wird die Piste, über die der Wind verdorrte Büschel von Spinifex-Gras treibt. Meterhoch weht eine rotbraune Staubwolke wie ein Schleier hinter dem Geländewagen-Camper her, dessen ursprüngliche Farbe unter einer dicken Schmutzschicht bald nicht mehr zu erkennen ist. Der Staub dringt durch alle Ritzen ins Wageninnere, senkt sich auf den Tisch und die Sitzbänke, die nachts zum Doppelbett zusammengeklappt werden. Staub überzieht den Kühlschrank, die Spüle, den Kocher, die Kleidung im Schrank, die Bierdosen in den Stauräumen.

Dort, wo sich der Wagen durch tiefe Schlaglöcher voller Staub wühlt, gibt es nach einem der seltenen, aber heftigen Regenfälle vor lauter Schlamm kein Fortkommen mehr. Die Warnschilder mit der Aufschrift ›Floodway‹ vor trockenen Flussbetten erscheinen in den niederschlagsarmen Monaten zwar fehl am Platze, aber das Treibgut in den Kronen knorriger Eukalypten erinnert an die reißenden Ströme, die während der Regenzeit sämtliche Verkehrswege der Region unpassierbar machen.

Die schroffe Geröllwüste leuchtet in allen Pastelltönen, von Rostrot über Ocker bis Dunkelbraun, wie von einem Impressionisten getupft. Nichts außer karger Vegetation und kahlen Bergrücken am fernen Horizont bietet dem Auge Halt. Kein Gegenverkehr lenkt von der Einsamkeit ab. Fast jeder, der zum ersten Mal abseits der großen Highways im Innern Australiens reist, erlebt das gleiche Staunen beim Anblick der vor Hitze flirrenden Halbwüsten und Savannen.

»A lot of nothing« nennen die Australier die für Europäer ebenso faszinierende wie beklemmende Weite dieses heißen Stücks Unendlichkeit. Unsägliche Strapazen mussten die Pioniere erdulden, als sie dieses Land erschlossen.

Zufahrt zum Bungle Bungle National Park

Heute genießt man im allradgetriebenen, klimatisierten Geländewagen die Annehmlichkeiten unserer Zeit und kann doch eine der urwüchsigsten Naturlandschaften der Welt entdecken.

Nur der schmale Küstengürtel im Osten, Südosten und Südwesten, wo sich 85 % der Australier drängen, ist fruchtbar. Dahinter liegen mehr als 6 Mio. km² steinübersätes Ödland und verdorrte Spinifex-Savannen, ausgetrocknete Flussläufe und verkrustete Salzseen, verwitterte Gebirgszüge und karges Weideland. All dies bezeichnet man als das Outback – als das Hinterland jenseits der Zivilisation.

Die riesige Region, die mitteleuropäische Dimensionen sprengt, hat keine genau definierten Grenzen. Fragt man einen Australier, nach dem Outback, so kann es passieren, dass er mit einer weit ausladenden Handbewegung landeinwärts deutet. Das Outback beginnt dort, wo die Bevölkerungsdichte so gering wird, dass man sie nicht mehr mit Einwohnern je Quadratkilometer, sondern mit Quadratkilometern je Einwohner angibt, wo außerhalb der wenigen Städte und kleinen Siedlungen fast keine Menschen leben. Und das trifft auf mehr als drei Viertel des australischen Kontinents zu.

Outback, das heißt jedoch nicht nur Steppe oder Wüste, zum Outback gehören auch die Feuchtgebiete und Regenwälder des tropischen Nordens und menschenleere Küstenregionen wie etwa am Rande der Nullarbor-Ebene zwischen South Australia und Western Australia.

Über diesen Teil Australiens sind Touristen lange Zeit meist hinweggeflogen, vom Zwischenstopp in Singapur direkt nach Sydney oder Melbourne. Ausflüge ins Binnenland beschränkten sich auf Naturattraktionen wie den Ayers Rock, der in der Sprache der Aborigines Uluru heißt. Aber seit einigen Jahren ›verirren‹ sich immer mehr Australien-Besucher in dieses riesige Gebiet, wo die Landschaften ineinander verschmelzen. Während es bis vor gar nicht allzu langer Zeit beschwerlich war, in Outback-Regionen zu reisen, können heute aufgrund verbesserter Verkehrswege und häufigerer Versorgungsmöglichkeiten auch Australien-Neulinge nach entsprechender Vorbereitung das Outback erkunden.

Manche halten das Outback für das ›wahre‹ Australien, wo Raum und Zeit eine andere Dimension haben, wo der Himmel grenzenlos ist und schnurgerade Straßen den Horizont kreuzen, wo Strapazen noch als Abenteuer gelten, wo man noch etwas vom Pioniergeist des frühen Australiens verspürt. Outback bedeutet aber auch Staub, Hitze, zermürbende Pisten und allgegenwärtige Fliegen. Also nichts, dem sich ein ›normaler‹ Mensch freiwillig über längere Zeit aussetzen würde. Scheint es also nicht doch ein wenig verrückt, ein solches Gebiet als Ziel einer Reise zu wählen?

Gerade die Weiträumigkeit und die Stille des Outback üben auf Neulinge wie auch ›Wiederholungstäter‹ eine ungeheure Anziehung aus. Sie suchen die karge Schönheit schroffer Gebirgszüge, die Weite der Savannen, die Leere der Wüsten, die Unermesslichkeit einer ungezähmten Natur. Sie sind begeistert von der Reinheit der Luft und der Klarheit des Lichts. Sie schwärmen von der Herzlichkeit der Bewohner. Sie bewundern die eigentümliche Tier- und Pflanzenwelt des Outback.

In Australien kann man stundenlang fahren, ohne einem Auto zu begegnen. Stunden- oder auch tagelang. Und das selbst auf durchaus passablen, wenn auch sandigen oder schottrigen Pisten. Allein das ist schon ein Erlebnis für Besucher aus dem dicht besiedelten Mitteleuropa. Da im Outback oft kontinentale Entfernungen zwischen einzelnen Naturattraktionen zu überbrücken sind, erhält das Reisen dort eine andere Dimension. Man fährt nicht, um anzukommen, man fährt, um unterwegs zu sein.

Viele Touristen suchen nicht allein die Highlights, sondern auch das Unspektakuläre, das dazwischen liegt. Etwa das Übernachten in der Wildnis beim Prasseln des Lagerfeuers. Wer nicht zumindest einmal im Busch-Camper oder Zelt fernab jeder menschlichen Siedlung, unter funkelndem Sternenhimmel übernachtet hat, hat das Outback nicht wirklich kennen gelernt. Viele lässt bereits nach der ersten Nacht in dem ›Fünf-Millionen-Sterne-Hotel‹ das ›Wüstenfieber‹ nicht mehr los. Und wer davon gepackt ist, passt sich auch dem gemächlichen Lebensrhythmus des Outback an und lässt sich bei einer Reise nicht unter Zeitdruck setzen. Wahre Outback-Fans fahren lieber einen Track weniger, dafür andere mit mehr Genuss. »Du kannst hier ein halbes Leben lang reisen und hast dann doch nur die Hälfte gesehen«, sagt ein Aussie, der fast jeden Winkel im Outback kennt, und fügt hinzu »bloody big country«.

Highlights einer Outback-Reise

- Der Flinders Ranges National Park, ein Wüstengebirge mit einem natürlichen ›Amphitheater‹ (s. S. 91)
- In Coober Pedy, wo die Menschen unter der Erde leben, nach Opalen suchen (s. S. 134f.)
- Der Sonnenuntergang beim Ayers Rock und eine Wanderung zum Valley of the Winds im Massiv der Olgas im Uluru-Kata Tjuta National Park (s. S. 162)
- Das Panorama des Kings Canyon im Watarrka National Park (s. S. 156f.)
- In den Schluchten und Klammen der MacDonnell Ranges östlich und westlich von Alice Springs Felsen-Wallabies beobachten und sich in kühlen Pools erfrischen (s. S. 167)
- Eine Aboriginal Cultural Tour und ein Abendessen mit Kängurusteak und Country Music im Outback-Lokal Bojangles in Alice Springs (s. S. 311)
- Ein Bad im Thermalpool von Mataranka (s. S. 183)
- Die Erkundung der Katherine Gorge im Nitmiluk National Park per Kanu (s. S. 184f.)
- Im Kakadu National Park bei einer Bootstour Krokodile beobachten und bei einer Wanderung alte Felsmalereien der Aborigines bewundern (s. S. 190ff.)
- Ein Bad in einem Felsenpool im Karijini National Park (s. S. 223ff.)
- Eine Fahrt auf rauer Piste durch das Hochplateau der Kimberleys mit Schluchten und Wasserfällen sowie durch den Purnululu (Bungle Bungle) National Park mit Sandsteinkuppeln (s. S. 248ff.)
- Erkundung des Cape Tribulation National Park, wo sich tropischer Regenwald und Great Barrier Reef treffen (s. S. 280ff.)
- Besuch der Stockman's Hall of Fame in Longreach, der Ruhmeshalle der Outback-Pioniere (s. S. 300)
- Eine Aufführung von Aborigine-Tänzen bei einem Kulturfest der Ureinwohner, z.B. dem Cape York Aboriginal Dance Festival in Laura (s. S. 376)
- Der Besuch einer Bodenstation des Royal Flying Doctor Service und eine Stunde Funkunterricht live in einer School of the Air
- Ein Outback-Fest mit Pferderennen und Rodeo (s. S. 375ff.)
- Auf ein paar Bierchen und ein wenig Small Talk mit Einheimischen in das Barrow Creek Hotel (s. S. 315) den Daly Waters Pub (s. S. 328), das Blue Heeler Hotel (s. S. 330) oder einen anderen Outback-Pub
- Auf einer Rinderfarm mit *stockmen* am Lagerfeuer »Waltzing Matilda« singen (vgl. S. 298)
- Eine Nacht im Busch-Camper oder im Zelt unter funkelndem Sternenhimmel
- Auf einer von Aborigines geführten Wanderung Einblicke in die Lebensweise der australischen Ureinwohner gewinnen
- Zwischen Mai und Oktober an der Nullarbor-Küste Buckelwale beobachten (s. S. 203f.)

Landeskunde im Schnelldurchgang
Australien

Fläche: 7 682 300 km², davon gehören etwa 6 Mio km² zum Outback
Einwohner: 18,5 Mio.
Hauptstadt: Canberra
Amtssprache: Englisch
Währung: Australischer Dollar (A-$)
Zeit: Eastern Standard Time (MEZ plus neun Std., Central Standard Time (MEZ plus achteinhalb Std.), Western Standard Time (MEZ plus sieben Std.)

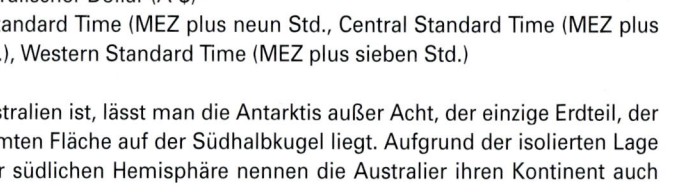

Geografie: Australien ist, lässt man die Antarktis außer Acht, der einzige Erdteil, der mit seiner gesamten Fläche auf der Südhalbkugel liegt. Aufgrund der isolierten Lage tief unten in der südlichen Hemisphäre nennen die Australier ihren Kontinent auch Down Under – da unten. Die größte Nord-Süd-Ausdehnung beträgt (ohne Tasmanien) 3200 km, die größte Ost-West-Erstreckung 4000 km. Etwa so groß wie die USA ohne Alaska, belegt Australien flächenmäßig unter allen Ländern den sechsten Rang.

Australien zeigt landschaftlich eine einfache Gliederung: Knapp zwei Drittel der Fläche nimmt das west-australische Tafelland ein, das überwiegend aus Sand- und Steinwüsten, Savannen und verwitterten Gebirgszügen besteht. An der Pazifikküste erstreckt sich über mehr als 3000 km die Great Dividing Range. Zwischen diesen beiden Großregionen breitet sich die zentral-australische Senke aus, unter deren Oberfläche das Große Artesische Becken liegt, ein gigantischer Grundwasserspeicher.

Geschichte: Ab etwa 50 000 v. Chr. kamen die Aborigines über eine Landbrücke aus Südostasien nach Australien und lebten dort bis ins 17. Jh. fast ohne Kontakt zur Außenwelt. Am 28. 4. 1770 landete der englische Kapitän James Cook in der Botany Bay südlich des heutigen Sydney und reklamierte den von ihm entdeckten östlichen Teil des Kontinents für die Britische Krone.

Unter dem Kommando von Captain Arthur Phillip erreichte am 18. 1. 1788 die ›Erste Flotte‹ mit rund 1000 Siedlern, überwiegend Strafdeportierten, die Botany Bay, die sich jedoch als ungeeignet für eine Besiedlung erwies. In Port Jackson, einer nördlich gelegenen Bucht, fand Phillip eine viel versprechende Alternative und gründete dort die erste englische Kolonie auf dem Fünften Kontinent, aus der das spätere Sydney entstand. Am 26. 1. 1788 ließ Phillip am Port Jackson den britischen Union Jack hissen und enteignete mit diesem formellen Akt die Ureinwohner, deren damalige Zahl auf 500 000 bis 1 Mio. geschätzt wird.

In den Anfangsjahren litten die Bewohner der Strafkolonie wiederholt unter schweren Hungersnöten. Erst als es 1813 einer Expedition gelang, einen Weg durch die zerklüftete, bis dahin als unpassierbar geltende Bergbarriere der Blue Mountains zu finden und dadurch fruchtbares Weideland an der Westflanke des Gebirges erschlossen werden konnte, besserte sich die Lage. In der Folgezeit drangen britische Forscher ins unbekannte Binnenland vor. Ihren Spuren folgten bald Schaf- und Viehzüchter.

1840 stellte Großbritannien die Sträflingstransporte nach New South Wales ein. Zu einem Zustrom freier Siedler kam es, als Mitte des 19. Jh. Gold entdeckt wurde. Der Goldrausch gab der australischen Wirtschaft kräftige Impulse und hatte auch politische Auswirkungen, als es in Ballarat (Victoria) 1854 zur Eureka Stockade kam, einer Rebellion von Goldgräbern gegen staatliche Willkür, die trotz ihres Scheiterns den Beginn demokratischer Verhältnisse markierte.

Am 1. 1. 1901 wurde in Sydney das Commonwealth of Australia proklamiert, der Zusammenschluss der sechs australischen Kolonien zu einer unabhängigen Nation. Wegen der Rivalität zwischen Melbourne, das vorübergehend als Hauptstadt fungierte, und Sydney bestimmte man das noch zu bauende Canberra zur Hauptstadt von Australien.

Im Ersten Weltkrieg gründeten Australien und Neuseeland zur Unterstützung des britischen Mutterlands das Australia and New Zealand Army Corps (ANZAC) und schickten eine halbe Million Soldaten auf die europäischen Schlachtfelder. Im Zweiten Weltkrieg war Australien von Kampfhandlungen betroffen, als japanische Flugzeuge Darwin und andere Hafenstädte im Norden bombardierten.

Unter dem Motto »populate or perish« begann in den Nachkriegsjahren ein Einwanderungsprogramm, in dessen Rahmen Millionen vorwiegend europäischer Immigranten ins Land strömten. Geprägt waren die Jahre nach 1945 durch die Abnabelung vom Mutterland Großbritannien und die gleichzeitige Annäherung an die USA. Zu einem wirtschaftlichen Aufschwung führte in den 50er und 60er Jahren des 20. Jh. die Entdeckung und Ausbeutung von Bodenschätzen. Nach Rezessionen Anfang der 70er und während der 80er Jahre des 20. Jh. gab Australien seinem Außenhandel eine neue Richtung und versuchte in Asien Märkte zu erschließen.

Staat und Politik: Das Commonwealth of Australia, so die offizielle Bezeichnung des Landes, ist eine parlamentarisch-demokratische Monarchie und autonomes Mitglied im britischen Commonwealth of Nations. Nominelles Staatsoberhaupt ist die britische Queen, die auch den Titel einer australischen Königin führt und auf dem Fünften Kontinent durch einen von ihr bestellten Generalgouverneur vertreten wird. Die Legislative liegt beim australischen Bundesparlament (Federal Parliament) mit Sitz in Canberra, das aus Repräsentantenhaus und Senat besteht. Die einzelnen Gliedstaaten der Föderation besitzen eigene Verfassungen sowie unabhängige Staatsparlamente, die für ihre Gebiete weitgehend die gleichen legislativen Befugnisse haben wie die Bundesregierung für das gesamte Land.

Wirtschaft: Australien ist ein an landwirtschaftlichen und mineralischen Rohstoffen reiches Land. Die wichtigsten Säulen der Wirtschaft sind Bergbau und Landwirtschaft. Die verarbeitende Industrie gilt in manchen Bereichen als international nicht wettbewerbsfähig. Zu den bedeutendsten Devisenbringern zählen Wolle, Weizen, Rind- und Schaffleisch, Zucker, Steinkohle, Eisenerz und Bauxit. Wichtigste Handelspartner sind Japan, die USA, die Länder der europäischen Union, Neuseeland und Süd-Korea.

Bevölkerung: Fast drei Viertel der 18,5 Mio. Australier wohnen in den zehn größten Städten des Landes, die an der Küste liegen. Im riesigen Outback leben nur etwa 350 000 Menschen, davon etwa ein Drittel in den Städten Darwin, Alice Springs und

Kalgoorlie. Rund 75 % der Australier sind britischer Abstammung. Etwa 20 % stammen ursprünglich aus anderen europäischen Ländern (vor allem Italien, Jugoslawien, Griechenland und Deutschland) sowie 3,5 % aus asiatischen und afrikanischen Staaten. Der Anteil der australischen Ureinwohner beträgt heute knapp 1,5 %.

Religion: Die wichtigsten christlichen Glaubensgemeinschaften, zu denen sich über zwei Drittel der Australier bekennen, sind die römisch-katholische, die anglikanische, die unitarische, die presbyterianische und die griechisch-orthodoxe Kirche. Religiöse Minderheiten bilden Muslime, Buddhisten und Juden. Über 10 % der Australier bezeichnen sich als konfessionsfrei. Zahlreiche Ureinwohner sind in den vergangenen Jahren zu ihrer alten Naturreligion zurückgekehrt.

Klima und Reisezeit: Aufgrund der Ausdehnung und der unterschiedlichen Naturräume herrscht in Australien kein einheitliches Großklima. Als Faustregel für die beste Reisezeit gilt – September bis April im Süden, Mai bis Oktober im Norden und im Landesinnern. Da im Südsommer in Zentral-Australien die Quecksilbersäule oft auf über 40° Celsius im Schatten klettert, reist es sich im ›Roten Herz‹ am angenehmsten in den südlichen Wintermonaten. Dies ist auch die Zeit, wenn im tropischen Norden die praktisch niederschlagsfreie *dry season* herrscht. Eine günstige Zeit für das Landesinnere und den Norden ist zudem das späte Frühjahr, also Mitte April bis Ende Mai. Während hitzeresistente Besucher zwischen November/Dezember und Februar/März notfalls auch im sengend heißen Binnenland reisen können, streicht man den tropischen Norden in diesen Monaten besser aus seinen Plänen, weil dann heftige Wolkenbrüche alle Outback-Pisten unpassierbar machen.

Schaufenster in die Erdgeschichte – die Hamersley Gorge im Karijini National Park

Regenwald und rote Wüste
Geografie des Outback

Auf der Suche nach dem sagenhaften riesigen Binnenmeer, das sie im Herzen des Kontinents vermuteten und das üppige Weidegründe versprochen hätte, überquerten zu Beginn des 19. Jh. Forschungsreisende die Great Dividing Range, die Gebirgskette an der australischen Pazifikküste. Doch die Entdecker kamen um etliche erdgeschichtliche Epochen zu spät. Ausgedehnte Tieflandgebiete, wo heute nur noch Salzseen in der gleißenden Sonne schimmern, waren vor rund 50 bis 100 Mio. Jahren überflutet.

Zu jener Zeit begann sich die Landscholle, aus der einmal Australien werden sollte, von Gondwanaland zu trennen. Dieser nach der indischen Landschaft Gond benannte Urkontinent war vor etwa 200 Mio. Jahren entstanden, als die ursprünglich zusammenhängende, Pangäa genannte Landmasse der Erde in zwei ›Superkontinente‹ zerbrach: Laurasia in der nördlichen Hemisphäre und Gondwana im Süden. 100 Mio. Jahre später zerteilte sich Gondwanaland allmählich in Afrika und Indien sowie in eine riesige Landscholle, aus der im Laufe von Jahrmillionen die Antarktis, Australien und Süd-Amerika entstanden. Vor 60 Mio. Jahren begann Australien als nun isolierte Landmasse seine Norddrift, bis es mit der pazifischen und eurasischen Erdkrustenplatte kollidierte. Vom Fortgang dieses Prozesses zeugen ein andauernder Vulkanismus und häufige Erdbeben im Bereich des indonesischen Archipels.

Vor gut 2 Mio. Jahren setzte ein dramatischer Klimawechsel ein, der Zentral-Australien zu dem werden ließ, was es heute ist – eine der trockensten Regionen der Erde. Die Temperaturen in den Meeresgebieten rings um den Inselkontinent fielen dramatisch und über der Antarktis begann sich eine Eiskappe zu bilden. Mit der Abkühlung der Atmosphäre wurden die Winde über Australien heftiger, was wiederum eine stärkere Verdunstung bewirkte. Die Flusssysteme, die das Wasser des östlichen Berglands abführten und das Binnenmeer speisten, trockneten aus. Große Seen verwandelten sich in öde Salzpfannen, üppiges Grasland in karge Spinifex-Savannen und steinübersäte Halbwüsten. Während dieses geologischen Zeitabschnitts entstanden auch die riesigen, von spärlicher Vegetation bedeckten Dünenfelder und endlosen roten Wüsten von Zentral-Australien.

Seine zumindest vorläufig endgültige Gestalt erhielt Australien am Ende der letzten Eiszeit vor gut 10 000 Jahren. Als die Eismassen an den Polen abschmolzen, begann der Meeresspiegel wieder zu steigen und die Landbrücken, die Australien mit Neuguinea und Tasmanien verbanden, versanken unter den Wassern der Torres- bzw. Bass-Straße.

Entwicklungsgeschichtlich zählt Australien zu den ältesten Landmassen der Erde. Die frühesten Felsformationen des Kontinents, die sich vorwiegend im Westen befinden, sind vor 3,5 bis 4 Milliarden Jahren entstanden. Das ehrwürdige Alter sieht man dem Kontinent auf den ersten Blick an: Es gibt keine hohen Berge. Rund drei Viertel des Erdteils bestehen aus einem weiten Flachland, dessen Oberfläche abgeschliffene Gesteinsformationen prägen.

Australische Umweltsünden
Raubbau an der Natur

Während der Jahrmillionen, in denen das prähistorische Australien nach seiner Abspaltung vom Urkontinent Gondwana von der übrigen Welt abgeschnitten war, entwickelte sich auf der isolierten ›Insel‹ eine Flora und Fauna, die keinerlei Entsprechung in anderen Teilen des Globus hat. Erst der Mensch, der vor gut 50 000 Jahren Australien zu besiedeln begann, brachte das Gleichgewicht der Natur ins Schwanken. Einen verheerenden Einfluss auf die Tier- und Pflanzenwelt hatte die europäische Besiedlung des Fünften Kontinents. Zwar haben auch die Ureinwohner durch Jagd und Abbrennen von Buschland Umweltveränderungen bewirkt, doch waren diese Beeinträchtigungen nichts im Vergleich zu den Schäden, die durch eine expansive Landwirtschaft und Viehzucht sowie die Einführung fremder Tierarten verursacht wurden.

Für die ersten europäischen Siedler bedeutete Boden Besitz, Anbauflächen für Getreide, Weiden für die Tiere. Da man in dichten Wäldern weder Ackerbau noch Viehzucht betreiben kann, wurden sie gerodet. Weil die Kängurus Schafen und Rindern das Gras wegfraßen, schoss man sie zu Millionen ab.

Heute wächst das Umweltbewusstsein, doch viele Fehler lassen sich nicht mehr rückgängig machen. So sind in den letzten 200 Jahren zwei Drittel der ursprünglichen Eukalyptuswälder und drei Viertel der Regenwälder verschwunden. Rund 10 % der einst mehr als 20 000 Pflanzenarten gelten als ausgestorben. Fast die Hälfte aller Beuteltierarten sind in ihrer Existenz bedroht, mindestens zehn Arten wurden ausgerottet.

Besonders vehement wurde der Raubbau an der Natur im Outback betrieben, einem klimatisch extremen, aber faszinierenden Naturraum mit einer allerdings sehr fragilen Ökologie. Dort gewährt nur ein dünner Mantel kärglicher Vegetation dem Boden Schutz gegen den zerstörerischen Einfluss von Sonne und Wind sowie der sporadischen heftigen Niederschläge. Hier grasende einheimische Tiere wie Kängurus und Emus schädigen die Vegetationsdecke nicht. Aber der spärliche Bewuchs des Outback kann unmöglich auf die Dauer riesigen Herden

Während in anderen Erdregionen der Druck der sich verschiebenden Erdkrustenplatten mächtige Gebirgszüge entstehen ließ, kam es auf der australischen Landscholle wegen der geschützten Lage im Zentrum des Urkontinents Gondwana in den letzten 200 Mio. Jahren zu keiner markanten Gebirgsbildung. Und die wenigen Bergketten, die es einst gab, wurden im Laufe der Erdgeschichte durch Erosion auf das Format niedriger Hügel abgetragen, welche

Australische Umweltsünden – intensive Landwirtschaft und großflächiger Tagebau

eingeführter Schafe und Rinder Weideplätze bieten.

Die Nutztiere der Weißen haben viele Outback-Regionen nicht nur kahl gefressen, mit ihren Hufen wühlten sie auch den Steppenboden auf, so dass starke Winde die Muttererde davontragen können. Sand- und Staubstürme sind heute ebenso charakteristisch für das Outback wie Verkarstung, Versteppung und die Ausdehnung der Wüstenregionen im Innern des Kontinents. Im Norden von Australien, den einst ausgedehnte Inseln tropischen Monsun- oder Regenwalds bedeckten, trampelten Viehherden Lichtungen in die Wälder und ermöglichten damit Savannengräsern den Einzug.

Umweltschützer fordern ein Weideverbot für große Teile des Outback oder zumindest schärfere Kontrollen durch die Regierung, damit der Bodenerosion Einhalt geboten wird. Mancher umweltbewusste Farmer erwägt bereits die Zucht von Kängurus, die dem Boden weniger zusetzen als Schafe und Rinder. Naturfreunde begrüßen die Rückgabe von Stammesgebieten an die Ureinwohner, denn die Aborigines sorgen dank ihrer spirituellen Beziehung zum dafür, dass es weitgehend in seinem ursprünglichen Zustand erhalten bleibt.

die weiten Ebenen lediglich um wenige Meter überragen.

Nur vereinzelt widerstanden im Innern des Kontinents härtere Gesteine den nagenden Elementen, etwa die MacDonnell Ranges östlich und westlich von Alice Springs. So ist das auffallendste Merkmal von Australien seine ebene Gestalt – eine durchschnittliche Höhe von weniger als 300 m über dem Meeresspiegel macht den Kontinent zum flachsten aller Erdteile. Während

Blick auf die Mitchell Falls in den Kimberleys

der weltweite Durchschnitt etwa 700 m beträgt, liegt in Australien nur ein Zwanzigstel des Landes höher als 600 m.

Auf dem Fünften Kontinent gibt es nur eine einzige große Gebirgskette: die Great Dividing Range, die sich fast parallel zur über 3000 km langen, bumerangförmigen Ostküste von der tropischen Cape York Peninsula im Norden bis nach Tasmanien im Süden erstreckt. Nach europäischen Maßstäben sind die Gipfel dieses Schollengebirges nicht sehr hoch – der höchste Berg, der im Winter schneebedeckte Mount Kosciusko, erreicht nur 2230 m –, aber hoch genug, um die feuchten Luftmassen des Pazifik in Regen zu verwandeln, dem Lebenselixier einer bis zu 150 km breiten, sehr fruchtbaren Küstenebene. Dort konzentrieren sich die größten Städte und wichtigsten Landwirtschaftsgebiete des Kontinents.

Die Great Dividing Range, eine über lange Strecken sehr steile und zerklüftete Felsbarriere, bildet eine der drei geografischen Großregionen von Australien. Westlich des großen Scheidegebirges flacht das Land zu endlosen Trockenebenen ab, in denen die Vegetation ebenso rasch karger wird wie Niederschläge spärlicher werden. Die nach Osten verschobene mittel-australische Senke, die den Kontinent vom Golf von Carpentaria im Norden bis zum Spencer Gulf an der Südküste durchzieht, ist die zweite Großlandschaft von Australien. Sie gliedert sich in drei ausgedehnte Beckenlandschaften: die von Savanne bedeckte Tieflandbucht um den Golf von Carpentaria, das Lake Eyre Basin mit der 12 m unter dem Meeresspiegel gelegenen, tiefsten Absenkung des Kontinents sowie das Becken des Murray River und des Darling River, die das südliche Queensland und das westliche New South Wales zum Meer hin entwässern.

Unter der Erdoberfläche der ausgedörrten Central Eastern Lowlands, wo Wasser eine seltene Kostbarkeit ist, erstreckt sich der größte Grundwasserspeicher der Welt – das hauptsächlich von den in der Great Dividing Range entspringenden Flüssen gespeiste Große Artesische Becken. Diese immensen unterirdischen Wasservorräte bilden den Lebensquell der Region.

Die dritte Region, das Great Western Plateau, ist ein gewaltiges, durchschnittlich etwa 300 bis 500 m hohes Tafelland, das aus öden Steppen und trockenen Savannen, aber auch tropischen Monsunwäldern besteht. Sich von der Westküste aus weit in das Inland erstreckend, nimmt das west-australische Tafelland etwa zwei Drittel des Kontinents ein. Im Innern des Kontinents geht das Plateau in Wüstengebiete über, die zu den größten unseres Planeten zählen, etwa die Great Sandy Desert südlich des Kimberley-Tafellands in West-Australien, die sich nach Süden hin anschließende Gibson Desert sowie die Great Victoria Desert an der Grenze zwischen Western Australia und dem Northern Territory.

Im Gegensatz zu anderen großen Wüsten der Erde sind die australischen, die etwa 40 % der Landfläche des Fünften Kontinents einnehmen, nicht knochentrocken, sondern erhalten, wenn auch unregelmäßig, etwas mehr als 250 mm Regen im Jahr. Wenn die jährliche Niederschlagsmenge in ein oder zwei gewaltigen Wolkenbrüchen vom Himmel prasselt, verwandeln sich die sonst ausgetrockneten Flussläufe und Bachbetten binnen kurzer Zeit in tosende Ströme. Sobald sich die Wassermassen zurückgezogen haben, erblühen selbst die Trockenregionen des Outback in einer unglaublichen Farbenpracht. So entsprechen die Wüsten des Fünften Kontinents auch nicht den Vorstellungen, die man von einer ›typischen‹ Sandwüste mit elegant geschwungenen Dünen hat. Es sind Sand-, Stein- und Geröllflächen, nicht ohne jegliche Vegetation, sondern zumindest von einem spärlichen Bewuchs aus Spinifex-Gras oder niedrigem Trockenbusch bedeckt. Selbst an die Dünenriegel der Simpson Desert, die dem Bilderbuchtyp der Sandwüste wohl am ehesten entspricht, klammern sich widerstandsfähige Vegetationsbüschel aus Trockengras.

Durchbrochen wird die flache Monotonie des Great Western Plateau von zerklüfteten Bergketten, die Höhen von über 1200 m erreichen. Mancherorts ragen steile Tafel- oder Inselberge aus dem flachen Land, der bekannteste ist der Ayers Rock oder Uluru, wie ihn die Ureinwohner nennen. Wind, Sand, Hitze und – in manchen winterlichen Nächten – Kälte haben an vielen Stellen fantastische Kunstwerke geformt. Die Farbe des Landes vertieft sich hier zunächst zu einem bräunlichen Ocker und dann zu einem sonnenverbrannten Rot. Verantwortlich dafür sind winzige Eisenpartikel in Sand und Fels, die sich zu Rost zersetzen und damit dem ›Roten Kontinent‹ seinen Namen gaben.

Zwischen Dürre und Flut
Klima des Outback

Im Outback sind die klimatischen Unterschiede groß. Während der tropische Norden, das Top End, mit mehr als 1800 mm zweieinhalbmal soviel Niederschlag erhält wie Hamburg, fallen in den (Halb-)Wüstengebieten des ›Roten Herzens‹ teilweise weniger als 200 mm im Jahr. Dafür können dort die Sommertemperaturen nicht selten 45° Celsius im Schatten übersteigen. Nur, den gibt es kaum! Auf die Sonnenglut des Tages folgt im binnenländischen Winter die eisige Kälte der Nächte.

Neben den extremen Temperaturen machen vor allem die geringen und unregelmäßigen Niederschläge die Lebensbedingungen im menschenarmen Landesinnern hart. Wenn dann nach einer langen Trockenperiode endlich der lang ersehnte Regen kommt, richten sintflutartige Niederschläge nicht selten durch Überschwemmungen ebenso viel Schaden an wie die Dürre, die ihnen vorausging.

Verantwortlich für die extreme Trockenheit im Innern des Kontinents ist die Lage im subtropischen Hochdruckgürtel. Luftmassen aus der Äquatorzone bewirken durch ihr Absinken aus oberen Schichten Hochdruckgebiete, die blauen Himmel und lange ›Schönwetter‹-Perioden garantieren. In manchen Regionen von Zentral-Australien scheint die Sonne im Jahr 3500 Stunden lang. Das entspricht durchschnittlich 9,6 Stunden am Tag. Niederschlagsarmut und extreme

Temperaturen sind die Folge – Erscheinungen und Symptome, wie sie für die Steppen- und Wüstenbildung typisch sind. Der Regen lässt von der Küste zum Binnenland rapide nach. Insgesamt erhalten 70 % der Landoberfläche von Australien im Jahr weniger als 500 mm Regen, 40 % sogar weniger als 250 mm.

In manchen Regionen heizt die Sonne die Luft zu Backofentemperaturen auf. Extreme Sommertemperaturen von bis zu über 50° Celsius werden regelmäßig im nordwest-australischen Pilbara-Gebiet gemessen. Den absoluten Hitzerekord aber hält Cloncurry in Queensland – hier kletterte die Quecksilbersäule am 16. 1. 1889 auf 53,1° Celsius. Abgesehen von solchen Extremwerten lässt sich die Outback-Hitze aber wegen ihrer Trockenheit recht gut verkraften.

Obwohl nicht ganz so heiß, ist das aufgrund der hohen Luftfeuchtigkeit sehr schwüle Klima der tropischen Region von Australien weniger gut zu ertragen. Im Tropengürtel, der immerhin 40 % der Landfläche einnimmt, gibt es zweimal im Jahr einen dramatischen Wetterwechsel. Sobald sich das zentralaustralische Hochdruckgebiet zu Beginn des Südsommers, also im November oder Dezember, nach Süden verschiebt, treiben nordwestliche Monsunwinde feuchte Luftmassen vom indonesischen Archipel in den australischen Norden. Während der Regenzeit (*wet season* oder The Wet genannt) prasselt das warme Nass in Sturzbächen zu Boden. Selbst auf asphaltierten Highways sitzen Autofahrer dann gelegentlich tagelang im Wasser oder Schlamm fest. Das Top End erhält seine Jahresniederschlagsmenge in nur rund 100 Tagen in den Monaten November bis März. Während der *dry season* in der übrigen Zeit des Jahres fällt so gut wie kein Regen.

Während der Regenzeit im tropischen Norden gehen die heftigen Niederschläge oft mit Zyklonen einher. Mit Windgeschwindigkeiten von bis zu über 250 Stundenkilometern peitschen die Wirbelstürme gegen die Küsten und hinterlassen eine Spur der Zerstörung. Der bislang verheerendste Zyklon suchte am Weihnachtstag 1974 Darwin heim. In wenigen Stunden machte der Wirbelsturm Tracy die Stadt nahezu dem Erdboden gleich. 66 Menschen starben, 26 000 Bewohner mussten über eine Luftbrücke evakuiert werden. Inzwischen ist Darwin wie ein Phönix aus der Asche neu entstanden. An den Zyklon erinnern nur noch T-Shirts mit der Aufschrift »Wow! What a night with Tracy!«.

Nach anhaltenden Regenfällen stehen oft weite Landstriche des sonst staubtrockenen Outback unter Wasser

Biologische Kuriositäten
Pflanzen- und Tierwelt des Outback

Andrew Barton (Banjo) Paterson, Australiens bekanntester Buschdichter, bezeichnete die Vertreter der australischen Fauna einmal als »Tiere, die Noah vergaß«. Diese Bemerkung erinnert an das Erstaunen, das die unvertraute Tierwelt des Fünften Kontinents bei den ersten europäischen Besuchern hervorrief. Die Naturforscher an Bord der »Endeavour«, Joseph Banks und Daniel Carl Solander, die mit Captain James Cooks Expedition 1770 an der australischen Ostküste landeten, hatten während ihres Aufenthalts hunderte neuer Tier- und Pflanzenarten in Flora und Fauna entdeckt. Zuhause waren das Staunen über solche Berichte und die Zweifel an ihrem Wahrheitsgehalt groß.

Laubbäume, die nicht ihre Blätter, sondern ihre Rinde verlieren, Eier legende Säugetiere mit Schnäbeln und Füßen wie Enten, riesige Vögel, die auf der Erde laufen – das alles konnte es nicht geben! Besonderes Erstaunen rief ein Geschöpf hervor, das man keiner bis dahin bekannten Gattung zuordnen konnte – ein mausgraues Tier mit einem langen Schwanz, das hüpfte wie ein Hase und seine Jungen in einem Beutel mit sich umher trug. Banks nannte es nur »das Tier«, Solander gab ihm später den Namen Känguru.

Erst Mitte des 19. Jh., als Charles Darwin mit seiner Evolutionstheorie alle bisherigen Erkenntnisse auf den Kopf stellte, vermochte man die Beuteltiere den Säugetieren einzuordnen. Die ersten einfachen Säuger, Monotrematen genannt, waren Eier legende Tiere mit reptilienartigen Zügen. Aus diesem Entwicklungsstadium von den Reptilien zu den Säugetieren haben sich zwei Tierarten erhalten, die nur in Australien und Neuguinea leben – das Schnabeltier *(Platypus)* und der Schnabeligel *(Echidna)*. Den Monotrematen folgten die Beuteltiere, die sich vermutlich gleichzeitig mit den höheren Säugetieren, den Plazentaliern, entwickelten. Während die Plazentatiere ihren Nachwuchs mehr oder weniger vollständig entwickelt zur Welt bringen, werden die Jungen der Beuteltiere in embryonalem Zustand geboren und wachsen in einem Beutel am Bauch der Mutter heran. In ihren ersten Lebensmonaten bleiben sie mit der

*Koalas sind Gourmets –
sie verzehren nur bestimmte Blattsorten der Eukalyptusbäume*

Mutter verbunden, bevor sie ihre ›hüpfende Wiege‹ verlassen. Von wenigen Ausnahmen abgesehen verdrängten fast überall auf der Erde die Plazentatiere als ›modernste‹ Säuger die Beuteltiere. Auf dem Fünften Kontinent verlief die Entwicklungsgeschichte jedoch ganz anders. Die australische Landmasse trennte sich von Gondwanaland, bevor die fortschrittlicheren plazentalen Säugetiere ihren Siegeszug antraten. Während in den anderen Gebieten der Erde die Beuteltiere langsam ausstarben, entwickelten sie in Australien immer neue Formen für fast jeden Lebensraum. Zu den Marsupialiern (von lat. *marsupium* – Beutel) gehören nicht nur die Kängurus, ihre Vielfalt lässt sich durchaus mit jener der höheren Säuger vergleichen. Beinahe ungestört von äußeren Einflüssen vollzog sich in Australien die Evolution der Beuteltiere. Zur Verfügung stand ihnen ein riesiges Land mit vielen Möglichkeiten, die sie ohne die Konkurrenz von plazentalen Säugetieren nutzen konnten.

Die rund 50 Mio. Jahre dauernde meerumschlossene Isolation Australiens von den übrigen Erdteilen schützte auch eine urzeitliche Pflanzenwelt. Zwar zeigt sich bei der Flora eine Verbindung zu den anderen Gondwana-Kontinenten, aber nach dem Auseinanderdriften entwickelte die australische Pflanzenwelt zahlreiche eigene Formen. So gelten von den rund 20 000 in Australien vorkommenden Pflanzenarten 85 % als endemisch, das heißt, sie sind auf den Fünften Kontinent und die ihm vorgelagerten Inseln beschränkt.

Pflanzenwelt

Einst war das Klima des Fünften Kontinents tropisch und seine Vegetation üppig, aber im Laufe von Jahrmillionen trocknete das Land langsam aus. Die Natur passte sich diesem Wandel an. Im Outback überlebten nur jene Pflanzen und Tiere, die sich von dem feucht-warmen Klima langsam auf das trockenheiße Wüstenklima umstellen konnten. Eine besonders ausgeprägte Anpassungsfähigkeit stellte die Gattung Eucalyptus unter Beweis, die etwa 600 Arten hervorgebracht hat, vom niedrigen Busch bis zum 100 m hohen Baumgiganten. Die Einheimischen nennen die für Australien charakteristischen Eukalypten wegen ihrer langen, schmalen und glänzenden Blätter, deren Oberfläche sich wie Gummi anfühlt, *gum trees* – Gummibäume.

Im Outback müssen ihre Vertreter sehr dürreresistent sein und bisweilen jahrelang ohne Regen überleben können. Dort, wo wenig Wasser vorhanden ist – in den Binnenregionen Australiens –, wächst der Geistereukalyptus (White Ghost Gum), erkennbar an seiner kalkweißen Rinde, die einen Großteil der Tageshitze wieder abstrahlt und in Winternächten den Baum vor Kälte schützt. Wasserläufe im Landesinnern werden meist von Flusseukalypten (River Red Gums) gesäumt. Selbst wenn Flussbetten seit Monaten oder Jahren keinen Tropfen Wasser mehr führen, erreichen die Bäume mit ihren tief in den Boden reichenden Wurzeln den Grundwasserspiegel. So unterschiedlich die einzelnen Eukalyptusarten auch sein mögen, sie haben eine Gemeinsamkeit – im Herbst werfen sie nicht ihre Blätter ab, sondern verlieren ihre Rinde.

Eukalypten umfassen neun Zehntel der Baumarten in den australischen Wäldern, die auf dem Fünften Kontinent allerdings ebenso spärlich sind wie der Regen – nur noch 5 % der Landfläche sind von Wald bedeckt, rund 60 % praktisch vollkommen unbewaldet. Die

Vorsicht, aber keine Panik
Tierische Quälgeister

Schlangen, Spinnen, Skorpione, Krokodile und Haie – listet man alle gefährlichen Tiere der australischen Fauna auf, könnte man es sich zweimal überlegen, ins Outback zu reisen. Nicht eben zur Beruhigung tragen Zeitungsmeldungen über Wanderer oder Camper bei, die von giftigen Schlangen oder Spinnen gebissen wurden, von Anglern, nach denen Krokodile schnappten, und von Schwimmern und Surfern, die von Haien angegriffen wurden. Tatsache ist jedoch, dass Down Under wesentlich mehr Menschen bei Verkehrsunfällen als bei Zwischenfällen mit gefährlichen Tieren ums Leben kommen. Es empfiehlt sich, in Australiens Natur Vorsicht walten zu lassen, Angst ist aber fehl am Platze.

Drei Viertel der rund 140 Schlangenarten des Fünften Kontinents sind giftig, ein gutes Dutzend zählt zu den weltweit gefährlichsten überhaupt. Schlangen fühlen sich in Australien in allen Klima- und Vegetationszonen wohl, da sie aber sehr scheue Tiere sind, bekommt man sie in freier Wildbahn nur sehr selten zu Gesicht. Schutz vor Schlangenbissen bieten im Busch feste, knöchelhohe Schuhe und lange Hosen. Wichtig ist es, fest aufzutreten, denn die meisten Schlangen flüchten, sobald sie Erschütterungen spüren. Allerdings gibt es zwei Giftschlangenarten, die vor Menschen nicht immer das Weite suchen – der Taipan, eine der größten Giftschlangen der Welt, und die relativ kleine Todesotter, die sich häufig zwischen Laub und Sand versteckt. Hier hilft nur eines – Augen auf und im Zweifelsfall, vor allem bei dichtem Bewuchs, vorsichtshalber den Boden vor sich mit einem Stock abklopfen.

Um Schlangen zu vertreiben, sollte man bei Wanderungen immer auf Steine und Baumstämme treten und nicht darüber steigen. Vorsicht ist an Tümpeln und Wasserstellen geboten, denn die Frösche und Lurche locken Schlangen an. Auch beim Sammeln von Holz für das Lagerfeuer muss man auf der Hut sein, denn dabei stöbert man nicht selten gefährliche Reptilien auf. Da die meisten Schlangen nachtaktive Tiere sind, sollte man beim Campieren im Busch abends stets den Boden gut ableuchten und Zelte nachts gut verschließen. Nach heftigen Niederschlägen und Überflutungen ist die Gefahr am größten.

Bei einem Schlangenbiss sollte man einige Erste-Hilfe-Maßnahmen treffen. Versuchen, nicht in Panik zu geraten und unnötige Bewegungen vermeiden, um das Gift nicht weiter in den Blutkreislauf zu pumpen. Sofort einen Druckverband anlegen und den betroffenen Körperteil ruhig stellen. Die Bisswunde niemals aufschneiden oder gar aussaugen. Eventuell mit einem in Spezialgeschäften erhätlichen Gummisauger einen Teil des Giftes aus der Wunde saugen. Umgehend medizinische Hilfe suchen und falls gefahrlos möglich, die

Schlange töten, um sie dem Arzt zur Bestimmung des Gegengifts mitbringen zu können.

In Australien gibt es zwei Arten von Giftspinnen, deren Bisse für Menschen tödlich sein können – die im Großraum Sydney vorkommende Trichternetzspinne (Funnelweb Spider) und die im Outback heimische Rotrückenspinne (Redback Spider). Bei Spinnenbissen gelten die gleichen Erste-Hilfe-Maßnahmen wie beim Biss einer Giftschlange. Schmerzhaft, aber zumindest für Erwachsene nicht lebensgefährlich sind Stiche von Skorpionen, auf die man gelegentlich in Trockenregionen stößt.

Auch Spinnen und Skorpione vertreibt man meist, indem man sich möglichst geräuschvoll vorwärts bewegt. Beim Zelten im Busch sollte man Schuhe und Kleidung vor dem Anziehen stets sorgfältig ausschütteln und Steine immer erst mit dem Fuß anstoßen, bevor man sie aufhebt. Abends und nachts ist es ratsam, nicht auf dem Boden zu sitzen und auf Busch-Campingplätzen die ›Plumpsklos‹ – vor der Benutzung zu kontrollieren.

Selbst im Meer ist man vor gefährlichen Kreaturen nicht sicher. Hochgiftige Seeschlangen stellen noch das geringste Risiko dar. Wesentlich gefährlicher sind die in nord-australischen Küstengewässern in den Sommermonaten zwischen November und April oft in großen Mengen auftretenden Seewespen (Sea Wasp, Box Jelly Fish oder Marine Stinger genannt). Mit ihren Fangarmen, die ein starkes Nesselgift absondern, klammern sich die fast unsichtbaren Würfelquallen an alles, was ihnen in die Quere kommt.

Leichtsinnigen Schwimmern, die sich trotz der Warnschilder in die Fluten wagen, fügen sie schmerzhafte Verätzungen der Haut zu. Gelangt das Gift in den Blutkreislauf kann es zu tödlichen Lähmungen der Atmungsorgane führen. Seewespen fielen schon wesentlich mehr Menschen zum Opfer als Haien, die aber dessen ungeachtet an allen nicht durch Netze gesicherten Stränden an den Küsten des Fünften Kontinents eine Gefahr darstellen und auch schon Schwimmer in küstennahen Flüssen angefallen haben.

Hin und wieder kommt es vor, dass Leisten- oder Salzwasserkrokodile *(salties)* unvorsichtige Menschen angreifen. Zwar haben sich die Panzerechsen stark vermehrt, seitdem sie unter Schutz stehen, so dass es in manchen Flüssen des Top End vor Krokodilen nur so wimmelt, doch ist das Risiko, auf dem Speiseplan der Reptilien eine Bereicherung darzustellen, relativ gering – sofern man einige Vorsichtsmaßnahmen beherzigt.

Die bis zu 7 m langen *salties,* die man von relativ harmlosen Süßwasserkrokodilen *(freshies)* vor allem anhand ihrer riesigen, breiten Schnauzen unterscheiden kann, bevorzugen das Brackwasser von Flussmündungen als Lebensraum, können aber über Flussläufe bis zu 100 km weit in binnenländische Süßwassergebiete vordringen. Im tropischen Norden Australiens Hinweisschilder zu ignorieren, die davor warnen, wegen der Krokodilgefahr in Flüssen und Seen sowie im Meer zu baden, kann tödlich enden. Im *crocodile country* sollte man beim Campen stets einen Sicherheitsabstand zur Wasserlinie einhalten und auch bei Bootstouren vorsichtig sein, vor allem nie Arme und Beine ins Wasser baumeln lassen, es sei denn, man will die Leistungen einer Versicherungsgesellschaft in Darwin in Anspruch nehmen, die, einzigartig auf der Welt, eine Crocodile Attack Insurance anbietet.

In den flaschenförmigen Stämmen der Baobabs ist Wasser gespeichert

Hauptvegetationsgürtel lagern sich, eng an die Klimazonen angeschlossen, in nahezu konzentrischen Kreisen um das ›Rote Herz‹ des Kontinents: Auf die (Halb-)Wüstengebiete der innersten Trockenzone folgen Grassteppen, Buschland und Savannen, die in den feuchteren Küstenregionen in Eukalyptus-, Monsun- und Regenwälder übergehen.

Einen Gegensatz zu den zentral-australischen Trockengebieten bilden die tropischen, subtropischen und gemäßigten Regenwälder, die Teile der Ostküste von der Cape-York-Halbinsel bis Tasmanien bedecken. Ganz im Norden ähneln die australischen Regenwälder den Tieflanddschungeln der Insel Neuguinea. Zu den bis zu über 50 m hohen Urwaldriesen gehören australische Eukalypten ebenso wie asiatische Baumarten. Unter deren Laubdach, das nur wenig Sonnenlicht durchlässt, wuchern im feuchten Treibhausklima baumgroße Farne, Kletterpflanzen, Moose und Orchideen. Über 1100 Baum- und Pflanzenarten hat man in den Regenwäldern von Nord-Queensland gezählt – mehr als in den Wäldern Nord-Amerikas und Europas zusammen.

Während die tropischen Regenwälder ganzjährig mehr oder weniger regelmäßig Niederschläge erhalten, beziehen die Monsunwälder, die in nord-australischen Regionen mit weniger Regen und zeitweiliger Trockenheit vorherrschen, die Feuchtigkeit aus dem wasserreichen Boden. In den von Feuchtsavannen durchsetzten Monsunwäldern von Nord- und Nordwest-Australien findet man auch exotische Bäume, die sonst nur in Afrika anzutreffen sind – die Baobabs mit flaschenförmigen Stämmen, in denen sie Wasser speichern. Im tropischen Gezeitenbereich wuchern Mangroven, die einzigen Pflanzen, die im salzigen Brackwasser überleben können. Um auf den schlammigen Böden Halt zu finden und Sauerstoff aufnehmen zu können, besitzen viele Baumarten Stelzwurzeln oder ein weit verzweigtes, flaches System aus Bogenwurzeln.

Eukalyptuswälder, die wegen der lederartigen, harten Oberfläche der Eukalyptusblätter auch als Hartlaubwälder bezeichnet werden, konzentrieren sich in den küstennahen Gebieten im Südosten und Südwesten des Kontinents. In Hartlaubwäldern mit einer Niederschlagsmenge von über 1000 mm im Jahr sind die bis zu 100 m hohen Königseukalypten oder Bergeschen sowie die etwas niedrigeren Karri-Bäume die Alleinherrscher. Aufgrund der lichtdurchlässigen Laubdächer entsteht in den Eukalyptuswäldern eine dichte Bodenflora aus kleineren Baumarten, Sträuchern und Gräsern. Ins Auge fällt hier der Grasbaum (Grass Tree oder Black Boy), der am Kopfende seines Stammes eine ›Perücke‹ aus harten, grasartigen Blättern trägt. Grasbäume können bis zu 5 m hoch werden, da sie aber extrem langsam wachsen, brauchen sie dazu rund 200 Jahre.

Neben Eukalypten dominieren in den Trockenwäldern des Binnenlands die in Australien Wattle genannten Akazien, die mit rund 700 Arten eine noch größere Vielfalt entwickelten als die Eukalyptusbäume. Mit den Gum Trees, denen sie hinsichtlich Anpassungsfähigkeit in nichts nachstehen, sind sie die Nationalbäume Australiens. Auch die Nationalfarben des Staates gehen auf die beiden Baumarten zurück – Gelb als Symbol für die Blüten der Wattles, Grün für die Farbe der Eukalyptusblätter.

Die Vegetationszone geht zum Zentrum hin in Savannen und schließlich in den Trockenbusch über. Um in extremer Hitze und Trockenheit überdauern zu können, haben sie in einem viele Millionen Jahre dauernden Prozess unterschiedliche Wege der Anpassung entwickelt. So gewährleisten nadelartige Blätter mit einer glatten Oberfläche eine geringe Verdunstung. Um der Sonne möglichst wenig Angriffsfläche zu bieten, stellen manche Bäume und Büsche ihre Blätter hochkant oder rollen bei intensiver Sonneneinstrahlung ihre Blätter ein, um die Oberfläche und damit die Verdunstung zu verringern. Schutzschichten aus Wachs oder ein Besatz von weißen Härchen tragen dazu bei, die Sonnenstrahlen stärker zu reflektieren.

In Trockenperioden werfen verschiedene Akazienarten Blätter ab, um ihren Wasserhaushalt zu stabilisieren. Andere Pflanzen nutzen mit riesigen Wurzelwerken Feuchtigkeitsreserven im Boden oder beziehen in Notzeiten das Leben spendende Nass aus Zwiebeln und Knollen. Viele Bäume haben eine dicke Borke oder Korkrinde, die ihren Saft vor der heißen Wüstensonne schützt. Bei manchen Akazienarten sind Zweige und Blätter so angeordnet, dass das Regenwasser zum Stamm geleitet wird, an dem herab es dann zum Wurzelsystem abfließt. Die Natur hat viele Überlebensstrategien entwickelt, die auch über den Tod einer Pflanze hinaus für den Fortbestand der Art sorgt. So hat sie vielen Pflanzen der Trockenzone eine kugelartige Form verliehen. Wenn sie sterben, brechen sie unten ab und rollen, vom Wind getrieben, über die Ebenen, wobei sie ihre Samen im weiten Umkreis verstreuen.

Die von Dürre resistenten Akazienarten geprägte Mulga, die um die Hitzewüsten des Zentrums liegt, nimmt ein Viertel der Landfläche von Australien ein. In weiten Teilen des Binnenlands bildet die Bodenflora der Mulga aus Büschelgräsern die Basis der Viehwirtschaft.

Eine dritte Form des Trockenbusches ist die baumlose Salzbusch-Steppe. Sie besteht aus niedrigen Büschen, die den großen Salzgehalt des Bodens tolerieren können. Salzbusch-Steppen erstrecken sich im Becken des Lake Eyre und in der Nullarbor-Ebene.

Allen Widrigkeiten zum Trotz gibt es auch in den meist steinübersäten, roten Sandebenen des Kontinents einen dichten Bestand an Pflanzen. Die Vegetation dieser trockenen Zonen besteht aus genügsamen, widerstandsfähigen Gräsern, vor allem einem Steppengras der Gattung Triodia, besser bekannt als Spinifex oder Stachelschweingras. Die Pflanze wächst in kreisförmigen Horsten von bis zu 150 cm Durchmesser und zeichnet sich durch dünne, nadelscharfe Blätter aus. Spinifex-Gräser, die gut ein Viertel der Fläche Australiens bedecken, überleben auch lange Dürreperioden und sind Lebnsraum für viele kleine Säugetiere, Reptilien, Insekten und Vögel. Als Viehfutter kommt es allerdings nicht in Frage. In den trockensten Regionen des Landesinnern können nur trockenresistente Baumarten überleben. Eine davon ist die Wüsteneiche (Desert Oak), eine Kasuarinenart mit langen nadelartigen Blättern. Sie bringen Grün in die Halbwüste – einen von Fotografen geschätzten Kontrast zum Rot der Dünenriegel.

Dass die meisten trockenen Gebiete Zentral-Australiens nicht Wüste, sondern ausgetrocknete Steppen sind, zeigt sich nach einem der – allerdings seltenen – Regenfälle. Dann treibt aus dem gleichförmigen Braunrot des Sandbodens frisches Grün heraus. Blumen, deren Samen monate- oder jahrelang im Erdreich schlummerten, beginnen zu blühen und überziehen sonst karge Landstriche mit bunten Blütenteppichen. Wildblumen wie die pelzige, rotgrüne Kängurupfote, die Wappenblume von Western Australia, oder die leuchtend rote Sturts Desert Pea, das Blütensymbol des Northern Territory, verdorren allerdings so schnell, wie sie aufgeblüht sind, doch nicht, ohne vorher Samenhülsen hervorzubringen, die den Blütenzauber nach dem nächsten Wolkenbruch gewährleisten.

Tierwelt

In Australiens sonnendurchglühtem Wüstenherz scheint es nur Sand, Steine und Geröllhalden zu geben, bedeckt von einem dünnen Mantel genügsamer Pflanzen. In den kühlen Morgen- und Abendstunden kommen jedoch die Tiere aus ihren Verstecken, in die sie vor der Hitze des Tages flüchteten. Smaragdgrün schimmernde Agamen, große Eidechsen, huschen über den sandigen Boden, halten inne und erstarren in perfekter Fotopose. Die andächtige Stille über dem schier endlosen Land wird nur gestört vom Palaver der Wellensittiche und Zebrafinken sowie von den Schreien der Kakadus, die am Himmel in Schwärmen ihre Kreise ziehen.

So unwirtlich die trockenen Regionen Zentral-Australiens auch sein mögen, es gibt dort dennoch ein vielfältiges Tierleben. Auch die Fauna hat sich den extremen Bedingungen dieser Umwelt angepasst. Die meisten Wüstentiere werden erst nachts oder in der Dämmerung munter. Um Körperfeuchtigkeit zu sparen, ziehen sie sich während der Tageshitze in den Schatten von Bäumen und Büschen oder in Höhlen zurück. Daher sieht man tagsüber auch nur wenig Tiere im Outback, in den Morgenstunden oder in der Abenddämmerung sind die Chancen hingegen viel besser.

Andere Tiere können ihren Wasserhaushalt regulieren. So speichert der Wasserreservoirfrosch das Nass in Harnblase und Lymphsäcken, wodurch er kugelförmig anschwillt. Während

Gefährliche Importe

Für die einheimische Flora und Fauna mindestens so bedrohlich wie der schwindende Lebensraum sind einige aus Europa eingeführte Tiere und Pflanzen. Da sie keine natürlichen Feinde hatten, konnten sich diese Tiere ungehindert vermehren. Verwilderte Kamele, Pferde, Esel, Schweine und Ziegen verursachen nicht nur Schäden an der Vegetation, sie machen auch als Nahrungskonkurrenten australischen Tieren den angestammten Lebensraum streitig. Ausgesetzte Hauskatzen und Hunde richten ebenso wie europäische Füchse und Dingos an der heimischen Tierwelt wahre Massaker an.

Als Katastrophe für die australische Landschaft entpuppten sich aus England importierte Kaninchen, die 1858 von Mitgliedern des Jagdklubs von Victoria ausgesetzt wurden, weil die Herrschaften auch in ihrer neuen Heimat der Kaninchenjagd frönen wollten. Ohne natürliche Feinde breiteten sich die Kaninchen innerhalb kurzer Zeit über den gesamten Kontinent aus. Die Nager fressen weite Landstriche kahl und verursachen in Trockengebieten, in denen sich die Vegetation nur langsam erholt, große Schäden. So gibt es in der Strzelecki Desert kaum junge Bäume und Büsche, weil Wildkaninchen den Aufwuchs abgefressen haben. Alle Versuche, der Plage Herr zu werden, sind bislang gescheitert.

Mit den weißen Siedlern kamen auch europäische Vögel nach Australien, die für einheimische Vögel zu Nahrungs- und Nistplatzkonkurrenten wurden. Besonders Stare vermehrten sich in manchen Regionen so sehr, dass sie einheimischen Vögeln alle Nistmöglichkeiten nahmen. Den Eindringlingen gelingt es sogar, mehr als doppelt so große Rosakakadus aus ihren Baumlöchern zu vertreiben.

Zu Plagen wurden gut gemeinte Importe. So ist der ursprünglich zur Kaninchenbekämpfung eingeführte Rotfuchs eine Gefahr für alle einheimischen Tiere, die auf dem Boden leben. Zahlreiche australische Insektenarten fielen der Zuckerrohrkröte (Cane Toad) zum Opfer. Die Riesenkröte wurde 1935 aus Süd-Amerika importiert und zur Bekämpfung eines schädlichen Käfers in Zuckerrohrplantagen in Queensland ausgesetzt. Fatalerweise fand sie an den Parasiten keinen Geschmack, wohl aber an nützlichen Insekten. Ohne natürliche Feinde vermehren sich die Kröten schnell und verbreiten sich nun über den tropischen Norden des Kontinents.

Genau wie importierte Tiere viele alteingesessene Tierarten bedrohen, zeitigte auch die Einfuhr mancher europäischer Pflanzen katastrophale Folgen. So rodete man früher häufig Eukalyptuswälder, um Plantagen mit Nadelbäumen aus Europa anzulegen. Damit raubte man jedoch auf Bäumen lebenden Beuteltieren den Lebensraum – wie Koalas, deren Nahrung ausschließlich aus Eukalyptusblättern besteht.

Dürreperioden gräbt er sich in den Erdboden ein, wo er bis zu einem Jahr von dem gespeicherten Wasser leben kann. Der Dornenteufel, eine wegen ihrer stacheligen Haut gefährlich aussehende, aber völlig harmlose Echse, bezieht seinen Flüssigkeitsbedarf aus der Nahrung, die aus Ameisen und Termiten besteht. Zudem schützt die Panzerhaut das Tier vor Austrocknung.

Um zu überleben, begannen manche Beuteltiere sich in der Erde zu vergraben, etwa die den Maulwürfen ähnelnde Beutelmulle, deren gedrungener Körper mit schaufelförmigen Vorderfüßen auf das unterirdische Leben eingestellt ist. Ihre Beutel öffnen sich nach hinten, damit sie sich beim Wühlen keinen Sand hinein schaufeln. Eine anderer eifriger Gräber ist der an einen Dachs erinnernde Wombat, ein in Erdhöhlen lebendes Nachttier. ›Bodenständig‹ sind auch der vom Aussterben bedrohte Ameisenbeutler oder Numbat, der täglich rund 20 000 Ameisen oder Termiten vertilgt, und die Nasenbeutler oder Bandicoots, die ihren Namen ihrer ausgeprägten Schnauze verdanken. Lebensraum der nachtaktiven und allesfressenden Bandicoots sind Savannen und Halbwüsten, wo sie nach pflanzlicher und tierischer Nahrung suchen.

Die frühesten Beuteltiere waren Baumbewohner. Auch heute noch leben einige Marsupialier hoch oben in den Wipfeln von Bäumen, etwa verschiedene Opossumarten wie der Ringelschwanzbeutler und der Tüpfelkuskus. Diese Pflanzen fressenden Kletterbeutler besitzen einen langen Greifschwanz, den sie bei Bedarf als ›fünfte Hand‹ gebrauchen. Der kleinste Kletterbeutler, der Honigbeutler, erreicht samt Schwanz gerade eine Länge von 20 cm. Dieser Gourmet mit dem Beinamen ›Kolibri der Beuteltiere‹ kann mit seiner langen Zunge Nektar und Pollen aus Blüten heraus schlecken.

Nahrungsspezialisten sind auch die auf Eukalyptusbäumen lebenden, fälschlicherweise oft als Bären bezeichneten Koalas – sie verzehren nur bestimmte Blattsorten, aus denen sie auch ihren Flüssigkeitsbedarf beziehen. In Anpassung an den kargen Speiseplan haben die Koalas einen niedrigen Energiebedarf. Ein Weibchen bringt alle zwei Jahre ein Junges zur Welt. Der Keimling krabbelt nach der Geburt zur Milchquelle im Bauchbeutel der Mutter. Wenn es dem Jungen nach sechs Monaten im Beutel zu eng wird, klettert es auf den Rücken der Mutter und lässt sich huckepack durch das luftige Revier tragen. Einst waren Koalas in allen Wäldern der Ostküste heimisch, ihre Bestände wurden aber durch Jagd, Waldbrände und Krankheiten dezimiert. In Zuchtstationen versucht man heute ihre Bestände aufzufrischen.

Während die Koalas rund 18 Stunden am Tag schlafend in Astgabeln verbringen, schwingen sich Beutelgleiter wie die Riesenflugbeutler und Beutelflughörnchen auf der Nahrungssuche stundenlang durch höchste Baumwipfel. Spannhäute zwischen Armen und Beinen erlauben es ihnen, im Gleitflug von Baum zu Baum zu fliegen. Manche Kletter- und Flugbeutler kann man in städtischen Gärten und Parks antreffen, allerdings werden die Nachttiere erst in der Abenddämmerung aktiv.

Die bekanntesten Fleisch fressenden Raubbeutler sind der Beutelteufel und der Beutelwolf. Lange vor Ankunft der ersten weißen Siedler wurden sie von Dingos, verwilderten Hunden, auf dem australischen Festland ausgerottet. Nur auf Tasmanien überlebten sie noch, vermutlich weil der von den Aborigines eingeführte Wildhund diese Insel nie erreichte. Erst zu Beginn des 19. Jh. wurde der Beutelwolf, wegen seiner Fellzeichnung auch Tasmanischer Tiger genannt, entdeckt, aber schon wenig später als Schafräuber gejagt. Seit 1936 gilt dieser größte neuzeitliche Raubbeutler Australiens als ausgestorben. Überlebt hat dagegen der ebenfalls fast ausgerottete Beutelteufel, der auch den Namen Tasmanischer Teufel trägt.

Die wenigsten Australier wissen, dass es rund 150 Arten von Beuteltieren gibt. Sogar das Känguru, das mit dem straußenähnlichen Emu zum Wappentier des Fünften Kontinents erkoren wurde, tritt in 50 Arten in Erscheinung. Ist von Kängurus die Rede, denkt man meist an Graue und Rote Riesenkängurus. Diese größten und am weitesten verbreiteten Beuteltiere Australiens haben Körpergrößen von bis zu 2 m. Sie weiden auf Grasland und können sich mit Sprüngen von bis zu 12 m und Geschwindigkeiten von bis zu über 80 Stundenkilometern fortbewegen.

Zu den kleinsten Vertretern der Känguru-Familie gehören das auch Quokka genannte Kurzschwanzkänguru, das Hasenkänguru und das Moschusrattenkänguru, Lebewesen, die eher unseren Nagetieren ähneln als dem Nationaltier Australiens. Kängurus haben sich an jede Art von Lebensraum angepasst. So finden sich die 50 bis 80 cm großen Baumkängurus in tropischen Regenwäldern, die ebenso großen Wallabies in felsigen Gegenden. Das auch Euro oder Wallaroo genannte Felsenkänguru kann in Bergen herumklettern.

Da vor allem die größeren Känguru-Arten Grasfresser sind, wurden sie von europäischen Siedlern als Nahrungskonkurrenten ihrer Schafe und Rinder gejagt.»Was ein Roo gefressen hat«, sagen auch heute noch viele Farmer, »macht ein Schaf nicht mehr satt« und fordern höhere Abschussquoten für die ›Schädlinge‹. Das ruft vehemente Proteste von Tierschützern hervor, die sich um die Existenz der Springbeutler sorgen. Experten sind sich jedoch einig, dass gerade die Großkänguru-Arten nicht vom Aussterben bedroht sind. Ihre Bestände sind heute größer als vor der Kolonialisierung des Kontinents, da die Farmer durch die Anlage künstlich bewässerter Weidegebiete und zahlreicher Viehtränken auch den Lebensraum der Kängurus vergrößerten. Vom Aussterben bedroht sind jedoch einige der kleinwüchsigen Känguru-Arten. Dass mancher Tourist während seiner Australien-Reise kaum ein Känguru in freier Wildbahn sieht, liegt daran, dass die Tiere tagsüber den Schatten von Bäumen und Büschen suchen und erst in den Abendstunden aktiv werden.

Australiens Fauna besteht nicht nur aus Beuteltieren, auch wenn diese zoologisch die Hauptrolle spielen. Zu den kuriosesten Lebewesen des Kontinents zählen die so genannten Kloakentiere, Eier legende Säugetiere. Sie besitzen am hinteren Körperende eine Öffnung, die Kloake, in die Darm, Harnleiter und Fortpflanzungsorgane münden. Zu diesen Kreaturen gehören das in Binnengewässern von Ost-Australien und Tasmanien beheimatete Schnabeltier *(Platypus)* und der in allen Teilen Australiens heimische Schnabeligel *(Echidna)*. Da beide Tiere keine sichtbaren Zitzen haben, waren sich die Wissenschaftler anfangs nicht einig, ob sie Säugetiere oder Reptilien seien. Die Muttermilch tritt aus einem Drüsenfeld aus und wird von den Jungen aufgeleckt.

Als Wassertier baut der *Platypus* sein Nest an den Ufern von Flüssen und Seen. Mit seinem stromlinienförmigen Körper und den Schwimmhäuten an den Füßen sowie seinem dichten und fettigen Fell, das vor Kälte schützt, ist der *Platypus* an das feuchte Element angepasst. Mit Hilfe von Tastrezeptoren am ledrigweichen Schnabel sucht er am Grund der Gewässer nach Schnecken, Würmern und anderem kleinen Getier. Obwohl sie häufig vorkommen, sind Schnabeltiere in freier Wildbahn nur mit viel Glück und Geduld zu erspähen. Man kann die interessanten Tiere aber in Aquarien von Zoos gut beobachten.

Mit seinem Stachelpanzer und seiner kugeligen Gestalt hat der *Echidna* zwar große Ähnlichkeit mit einem ›echten‹ Igel, ist mit diesem aber als Eier legendes Säugetier biologisch nicht verwandt. Seine Eier brütet er in einem Körperbeutel aus. Aufgrund seiner Anpassungsfähigkeit an unterschiedlichste Klima- und Vegetationszonen lebt der Schnabeligel dort, wo es seine Hauptnahrung, Ameisen und Termiten, gibt – also praktisch überall. Mit kräftigen Klauen kratzt er die Bauten der Insekten auf und erbeutet sie mit Hilfe seiner langen, klebrigen Zunge, die im röhrenförmigen ›Schnabel‹ verborgen liegt. Bei Gefahr kann er sich blitzschnell so weit eingraben, dass nur noch die bis zu 6 cm langen Dornen seines Panzers sichtbar sind.

Mit Ausnahme von Walen, Delfinen, Robben und Dugong-Seekühen, die in australischen Meeresgebieten heimisch sind, sowie Fledermäusen und Flughunden gab es auf dem Fünften Kontinent keine höheren Säugetiere, bevor Menschen sie mitbrachten. Umso ungestörter konnte sich eine Vogelwelt entwickeln. Im »Complete Book of Australian Birds«, dem umfassendsten Bestimmungsbuch für australische Vögel, sind über 700 Vogelarten registriert, meist Spezies, die nirgendwo sonst auf der Welt zu finden sind. Mit 55 Arten ist Australien das Hauptverbreitungsgebiet der Papageien – nicht zu Unrecht gaben ihm frühe Naturforscher den Beinamen *Terra psittacorum,* Land der Papageien.

Einer der schönsten ist der Allfarb- oder Regenbogenlori. Die von Nektar und Wildfrüchten lebenden Loris ziehen sie in großen Schwärmen über weite Entfernungen durch das östliche Australien und besuchen sogar großstädtische Parkanlagen. Der Wellensittich, den man in seiner Heimat Budgerygah nennt, hat die ganze Welt erobert. Der Name stammt aus einer Sprache der Ureinwohner und bedeutet gute Nahrung, was darauf hindeutet, dass die bunten Vögel einst auf dem Speiseplan der Aborigines standen. Die bei uns als Käfigvögel beliebten Wellensittiche leben in ihrem Ursprungsland in den akazienbestandenen Trockensavannen des Zentrums. Aber auch andere Papageien, die in Europas Käfigen kostbare Raritäten sind, sieht man zu tausenden an den *billabongs,* den in der Trockenzeit zurückbleibenden Wasserlöchern und Weihern in den Überschwemmungsgebieten der großen Flüsse. Lärmend kommen morgens und abends Galahs, wegen ihrer rosafarbenen Brust auch Rosakakadus genannt, Gelbhaubenkakadus und Rotschwanzkakadus aus dem trockenen Grasland an die Wasserstellen. Zu ihnen gesellen sich Spinifex-Tauben, die in Gruppen zu fünf oder mehr beim geringsten Geräusch mit sirrendem Flügelschlag aufschrecken.

Die Weite der Savannen und Steppen des Binnenlands bevorzugt auch der Emu, der zweitgrößte Laufvogel der Erde, der in Australien das Fliegen verlernt hat. Bei den in Gruppen umherstreifenden Emus kümmern sich Weibchen und Männchen um den Nachwuchs: Das Eierlegen ist naturgemäß Aufgabe der Weibchen, das aber den Männchen das Ausbrüten und später das Aufziehen der Jungen überlässt. Obwohl Emus auch Insekten fressen und sogar Heuschreckenschwärme dezimieren, verfolgen die Getreidefarmer sie wegen seines Appetits auf Saatgut unerbittlich.

Brut- und Nistgebiete vieler Wasservögel findet man in den Sumpfgebieten des tropischen Nordens. Dort kann man Vögel ohne Versteck bequem am Rand der Wasserstellen stehend beobachten, etwa die eleganten Brolgas, Kraniche mit einer Flügelspannweite von über 2 m, sowie die Jabirus, große, schwarzweiße Störche mit saphirblau schimmernden Hälsen. Durch die Feuchtgebiete staksen zudem Seidenreiher und Löffler, während über ihnen Weißbrust-Seeadler ihre Kreise ziehen.

Lieblingsvogel vieler Australier ist der Kookaburra oder Lachende Hans, ein 45 cm großer Eisvogel, dessen Rufe zur Verwirrung mancher Australien-Neulinge eher dem Geschnatter eines Affen oder menschlichem Lachen ähneln als einem Vogelschrei. Da Kookaburras meist morgens einen vielstimmigen und lauten Chor bilden, tragen sie auch den Beinamen ›Wecker des Buschmanns‹. Kookaburras sieht und hört man vor allem im östlichen und südöstlichen Australien. Im tropischen Norden gibt es eine zweite Art, den Blauflügel-Kookaburra, dessen Ruf aber längst nicht so auffällig ist wie der des Lachenden Hans. Auf dem Speiseplan beider Kookaburra-Arten stehen Insekten, kleine Vögel, Mäuse und auch Echsen. Was jedoch zu ihrer Beliebtheit beigetragen hat, ist ihr Appetit auf Schlangen, die sie sehr geschickt zu erbeuten verstehen.

Was ihre Leibspeise betrifft, haben die Kookaburras reiche Auswahl, denn in den meisten Regionen Australiens herrschen ideale klimatische Bedingungen für sonnenbedürftige Reptilien. Echsen, die in fünf Familien mit rund 500 Arten in allen Klima- und Vegetationszonen angetroffen werden, sind für den Fünften Kontinent so typisch wie

Regenbogenloris ziehen in großen Schwärmen durch den Osten von Australien

die Kängurus. Die in den Trockengebieten des Outback vorkommenden Echsenarten können überleben, weil sie sich den extremen Klimabedingungen angepasst haben. So ernähren sich die meisten Echsen der trockenen Zone von Insekten, die ihnen nicht nur Aufbaustoffe, sondern auch die Flüssigkeit liefern. Einen hohen Wassergehalt besitzen Ameisen, von denen der Dornteufel, dessen groteskes Aussehen ihm den wissenschaftlichen Namen *Moloch horridus* eingetragen hat, tagtäglich 1000 bis 5000 vertilgt.

Der Blindschleiche unserer Breiten entspricht der Flossenfüßer, der wegen seiner fast gänzlich verkümmerten Beine häufig für eine Schlange gehalten wird. Doch gibt es nirgendwo auf der Welt mehr und giftigere Schlangen als in Australien. Der Kontinent kann mit zehn der giftigsten Schlangen der Welt aufwarten. Angeführt wird die Liste vom bis zu 4 m langen Taipan, der in entlegenen Gebieten von Zentral- und Nord-Queensland vorkommt. Gefürchtet ist auch die in Zentral- und West-Australien heimische, nur 70 bis 80 cm lange Todesotter (Death Adder), die im Laub versteckt auf Beute lauert und oft nicht, wie die meisten anderen Schlangen, bei einer Vibration des Bodens flüchtet. Zu den gefährlichen Bewohnern des Kontinents zählen auch die in Südost- und Südwest-Australien häufig anzutreffende Tigerotter (Tiger Snake) und die als aggressiv geltende, bis zu 2 m lange Mulga-Otter (Mulga Snake), die in der Trockenbusch-Region tagsüber aktiv ist.

Berechnet man die Gefährlichkeit einer Schlange danach, wie viele Schafe ein Biss töten kann, so soll der Biss einer indischen Königskobra genügend Gift freisetzen, um 30 Schafe zu töten. Der Biss einer Tigerotter aber soll ausreichen, um 120 Schafen den Garaus zu machen, der eines Taipan sogar 220. Als noch eine Stufe giftiger, aber sehr scheu gelten die australischen Seeschlangen. Ungiftig und weitgehend ungefährlich sind dagegen Pythons und andere Riesenschlangen, deren Lebensraum auf den tropischen Norden beschränkt ist. In den Gewässern dieser Region aber lauern andere Reptilien, die Menschen bei unvorsichtigem Verhalten gefährlich werden können – Krokodile

Auch unter den Wirbellosen gibt es Lebewesen, die zu Australiens Ruf als ›giftigstem Kontinent‹ beitragen. Schmerzhaft sind die Stiche von Skorpionen, tödlich können die Bisse zweier nur wenige Zentimeter großer Spinnen sein. Im Großraum der Millionenmetropole Sydney tritt die Trichternetzspinne (Funnelweb Spider) auf, die Experten als

Für Reiher ungefährlich – ein auch saltie genanntes Salzwasserkrokodil

giftigste Spinne der Welt bezeichnen. Vor der Entwicklung eines Antiserums war diese Spinnenart für mehrere Todesfälle verantwortlich. Ebenfalls hochgiftig ist die Rotrückenspinne (Redback Spider), die australische Variante der Schwarzen Witwe. Andere Spinnen, etwa die handtellergroße Jägerspinne, erschrecken oft durch ihr Aussehen und ihre Größe, sind allerdings harmlos.

Bei umsichtigem Verhalten haben Menschen jedoch weder Schlangen noch Spinnen zu fürchten. Was das Reisen im Outback aber bisweilen beschwerlich macht, sind die vielen Insekten. Schmeiß- und Sandfliegen, Moskitos und Motten, Ameisen und Termiten können zur Dauerplage werden. Insekten treten in Australien in einer so unerschöpflichen Vielfalt auf, dass Naturwissenschaftler auch heute noch im australischen Busch ständig neue Arten entdecken. Eine von ihnen wurde in aller Welt bekannt – die Kompass- oder Magnettermiten. Aus Erdreich und zerkautem Holz bauen sie Wohntürme, die Ausdruck einer Anpassung an ihren Lebensraum sind. Ihre Bauten sind bis zu 3 m hoch und etwa ebenso lang. An der Basis haben sie eine Breite von etwa 1 m, laufen aber zur Spitze hin keilförmig zu und sind an der Kante nur noch 10 bis 20 cm breit. Durch eine Nord-Süd-Ausrichtung der Türme treffen die Sonnenstrahlen morgens und abends auf die Breitseiten, während der heißesten Tageszeit jedoch nur auf die schmalen Seiten, was eine Temperaturregulation im Innern der Bauten bewirkt. Australische Forscher haben entdeckt, dass die genialen Architekten, deren Lebensraum sich auf die Gegend südlich von Darwin, das Arnhem Land und die Cape York Peninsula beschränkt, in ihren Bauplänen auch die Richtung der Monsunwinde berücksichtigen.

Von der Strafkolonie zur Nation
Streiflichter der Geschichte

Das Zeitalter der ›Entdeckungen‹

Claudius Ptolemäus, der große Geograf der Antike, hatte doch Recht: Seine These von der Existenz eines unbekannten Landes auf der Südhalbkugel – *terra australis incognita* genannt –, die viele Jahrhunderte lang die Fantasie europäischer Seefahrer beflügelte, erwies sich als zutreffend. Doch gab es auf der Suche nach dem legendenumrankten ›Südland‹ zahlreiche Fehlschläge, blieb Australien noch lange nach Beginn des Zeitalters der Entdeckungen, das von den Portugiesen und Spaniern im 15. Jh. eröffnet wurde, ein rätselhafter Kontinent.

Nachdem sie Süd- und Nord-Amerika entdeckt hatten, hofften die Spanier, im südlichen Pazifik das ›unbekannte Land im Süden‹ zu finden. Alvaro de Mendoña und Pedro Fernández de Quirós, die ersten Spanier, die gegen 1600 in den Süd-Pazifik vordrangen, fanden außer ein paar Inseln nichts als einen endlosen Ozean vor. 1606 wurde Luis Vaéz de Torres bei der Umsegelung von Neuguinea nach Südwesten abgetrieben und durchquerte dabei als erster Europäer eine Meerenge, die später nach ihm benannt wurde. Die von ihm erkundete Seeroute und sein Bericht, der vermuten ließ, dass jenseits dieser Meeresstraße Land liegen könnte, wurden von der spanischen Regierung lange Zeit aus Angst vor europäischen Konkurrenten als Staatsgeheimnis gehütet.

Fast zur gleichen Zeit, als Torres an der Nordküste von Australien vorbei segelte, betrat dort der holländische Kapitän Willem Janszoon als erster Europäer australischen Boden. Aber die holländischen Seefahrer, die Janszoon folgten, konnten ihren Irrfahrten entlang der Küsten des Kontinents, dem sie den Namen Neuholland gaben, nichts abgewinnen.

Nicht anders erging es dem Engländer William Dampier, der 1699 an der Nordwestküste nahe der Hafenstadt an Land ging, die heute seinen Namen trägt. Nach ersten Begegnungen mit Ureinwohnern notierte er in sein Logbuch: »Dies ist die trostloseste Gegend, die auf Erden gefunden werden kann. Die Bewohner dieses Landes sind das armseligste Volk der Welt. Lässt man ihre menschliche Form außer Acht, unterscheiden sie sich kaum von Tieren.« Mit seinen Berichten über Land und Leute widerlegte Dampier alle Gerüchte über die sagenhaften Reichtümer des ›Südlands‹. Daraufhin erlosch das Interesse der Europäer an diesen fernen Gestaden und die Ureinwohner blieben noch eine Weile vor der Konfrontation mit der westlichen Zivilisation verschont.

Erst in der zweiten Hälfte des 18. Jh. setzte eine weitere Entdeckungswelle ein. Alarmiert durch französische Vorstöße im Süd-Pazifik, entsandte die britische Regierung die bis dahin bestausgerüstete Expedition in die ferne Erdregion. Wie die Franzosen und zuvor die Holländer waren auch die Briten an der Erweiterung ihrer Handelsverbindungen interessiert und hatten als aufstrebende Seemacht auch die strategische Bedeutung des neuen Südkontinents im Auge. Zugleich übte aber die nach wie vor weitgehend unerforschte *terra australis incognita* auf die damalige Wissenschaft wieder eine sehr große Faszination aus.

Am 26. 8. 1768 verließ Captain James Cook, der als erfahrener Seemann und exzellenter Kartograf galt, mit seinem Schiff »Endeavour« den englischen Hafen Plymouth. An Bord befanden sich auch Wissenschaftler wie der Naturforscher Joseph Banks und der Botaniker Daniel Carl Solander. Ziel der Reise war die kurz zuvor entdeckte Insel Tahiti, wo astronomische Beobachtungen durchgeführt werden sollten. So lautete Captain Cooks offizielle Order, doch er hatte einen zweiten, geheimen Auftrag, der ihn anwies, die Existenz des Südkontinents zu bestätigen und dessen Eignung für eine Besiedlung zu prüfen.

Bei der Weltumsegelung wurde James Cooks kleine Bark im April 1770 von stürmischem Wetter an die Ostküste Australiens verschlagen. Am 28. 4. entdeckte der Kommandant eine Bucht, die ihm als Ankerplatz geeignet erschien – Botany Bay, in der Nähe des heutigen Sydney. Dieses Land hatte mit der von William Dampier beschriebenen Einöde nichts gemein. Die Bucht präsentierte sich den Engländern üppig grün, dicht bewaldet und allem Anschein nach äußerst fruchtbar. So waren die Berichte, die James Cook der britischen Admiralität vorlegte, nachdem er vor seiner Rückkehr nach England das spätere New South Wales zum Einflussgebiet der britischen Krone erklärt hatte, optimistischer als die seiner Vorgänger.

Die Gründung der Strafkolonie

In seiner Heimat aber teilte man Cooks Euphorie zunächst nicht. Der neu entdeckte Kontinent mochte geeignet sein für die Errichtung von Stützpunkten, an denen Schiffe ihre Vorräte ergänzen

James Cook erkundete 1770 die Ostküste von Australien

konnten, eine Kolonialisierung dagegen schien wenig sinnvoll. Diese Einstellung begann sich jedoch ab 1775 zu ändern. Bis dahin hatte England über ein Jahrhundert lang Gesetzesbrecher in seine amerikanischen Kolonien deportiert. 1776 erklärten sich die USA für unabhängig und den ›Abladeplatz‹ für Strafdeportierte für geschlossen.

Die Häftlingsfrage weitete sich in Großbritannien zu einem Problem aus. Mit der beginnenden Industriellen Revolution waren Scharen von Landarbeitern auf der Suche nach Erwerbsmöglichkeiten in die Städte gezogen, wo die Bevölkerungszahlen in die Höhe schnellten. Längst nicht alle aber fanden Arbeit. Es entstand eine Klasse der Verarmten und Obdachlosen, die oft nur die Alternative hatten, zu stehlen oder zu verhungern. Der steigenden Kriminalität begegnete die Obrigkeit mit einer gnadenlosen

Abenteurer und ›Entdecker‹
Die Erforschung des Outback

Lange Zeit galt das große, ausgeglühte Binnenland des Kontinents als unbewohnbar. Daher zeigte man in der Gründungsphase der Kolonie New South Wales auch kaum Interesse an der Erforschung der unbekannten Gebiete jenseits der schier unüberwindlichen Gebirgskette, die heute den Namen Blue Mountains trägt. Das änderte sich jedoch, als die Agrarfläche im Landstrich um Sydney knapp zu werden begann und sich der Nahrungsmittelmangel zu einer ernsten Bedrohung für die Kolonie entwickelte. 1813 gelang den drei Briten Gregory Blaxland, William Charles Wentworth und William Lawson die erste Überquerung der Bergbarriere. Nach ihrer Rückkehr berichteten sie von riesigen Weidegründen, woraufhin Generalgouverneur Macquarie auf ihrer Route in Rekordzeit eine Straße bauen ließ. Bereits 1815 zogen die ersten Siedler in das Land an der Westflanke des Gebirges.

Dieser Pionierexpedition folgten zahlreiche Forschungs- und Erkundungszüge. Die unterschiedlich erfolgreichen Vorstöße in das Zentrum des Kontinents sollten helfen, Landverbindungen zwischen den Kolonien im Südosten mit den Ansiedlungen im Südwesten und äußersten Norden sowie Siedlungsmöglichkeiten zu erkunden.

Eine Frage vor allem beflügelte die Fantasie der frühen Entdecker: Was geschieht mit den Flüssen, die von der Wasserscheide des östlichen Gebirgszugs ins Landesinnere flossen? Gibt es ein Süßwassermeer irgendwo im Innern Australiens, in das sie mündeten? Um das Rätsel zu lösen, beauftragte der damalige Gouverneur von New South Wales, Sir Ralph Darling, 1829 den Offizier Captain Charles Sturt, eine Expedition auszurüsten. Mit einer Gruppe von Männern gelang es Sturt, ein zerlegtes Walfangboot über die Berge zum Murrumbidgee River zu schleppen. Diesen Fluss ließen sie sich hinuntertreiben bis zum Murray River, auf dem sie zum Lake Alexandrina an der Küste Süd-Australiens gelangten, der mit dem Meer verbunden ist. Mit seiner Unternehmung widerlegte Sturt den Mythos von einem Binnenmeer, entdeckte aber so viel fruchtbares Land, dass er den Anstoß für die Erschließung Süd-Australiens gab.

Im Jahre 1836 stieß der schottische Offizier Thomas Mitchell nördlich und westlich von Melbourne auf fruchtbares Land. Aus der von ihrem Entdecker *Australia felix* – glückliches Australien – genannten Region entwickelte sich der Bundesstaat Victoria. Den Gebirgszug in der Südostecke des Kontinents erkundete als erster der Pole Paul Edmund von Strzelecki in den Jahren 1839/40. Im Alleingang bestieg er den höchsten Berg des Kontinents und benannte ihn nach einem polnischen Nationalhelden Mount Kosciusko.

Etwa zur selben Zeit wagte der Brite Edward John Eyre von Adelaide aus einen ergebnislosen Vorstoß ins Landesinnere. Ein Salzsee erwies sich nach 600 km als unüberwindbares Hindernis. Bereits ein Jahr später wollte er als erster eine Landverbindung vom Süden in den Westen Australiens erkunden. Überwiegend allein wanderte er in einem Gewaltmarsch 1500 km weit an der Südküste Australiens entlang von Fowlers Bay an der Großen Australischen Bucht bis zur Siedlung Albany. Am Küstensaum der unfruchtbaren Nullarbor-Ebene aber fand er zu seiner Enttäuschung nichts als wasserlose, ausgedorrte Wildnis. 1844 versuchte Charles Sturt von Adelaide zur Nordküste vorzustoßen, scheiterte jedoch auf halbem Weg. Kurz vor seiner Umkehr notierte er in seinem Tagebuch, sein Thermometer habe 52° C angezeigt, ehe es zerbarst.

Als einer der umstrittensten Erforscher des Kontinents galt Ludwig Leichhardt, ein draufgängerischer Preuße, der 1842 nach Australien gekommen war, um sich in seiner Heimat dem Wehrdienst zu entziehen. »Während sich die Küsten von Australien allmählich beleben, ruht das Innere noch in völligem Dunkel«, schrieb der 1813 als Sohn eines Torfmeisters im Brandenburgischen geborene Leichhardt an seinen Schwager, »dieses Innere, dieser Kern der dunklen Masse ist mein Ziel, und ich werde nicht eher nachlassen, als bis ich es erreiche!« Ehrgeizig, Entdeckerruhm an seinen Namen zu heften, brach er ohne Auftrag und ohne finanzielle Unterstützung Ende August 1844 zur Durchquerung des unbekannten Nordostens von Brisbane bis nach Arnhem Land auf.

Die 4800 km weite Reise sollte fünf Monate dauern, 15 wurden es schließlich. Die unvorhergesehen lange Reisedauer und der Verlust eines Großteils der Vorräte zwangen Leichhardt und seine sieben Begleiter, sich zuletzt ausschließlich von dem zu ernähren, was das Land hergab. Dass die Expedition im Dezember 1845 Port Essington im nördlichen Arnhem Land erreichte, grenzt an ein Wunder. Als die bereits Totgeglaubten im März 1846 auf dem Seeweg nach Sydney zurückkehrten, wurden sie als Nationalhelden gefeiert. Leichhardts zweite, noch ehrgeizigere Expedition, auf der er den Kontinent von Sydney bis Perth durchqueren wollte, geriet aber zum Fiasko. Er und seine sechs Begleiter verschwanden spurlos im Wüstenherz Australiens. Ihr Schicksal gilt als eines der großen ungelösten Rätsel des australischen Busches. Australiens Literatur-Nobelpreisträger Patrick White setzte Leichhardt in seinem Roman »Voss« ein literarisches Denkmal.

Mitte des 19. Jh. wusste immer noch niemand, wie es im Zentrum Australiens aussah. Im Jahre 1860 setzte die Regierung der Kolonie South Australia eine Belohnung von 2000 Pfund für die erste Expedition aus, der es gelingen würde, den Kontinent in Süd-Nord-Richtung zu durchqueren. Im benachbarten Victoria wurde zur gleichen Zeit ebenfalls eine Prämie ausgeschrieben und alsbald war ein transkontinentales Wettrennen im Gange.

Im August 1860 brachen Robert O'Hara Burke und sein Partner William John Wills mit einer Expedition auf, um den Kontinent von Melbourne bis zum Golf von Carpentaria zu durchqueren. Am Cooper Creek, etwa in der Mitte des Kontinents, beschlossen sie, nur in Begleitung zweier ihrer Männer, John King und Charlie Gray, ohne die schwerfällige Versorgungskarawane »… ins Innere vorzustoßen und so rasch wie möglich den Kontinent zu durchqueren, koste es, was es wolle«. Sie ließen fünf Männer mit der Anweisung im Basislager am Cooper Creek zurück, drei Monate auf ihre Rückkehr zu warten. Mitte Februar 1861 erreichte die Vierergruppe nach 3400 km den Carpentaria-Golf. Angesichts der knappen Vorräte kehrten sie sofort um und schleppten sich am 21. 4. mit letzter Kraft in das Depot am Cooper Creek. Die Männer aber, die dort über vier Monate lang ausgeharrt hatten, waren einem zurückgelassenen Brief zufolge erst sieben Stunden zuvor aufgebrochen, weil sie keine Hoffnung mehr auf die Rückkehr der Forscher hatten. Zu schwach, um noch weiterzumarschieren, erlitten Burke, Wills und Gray einen qualvollen Hungertod. King wurde von Aborigines gerettet, die sich um ihn kümmerten, bis ihn im September 1861 eine Suchmannschaft fand. Posthum wurde Burke und Wills zwar das Verdienst zuerkannt, als erste den Kontinent von Süd nach Nord durchquert zu haben, ihre Expedition aber blieb für Wissenschaft wertlos.

Weniger dramatisch verlief das Unternehmen von John McDouall Stuart, der sich 1861/62 von Adelaide bis zur Nordküste durchschlug. Er traf am 25. 7. 1862 mit seinen Begleitern am Van Diemens-Golf ein. Mit seiner Gewalttour leistete er einen wichtigen Beitrag zur Erschließung des Kontinents. Endlich konnte eine Überland-Telegrafenlinie verlegt werden, die in Darwin den Anschluss an ein Unterwasserkabel von Java ermöglichte und Australien mit dem Rest der Welt verband.

Weitere 13 Jahre dauerte es jedoch noch, ehe Ernest Giles die erste Ost-West-Durchquerung glückte. Vollständig erschlossen war der australische Kontinent damit aber noch immer nicht. Manche Regionen Zentral-Australiens bildeten bis weit ins 20. Jh. hinein weiße Flecken auf der Landkarte.

Rechtsprechung. So ahndete man bereits kleine Vergehen wie Laden- oder Taschendiebstahl mit Deportation, was einer lebenslänglichen Strafe gleichkam.

Da nun aber die nord-amerikanischen Kolonien nicht mehr länger als Versandplätze für ›kriminelle Elemente‹ zur Verfügung standen, begannen die englischen Gefängnisse überzuquellen. Als Notlösung brachte man tausende von Sträflingen auf ausrangierten Kriegsschiffen unter, die in der Themse vor Anker lagen. Die katastrophalen hygienischen Verhältnisse in den Sträflingsquartieren führten nicht nur zu Revolten der Insassen, sondern auch zu Auseinandersetzungen im Parlament. Man zog in Erwägung, in Gibraltar oder West-Afrika neue Strafkolonien zu gründen, entschloss sich dann aber für die Ostküste von Australien, die James Cook kurz zuvor für die Krone in Besitz genommen hatte.

Im Oktober 1786 wurde Captain Arthur Phillip beauftragt, die erste Kolonie in New South Wales zu gründen. Am 13. 5. 1787 stach ein Konvoi aus neun Gefangenenschiffen mit fast 800 Häftlingen und über 200 Soldaten und Matrosen an Bord in See. Nach achtmonatiger Reise erreichten die Schiffe ihren Bestimmungsort. Das von Captain Cook empfohlene Gebiet an der Botany Bay mag ein Eldorado für Botaniker gewesen sein, für eine Besiedlung hingegen erwies es sich als ungeeignet. Ein Stückchen weiter nördlich fand Arthur Phillip einen Naturhafen mit günstigem Hinterland, dem Captain Cook bei seiner Entdeckungsreise den Namen Port Jackson gegeben hatte. Am 26. 1. 1788 wurde dort die erste britische Kolonie auf australischem Boden gegründet. Noch heute erinnert der Nationalfeiertag Australia Day an dieses Ereignis. Dass es bereits Menschen in diesem Land gab, störte niemanden, um die Rechte der Ureinwohner kümmerte sich damals keiner der Neuankömmlinge.

In Port Jackson begannen die Briten mit dem Aufbau einer Siedlung – dem späteren Sydney. Aber auch das Land an der Bucht von Sydney entsprach keineswegs ihren Erwartungen. Mehr als einmal geriet die neue Kolonie nahe an den Rand einer Hungersnot. Ohne Nachschub aus dem Mutterland wäre die Siedlung am Port Jackson kaum lebensfähig gewesen. Außerdem kam es schon bald zu blutigen Konflikten mit den Ureinwohnern – von den Weißen Aborigines (von lat. *ab origine* – von Anfang an da) genannt –, die sich gegen die Vertreibung aus ihren Stammesgebieten wehrten.

Während unter Gouverneur Arthur Phillip noch Recht und Ordnung in Großbritanniens kolonialem Außenposten herrschten, waren nach seiner Rückkehr nach England im Dezember 1792 Gewalttätigkeiten an der Tagesordnung. Unter seinem Nachfolger machte sich das korrupte Militär weitgehend selbstständig und riss die Kontrolle über das Wirtschaftsleben der Kolonie an sich. Der Einfluss der Offiziere wuchs, als sie den Handel mit Rum, der zu einer Art Ersatzwährung avancierte, unter ihre Kontrolle brachten. Unter dem despotischen Regime des so genannten Rum Corps herrschten in der Kolonie bald chaotische Zustände. Erst einem neuen Gouverneur, Generalmajor Lachlan Macquarie, der seine kampferprobten Truppen mitgebracht hatte, gelang es Herr der Situation zu werden.

Von der Strafkolonie zum Einwandererland

Unter Führung des energischen und weitsichtigen Schotten begann die Wirtschaft zu florieren und der Wohlstand zuzunehmen. Während seiner Amtszeit zeichnete sich die Umwandlung des ›weiten Kerkers‹ in eine aufstrebende Kolonie freier Einwanderer ab. Macquarie war auch der erste Gouverneur, der die Bedeutung ehemaliger Strafgefangener für den Aufbau des Landes würdigte, indem er ihnen nach Ablauf oder Erlass ihrer Strafe Land- und Bürgerrechte sowie wichtige Positionen in der Kolonie gewährte.

Ebenso große Bedeutung wie der Stabilisierung der wirtschaftlichen und sozialen Verhältnisse maß Macquarie der Erkundung und Erschließung anderer Landesteile bei. Um ihre Besitzansprüche auf den Kontinent zu untermauern, gründeten die Briten seit 1829 in allen Küstenregionen Siedlungen, aus denen später einige der bedeutendsten Städte des Landes hervorgingen. Ein paar von ihnen, wie Perth und Adelaide, wurden von Anfang an von freien Siedlern gegründet. Schon bald waren die Einwanderer, die aus freien Stücken ans andere Ende der Welt kamen, gegenüber den Strafverbannten in der Überzahl.

Die meisten der Neuankömmlinge suchten ihr Glück in der Schafzucht. Damals war die Nachfrage der Spinnereien und Webereien im englischen Mutterland nach Wolle enorm. Australien konnte die feinste Wolle der Welt billig liefern. Die günstigen wirtschaftlichen Perspektiven lockten immer mehr Immigranten auf den Fünften Kontinent.

Schafzucht und Wollindustrie wirkten auch als Katalysatoren für die weitere Erforschung des Landesinnern, denn für die wachsenden Schafherden mussten neue Weidegründe erschlossen werden. Wie eine Flutwelle strömten Siedler über die Berge hinweg in die weiten Ebenen des Outback. Um der unkontrolliert wuchernden Besiedlung Einhalt zu gebieten, versuchte die Kolonialverwaltung gegen 1830 die Landnahme per Gesetz auf ein Gebiet mit einem Radius von 240 km um Sydney zu beschränken. Das Land wurde nun auch nicht mehr kostenlos unter den Siedlern verteilt, sondern verkauft. Diese Verordnungen nahm man aber kaum ernst. Trotz staatlicher Beschränkungsversuche breitete sich die Besiedlung bis 1840 bereits über den gesamten Nordosten von New South Wales aus und traf im Westen auf den Siedlungsvorstoß, der von Melbourne ausging.

Australien im Goldrausch

Einen Einwanderungsboom erlebte Australien, als 1851 in New South Wales und in Victoria Gold entdeckt wurde. Das Zauberwort ›Gold‹ löste eine wahre Flucht der Menschen aus den Städten zu den neu entdeckten Goldfeldern im Hinterland aus.

Allein in Victoria wurden in den 50er Jahren des 19. Jh. über 1000 t Gold gefördert – mehr als ein Drittel der damaligen Weltproduktion. Als Schürfer in den 70er Jahren auch in Queensland auf ergiebige Goldadern stießen und zu Beginn der 90er Jahre bei den westaustralischen Städten Kalgoorlie und Coolgardie die ›Goldene Meile‹ entdeckten, avancierte Australien in den Augen der Welt zum ›Land der unbegrenzten Möglichkeiten‹.

Der Goldrausch hatte enorme Auswirkungen auf die Entwicklung Australiens, denn er lockte eine Flut von Menschen ins Land. Diese Einwanderer waren für Australiens Zukunft weit wichtiger als das Gold. In wenigen Jahrzehnten war das leicht zu schürfende Oberflächengold erschöpft und das verbliebene Edelmetall konnte nur noch von finanzkräftigen Bergbaugesellschaften in großen Schachtanlagen gefördert werden. Viele der einfachen Goldsucher wurden zu unentbehrlichen Kräften für den Aufbau des Landes.

Dem Goldrausch verdankte es Australien, dass es seinen Ruf als Sträflingskolonie verlor. Durch den wirtschaftlichen Erfolg wuchs das Selbstvertrauen der Australier, die nun immer lautstärker demokratische Verhältnisse und Unabhängigkeit von England forderten. Das Streben nach Selbstverwaltung erhielt durch die Eureka Stockade von 1854, der ersten und einzigen bewaffneten Rebellion von Zivilisten gegen staatliche Willkür in der Landesgeschichte, einen starken Impuls.

Um die Goldminen als Einnahmequelle für die Staatskasse zu nutzen, führte die Kolonialverwaltung von Victoria eine Goldgräbersteuer ein, die monatlich zu entrichten war, ob man nun fündig wurde oder nicht. Aus dem Unmut der Goldsucher über die hohen Schürfgebühren und die Art ihrer Eintreibung entstand eine politische Bewegung, die nach einer Stadt nordwestlich von Melbourne benannte Ballarat Reform League. Die Wortführer entwarfen ein Reformprogramm, in dem sie neben gerechteren Steuern jährliche Parlamentswahlen und das allgemeine geheime Wahlrecht forderten. Das Ende kam, als Soldaten und Polizisten eine von den Goldgräbern außerhalb von Ballarat errichtete Barrikade stürmten, wobei 25 Schürfer und vier Soldaten ihr Leben verloren.

Der Aufstand wurde zwar niedergeschlagen, doch die demokratische Stimmung, die er ausgelöst hatte, konnte

Das York Hotel in Kalgoorlie erinnert an die Zeit der Goldgräber

nicht mehr unterdrückt werden. So wurde die Hauptforderung der Aufständischen, die Beteiligung am politischen Entscheidungsprozess, erfüllt: 1857 führte man in Victoria das demokratische Wahlrecht ein, ein Jahr später folgte New South Wales.

Der Weg in die Unabhängigkeit

Die Ereignisse von Ballarat bildeten den Auftakt einer demokratischen Entwicklung in den sechs Kolonien, in die der australische Kontinent Mitte des 19. Jh. eingeteilt war. Immer lauter wurden nun auch Stimmen, die unter dem Motto ›Australien den Australiern‹ eine Loslösung vom englischen Mutterland forderten. Eine Bewegung entstand, die – in Abstimmung mit der britischen Krone – eine eigenständige Nation anstrebte. In den 90er Jahren des 19. Jh. kam es auch offiziell auf Regierungsebene zu Verhandlungen zwischen den Einzelkolonien, welche die Gründung eines australischen Bundesstaates zum Inhalt hatten. Zwei Ereignisse hatten die Kolonialpolitiker aufgeschreckt: Die deutsche Besetzung von Nordost-Neuguinea (Kaiser-Wilhelms-Land) und benachbarter Inseln 1884 sowie das wachsende französische Interesse am Süd-Pazifik.

Die Expansion zweier imperialistischer Mächte in einen Raum, den man zur eigenen Interessensphäre zählte, rückte die eigene Verwundbarkeit ins Bewusstsein der Australier und ließ Forderungen nach gemeinsamen Streitkräften laut werden. Nach langjährigen Verhandlungen und nachdem Großbritannien seine Zustimmung gegeben hatte, schlossen sich die australischen Kolonien am 1. 1. 1901 zum Commonwealth of Australia zusammen. Damit weder New South Wales noch Victoria eine zu dominante Rolle in der Föderation spielen konnten, wählte man nicht

Sydney oder Melbourne zur Hauptstadt, sondern bestimmte das noch zu erbauende Canberra zur Kapitale.

Auch als unabhängiger Nationalstaat war Australien noch immer an das britische Empire gebunden. Seine Loyalität zur britischen Krone stellte Australien im Ersten und Zweiten Weltkrieg unter Beweis, an denen sich die australischen Streitkräfte mit hohen Verlusten beteiligten. Zur Unterstützung der britischen Truppen bildeten die Australier mit den Neuseeländern das Australia and New Zealand Army Corps (ANZAC) und entsandten während des Ersten Weltkriegs 500 000 Soldaten auf die Schlachtfelder am anderen Ende der Welt. Der Einsatz australischer und neuseeländischer Truppen, die im fernen Europa kämpften, hatte für die Daheimgebliebenen eine tief gehende psychologische Bedeutung. Zum ersten Mal entstand in den noch jungen Staaten ein Nationalbewusstsein. Vor allem die hohen Verluste, die Australier und Neuseeländer auf der Dardanellen-Halbinsel Gallipoli im Kampf gegen türkische und deutsche Verbände erlitten, trugen dazu bei.

Auch 1939 reagierten Australien und Neuseeland auf die Bitten Großbritanniens um militärischen Beistand im Kampf gegen Deutschland. Als die Japaner mit ihrem Überfall auf den amerikanischen Stützpunkt Pearl Harbor am 7. 12. 1941 den Pazifischen Krieg eröffneten, war Australien unmittelbar von den Kampfhandlungen betroffen. In den ersten Monaten des Jahres 1942 besetzten japanische Streitkräfte die Inselwelt der Philippinen und Indonesiens. Am 15. 2. 1942 fiel Singapur und 15 000 Australier gerieten in Kriegsgefangenschaft. Viele von ihnen starben später beim Bau der ›Todesbahn‹ in Burma.

Als japanische Flugzeuge am 19. 2. 1942 Darwin und andere Hafenstädte im Norden des Landes bombardierten, verbreitete sich die Angst vor einer Invasion. Vom fernen und selbst arg in Bedrängnis geratenen englischen Mutterland konnte Australien keine Hilfe erwarten. Folglich wandte sich der damalige Premier John Curtin an die USA um militärischen Beistand. In der Folgezeit diente Australien zehntausenden amerikanischen Soldaten als Operationsbasis im pazifischen Raum. Das Blatt begann sich gegen Japan zu wenden, als die Amerikaner bei der Schlacht in der Korallen-See Anfang Mai 1942 einen japanischen Flottenverband schlugen und damit die Nachschublinien des Gegners unterbrachen.

Australien heute

Die Erfahrungen des Zweiten Weltkriegs, in dem Großbritannien als Schutzmacht versagt hatte, führten dazu, dass sich die Loyalitätsbande zum Mutterland lockerten. Die Nachkriegsjahre standen im Zeichen einer außenpolitischen Neuorientierung, einem Balance-Akt zwischen Loslösung von Großbritannien und gleichzeitiger Anlehnung an die neue Weltmacht USA. So beteiligte sich Australien mit der Unterzeichnung des ANZUS-Paktes, eines von den USA initiierten pazifischen Sicherheitsabkommens, 1951 erstmals an einem Bündnis, dem Großbritannien nicht angehörte. Die Australier verhielten sich zu ihrem amerikanischen Verbündeten ebenso loyal wie früher zu Großbritannien und entsandten während des Korea-Krieges sowie in den ersten Jahren des Vietnam-Krieges Hilfskontingente.

Ein weiteres Fazit nach dem Zweiten Weltkrieg war die Erkenntnis, dass sich der Kontinent mit seinen damals nur rund 7,5 Mio. Einwohnern selbst nicht schützen konnte. So begann unter dem

Slogan *populate or perish* (besiedeln oder zu Grunde gehen) in den Nachkriegsjahren ein groß angelegtes Einwanderungsprogramm. Die staatliche Förderung der Einwanderung nach Australien umfasste erstmals nicht nur britische Staatsangehörige, sondern auch Immigrationswillige aus anderen europäischen Ländern, schloss jedoch Asiaten weitgehend aus. Im kriegszerstörten Europa fand Australiens Werbung für Neubürger ein lebhaftes Echo: Von 1945 bis 1965 wuchs die Bevölkerung des Fünften Kontinents auf 11 Mio. Menschen an.

Die Regierungsperiode der konservativen Parteien von 1949 bis 1972 war eine Zeit des Wirtschaftswunders, aber auch der Abkapselung gegenüber den asiatischen Nachbarländern, die man in den Jahren nach dem Zweiten Weltkrieg als eine Bedrohung empfand. Erst die Labour-Regierung unter Edward Gough Whitlam versuchte Mitte der 70er Jahre durch Annäherung an die Nachbarstaaten die Stellung Australiens im asiatisch-pazifischen Raum neu zu bestimmen. Australien verabschiedete sich offiziell von der ›White Australia Policy‹ und öffnete nun seine Pforten auch für Zuwanderer aus den asiatischen Nachbarländern, zunächst vor allem für Flüchtlinge aus den Kriegsgebieten Indochinas.

Nachdem die australische Landwirtschaft durch den Beitritt Großbritanniens zur Europäischen Gemeinschaft im Jahre 1972 ihren mit Abstand wichtigsten Überseemarkt verloren hatte, wurde die Neuorientierung nicht nur in sicherheitspolitischer Hinsicht, sondern auch unter wirtschaftlichen Aspekten für den Fünften Kontinent lebensnotwendig. Langsam begriffen die Australier, dass ihre Zukunft nicht von Europa oder Amerika, sondern von Asien abhängt. Und viele Australier bekennen sich verstärkt zu dem, was sie tatsächlich sind – ›weiße Ostasiaten‹.

Bei einer Schafauktion

Daten zur Geschichte

Ab ca. 50 000 v. Chr. Beginn der Besiedlung des Kontinents durch die ersten aus Südostasien eingewanderten Aborigines.

um 10 000 v. Chr. Durch das Ansteigen des Meeresspiegels nach der letzten Eiszeit werden Tasmanien und Neuguinea vom australischen Landblock getrennt.

Vor über 50 000 Jahren besiedelten die Aborigines von Südostasien kommend den australischen Kontinent

1606 Der Holländer Willem Janszoon landet an der Westküste der Cape York Peninsula und erbringt den ersten Beweis für die Existenz der *terra australis incognita*.

28. 4. 1770 Captain James Cook erreicht bei seiner ersten Weltumsegelung die australische Ostküste und erklärt sie unter dem Namen New South Wales zum Besitz der britischen Krone.

1786 Die britische Regierung beschließt, Häftlinge aus den überquellenden Gefängnissen nach Australien zu verbannen.

26. 1. 1788 Captain Arthur Phillip geht mit elf Schiffen in der Bucht Port Jackson vor Anker und gründet mit etwa 1000 Häftlingen und Soldaten die erste englische Niederlassung auf dem Fünften Kontinent, das heutige Sydney. Der erste Gouverneur lässt den Union Jack hissen und enteignet damit die Ureinwohner, deren damalige Zahl auf 500 000 bis 1 Mio. geschätzt wird.

1793 Freie Siedler treffen im kolonialen Außenposten Großbritanniens ein und beginnen die Aborigines zu verdrängen.

1797 Merino-Schafe werden eingeführt. Die Wollproduktion ist bis heute ein lukrativer Wirtschaftszweig.

1817	Der Kontinent erhält offiziell den Namen Australien, abgeleitet von *terra australis,* ›Land des Südens‹.
1829	Freie Siedler gründen das heutige Perth; Großbritannien dehnt seinen Besitzanspruch auf den gesamten Kontinent aus; Charles Sturt erkundet die Flüsse des Murray-Darling-Systems.
1835	Gründung von Melbourne
1836	Gründung von Adelaide
1840	Die britische Regierung stellt die Sträflingstransporte nach New South Wales ein.
1844/45	Der deutsche Forscher Ludwig Leichhardt durchquert als erster Weißer den tropischen Nordosten Australiens, drei Jahre später verschwindet seine Expedition beim Versuch einer Ost-West-Durchquerung des Kontinents spurlos.
1851	Mit Beginn des Goldrausches in New South Wales und Victoria steigt die Bevölkerung innerhalb von zehn Jahren von 400 000 auf über 1 Mio. an.
1854	Trotz des Scheiterns bewirkt die Eureka Stockade, ein Aufstand von Goldgräbern in Ballarat (Victoria), die Einführung demokratischer Verhältnisse.
1860	Robert O'Hara Burke und William John Wills gelingt die erste Süd-Nord-Durchquerung Australiens, doch sterben beide auf dem Rückweg den Hungertod.
1861/62	Im dritten Anlauf gelingt es John McDouall Stuart, den Kontinent von Adelaide nach Darwin zu durchqueren.
1895	Andrew Barton (Banjo) Paterson komponiert »Waltzing Matilda«, die inoffizielle Nationalhymne Australiens.
1. 1. 1901	Die sechs australischen Kolonien erklären ihren Zusammenschluss zum Commonwealth of Australia, Melbourne wird vorübergehend Hauptstadt.
1908	Das noch zu erbauende Canberra wird zur Hauptstadt Australiens bestimmt.
1914	Australische und neuseeländische Truppen ziehen an der Seite Großbritanniens in den Ersten Weltkrieg und erleiden bei Gallipoli an den Dardanellen schwere Verluste.
1927	Umzug des Parlaments in die Hauptstadt Canberra
1928	Gründung des Royal Flying Doctor Service
3. 9. 1939	Australien tritt an der Seite der Alliierten in den Zweiten Weltkrieg ein.
19. 2. 1942	Bombardierung Darwins durch die Japaner, die kurz vor einer Invasion Australiens stehen, aber von den USA zurückgeschlagen werden.
1945–65	Im Rahmen eines umfassenden Immigrationsprogramms erlebt Australien eine Einwanderungswelle.
1951	Australien, Neuseeland und die USA schließen den ANZUS-Vertrag, einen militärischen Beistandspakt.

1962	Die Aborigines erhalten das Wahlrecht.
1965–72	Teilnahme australischer Verbände am Vietnam-Krieg
1972	Durch den britischen EU-Beitritt verliert Australien seinen wichtigsten Absatzmarkt.
24. 12. 1974	Der Zyklon Tracy macht Darwin nahezu dem Erdboden gleich, 66 Menschen sterben.
26. 10. 1985	Rückgabe des Uluru (Ayers Rock) an die Aborigines
1988	Begleitet von Protesten zahlreicher Ureinwohner finden landesweit Feiern zum 200jährigen Bestehen des ›weißen Australien‹ statt.
1993	Der Oberste Gerichtshof erklärt die bis dahin geltende Rechtsauffassung, wonach der australische Kontinent vor der Besitznahme für die britische Krone ein Niemandsland war, für ungültig; danach Erlass neuer Gesetze zu den Landansprüchen der Aborigines.
1998	Im Lande wird heftig debattiert, ob Australien Monarchie unter britischer Krone bleiben oder unabhängige Republik werden soll.
2000	In Sydney werden die XXVII. Olympischen Sommerspiele ausgetragen.

Das Outback heute

In nur wenigen Minuten hat man beim Flug von Sydney nach Perth, der nur etwas kürzer ist als der von Madrid nach Moskau, die Great Dividing Range überquert. Unmittelbar nach dieser Gebirgsbarriere im Osten des Kontinents, die für die ersten weißen Siedler fast unüberwindlich war, laufen die Hänge in die Ebenen des Inlands aus. Anfangs ist das Land noch wie mit dem Lineal gezogen in Weizenfelder und Schafweiden parzelliert, bevor es sich zur schier unermesslichen Weite des Binnenlands öffnet. Braun und Rot sind hier die vorherrschenden Farben, unterbrochen nur hin und wieder von den graugrünen Farbtupfern von Büschen und Bäumen sowie dem Weiß von gleißenden Salzseen. Einsame Farmhäuser und kleine Orte schwimmen wie verlorene Inseln in dem ausgedörrten Land.

Dies ist das Outback – das Land, das ›nach hinten hinaus‹ liegt, wie die Australier sagen. Fürwahr ein stattlicher Hinterhof: Drei Viertel des riesigen Kontinents zählen zu dieser Region ohne eindeutig festgelegte Grenzen, die mitunter auch *the bush* genannt wird. Dieses vom Afrikaansen *bos* abgeleitete Wort kam Anfang des 19. Jh. mit britischen Schiffen nach Australien, die am Kap der Guten Hoffnung ihre lange Reise unterbrachen, um Lebensmittel und Wasser zu bunkern. Lange Zeit war ›Busch‹ der gängige Begriff, mit dem die ans andere Ende der Welt verpflanzten Europäer eine Natur beschrieben, die ihnen fremdartiger erschien als alles, was sie jemals in Asien oder auf dem amerikanischen Kontinent gesehen hatten: Ein

Etadunna Homestead am Birdsville Track

heute noch oft ungezähmter Naturraum, wo kein Auto einen Ort ohne Wasservorrat verlässt, und wo diejenigen, die in entlegene Regionen fahren, vorher bei der Polizeistation Bescheid sagen, damit man nach ihnen sucht, wenn sie nicht rechtzeitig zurückkommen.

Mit einer Fläche von 7,7 Mio. km^2 ist Australien ein *bloody big country*, ein verdammt großes Land, 22 Mal so groß wie Deutschland. In diesem Land leben gerade einmal 18,5 Mio. Menschen, weniger als in Kairo oder Mexiko City. So hat jeder Australier etwas mehr als 0,4 km^2 Land für sich, zumindest statistisch. Die Wirklichkeit sieht jedoch anders aus. Der Bumerang der Great Dividing Range teilt Australien nicht nur geografisch, sondern auch demografisch: In dem regenreichen, grünen Landstrich zwischen der Bergkette und der Küste, der kaum mehr als ein Splitter des Kontinents ist, leben zwei Drittel der Australier. Allein in Sydney, Melbourne und Brisbane konzentriert sich fast die Hälfte der Gesamtbevölkerung. Und von den 1,8 Mio. Bewohnern des Bundesstaates Western Australia, der siebenmal so groß ist wie Deutschland, drängen sich 1,3 Mio. in der Hauptstadt Perth. Nirgendwo sonst in der Welt lebt ein so hoher Bevölkerungsanteil in großen Städten wie auf dem Fünften Kontinent mit seinem leeren, weiten Raum.

Die Weichen für die Verstädterung Australiens wurden schon in der Gründerzeit der australischen Kolonien gestellt. ›Sydney oder der Busch‹, lautet eine damals wie heute gültige Redensart, wobei Sydney und die anderen großen Städte mit Wohlstand und den Annehmlichkeiten der Zivilisation, der

Fördertürme in Kalgoorlie, der selbst ernannten Goldhauptstadt Australiens

Busch hingegen mit Entbehrung und Armut gleich gesetzt werden. Die meisten Australier entschieden sich bereits während der Kolonialisierung gegen ein risikoreiches Leben im Outback, das für eine dauerhafte Besiedlung auch wenig geeignet ist. Wassermangel, unfruchtbare Böden, ein extremes Klima und beängstigende Entfernungen sind Faktoren, welche die Lebensbedingungen im Landesinnern besondes hart machen.

Ein solch unwirtschaftliches Land kann nicht viele Menschen ernähren. Im Zentrum leben nur etwa 350 000 Menschen, davon fast 80 000 in Darwin, der Hauptstadt des Northern Territory. Alice Springs und das west-australische Kalgoorlie sind die einzigen anderen Outback-Städte mit mehr als 20 000 Einwohnern. In weiten Abständen über fast das ganze Outback verteilt, finden sich sonst nur kleine, staubige Orte, von denen einer aussieht wie der andere: Eine Durchgangsstraße mit einstöckigen Gebäuden, ein paar Läden, eine Tankstelle, eine Autoreparaturwerkstatt, ein Flugplatz, gelegentlich eine Eisenbahnstation und natürlich mindestens ein oder zwei Kneipen.

Meist dienen die Outback-Siedlungen als reine Versorgungszentren für die Schaf- und Rinderfarmen im weiten Umkreis. Manche dieser *stations* oder *homesteads,* auf denen mitunter bis zu 100 Personen leben, sind jedoch vollkommen autark. Sie haben Größen erreicht, dass es sich lohnt, Spezialisten wie Automechaniker, Metzger oder Lehrer zu beschäftigen. Oft befinden sich auf großen Farmen auch ein Lebensmittelladen und eine Tankstelle, hin und wieder sogar ein Postamt oder die regionale Polizeistation.

Vor allem der lukrativen Schafzucht und dem Wollhandel ist es zu verdanken, dass überhaupt weiße Siedler in das Outback zogen. Seitdem das Merino-Schaf Ende des 18. Jh. nach Australien eingeführt wurde, ging es mit der fernen englischen Kolonie wirtschaftlich aufwärts. Zur Zeit der Industriellen Revolution ließ die aufstrebende Textilindustrie Englands die Nachfrage nach Wolle steigen. Nachdem man herausgefunden hatte, dass Schafe in den feuchteren Randgebieten des australischen Outback mit etwa 300 mm Jahresnie-

derschlag ohne Zusatzfutter auskommen konnten, wurde australische Schurwolle auf dem Weltmarkt konkurrenzfähig. Bald begannen riesige Schafherden den Kontinent abzugrasen. Über ein Jahrhundert lang ritt die australische Wirtschaft, einem geflügelten Wort zufolge, ›auf dem Rücken der Schafe‹. Trotz eines Einbruchs Anfang der 90er Jahre, den sinkende Weltmarktpreise verursacht hatten, ist die Schafzucht heute noch ein bedeutender Wirtschaftsfaktor. Auf dem Fünften Kontinent liefern 160 bis 180 Mio. Schafe – das ist etwa ein Sechstel aller Schafe der Welt – rund ein Viertel des weltweiten Wollbedarfs.

Das Leben auf den Schaffarmen hat sich seit den Anfängen der Wollproduktion trotz manchen Fortschritts in der Zuchtwissenschaft und Seuchenbekämpfung kaum geändert. Während der *shearing season* arbeiten professionelle Scherer, die von Farm zu Farm ziehen, wochenlang im Akkord, bis alle Tiere aus ihrem Wollkleid herausgepellt sind. Rasiermaschinen rasen durchs Fell der Schafe und hinterlassen Berge von

Opalmine bei Coober Pedy

Wolle, die in große Säcke gepackt werden. Schafscherer, die zu den angesehensten Arbeitern Australiens gehören, treffen sich regelmäßig zum freundschaftlichen Kräftemessen. Der bei einem Wettbewerb für Schnellscherer aufgestellte Rekord liegt bei 321 Schafen, die ein Profi an einem einzigen Tag mit einer Handschere schor.

Allmählich läuft jedoch die Rinderzucht der Wollproduktion den Rang ab. Die Outback-Regionen, in denen es den Merinos bei Temperaturen um 40° Celsius zu warm wird, sind *cattle country*. Die *stations,* oft Tausende von Quadratkilometern große Rinderfarmen, sind neben Bodenschätzen das wichtigste Standbein der australischen Wirtschaft. Und die Rinderzüchter können auch weiterhin optimistisch in die Zukunft blicken, seit sich in Asien ein riesiger Markt für *australian beef* entwickelt hat.

Bis Mitte des 20. Jh. beruhte der Reichtum Australiens fast ausschließlich auf der Ausfuhr von landwirtschaftlichen Produkten. Das begann sich zu ändern, als man in den Jahren nach dem Zweiten Weltkrieg immense Bodenschätze entdeckte. Im November 1952 flog der Viehzüchter Langley Hancock in der west-australischen Pilbara-Region über der Felslandschaft der Hamersley Range geradewegs in eine Schlechtwetterfront. Ein Sturm zwang ihn, unerforschtes Gebiet in niedriger Höhe zu überfliegen. Dabei entdeckte er, dass mächtige, blaugraue Adern das rötliche Gestein durchzogen. Sie erwiesen sich als Hämatit, ein Erz, das zu 70 % aus hochwertigem Eisen besteht.

Hancock hatte das bislang größte Eisenerzlager der Welt entdeckt. Mit den hier vermuteten unermesslichen Reserven könnte Australien 300 Jahre lang den gesamten Eisenerzbedarf der Welt decken. In der Pilbara wird das hochkonzentrierte Eisenerz im Tagebau, dem *open cut mining,* aus den Bergen gesprengt. Haushohe Bagger verladen das Erz auf 240-Tonnen-Lastwagen-Giganten, die es zu Zerkleinerern transportieren. Anschließend bringen bis zu 3 km lange Züge, die aus bis zu 240 Waggons von je 100 t Ladekapazität bestehen, den Rohstoff zu Hafenanlagen an der Küste, wo er vorwiegend nach Japan verschifft wird.

Australiens Outback, speziell das riesige Western Australia, birgt jedoch nicht nur Eisenerz, sondern bietet das ganze Alphabet an Bodenschätzen von Bauxit, Blei und Chrom über Gold, Kohle, Kupfer, Nickel und Mangan bis Silber, Thorium, Zink und Zirkon. Nicht zu vergessen, Edelsteine wie Diamanten und Opale. Zählt man die Bodenschätze unter der Erde zusammen, so ist Australien das wohlhabendste Land der Erde. Zur Palette der Reichtümer gehören auch die Erdöl- und Erdgasvorkommen im Kontinentalsockel vor den Küsten.

Die Ausbeutung der enormen Bodenschätze führte dazu, dass sich Australien zu einem der weltgrößten Lieferanten mineralischer Rohstoffe entwickelte. Das ändert jedoch nichts an dem Dilemma der australischen Wirtschaft, deren Strukturen denen eines so genannten Entwicklungslandes ähneln: Das Land ist vom Export mineralischer und agrarischer Rohstoffe abhängig und damit auch von den stark schwankenden Preisen. Als eine Art riesige Farm und gigantischer Steinbruch überlässt es Australien Industriestaaten wie Japan oder den USA, die Ressourcen in Fertigwaren zu verwandeln, und vernachlässigt dabei den Aufbau einer heimischen Konsumgüterindustrie. Das hat zur Folge, dass Australien mehr einführt, als es ausführt, und daher tief in den roten Zahlen steckt.

Im Rausch der Boomjahre hatte sich Australien zu einem Land mit amerikanischem Lebensstandard und skandinavischer Klassenlosigkeit entwickelt und dabei weit über seine Verhältnisse gelebt. Heute gehört Australien weltweit zu den Ländern mit der höchsten Pro-Kopf-Verschuldung und ist im Wettbewerb der wohlhabendsten Nationen immer weiter nach unten gerutscht. Daher bemühen sich Wirtschaftsplaner um eine ökonomische Kurskorrektur, deren Eckpfeiler Strukturwandel und Diversifizierung heißen. In erster Linie will man Rohstoffe verstärkt im Lande verarbeiten, um deren Exportwert zu erhöhen.

Obwohl der Reichtum nicht mehr so leicht wächst wie früher, blicken die meisten Australier optimistisch in die Zukunft. Nicht ohne Grund wird Australien *the lucky country* genannt. So heißt es, die Schätze, die der australische Boden birgt, seien erst ›angekratzt‹. Experten suchen weiterhin das Outback nach Bodenschätzen aller Art ab, die von Minengesellschaften mit ausgefeilter Technologie abgebaut werden. Immer noch gibt es Prospektoren, die wie die *diggers,* die Goldsucher des vergangenen Jahrhunderts, mit einfacher Ausrüstung ins Outback ziehen. Für wenig Geld erstehen sie ein *miner's right,* eine Schürferlaubnis, mit der sie ihren privaten *claim* abstecken dürfen. Die meisten von ihnen haben es heute auf Opale abgesehen. Über 90 % der Edelsteine werden in Australien gefördert.

Andere folgen auch heute noch dem Lockruf des Goldes ins Outback, obwohl das leicht zu schürfende Oberflächengold längst erschöpft ist und das verbliebene Edelmetall nur noch von großen Minengesellschaften mit aufwendigen Verfahren gefördert werden kann. Diese *fossicker* genannten, oft kauzigen Männer leben auf ehemaligen Goldfeldern in Behelfsunterkünften wie Eremi-

Fliegende Retter im Outback
Der Royal Flying Doctor Service

Das Schicksal von Jimmy Darcy kennt fast jeder Australier. Der Hufschlag eines Pferdes hatte dem *stockman* das linke Armgelenk zerschmettert. Über 50 km weit schleppte sich Jimmy fast wahnsinnig vor Schmerzen durch das Bergland der nordwest-australischen Kimberleys nach Halls Creek, wo der Postmeister John Tuckett das einzige Telefon im Umkreis von 10 000 km² besaß. Nach Stunden erreichte Tuckett den nächsten Arzt – Dr. Holland in Perth, 3000 km weit entfernt im Süden. »Was soll ich nur machen, Doc?«, fragte Tuckett verzweifelt. »Du mußt ihm sofort den Arm amputieren«, antwortete der Arzt. »Wenn du's nicht tust, stirbt er. Nimm ein scharfes Messer und binde ihm vorher die Arterie ab!« Während der Arzt ihm durchs Telefon Anweisungen gab, schnitt Tuckett dem Cowboy den Arm ab.

Tags darauf machte sich Dr. Holland auf den Weg, um den Patienten zu versorgen. Die Schiffsreise von Fremantle nach Derby dauerte eine knappe Woche. Von dort schlug sich der Arzt mit einem Auto durch den Busch. Die letzten 40 km nach Halls Creek legte Dr. Holland zu Fuß zurück. Zwei Wochen nach seiner Abreise aus Perth stand er endlich an Jimmy Darcys Bett. Doch der war am Vortag gestorben.

Jimmy Darcys Tod war nur einer der vielen sinnlosen Tode, die im Outback gestorben wurden. Heutige Allerweltskrankheiten, wie etwa eine Blinddarmentzündung, endeten früher im australischen Busch oft tödlich. In schwierigen Fällen, wie bei Schlangenbissen, Tetanus oder Diphtherie, waren die Siedler mit ihren Hausmitteln machtlos. Wegen der langen Anreise eines Arztes kam für die Patienten oft jede Hilfe zu spät. Der Arzt Dr. John Flynn konnte dann am Grab der Verstorbenen nur noch seinen Hauptberuf ausüben – als Seelsorger einige Gebete sprechen.

Reverend Flynn war zwar ein frommer Mann, setzte aber seine Hoffnungen auch auf moderne Technik. Der Geistliche hatte seine Arbeit als Leiter der Australian Inland Mission im Jahre 1912 begonnen, zu einer Zeit, als zwei Ärzte rund 300 000 km² in Western Australia und 1,5 Mio. km² im Northern Territory zu versorgen hatten. Beim Aufbau von Missionsstationen in den Trockengebieten von Zentral-Australien lernte er die Not der isoliert lebenden Siedler im Falle von Krankheiten kennen. Mit den Jahren reifte in ihm die Erkenntnis: »Wenn Kranke nicht mehr zum Arzt gehen können, muß dieser eben zu ihnen kommen.« Wegen der hohen Bau- und Betriebskosten für Krankenhäuser auf den wenigen Missionsstationen, die sich in der Weite des Outback wie Stecknadeln in einem Heuhaufen verloren, beschloß Flynn, dem Problem mit Flugzeugen beizukommen und gründete 1928 den Royal Flying Doctor Service (RFDS).

Zwei Voraussetzungen brauchte Reverend Flynn zur Verwirklichung seiner Idee – die Möglichkeit Flugzeuge zu chartern und eine schnelle, unabhängig von einer Stromversorgung funktionierende Nachrichtenverbindung zwischen Patienten und Arzt. Das erste Problem war rasch gelöst, als sich die 1920 im queensländischen Winton gegründete Fluglinie Qantas bereit erklärte, Flugzeuge zur Verfügung zu stellen. Das Kommunikationsproblem löste Alfred Traeger, ein Elektroingenieur aus Adelaide. Der deutschstämmige Tüftler entwickelte das *pedal wireless*, eine auch für Laien einfach zu handhabende Sender-Empfänger-Kombination, die von einem Fahrraddynamo mit Strom versorgt wurde. Das ›Pedal-Radio‹ fand schnell seinen Weg durch ganz Australien und wurde die erste ständige Verbindung der Outback-Bewohner mit dem Rest des Landes.

Nachdem Flynn einen Chirurgen aus Sydney verpflichten konnte, war es am 15. 5. 1928 schließlich soweit – ein Doppeldecker der Qantas hob in Cloncurry zum Jungfernflug des Luftrettungsdienstes ab. In seinem ersten Einsatzjahr behandelte der ›fliegende Arzt‹ 250 Notfälle und legte dabei 300 000 km zurück. Reverend Flynns Idee war von Anfang an erfolgreich und der Royal Flying Doctor Service wurde von Queensland rasch landesweit ausgebaut. Mittlerweile verbindet ein Funknetz alle entlegenen Farmen mit Bodenstationen des RFDS, von denen moderne, wie Mini-Intensivstationen ausgerüstete Flugzeuge innerhalb von Minuten zu Noteinsätzen starten können.

Mit einer eigenen Luftflotte umhüllt der größte Luftrettungsdienst der Welt heute zwei Drittel des riesigen Kontinents mit dem ›Mantle of Safety‹, wie das RFDS-Motto lautet. Dabei versorgen die fliegenden Ambulanzen in einem Gebiet von über 5 Mio. km^2 alljährlich mehr als 100 000 medizinische (Not-)Fälle. Der Aufgabenbereich ist inzwischen weit über den Notdienst hinausgewachsen. So hält jede Bodenstation ›Funk-Sprechstunden‹ für kleinere Wehwehchen ab. Aufgrund der genannten Symptome stellt ein Arzt eine Ferndiagnose und gibt dem Patienten Hinweise für eine Selbsttherapie. Für derartige Fälle steht in jeder Farm eine Hausapotheke mit einem Standardsortiment durchnummerierter Medikamente bereit. Der Arzt sagt dem Patienten, welche Nummer das empfohlene Präparat trägt und wie es zu verabreichen ist.

Zum Service der ›fliegenden Ärzte‹, die von sich behaupten, innerhalb von spätestens zwei Stunden jeden Notfall im Busch erreichen und medizinisch versorgen zu können, gehören auch regelmäßige Visiten in kleinen Buschhospitälern, wo sie Routineuntersuchungen bei Kindern, Alten oder Schwangeren durchführen, Impfungen vornehmen sowie Beratungen zu gesundheitlichen Problemen abhalten.

Obwohl ein Noteinsatz tausende von Dollar kosten kann, sind die Leistungen des RFDS kostenlos. Dies gilt in der Regel auch für Touristen, die in entlegenen Outback-Regionen erkranken oder verunglücken. Finanziert wird die Organisation durch Mitgliederbeiträge und Spenden sowie Regierungszuschüsse. In Australien gibt es heute 14 RFDS-Stützpunkte, die größten befinden sich in Alice Springs und Broken Hill. Dank einer Fernsehserie, der die ›fliegenden Ärzte‹ als Vorbild dienten, haben sich die Bodenstationen zu Touristenattraktionen entwickelt. Ausstellungen und Videos informieren die Besucher über die Arbeit des Luftrettungsdienstes.

ten in der Wüste. Reich wird keiner beim Durchwühlen der Abraumhalden.

Das Leben der Menschen im Outback ist vom Verzicht auf viele Dinge geprägt, die Küstenbewohner als Selbstverständlichkeiten betrachten. Es scheint, als ob die Bewohner des weiten Hinterlands einen Preis an Entbehrung und Anstrengung zahlen, der kaum aufgewogen wird von den Erträgen, die sie dem unwirtlichen Land abtrotzen. Wer im Hinterland lebt, muss auf das Leben der großen Städte verzichten, auf den Einkaufsbummel in klimatisierten Shopping-Centres, auf das abendliche Essengehen in schicken Restaurants, das zum Lifestyle der Küstenbewohner gehört. Leben im Outback bedeutet Verzicht auf die Tageszeitung und die tägliche Post, Verzicht auf die Kneipe um die Ecke, Verzicht auf Kino.

Was das Leben im Outback zusätzlich erschwert, sind die geradezu beängstigenden Dimensionen. An der Küste wohnen die Menschen in enger Nachbarschaft und haben den Supermarkt vor der Haustür. Die Farmen und Siedlungen im Outback sind oft so weit voneinander entfernt wie München von Stuttgart. Und das Einkaufen ist nicht selten gleichbedeutend mit einer Tagesreise im Geländewagen über staubige Wellblech-Pisten, es sei denn, man kann dem Supermarkt in der nächstgelegenen Stadt die Einkaufsliste zufaxen und sich die Waren mit dem alle zwei Wochen erscheinenden Postflugzeug bringen lassen.

Trotz allem sind die meisten Outback-Australier keine griesgrämigen Menschen, die sich von Gott und der Welt verlassen fühlen. Was die Menschen im Outback auszeichnet, sind die Zähigkeit und der Mut, mit denen sie alle Widrigkeiten meistern, sowie die Bereitschaft zum Zusammenhalt über große Entfernungen hinweg. Der Staat ist weit, darum greift man sich gegenseitig unter die Arme, wenn Not am Mann ist, auch wenn der andere ein Konkurrent ist. Diese Hilfsbereitschaft können auch Touristen erleben: Bei einer Wagenpanne am Straßenrand muss man gewöhnlich nicht lange warten, bis jemand anhält und Hilfe anbietet.

Zur Unterstützung der Menschen im Outback hat man zwei Einrichtungen ins Leben gerufen: den Royal Flying Doctor Service, ein medizinisches Versorgungssystem per Flugzeug (vgl. S. 56f.), und die School of the Air, auch School of Distance Education genannt, in der die Abc-Schützen das Einmaleins lernen. Die ›Schule aus dem Äther‹ bietet den im Outback lebenden Kindern im Grundschulalter die Möglichkeit, per Sprechfunk am Unterricht teilzunehmen. 20 bis 30 Minuten dauert eine Funklektion, von denen pro Werktag drei für jedes Kind Pflicht sind. Auf dem Postweg werden zwischen Schülern und Lehrern Bücher und Arbeitshefte sowie Ton- und Videokassetten ausgetauscht. Mindestens ebenso viel Arbeit wie die Funklehrer haben die Mütter, die praktische Lernhilfen geben und die Übungsarbeiten überwachen. Zumindest einmal im Jahr sehen die Kinder ihre Lehrer und Mitschüler beim großen Schulfest und Ferienlager in der nächstgelegenen Provinzstadt.

Dieses oder andere gesellschaftliche Ereignisse wie eine Landwirtschafts-Show, eine Vieh- oder Wollauktion oder ein Rodeo bietet auch den Erwachsenen Gelegenheit, ihrer Abgeschiedenheit eine Weile zu entfliehen. Statt über Funk oder Telefon können sie mit Freunden und Bekannten endlich von Angesicht zu Angesicht plaudern. Nebenbei lässt sich das Angenehme mit dem Praktischen verbinden, etwa Bankgeschäfte

Für die weit verstreut lebenden Bewohner des Outback sind Rodeos beliebte Treffpunkte

erledigen, Ärzte konsultieren oder exorbitante Einkäufe tätigen.

Lange Zeit haben die Küsten-Australier, von denen die meisten noch nie auf einem Pferd gesessen haben und die die Wüste nur aus Kino-Western und Kängurus aus dem Zoo kennen, das weite Land jenseits der Großstädte gemieden. Das Klischee vom hageren, wettergegerbten und wortkargen Bewohner des Busches – *bushie* genannt, was liebevoll oder geringschätzig gemeint sein kann – verfestigte sich in den Köpfen vieler Städter. Die *bushies* mussten so manchen Witz über sich ergehen lassen.

Angeregt durch die steigende Zahl ausländischer Besucher, die von der Weite des Outback fasziniert sind, hat sich auch die Einstellung der Australier zu ihrem eigenen Land geändert. In den trockenen Wintermonaten sieht man selbst in entlegenen Outback-Regionen jeden Tag oft Dutzende mit Sprechfunk und Satellitennavigation ausgerüstete Geländewagen auf den Schotterpisten. Immer mehr Einheimische entdecken das Outback, das viele für das ›wahre‹ Australien‹ halten.

Die *bushies* sehen das nüchterner – sie leben in erster Linie da draußen, um Geld zu verdienen. Nach Umsatzeinbrüchen in den vergangenen Jahren versuchen immer mehr Farmer, sich mit der Aufnahme zahlender Gäste ein Zubrot zu verdienen. Der Tourismus im Outback könnte auch einen positiven ökologischen Nebeneffekt haben, denn Touristen strapazieren die Landschaft weniger als Schafe und Rinder. Schon hoffen Naturschützer, dass diese neue ›Industrie‹ die traditionelle Weidewirtschaft eines Tages ersetzen wird.

Aborigines
Die ersten Australier

Am Anfang, so will es die Schöpfungsmythologie der Aborigines, lag Dunkelheit über der Welt. Eine Welt ohne Sonne, Mond und Sterne, eine Welt ohne Leben und Wärme. Als die ersten Sonnenstrahlen tastend über die rotbraunen Ebenen wanderten, erweckten sie überirdische Kreaturen – teils Mensch, teils Tier, teils Pflanze –, die in der Erde geruht hatten. Die Schöpferwesen durchbrachen den Erdboden und machten sich auf den Weg. Im Zickzackkurs durchwanderten sie den Kontinent und erschufen singend alles, was es auf der Welt gibt. Durch ihre Melodien und Rhythmen hauchten die Schöpferwesen Menschen, Tieren und Pflanzen Leben ein. Aus Tönen entstanden Steine, aus Strophen Felswände, aus Liedern Berge und Gebirge. Singend lehrten die gottgleichen Ahnen die Menschen den Umgang mit Feuer und Jagdwaffen, singend gaben sie ihnen die heute noch gültigen Regeln, Gesetze und Tabus. Nachdem sie ihr Werk, in dem alle Naturphänomene und Lebewesen eng miteinander verbunden sind, vollendet hatten, übergaben sie den Menschen die Lieder der Schöpfung und damit die Verantwortung für das Geschaffene. Dann gingen sie ein in das Land und lebten fort in Bergen und Felsen, Flüssen und Seen und anderen Stätten, die von den Ureinwohnern bis zum heutigen Tag als heilige Plätze verehrt werden.

Die mythische Urzeit, in der ihre Vorfahren der Nacht entstiegen, um die Welt zu gestalten, nennen die Aborigines *dreamtime*. Die Traumzeit, die nichts mit unserem Verständnis von

Beim Cape York Aboriginal Dance Festival in Laura

Träumen zu tun hat, ist der Schlüssel zur reichen Vorstellungswelt der australischen Ureinwohner. Sie ist mehr als eine ur-australische Version der Schöpfungsgeschichte, sie ist nicht zeitgebunden und existiert in der Gegenwart als eine zweite Wirklichkeit. Nach dem Glauben der Ureinwohner sind alle Menschen als Abkömmlinge der mythischen Vorfahren eng mit ihnen und dem von ihnen geschaffenen Land verbunden. Da in den heiligen Stätten die Seelen der Vorväter weiterleben, hat jeder in der Nähe eines solchen Platzes Geborene eine rituelle Beziehung zu ihm, deren Zerstörung tödlich ist. Hier ist sein persönlicher Traumplatz, seine besondere mythische Identität.

Die ›Ruheplätze der Ahnen‹ strahlen einen Teil der schöpferischen Energien der Traumzeitwesen aus und müssen daher von den Lebenden sorgsam bewacht und gepflegt werden. Heilige Orte, wie etwa der von den Weißen Ayers Rock genannte Uluru, dürfen nicht verändert oder gar zerstört werden. Die Lebenden sind zudem verpflichtet, die Kräfte regelmäßig zu aktivieren, die den Traumplätzen innewohnen, um den Fortbestand der Schöpfung sicherzustellen. Dies geschieht durch kultische Handlungen wie Tänze, Beschwörungsrituale und Blutopfer. Die Zeremonien dienen einerseits dazu, eine Verbindung zwischen den Menschen und ihren mythischen Vorfahren herzustellen, andererseits soll deren Schöpfungswerk in einem symbolischen Akt nachvollzogen werden.

Der spirituelle Kontakt zwischen den Ureinwohnern und den Schöpferwesen wird durch Totems geknüpft. So ist das Känguru ein Totem oder eine Verkörperung des Känguru-Schöpferwesens, dessen auf Erden angenommene Gestalt. Alle Menschen, die am Traumpfad des Känguru-Totemvorfahren geboren wurden, betrachten ihn als ihren mythischen Ahnen und fühlen sich überdies dem Känguru, ihrem Totemtier, verpflichtet. Sie sind ihm blutsverwandt, weshalb sie Kängurus nicht töten dürfen. Indem sie ihre Körper mit heiligen Ockerfarben bemalen und mit aufgeklebten Daunenfedern schmücken, verwandeln sich bei rituellen Tänzen und Gesängen die Teilnehmer in die jeweilige Totemgestalt des Urvaters. Sie werden für die Dauer der Zeremonie selbst zu Schöpferwesen. Auch andere künstlerische Ausdrucksformen der Ureinwohner, etwa Felszeichnungen oder Erzählungen, stellen Totems dar und bringen die spirituelle und religiöse Bedeutung der Traumzeit zum Ausdruck.

Die Traumzeit wurde jedoch zum Albtraum, als die weißen Siedler kamen. Der britische Kronrat hatte dem Gouverneur Phillip Anweisungen für die Behandlung der neuen Untertanen mit auf den Weg in die zu gründende Strafkolonie gegeben: Er sollte sich ›auf jede mögliche Art und Weise um die Aufnahme freundschaftlicher Beziehungen zu den Eingeborenen bemühen‹. Die Ausführung dieser Instruktion war indessen von vornherein ausgeschlossen, kamen die Siedler doch mit der Absicht, ihre neue Existenz auf der Lebens- und Glaubensgrundlage der Ureinwohner aufzubauen – deren Land.

Seitdem sie vor vielen tausend Jahren eingewandert waren, haben die Ureinwohner auf dem Fünften Kontinent niemals Landwirtschaft betrieben. Die Weißen waren mit einem Volk konfrontiert, das mit dem Land niemals ›zivilisiert‹ in ihrem Sinne umgegangen war. Aborigines betrachteten die Erde nicht als materiellen Besitz, sondern als spirituelles Eigentum. Die Erde ist ihre Religion, sie lehrt, dass der Mensch dem

Land gehört und nicht das Land dem Menschen. Die Ureinwohner sahen sich als Teil der Natur.

Von weißen Siedlern aus ihrem Lebensraum verdrängt, verloren sie daher nicht nur ihr Land, sondern ihre Kultur. Die Einheit Land-Vorfahren-Lebende war so wichtig, dass der Verlust eines einzigen Steinchens in diesem Moasik die Welt der Aborigines zum Einsturz brachte. Anders als die nordamerikanischen Indianer setzten sich die australischen Ureinwohner vielfach nicht zur Wehr, als die Weißen ihnen das Land wegnahmen. Sie flohen und fühlten sich entwurzelt, weil die Vertreibung aus dem angestammten Territorium ihnen den Lebenswillen nahm.

Die Invasion durch die Europäer, die den nomadisierenden Aborigines ihr Land absprachen, bedeutete für die Ureinwohner des Kontinents eine Katastrophe. Viele der ersten Siedler behandelten die Aborigines wie Tiere. Obwohl sie offiziell unter dem Schutz der britischen Krone standen, wurden die Ureinwohner verfolgt, enteignet, versklavt oder ermordet, wo immer sie den Weißen im Wege waren.

Nachdem sie zehntausende von Jahren die einzigen Menschen auf dem Kontinent gewesen waren, standen die Ureinwohner Australiens 150 Jahre nach Ankunft der Europäer vor der Ausrottung. Als Captain Cook 1770 an der Ostküste Australiens landete, dürfte ihre Zahl zwischen 500 000 und 1 Mio. gelegen haben. Um 1920 waren nur noch 60 000 von ihnen am Leben. Viele der Überlebenden wurden als ›Mündel des Staates‹ in Reservate und Missionsstationen verbannt, oft Orte brutaler Inhaftierung. Bis 1960 war die Trennung mischblütiger Kinder von ihren Aborigine-Müttern Praxis. 100 000 Kinder, so wird geschätzt, wurden in Heime gezwungen oder ohne Kenntnis und Zustimmung ihrer Mütter unter dem Vorwand, es diene der ›Integration‹, zur Adoption freigegeben. Die Aborigines sollten im Zuge der damals praktizierten Assimilationspolitik ihre Kultur und ihren Glauben aufgeben und sich dem ›australischen‹ Leben anpassen. Erst Mitte der 60er Jahre des 20. Jh. stellte man die Ureinwohner den anderen Australiern gleich, indem man ihnen das Wahlrecht und andere Bürgerrechte gewährte. Für zahlreiche Aborigines wurde aber allein der Alkohol, den sie jetzt legal erwerben konnten, zum Statussymbol der Gleichberechtigung mit den Weißen.

Die Ureinwohner schienen ihre religiösen und kulturellen Traditionen sowie die Fähigkeiten zu vergessen, die sie einst in der Wüstenlandschaft zu Überlebenskünstlern werden ließen. Vor der britischen Kolonisation soll es zwischen 500 und 600 Stammesgruppen gegeben haben, die mehr als 200 unterschiedliche Sprachen hatten. Heute weiß man, dass die älteste noch lebende Menschenrasse vor rund 50 000 Jahren über eine Kette von Inseln zwischen der asiatischen und australischen Landmasse von Südostasien her ihren Weg auf den Fünften Kontinent fand. Um Australien von der Nordküste bis zur Insel Tasmanien im Süden zu bevölkern, benötigten sie mehrere tausend Jahre.

Anders als ihre alte war ihre neue Heimat kein grünes, sondern ein braunes Land, bedeckt von Steppen und Wüsten, kahlen Felsen und verdorrter Vegetation. Die extremen geografischen und klimatischen Verhältnisse zwangen sie, in Familienverbänden und kleineren Gruppen als nomadisierende Jäger und Sammler durch ihre Stammesgebiete zu streifen – die einzige Form, die ein Überleben in diesem heißen und trockenen

Immer mehr junge Aborigines pflegen die kulturellen Traditionen ihres Volkes

Kontinent möglich machte. Dabei lernten sie die natürlichen Ressourcen zu nutzen und ihre Nahrungsgrundlagen nicht zu zerstören. So fanden die Ureinwohner Lebensmöglichkeiten in einer Umwelt, in der viele der angeblich zivilisatorisch überlegenen Europäer in den Pioniertagen verhungerten oder verdursteten.

Als Wildbeuter hatten sie kaum materielle Besitztümer. Sie besaßen nur, was sie tragen konnten: Werkzeuge, Grabgeräte und Waffen aus Holz und Stein. Den Männern, die Meister im Spurenlesen waren, oblag die Jagd auf größere Tiere wie Kängurus, Emus oder Echsen, die sie mit Speeren, Keulen und Bumerangs erlegten. Sie trieben sich mit großen Flächenbränden Jagdbeute zu, wodurch sie Tierherden mit dem nachwachsenden, jungen Grün zugleich neue Nahrung boten.

Die mit Grabstöcken ausgerüsteten Frauen sammelten Pflanzen und Samen, Insekten und Kleintiere, die sie in einem hölzernen Transportbehälter aufbewahrten, Coolamon genannt. Mitunter diente diese Schale auch als Kindertrage. Da es in ihrer Gesellschaft keinen privaten Besitz gab, teilten sie die Ausbeute ihrer Streifzüge unter allen Sippenmitgliedern auf. In kalten Wüstennächten entfachten sie mit Hilfe von Reibhölzern Feuer.

Als die ersten Europäer kamen, lag die Kultur der Aborigines materiell auf Steinzeitniveau. So fanden die Weißen kein einziges Bauwerk vor, nicht ein einziges Haus. Selbst den Wurley, einen Windschutz aus geflochtenen Zweigen und Ästen, verwendeten die Ureinwohner nur, wo keine Höhlen und Felsüberhänge natürlichen Schutz boten. Es gab keine Gärten, nicht die Spur von Landwirtschaft. Es gab kein Tier, das man vor einen Pflug hätte spannen können. Den Ureinwohnern war das Rad unbekannt und als Wasserfahrzeuge dienten ihnen

Ein Blick in die Vorzeit
Unterwegs mit Aborigines

Die Hosenbeine hochgekrempelt, watet eine Gruppe von Touristen durch einen Sumpf voller lilafarbener Seerosen. »Vorsicht!«, ruft Douglas, der durch das Mangrovendickicht führt, »hier gibt es Pythons. Bleibt dicht hinter mir«. Plötzlich bleibt der Aborigine stehen und lässt seine Machete in einen Baumstamm fahren. Geschickt zieht er einige fingerdicke, 10 cm lange Mangrovenwürmer aus dem Holz. Von Kindesbeinen an hat Douglas die proteinreichen Würmer gegessen, die salzig wie Meerwasser schmecken.

Douglas wohnt auf Melville Island 80 km nördlich von Darwin. Dort und auf der benachbarten Bathurst Island leben 2500 Eingeborene vom Volk der Tiwi (was in der regionalen Aborigine-Sprache Menschen bedeutet). Ihre Vorfahren hatten bis ins späte 18. Jh. kaum Kontakt mit den Ureinwohnern des Festlands. Ungestört von äußeren Einflüssen entwickelten die Tiwi eine Kultur mit einzigartigen künstlerischen Ausdrucksformen. Berühmt sind ihre bis zu 6 m hohen, mit kunstvollen Holzschnitzereien dekorierten Pukamani-Totempfähle.

Als Aboriginal Land werden Bathurst Island und Melville Island heute von den Ureinwohnern verwaltet. Fremde dürfen die Inseln nur mit Erlaubnis der Tiwi betreten. Wer einen Ausflug bei Tiwi Tours, einer Agentur im Besitz der Aborigines gebucht hat, begegnet einer Kultur, die hier seit tausenden Jahren überlebt hat. *Guides* wie Douglas, die sich als Mittler zwischen zwei Kulturen sehen, gewähren Besuchern Einblicke in das kulturelle Erbe der Tiwi und demonstrieren dabei, was Weiße als ökologische Erkenntnis verkaufen – die behutsame Behandlung der Erde. Ohne ausgeklügelten Tourismusapparat lassen die Insulaner ihre Gäste an ihren Traditionen und ihrem Alltag teilhaben (Auskunft und Buchung: Tiwi Tours, P.O. Box 2023, Darwin, NT 0801, Tel. 08-89 81 51 15, Fax 08-89 41 10 16 oder Tiwi Tours, Nguiu, Bathurst Island, NT 0822, Tel. 08-89 78 36 30, Fax 08-89 78 38 02).

Rund 400 km südlich von Darwin, unweit der Stadt Katherine, erstreckt sich das Land der Manyallaluk-Aborigines. Im Rahmen von Ein- und Mehrtagesausflügen in das Land of the Lightning Brothers vermitteln Aborigine-Guides traditionelle Werte der Ureinwohner. Vor Felsgalerien erzählen sie die Geschichte der mythologischen Brüder des Blitzes und des Donners, die im November, Gewitterstürme über das ausgebrannte Buschland jagend, das Ende der Trockenperiode ankündigen. Die Teilnehmer hören auch von Kunapipi, der ebenso grausamen wie fürsorglichen Erdmutter, die in der Schöpfungsmythologie der Aborigines eine zentrale Rolle spielt. Sie spüren etwas von der Spiritualität der Ureinwohner, von ihrem festen Glauben an die mythischen Schöpferwesen – teils Mensch, teils Tier, teils Pflanze –, die mit übernatürlichen Energien und Kräften alles schufen, was es gibt auf der Welt.

Für Europäer wird der Ausflug in den Busch zu einer Lektion in der Kunst des Überlebens in einer ebenso unerbittlichen wie freigiebigen Natur. Dort, wo unerfahrene Weiße kaum Überlebenschancen haben, wo nur Ureinwohner Wasser finden und auf felsigem Boden unsichtbare Tierspuren lesen können, zeigen sie den Teilnehmern, wie man Kängurus und andere Tiere jagt, aus welchen Pflanzen man Trinkwasser gewinnen kann, welche Wurzeln genießbar sind, wie man mit Speer und Bumerang umgeht (Auskunft und Buchung: Manyallaluk The Dreaming Place, Manyallaluk Community, P.O. Box 1480, Katherine, NT 0851, Tel. 08-89 75 47 27, Fax 08-89 75 47 24).

Auch in anderen Regionen des Fünften Kontinents engagieren sich Aborigines, oft zusammen mit weißen Partnern, in touristischen Unternehmen. Auf den Aborigine-Tourismus setzen zudem die Regierungen einzelner Bundesstaaten große Hoffnungen. Sie bewilligen Fördergelder für touristische Projekte, weil sie darin eine Chance sehen, für Ureinwohner eine Verdienstmöglichkeit zu schaffen. Auch wirken derlei Aktivitäten dem in vielen Aboriginal Communities grassierenden Alkoholismus entgegen. Nicht zuletzt gewinnen Aborigines wieder mehr Selbstbewusstsein und auch Stolz auf ihre traditionelle Lebensweise, wenn interessierte Besucher aus fremden Ländern ihre Naturkenntnisse und künstlerischen Fertigkeiten bewundern.

Ein großes Angebot an Touren, die von Aborigines geführt oder kommentiert werden, gibt es vor allem in Alice Springs, der inoffiziellen Hauptstadt von Zentral-Australien. Während der halbtägigen Aboriginal Dreamtime and Bushtucker Tour machen Ureinwohner die Teilnehmer mit dem Leben im Busch vertraut und laden sie ein zur Suche nach Essbarem aus dem Busch. Die gesammelten Waldfrüchte, Honigameisen und manchmal auch Witchetty Grubs, fingerdicke Larven eines Nachtfalters, werden gemeinsam verspeist (Auskunft und Buchung: The Aboriginal Dreamtime & Bushtucker Tour, c/o Winjeel Tours, 76 Todd St., Alice Springs, Tel. 08-89 53 08 70, Fax 08-89 53 23 22).

Heilpflanzen der Ureinwohner sind eines der Themen der vom Aboriginal Art and Culture Centre veranstalteten Halb- oder Ganztagestouren. Die Teilnehmer erfahren, dass Gukwonderuk, Altmännerkraut *(Centipeda cunninghamii)*, als Tee aufgebrüht gegen Erkältungen hilft, dass Mootjung oder Burn-naluk, Schwarzholz *(Acacia melanoxylon)*, mit Wasser aufgegossen, Rheumaschmerzen lindert und dass Paonggurk, Flussminze *(Mentha australis)*, als Inhalationsmittel Husten und Schnupfen rasch abklingen lässt (Auskunft und Buchung: Aboriginal Art & Culture Centre, 86–88 Todd St., Alice Springs, Tel. 08-89 52 34 08, Fax 08-89 53 26 78, E-Mail: aboart@ozenail.com.au, Website: http://www.aboriginalart.com.au).

Auskunft über Reiseveranstalter und Touren zum Thema Lebensweise und Kultur, Kunst und Kunsthandwerk der Aborigines enthalten die von den Fremdenverkehrsbehörden des Northern Territory und von Queensland veröffentlichten Broschüren »Experience Aboriginal Culture in Australia's Northern Territory« und »Aboriginal and Torres Strait Islander Holiday Experiences«. Beide Publikationen können auch bei den Informationsstellen des Northern Territory bzw. von Queensland in Deutschland angefordert werden.

ausgehöhlte Baumstämme. Ihre geringe Habe war jedoch nur die logische Konsequenz des nomadenhaften Lebens der Ureinwohner. Ein Zuviel an materiellem Besitz hätte sie auf ihren langen Wanderungen behindert.

Bei ihren Wanderungen folgten die Aborigines den Traumpfaden der Schöpferwesen. Diese waren identisch mit den uralten Handelsrouten zwischen den Territorien einzelner Stämme. Gehandelt wurde mit Gegenständen, die meist kultische Funktion besaßen, etwa Ockerfarben. An den wichtigsten Kreuzungen dieser Pfade gab es Zeremonienplätze, an denen Corroborees, gesellige Tanzfeste, stattfanden. Tag und Nacht ertönten zu den Gesängen der Aborigines die Klänge von Schlaghölzern und Didgeridoos, Blasinstrumenten aus von Termiten ausgehöhlten, möglichst geraden Eukalyptusästen. Die Körper mit Erdfarben bemalt und mit Federn und Pflanzen geschmückt, führten die Mitglieder verschiedener Stämme und Klans zeremonielle Tänze auf. Diese galten bei allen Aborigine-Gruppen des Kontinents als wichtigste künstlerische Ausdrucksform, deren Tradition heute noch in vielen Regionen lebendig ist. Tanzzeremonien dienten auch der Einführung von Knaben und Mädchen in die Welt der Erwachsenen. Die ›Weihen‹, die junge Menschen über sich ergehen lassen mussten, um als vollwertig anerkannt zu werden, waren oft mit Qualen verbunden. Zähne wurden ausgeschlagen und Fingernägel ausgerissen, Geschlechtsorgane beschnitten und Nasenscheidewände durchbohrt.

Den Weißen erschienen die Initiationsriten als barbarisch, die Tanzzeremonien als primitiv und die Wanderungen als zielloses Umherirren. Sie erkannten lange Zeit nicht, dass das Leben der Ureinwohner in komplexe Glaubenssysteme eingebettet war. So war die durch Schmerzen unvergesslich gemachte Initiation eine Vorbereitung auf die Strapazen in einer oft unbarmherzigen Natur. Und die heute Walkabouts genannten Wanderungen waren rituelle Reisen, bei denen Aborigines den Schöpfungsakt ihrer Totemvorfahren symbolisch nachvollzogen.

Den Europäern war auch nicht bewusst, wie vielschichtig das gesellschaftliche Gefüge der Ureinwohner aufgebaut war. Das Leben des Einzelnen war bestimmt von seiner Zugehörigkeit zu einer Großfamilie, zu einer Klasse, in der die Angehörigen derselben Generation zusammengefasst waren, und zu einer Totemgruppe. Die blutsverwandtschaftlichen und totemistischen Beziehungen schufen eines der komplexesten Verwandtschaftssysteme und eine der kompliziertesten Heiratsordnungen aller noch existierenden Naturvölker auf der Welt.

Zwar entwickelten die Ur-Australier keine Schrift und keine Metall verarbeitenden Techniken, aber aufgrund ihres Wissens um natürliche Gegebenheiten konnten sie Nahrungsquellen an Plätzen erschließen, die Weißen karg und unfruchtbar erschienen. Wüstennomaden, die monatealte Tierspuren zu lesen verstanden, überlebten auch extreme Dürreperioden, indem sie Tau auffingen oder die in Pflanzen und Tieren gespeicherte Feuchtigkeit nutzten. Noch heute verblüffen die medizinischen Kenntnisse der Aborigines. Schamaninnen und Medizinmänner waren oft geschickte Heiler. Sie kannten eine primitive Art der Akupunktur mit Quarzsplittern und verabreichten den ausgekochten Rindensaft des Chinarindenbaums als Fieber senkendes Mittel. Entzündete Wunden behandelten sie mit einem Schimmelpilz, der wie Penicillin wirkte.

Aborigines sind noch immer Bürger zweiter Klasse, doch das Interesse an ihrer Kultur wächst bei weißen Australiern und Besuchern aus aller Welt

Offene Wunden klammerten sie mit den Zangen der großen Bullenameisen.

Seitdem sich immer mehr Besucher des Fünften Kontinents für die Kultur der Aborigines interessieren und Begriffe wie Traumzeit und Traumpfade bei zivilisationsmüden Sinnsuchenden aus aller Welt Konjunktur haben, widmen auch die weißen Australier den Ureinwohnern mehr Aufmerksamkeit. Langsam wird ihnen das ganze Ausmaß des an den Aborigines verübten Unrechts bewusst. »Das weiße Australien hat die Aborigines enteignet. Die Weißen haben sie ihres angestammten Landes und ihrer überlieferten Lebensweise beraubt. Sie haben ihnen Krankheiten gebracht und den Alkohol. Sie haben sie ermordet. Sie haben den Müttern ihre Kinder genommen. Das weiße Australien hat sie diskriminiert und ins Abseits gedrängt.« Das ist nicht die Anklage eines Menschenrechtlers, sondern ein Auszug aus einer Rede des ehemaligen Premierministers Paul Keating, der im Dezember 1992 mit dieser Selbstanklage zu einer ›neuen Partnerschaft‹ aufrief.

Heute ist die Lage der 300 000 Ureinwohner, die Schritt für Schritt das Recht an ihrem Land, Wiedergutmachung und die Anerkennung ihrer Souveränität erstreiten, nicht mehr ganz so hoffnungslos. Wegen der Verbundenheit der Ureinwohner mit ihrem Land wird ihnen nach und nach per Gesetz Eigentum an Grund und Boden zurückgegeben, ein Konzept, das mit dem Begriff *land rights* bezeichnet wird. Im Northern Territory haben sie ein Vetorecht, wenn durch die Aktivitäten von Bergbaugesellschaften wichtige Kultplätze zerstört würden. Das bislang spektakulärste Urteil fällten 1993 die obersten Richter des Landes, als sie die bis dahin geltende Rechtsauffassung verwarfen, dass der Kontinent bis zur Besitznahme durch die britische

Die letzten Spuren
Felszeichnungen der Ureinwohner

Felszeichnungen der Aborigines am Nourlangie Rock im Kakadu National Park

Zur Geschichte der Aborigines gehören seit Urzeiten Felsmalereien und Gravuren, welche die kontinuierliche Besiedlung des Kontinents belegen. Heute gelten diese Bilder als wichtige Zeugnisse einer weit zurückliegenden Epoche der Menschheitsgeschichte. Viele der Kunstwerke sind um die 20 000 Jahre alt, der Ursprung anderer reicht vermutlich noch weiter zurück. Während aber Felsen- und Höhlenmalereien in anderen Erdteilen der Vorgeschichte angehören, haben die australischen Ureinwohner als einziges Volk der Welt bis in die Gegenwart ihre Bilder auf Fels- und Höhlenwände gemalt.

Da sie Schutz vor Wind und Wetter boten, waren vor allem Felswände unter Überhängen, wie man sie in den zerklüfteten Sandsteinmassiven des Arnhem Land, der Cape York Peninsula und der Kimberleys findet, beliebte Plätze, an denen Aborigines Felszeichnungen anbrachten. Die Künstler verwendeten kräftige, natürliche Pigmente, wie roten und gelben Ocker, Lehmfarben, Kalk oder Holzkohle. Als Bindemittel dienten häufig Orchideensaft, Knochenmark oder Bienenhonig.

Wie alle anderen künstlerischen Ausdrucksformen der Ureinwohner war die Felsmalerei ein fester Bestandteil des spirituellen, tief in der Ahnenverehrung und im Totemismus verwurzelten Weltbilds der Ureinwohner. Die Kunstwerke auf Stein erzählen von den Schöpfungsmythen der Ureinwohner, von der Traumzeit, als überirdische Wesen die Welt und alles Leben erschufen.

Nicht der ästhetischen Qualität des fertigen Bildes maß man Bedeutung bei, sondern dem rituellen Akt des Malens oder Auffrischens. Dieser Akt hatte für die Aborigines spirituelle Bedeutung, verband er sie doch auf mystische Weise mit ihren Traumzeit-Ahnen, deren Schöpfungsakt sie beim Malen oder Restaurieren nachvollzogen. Die uraustralischen Künstler führten einen religiösen Auftrag aus, um die Welt der Traumzeit-Heroen und Totem-Ahnen am Leben zu erhalten. In den Stammesgruppen gab es keine ausgewiesenen Künstler, jedes Mitglied betätigte sich irgendwann einmal künstlerisch. Alleinige Voraussetzung dafür war die fundierte Kenntnis der Stammesmythologie.

Die Aborigines entwickelten nie eine Schrift. Daher diente ihnen die Felskunst neben der mündlichen Überlieferung als Medium, mit dem sie Legenden und religiöse Vorstellungen von Generation zu Generation weitergaben. Viele Felsgalerien, die von Ureinwohnern in einem bestimmten zeitlichen Rhythmus restauriert werden, gelten als magische Orte, an denen die Mythen der Traumzeit noch heute gegenwärtig sind. Tausende von Felskunstwerken haben jedoch mit der Zeit durch Witterungseinflüsse stark gelitten und werden die Zeitenläufte kaum überdauern, da jüngere Aborigines den Bezug zu ihnen verlieren und auch nicht mehr die Kenntnisse besitzen, der Tradition entsprechend komplizierte Bilderneuerungszeremonien durchzuführen.

Die traditionelle Aboriginal-Malerei kennt verschiedene Stilarten. Im nordaustralischen Arnhem Land, der größten Felsmalereiregion der Welt, dominiert die so genannte Röntgenmalerei (X-Ray Style). Der Name verweist auf eine transparente Malweise, bei der die Künstler nicht nur die Umrisse von Menschen und Tieren auf die Felsen zeichneten, sondern oft filigran exakt wie auf einem Röntgenbild Knochen und innere Organe darstellten. In vielen Felsgalerien geistern Mimis, kleine, menschenähnliche Kreaturen, die den Ureinwohnern als freundliche und scheue Geister erschienen. Die Felsbildgalerien des Arnhem Land, von denen diejenigen im Kakadu National Park am leichtesten zugänglich sind, wurden als erstes australisches Kulturgut in die UNESCO-Liste des Weltkulturerbes aufgenommen.

Nur auf der Cape York-Halbinsel im hohen Nordosten des Kontinents kommen die Quinkan-Darstellungen vor. Aus unbekannten Gründen bildeten die Aborigine-Künstler die Übel wollenden Geister mit verrenkten Gliedmaßen und deformierten Geschlechtsteilen dar. Gegen Menschen richtet sich der Zorn der Quinkans allerdings nur, wenn diese gegen geheiligte Regeln und Riten verstoßen.

Auch in den Bergzügen des Kimberley-Plateaus im Nordwesten findet man eine ganz spezifische Malweise der Ureinwohner. Dort versahen die Aborigines Felswände mit Wandjinas, plumpen, anthropomorphen Gestalten ohne Mund und Ohren, aber stets mit einem hufeisenförmigen ›Heiligenschein‹. Vermutlich symbolisieren diese Kreaturen mythologische Schöpferwesen, die, wie die Legende berichtet, einst aus der Timor-See emporstiegen. Sie gelten als die Erschaffer des Landes. Aus ihren Fußspuren bildeten sich tiefe Täler, zwischen ihren Schritten formten sich Gebirgsketten. Als Herren über Blitz und Regen sind sie für die Gewitterstürme verantwortlich, welche die Region heimsuchen. Heute noch betrachten die Ureinwohner die Felszeichnungen als Selbstbildnisse der Wandjinas.

Nicht auf eine bestimmte Region begrenzt ist die Stencil Art. Bei dieser Technik legten die Ureinwohner einen Gegenstand oder auch Hände und Arme an die Wand und bliesen Farben darüber. Sichtbar blieben die Umrisse. Mitunter stellen Handabdrücke die ›Anwesenheitsliste‹ zeremonieller Zusammenkünfte dar.

Wie ihre Vorfahren vor Jahrhunderten und Jahrtausenden bannen auch in der Gegenwart australische Ureinwohner wieder ihre Welt der Mythen in Bilder voller Magie. Die Motive sind zwar die gleichen geblieben, aber sie werden nicht mehr mit Naturfarben auf Felswände gemalt, sondern mit Acrylfarben auf Leinwand oder Karton. Die bekanntesten Künstlerkolonien Yuendumu und Papunya unweit von Alice Springs beliefern den Markt jährlich mit hunderten von Bildern.

Schon vor Jahren hat der Kunstmarkt die ›Busch-Künstler‹ entdeckt. Weltweit kaufen Galeristen und Sammler die Bilder von Aborigines auf. In Sydney oder New York erzielen manche Gemälde Preise zwischen 2000 und 20 000 Dollar. Allerdings entfernen sich immer mehr Aborigine-Künstler von der traditionellen Einstellung, die in der Malerei nicht eine individuelle Ausdrucksform, sondern einen religiösen Akt sieht. Losgelöst von ihrem magischen Bezug sind heute viele Gemälde nur noch Kopien ihrer traditionellen Vorlagen. Groß ist bei manchen Künstlern die Versuchung, das zu malen, was der Markt verlangt und Geld bringt.

Krone eine *terra nullius,* ein Niemandsland, war.

Die größten heute von den Ureinwohnern selbst verwalteten Gebiete, die Weiße nur mit Genehmigung betreten dürfen, liegen im Zentrum und im Norden des Kontinents. Dazu gehört auch der Uluru-Kata Tjuta National Park mit dem 1985 an die Aborigines zurückgegebenen Ayers Rock. Ausgleichszahlungen in Höhe von vielen Millionen australischer Dollar für Ländereien, die aufgrund bestehender Besitzverhältnisse nicht mehr an die ursprünglichen Eigentümer zurückgegeben werden konnten, flossen in den Wohnungsbau, in Berufsausbildung und Beschäftigungsmaßnahmen sowie in Sozial- und Gesundheitsdienste für Aborigines.

Doch noch immer sind die Aborigines Bürger zweiter Klasse. Selbst wohlmeinende Weiße verstehen die Lebensformen der Ureinwohner kaum, die in nur zwei Jahrhunderten aus der steinzeitlichen Kultur ihrer Vorväter in die Moderne katapultiert wurden. Ein stärkerer Kontrast als zwischen der traditionellen Lebens- und Wirtschaftsweise der Ureinwohner und jener der Wettbewerbs- und Konsumgesellschaft der weißen Australier ist kaum vorstellbar.

So sind die meisten Aborigines Wanderer zwischen zwei Welten, die ihre Identität verloren haben. In den Städten und Outback-Siedlungen bieten sie oft ein Bild des Jammers: betrunken in irgendeiner Grünanlage oder torkelnd vor dem Bottle Shop. Viele Aborigines, die heute inmitten der Weißen ein Schattendasein führen, haben den Namen ihres Stammes vergessen, ebenso ihre Sprache. Sie haben, wie die Ureinwohner sagen, ihren Tjurunga verloren. Und wer diesen persönlichen Talisman aus Stein oder Hartholz, auf dessen Oberfläche die Traumpfade der Ahnen eingraviert sind, verliert, weiß nicht mehr, wer er ist.

Aber immer noch sind Bewusstsein und Spiritualität vieler Aborigines von der Tradition bestimmt. Für sie ist die Traumzeit nicht sagenhafte Geschichte, sondern bindendes Gesetz. Sie wollen fort aus den Städten, in denen sich Drogensucht, Kriminalität, Hoffnungslosigkeit und Apathie ausbreiten und in denen sie gezwungen sind, wie schwarze Weiße zu leben. Ihre Chance sehen sie in einer weitgehend getrennten Entwicklung von der weißen Gesellschaft. Mehr und mehr Aborigines gründen auf den ihnen zurückgegebenen Stammesgebieten kleine Siedlungen, die sich durch die Zucht von Rindern und Emus oder den Verkauf von Kunsthandwerk und Malereien eine wirtschaftliche Basis zu geben versuchen.

Abseits des weißen Australien bemühen sie sich, die alte Kultur wieder zu beleben und das traditionelle Buschleben zu aktivieren. Die Rückgabe ihres Landes ist für sie ein großer Schritt zur Selbstbestimmung. Endlich haben sie die Chance, die in den Städten als ›Sozialfälle‹ vor sich hin vegetierenden Jugendlichen an das Land der Ahnen zu binden und die spirituelle Verantwortung für die heiligen Stätten an die nächste Generation weiterzugeben.

Die Wüste bebt
Outback-Feste

Vor dem Birdsville Hotel, der einzigen Kneipe im Umkreis von 300 km, ist die Hölle los. Einige hundert Männer in Cowboykluft tanzen und singen in der sengenden Hitze. Schon seit dem frühen Vormittag lassen sie ein Bier nach dem anderen durch die Kehlen laufen, während langsam ein bunter Teppich aus leeren Bierdosen den Platz vor dem Outback-Pub bedeckt.

Alljährlich am ersten Wochenende im September schwillt die Bevölkerung von Birdsville im tiefsten Outback innerhalb von zwei, drei Tagen vorübergehend auf 5000 bis 6000 Einwohner an. Das 100-Seelen-Nest verdankt seine Berühmtheit den Birdsville Races, einem der bekanntesten und auch schwierigsten Pferderennen auf dem Fünften Kontinent. Eine knochenharte Sandbahn und Temperaturen von über 40° Celsius im nicht vorhandenen Schatten verlangen Pferden und Jockeys alles ab. Das Preisgeld ist relativ gering, doch viele Rennpferde, die einmal in Birdsville an den Start gingen, wurden später berühmt und brachten ihren Besitzern viel Geld.

Zwar sind die meisten Australier Pferdenarren, aber die Besucher kommen auch, um ›das verrückteste Wochenende der Welt‹ zu erleben. Denn das Galopprennen dient nur als Vorwand, um zwei Leidenschaften der Aussies zu frönen – dem Wetten und dem Biertrinken. 80 000 bis 90 000 leere Bierdosen habe er nach einem solchen Wochenende zu entsorgen, erzählt der Müllmann.

Viele Besucher kommen mit kleinen Propellermaschinen, die aufgereiht am Rande des Rollfelds vor dem Birdsville Hotel parken. Die meisten reisen jedoch in Geländewagen über Outback-Pisten an. Nur für enige von ihnen reichen die Betten im Birdsville Hotel. Wer hier während der Races nächtigen will, muss das Zimmer Jahre im Voraus buchen. So verwandelt sich das Städtchen für ein Wochenende in einen großen Campingplatz. Viele Rennbegeisterte schlagen ihre Zelte am Ufer des Diamantina River auf, andere schlafen unter den Tragflächen ihrer Flugzeuge. Wenig Begeisterung weckt das Spektakel bei manchen Einheimischen, die vor den Renntagen Birdsville fluchtartig verlassen und erst wiederkommen, wenn die Armada der Cessnas und Jeeps verschwunden ist.

Am zweiten Oktoberwochenende der geradzahligen Jahre bebt 500 km südlich von Birdsville die Wüste, wenn bei der ausgedienten Eisenbahnstation Curdimurka am Oodnadatta Track tausende Besucher aus allen Ecken des Landes unter dem Sternenhimmel von South Australia den Curdimurka Outback Ball feiern. Anders als in Birdsville gelten bei diesem gesellschaftlichen Ereignis, zu dem sich auch Prominente aus Politik, Wirtschaft und der Medienbranche einfinden, Smoking, Fliege und Abendkleid als standesgemäße Garderobe. Die Idee zur ›Party mit den Sternen‹ hatte der Vorsitzende der Ghan Preservation Society, die es sich zum Ziel gesetzt hat, einen Abschnitt der 1980 aufgegebenen Ghan Railway Line wiederherzustellen. Die Einnahmen des seit 1988 zelebrierten Outback Ball von Curdimurka fließen in das Projekt.

Den Auftakt für das Outback-Happening bildet eine nostalgische Zugfahrt auf einem 3 km langen, neu verlegten Schienenstrang der ehemaligen Ghan-Trasse. Fein gemacht wie für einen Opernbesuch, besteigen die Partygäste einen plüschigen Pullmanwaggon, den eine alte Dampflokomotive zieht. Nach Sonnenuntergang wirbeln einige hundert Paare zu den Klängen einer Big Band aus Sydney auf der über 1000 m^2 großen Tanzfläche. Was gesittet begann, geht jedoch wie bei vielen Festen in Australien schon bald in ein großes *booze-up* über, in ein kollektives Gelage.

Die Birdsville Races und der Curdimurka Outback Ball sind die bekanntesten Feste im australischen Outback. Aber jedes noch so kleine Nest, das etwas auf sich hält, feiert alljährlich zumindest einmal eine große Fete. Im Busch, wo es nur wenige gesellschaftliche Ereignisse gibt, markieren die häufig Gymkhana genannten Feste die Höhepunkte des Jahres. Dann strömen die *locals*, die Einheimischen, aus einem oft hunderte von Kilometern weiten Umkreis zusammen. Über Nacht wachsen Zeltstädte aus dem Wüstenboden. Wellblechbuden und Bretterverschläge werden als improvisierte Buschkneipen errichtet. Über Holzkohlefeuern brutzeln Steaks und Hamburger.

Im Mittelpunkt eines Outback-Festes steht meist ein Pferderennen für Amateurjockeys. Ausscheidungsrennen finden am ersten Festtag, meist einem Samstag, statt. Abends folgt ein Outback-Ball mit Musik und Tanz, bei dem angemessene Kleidung erwartet wird. Sonntag ist dann Familientag mit Spiel und Spaß für kleine und große Kinder. Neben Disziplinen wie Sackhüpfen, Drei-Bein-Rennen, Tauziehen und Schnullerweitspucken stehen häufig Lizard Races auf dem Programm. Bei dem skurrilen Wettbewerb werden zehn Eidechsen mit weißen Nummern auf dem Rücken in die Mitte einer Sandarena von etwa 3 m Durchmesser gesetzt. Dort verharren die

Großer Spaß mit kleinen Tieren – auch bei Eidechsenrennen wird gewettet

Tiere zunächst regungslos. Sieger ist die Eidechse, die zuerst losrennt und die blecherne Umgrenzung der Wettkampfstätte berührt. Meist am Montag werden die Endläufe der Pferderennen ausgetragen.

Ganz oben in der Beliebtheitsskala der Outback-Bewohner stehen Rodeos, die in größeren Orten häufig in Verbindung mit Landwirtschaftsausstellungen und Volksfesten stattfinden. Publikumsmagneten wie das alljährlich im August abgehaltene Rodeo von Mount Isa in Queensland locken tausende von Besuchern an. Die Rodeo-Reiter sind häufig Profis. In Wohnwagen ziehen sie von Veranstaltung zu Veranstaltung durch ganz Australien. Konkurrenz bekommen sie vor Ort durch *stockmen,* die auf Rinderfarmen der Umgebung arbeiten.

Zu jedem Rodeo gehören mehrere Wettbewerbe. Den Auftakt bildet oft das *campdraft,* bei dem es darum geht, eine kleine Rinderherde möglichst schnell zusammenzutreiben. Bei einer anderen Variante müssen die Teilnehmer, unter denen häufig Frauen sind, aus einer Herde ein Rind aussondern und über einen abgesteckten Rundkurs treiben. Akteure beim *team roping* sind zwei Reiter und ein Jungstier. Aufgabe der Cowboys ist es, das Tier mit Lassos einzufangen, wobei einer das Seil über den Kopf des Stieres wirft, während der andere versucht, das Lasso mit einem geschickten Wurf um einen Hinterlauf des Tieres zu schwingen.

Beim *calf roping* gilt es, mit einem Lasso ein Kalb einzufangen, danach blitzschnell aus dem Sattel zu springen, das Tier auf den Boden zu zwingen und ihm mit einem Seil Vorder- und Hinterläufe zusammenzubinden. Viel Spaß haben die Zuschauer beim *steer wrestling,* bei dem sich der Reiter aus vollem Galopp auf einen jungen Stier wirft, ihn bei den Hörnern packt und versucht, ihn auf den Rücken zu drehen. Wie bei

Kleiner Outback-Knigge
Verhaltensregeln im Busch

Shut the bloody gate! herrschte der Verwalter einer Rinderfarm einen Geländewagenfahrer an, der vergessen hatte, das Tor nach der Durchfahrt wieder zu schließen. Überall dort, wo Outback-Pisten die Grenzen zwischen den umzäunten Weidegebieten der *cattle stations* überqueren, gibt es Tore und Gatter *(gates)*, die verhindern sollen, dass Rinder auf die Nachbarfarm gelangen. Tore muss man immer so zurücklassen, wie man sie vorgefunden hat, geschlossen oder offen. *Stockmen* auf einer Rinderfarm sind verärgert, wenn sie ausgebüchste Rinder einfangen müssen. Tore müssen auch geschlossen werden, damit sich gesundes und krankes Vieh nicht vermischt und sich gefährliche Tierkrankheiten ausbreiten. Andererseits kann es vorkommen, das ein Farmer ein *gate* absichtlich offen lässt, damit Rinder von einer benachbarten Weide zu einer Viehtränke gelangen können.

Über die Hälfte des Outback wird als Viehweidegebiet genutzt. In der Regel hat kein Farmer oder *station manager* etwas dagegen, wenn Outback-Reisende ihr Lager auf Privatbesitz aufschlagen. Nur sollten sie das in gebührendem Abstand vom Farmhaus und von Viehtränken tun und alles so zurücklassen, wie sie es vorgefunden haben. Es wird erwartet, dass sämtlicher Müll mitgenommen und an geeigneter Stelle entsorgt wird und dass Wasserstellen nicht verschmutzt werden. Gegen ein Bad in einem *billabong* hat selten jemand Einwände, tabu sind dabei jedoch Seife oder Shampoo. Prinzipiell gilt – wo Wasser rar ist, muss man sorgsam damit umgehen.

Für böses Blut sorgen PS-Cowboys, die abseits der Pisten und Fahrspuren durch die Landschaft preschen. Sie schädigen damit die Ökosysteme der Trockenzone, tragen zur Bodenerosion bei und verängstigen Rinder, Schafe

einem echten Ringkampf erhält er nur dann Punkte, wenn das Tier mit beiden ›Schulterblättern‹ den Boden berührt. Champions schaffen dieses Kunststück in weniger als zehn Sekunden.

Zu Knochenbrüchen kommt es nicht selten beim *bull ride* und beim *saddle bronc*, den Königsdisziplinen eines jeden Rodeos. Bei den Wettkämpfen müssen sich die ›Reiter‹ mindestens acht Sekunden lang auf den Rücken der

Bullen oder der nicht zugerittenen Hengste halten, um sich für die nächste Runde zu qualifizieren. Aufgabe der Clowns, die vor allem bei *bull rides* ihren Klamauk in der staubigen Arena treiben, ist es, nach dem Sturz eines Rodeo-Reiters den Stier von ihm abzulenken.

Zum Beiprogramm eines Rodeos gehören manchmal Wettbewerbe im Holzhacken. Eine andere Attraktion sind Boxkämpfe, bei denen Mutige für ein paar

und wilde Tiere. Off-Road-Fahrten können auch für Fahrer und Beifahrer lebensgefährlich werden, sollten sie fernab einer Piste steckenbleiben oder eine Panne haben. Nach Niederschlägen sollten Geländewagenfahrer warten, bis die Naturstraßen einigermaßen getrocknet sind, denn das Fahren auf aufgeweichten Belägen verursacht tiefe Spurrinnen und Furchen, die von Einheimischen mit oft großem Zeit- und Kostenaufwand behoben werden müssen.

Vorsicht ist bei Lagerfeuern angebracht, die nie unbeaufsichtigt gelassen und vor der Weiterreise möglichst mit Wasser gelöscht werden sollten. Unachtsamkeit im Umgang mit offenem Feuer ist eine der Hauptursachen für Buschbrände. In besonders gefährdeten Gebieten zeigen Warntafeln den Grad der Feuergefahr an. An Tagen mit Feuerbann *(total fire ban)* ist offenes Feuer im Freien strikt verboten. Grundsätzlich sehen es die Einheimischen nicht gern, wenn übermäßig große Lagerfeuer entfacht werden.

Zu beachten ist schließlich, dass Gebiete, die sich im Besitz von Ureinwohnern befinden (Aboriginal Land) von Nicht-Aborigines nur mit einer Genehmigung des zuständigen Land Council betreten oder befahren werden dürfen.

Dollar mit Profis in den Ring steigen. Ungefährlicher sind die Bierbauch-Wettbewerbe. Im Stil einer Misswahl präsentieren dabei Mannsbilder ihre jahrelang gepflegten Bierbäuche einer weiblichen Jury. Sieger ist der Teilnehmer mit dem stattlichsten *beer belly.*

Trockenen Outback-Humor zeigen alljährlich am letzten Samstag im September die Teilnehmer an der Henley-on-Todd-Regatta in Alice Springs, der einzigen Regatta auf der Welt ohne Wasser. Da der Todd River, der durch die heimliche Hauptstadt des staubtrockenen Zentral-Australiens fließt, nur alle Jubeljahre einmal Wasser führt, laufen die Mannschaften in recht originellen Bootsattrappen ohne Boden durch das ausgetrocknete Flussbett dem Ziel entgegen. Die Idee zu dem ›Bootsrennen‹ kam den Mitgliedern des örtlichen Rotary Club bei einer Benefizveranstaltung. Das Ereignis hat sich mittlerweile zu einem Touristenmagneten entwickelt, der jedes Jahr tausende von Zuschauern anzieht. Einmal jedoch machten die Besucher den weiten Weg ins ›Rote Herz‹ umsonst – es regnete im September und das ganze Spektakel fiel buchstäblich ins Wasser.

Ein solches Dilemma ist den Veranstaltern des Kynuna Surf Carnival bislang noch nicht passiert. Den Teilnehmern und Zuschauern dieses Festes wird zwar alles mögliche geboten, nur auf eines müssen sie verzichten – das Wellenreiten, denn der nächste Brandungsstrand ist gut und gern 500 km entfernt. So klemmen sich die Kombattanten ihre Surf Boards unter den Arm und rennen im Wüstensand um die Wette. Hunderte von Touristen finden alljährlich im August den Weg zu dem Fünf-Einwohner-Nest im Outback von Queensland, um bei der Veranstaltung dabei zu sein. Das freut den Wirt des legendären Blue Heeler Hotel in Kynuna, der das Spektakel organisiert, aber auch den Royal Flying Doctor Service, denn der Reinerlös des Kynuna Surf Carnival fließt dem Luftrettungsdienst zu.

Das nach der Henley-on-Todd-Regatta von Alice Springs verrückteste Bootsrennen der Welt findet jedes Jahr Anfang August in Darwin statt. Was den Bierkonsum betrifft, schlägt die Hauptstadt des Northern Territory alle Re-

Drei-Bein-Rennen bei den Harts Range Races

korde – nirgendwo sonst auf der Welt rinnt so viel Gerstensaft durch die Kehlen wie dort. Pro Kopf und Jahr beträgt der Verbrauch mehr als 230 l. Um dem Meer der leeren Bierdosen Herr zu werden, haben sich die Darwiner eine originelle Form des Recycling einfallen lassen – die Beer-Can-Regatta. Der Fantasie sind keine Grenzen gesetzt. Es gibt nur eine Zulassungsbedingung – die Wasserfahrzeuge müssen aus leeren Bierdosen gefertigt sein. Allein am Renntag wird genug getrunken, um das Baumaterial für die nächste Regatta zu sichern.

Bush tucker
Das Outback kulinarisch

Die geröstete Schale knackt knusprig unter der Zunge, dann zergeht das zarte weiße Fleisch im Mund. Wenn ihr Anblick, der an große Mehlwürmer erinnert, nicht so widerlich wäre, könnte man versucht sein zu behaupten, sie würden köstlich schmecken. Die Rede ist von Witchetty Grubs, fingerdicken und sehr proteinreichen Larven eines Nachtfalters, deren Geschmack entfernt an Haselnuss erinnert, wenn man sie zwischen glühenden Kohlen gegart hat. Aborigines essen sie gern frisch ausgebuddelt aus den Wurzelsträngen des Witchetty-Busches, einer Akazienart, ohne sie vorher zu rösten. Angeblich schmecken sie dann wie ein leicht mit Zucker bestreutes rohes Ei.

Aborigines, die heute noch nach Art der Vorväter im Busch leben, schätzen nicht nur die dicken weißen Maden als Delikatesse. Auf ihrem Speiseplan stehen noch weitere Gerichte, die nicht jedermanns Geschmack sind. Ureinwohner betrachten den Busch als Naturgarten, der ihnen reichlich Nahrung bietet.

Vor Ankunft der Weißen beschafften sie sich ihre Nahrung ausschließlich durch Sammeln und Jagen sowie an der Küste und entlang der Flüsse durch Fischfang. Die Nahrung, die eine lebensfeindliche Umwelt denjenigen bot, die sie zu nutzen verstanden, war vielfältiger, als man auf den ersten Blick vermuten möchte.

Den Ureinwohnern genügten drei bis vier Stunden Sammeln und Jagen am Tag, um ihre Versorgung zu gewährleisten. Während die Jagd, die den Männern oblag, nur Zusatznahrung lieferte, ernährte man sich vor allem von den Erträgen des Sammelns, das zum Aufgabenbereich der Frauen gehörte. Ausgerüstet mit einem Grabstock zum Aufwühlen des Bodens, sammelten sie Wurzeln, Beeren, Knollen, Früchte, Blätter, Kräuter, Samen und Eidechsen, Frösche, Würmer, Larven und andere Insekten. Als Leckerbissen gelten heute noch Honigameisen und der Honig wilder Bienen.

Obwohl Aborigines geröstete Opossums, Wallabies, die sehr fettreichen Echidna-Schnabeligel und Goannas, Perintis oder andere Eidechsen nicht verschmähten, bestand ihr Speiseplan doch zu drei Viertel aus pflanzlicher Nahrung. Die Kenntnis hunderter essbarer Pflanzen sowie das Wissen um Verfahren, giftige oder bittere Spezies genießbar zu machen, sicherte ihnen eine ausreichende Ernährung. Viele der traditionellen Kenntnisse sind inzwischen verloren gegangen, doch wächst im Rahmen einer Renaissance der Aborigine-Kultur auch das Interesse an *bush tucker*, wie die Nahrung aus dem Busch genannt wird.

Nicht nur Aborigines läuft beim Anblick von Mottenlarven, Mangrovenwürmern und anderen Insekten das Wasser im Mund zusammen, mittlerweile sind auch weiße Gourmets auf den exotischen Geschmack gekommen. Fantasievolle Köche in den Großstädten an der Küste und in manchen Outback-›Metropolen‹ bereiten verfeinerte und dem verwöhnten Gaumen der Städter angepasste Bush-Tucker-Gerichte, die kulinarische Abenteuer verheißen.

Känguru, Emu, Büffel, Krokodil und Kamel – auf den Speisekarten mancher Gourmet-Restaurants scheint die halbe australische Fauna versammelt zu sein. Feinschmecker schätzen vor allem Delikatessen wie Känguruschwanzsuppe, Kängurusteak und Gerichte wie gebratene Magpie-Gans mit einer Sauce aus wilden Pflaumen, über Holzkohle gegrilltes Wallaby-Filet mit wildem Thymian oder Emu-Pâté mit Karamelbirnen und Rucola. Etwas Mut braucht, wer Krokodilfleisch, das meist als Steak oder Kebab serviert wird, probieren möchte – es schmeckt wie eine Mischung aus Huhn und Fisch.

Auch bei den Beilagen haben Meisterköche uraustralische Nahrungsquellen entdeckt. So gehören Tomaten, Zwiebeln, Zitronen, Pflaumen und andere Wildfrüchte aus dem Busch, die mit ihren Namensvettern äußerlich kaum Ähnlichkeit haben, schon lange zu den Standardingredienzien vieler Gerichte. Eukalyptusöl, sehr sparsam zum Würzen verwendet, gibt manchen Speisen eine ganz besondere Note, ebenso das Pulver der gemahlenen Samen verschiedener Akazienarten.

Schon Captain Cook, der sie seiner Mannschaft als Mittel gegen Skorbut verordnete, hatte den hohen Vitaminge-

In Roadhouses und Outback-Hotels gibt es deftige Hausmannskost und ein kühles Bier

halt der wilden Wasserkresse erkannt, die heute als Salat geschätzt wird. Die Samen des Kurrajong-Baumes werden geröstet und zu Mehl gemahlen, mit dem man ein eigenwillig schmeckendes Brot backt. Barramundi, ein karpfenähnlicher Süßwasserfisch aus dem tropischen Norden, wird häufig in der Rinde des Paperbark-Baums gegart und mit Buschkräutern serviert. Die bekannteste Buschfrucht ist die rote oder gelbliche, pfirsichähnliche Quandong, die eine der höchsten Vitamin-C-Konzentrationen aller natürlich auftretenden Pflanzen besitzt. Kenner schwören auf Quandong-Torte als Dessert.

So aufregend die ›Buschkost‹ ist, so einfallslos sind die Gerichte, die in einfachen Lokalen im Landesinnern auf den Tisch kommen. Die Speisekarten im Outback sind durchweg kurz und deftig: Steak mit Ei, Steakburger, Steaksandwich, Steak auf Toast ... Erhältlich zum Frühstück, Mittag- und Abendessen. Das für seinen geringen Cholesteringehalt gerühmte Kängurufleisch verschmähen dagegen die meisten Outback-Bewohner.

Abwechslung in den Speiseplan bringen Gerichte wie Roasted Lamb and Veggies (Lammbraten mit Gemüse) sowie der australische Imbissklassiker Fish and Chips, goldbraun frittierte Fischfilets mit Pommes frites. Skepsis ist bei einem anderen Standardgericht angebracht – Aussie Meat Pies, Fleischpasteten geheimnisvollen Inhalts, die mit einem kräftigen Schuss Tomatenketchup garniert werden. Ein weiteres kulinarisches Kuriosum ist Vegemite. Mit diesem beliebtesten Brotaufstrich des Fünften Kontinents wurden zwar schon ganze Generationen von Australiern aufgezogen, Besucher aus Übersee finden an der salzig schmeckenden Hefepaste, die beim Bierbrauen abfällt, jedoch meist keinen Geschmack.

Auf ihre Kosten kommen dagegen Freunde von Fisch und Meeresfrüchten, wenn sie in Regionen des so genannten Küsten-Outback im tropischen Top End reisen. Speisefische, Krabben, Krebse und andere Krustentiere werden fangfrisch serviert. Australier gehen vor allem gern ›barra fishing‹ – Barramundi ist ein wohlschmeckender Fisch, den man gebacken oder gegrillt genießt.

Restaurants sucht man in kleinen Outback-Nestern vergeblich. Einheimische und Touristen gehen dort in Pubs oder Hotel-Kneipen essen. Am Tresen werden in der Regel preiswerte und vor allem reichhaltige *counter lunches* oder *counter meals*, meist tellerüberlappende Steaks, serviert. Man bestellt und bezahlt das Essen an der Theke und nimmt dann an einem Tisch Platz.

Nicht in allen Restaurants, die man in größeren Outback-Städten findet, dürfen alkoholische Getränke ausgeschenkt werden. An den Eingangstüren solcher Lokale prangen drei Buchstaben – BYO,

die Abkürzung für *bring your own*. Gäste können hier die im Bottle Shop um die Ecke gekaufte Flasche Bier oder Wein mitbringen, was allemal preiswerter ist, als in einem Restaurant mit Ausschankgenehmigung alkoholische Getränke zu konsumieren.

An keinem Lagerfeuer im australischen Busch dürfen Billy Tea und Damper fehlen. Billy Tea ist ein dampfender Sud aus Teeblättern, die man in einem verrußten, verbeulten Blechtopf – von den Einheimischen ›Billy‹ genannt – über dem Lagerfeuer aufkochen lässt. Sobald die schwarze Brühe aufwallt, wird der Teekessel an einem Drahthenkel mit gestrecktem Arm im Kreis geschwenkt – so kühlt sie ab und zieht durch. Im australischen Outback gerät das Teekochen zum Zeremoniell. Zum Billy Tea gibt es Damper mit Butter und Marmelade. Damper ist das Brot des Outback. Der Teig wird aus Mehl, Backpulver oder Hefe, Wasser, Salz und etwas Bier zubereitet und in einem *campoven*, einem gusseisernen Topf mit Deckel, über offenem Feuer oder in heißer Asche gebacken. Am besten schmeckt Damper frisch und knusprig direkt aus der Glut.

Eine der großen Leidenschaften der Aussies ist das *barbecue*, auch BBQ oder *barbie* genannt. Überall im Lande, auch auf entlegenen Busch-Campingplätzen in Nationalparks, findet man Grillplätze. Das *barbecue* ist Down Under ein Männerritual. Auf den heißen Eisenplatten der oft strom- oder gasbetriebenen Grills brutzeln nicht nur Steaks und Würste, sondern auch Delikatessen wie Krabben und Langusten sowie Kartoffelscheiben und knackiges Gemüse. Zu einem echten *barbie* gehören natürlich auch ein paar *stubbies*, die in einem *eskie*, einem Kühlbehälter, kaltgestellt werden.

Reisen im Outback

Outback-Routen im Süden

Outback für Einsteiger
Flinders Ranges

Die schroffe Gebirgskette der Flinders Ranges etwa 450 km nördlich von Adelaide ist der ideale Auftakt einer Reise durch das Outback, denn sie bietet vieles von dem, was typisch für das australische Hinterland ist: wilde Berglandschaften, weite Savannen mit Kängurus und Emus, Felsgalerien mit Aborigine-Kunst – sowie Hitze, Staub und Fliegen. Zudem beginnen nördlich der Flinders Ranges mit dem Strzelecki Track (S. 120ff.), dem Birdsville Track (S. 105ff.) und dem Oodnadatta Track (S. 95ff.) drei der beliebtesten Outback-Pisten.

Die Bergwelt mit dem Flinders Range National Park und dem Gammon Ranges Nationalpark wird von gut ausgebauten Schotterstraßen durchzogen, die während der Trockenzeit auch mit Pkw und Wohnmobilen befahren werden können und selbst Outback-Neulingen keine Schwierigkeiten bereiten. Geländewagen mit Allradantrieb braucht man nur für die teils sehr rauen Zufahrten zu manchen Naturattraktionen, wie etwa dem Track zur Chambers Gorge.

Plant man Wanderungen oder Abstecher abseits der Hauptroute, sollte man sich für die Rundfahrt durch die Flinders Ranges mindestens fünf Tage, besser eine Woche Zeit nehmen. Bis Wilpena sind es 450 km, die Rundfahrt durch die Flinders Ranges ist 150 km lang. Unterkünfte und Versorgungsmöglichkeiten sowie Tankstellen und Reparaturwerkstätten gibt es unter anderem in Quorn, Hawker, Wilpena, Blinman, Copley und Leigh Creek. Die maximale Entfernung ohne Tankstelle beträgt etwa 150 km.

Wegen extrem hoher Sommertemperaturen von bis zu über 40° Celsius sollte man das Wüstengebirge zwischen Dezember und Februar meiden. Im September oder Oktober, nach den Winterregen, legt in der sonst verdorrten Region der Frühling bunte Matten von Wildblumen aus. Callistemon, Graslilien, Banksia, Melaleuca sowie die knallrote Sturts Desert Pea, der prachtvollste Schmetterlingsblütler Australiens, stehen dann in voller Blüte.

Von Adelaide nach Hawker

Tipps & Adressen
Adelaide S. 309, Quorn S. 351, Hawker S. 333

Von Adelaide fährt man bequem in vier Stunden auf einem 320 km langen Teilstück des Highway One bis **Stirling North** [1]. Bei dem Ort 12 km südöstlich von Port Augusta zweigt die am besten ausgebaute Zufahrtsstraße zu den Flinders Ranges ab. Über den Pichi Richi Pass windet sich parallel zu einer Eisenbahnstrecke, auf der mehrmals wöchentlich eine Schmalspurbahn mit einer Dampflokomotive schnauft, eine kurvenreiche Straße nach **Quorn** [2], einem verschlafenen Städtchen.

Auf der Weiterfahrt nach Hawker kommt man am **Death Rock** [3] vorbei, einen in der Schöpfungsmythologie der hier einst ansässigen Ureinwohner wichtigen Felsen. Dort führte man früher bei Initiationsriten Knaben in die Gemeinschaft der Männer ein. Wegen der

◁ Bunyeroo Valley in den Flinders Ranges

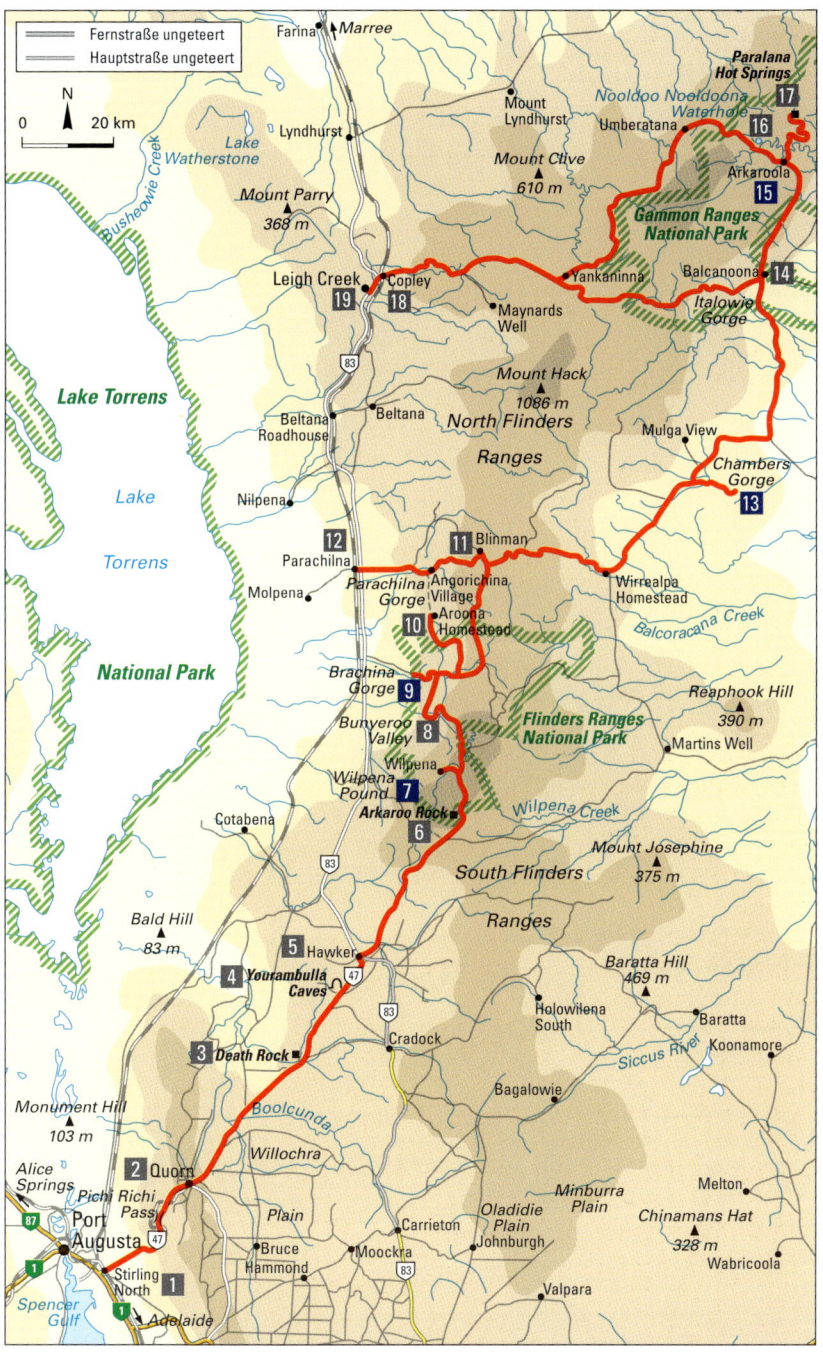

RICHTIG REISEN
Tipp

City Porträts Adelaide und Perth

Adelaide im Südosten und Perth im Südwesten des Kontinents sind aufgrund ihrer Lage und ihrer internationalen Flughäfen günstige Ausgangsorte für Outback-Reisen. In vier bis fünf Fahrstunden erreicht man von Adelaide die Flinders Ranges (vgl. S. 84ff.) oder den Stuart Highway (vgl. S. 132ff.), der in das ›Rote Herz‹ führt. Kaum mehr als acht Stunden braucht man bis Lyndhurst, den Ausgangspunkt für den Strzelecki Track (vgl. S. 120ff.), oder Marree, wo der Birdsville Track (vgl. S. 105ff.) und der Oodnadatta Track (vgl. S. 95ff.) beginnen. Von Perth ist es etwa eine Tages-

Adelaide
1 Festival Centre Complex   2 Migration Museum   3 South Australian Museum
4 Art Gallery of South Australia   5 Ayers House   6 Adelaide Botanic Gardens
7 Tandanya Aboriginal Cultural Institute

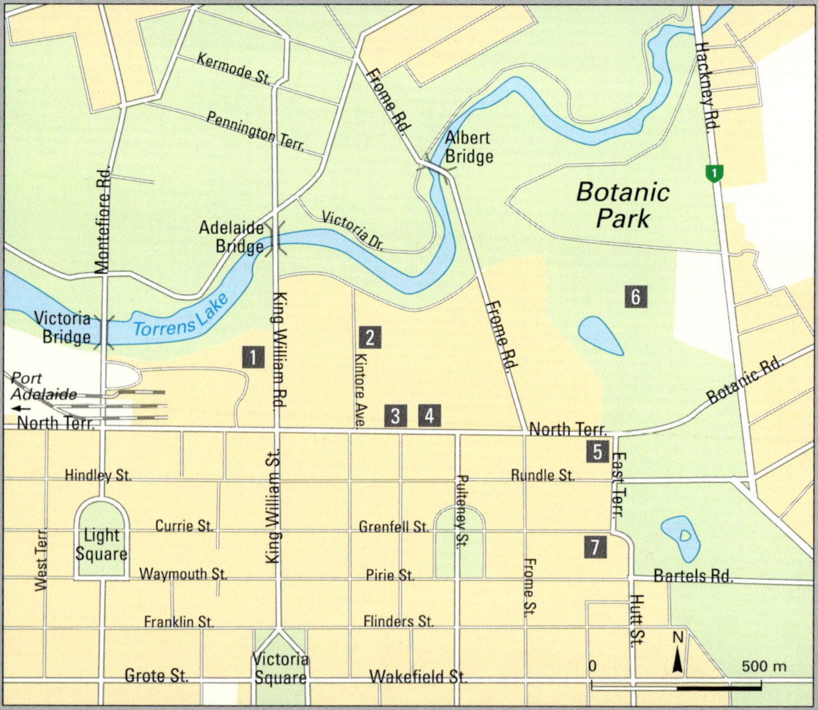

Der Festival Centre Complex in Adelaide

reise bis Wiluna, den Ausgangspunkt für den Gunbarrel Highway (vgl. S. 210ff.) und die Canning Stock Route (vgl. S. 252dd.).

Obwohl Adelaide (Tipps & Adressen S. 309) als eine der großen Kulturmetropolen des Fünften Kontinents gilt, fehlen der Millionenstadt touristische Highlights wie sie etwa Sydney oder Melbourne zu bieten haben. Doch umgeben von ausgedehnten Parks strahlt die Hauptstadt von South Australia eine entspannte Atmosphäre aus. Kirchen in strenger neogotischer Architektur, spätviktorianische Regierungsgebäude und breite Boulevards prägen das Stadtbild.

Der Festival Centre Complex an der King William Road südlich des Torrens River ist Adelaides Antwort auf das Sydney Opera House. Der avantgardistisch wirkende Mehrzweckbau bildet im Februar und März der geradzahligen Jahre den Rahmen für das dreiwöchige Adelaide Arts Festival, ein Kulturspektakel mit Musik und Tanz, Theater und Film. Nur ein paar Schritte sind es zur North Terrace, der ›Kulturmeile‹ der Stadt, an der sich die Sehenswürdigkeiten reihen. Den Auftakt bildet das Migration Museum abseits des Flanierboulevards, das die Geschichte der Einwanderung dokumentiert.

›Aushängeschild‹ des South Australian Museum ist das Skelett eines Blauwals am Eingang. Auf fünf Stockwerken präsentiert das Museum eine naturhistorische Sammlung und überrascht mit einer informativen Abteilung zur Kultur der australischen Ureinwohner. Die Art Gallery of South Australia zeigt neben einer ausgezeichneten Kollektion internationaler Meisterwerke einige der besten Gemälde australischer Künstler. Im Gründerzeitglanz erstrahlt Ayers House, die einstige Residenz des siebenmaligen Premiers von South Australia. Sir Henry Ayers verdankt der berühmte Monolith im ›Roten Herzen‹ seinen Namen.

Perth
1 St. Andrews Church   2 Government House   3 Old Court House   4 St. Georges Cathedral   5 Old Perth Boys School   6 Western Australian Art Gallery   7 Western Australian Museum

Einen Kontrast zum Kulturprogramm bieten die von einem Wegenetz durchzogenen Adelaide Botanic Gardens. Sehenswert ist das Bicentennial Conservatory, unter dessen Glasdach ein tropischer Miniatur-Regenwald gedeiht. Einen guten Einblick in das künstlerische Schaffen der Ureinwohner gibt das Tandanya Aboriginal Cultural Institute in der Grenfell Street südlich des Botanischen Gartens. Liebhaber nautischer Historie zieht es zum South Australian Maritime Museum im restaurierten Hafenbezirk Port Adelaide etwa 5 km westlich der City.

Von den 1,8 Mio. West-Australiern leben allein 1,3 Mio. in Perth (Tipps & Adressen S. 347). Die Stadt hat sich dank der seit Mitte des 20. Jh. in Western Australia auf Hochtouren laufenden Bergbauindustrie zu einer wohlhabenden Metropole entwickelt. Zwar fehlen der Hauptstadt von Western Australia herausragende Sehenswürdigkeiten, doch auch Perth hat einiges zu bieten: die Lage am Swan River oder das Klima, das die Einheimischen für das beste der Welt halten. Ein schöner Blick auf die Metropole und den Fluss bietet sich vom hügeligen Kings Park.

Die Skyline von Perth

Viel besucht sind Kolonialgebäude am Prachtboulevard St. Georges Terrace, etwa das in den 60er Jahren des 19. Jh. errichtete Government House, das zwischen 1836 und 1837 entstandene Old Court House und die von 1852 bis 1855 erbaute Old Perth Boys School sowie die neogotischen Gotteshäuser St. Andrews Church (1906) und St. Georges Cathedral (1880). Abgerundet wird das Programm der Stadtbesichtigung durch Besuche der Western Australian Art Gallery, die eine Sammlung australischer, europäischer und asiatischer Kunst präsentiert, und des Western Australian Museum, das neben einer naturwissenschaftlichen Sammlung eine ethnologische Abteilung zur Kultur der Aborigines besitzt.

Den Kontrapunkt zum modernen Perth mit seiner Wolkenkratzersilhouette bildet das Hafenstädtchen Fremantle an der Mündung des Swan River. Im Western Australian Maritime Museum kann man Schiffsmodelle, Galionsfiguren und den rekonstruierten Rumpf des 1629 an der Küste gestrandeten holländischen Seglers »Batavia« bewundern. Viel Lokalkolorit vermittelt ein Bummel durch die Fremantle Markets, die mehrmals wöchentlich in den 1897 erbauten Markthallen an der Ecke von South Terrace und Henderson Street abgehalten werden.

Die Flinders Ranges bei Arkaroo Rock

Felsmalereien gelten auch die **Yourambulla Caves** 4 10 km südlich von Hawker als heilige Stätten der Aborigines. **Hawker** 5 bietet Besuchern keine Attraktionen, eignet sich aber als Stützpunkt zur Erkundung der Southern Flinders Ranges.

Nördlich von Hawker wähnt man sich in der afrikanischen Savanne. Doch statt Antilopen und Zebras springen Kängurus neben dem Auto her und abends auch mal vor die Scheinwerfer. Emus, in Gruppen von fünf bis sieben Tieren, stolzieren durch das Gras. Die Flinders Ranges sind eines der Hauptverbreitungsgebiete der bis zu 1,80 m großen und bis zu 60 kg schweren Laufvögel, die auch in der Schöpfungsmythologie der Ureinwohner eine wichtige Rolle spielen. Im Glauben der Aborigines stammen die Ockerlager in den Gammon Ranges vom Blut ihres totemistischen Emu-Ahnen, der Dingos zum Opfer fiel.

Unvermittelt nehmen in der weiten Ebene die Felszacken der Flinders Ranges Kontur an. Die Gebirgskette aus erosionsbeständigem Quarzit ist Teil des Faltengebirges, das sich von der Südspitze der Fleurieu-Halbinsel südlich von Adelaide knapp 1000 km Richtung Norden bis in die Region der großen zentralaustralischen Salzseen erstreckt. Eiszeitliche Gletscher sowie Verwitterung und Erosion gaben den zerklüfteten Bergrücken ihre heutige Gestalt.

Die nach Captain Matthew Flinders benannte Gebirgskette, der sie vermutlich als erster Weißer erblickte, wurde gegen Mitte des 19. Jh. von Europäern besiedelt. Es entstanden Schaf- und Rinderfarmen, Weizenbauern nahmen den trockenen Boden unter den Pflug. Nach

Anfangserfolgen machte eine lange Dürreperiode in den 80er Jahren des 19. Jh. alle Hoffnungen auf ein neues, reiches Agrargebiet zunichte.

Dass in den Flinders Ranges bereits vor Ankunft der Weißen Menschen lebten, beweisen Felszeichnungen und -ritzungen der Ureinwohner, die man auf ein Alter von bis zu 20 000 Jahren schätzt. Der Schöpfungsgeschichte der hiesigen Aborigines zufolge schuf die Riesenschlange Arkaroo die Bergregion, indem sie kriechend die tiefen Schluchten formte. Nach ihrem Schöpfungswerk wandte sie sich müde und durstig ostwärts zum Lake Frome, den sie leer trank und der seitdem fast permanent ausgetrocknet war. Heute ruht Arkaroo im Yacki-Wasserloch in den nördlichen Gammon Ranges.

Die Quarzitgipfel der Flinders Ranges haben nicht nur Maler und Dichter der Ureinwohner mit ihren intensiven Farben verzaubert. Der deutschstämmige Künstler Hans Heysen (1877–1968) entdeckte hier die Weite der Landschaft des Fünften Kontinents, ihre Wildheit und ihre Einsamkeit. Heysen, nach dem ein Fernwanderweg benannt ist, gelang es in seinen Aquarellen und Ölgemälden, die Farb- und Lichtstimmungen der Flinders Ranges einzufangen.

Wenige Kilometer südlich der Grenze zum Flinders Ranges National Park führt eine Stichstraße zu einem Parkplatz in der Nähe des **Arkaroo Rock** [6]. Die Felsformation, eine heilige Stätte der Adnyamathanha-Aborigines, trägt den Namen der Traumzeit-Schlange Arkaroo, der Schöpferin der Flinders Ranges. Die Felsgalerien sind eine Mischung aus bis zu 20 000 und etwa 1000 Jahre alten, wiederholt aufgefrischten Ockermalereien. Vom Parkplatz führt ein Rundwanderweg zu den Felskunstwerken (3 km/1 Std.).

Im Herzen der Flinders Ranges

Tipps & Adressen
Wilpena S. 356

Landschaftlicher Höhepunkt des Flinders Ranges National Park ist der **Wilpena Pound** [7], ein steinernes, 10 km breites und 16 km langes ›Riesen-Amphitheater‹, das von einer bis zu über 1000 m hohen Felsbarriere eingerahmt wird. Der einst für den Krater eines erloschenen Vulkans gehaltene Kessel ist beinahe abgeschlossen, so dass man ihn früher als natürliche Viehkoppel verwendet hat. Es gibt nur einen Zugang – die schmale Klamm des Wilpena Creek bei der Felsformation Sliding Rock nahe der Ranger Station. Im Besucherzentrum informieren Schautafeln und Exponate über die geologische Entwicklung der Flinders Ranges und deren Tier- und Pflanzenwelt.

Auch auf einem bequemen Naturlehrpfad lernt man die Besonderheiten der hiesigen Vegetation kennen (Rundweg 1,5 km/1 Std.). Anspruchsvoller ist der Wanderweg auf den Mount Ohlssen Bagge, der vom Naturlehrpfad abzweigt. Auf der Tour durch steiniges Terrain kann man am frühen Morgen und am späten Nachmittag häufig die vom Aussterben bedrohten gelbfüßigen Felsen-Wallabies beobachten, für die der Flinders Ranges National Park eines der letzten Refugien ist (hin und zurück 4 km/3 Std.).

Nicht unbedingt bergsteigerische Erfahrung, aber Trittsicherheit erfordert die anstrengende und bei Regen gefährliche Wanderung auf den St. Mary's Peak, der mit 1188 m die höchsten Erhebung des Quarzitgebirges. Lohn der Mühe ist ein traumhafter Blick vom Gipfel über die riesige ovale Schüssel des

Wilpena Pound bis zum rosafarben in der Ferne glitzernden Torrens-Salzsee (hin und zurück 12 km/6 Std.). Wer über Energiereserven verfügt, muss nicht auf demselben Weg zurückwandern, sondern kann in den Wilpena Pound hinabsteigen und über den Cooinda Campground zur Ranger Station zurückkehren (Rundweg 20 km/7,5 Std.). Eine einfache Wanderung führt durch die Schlucht des Wilpena Creek, den Flusseukalypten säumen, über das historische Farmhaus Old Homestead zum Wangara Lookout (hin und zurück 6 km/3 Std.).

Nördlich der Siedlung Wilpena geht das Asphaltband in eine Schotterpiste über. Nach wenigen Kilometern zweigt links der Bunyeroo Gorge Scenic Drive ab, eine 30 km lange, schmale und kurvenreiche Panoramastraße durch karges, von Akazien und Kiefern bewachsenes Bergland. In weiten Schwüngen steigt die Piste hinauf zu einer Passhöhe, nach der sich die Berglandschaft spektakulär zum **Bunyeroo Valley** 8 öffnet. In der Bunyeroo Gorge, einer Schlucht des Bunyeroo-Creek, säumen River Red Gums das Flussbett.

Ein Schaufenster der Erdgeschichte ist die **Brachina Gorge** 9, eine Felsenschlucht des Brachina Creek durch die Heysen Range, die ein geologischer Lehrpfad erschließt. Tafeln am Rand der holprigen Naturstraße erläutern den Aufbau der Sedimentschichten, aus denen in vielen hundert Millionen Jahren die heutige Berglandschaft entstand. In Schichten kambrischen Kalksteins entdeckten Geologen 500 bis 600 Mio. Jahre alte fossile Skelette winziger Meeresorganismen, aus denen sich später Schwämme und Korallen entwickelten.

Nördlich der zum Highway 83 führenden Piste durch die Brachina Gorge, in deren Verlauf mehrere Bäche und Flüsse an Furten durchquert werden, liegen die Ruinen der **Aroona Homestead** 10. Das Farmhaus aus dem 19. Jh., von dem heute nur noch die Fundamente erhalten sind, war Schauplatz einer australischen Version der ›Rockefeller Story‹. John Hayward, der mit einem Startkapital von 40 englischen Pfund nach Australien gekommen war, entdeckte eine Quelle und baute 1853 mit einem Grundstock von 3300 Tieren eine Schaffarm auf. Bis 1862 erwirtschaftete er ein Vermögen von 40 000 Pfund und kehrte als reicher Mann in die englische Heimat zurück. Sein Nachfolger hatte weniger Glück. Eine Trockenperiode von 1864 bis 1866 mit unerträglichen Sommertemperaturen zwang ihn dazu aufzugeben. Bereits 1869 lag Aroona Homestead in Trümmern, ein Zeugnis dafür, dass frühe europäische Siedler häufig an den extremen Klimabedingungen scheiterten. Ironie des Schicksals – Aroona bedeutet in der Sprache der Ureinwohner ›fließendes Wasser‹. Nahe der historischen Stätte befindet sich ein schöner Busch-Campingplatz.

In die Bergwelt der Gammon Ranges

Tipps & Adressen
Blinman S. 316, Parachilna S. 346, Balcanoona S. 314, Arkaroola S. 313, Copley S. 327

Die Weiterfahrt auf den zunehmend raueren, aber immer noch Pkw-tauglichen Schotterpisten zum Gammon Ranges National Park kann man im ehemaligen Kupferort **Blinman** 11 unterbrechen, der heute ganz auf Touristen eingestellt ist. Im Süden ragt der Bergrücken Great Walls of China auf, eine der zahlreichen ›chinesischen Mauern‹, die es in Australien gibt. Westlich von Blinman mäandert die Piste durch die male-

Das Nooldoo Nooldoona Waterhole in den Flinders Ranges

rische Parachilna Gorge, in der entwurzelte, ineinander verkeilte Stämme von Flusseukalypten die Urgewalt der letzten Flut erahnen lassen. **Parachilna** 12, ein Outback-Nest am Highway 83, besteht aus einer Hand voll Wohnhäusern, einer Tankstelle und dem Prairie Hotel, in dem seit 1876 Bier aus den polierten Messinghähnen gezapft wird.

Gut 30 km östlich von Blinman künden Windräder, die Wasser aus großen Tiefen zu Tage fördern, die Rinderfarm Wirrealpa Homestead an. Die Zufahrt zur etwas abseits jener Piste, die zum Gammon Range National Park führt, gelegenen **Chambers Gorge** 13 ist mühsam, trotzdem schaffen immer wieder Pkw-Fahrer, deren Wagen eine gute Bodenfreiheit haben, mit Geduld und Vorsicht die ersten 4 bis 5 km. Dann aber befindet man sich in Four-Wheel-Drive-Terrain, denn es gilt ein tiefsandiges Flussbett, einige Wasserlöcher und steinige Passagen zu meistern. Nach weiteren 4 km endet die Stichstraße am Eingang der Schlucht, wo sich ein einfaches Busch-Camp befindet.

Linker Hand, nur einen kurzen Spaziergang entfernt, versteckt sich in einem Seitencanyon eine der heiligsten Stätten der Ureinwohner dieser Region – eine Felswand mit alten Petroglyphen. Mit Sicherheit haben die Felsritzungen einen Bezug zur Traumzeit, die genaue Symbolik der Kreuze und Kreise, der Spiralen und Wellenlinien, der Streifen und Schlangenmuster kennen aber nur die Stammesältesten der Adnyamathanha-Aborigines, die sich dort bis zum heutigen Tag regelmäßig treffen, um religiöse Zeremonien abzuhalten. Einst muss hier ein wichtiges kulturelles Zentrum bestanden haben. Darauf deuten stilistische Ähnlichkeiten der hiesigen Felsgravuren mit denen in anderen Aborigine-Galerien der Region hin.

Vorbei an **Balcanoona** 14 mit dem Hauptquartier des National Parks and Wildlife Service, wo eine Verbindungsstraße zum Strzelecki Track (vgl. S. 120ff.)

abzweigt, schlängelt sich die Piste über Hügelketten und durch trockene Täler durch die Einsamkeit – Wildnis so weit das Auge reicht. Die Schluchten-, Fels- und Berglandschaft des Gammon Ranges National Park ist die spektakulärste dieser Wildnis-Enklaven. Hauptanziehungspunkt des Naturschutzgebiets ist die Region um die einstige Schaffarm **Arkaroola** [15], wo sich heute ein Ferienkomplex mit Motel, Caravan Park und Swimmingpool sowie eine Sternwarte befinden. Das Management bietet eine faszinierende ›Ridgetop Tour‹ an, die auf einer abenteuerlichen Trasse durch die Bergwelt vorbei an spektakulären Felsformationen, tiefen Schluchten und aufgelassenen Kupferbergwerken zum 790 m hohen Mount Painter führt. Während diese Route nicht von Privatfahrzeugen befahren werden darf, sind Ausflüge zu anderen Naturattraktionen der Region auch auf eigene Faust möglich.

Ein Ausflug führt auf einer rauen, aber auch mit einem Pkw befahrbaren Schotterpiste zum **Nooldoo Nooldoona Waterhole** [16] 13 km nordöstlich, in dem sich rote Felswände spiegeln. Morgens, wenn sich hier Felsen-Wallabies tummeln, erscheint der Teich wie verzaubert. Unterwegs lohnen sich Stopps beim Pinnacle Lookout mit Blick auf eine Granitformation, bei den heißen Quellen von Bolla Bollana sowie bei den aufgegebenen Bolla Bollana Copper Smelters, wo einst Kupfererz verarbeitet wurde.

Eine andere Tour hat die **Paralana Hot Springs** [17] 26 km nördlich zum Ziel. Über einen rauen Schotter-Track, vorbei an der Felswand Ochre Wall mit ockerfarbenen Ablagerungen, kommt man zur Baranna Gorge mit dem Naturpool Stubbs Waterhole am Fuße einer steilen Felswand. Von dort schwingt sich die Piste in Kurven über den Claudes Pass an den Ausläufern des Mount Painter-Massivs zu den Thermalquellen, in denen man wegen radioaktiver Spurenelemente jedoch nicht baden sollte.

Nur mit einem zuverlässigen Geländewagen und aktuellen Informationen über den Pistenzustand sollte man sich auf den wenig befahrenen, etwa 120 km langen Track von Arkaroola über die verlassene Siedlung Umberatana nach Yankaninna an der Verbindungsstraße zwischen Balcanoona und Copley am Highway 83 begeben. Unproblematisch dagegen ist die Route von Arkaroola über Balcanoona nach **Copley** [18]. Die Piste berührt die Italowie Gorge. Die Schlucht mit rostfarbenen Quarzitklippen ist ein Terrain für erfahrene und gut ausgerüstete Wanderer. Besonders beliebt ist der Italowie Bush Walk (einfach 16 km/8 Std.). Reist man mit mehreren, empfiehlt es sich, zwei Gruppen zu bilden, von denen eine am südlichen Ausgangspunkt an der Copley Road startet und die andere im Norden bei Grindell's Hut. Bei den Ausgangspunkten können dann die Fahrzeuge für die Rückfahrt getauscht werden.

Leigh Creek [19] wurde Anfang der 80er Jahre des 20. Jh. für die Mitarbeiter der Leigh Creek Coalmine errichtet. Das alte Leigh Creek, dessen Wurzeln bis 1856 reichten, musste damals den haushohen Schaufelradbaggern der Kohlenmine weichen. Im Tagebau werden hier jährlich 2,5 Mio. t Kohle für die Kraftwerke in Port Augusta gefördert, die einen Großteil des Strombedarfs in South Australia decken. In Lyndhurst 33 km nördlich von Leigh Creek zweigt vom Highway 83 Richtung Nordosten der Strzelecki Track ab (vgl. S. 120ff.). Marree 78 km nördlich von Lyndhurst ist Ausgangspunkt für den nach Zentralaustralien führenden Oodnadatta Track (vgl. S. 95ff.) sowie den Birdsville Track nach Queensland (vgl. S. 105ff.).

Auf den Spuren der Ghans
Oodnadatta Track

Von Marree zum Lake Eyre

Tipps & Adressen
Marree S. 342

Der 650 km lange Oodnadatta Track durchschneidet eine Landschaft, die von ausgedehnten Sand- und Steinwüsten, weiten Grassteppen und riesigen Salzseen geprägt ist. John McDouall Stuart erkundete die Region zwischen 1860 und 1862 auf seinen Transaustralien-Forschungsreisen. Nach zwei fehlgeschlagenen Versuchen gelang es ihm, den Kontinent von Süd nach Nord zu durchqueren. Die erste Overland Telegraph Line und die 1929 fertig gestellte Ghan Railway Line folgten der von Stuart entdeckten Route, die heute abseits der westlich gelegenen modernen Verkehrsadern verläuft. Entlang der Schotterpiste kann man allerhand Historisches entdecken: Ruinen von Bahnhöfen, verrostete Wassertürme, verfallene Eisenbahnbrücken und windschiefe Telegrafenmasten.

Die Outback-Route nennt sich zwar Track, erweist sich aber als passable Schotterpiste, die auch von robusten Autos und Campmobilen gut zu befahren ist – allerdings nur in der trockenen Jahreszeit von April bis Oktober. Nach Wolkenbrüchen, zumeist zwischen Dezember und Februar, wenn auch die Temperaturen in unerträgliche Höhen klettern, stecken auf dem Oodnadatta Track bisweilen auch Geländewagen tagelang im Schlamm fest. Tankstellen, Werkstätten, Lebensmittelläden und Unterkunftsmöglichkeiten gibt es in Mar-

Auch auf dem Oodnadatta Track heißt es: Vorfahrt beachten

ree, William Creek, Oodnadatta und Marla, wo die Piste auf den Stuart Highway trifft. Die größte Entfernung ohne Tankmöglichkeiten beträgt etwa 100 km. Mit Muße fahrend, sollte man für die Route zwei bis drei Tage einplanen.

Der Oodnadatta Track beginnt im 700 km nördlich von Adelaide gelegenen **Marree** 1, einem einstigen Verladebahnhof für Rinder und Versorgungszentrum für die riesigen Farmen der weiteren Umgebung. 1860 hatte hier der Botaniker David Hergott, der an John McDouall Stuarts erster Transaustralien-Expedition teilnahm, eine nach ihm benannte Quelle entdeckt. Als die Australische Kolonialverwaltung den Bau einer Telegrafenleitung beschloss, entstand bei der Quelle die Siedlung Hergott Springs. Während des Ersten Weltkriegs verschwanden deutsche Ortsnamen von australischen Landkarten und aus Hergott Springs wurde Marree, was in der Sprache der hiesigen Ureinwohner ›Platz des Kusu‹ bedeutet.

Anfang der 80er Jahre des 19. Jh. war Marree ein florierendes Outback-Städtchen mit über 600 Einwohnern. Hier endete die Breitspurbahn von Adelaide und bis zur Fertigstellung der nach Alice Springs weiterführenden Eisenbahnlinie beförderten *camel trains* Passagiere und Fracht von Marree, damals eine der wichtigsten Karawansereien Australiens, nordwärts. Die genügsamen Wüstentiere waren Pferden und Ochsen in

Oodnadatta Track

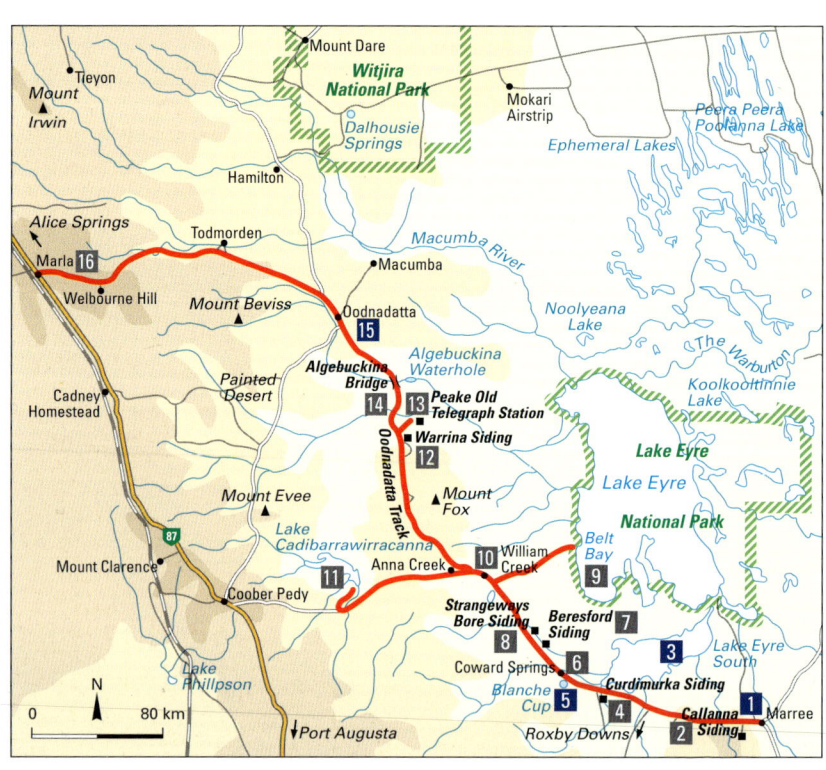

den verdorrten Einöden überlegen. Um die Jahrhundertwende versorgten rund 1500 Kamele von Marree aus entlegenen Siedlungen, Farmen und Bergbauorte im kaum erschlossenen Innern des Kontinents mit dem Lebensnotwendigen. Auf dem Rückweg transportierten die Kamele Gold, Silber und Kupfererze sowie Schafwolle.

Die Tiere und ihre Treiber hatte man aus dem Orient ins Land geholt. Obwohl die meisten ›Kamelmänner‹ nicht aus Afghanistan kamen, sondern Pathanen, Paschtunen, Tadschiken und Usbeken waren, nannten die Australier alle kurz Ghans. Die Spediteure hatten wegen ihrer Aufrichtigkeit und Zuverlässigkeit bei den Australiern hohes Ansehen. Vor allem die Wirte von Outback-Kneipen betrauten vorzugsweise muslimische Ghans, deren Religion den Genuss von Alkohol untersagte, mit dem Transport von Bier, Rum und Whiskey und nicht etwa durstige Aussies. Die Kameltreiber verloren ihren Job, als die transkontinentale Eisenbahnlinie 1929 Alice Springs erreichte. Die Kamele – genau genommen Dromedare, da einhöckrig –, für die keine Verwendung mehr bestand, schickte man buchstäblich in die Wüste, wo sie sich bis zum heutigen Tage vermehrten. So wurde Australien das einzige Land auf der Welt, in dem große Herden wilder Kamele leben.

Ein gutes halbes Jahrhundert später kam auch das Aus für Marree. Die Erbauer der Eisenbahnstrecke hatten nicht geahnt, dass der Schienenstrang durch eines jener Gebiete Australiens führt, in denen die sporadischen Regenfälle zu verheerenden Überschwemmungen führen können. Eine Reise mit dem »Ghan«, wie der Wüstenzug zwischen Adelaide und Alice Springs zu Ehren der Kameltreiber genannt wurde, war stets mit Risiken verbunden. Niemand hat gezählt, wie oft der Zug an den Bahnhöfen von Marree oder Oodnadatta festsaß oder auch mitten auf der Strecke stehen blieb, wenn die Fluten sonst ausgetrockneter Flüsse und Bäche die Schienen und Schwellen mitsamt der Dämme, auf denen sie gelegen hatten, wegschwemmten. Die häufigen Unterbrechungen und Zerstörungen durch die Regenfluten erzwangen die Aufgabe der alten Bahnlinie. Seit 1980 verläuft ein wetterfester und etwas kürzerer Schienenstrang 200 km weiter westlich.

Für Marree und andere Siedlungen entlang der Trasse war der »Ghan« die Lebensader. Auf dem Bahnhof von Marree hält schon lange kein Zug mehr, immer noch aber warnt ein Schild: »Notice to enginemen: Beware of pedestrians! Keep a sharp lookout! Sound engine sirene and approach walkways with caution!« An die große Vergangenheit erinnern nur noch verrostende Dieselloks und alte Waggons sowie die Camel Camp Mosque, eine grasbedeckte Lehmmoschee im einstigen Ortsteil der muslimischen Kameltreiber.

Marree, das heute wie ein vernachlässigtes Freilichtmuseum wirkt, blieb das Schicksal einer Geisterstadt jedoch erspart, weil immer mehr Outback-Fans ihren Weg hierher finden. Die meisten kommen wegen der alten »Ghan«-Schmalspurbahn, die eine australische Zeitung einmal als »70 000 Tonnen Historie« bezeichnete, einige werfen auch einen Blick in das Arabunna Aboriginal Communication Centre and Museum, in dem eine Ausstellung über Leben und Kultur der Ureinwohner informiert.

Ab Marree folgt der Track der alten »Ghan«-Trasse und den teilweise noch in den Himmel ragenden Telegrafenmasten der 2750 km langen historischen Overland Telegraph Line zwischen Adelaide und Darwin. Auf dem

Richtig Reisen Tipp

Luxuszüge durch das Outback
Der Indian Pacific und The Ghan

Die Algebuckina Bridge war mit 578 m die längst Brücke auf der Trasse des Old Ghan

Fast ein wenig gespenstisch wirkt es, wenn die 18 silbrig glänzenden Aluminiumwaggons des Indian Pacific durch die Halbwüste zwischen South Australia und Western Australia rauschen. 64 Stunden benötigt der Zug für die 4352 km lange Strecke von Sydney nach Perth, vom Pazifischen zum Indischen Ozean, Zwischenstopps in Broken Hill, Adelaide oder Kalgoorlie nicht mitgerechnet. Mit dem Flugzeug ließe sich diese Distanz in vier oder fünf Stunden überbrücken und billiger käme es obendrein. Dennoch ist der zweimal wöchentlich verkehrende Indian Pacific vor allem während der Hauptsaison auf Monate hinaus ausgebucht, denn er bietet die Möglichkeit, die Weite des Fünften Kontinents auf komfortable Weise zu ›erfahren‹.

Der im Jahre 1900 beschlossene Bau einer Bahnstrecke quer durch den Fünften Kontinent brauchte bis zur Vollendung fast drei Jahrzehnte. Heute ist die Route die drittlängste Bahntrasse der Welt und der Indian Pacific wird von Eisenbahnenthusiasten in einem Atemzug mit dem Orient-Express und der Transsibirischen Eisenbahn genannt.

Westlich von Sydney, einer der schönsten Metropolen der Welt, windet sich der Zug durch die wild zerklüfteten Blue Mountains. Nach der Gebirgsbarriere öffnet sich das Land zu den Ebenen von New South Wales, in denen sich riesige Schafherden verlieren. Auf die fruchtbare Region folgen die Grassavannen und Halbwüsten des Outback. Nahe der Grenze zum Bundesstaat South Australia liegt die Bergbaustadt Broken Hill.

Reisende, die in Adelaide einen Stopp einlegen, müssen drei Tage warten, bis der nächste Indian Pacific kommt. Westlich von Adelaide durchquert der Zug auf dem mit 478 km längsten schnurgeraden Schienenstrang der Welt die Nullarbor Plain, die

Ebene-ohne-Baum. Die Landschaft ist so flach, dass man glaubt, am Horizont die Erdkrümmung erkennen zu können. Während einer knapp zweistündigen Fahrtunterbrechung in Kalgoorlie haben die Passagiere Gelegenheit, die legendäre ›Goldene Meile‹ zu besichtigen. Nachdem er den Weizengürtel von Western Australia passiert hat, erreicht der Zug nach drei Nächten und zwei Tagen Perth.

Die Waggons des Indian Pacific wirken von außen eher unscheinbar, innen werden jedoch Träume von luxuriösem Reisen Wirklichkeit. Während über der Steppenlandschaft die Hitze flimmert, genießen die Passagiere im klimatisierten Restaurant australische Spezialitäten oder trinken in der Lounge bei Pianoklängen australischen Rotwein aus dem Barossa Valley. Die Waggons des mit 80–100 km/h dahinrollenden Zuges schweben fast lautlos auf Luftkissen.

Während der Indian Pacific zwei Ozeane verbindet, erschließt der zwischen Adelaide und Alice Springs verkehrende Ghan das ›Rote Herz‹ des Kontinents. Benannt ist der Zug nach den Kameltreibern, die bis Ende der 20er Jahre des 20. Jh. mit Karawanen die Pioniersiedlungen im Landesinneren mit lebensnotwendigen Gütern versorgten. Korrekt heißt er eigentlich New Ghan, denn er löste 1980 einen Zug mit gleichem Namen und gleichem Ziel, aber anderer Streckenführung ab. Schafft der neue Ghan die 1555 km lange Strecke von der Küste ins Zentrum in gut 20 Stunden, so brauchte sein Vorfahre auf der alten Schmalspurroute über Marree und Oodnadatta mindestens dreimal so lange – vorausgesetzt, es verlief alles nach (Fahr-)Plan.

Beim alten Ghan waren Verspätungen an der Tagesordnung. Einmal trudelte der Wüstenzug erst zehn Wochen nach seiner Abfahrt von Adelaide in Alice Springs ein. Nach heftigen Wolkenbrüchen waren durch normalerweise ausgetrocknete Flussbetten Springfluten geschossen und hatten die Schienen weggeschwemmt. Zweieinhalb Monate lang saß der Zug wie eine Insel in der überschwemmten Halbwüste fest. Um die Passagiere bei Kräften zu halten, mussten die Zugführer Kängurus und wilde Ziegen schießen.

So etwas kann den 300 Fahrgästen, die im neuen Ghan Platz finden, heute nicht passieren, denn der Zug gleitet 200 km westlich der alten Trasse auf einem wetterfesten Schienenbett durch das Outback. Die Dampflokomotiven wurden von Dieselmaschinen abgelöst, die Holzwaggons durch Pullmanwagen ersetzt.

Im Ghan wie im Indian Pacific ist die Ausstattung der Kabinen in der First Class zwar nicht verschwenderisch luxuriös, aber funktionell: Dusche und Toilette, Klapptisch und Spind sowie zwei übereinander liegende Betten, von denen eines tagsüber an die Wand geklappt werden kann, während das andere als ›Sofa‹ dient. Passagieren der Holiday Class steht ein Gemeinschaftsduschraum zur Verfügung. Reisende der Coach Class müssen sich mit Liegesitzen zufrieden geben. Da beide Züge oft ausgebucht sind und die Sitzkapazität im Speisewagen nicht ausreicht, werden Lunch und Dinner in mehreren ›Schichten‹ serviert.

Buchung und Informationen zum Indian Pacific und The Ghan sowie weiteren Luxuszügen in Australien, etwa The Spirit of the Outback von Brisbane nach Longreach und The Inlander von Townsville nach Mount Isa bei Rail Australia, c/o Britz: Australia, Plinganser Str. 12, 81369 München, Tel. 089-72 57 95 50, Fax 089-72 54 45 16.

Kunst am Windrad bei Marree

Weg liegen viele aufgegebene Bahnstationen, in deren Nähe Inschriften auf Grabsteinen vom Schicksal der Bahnarbeiter berichten, die beim Gleisbau ums Leben kamen. Die von ihnen verlegten Schienen hat man abgebaut und wiederverwertet, die Schwellen liegen verstreut auf den Dämmen, als hätten Riesen Mikado gespielt.

Eisenbahnnostalgiker besuchen **Callanna Siding** 2 14 km nordwestlich von Marree. *Siding* ist die Bezeichnung für einen Eisenbahnhaltepunkt mit Rangier- oder Abstellgleis. Entlang des Schienenwegs gibt es alle 30 bis 40 km solche kleinen Bahnhöfe, da die Dampflokomotiven regelmäßig Wasser tanken mussten. Viele der nun historischen Stätten wurden von Andenkenjägern geplündert oder verwüstet, andere hat man liebevoll restauriert. Einziges Relikt der Old Ghan-Epoche in Callanna ist ein rostiger Tank auf Eisenstelzen, in den Wasser aus dem Callanna Creek zur Versorgung der Dampfmaschinen gepumpt wurde. Anders als das mineral- und salzhaltige Wasser aus artesischen Brunnen, das bei der Dampferzeugung Kesselstein bildete und Korrosion verursachte, musste das Flusswasser nicht in speziellen Geräten aufbereitet werden.

Kurz vor der Abzweigung der Borefield Road nach Roxby Downs, Andamooka und Woomera nahe dem Stuart Highway hat man zur Versorgung des Uran- und Kupferbergwerks Olympic Dam Mine bei Roxby Downs einen riesigen unterirdischen See angezapft. Über 30 Mio. l Wasser sprudeln täglich aus dem Bohrloch Bopeechee Bore und werden in einer Pipeline nach Süden gepumpt. 5 km weiter überquert man auf einer Brücke den Gregory Creek, der wie alle Flüsse und Bäche dieser Region Richtung Norden zum Lake Eyre fließt. Eine zartrosafarben schimmernde Fläche am Horizont kündigt den riesigen See ohne Wasser an.

Australiens größter Salzsee

Der 9500 km² große, 144 km lange und 77 km breite Salzsee besteht aus dem Lake Eyre North und dem **Lake Eyre South** 3, die durch den 13 km langen Goyder Channel miteinander verbunden sind. Als erster Weißer stand Edward John Eyre 1840 am Ufer des später nach ihm benannten Sees, dessen Salzsümpfe seiner geplanten Expedition ins Inland vorzeitig ein Ende setzten.

Lange Zeit glaubte man, der Lake Eyre, dessen tiefste Stelle 12 m unter dem Meeresspiegel liegt, würde sich nie mit Wasser füllen, denn das Bassin des Salzsees gilt mit einem durchschnittlichen Jahresniederschlag von nur 70 mm als trockenste Region des Fünften Kontinents. Doch dieser Durchschnittswert besagt nicht viel – oft fällt in dieser Gegend jahrelang kein Tropfen Regen, dann wieder prasselt die Niederschlagsmenge von zwei, drei Jahren an einem einzigen Tag vom Himmel. So war der Lake Eyre 1950, 1974 und 1989 nach sintflutartigen Regenfällen bis zu 6 m hoch geflutet. Gespeist wurde sein Becken zusätzlich von normalerweise ausgetrockneten Flüssen wie Cooper Creek, Diamantina River und Neales River, die ein Sechstel der Fläche Australiens entwässern.

In Flutjahren entstehen in den Trockenzonen vorübergehend amphibische Landschaften, in denen es von Leben wimmelt. Frösche und Fische, die im feuchten Seegrund jahrelang überlebten, kommen plötzlich an die Oberfläche. Über Nacht verwandeln sich der Lake Eyre und andere Salzseen der Region zu Brutplätzen von Vogelschwärmen. Sogar Möwen gründen hier Nistkolonien – 600 km vom Meer entfernt. Doch die Sonne, die in dieser Gegend jährlich Feuchtigkeit verdunsten lassen kann, die einer Niederschlagsmenge von 2500 mm entspricht, sorgt dafür, dass der Zauber so rasch verschwindet, wie er gekommen ist. Innerhalb kurzer Zeit schrumpfen die Binnenseen wieder zu Pfützen inmitten riesiger Salzpfannen zusammen, wo Temperaturen von über 50° Celsius keine Seltenheit sind.

Kurze Stichstraßen führen zu Aussichtspunkten, von denen man die im Sonnenlicht flimmernde, spiegelglatte Salzkruste des Lake Eyre South betrachten kann. Es ist kaum vorstellbar, dass der hart gebackene Boden weiter Teile der mittel-australischen Senke vor Jahrmillionen von einem flachen Meer überflutet war, in dem Plesiosaurier, riesige Fleisch fressende Meeresreptilien, Jagd auf Beutetiere machten.

Alte Bahnhöfe und heiße Quellen

Der Rangierbahnhof **Curdimurka Siding** 4 auf halbem Weg zwischen Marree und William Creek wurde von Mitgliedern der Ghan Preservation Society restauriert. Der Begriff Curdimurka beschreibt in der Sprache der hiesigen Aborigines böse Geister, die in der Umgebung ihr Unwesen treiben. Die Fabelwesen haben seit einiger Zeit Gesellschaft bekommen – Tausende Besucher, die alle zwei Jahre mit Geländewagen und Kleinflugzeugen hierher reisen, um mitten in der Wüste in Frack und Abendkleid den Curdimurka Outback Ball zu feiern (vgl. S. 72).

Etwa 30 km weiter gibt es im Wabma Kadarbu Conservation Park natürliche Brunnen, so genannte *mound springs*, die sich wie Miniatur-Vulkane aus der Ebene erheben. Hier tritt unter Druck das eingeschlossene Wasser aus dem artesischen Becken durch Risse oder Spalten im Gestein an die Oberfläche. Aus Mineralablagerungen des aus der Erde schießenden heißen, schwefelhaltigen Wassers und abgestorbenen Pflanzen entstanden kleine, mit der Zeit immer höher werdende kegelförmige Hügel, an deren Spitze die Quellen sprudeln. Im näheren Umkreis verändert sich durch das Nass die Landschaft. In der braun verbrannten Wüste bilden sich Biotope mit einer üppigen Vegetation und einer einzigartigen Tierwelt.

Auch **Blanche Cup** 5 ist eine *mound spring*. Aus der Quelle sprudelt kristallklares Wasser hervor. Das von seinem Entdecker, dem Polizeioffizier Peter Warburton, nach der Gattin des damaligen Gouverneurs von South Australia benannte Naturwunder liegt 4 km südlich des Oodnadatta Track. Die Quelle The Bubbler 1 km weiter fungiert als Über-

Blanche Cup am Oodnadatta Track

druckventil für das unterirdische Wasserreservoir. Brodelnd wallt das Quellwasser von Zeit zu Zeit wie kochendes Wasser in einem Topf auf. Zum Schutz der Ringwälle ist das Baden in den *mound springs* verboten.

Dem Badespaß kann man in **Coward Springs** 6 ungetrübt frönen. Zwischen den Dattelpalmen der Oase in der Halbwüste liegt ein schönes Busch-Camp. Auch bei diesen Quellen befand sich früher eine Railway Siding, von der heute allerdings nur noch Ruinen zu sehen sind.

Wasser im Überfluss sprudelt aus den *bores* von **Beresford Siding** 7 15 km nordwestlich. Der vom Quellwasser gespeiste Teich stellte einst die Wasserversorgung der Dampflokomotiven sicher. In den Bäumen ringsum sammeln sich häufig große Schwärme von Rosa- und Gelbhauben-Kakadus. Die Railway Siding selbst ist eine ›Geisterstadt‹, in welcher der Wind durch zerbrochene Fensterscheiben pfeift. Gänzlich in Trümmern liegt **Strangeway Bore Siding** 8, die nächste, 10 km entfernte Lok-›Tankstelle‹.

Nach William Creek und Oodnadatta

Tipps & Adressen
William Creek S. 356, Oodnadatta S. 346, Marla S. 342

Am Pistenrand stehen seit Marree alle 5 km kleine grüne Tafeln, die Reisenden Kopfzerbrechen bereiten – ›WC 147‹, ›WC 142‹ und so fort. Doch dies sind keine Hinweise auf die nächsten öffentlichen Toiletten, ›WC‹ ist die Abkürzung für William Creek, ein Outback-Nest mit fünf Einwohnern, Tante-Emma-Laden, Zapfsäule und Pub. Südlich des Ortes verleihen gleißende Salzpfannen und bizarre Tafelberge der Landschaft surreal anmutende Züge.

Etwa 7 km südlich von William Creek zweigt ein 57 km langer Track zur **Belt Bay** 9 am Südufer des Lake Eyre North ab. Die Piste ist für Geländewagen mit Allradantrieb keine große Herausforderung, wird aber vor allem in den Sommermonaten nur wenig befahren. Daher sollte man sich vor diesem Abstecher unbedingt im William Creek Hotel ab- und später auch wieder zurückmelden.

William Creek 10, einst bei Bahnreisenden ein beliebter Rastplatz, ist die kleinste Siedlung von South Australia. Das wichtigste Gebäude in diesem Drei-Häuser-Ort ist der Pub, dessen Tradition in das Jahr 1887 zurückreicht. In die wahrscheinlich einsamste Parkuhr der Welt vor dem William Creek Hotel wirft tatsächlich jemand hin und wieder ein paar Cents. Skurril wirkt das Open-Air-Museum an der Durchgangsstraße mit Relikten aus der Old Ghan-Epoche sowie den Trümmern einer britischen Rakete, die 1971 vom Raketenversuchsgelände bei Woomera gestartet wurde, um einen Satelliten in die Erdumlaufbahn zu bringen. Die Einwohnerzahl des Nestes schwillt alljährlich am Wochenende vor Ostern um das Fünfhundertfache an, wenn hier eine Outback-Party mit Pferde- und Kamelrennen sowie Miss-Wahl gefeiert wird.

Die in William Creek abzweigende, wenig befahrene Sandpiste nach Coober Pedy am Stuart Highway (168 km) führt über das Gelände der Anna Creek Station. Die weltweit größte Rinderfarm nimmt eine Fläche von mehr als 30 000 km² ein, was etwa der Größe Belgiens entspricht. Rund 20 000 Rinder verlieren sich in dem schier grenzenlosen Weidegebiet dieser Mega-Ranch. In den Grassteppen und Halbwüsten von Zentral-Australien benötigt eine Kuh mindestens 1 km² Weidefläche. Ein zauberhafter Platz in der Halbwüste ist ein See mit dem ebenso poetischen wie unaussprechlichen Namen **Lake Cadibarrawirracanna** 11. Viele Flüsse und Seen der Region tragen Namen aus Sprachen der Ureinwohner, etwa Algerbullcullia Creek, Giddi-Giddinna Creek, Wattiwarriganna Creek.

Nördlich von William Creek verliert sich der Oodnadatta Track als breit gewalzter Bush Highway am Horizont. Für Abwechslung im monotoner werdenden Landschaftsbild sorgen grasende Rinder und *brumbies* genannte Wildpferde. Am Pistenrand fallen gelbe Wüstenmelonen auf. Sie wurden einst von Europäern als ›Treibstoff‹ für die Kamele der ›Ghans‹ eingeführt. Da sie bitter schmecken, sind sie für Menschen ungenießbar. Wie Wachsoldaten säumen Geistereukalypten *(ghost gums)* die Ufer ausgetrockneter Flüsse. Die Galeriewälder, die sie bilden, sind in Trockenzonen immer ein Hinweis auf Fluss- oder Bachläufe, ob sie nun gerade Wasser führen oder nicht. Wiederholt kreuzt der Oodnadatta Track Flussbetten an Furten, harmlos in der Trockenzeit, schwierig oder unmöglich nach Regen zu passieren, wenn sich die Rinnsale in breite Ströme verwandeln.

Bei **Warrina Siding** 12, 100 km nördlich von William Creek, erinnert ein Gedenkstein an eine Expedition, die am 2. 5. 1891 von dort in die Region des Murchison River in West-Australien aufbrach. Während des zwölf Monate dauernden Gewaltmarsches legten die 14 Expeditionsmitglieder, deren Ausrüstung 44 Kamele transportierten, 6886 km zurück und kartografierten dabei eine 200 000 km² große, Europäern bis dahin unbekannte Region. Wenige Kilometer weiter biegt Richtung Norden ein 21 km langer, rauer Track zur

Peake Old Telegraph Station 13 ab, die als Relaisstation der Überland-Telegrafenleitung diente. Bereits 1891 verlegte man den Übertragungsposten, von dem heute noch einige restaurierte Gebäude erhalten sind, nach Oodnadatta.

Gut 140 km nördlich von William Creek berührt der Oodnadatta Track den Neales River, den wasserreichsten Zufluss des Lake Eyre aus westlicher Richtung. Der Old Ghan überquerte den Fluss einst auf der **Algebuckina Bridge** 14, der mit 578 m längsten Brücke der alten Bahntrasse. Am südlichen Widerlager der Metallgitterkonstruktion sieht man ein Autowrack. Der Fahrer hatte versucht, den Hochwasser führenden Neales River auf der Eisenbahnbrücke zu überqueren und war mit dem ›Ghan‹ zusammengestoßen. Zu einem Bad verlockt etwas östlich das Algebuckina Waterhole, ein Felsbecken mit kühlem Wasser, an dem manche Australien-Forscher ihr Camp aufschlugen.

Nach rund 400 km auf staubiger Piste am Horizont ein Glitzern – Wellblechdächer der Häuser von **Oodnadatta** 15, die das Sonnenlicht reflektieren. Der 200-Einwohner-Ort, der dem Track seinen Namen gab, gilt mit 115 mm Regen pro Jahr als niederschlagsärmste Outback-Siedlung. Seine Existenz verdankt der Ort Vorräten an artesischem Wasser. So diente Oodnadatta, dessen Name sich von der Aborigine-Bezeichnung für die Blüten der Mulga-Büsche ableitet, als Versorgungsstation während des Baus der ersten Telegrafenlinie durch den Kontinent. Zwischen 1891 und 1929 war Oodnadatta Endpunkt der Ghan Railway Line. Kamelkarawanen besorgten den Weitertransport von Passagieren und Fracht nach Alice Springs.

Nach Fertigstellung des transkontinentalen Schienenwegs blieb der Ort eine Halte- und Versorgungsstelle für die Züge zwischen Adelaide und Alice Springs. Mit der Verlegung der Eisenbahntrasse nach Westen verlor jedoch auch Oodnadatta seine Funktion. Das Überleben der Siedlung sichern heute vor allem Outback-Touristen, für die Oodnadatta zu einem wichtigen Etappenort geworden ist. Eisenbahnfreunde zieht es in das Oodnadatta Railway Museum, für das der alte Bahnhof, ein Sandsteinbau von 1890, einen stilvollen Rahmen bildet.

An der 5 km südlich von Oodnadatta abzweigenden Schotterstraße nach Coober Pedy liegt die Painted Desert, eine Sand-Stein-Wüste, aus der trapezförmige Hügel ragen. Aufgrund von Mineralien schimmern die Steilhänge in allen Regenbogenfarben.

Knapp 20 km nördlich von Oodnadatta gabelt sich die Piste. Der Oodnadatta Track führt in weitem Bogen durch monotone Landschaft westwärts nach **Marla** 16, das 1982 beim Bau des Stuart Highway gegründet wurde. Dieser Abschnitt des Track dient dem Transport von Rindern der *cattle stations* Todmorden und Wellbourn Hill und wird für die *cattle trains* bestens gepflegt. Auf dem Weg nach Norden wird es deutlich holpriger und staubiger – man begibt sich nun in ›klassisches‹ Four-Wheel-Drive-Terrain.

Über die *cattle station* Hamilton erreicht man die Dalhousie Springs im Witjira National Park (vgl. S. 174ff.). Abenteuerlustige, die von dort aus die Simpson Desert durchqueren wollen – eine Unternehmung für versierte Geländewagenfahrer mit viel Outback-Erfahrung und Top-Ausrüstung – können an der Mount Dare Homestead noch einmal tanken (vgl. S. 118). Von Mount Dare sind es 500 km über Finke oder Old Andado nach Alice Springs (vgl. S. 140ff.).

Der Pfad der Drovers und Overlanders
Birdsville Track

Rostrote Erde und blendende Salzseen, ausgetrocknete Flussläufe, schwarze Steinhügel und verbrannte Pfade – durch die Ödnis zwischen Simpson Desert und Sturt Stony Desert trieb man einst riesige Rinderherden von Queensland zur Bahnverladung nach Marree in South Australia. Früher war der 520 km lange Birdsville Track eine raue Outback-Piste mit Kultstatus. Heute kann man die perfekt unterhaltene Schotterstraße auch mit zweiradangetriebenen Autos und selbst Wohnwagen-Gespannen gut befahren, allerdings nur bei trockenen Witterungsverhältnissen.

Wenn sich die mit Feuchtigkeit beladenen, vom Pazifik herübertreibenden Wolken an den Gebirgsketten der Küstenregion im Osten abregnen, transportieren die in der Great Dividing Range entspringenden Flüsse so viel Wasser in diese Region, dass die unzähligen, 50 Wochen im Jahr trockenen Flussläufe über die Ufer treten und oft, sämtliche Straßen und Verbindungswege überflutend, zu riesigen Binnenseen verschmelzen. Vor allem in den australischen Sommermonaten zwischen Dezember und Februar versinkt die Region häufig in schlammiger Wegelosigkeit. Bisweilen ist der Birdsville Track auch noch im März und April gesperrt. Die beste Reisezeit liegt zwischen Mai und Oktober.

Mag der einstige ›Horror Track‹ nach seinem autotauglichen Ausbau an Reiz verloren haben, so hat er doch viel Outback-Typisches zu bieten – Weite, Einsamkeit und – nicht zu vergessen – Hitze, Staub und Fliegen. Entlang der Strecke, die man in zwei Tagen gut bewältigen

Nur 300 km bis zur nächsten Raststätte ...

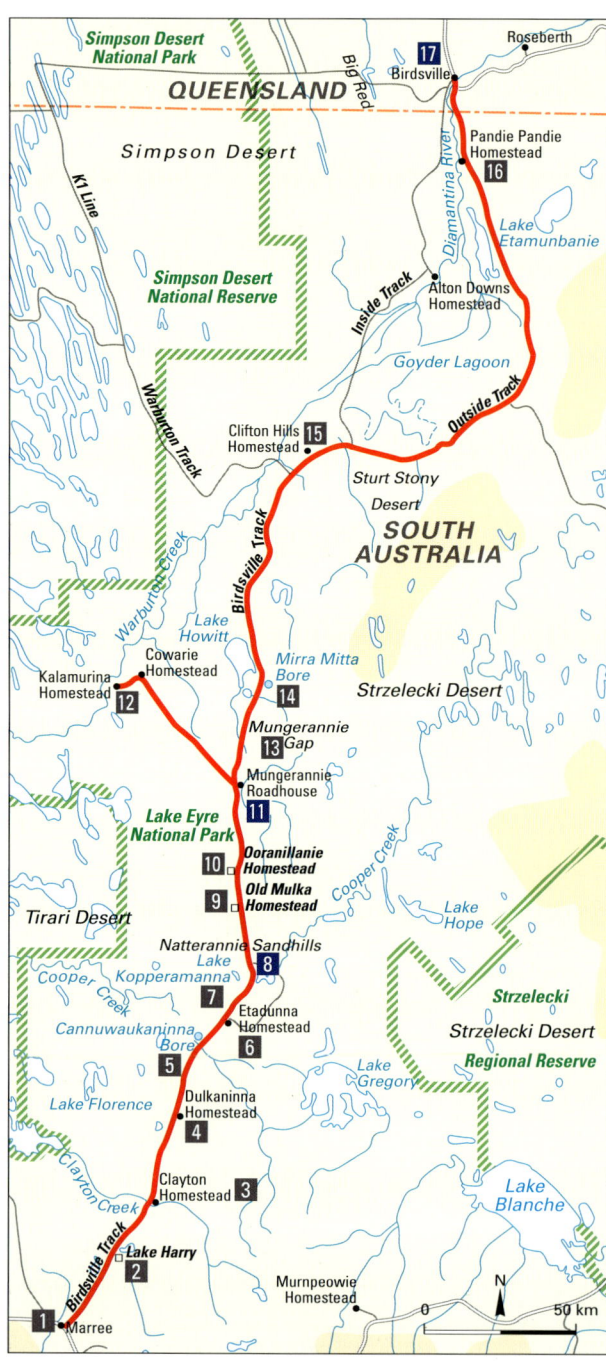

Birdsville Track

kann, gibt es nur eine Versorgungsstation, das Mungerannie Roadhouse mit Tankstelle, Restaurant, Motel und Campingplatz. Die weiteste Entfernung ohne Tankmöglichkeit beträgt 308 km.

Nachdem man in den 70er Jahren des 19. Jh. die Überflutungsgebiete von Diamantina River und Georgina River im so genannten Channel Country von Queensland als reiche Weidegründe für die Viehwirtschaft erschlossen hatte, entwickelte sich der Birdsville Track zu einer ›klassischen‹ Viehtriebroute. Während Brisbane, die Hauptstadt von Queensland, über 1600 km von den Weidegebieten entfernt liegt, sind die Absatzmärkte an der Südküste nur halb so weit entfernt. Zudem konnte man seit Anfang der 80er Jahre des 19. Jh. die Rinder im Bahnhof von Marree zum Weitertransport nach Adelaide auf Züge verladen.

Drovers und *overlanders,* die australischen Cowboys, trieben Herden von bis zu 10 000 Tieren durch eine der trockensten Regionen des Fünften Kontinents. Möglich war dies nur durch eine Kette von Brunnen, aus denen artesisches Wasser an die Oberfläche sprudelte. Dennoch verloren die *drovers* und *overlanders* bei den wochenlangen Trecks hunderte von Tieren. Entkräftete Rinder brachen in der Hitze zusammen, versanken nach Wolkenbrüchen in Schlammlöchern oder verirrten sich bei Sandstürmen. Zu kämpfen hatten die Viehtreiber zudem mit extremen Temperaturen. In eisigen Winternächten kann in dieser Region das Thermometer bis gegen den Gefrierpunkt absinken, an heißen Sommertagen dagegen bis auf über 50° Celsius im Schatten steigen – und Schatten ist in dem fast baumlosen Gebiet oft weit und breit nicht zu finden.

Die Zeit der großen Viehtriebe endete Mitte des 20. Jh. Heute übernehmen bis zu 800 PS starke *road trains* den Transport der Rinder zu den Schlachthöfen und Verschiffungsanlagen in Adelaide und Melbourne. Rund 200 Rinder kann ein stählerner Lindwurm in drei doppelstöckigen Anhängern transportieren.

Verlassene Farmen im Nirgendwo

Tipps & Adressen
Marree S. 342

Das Eisenbahn-Städtchen **Marree** 1, für die Viehtreiber einst der lang herbeigesehnte Endpunkt ihrer beschwerlichen Trecks, ist der südliche Ausgangsort für den Birdsville Track. Hinter der Ortsgrenze geht die Asphaltstraße in eine Schotterpiste über. Die wenigen Autos, die Richtung Norden fahren, ziehen riesige rote Staubfahnen hinter sich her. Die Waschbrettpiste, deren Rinnen und Rillen von den bis zu 150 t schweren Viehtransportern in den Sand gepresst wurden, rüttelt Fahrzeuge und Insassen kräftig durch.

Das Land ist flach, ein Ozean aus Sand und Steinen, verdörrtem Gras und Sträuchern. Nach 30 km ist beim **Lake Harry** 2, einer meist ausgetrockneten Salzpfanne, der erste der Tiefbrunnen erreicht, mit denen man zur Versorgung der Stock Route das artesische Becken angezapft hatte. Mit dem Nass bewässerte man auch eine in den 60er Jahren des 19. Jh. von der süd-australischen Regierung angelegte Dattelpalmenplantage. Obwohl mit 2000 Bäumen die größte von vier in der Region gegründeten Plantagen, musste sie 1915 wegen zu geringer Erträge aufgegeben werden. Gebäuderuinen und Baumstümpfe sind die einzigen Relikte aus dieser Zeit.

Einige Kilometer nördlich kreuzt der Track den Dog Fence, Australiens Dingo-Zaun, der von Ceduna an der Great

Australian Bight quer durch South Australia und New South Wales bis Queensland verlaufend, den Südosten vom Rest des Kontinents trennt. Mit beinahe 10 000 km ist der Zaun fast dreimal so lang wie die Chinesische Mauer. Den Australiern gilt er als das längste von Menschenhand geschaffene ›Bauwerk‹ der Welt. Das Drahtgeflecht von 1,80 m Höhe über und 30 cm unter der Erde soll Dingos von den Schaf- und Viehweiden Südost-Australiens fern halten. Die Raubtiere können in einer Nacht Dutzende von Schafen reißen. Experten schätzen, dass ohne den Schutzzaun, der heute nur noch auf einer Länge von rund 5500 km ständig kontrolliert wird, die Schafzucht in manchen Gebieten gefährdet wäre.

Nach Querung des meist ausgetrockneten Clayton Creek, bei dem eine Stichstraße zur Viehfarm **Clayton Homestead** 3 abzweigt, kommt Abwechslung ins monotone Landschaftsbild. Am Horizont sind vereinzelt Hügel und Tafelberge zu sehen. Vorbei an **Dulkaninna Homestead** 4 am ganzjährig Wasser führenden, weil von einer artesischen Quelle gespeisten Dulkaninna Creek erreicht man **Cannuwaukaninna Bore** 5. Das aus dem artesischem Brunnen sprudelnde kochend heiße Wasser muss auf dem Weg zur einige hundert Meter entfernten Viehtränke erst abkühlen, bevor es für die Rinder genießbar ist.

Rund 120 km nördlich von Marree erinnert bei der **Etadunna Homestead** 6 ein Gedenkstein an die 1866 von Berliner Missionaren gegründete lutherische Aborigine-Missionsstation Bethesda am Salzsee Lake Killalpaninna. Bis 1919 betreuten die Missionare Ureinwohner vom Stamm der Dieri, bevor Dürreperioden sie zur Aufgabe zwangen. Am **Lake Kopperamanna** 7 befand sich ein wichtiger Umschlagplatz der Aborigines für Ockerfarben, Mahlsteine, Muscheln, Steinbeile, Speere und Speerspitzen sowie das milde Narkotikum Pitcheri, das Wüstennomaden bei Wanderungen gegen den Durst kauten. Von dort zogen sich Handelswege über den Kontinent bis zum Cape Jervis südlich von Adelaide, in die west-australischen Kimberleys und bis hinauf zum Cape

York. Dem Schöpfungsmythos der hier einst lebenden Ureinwohner zufolge schufen ihre Traumzeit-Vorfahren die Pfade bei ihren Wanderungen vom Spencer-Golf bis zum Golf von Carpentaria. Dort stiegen sie in den Himmel auf, wo sie heute noch als Orion und Pleiaden zu sehen sind.

Die zwischen 1949 und 1956 benutzte Fähre »M. V. Tom Brennan«, mit der in Flutzeiten Vieh über den Fluss geschafft wurde, liegt heute als Erinnerungsstück bei der Furt am Haupttrack.

Jenseits des Cooper Creek geht der felsige Untergrund allmählich in roten Sand über und die ersten Ringe aus Spi-

Kakadu-Schwarm bei den Ruinen der Lake Harry Homestead

Nach einer anderen Legende erschuf die Regenbogen-Schlange Kunapipi, die als eines der bedeutendsten Schöpferwesen für die Schaffung tiefer Gewässer verantwortlich war, in der Traumzeit den Cooper Creek, den der Birdsville Track 15 km nördlich der Etadunna-Farm durchquert. Die Bewegungen von Kunapipi ergaben den mäandrierenden Flusslauf und dort, wo sie ruhte, entstanden tiefe Wasserlöcher. Für den Fall, dass der Cooper Creek, dessen Überflutungsgebiet bis zu 10 km breit ist, die Hauptstrecke unter Wasser gesetzt hat, gibt es eine nördlich der Etadunna Homestead Richtung Osten abzweigende Umgehungstrasse. Bei Hochwasser transportiert dort eine Pontonfähre Autos und Geländewagen über den dann gut 300 m breiten Cooper Creek.

nifex-Gras tauchen als Vorboten der Simpson Desert auf. Sie künden auch ein weiteres Hindernis für die Pioniere des motorisierten Verkehrs auf dem Birdsville Track an – die Dünenlandschaft der **Natterannie Sandhills** [8]. Nur mittels Sandblechen konnte der Fahrer des Post-Lastwagens die knapp 10 m hohen Dünenkämme überwinden. Da sie mit Schotter befestigt sind, stellen sie heute auch für Fahrzeuge ohne Allradantrieb kein Problem mehr dar.

Etwa 20 km weiter trotzen abseits des Birdsville Track die Ruinen der **Old Mulka Homestead** [9] den Kräften von Wind und Wetter. In den 80er Jahren des 19. Jh. begannen hier europäische

Siedler mit dem Aufbau einer Schaf- und Pferdezucht. Doch ihre Hoffnungen auf ein einträgliches Leben erfüllten sich in der trockensten Region Australiens nicht. Im Durchschnitt fallen hier nur 100 mm Niederschlag im Jahr, wesentlich weniger als die Sonne im gleichen Zeitraum verdunsten lassen könnte. Stumme Zeugen des Scheiterns weißer Siedler sind auch die von Souvenirjägern geplünderten Ruinen der **Ooranillanie Homestead** 10 weitere 13 km nördlich.

Nach Birdsville

Tipps & Adressen
Mungerannie Roadhouse S. 344, Birdsville S. 315

Das **Mungerannie Roadhouse** 11 gut 210 km nördlich von Marree und 308 km südlich von Birdsville ist die einzige Versorgungsstation auf dem Birdsville Track. Ein sehr schöner, einfach ausgestatteter Campingplatz befindet sich auf dem Gelände der ehemaligen Rinderfarm am Ufer des Derwent River. Die dortige Wasserstelle, die auch bei extremer Dürre nicht austrocknet, ist ein Paradies für Kakadu-Schwärme. Nach den Strapazen der langen Fahrt kann man sich im Thermalpool am Flussufer entspannen.

Ein beim Mungerannie Roadhouse Richtung Nordwesten abzweigender, 58 km langer Track führt über die Cowarie Homestead zur **Kalamurina Homestead** 12 am Südrand der Simpson Desert mit dem angeblich entlegensten Caravan Park Australiens. Sollte der Warburton Creek, der die Ausläufer der Simpson-Wüste durchquert, Wasser führen, kann man sich vom Besitzer der Farm ein Boot leihen, um die Wüste auf dem Wasserweg zu erkunden.

Nördlich des Mungerannie Roadhouse setzen Hügelketten und Tafelberge Akzente in der monotonen Landschaft. Der Birdsville Track windet sich hinauf zum höchsten Punkt der Piste – 150 m über N.N. Nach der **Mungerannie Gap** 13 öffnet sich die Landschaft wieder zu weiten Ebenen. Der Brunnen **Mirra Mitta Bore** 14 wurde zur Versorgung der Stock Route gebohrt. Auch hier sprudelt das artesische Wasser kochend heiß heraus.

Einige Kilometer südlich der **Clifton Hills Homestead** 15 zweigt der raue Warburton Track durch die Simpson Desert ab. Nördlich der *cattle station* erreicht man eine Weggabelung. Links abbiegend führt der Inside Track durch die Goyder Lagoon, das Überschwemmungsgebiet des Diamantina River. Die Route wurde früher von den *drovers* wegen permanenter Wasserstellen bevorzugt. Pferden und Rindern bereiteten die Salzsümpfe der Goyder Lagoon keine Probleme, Autos hingegen versanken darin. Daher beschloss man mit zunehmendem Autoverkehr auf dem Birdsville Track eine neue Streckenführung, die das Gebiet weiträumig umgeht. Heute ist der von den Überflutungen größtenteils zerstörte Inside Track gesperrt.

Seit Mitte der 60er Jahre des 20. Jh. wird fast nur noch der Outside Track benutzt, der durch steiniges Terrain verläuft. Die Nähe zur Kies- und Geröllwüste Sturt Stony Desert spiegelt sich in der kargen Landschaft wider. Weite, steinübersäte Ebenen *(gibber plains)* ziehen sich bis zum Horizont. Erst bei **Pandie Pandie Homestead** 16 24 km südlich von Birdsville geht die Steinwüste in die sandige Simpson Desert über, die sich von South Australia über Queensland bis ins Northern Territory erstreckt.

Der beinahe 10 000 km lange Dingo-Zaun soll weidende Schafe schützen

Birdsville 17 12 km nördlich der unsichtbaren Grenze zwischen South Australia und Queensland ist eine staubige Siedlung am Diamantina River, deren wenige Straßen im Schachbrettmuster angeordnet sind. Unter den Wellblechdächern findet man alles, was man in der Einöde zum Überleben braucht: Tankstelle, Autowerkstatt, Motel, Supermarkt, Bank, Post und Kirche. Nicht zu vergessen das Birdsville Hotel, in das es seit 1890 Durstige zieht. Gegründet wurde der Ort in den 80er Jahren des 19. Jh. unter dem Namen Diamantina Crossing als Stützpunkt für Landvermesser und Zollstation an der Grenze zu South Australia. Als nach der Bildung des Commonwealth of Australia 1901 sämtliche Zollschranken abgebaut wurden, verlor Birdsville vorübergehend an Bedeutung. Doch schon bald entwickelte sich das Outback-Nest zu einem Stützpunkt für Viehzüchter, die ihre Rinderherden nach Süden trieben. Heute ist Birdsville eines der beliebtesten Ziele von Outback-Nostalgikern.

Die meisten Besucher kommen am ersten Wochenende im September. Dann schwillt die Bevölkerung des 100-Seelen-Nestes vorübergehend auf bis zu 6000 Menschen an. Mit Geländewagen und Kleinflugzeugen reisen Australier aus den entlegensten Winkeln des Kontinents und Touristen aus Übersee an, um die Birdsville Races mitzuerleben, das nach dem Melbourne Cup berühmteste Pferderennen von Australien. Sie campieren am Ufer des Diamantina River oder unter den Tragflächen ihrer Flugzeuge, die auf dem Rollfeld vor dem Birdsville Hotel parken. Mindestens ebenso wichtig wie das sportliche Ereignis ist das ›Beiprogramm‹, das aus einem großen Gelage besteht.

Im verstaubt-skurrilen Birdsville Working Museum kann man alte Dampfmaschinen bestaunen. Erinnerungen an Pioniertage weckt ein Friedhof in den

Dünen am westlichen Ortsrand, wo Grabinschriften von manch tragischem Schicksal berichten. Hobby-Ornithologen zieht es an die Ufer des auch in Dürrezeiten nie ganz ausgetrockneten Diamantina River. In den Kronen der Flusseukalypten haben Kakadus ihre Nist- und Brutplätze. Von den Vogelschwärmen rührt auch der heutige Name des Ortes her – Birdsville.

Wer sich und seinem Fahrzeug eine Durchquerung der Simpson Desert nicht zutraut, kann von Birdsville zumindest ein wenig in diese Wüste ›hineinschnuppern‹. Eine autotaugliche Piste führt zur Big Red 35 km westlich des Ortes. Mit einer Höhe von 90 m gilt die Big Red als höchste der 1100 in Nord-Süd-Richtung verlaufenden Sanddünen der Simpson Desert.

Nördlich von Birdsville erstreckt sich das flache Channel Country, das von meist ausgetrockneten Flussläufen und Bachbetten durchzogen wird. Nach schweren Regenfällen im tropischen Nord-Queensland überfluten die Ströme der Region auf ihrem Weg zum Lake Eyre oft mehrere Millionen Hektar Land. Sobald sich die Wassermassen zurückgezogen haben, verwandelt sich die Wildnis in ein Weidegebiet für Rinder. Bedeutendster Ort des Channel Country ist Boulia, über das man Anschluss an den Matilda Highway (vgl. S. 295ff.) den Plenty Highway (vgl. S. 258ff.) und den Sandover Highway (vgl. S. 265ff.) hat.

Outback extrem
Simpson Desert

Im ›Dreiländereck‹ South Australia – Northern Territory – Queensland erstreckt sich vom Lake Eyre im Süden bis zu den östlichen Ketten der MacDonnell Ranges eine der größten Sanddünenwüsten der Welt – die 150 000 km² große Simpson Desert. Wie Ackerfurchen, die ein Riesenpflug aufgeworfen hat, durchziehen rund 1100 parallel verlaufende Dünenkämme die Wüste. Die bis zu 200 km langen Dünen, die Höhen von zu 90 m erreichen, erstrecken sich von Nordwest nach Südost, der vorherrschenden Windrichtung. Im Unterschied zu den elegant geschwungenen, wandernden Dünen der Sahara sind die Dünenriegel der Simpson Desert ortsfest.

Während die Sandwüsten in Afrika und Asien weitgehend vegetationslos sind, werden die Flanken der Dünen in der Simpson-Wüste, die immerhin 125 mm Niederschlag im Jahr erhält, von Spinifex und anderen widerstandsfähigen Trockengräsern bedeckt. Nach Regenfällen fangen in den Dünentälern Millionen Samen, die oft jahrelang im Sand ruhten, zu keimen an und es entfaltet sich in eine üppige Pflanzenwelt aus Gras und Wildblumen. Seit den schweren Niederschlägen Anfang und Mitte der 70er Jahre des 20. Jh. wachsen zwischen den eng gestaffelten Dünen der westlichen Region sogar Akazien und Proteen. Außer in Gebieten, in denen die Dünenriegel auf Salzseen oder mit einer Salzkruste überzogene Lehmpfannen treffen, herrscht ein Rotton vor, entstanden durch das ›Rosten‹ der im Sand enthaltenen Eisenpartikel zu Eisenoxid.

Lange bevor sich die ersten europäischen ›Entdecker‹ in die heiße Dünenlandschaft der Simpson Desert wagten, durchstreiften Wüstennomaden diese lebensfeindliche, aber nicht gänzlich wasserlose Region. Ein Netz von bis zu 7 m tiefen Brunnen sicherte die Wasserversorgung der Ureinwohner. Eine weitere Trinkwasserquelle bildeten zahlreiche Lehmpfannen, in denen sich nach sporadischen, aber heftigen Regenfällen vorübergehend das Nass sammelt.

Beim Versuch, von Adelaide die Nordküste zu erreichen, drang 1845 Captain Charles Sturt als erster Europäer in Randgebiete der Simpson Desert vor. Eine lange Hitzeperiode mit Temperaturen über 50° Celsius zwang ihn und seine Gefährten jedoch zum Abbruch des Unternehmens. Erst Jahrzehnte später gab es weitere Versuche, die Wüstenregion zu erforschen. Meist folgten Landvermesser und Prospektoren den Spuren von Charles Sturt. So markierte 1880 der deutsche Landvermesser Augustus Poeppel den Grenzpunkt zwischen South Australia, Northern Territory und Queensland, heute als Poeppel Corner ein Orientierungspunkt für Wüstendurchquerer. Einen Beitrag zur Wüstenerforschung leistete 1929 Cecil Thomas Madigan mit Erkundungsflügen über dem Zentrum der Simpson Desert. Seine Erkenntnisse schienen zu bestätigen, was die meisten Leute vermutet hatten, dass nämlich kein Weißer in der Lage wäre, die Simpson-Wüste zu Fuß zu durchqueren.

1936 schaffte es dann doch einer – Edmund Colson, ein Siedler, der sich in der Einöde von Bloods Creek nördlich von Oodnadatta niedergelassen hatte. In nur 16 Tagen gelang ihm und dem Aborigine Peter Aines mit Hilfe von fünf Lastkamelen, die Lebensmittel und Trinkwasser für einen Monat transportierten, der 400 km lange Gewaltmarsch von Bloods Creek nach Birdsville. Fundierte Forschungsdaten lieferte aber erst drei Jahre später die Expedition von Cecil Madigan, der mit seinen Erkundungsflügen Colson zu dessen Pioniertat bewogen hatte.

Für lange Zeit erlosch das Interesse an einer weiteren Erforschung der Simpson-Wüste. Erst in den späten 50er Jahren des 20. Jh. schickten Ölgesellschaften in der Hoffnung auf Funde Geologenteams in die Wildnis. In den Folgejahren wurden Forschungs- und

Simpson Desert

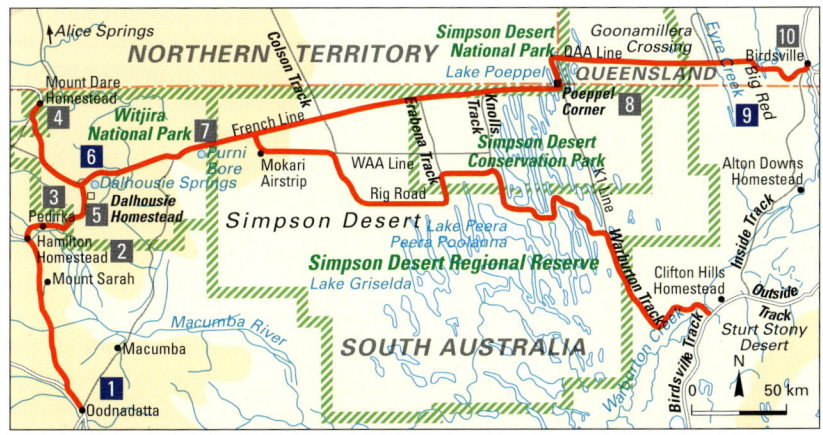

Richtig Reisen Tipp

Überleben im Outback
Reisen abseits der Zivilisation

Wer in der staubtrockenen Wüste eine Panne hat, sollte beim Wagen auf Hilfe warten

Total unerfahren – österreichische Touristin starb in der australischen Wüste an Erschöpfung– so lautete einmal die Schlagzeile in einer deutschen Tageszeitung. Die junge Frau war mit ihrem Begleiter Anfang Dezember, während der heißesten Jahreszeit, von William Creek in South Australia zu einer Tour zum Lake Eyre aufgebrochen. Am Rande des großen Salzsees hatte sich der Allradcamper im Sand festgefahren. In glühender Hitze machten sich die beiden in verschiedene Richtungen auf den Weg, um Hilfe zu holen. Als er die Sinnlosigkeit des Unterfangens erkannte, kehrte der Mann zum Auto zurück, in dem sich ausreichend Wasser und Lebensmittel befanden. Er überstand das Unglück nahezu unversehrt. Die Leiche seiner Gefährtin fanden australische Polizisten wenige Tage später etwa 40 km vom Fahrzeug entfernt. Die Frau war bei Temperaturen um 45° Celsius im nicht vorhandenen Schatten an Erschöpfung gestorben.

Jedes Jahr ereignen sich im australischen Binnenland Unfälle mit Todesfolgen. Es gibt unzählige derartige Schicksale im Outback, das nach wie vor kaum Spielraum für Fehler erlaubt. Viele Tragödien hätten jedoch vermieden werden können, wenn die Beteiligten nicht gravierende Fehler begangen hätten.

Fehler Nummer eins der jungen Leute aus Österreich war, dass sie in der Outback-Siedlung William Creek niemanden über ihr Vorhaben unterrichteten. Die 57 km lange Stichstraße, die südlich von William Creek zum Lake Eyre abzweigt, ist für einen Geländewagen mit Allradantrieb keine große Herausforderung, nur wird der Track in den backofenheißen Sommermonaten so gut wie nicht befahren. Die beiden Touristen begaben sich also in eine völlig menschenleere Region und hätten sich unbedingt im William Creek Roadhouse abmelden müssen.

Grundsätzlich sollte man vor Fahrten in einsame Gegenden Polizisten, Nationalpark-Rangers oder auch die Betreiber eines Outback Roadhouse über Reiseroute und voraussichtliche Reisedauer informieren, damit im Notfall eine Hilfsaktion veranlasst werden kann. Wichtig ist, dass man nicht von der angegebenen Route abweicht, damit der Rettungstrupp nicht in der falschen Gegend sucht. Eine Ab- und spätere Rückmeldung ist meist unnötig, wenn man während der Hauptreisemonate zwischen Juni und August auf Outback-Pisten unterwegs ist. Am Zielort angelangt, darf man auf keinen Fall den Rückruf bei der Stelle vergessen, bei der man sich abgemeldet hat, damit nicht eine unnötige Suchaktion in die Wege geleitet wird.

Zu dem Unglück am Lake Eyre hätte es auch nicht kommen müssen, hätten die beiden Touristen gewusst, wie mit einem Allradfahrzeug im Sand umzugehen ist. So gelang es später, den eingesandeten Wagen mit einem simplen Trick ohne fremde Hilfe zu bergen – indem man die Auflagefläche der Reifen durch Verminderung des Drucks vergrößerte. Grundsätzlich aber hätten die beiden Verunglückten niemals die Piste verlassen dürfen, dann hätten sie sich gar nicht erst festgefahren.

Fatal war schließlich Fehler Nummer drei – die junge Frau unterschätzte die extremen klimatischen Bedingungen im Outback. Bei Temperaturen, wie sie im Südsommer in den zentral-australischen Trockengebieten herrschen, gibt es kaum Überlebenschancen, wenn man versucht, sich zu Fuß durchzuschlagen. Bei einer Panne gilt die eiserne Regel: Beim Fahrzeug bleiben und Hilfe abwarten, auch wenn dies Tage dauern sollte. Aus der Luft können Retter ein Auto in der Wüste wesentlich leichter erkennen als einen Menschen. Um Helfer auf sich aufmerksam zu machen, kann man ein Feuer entfachen, notfalls sogar den Reservereifen für weithin sichtbare, qualmende Rauchsignale opfern. Oftmals ist für Gestrandete das Fahrzeug der einzige Schattenspender weit und breit. Für den äußersten Notfall steht im Wagen eine letzte Trinkwasserreserve zur Verfügung – das Kühlwasser oder das Wasser der Scheibenwaschanlage, allerdings nur dann, wenn es keine chemischen Zusätze enthält.

Das Risiko, im Outback in eine Notsituation zu geraten, lässt sich durch weitere Maßnahmen minimieren:
- In extrem entlegenen Gebieten reist man im Konvoi mit zwei oder mehreren Fahrzeugen und hat ein Funkgerät oder zumindest einen Notsignalsender dabei.
- Das Fahrzeug muss mechanisch in bestem Zustand und dem Schwierigkeitsgrad der Piste entsprechend ausgerüstet sein.

- Vor allem bei Fahrten in einsame Regionen sollte man den Lebensmittel- und Wasservorrat immer so bemessen, dass man mindestens eine Woche lang autark leben kann. Als Richtlinie gilt, dass ein erwachsener Mensch in der Hitze Zentral-Australiens mindestens 5 l Wasser pro Tag zum Überleben braucht.
- Ideal wäre es, in Notfällen Pannen selbst beheben zu können sowie über Grundkenntnisse in Erster Hilfe zu verfügen, denn es kann unter Umständen Stunden, wenn nicht Tage dauern, bis ein Arzt erreichbar ist.
- Das Tankstellennetz ist auch im Outback, außer auf extremen Routen wie der Simpson Desert-Durchquerung und der Canning Stock Route, gut ausgebaut, dennoch sollte man bei jeder sich bietenden Gelegenheit den Tank auffüllen.
- Bei einer Notsituation stets die Sonne meiden, immer den Schatten des Fahrzeugs oder von Bäumen und Büschen nutzen sowie keine Panik aufkommen lassen. Körperliche Anstrengungen unterlassen, um nicht durch Schwitzen unnötig Flüssigkeit zu verlieren. Nach Möglichkeit nur in den kühleren Morgen- und Abendstunden etwas trinken, denn in der Tageshitze wird die Flüssigkeit rasch wieder ausgeschwitzt.

Versorgungspisten angelegt. Damit Trucks, die Bohrgerät und andere Maschinen in die Wüste transportierten, die Dünenkämme überqueren konnten, mussten diese mit Lehm und Erde befestigt werden. So entstand die Rig Road, die im Zickzackkurs durch das Zentrum der Simpson Desert verläuft. Zur Versorgung ihrer Camps planierte die French Petroleum Company 1964 einen Korridor durch die Einöde, die beinahe schnurgerade von West nach Ost verlaufende French Line, heute die bei Wüstenfahrern beliebteste Traverse.

Ein Blick auf die Karte der Simpson Desert mit einem anscheinend dichten Netz an Tracks und Trassen mag zur Annahme verleiten, die Wüste wäre gut erschlossen. Allerdings werden die anfangs teilweise sogar autotauglichen Pisten seit der vergeblichen Suche nach Öl nicht mehr gepflegt und können heute nur noch mit allradangetriebenen Geländewagen bewältigt werden. Nur zwei Tracks eignen sich für die Wüstendurchquerung – die 640 km lange French Line und die 800 km lange Rig Road, wobei die mit Lehm befestigte Rig Road, obwohl deutlich länger, als einfacher zu befahren gilt.

Wegen der extremen klimatischen Verhältnisse und der Abgeschiedenheit der Wüstenregion – es gibt auf der Route keinerlei Versorgungsmöglichkeiten – sollte die Tour mit mindestens zwei Fahrzeugen in Angriff genommen werden. Erforderlich ist auch Erfahrung mit Allrad-Fahrzeugen, denn die Überquerung der oft steilen und weichsandigen Dünenriegel verlangt viel Geschick. Da die Dünen auf der Südwestseite flacher abfallen und dort der Pistenbelag tragfähiger ist als auf der windabgewandten Nordostseite, ist eine Durchquerung der Simpson Desert von Westen nach Osten einfacher als in umgekehrter Richtung.

Zur Grundausrüstung gehören Trinkwasser (mindestens 5 l pro Person und Tag) und Lebensmittel, Notfallapotheke, gute Karten und ein Kompass, Treibstoff (je nach Route und Wetterverhältnissen 150 bis 180 l für Dieselfahrzeuge, 200 bis 250 l für Benziner), Werkzeug und Ersatzteile, Reservereifen und Wagenhe-

Der Witjira National Park in der Simpson Desert

ber (mit Holzplatte als Unterlage), Abschleppseil und Schaufel sowie eine Luftpumpe, da bei Dünenüberquerungen der Reifendruck vorübergehend reduziert werden muss. Sinnvoll mag auch ein Funkgerät oder zumindest ein Notsignalsender sein.

Da man wegen der unübersichtlichen Dünenkuppen oft erst im letzten Augenblick entgegenkommende Fahrzeuge sehen kann, sollte man sein Gefährt mit einem hoch angebrachten roten Wimpel versehen. Da rund 30 000 km² der Simpson Desert unter Naturschutz stehen, benötigt man für die Durchquerung der Wüste einen beim National Parks and Wildlife Service in Dalhousie oder in Birdsville erhältlichen Desert Parks Pass.

Die beste Zeit für eine Fahrt durch die Simpson Desert liegt zwischen April und Oktober. Meiden sollt man die Region wegen extremer Hitze von November bis März. Dann fällt auch der meiste Regen und die Tracks sind oft gesperrt.

Für das Wüstenabenteuer sollte man eine Woche veranschlagen. Ab- und Rückmeldung bei der Polizei in Oodnadatta oder Birdsville sind unbedingt zu empfehlen!

Durch die Wüste

Tipps & Adressen

Oodnadatta S. 346, Mount Dare Homestead S. 343, Dalhousie Homestead S. 327, Birdsville S. 315

Die ordentliche Sand-Schotter-Piste zwischen **Oodnadatta** **1** (vgl. S. 104) und **Hamilton Homestead** **2** verläuft in der Nähe von zwei Lebensadern des Outback – der Old Ghan Railway Line und der Overland Telegraph Line. Wer genügend Treibstoff mit sich führt, könnte bei der Rinderfarm Hamilton Richtung Nordosten abzweigen und über den Ghan-Bahnhof **Pedirka** **3** Dalhousie ansteuern. Allerdings ist der nicht mehr gepflegte Pedirka Track, der zum größten Teil aus Sandpassagen mit steinigen Abschnitten besteht, in sehr schlechtem Zustand. Östlich von Pedirka müssen mehrere Bäche und Flüsse an Furten durchquert werden, nach Regen ein schwieriges Unterfangen.

Die einzige Möglichkeit vor der Wüstendurchquerung noch einmal zu tanken, besteht bei der **Mount Dare Homestead** 4 die man auf passabler Piste über die Ruinen der aufgegebenen Outback-Farmen Eringa und Bloods Creek erreicht. Mount Dare am Westrand des Witjira National Park ist eine kleine *cattle station* mit Wellblech-Gebäuden, gleichwohl aber ein oasenähnlicher Stützpunkt der Zivilisation in einer unendlichen Nirgendwo-Szenerie. In der Abenddämmerung kann man hier Zeuge eines Naturschauspiels werden, wenn tausende von Kakadus, darunter auch die seltenen Rotschwanz-Kakadus, von der Nahrungssuche in der Spinifex-Savanne zur Wasserstelle bei der Farm fliegen. Nachts kommen oft wilde Kamele zum Trinken an die Wasserstelle.

Von der Mount Dare Homestead zu den Dalhousie Springs im Zentrum des 7700 km^2 großen Witjira National Park sind es nur etwa 70 km, man benötigt für den rauen steinigen Track aber etwa zweieinhalb bis drei Stunden. Auf dem Weg liegen das Opossum Waterhole und der 3 O'Clock Creek mit einfachen Busch-Campingplätzen sowie das Spring Creek Basin, eine Salz- und Lehmpfanne. Knapp 10 km westlich der Thermalquellen zweigt eine Piste zu den Ruinen der **Dalhousie Homestead** 5 ab. Die 1872 gegründete Farm diente einst als Stützpunkt für die Erforschung der Simpson Desert. Die Dattelpalmen in der Umgebung wurden vermutlich von Kameltreibern gepflanzt. Den ›Ghans‹ diente der Ort einst als Rastplatz bei ihren langen Wüstentrecks.

Die **Dalhousie Springs** 6 bildeten für die Aborigine-Stämme der Region jahrtausendelang den Lebensquell. Hier sprudelte nicht nur Wasser im Überfluss, hier fanden sie auch eine üppige Tier- und Pflanzenwelt, die ihnen Nahrung lieferte. Der Australien-Forscher John MacDouall Stuart übersah bei seiner ersten Expedition 1859 die Thermalquellen, an denen seine Nachfolger später ihre Trinkwasservorräte auffüllten. Heute bieten die Dalhousie Springs Outback-Touristen einen nicht unbedingt sehr erfrischenden Badespaß, denn im bis zu 14 m tiefen Hauptpool beträgt die Wassertemperatur 34 bis 38° Celsius. Gespeist wird das Naturbad von artesischen Quellen, aus denen pro Sekunde 160 l Wasser mit einer Temperatur von 43° Celsius sprudeln. Bei den Quellen befindet sich ein Campingplatz der Nationalparkverwaltung.

Bei Dalhousie Springs beginnt der schwierige Part der Tour in die menschenleere Unendlichkeit der Simpson Desert. Nach der Lehmpfanne Gluepot, die von einer dicken Salzkruste überzogen ist, bestimmt ein welliges, von kieselgroßen Steinen übersätes Plateau *(gibber tablelands)* das Bild der Landschaft. Durch die Einöde geht die Fahrt weiter zum Tümpel **Purni Bore** 7 70 km östlich von Dalhousie Springs, der von einer heißen Quelle gespeist wird. Dies ist keine Naturerscheinung, sondern ein 1400 m tiefes Bohrloch, mit dem ein französisches Öl-Team 1964 auf der Suche nach dem ›schwarzen Gold‹ das artesische Becken anzapfte. Heute reguliert ein Ventil den einst unkontrollierten Wasserfluss. In einem Pool, der zum Baden einlädt, kann man sich den Staub abwaschen. Viele Wüstenfahrer schätzen das Purni Bore als Übernachtungsplatz, vor allem weil man hier während der Abenddämmerung und in den frühen Morgenstunden gut Wüstentiere beobachten kann, denen der Teich als Tränke dient.

Östlich von Purni Bore beginnt die rote Dünenlandschaft der Simpson Desert. Reihe um Reihe erstrecken sich die Dünenriegel bis an den Horizont. Den einzigen Kontrast zum roten Sand bilden die grau-grünen Flecken verdorrter Vegetation in den Tälern zwischen den eng gestaffelten Sandwällen.

Nahezu gradlinig schwingt sich die French Line von Düne zu Düne. Unter einem Wegweiser steht eine Notiz: *Whimps go home* – nichts für Schwächlinge! Sicherlich eine übertriebene Warnung, denn die Sandbarrieren lassen sich mit etwas Schwung und zugeschalteter Geländeuntersetzung L4 im dritten oder vierten Gang recht gut bewältigen. Vorausgesetzt, man hat zuvor den Reifendruck vermindert, um die Laufflächen zu vergrößern.

Knapp 30 km östlich von Purni Bore zweigt die Rig Road von der French Line ab und nimmt Richtung Südosten Kurs auf das 13 km entfernte aufgegebene Mokari-Flugfeld aus der Zeit der Ölsucher. Die Piste, eigentlich ein Netz verschiedener mit Lehm ›gepflasterter‹ Forschungs- und Versorgungstrassen, mäandert durch die Dünenlandschaft der Simpson Desert und sucht sich im Süden ihren Weg zwischen Lehmpfannen und Salzseen zum Birdsville Track (vgl. S. 105ff.). Nach der Fertigstellung Anfang der 60er Jahre des 20. Jh. war die Rig Road in so gutem Zustand, dass vollbeladene Sattelschlepper und bei günstigen Witterungsbedingungen sogar Autos sie befahren konnten. Auch heute noch gilt sie als die einfachere Alternative zur French Line – allerdings nur bei Trockenheit. Bei Regen verwandelt sie sich in eine Schlammpiste.

Knapp 40 km nach der Abzweigung der Rig Road erreicht man eine Kreuzung. Richtung Nordwesten verliert sich der einsame Colson Track, der in die östlichen MacDonnell Ranges führt, in der

Mit 90 m ist die Big Red die höchste Düne in der Simpson Desert

Weite der Simpson Desert. Südostwärts schlängelt sich ein Track durch Dünentäler zur Forschungs- und Versorgungstrasse WAA Line, einer Piste des Rig-Road-Netzes.

Gut 13 km sind es nun noch zur **Poeppel Corner** 8, wo ein Betonpfosten den Grenzpunkt im Bundesstaaten-Dreieck zwischen South Australia, Northern Territory und Queensland markiert. Auf dem Weg zweigen zwei Verbindungstracks zur Rig Road ab, die aber in einem sehr schlechten Zustand sind: nach 53 km der Erabena Track und nach weiteren 38 km der Knolls Track. Die Dünen werden nun höher, liegen jedoch weiter auseinander. Immer wieder schieben sich ausgedehnte Tonpfannen und weiße Salzseen zwischen die Dünenriegel. Durch manche führt die French Line hindurch, andere umgeht sie auf so genannten Bypass Tracks.

Östlich von Lake Poeppel zweigt die parallel zu den Dünenkämmen verlaufende K 1 Line südostwärts ab. Sie trifft nach 86 km auf die Rig Road, mit der sie sich zum Warburton Track, der Verbindung zum Birdsville Track, vereint. Der Südteil dieser Route ist im Bereich der Goyder Lagoon nach heftigen Regenfällen unpassierbar. Richtung Osten führt die QAA Line fast schnurgerade zum 142 km entfernten Birdsville. Auch diese Piste diente der Versorgung der Öl-Camps. Zwar wird sie heute nicht mehr gepflegt, ist aber immer noch in passablem Zustand.

Bevor man Birdsville erreicht, gilt es noch zwei Hindernisse zu meistern. Der von Coolabahs, einer Eukalyptusart, gesäumte Eyre Creek muss bei Überflutungen auf einem Bypass umfahren werden, der über die 28 km nördlich gelegene Goonamillera Crossing führt. Ein riskantes Unterfangen, denn dort gibt es keinen befestigten Track, sondern günstigstenfalls Spurenbündel von ›Vorfahren‹. Schwierig wird es noch einmal bei der Überquerung der **Big Red** 9, der mit 90 m höchsten Düne der Simpson Desert. Im Unterschied zu anderen hohen Sandbarrieren ist es einfacher, die Big Red in Ost-West-Richtung zu überqueren als umgekehrt. Aber auch hier verläuft weiter nördlich eine Umgehungstrasse. Unproblematisch sind die noch verbleibenden 35 km bis **Birdsville** 10 (vgl. S. 111).

Auf der Fährte von Forschern und Viehdieben
Strzelecki Track

Von Lyndhurst nach Innamincka

Tipps & Adressen
Lyndhurst S. 341, Innamincka S. 334

Wie viele andere Outback-Pisten entstand der Strzelecki Track (oder kurz Strz) als eine *stock route*. Auf der Trasse durch die von Salzseen durchsetzte Wildnis der Strzelecki Desert wurde einst Vieh zu den Märkten im Süden getrieben. Der erste, der die Mitte des 19. Jh. von dem Australien-Forscher Charles Sturt entdeckte Route benutzte, war ein Viehräuber – der *bush ranger*

Strzelecki Track

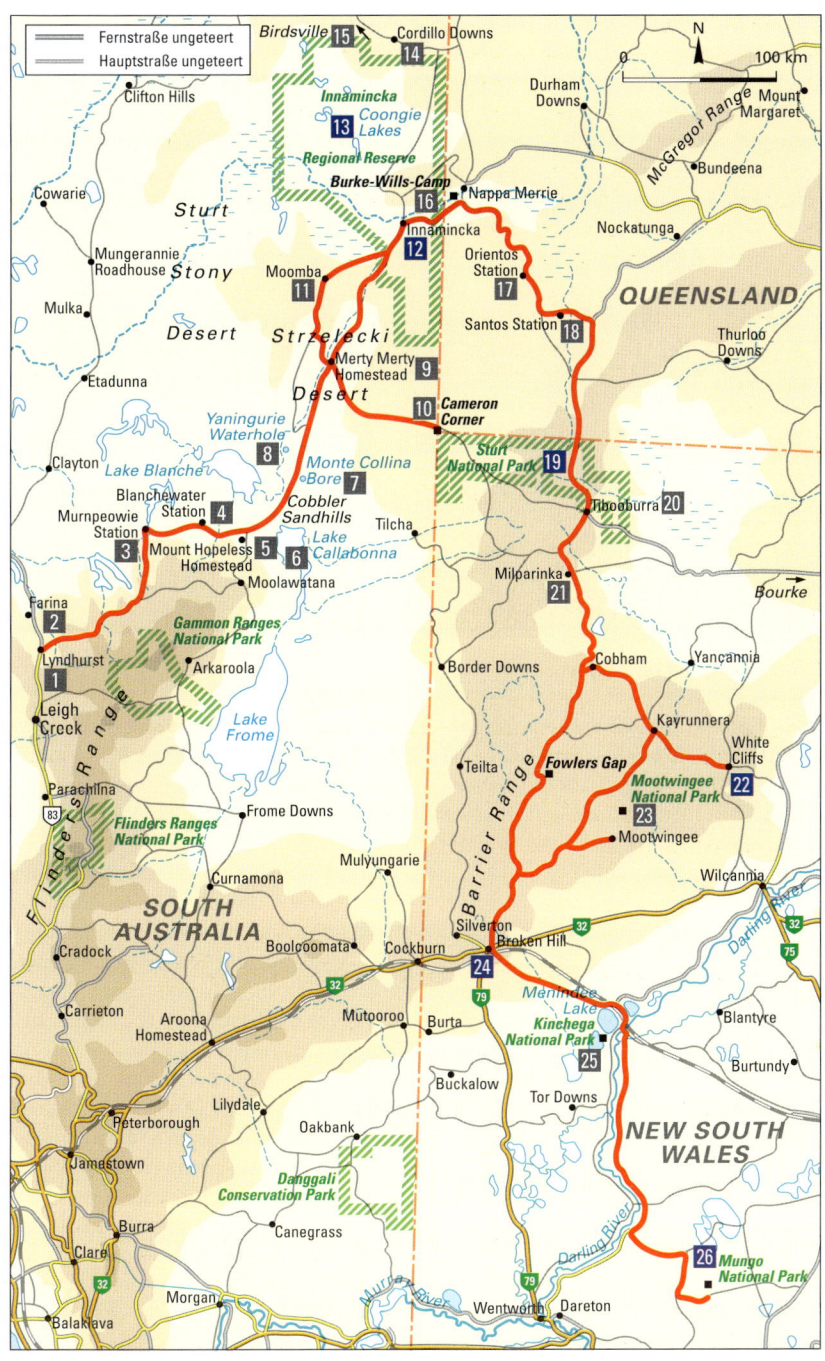

Der Cooper Creek bei Innamincka

Harry Redford, besser bekannt als Captain Starlight. Mit seiner Bande trieb er auf dem Strzelecki Track 1870 eine Herde von 1000 gestohlenen Rindern nach Süden, um sie dem Besitzer einer *cattle station* zu verkaufen.

Redfords Spuren folgten schon bald die *drovers* der großen Viehfarmen. Als in den 30er Jahren des 20. Jh. immer mehr Viehzüchter wegen des Wassermangels aufgeben mussten, verlor der Strzelecki Track an Bedeutung. Heute dient die Piste der Versorgung des Moomba Oil and Gas Field. Der Track trägt den Namen von Paul Edmund von Strzelecki, der 1839/40 als erster Weißer die Südregion der Great Dividing Range erkundete.

Eigentlich ist die Bezeichnung Track nicht mehr korrekt, denn die einst raue Piste ist nun durchgehend geschottert, weist nur noch wenig *corrugation* (Wellblech) auf und kann auf vielen Abschnitten wie eine Teerstraße auch von Autos mit 80–100 km/h befahren werden. Einen Geländewagen benötigt man bis Innamincka nur für den kaum noch frequentierten Old Strzelecki Track, der dem Verlauf des gleichnamigen Creek folgt. Ein Allradfahrzeug ist allerdings ein ›Muss‹ für die Weiterfahrt ab Innamincka Richtung Norden oder Südosten. Dies gilt besonders bei Regen, der hier plötzlich einsetzen kann.

Bricht man früh auf, schafft man – bei Trockenheit – die rund 460 km von Lyndhurst nach Innamincka bequem an einem Tag. Ebenso lang wie die Piste ist auch der Abstand zwischen den Tankstellen – erst in Innamincka kann der Tank wieder aufgefüllt werden. Von Innamincka lässt sich Birdsville im Norden ansteuern. Von dort führt der Birdsville Track (vgl. S. 105ff.) wieder nach Süden, womit eine Rundfahrt möglich wird (insgesamt 1450 km/vier bis fünf Tage). Für die Route Innamincka–Tibooburra–Broken Hill sollte man mit Abstechern nach White Cliffs und in die Nationalparks am Weg mindestens drei bis vier Tage einplanen. Versorgungsmöglichkeiten auf dieser Strecke gibt es in Tibooburra und White Cliffs. Wegen extrem hoher Temperaturen in den Sommermonaten liegt die beste Reisezeit zwischen April und Oktober. Nach heftigen Niederschlägen wird der Strzelecki Track normalerweise gesperrt.

Lyndhurst 1 am Highway 83 entwickelte sich in den 70er Jahren des 19. Jh. als Außenposten der Zivilisation, von dem Kameltreiber mit ihren Wüstenschiffen entlegene Rinderfarmen am Strzelecki Track versorgten. Heute endet hier das von Süden herführende Asphaltband. Ganz gleich, ob man von Lyndhurst nach Norden zum Oodnadatta Track (vgl. S. 95ff.) und Birdsville Track (vgl. S. 105ff.) fährt oder den nach Nordosten führenden Strzelecki Track wählt, man lässt die Teerstraßen hinter sich. Von nun an bilden Sand- und Schotterpisten die einzigen Verkehrswege und bei Regen ist ein Allradfahrzeug unerlässlich.

Bei **Farina** 2 25 km weiter nördlich legten Farmer 1878 nach regenreichen Jahren große Weizenfelder an. Doch anhaltende Dürreperioden in den 80er Jahren des 19. Jh. zerstörten ihre Hoffnungen und auf die Eisenbahn, die 1882 den Ort erreichte, wurde nie Getreide verladen. Dennoch erlebte Farina eine kurze Blütezeit als Verladebahnhof für Vieh, Wolle und Kupfer. Binnen kurzer Zeit wuchs die Bevölkerung auf 600 Einwohner an. Doch schon bald verlor Farina seine Funktion als Warenumschlagplatz für die Farmen an Marree und verkam zur ›Geisterstadt‹.

Östlich von Lyndhurst durchschneidet der bestens gepflegte Strzelecki Track eine karge, teils brettebene, teils hügelige Mondlandschaft. Viele Ortsnamen stehen nicht auf der Landkarte. Und was sich wie ein Ortsname liest, ist in der Regel nur ein Farmhaus. Wegen des Wassermangels und der extremen Temperaturen zählte die Randregion der Strzelecki Desert nie zu den besten Viehzuchtgebieten von Zentral-Australien. Hier konnten nur wenige *cattle stations* überleben, die zu den Imperien großer Viehkonzerne gehören, wie etwa die um 1890 gegründete **Murnpeowie Station** 3. Einige Kilometer südlich der Farm kreuzt der Dog Fence den Strzelecki Track. Auf einer Länge von 10 000 km schützte der weltweit längste Drahtzaun die Schaf- und Rinderherden vor Dingos, den australischen Wildhunden. Heute werden noch etwa 5500 km der Barriere gewartet.

Blanchewater Station 4 30 km östlich von Murnpeowie Station war 1860 die nördlichste Farm von South Australia. Zur Blütezeit grasten auf den Weiden der Farm bis zu 20 000 Pferde, die vorwiegend an die Postkutschen-Gesellschaft Cobb and Co. und die indische Armee verkauft wurden. Nur Häuserruinen und Reste von Pferdekoppeln haben die Zeiten überdauert.

Langsam geht die Farbe der Landschaft von Grau-Braun in einen rötlichen Ockerton über, die ersten Sandhügel, die schon bald zu Dünenformat anwachsen, tauchen auf – man nähert sich der Strzelecki Desert. Wie auch in den meisten anderen australischen (Halb-)Wüsten gibt es hier keine kreuz und quer verlaufenden so genannten Sterndünen. Geprägt wird die Strzelecki Desert von langen, parallelen 10 bis 20 m hohen Sandrippen – eine Folge der stets gleichen Windrichtung längst vergangener Zeiten.

Knapp 40 km östlich der Ruinen der Blanchewater Station folgt die Abzweigung zur **Mount Hopeless Homestead** 5, über die man Balcanoona in den Flinders Ranges erreichen kann. Eine Genehmigung des South Australian Museum in Adelaide benötigt man für den Abstecher zum **Lake Callabonna** 6 20 km südlich des Strzelecki Track. Die Salzsümpfe des Verdunstungsbasins wurden vor 25 000 Jahren zum Grab hunderter rund 2 t schwerer, pflanzenfresser Beuteltieren. Die Tiere hatten vergeblich versucht, eine artesische Quelle im austrocknenden Bett des Lake Callabonna zu erreichen und waren im Schlamm stecken geblieben. Bei einer Expedition legten 1892 Mitarbeiter des South Australian Museum Skelette frei, die von der Sonne konserviert waren. Die Wissenschaftler entdeckten auch versteinerte Überreste eines Tropenwalds, der den See einmal umgeben hatte.

Der Strzelecki Track verläuft zwischen Lake Callabonna und Lake Blanche über die Sanddünen Cobbler Sandhills. Die Bezeichnung *cobbler* – widerspenstiges Tier, das sich nicht scheren lassen will – stammt aus dem Jargon von Schafscherern, die früher von Farm zu Farm zogen und oft im Dünensand stecken blieben. Planiert und geschottert, ist die Sandbarriere heute für den motorisierten Verkehr kein Hindernis mehr.

Monte Collina Bore 7 war der einzige Brunnen am Strzelecki Track, der bei Viehtrieben als zuverlässige Tränke genutzt werden konnte. Manche Outback-Fahrer schlagen hier ihr Camp auf.

Ein anderer beliebter Übernachtungsplatz befindet sich 50 km nördlich nahe der Strzelecki Crossing beim **Yaningurie Waterhole** 8, vorausgesetzt, der 2 km lange Zufahrtstrack ist nicht vom Sande verweht.

Nach weiteren 44 km zweigt ostwärts eine Piste über die **Merty Merty Homestead** 9 zu **Cameron Corner** 10, dem Drei-Länder-Eck South Australia–New South Wales–Queensland, ab. Von dem 1880 markierten Punkt, an dem heute ein Gedenkstein aufragt, führt ein Track durch den Sturt National Park zum Outback-Städtchen Tibooburra in New South Wales. Weitgehend dem Lauf des Strzelecki Creek und den Spuren Harry Redfords folgend, verläuft von der Merty Merty Homestead der Old Strzelecki Track parallel zu den Dünenkämmen der Strzelecki-Wüste nach Norden, wo er nach 69 km auf den neuen ›Strz‹ stößt. Der alte, wenig befahrene Track wird zwar nicht mehr gepflegt, ist aber mit einem Geländewagen gut zu meistern und landschaftlich interessanter als die westlich verlaufende neue Strecke.

Nachdem man 1963 bei **Moomba** 11 auf ein Erdgas-Feld und einige Jahre später auf Erdöl gestoßen war, wurden dort riesige Förderanlagen und eine Retortenstadt für 600 Menschen errichtet. In einer 790 km langen Pipeline wird Gas nach Adelaide geleitet. Ein weiteres Röhrensystem führt zum 1300 km entfernten Sydney. Aufgrund strikter Sicherheitsvorkehrungen ist Moomba für Besucher tabu und darf nur in Notfällen angefahren werden.

Nach dem Moomba Oil and Gas Field schwingt der Strzelecki Track auf Ostkurs, um nach 63 km nach Norden, Richtung **Innamincka** 12, abzuzweigen. Die am Cooper Creek gelegene Siedlung war einst bei Viehtreibern als Rastplatz beliebt, weil es hier ganzjährig Wasser und Futter für die Rinder. Innamincka durchlebte eine schwere Zeit, als Mitte des 20. Jh. zahlreiche Viehzüchter der Umgebung ihre Farmen aufgaben. Dank des Outback-Tourismus konnte der Ort den Niedergang abwenden und versorgt heute Reisende, obwohl nur noch ein Pub-Hotel, ein Laden und eine Tankstelle übrig geblieben sind.

Nicht weit von Innamincka befand sich das Basislager der Burke und Wills-Expedition, in dem die beiden Kontinentdurchquerer 1861 ums Leben kamen (vgl. S. 41f.). Über Geschichte, Fauna und Flora der Region informiert eine Ausstellung im Innamincka Regional Reserve Park Headquarter, das sich

Picknick am Cooper Creek

im restaurierten Gebäude des Australian Inland Mission Hospital befindet.

Im Überflutungsgebiet des Cooper Creek nördlich des Ortes erstreckt sich auf dem Gelände der aufgegebenen Innamincka Cattle Station heute das Naturschutzgebiet Innamincka Regional Reserve, für dessen Besuch ein Desert Park Pass erforderlich ist. Eine nach Regen gesperrte, aber auch in der Trockenzeit wegen flussbettartiger Sandpassagen schwierige Piste führt zu den **Coongie Lakes** 13, 112 km nordwestlich von Innamincka, eines der bedeutendsten Feuchtgebiete im trockenen Zentral-Australien, zugleich ein Paradies für Vögel und Ornithologen.

Wenn es an der Westflanke der fernen Great Dividing Range regnet, führen der Cooper Creek und dessen Zuflüsse so viel Wasser, dass die Seen Marroocoolcannie, Marroocutchanie und Marradibbadibba ein zusammenhängendes Gebiet bilden. Dann nisten hier tausende von Enten, Pelikanen, Kormoranen und Schwarzen Schwänen.

Durch das Naturschutzgebiet führt eine nur mit Geländewagen befahrbare Piste über die große Viehfarm **Cordillo Downs** 14 nach **Birdsville** 15 (448 km, vgl. S. 110), wo man Anschluss an den Birdsville Track nach Marree in South Australia (vgl. S. 107ff.) hat. Man kann auch über das nördlich gelegene Boulia zum Plenty Highway Richtung Northern Territory (vgl. S. 258ff.) oder zum Matilda Highway (vgl. S. 295ff.) und weiter in den Norden von Queensland fahren.

Am Cooper Creek 8 km östlich von Innamincka liegt in einem Wald aus River Red Gums das Grab von Robert O'Hara Burke, das ein Naturstein schmückt. Weitere 8 km östlich weitet sich der Cooper Creek zum Cullyamurra Waterhole, in dessen Nähe Aborigines schwer zu findende Felsritzungen hinterlassen haben. Bei der Wasserstelle, an der sich morgens und abends Vögel sammeln, gibt es einen schönen Campingplatz.

Knapp 5 km östlich von Innamincka überspannt die Burke and Wills Bridge den Cooper Creek. Ganz in der Nähe befand sich einst das **Basislager der Burke-Wills-Expedition** 16. Als Robert O'Hara Burke und William John Wills am 21. 4. 1861 mit zweien ihrer Männer vom Gewaltmarsch zum Gulf of Carpentaria entkräftet das Lager erreichten, fanden sie das Camp, in dem die restlichen Expeditionsmitglieder über vier Monate lang ausgeharrt hatten, verlassen vor. Die Gefährten hatten nach dem langen Warten jede Hoffnung auf eine Rückkehr der Forscher verloren und das Camp aufgegeben – sieben Stunden bevor Burke und Wills mit ihren Begleitern ankamen. Sie fanden zwar bei einem Coolibah-Eukalyptus-Baum, in den die Nachricht »Dig 3 ft NW« eingeschnitzt war, ein vergrabenes Lebensmitteldepot, starben aber zwei Monate später in der Nähe des heutigen Innamincka. Der ›Dig Tree‹ ist heute ein Pilgerziel nostalgischer Outback-Freunde.

Nach New South Wales

Tipps & Adressen
Tibooburra S. 353, White Cliffs S. 355

Die 310 km lange Strecke von Nappa Merrie nach Tibooburra folgt teilweise den Spuren des Outback-Forschers Charles Sturt, der auf der Suche nach dem im Inland vermuteten ›großen See‹ 1844 die Region erkundete. Wenige Kilometer südlich der Burke and Wills Bridge zweigt der ›Adventure Way‹, ein Netz von Versorgungspfaden für Rinderfarmen Richtung Süden zur **Orientos Station** 17 ab. Schlecht ausgeschildert zickzackt die Piste, die mit tiefen Auswaschungen und langen Sandpassagen meist nur Feldwegqualität hat, durch Viehweideland und Kies- und Geröllwüsten zur **Santos Station** [18]. Weitere 90 km südlich passiert man das Warri Warri Gate, den ›Grenzposten‹ zwischen Queensland und New South Wales. Danach verläuft die Piste durch den **Sturt National Park** [19].

Sandhügel, Kiesebenen und Tafelberge kennzeichnen den nach Charles Sturt benannten Wüsten-Nationalpark. Sturt legte im Westteil des heutigen Parks das Basislager Fort Grey an. An jener Stelle befindet sich nun ein Busch-Camp, von dem ein Wanderweg um den Lake Pinaroo führt. Der Ostteil des Nationalparks lässt sich auf zwei ausgeschilderten, jeweils etwa 100 km langen Rundfahrten erkunden.

Die Jump Up Loop Road führt in das Jump Up Country, in dem 150 m hohe Tafelberge aus einer Geröll- und Kieswüste aufragen. Die Gorge Loop Road mäandert durch Savannen und Ödland zur Mount Wood Gorge und zum Flussbett des Twelve Mile Creek. Eine Wanderung hat den Gipfel des Mount Wood zum Ziel.

Tibooburra [20], das südliche Eingangstor zum Nationalpark, schmückt sich mit dem Attribut »the hottest place in New South Wales«. Sommerliche Höchsttemperaturen zwischen 45° und 50° Celsius sind hier keine Seltenheit. Tibooburra – der Begriff stammt aus einer Aborigine-Sprache und bedeutet Steinhaufen – entstand in den 60er Jahren des 19. Jh. als Stützpunkt für die Erschließung des weiten Umlands. Während eines Goldrausches um 1880 wuchs die Bevölkerung auf über 3000 Menschen an. Heute ist Tibooburra ein Städtchen mit Outback-Flair. Dazu tragen die beiden Pubs ebenso bei wie das Court House, das heute ein heimatkundliches Museum beherbergt. In der Tibooburra Outback School of the Air können Besucher miterleben, wie Kinder auf entlegenen Farmen per Funk unterrichtet werden.

Von Tibooburra nach Broken Hill sind es auf dem abschnittsweise geteerten Silver City Highway 333 km. Ein erster Stopp lohnt sich in **Milparinka** [21] (›wo Wasser zu finden ist‹), einem beinahe zu einer Geisterstadt verkommenen Outback-Nest, das Ende des 19. Jh. während eines *goldrush* florierte. Aus dieser Zeit sind noch eine Buschkneipe und das restaurierte Gerichtsgebäude erhalten. In Depot Glen, einer Schlucht mit Eukalyptusbäumen und einer permanenten Wasserstelle, musste Charles Sturt auf dem Rückweg von seiner erfolglosen Expedition von Januar bis Juli 1845 wegen einer Hitzeperiode eine Zwangspause einlegen. In der Nähe liegt Poole´s Grave, das Grab von Sturts an Erschöpfung gestorbenem Gefährten John Poole.

Östlich von Milparinka beginnt das Kidman Country. Durch eine Savannenregion, in deren Weite sich Vieh- und Schafherden verlieren, führt eine Piste nach Bourke. ›Back of Bourke‹ ist ein in Australien geläufiger Begriff, der so viel wie ›am Ende der Welt‹ bedeutet.

Südlich von Milparinka locken Tracks zu einem 150 km langen Abstecher nach **White Cliffs** [22], der zweitgrößten Schürfstätte für Opale in New South Wales. Nachdem hier 1884 die erste Opalader entdeckt wurde, durchwühlten bis zu 4000 Schürfer die Kalkklippen. Der Boom ist längst vorbei und die Einwohnerzahl des Nestes auf gerade noch 200 geschrumpft, doch hat White Cliffs mehr Atmosphäre bewahren können als andere Opalzentren wie etwa das recht touristische Coober Pedy. Dies mag sich ändern, denn seitdem die von Wilcannia

Die restaurierte Geisterstadt Silverton dient heute als Kulisse für Western

am Barrier Highway heraufführende Piste zur Hälfte geteert ist, kommen zusehends mehr Besucher.

Die meisten Edelsteingräber wohnen in Erdwohnungen, *dugouts,* die Schutz vor Staubstürmen und den extremen Temperaturen der Halbwüste bieten. An heißen Sommertagen steigt hier die Quecksilbersäule häufig auf bis zu über 50° Celsius, in kalten Winternächten dagegen sinkt sie gegen die Nullgradgrenze. Einen guten Eindruck vom Leben unter der Erde vermittelt ein Besuch von Jock's Place. Zwei Hotels bieten Gästen stilvolle unterirdische Zimmer. Das klare Licht und die ruhige Atmosphäre von White Cliffs hat zahlreiche Maler angezogen. Sehenswert sind die unterirdischen Kunstgalerien Eagles Gallery und Wellington's Underground Art Gallery.

Kunstwerke, die ein paar Tausend Jahre älter sind, haben Aborigines an Sandsteinfelsen im **Mootwingee National Park** 23 hinterlassen. Das auf rauen Tracks erreichbare, von der zerklüfteten Bynguano Range durchzogene Naturschutzgebiet erstreckt sich südlich der Zufahrtspisten nach White Cliffs und ist ein Refugium für die seltenen gelbfüßigen Felsen-Wallabies. Wanderwege, über die eine im Visitor Centre am Parkeingang erhältliche Broschüre informiert, erschließen den Nationalpark. Ein gut ausgestatteter Campingplatz befindet sich am meist ausgetrockneten Homestead Creek.

Broken Hill und das Oasis Country

Tipps & Adressen
Broken Hill S. 317, Mungo National Park S. 344

Der rechte Fleck für einen Stadtgang nach einigen Tagen in der Natur und in Outback-Orten ist **Broken Hill** 23. Die

Bergwerkstadt mit viktorianischen Kolonialgebäuden und Parkanlagen ist ein Ziel von Outback-Touristen. In den Minen der Silver City wurde rund ein Drittel der Weltproduktion an Silber, Blei und Zink gefördert.

Auch heute noch werden in Broken Hill aus Tiefen bis zu 1200 m Silber, Zinn und Blei gefördert, aber nicht mehr so viel wie zur Blütezeit. Aufgrund von Absatzschwierigkeiten mussten Bergbauunternehmen zahlreiche Arbeitskräfte entlassen. Viele der ehemaligen Bergarbeiter haben als Maler ein Betätigungsfeld gefunden. Über das Stadtgebiet verteilt sich ein gutes Dutzend Kunstgalerien. Einen Überblick über das Werk der Outback-Künstler gibt die Broken Hill City Art Gallery im Civic Centre in der Chloride Street. Auf einem Hügel 5 km nördlich der Stadt erstreckt sich eine Freiluftgalerie mit Steinskulpturen internationaler Künstler.

Über die Bergbaugeschichte der Stadt informiert das Railway, Mineral and Train Museum im alten Bahnhofsgebäude in der Sulphide Street. Interessantes über das Leben der Bergleute erfährt man in White's Mineral Art Gallery and Mining Museum. Ein Bild von den harten Arbeitsbedingungen unter Tage vermittelt eine Bergwerksbesichtigung, bei der ehemalige Bergleute als Führer fungieren. Untertagetouren werden in den stillgelegten Silberminen Delprats Mine und Daydream Mine angeboten. Eine Besichtigung der Tagebau-Anlagen und Schmelzen ist in der South Mine möglich. Als mit 25 000 Einwohnern größter Ort der Region ist Broken Hill Basis für den Royal Flying Doctor Service, der für die medizinische Versorgung der Outback-Bewohner im weiten Umkreis zuständig ist. Schulpflichtige Kinder werden von der School of the Air betreut. Beide ›uraustralischen‹ Institutionen kann man bei einem Besuch kennen lernen.

Silverton 27 km nordwestlich von Broken Hill war Ende des 19. Jh. ein Minenort mit 3000 Einwohnern, dessen Wohlstand auf Silbererz basierte. Heute ist Silverton eine restaurierte Geisterstadt und dient als Kulisse für Western. Tatsächlich hat man hier Szenen für »Mad Max II« und »Eine Stadt wie Alice« gedreht. Stolz nennt sich das 60-Seelen-Nest seitdem ›Hollywood des Outback‹. Silverton Gaol, das ehemalige Gefängnis, beherbergt heute ein heimatkundliches Museum mit Erinnerungsstücken aus der Pionierzeit.

Südöstlich von Broken Hill bilden das Flusssystem des Darling River und eine Kette nur selten austrocknender Seen das Oasis Country. Im **Kinchega National Park** 25 mit dem Cawndilla Lake haben Enten, Kormorane, Reiher, Ibisse und Schwäne ihre Brutplätze. Lake Menindee nördlich des Naturschutzgebietes ist ein Naherholungsziel und Trinkwasserreservoir für die Bewohner von Broken Hill.

Highlight des Oasis Country ist der **Mungo National Park** 26 mit den Walls of China, einer halbmondförmigen, lang gestreckten Dünenkette. Das Etikett ›Erbe der Menschheit‹ erhielt der Mungo National Park von der UNESCO wegen seiner archäologischen Bedeutung. Am Lake Mungo, der vor etwa 17 000 Jahren austrocknete und heute eine flache Sandsenke formt, fanden Wissenschaftler 30 000 bis 35 000 Jahre alte menschliche Skelettreste und Steinwerkzeuge, die Aufschluss über die Besiedlungsgeschichte des Fünften Kontinents lieferten. Im Nationalpark gibt es zwei einfache Campingplätze. Die von der Landstraße Menindee–Wentworth abzweigende Piste zum Park ist bei Regen unpassierbar.

Outback-Routen im Zentrum

Auf der Touristenpiste ins ›Rote Herz‹
Stuart Highway erster Teil

Von Port Augusta nach Coober Pedy

Tipps & Adressen
Port Augusta S. 349, Woomera S. 357, Roxby Downs S. 352, Andamooka S. 313, Glendambo S. 332

Wohl keine andere Piste in Zentral-Australien hat eine so drastische Wandlung vollzogen als der Stuart Highway. Wie in Amerika die legendäre Route 66, symbolisiert Down Under der Stuart Highway, der das Zentrum des Fünften Kontinents in Nord-Süd-Richtung durchzieht, den Mythos von Weite und Grenzenlosigkeit. Viele Australien-Reisende betrachten den ›Ritt‹ auf dem Asphaltband als den ultimativen Road Trip, wenngleich dessen Ruf als eine der abenteuerlichsten Pisten der Welt seit 1987 mit der Asphaltierung endgültig dahin ist.

Wenn man im klimatisierten Wagen von der Südküste über hunderte von Kilometern durch Halbwüsten und Savannen fährt, kann man sich kaum vorstellen, dass sich der Namensgeber, John McDouall Stuart, einst zu Fuß durch diese Wildnis schlug. Im dritten Anlauf war es dem Schotten 1861/62 gelungen, von Adelaide zur Nordküste vorzustoßen. Am 25. 7. 1862 erreichte seine Expedition die Küste unweit des heutigen Darwin. Stuart und seine Männer schafften den Gewaltmarsch zurück nach Adelaide, der Expeditionsleiter war jedoch fast erblindet. Vier Jahre später starb John McDouall Stuart in seiner Heimat.

◁ *Der Ayers Rock heißt in der Sprache der Aborigines Uluru*

Auf der von ihm erkundeten, 200 km östlich des heutigen Stuart Highway verlaufenden Trasse baute man später die Telegrafenverbindung, die Australien via Asien an das Mutterland anschloss.

Eilige Reisende schaffen die Strecke in zwei bis drei Tagen. Plant man Abstecher, für die man häufig ein Geländefahrzeug benötigt, sollte man vier bis fünf Tage einkalkulieren. Motels und Campingplätze gibt es unter anderem in Woomera, Glendambo, Coober Pedy, Marla und Erldunda. Die längste Entfernung ohne Tankmöglichkeit beträgt 250 km. Beste Reisezeit ist in den australischen Wintermonaten.

Die Hafenstadt **Port Augusta** [1], ein industrielles Zentrum sowie Verkehrsknotenpunkt, ist der südliche Ausgangspunkt des Stuart Highway. Anschaulich dokumentiert das Wadlata Outback Centre die Naturgeschichte und die Erforschung des Outback. Audiovisuelle Vorführungen geben einen guten Einblick in Leben und Kultur der Aborigines.

Mit den Lebens- und Arbeitsbedingungen in Pionierzeiten kann man sich bei einem Besuch des Homestead Park Pioneer Museum vertraut machen. Über die Arbeit der ›fliegenden Ärzte‹ informieren Videos und Schautafeln im regionalen Hauptquartier des Royal Flying Doctor Service. In der School of the Air, können Besucher an Schultagen eine Stunde Funkunterricht miterleben. Der Arid Lands Botanic Garden vor den Toren der Stadt ist auf die Vegetation der australischen Trockenzonen spezialisiert. Bevor man sich auf den Stuart Highway begibt, tut man gut daran, sich in Port Augusta mit Lebensmitteln, Wasser und Treibstoff einzudecken, denn je weiter man ins Landesinnere fährt, desto höher wird das Preisniveau.

Schon ein paar Kilometer nordwestlich von Port Augusta beginnt die Einöde. Die Fahrt auf dem Stuart Highway ähnelt einem Roadmovie, der stundenlang mit wenigen Einstellungen auskommt: dorniges Buschwerk, Spinifex-Büschel, sandiger Boden bis zum Horizont. Man fährt durch eine unwirkliche, aber eindrucksvolle Landschaftsszenerie, in die sich ab und zu Tafelberge wie der North Tent Hill und der South Tent Hill schieben.

Im südlichen Abschnitt verläuft der Stuart Highway im Zickzackkurs, weil die Straßenbauer eine Trasse durch die vielen fast ständig ausgetrockneten Salzseen und Salzpfannen finden mussten. Im Osten flimmern die Andamooka Ranges am Horizont, die zum großen Torrens-Salzsee hin abfallen. Hier zeigt sich South Australia, der trockenste Staat im trockensten Kontinent der Welt, von seiner unwirtlichen Seite, eine Einöde, die schon grandiose Züge trägt.

Auf Höhe des Pimba Roadhouse zweigt eine Teerstraße nach **Woomera** 2 ab. Die Kleinstadt vom Reissbrett, für Militär- und Weltraumspezialisten ein Begriff, liegt am Südrand eines militärischen Sperrgebiets, das sich einige hundert Kilometer ins Innere des Kontinents

Stuart Highway erster Teil

erstreckt. Das Raketenversuchsgelände dient Weltraumprojekten. Hier wurden von der britischen Armee mit Zustimmung der australischen Regierung auch Atomwaffentests durchgeführt. Dass dabei nomadisierende Ureinwohner radioaktiv verstrahlt wurden, drang erst nach vielen Jahren an die Öffentlichkeit. Innerhalb der ›Woomera Prohibited Area‹ darf man den Stuart Highway nicht verlassen. Auch der Ort Woomera, dessen Name in der Sprache der hier einst ansässigen Aborigines fliegender Speer bedeutet, war früher tabu für Besucher. Heute kann man sich im Woomera Heritage Museum über die Geschichte der Raketenversuche informieren. Vor dem Museum sind Raketen und Fluggeräte ausgestellt.

Nahe **Roxby Downs** 3, einer ehemaligen Rinderfarm 64 km nördlich von Woomera, entdeckte man neben den ergiebigsten Uranvorkommen der Welt riesige Gold- und Kupferlager. In der Olympic Dam Mine, der größten Kupfer-Uran-Mine der Welt, werden jedes Jahr 70 000 t Kupfer, 1400 t Uranoxid, so genannter Yellow Cake, sowie 550 kg Gold und 1364 kg Silber gefördert. Nach Voranmeldung kann man die Tagebau-Anlagen des Bergwerks besichtigen. Von der Olympic Dam Mine führt die 115 km lange, gute Schotterpiste Borefield Road zum Oodnadatta Track (vgl. S. 95ff.).

Den Opalort **Andamooka** 4, 30 km östlich der für die Minenarbeiter errichteten Retortenstadt Roxby Downs erreicht man auf einer Allwetterpiste. Das Outback-Nest gleicht eher einer Müllhalde in einer mondähnlichen Landschaft denn einer bewohnten Siedlung. Wohnwagen und Wellblechbaracken, verrostete Ölfässer und Schrottautos bilden eine Kulisse wie aus einem Mad-Max-Film. Auf der Suche nach den ›Feuersteinen‹ wühlen sich mittlerweile hunderte von Edelsteingräbern durch den Wüstensand. Im Ort findet man daher neben einigen Pubs auch Läden, in denen man die Preziosen kaufen kann. Zwar gibt es um Andamooka Edelsteine, aber kein Trinkwasser. Das Nass muss für viel Geld per Tankwagen aus Roxby Downs angeliefert werden, denn auf Regen wartet man in dieser Gegend oft viele Monate vergeblich.

Vergeblich schuftet auch mancher *digger* auf den Opalfeldern. Um Geld für Bohrungen zu verdienen, heuern viele Opalgräber aus Andamooka in der nahen Uran- und Kupfermine Olympic Dam Mine an. Der Besitzer von Dukes Bottlehouse, einem fast vollständig aus leeren Bierflaschen errichteten Gebäude, hält einige Gästezimmer bereit.

Zwischen Woomera und Glendambo durchschneidet der Stuart Highway eine Halbwüste voller Salzseen. Zum Lake Hart führt eine Stichstraße. Der einzige Außenposten der Zivilisation in dieser Nirgendwo-Szenerie ist **Glendambo** 5, ein Roadhouse mit Tankstelle, Restaurant, Motel und Caravan Park. Auf der Weiterfahrt Richtung Norden gilt es, Kilometer zu machen. Ein Stopp lohnt sich nach 250 monotonen Kilometern erst in der selbst ernannten Opalhauptstadt der Welt.

Coober Pedy

Tipps & Adressen
S. 325

6 Coober Pedy ist der einzige größere Ort zwischen Port Augusta und Alice Springs. Nur hier und da klammern sich in der fast pflanzenlosen Geröll-Landschaft, die auch als *moon plain* (Mondebene) bezeichnet wird, dunkelgrüne Tupfer am Boden fest. So weit das Auge reicht, sieht man nur von rotem Staub

Maulwurflandschaft um die Opal-Hauptstadt der Welt, Coober Pedy

überzogene Autowracks, rostige Trucks, zerbeulte Arbeitsmaschinen sowie große und kleine Erdkegel – als hätten riesige Maulwürfe im Boden gewühlt.

In Coober Pedy, das den Beinamen ›Opal Capital of the World‹ trägt, wurden zur Blütezeit über drei Viertel der Weltproduktion an Schmuckopalen gefördert. In der Erde stecken noch Opale für viele Millionen Dollar. Für die Edelsteine leben die *miners* wie Maulwürfe, erfüllt von der Hoffnung, es möge ihnen so ergehen wie einst jenen Glückspilzen, die im Juli 1989 Jupiter 5 fanden, den bisher größten Opal der Welt mit einem Gewicht von 5,27 kg und einem Wert von mehr als 5 Mio. Mark. Die zwischen 2000 und 4000 *diggers* von Coober Pedy graben bis zu jenem Punkt, an dem die Sandsteinschichten auf die Tonerdeschichten treffen. Hier sind die Fundstätten höchstens 30 m tief.

Mehr als 30 Opalfelder erstrecken sich rund um Coober Pedy über eine Fläche, die 10 km südöstlich des Ortes beginnt und 35 km nordwestlich bei der Marslandschaft The Craters endet. Die Gegend ist durch aufgegebener Schächte und Stollen sowie die Kuhlen intakter Minen, allesamt flankiert von den ›Maulwurfshaufen‹ des Kalksteinaushubs, durchlöchert wie ein Schweizer Käse. Kein Wunder, dass man den Ortsnamen von den Wörtern Kupa Piti aus der Aborigine-Sprache abgeleitet hat – ›Erdloch des weißen Mannes‹.

Die Einöden von Coober Pedy gaben sich im Jahre 1915 als Schatztruhen zu erkennen. Ein Jahr zuvor hatte ein Geschäftsmann eine Goldsucher-Expedition ausgerüstet. Im Dezember 1914 startete der Trupp im süd- australischen Marree mit sechs Kamelen und exakt 636 l Wasser. Das Unternehmen war ein Fehlschlag und die Männer traten den Rückweg an, ohne eine Spur des Edelmetalls entdeckt zu haben. Ende Januar 1915 schlugen die Abenteurer einige Tage ihre Zelte am Carryingallama Creek nahe der Stuart Range auf. Ein

Bei Maulwürfen und Millionären
Schatzsuche in der Opal-Metropole

Opalschacht in Coober Pedy

Bei der Suche nach den Steinen auf den *opal fields* von Coober Pedy herrscht Chancengleichheit – die opalhaltigen Gesteinsschichten können überall im Erdreich verlaufen. Wer im Büro des Government Mining Registrar 40 Dollar sowie eine gültige Arbeitsgenehmigung auf den Tisch legt, erhält ein *Precious Stone Prospecting Permit*. Mit der Schürferlaubnis kann man einen 50 × 50 m großen Claim abstecken. Einzige Bedingung – man muss mindestens 26 Stunden wöchentlich in seiner Mine arbeiten.

Im Opalschacht begibt man sich dann auf Schatzsuche, im Kampf gegen sich und im Kampf gegen die anderen. Denn die heiße Halbwüste um Coober Pedy ist nicht für menschliches Leben geschaffen. Kommt man während eines der häufigen Sand- und Staubstürme in das knochentrockene Coober Pedy, erhält man eine realistische Vorstellung von der Apokalypse. Und wenn an wenigen Tagen im Jahr dunkle Wolken aufziehen und Regengüsse herabstürzen, fühlt man sich wie bei der Sintflut.

Viele versuchen auf den Opalfeldern von Coober Pedy ihr Glück und verlassen sie schnell wieder, weil sie die harten Lebens- und Arbeitsbedingungen nicht ertragen. Martin ist einer von denen, die geblieben sind. Im Geländewagen schaukeln wir auf einer Piste zum Deadman Gully-Feld, wo sich einige größere Opalminen befinden. Martin und seine Frau Ann kamen Anfang der 80er Jahre nach Coober Pedy. Jahrelang haben sie nach Opalen geschürft, ohne auch nur einen Dollar Profit zu machen. Überlebt haben sie nur, weil Ann als Krankenschwester Arbeit fand. Erst als Martin auf dem Deadman Gully Field einen Claim eintragen ließ, kam die Wende. »Im ersten Monat haben wir Opale für 10 000 Dollar rausgeholt«, erzählt er. »Zwei Jahre lang haben wir fast jeden Tag Opale gefunden, jede Menge Edelsteine!« Martin und Ann können sich eine Eigentumswohnung am Bondi Beach leisten, dem Glamourstrand von Sydney. Dort machen sie Urlaub, wann immer ihnen der Staub, die Hitze und die Fliegen in Coober Pedy lästig werden.

Wenig später hält Martin auf seinem Claim, das von einem guten Dutzend Löcher perforiert ist. »Das Prinzip einer Opalmine ist einfach«, erklärt er. »Du musst nur ein Loch in den Boden bohren, bis du auf eine opalhaltige Gesteinsschicht stößt. An dieser Schicht arbeitest du dich entlang – und dann greifst du dir deine Belohnung!«

Über eine Eisenleiter steigen wir in einen 20 m tiefen Schacht. »Opale sind kristalline Substanzen, die sich in Jahrmillionen durch die Ablagerung von Kieselsäuremineralien auf wasserundurchlässigen Tonschichten bildeten«, doziert Martin unten im Stollen und deutet auf eine Opalader, die sich als dunkles Band von dem rotbraunen Gestein abhebt. Er setzt einen Bohrer an und bricht Sandsteinbrocken heraus, die zu einer Zeit entstanden, als Zentralaustralien von einem seichten Tropenmeer überflutet war. Die Gesteinstrümmer werden mit einem riesigen ›Staubsauger‹, einem so genannten *blower*, nach oben befördert, wo Martin sie später nach Opalen durchsiebt. Andere Opalsucher treiben ihre Stollen mit Grubenbaggern und Fräsmaschinen vorwärts, wieder andere mit Spitzhacke und Dynamit – jeder so, wie er es sich leisten kann, denn das Startkapital für die Ausrüstung summiert sich rasch auf einige Zehntausend Dollar.

Oben im Tageslicht klopfen wir uns den Staub aus der Kleidung. Martin deutet im Aushubhügel auf Gesteinsbrocken mit kleinen opalen Einsprengseln, die beim Verkauf allenfalls eine Hand voll Dollar bringen. Sollte er jedoch auf eine funkelnde Quarzschicht stoßen, wird er das gewiss nicht an die große Glocke hängen. Noch immer ist der *ratting* genannte Raubabbau von Opalen ein großes Problem. Mit sicherem Gespür steigen die *ratter* nachts in fremde Minen ein und räumen den Opalflöz aus. Daher schlafen fündig gewordene *diggers* auf ihren Claims – das Gewehr griffbereit. Früher machte man mit auf frischer Tat ertappten Minenräubern meist kurzen Prozess – sie verschwanden in einem der aufgelassenen Schächte. Und auch heute noch kommt es vor, dass Opalpiraten auf offener Straße verprügelt werden.

Längst nicht jeder in Coober Pedy kann eine Erfolgsstory wie Martin und Ann vorweisen. Für viele enden die Träume vom Glück und Wohlstand in Frustration und Verzweiflung. So mancher ertränkt seinen Kummer in Alkohol. Steve ist einer der Glücklosen. Lastwagenfahrer, Schafscherer, Rodeoreiter – das sind nur einige Stationen in seinem Leben. Mit seinem Kumpel Grant arbeitet er zwölf Stunden am Tag, sieben Tage in der Woche in seinem Stollen auf dem 17-Mile-Field. »Es ist ein verdammt harter Job«, sagt er, »aber ich muss es schaffen. Mir fehlen nur noch ein paar tausend Dollar für ein Auto und einen Wohnanhänger. Sobald ich das Geld beisammen habe, hau ich hier ab!«

Neben den professionellen Opalschürfern gibt es Besucher in Coober Pedy, die sich auf die Suche nach Restopalen in Abraumhalden, *noodling* genannt, beschränken. Dafür benötigt man weder eine Lizenz noch eine aufwendige Ausrüstung. Nach einem ungeschriebenen Gesetz sind alle Edelsteine Allgemeineigentum, die sich um Coober Pedy nicht in, sondern auf der Erde befinden. Die besten Chancen auf Opale zu stoßen, die Profischürfer übersehen haben, hat man in der Umgebung von Minen, in denen gerade gearbeitet wird. Allerdings dürfen markierte Claims nie ohne die Erlaubnis des Besitzers betreten werden.

Vor allem Touristen aus Übersee wühlen mit bloßen Händen, aber voller Begeisterung in den Abraumhügeln, viele von ihnen in der Hoffnung, mit dem Verkauf eines Edelsteins ihr Reisebudget aufbessern zu können. Genährt werden solche Hoffnungen von Tourveranstaltern mit Geschichten wie der von einer Besucherin aus England, die für einen Opal über 2000 Dollar erhielt. Die meisten Amateur-Opalsucher kehren aus der Einöde allerdings nicht mit Taschen voller Edelsteinen zurück, sondern mit staubiger Kleidung und schmutzigen Händen.

Ein Großteil der in Coober Pedy geschürften Opale wird am Ort geschliffen und dann vor allem von Einkäufern aus Bangkok und Hongkong erworben. Auch viele Touristen bringen von ihrer Australienreise einen schillernden Opal mit nach Hause.

Schon seit 20 Jahren leben die gebürtige Deutsche Barbara und ihr holländischer Mann Piet in Coober Pedy. Anfangs haben sie selbst in ihrer Mine Opale geschürft, jetzt verarbeiten sie Preziosen in ihrer Schleiferei zu Schmuck. Werkstatt und Geschäft befinden sich in einem alten Stollen unter der Erde.

Die unterschiedliche Qualität der Edelsteine richtet sich nicht nur nach Art, Form und Größe, sondern auch nach der Intensität der funkelnden Einsprengsel. Es gibt drei Arten von Opalen, am seltensten und daher teuersten ist der Schwarze Opal, den man nur in Lightning Ridge im Outback von New South Wales schürft. Sein Kennzeichen sind leuchtende, sehr intensive Farben, die auf dunkelgrauem bis schwarzem Grund besonders gut zur Geltung kommen. An zweiter Stelle der Preisskala rangiert der Felsopal, der eine Basis aus Sandstein oder eisenhaltigem Gestein besitzt. Den Weißen Opal findet man am häufigsten, vor allem in Coober Pedy. Diese Variante ist ein glasig bis milchig-trüb glänzendes Mineral mit farbstarken Einschlüssen.

Hauptkriterium für den Preisunterschied ist neben der Seltenheit der Steine die Art, wie ein Opal geschnitten, poliert und gefasst wird. Wieder unterscheidet man drei Arten: Ein *solid opal* ist ein durch und durch natürlicher, sehr wertvoller Opal. Bei einer Doublette handelt es sich um eine dünne Scheibe kostbaren Opals, die auf einen schwarzen Grund geleimt ist, entweder auf einen Halbedelstein oder auf schwarzes Glas. Ein Drilling ist eine Doublette, auf die zum Schutz der Farben ein klares Quarzkristall geklebt wird. Doubletten und Drillinge kann man als Laie nur bei losen Steinen erkennen, bei bereits zu Schmuckstücken verarbeiteten Opalen, deren Rückseite nicht mehr sichtbar ist, dagegen kaum. Da Opalkauf Vertrauenssache ist, sollte man Steine und Opalschmuck nur in Fachgeschäften erstehen.

letztes Mal machten sie sich auf die Suche nach Gold. Auch Willie Hutchison, der 14jährige Sohn des Expeditionsleiters beteiligte sich daran. Und er kam als einziger nicht mit leeren Händen zurück, sondern mit leuchtenden Steinen. Der Junge hatte das ergiebigste Opalfeld der Welt entdeckt.

Die Kunde von den Opalfunden zog Tausende von Menschen an, eine Zelt- und Barackenstadt wuchs aus der Halbwüste. Vor allem Emigranten aus Griechenland, Italien, vom Balkan und Deutschland verschlug der Lockruf des ›Feuersteins‹ in die Geröllwüste. Trotz aller Wildwestatmosphäre ist Coober Pedy heute auch ein multikultureller Schmelztiegel. Und obwohl das Opalfieber etwas abgeklungen ist, zieht die Jagd nach den edlen Steinen noch immer Glücksritter aus aller Welt an, denn man schätzt, dass bislang kaum 5 % der Opale abgebaut wurden.

Bei sommerlichen Temperaturen von bis zu über 50° Celsius kamen die Opalgräber auf die Idee, aufgegebene Bergwerkstollen als Wohnung zu benutzen. Die angenehm temperierten *dugouts* bieten Schutz vor dem Staub, dem Sonnenlicht und den Fliegenschwärmen.

Heute liegen nicht nur Wohnungen von Edelsteingräbern unter 2 m dickem Stein, auch Opalgalerien, eine Buchhandlung, eine Töpferei, ein Restaurant und ein Café profitieren von dieser Wohnlage. Besucher können in Höhlenhotels nächtigen. Sogar zwei Kirchen, die katholische St. Peter and Paul Underground Church und die anglikanische Catacomb Church, zogen unter die Erde.

Manche der erfolglosen Opalsucher haben den Tourismus als Einnahmequelle entdeckt. Gegen bare Münze lassen sie Besucher einen Blick in ihre *dugouts* werfen. So vermitteln Besuche des Diggers Dream Underground Home oder von Fayes Underground Home, das drei Frauen vor 30 Jahren in einen Berghang hineingebaut haben, einen guten Eindruck vom Leben unter der Erde. Das Beispiel für diese Art von Outback-Wohnkultur ist der *dugout* von Crocodile Harry an der 17 Mile Road, ein paar Kilometer außerhalb.

Da es verboten und wegen der ungesicherten Schächte auch zu gefährlich ist, die privaten *claims* zu betreten, empfiehlt sich eine der meist von ehemaligen Edelsteingräbern geführten Touren auf eines der Opalfelder. Dabei sind oft auch Besichtigungen von Höhlenwohnungen sowie Opalschleifereien und -galerien eingeschlossen. Weitere Attraktionen sind die Umoona Opal Mine, ein Opalmuseum in einem aufgegebenen Stollen, die Old Timers Mine, The Big Winch, ein Aussichtspunkt mit Blick über die Stadt, die Lobby des teilweise unter der Erde liegenden Desert Cave Hotel mit einer Opalausstellung und die Töpferei Underground Pottery.

Breakaways werden die Felsformationen von der Abbruchkante der Stuart Range bis zu der *moon plain* 30 km nördlich von Coober Pedy genannt. Von zwei Aussichtspunkten, die vom Stuart Highway auf einer guten, 10 km langen Schotterpiste erreichbar sind, bietet sich ein schönes Panorama der Felslandschaft, wo »Mad Max III« mit Tina Turner gedreht wurde.

Nach Alice Springs

Tipps & Adressen
Cadney Homestead S. 320, Marla S. 342, Kulgera S. 339, Erldunda S. 332, Stuart's Well S. 353

Nördlich von Coober Pedy verläuft der Stuart Highway durch eine weite, karge Landschaft. Von **Cadney Homestead**

7 einem Roadhouse mit Tankstelle, Motel und Campingplatz, führt eine Sand-Schotterpiste nach Oodnadatta. Die Route berührt die Painted Desert mit bunten Sandsteinformationen. **Marla 8** entstand erst 1982 als Versorgungsbasis beim Bau des Stuart Highway. In dem Ort, dessen Name von dem Aborigine-Begriff Marlu (Känguru) abgeleitet ist, beginnt bzw. endet der Oodnadatta Track (vgl. S. 95ff.). Mit einem *permit* der Polizeistation in Marla kann man die Opalfelder von Mintabie 35 km westlich besuchen.

Während man sich in Coober Pedy bemüht, mit ordentlichen Unterkünften durchreisende Touristen länger zu halten, hat **Mintabie 9** seinen Pioniercharakter bewahrt und bietet kaum eine touristische Infrastruktur. In der Einöde um dieses Nest suchen 800 bis 1000 *diggers* nach den kostbaren Steinen.

Zwischen Marla und der Grenze zum Northern Territory ist das Buschland in Reservate der Ureinwohner und große Rinderfarmen zerteilt. Bei der *cattle station* Mount Cavenagh jenseits der Bundesstaatengrenze zweigt der ursprüngliche Gunbarrel Highway (vgl. S. 210ff.) westwärts Richtung Mulga Park ab. In **Kulgera 10** sollen bis in die 80er Jahre des 20. Jh. nicht selten Reisende, die auf dem damals noch nicht geteerten Südabschnitt des Stuart Highway kräftig durchgerüttelt worden waren, das Asphaltband dankbar begrüßt haben ...

Bei **Erldunda 11** zweigt der Lassetter Highway zum Ferienkomplex Yulara – auch Ayers Rock Resort genannt – am Rande des Uluru-Kata Tjuta National Park ab (vgl. S. 158ff.).

Die **Henbury Meteorite Craters 12** 70 km weiter nördlich, abseits des Stuart Highway, erreicht man auf einer 13 km langen Schotterpiste. Als vor 4700 Jahren ein Meteorit in die Erdatmosphäre eintrat und seine Trümmer auf der Erde einschlugen, entstanden die ein Dutzend über ein Areal von 20 ha verstreuten Krater. Ein Lehrpfad mit Schautafeln führt zu den Kratern, deren größter bei einem Durchmesser von 180 m eine Tiefe von 15 m aufweist. Da die Oberfläche der Kraterregion der des Mondes gleicht, trainierten hier die Apollo-Astronauten vor ihrer ersten Mondreise.

Kamelsafaris starten bei Noel Fullerton's Camel Farm in der Nähe von **Stuart's Well 13**. Zum **Rainbow Valley 14** zweigt einige Kilometer weiter nördlich vom Stuart Highway ein sandiger Track ab, für den man ein Fahrzeug mit Allradantrieb benötigt. In dem Tal ragen Sandsteinklippen auf, deren von Gelb bis Rot reichende Farbpalette durch die Oxidation des im Sandstein enthaltenen Eisens und anderer Mineralien entstand. Auf manchen Felswänden haben Aborigines Jahrtausende alte Kunstwerke hinterlassen.

Alice Springs

Tipps & Adressen
S. 310

15 Dort, wo die ersten Outback-Pioniere in der Steppenlandschaft auf Wasser gestoßen waren, entwickelte sich bald eine Oase in der Wildnis – Alice Springs. Auf der Suche nach einer Route für die Telegrafenleitung zwischen Adelaide und Darwin hatte die Trans-Australien-Expedition 1861 die Bergbarriere der MacDonnell Ranges 50 km westlich des heutigen Alice Springs überquert. Den Landvermessern, die zehn Jahre später folgten, erschien der Felseinschnitt Heavitree Gap durch die Gebirgskette einige Kilometer südlich geeigneter, da sie dort an einem meist ausgetrockneten Flussbett eine Quelle entdeckt hatten. Als

Todd River fand der Fluss seinen Weg auf die Landkarten, eine Ehrung für Sir Charles Todd, den damaligen Direktor der Telegrafengesellschaft. Seine Gattin, Lady Alice, war Patronin der Quelle.

An der Wasserstelle errichtete man eine der 12 Relaisstationen der Überland-Telegrafenleitung, die notwendig waren, weil Morsezeichen nur 300 km weit gesendet werden konnten. Die erste

Alice Springs
1 Adelaide House   2 John Flynn Memorial Church   3 The Residency   4 Old Court House mit National Pioneer Women's Hall of Fame   5 Old Stuart Gaol   6 Old Hartley Street School   7 Panorama Guth   8 Royal Flying Doctor Service   9 Olive Pink Botanic Garden   10 School of the Air   11 Alice Springs Telegraph Station Historic Reserve   12 Museumskomplex   13 Alice Springs Memorial Cemetery

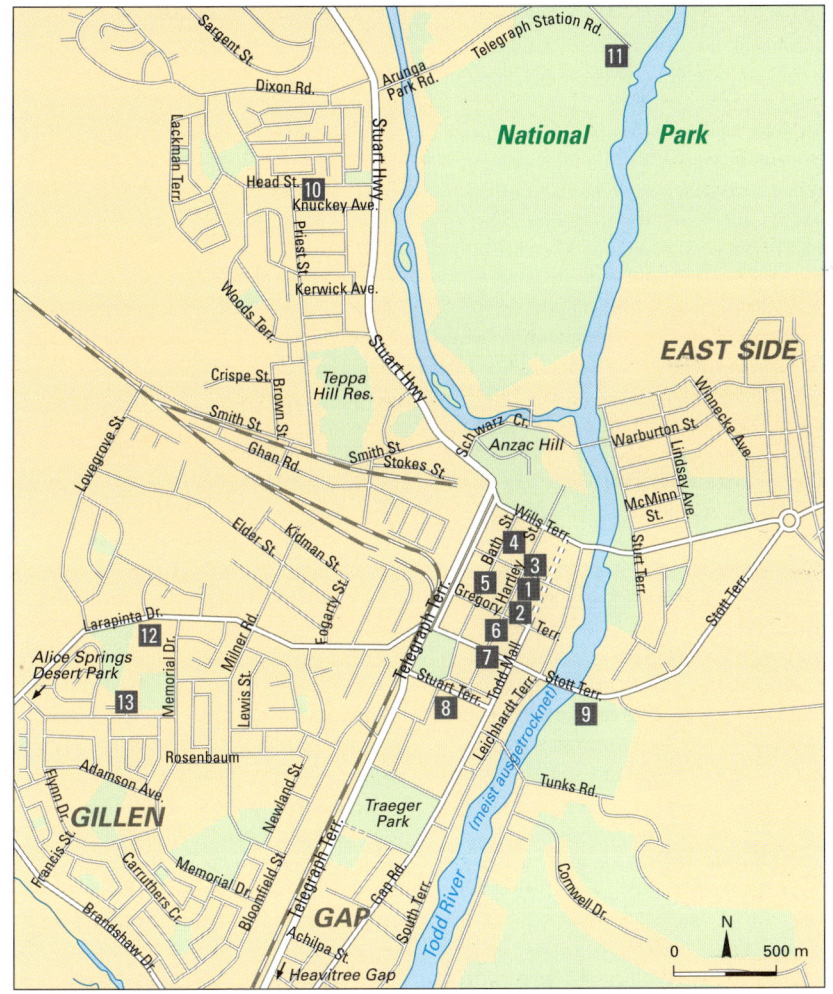

Outdoors im Outback
Besondere Abenteuertouren

In den touristischen Zentren bieten Spezialveranstalter zahlreiche Touren an, bei denen Besucher das Outback aus außergewöhnlicher Perspektive entdecken können. Höhepunkte im wahrsten Sinne des Wortes sind Ballonfahrten. Zentrum hierfür ist Alice Springs. Von der Gondel eines langsam schwebenden Heißluftballons lassen sich die spektakulären Panoramen der ursprünglichen Landschaft im ›Roten Herz‹ noch intensiver genießen als etwa aus der Kanzel eines Hubschraubers. In den Genuss dieses Vergnügens kommen allerdings nur Frühaufsteher, denn die Teilnehmer werden schon lange vor Morgengrauen im Hotel abgeholt. Mit dem Geländewagen geht es hinaus in die Halbwüste, wo die Ballone fauchend in den Himmel steigen. Hoch in den Lüften wird der Sonnenaufgang zu einem unvergesslichen Erlebnis, das man zurück auf dem Erdboden bei einem dreigängigen Gourmet-Frühstück gebührend mit einem Glas Champagner begießen kann (Auskunft und Buchung: Ballooning Down Under, Alice Springs, Tel. 18 00-80 16 01 und 08-89 52 88 16, Fax 08-89 52 38 69, E-Mail: balloons@topend.co.au, http://www.balloons.in.australia.au; Spinifex Ballooning, Alice Springs, Tel. 18 00-67 78 93; Alice Springs Tour Professionals, Alice Springs, Tl. 08-89 53 06 66, Fax 09-89 53 47 06, E-Mail: astp@ozemail.com.au; Outback Ballooning, Alice Springs, Tel. 1800-10 87 90 und 08-89 52 38 69, E-Mail: Ballons@Topend.co.au, Website: www.alicetourprofessionals.com.au).

Wer nicht schwindelfrei ist, kann die faszinierende Landschaft der MacDonnell Ranges um Alice Springs stilvoll auf dem Rücken von Kamelen erkunden. Das Angebot reicht von einstündigen Ausritten bis zu zweiwöchigen Safaris mit Übernachtungen unter funkelndem Sternenhimmel (Auskunft und Buchung: Frontier Camel Tours, Alice Springs, Ross Hwy, Tel. 18 00-80 64 99 und 08-89 53 04 44, Fax 08-89 55 50 15, E-mail: info@cameltour.com.au; Camel Outback Safaris, c/o Noel Fullerton's Camel Farm, Stuart's Well [80 km südlich von Alice Springs], Tel. 08-89 56 09 25, Fax 08-89 56 09 09).

In Alice Springs kann man hoch auf einem ›Wüstenschiff‹ sogar zum Dinner reiten. Gut 10 km weit werden die Gäste durch das ausgetrocknete Bett des Todd River zur Château Hornsby Winery, dem ersten und bislang einzigen Weingut in Zentral-Australien, gebracht, wo nach dem einstündigen Abenteuer neben einer Weinprobe ein exquisites Dinner serviert wird. Den Rückweg treten Touristen und Kamele aus Sicherheitsgründen getrennt an, denn ein schwankender Reiter auf einem schwankenden Kamel wäre nach Ansicht der Veranstalter ein zu großes

In Alice Springs starten Ballonflüge

Risiko (Auskunft und Buchung: Frontier Camel Tours, Alice Springs, Ross Hwy, Tel. 18 00-80 64 99 und 08-89 53 04 44, Fax 08-89 55 50 15, E-Mail: info@camel-tour.com.au).

Wer Spaß am Fliegen in kleinen Propellermaschinen hat und wessen Magen auch bei heftigen Turbulenzen nicht rebelliert, kann – sofern in den meist sechssitzigen Flugzeugen Platz vorhanden ist – die fliegenden Briefträger des Outback begleiten. Der längste Postflug der Welt startet an jedem Wochenende im süd-australischen Port Augusta und führt mit insgesamt 28 Starts und Landungen zu entlegenen Outback-Siedlungen oder auf einsame *cattle stations* über Innamincka und Birdsville nach Boulia in Queensland. Die 3600 km lange Tour dauert zwei Tage (Auskunft und Buchung: Augusta Airways, Port Augusta Airport, P.O. Box 1756, Port Augusta, SA 5700, Tel. 08-86 42 31 00).

Auch in anderen Outback-Regionen nehmen die *posties* gegen Bezahlung Touristen mit. Ab Cairns bedienen die Postflieger mit unterschiedlich langen Flügen wochentags die Cape York Peninsula (Auskunft und Buchung: Cape York Air Services, Cairns Airport, Tel. 07-40 35 93 99, Fax 07-40 35 91 08, E-Mail: capeyork@iig.com.au). Bei den halb- oder ganztägigen Outback Mail Flights, die mehrmals wöchentlich in Alice Springs starten, hat man herrliche Ausblicke auf ausgetrocknete Salzseen und verwitterte Gebirgszüge. Ziele der Postflieger sind einige der entlegensten Aboriginal Communities von Zentral-Australien im Herzen der Gibson Desert (Auskunft und Buchung: Ngurratjuta Aboriginal Air Services, Alice Springs Airport, Tel. 08-89 53 50 00, Fax 08-89 53 50 60). Ein Bush Mail Run genannter Tagesflug im Outback von New South Wales mit vielen Stopps und der Möglichkeit zur Unterbrechung in der Opalgräber-Siedlung White Cliffs startet zweimal wöchentlich in Broken Hill (Auskunft und Buchung: Crittenden Air, Broken Hill Airport, P.O. Box 346, Broken Hill, NSW 2880, Tel. u. Fax 08-80 88 57 02).

Mancherorts liefern die Outback-*posties* ihre Briefe und Päckchen nicht per Flugzeug aus, sondern im Geländewagen. Eine abenteuerliche Tagesfahrt, die Outback-Neulingen eine interessante Möglichkeit bietet, das australische Hinterland kennen zu lernen, ist die Oodnadatta Mail Run Tour. Zweimal wöchentlich verkehrt der Postbote mit einem achtsitzigen Jeep auf der 600 km langen Route von Coober Pedy über Oodnadatta nach William Creek und wieder zurück nach Coober Pedy (Auskunft und Buchung: Underground Bookstore, Coober Pedy, Tel. 08-86 72 55 58 oder 18 00-06 99 11).

Zu den exotischen Tourismusofferten gehört die Didgeri Air Art Tour. Mit ein- oder zweimotorigen Propellermaschinen geht es von Alice Springs nach Darwin oder in umgekehrter Richtung. Auf der nach den individuellen Vorstellungen der maximal sieben Passagiere gestalteten Tour werden Aboriginal Communities am Rande der Great Sandy Desert und in der Tanami Desert sowie in Arnhem Land und auf den Tiwi Islands angeflogen. Die Teilnehmer schauen Künstlern und Kunsthandwerkern bei der Arbeit zu und erhalten damit einen guten Eindruck vom zeitgenössischen Kunstschaffen der Aborigines. Ausflüge in Geländewagen führen zu Felsgalerien der Ureinwohner (Auskunft und Buchung: Didgeri Air Art Tour, Tel. u. Fax 08-89 48 50 55, E-Mail: art.tours-@didgeri.com.au, Website: http://www.didgeri.com.au).

Siedlung bei dieser Station nannte man zu Ehren des Australien-Forschers Stuart. Der erste Zug erreichte erst 1929 den bis Telegrafenposten im Niemandsland. Mit der Zeit entwickelte sich der Ort, der 1933 in Alice Springs umgetauft worden war, zu einem Versorgungszentrum für die Rinderfarmen im Umland.

Der Durchbruch kam, nachdem während des Zweiten Weltkriegs der Stuart Highway von Darwin asphaltiert worden war. Binnen kurzer Zeit wurde Alice Springs zu einem Zentrum des Outback-Tourismus. Dank der alljährlich 350 000 Touristen erlebte die Stadt einen Boom, der die Einwohnerzahl bis zu Beginn der 70er Jahre des 20. Jh. auf über 20 000 anwachsen ließ. Heute gilt ›The Alice‹ mit Hotels und Motels, Restaurants, Läden, Sport- und Freizeitmöglichkeiten als idealer Ausgangspunkt für Touren in die MacDonnell Ranges oder zum 450 km entfernten Ayers Rock. Dass die Stadt sogar über die Grenzen Australiens hinaus bekannt wurde, ist auch dem Roman »A Town Like Alice« von Nevil Shute zu verdanken, der die Vorlage für den gleichnamigen Film lieferte.

Ein Panorama der geometrisch konzipierten Stadt bietet sich vom Anzac Hill. Auf dem Aussichtshügel ragt das für jede größere australische Stadt obligatorische Kriegerdenkmal auf, hier in Form eines Obelisken. Am Fuße des Hügels erstreckt sich die Fußgängerzone Todd Mall mit Restaurants und Reisebüros, Souvenirläden und Kunstgalerien sowie einigen Sehenswürdigkeiten. Das 1926 als erstes Krankenhaus der Australian Inland Mission erbaute Adelaide House war bis 1939 das einzige Hospital in Zentral-Australien. Seit 1980 beherbergt es das nach dem Gründer des Royal Flying Doctor Service benannte John Flynn Museum, das über die Geschichte der ›fliegenden Ärzte‹ unterrichtet. Die John Flynn Memorial Church wurde zu Ehren von Flynn of the Inland, wie der presbyterianische Geistliche allenthalben genannt wurde, erbaut.

Die 1926 errichtete Residency an der Ecke Parsons und Hartley Street, einst Wohnsitz des Gouverneurs, beherbergt heute eine Sammlung zur Geschichte von Alice Springs. Die National Pioneer Women's Hall of Fame im Old Court House würdigt mit Ausstellungen die Rolle der Frauen bei der Erschließung des Outback. Ein paar Schritte entfernt ist das Gefängnis Old Stuart Gaol aus dem Jahre 1908 passend zwischen Polizeiwache und neuem Gerichtsgebäude platziert. Die 1929 als erste Schule der Stadt errichtete Old Hartley Street School dient heute als Sitz des Amtes für Denkmalpflege National Trust. Ebenfalls in der Hartley Street stellt das Rundgemälde Panorama Guth zentralaustralische Landschaften dar. Für das 6 m hohe und 60 m lange Werk benötigte der holländische Künstler Henk Guth rund 700 kg Farbe. Das regionale Hauptquartier des Royal Flying Doctor Service in der Stuart Terrace ist eine der Touristenattraktionen. Videos geben ein Bild von den Aktivitäten des Luftrettungsdienstes.

Auf einem Hügel über dem Todd River erstreckt sich der Olive Pink Botanic Garden. Der meist ausgetrocknete Fluss ist ein Lagerplatz von Aborigines und Austragungsort der Henley-on-Todd-Regatta, bei der die Wettkämpfer in Booten ohne Boden durch das Flussbett sprinten (vgl. S. 74).

Südlich des Nadelöhrs Heavitree Gap, durch das sich der Stuart Highway, die Ghan-Eisenbahnlinie und der Todd River zwängen, liegt das von Aborigines geleitete Pitchi Richi Sanctuary. Dort können Besucher den Umgang mit traditionellen Werkzeugen, die Heilwirkung vieler Outback-Pflanzen und das Spielen von Didgeridoos lernen. Zum Park gehört eine Kunstgalerie unter freiem Himmel, wo der Bildhauer William Ricketts Bildnisse von Aborigines präsentiert.

Nur ein paar Schritte sind es von hier zur Dattelpalmenplantage Mecca Date Gardens, wo man im Schatten von Dattelpalmen Datteleis und Dattelkuchen genießen kann. Kameltouren vom kurzen Ausritt bis zur zweiwöchigen Safari lassen sich in der Frontier Camel Farm buchen. Der Arid Australian Reptile Park ist auf Reptilien der australischen Trockenzone spezialisiert. Erinnerungen an die ›gute alte Zeit‹ rufen die Exponate im Old Timers Folkmuseum am Stuart Highway Richtung Flughafen wach. Das Museum der Ghan Preservation Society 10 km südlich von Alice Springs abseits des Stuart Highway bietet Fahrten im ›Ghan‹ an. Ein weiteres Paradies für Liebhaber historischer Fahrzeuge liegt gleich nebenan – die Road Transport Hall of Fame.

Ein Besuch der School of the Air in der Head Street, die Outback-Kindern auf einsamen Farmen das ABC und das Einmaleins per Funk vermittelt, lässt sich mit einer Visite der Alice Springs Telegraph Station Historical Reserve 3 km nördlich der City verbinden. 1872 entstand um die alte Telegrafenstation herum die erste europäische Siedlung im ›Roten Herzen‹. In den restaurierten Gebäuden geben Ausstellungen über die Stadtgeschichte einen lebendigen Eindruck von der Pionierzeit. Von der Old Telegraph Station führt der 150 km lange Larapinta Trail durch die Bergwelt der westlichen MacDonnell Ranges.

Zentrum des Museumskomplexes am Larapinta Drive 2 km westlich der City ist das Araluen Arts Centre, das allein durch seine Größe diejenigen Lügen straft, die behaupten, Alice Springs sei ein Ort ohne Kultur. Unter dem ausladenden Dach des Bauwerks finden ein Theater mit 500 Sitzplätzen, zwei Galerien, ein Restaurant und Mehrzweck-

Wandmalerei in Alice Springs

räume Platz. Das nach dem deutschstämmigen Aboriginе-Forscher Theodore Strehlow benannte Strehlow Research Centre zeigt eine einzigartige Sammlung zur Kultur der zentral-australischen Ureinwohner. Randvoll mit Fossilien, Meteoriten und präparierten Tieren, präsentiert sich das Museum of Central Australia. Das Central Australian Aviation Museum auf dem Gelände des früheren Flughafens wartet mit einer Ausstellung alter Flugzeuge und anderer Exponate aus den frühen Tagen der Fliegerei in Zentral-Australien auf. Auf dem Alice Springs Memorial Cemetery fanden zahlreiche Outback-Pioniere ihre letzte Ruhestätte.

Im Alice Springs Desert Park erschließt ein 1 km langer, Spazierweg mit Schautafeln die wichtigsten Landschaftsformen des zentral-australischen Outback: Sand- und Steinwüste, Savanne und Steppe sowie die ausgetrockneten Betten der Wüstenflüsse und Salzseen. Auf dem Rundweg lernen Besucher Vertreter aus Flora und Fauna dieser Lebensräume kennen. Nachtaktive Tiere in ihrem ›natürlichen‹ Lebensraum kann man im Nocturnal House beobachten.

Highlights in Zentral-Australien
Das ›Rote Herz‹

Von Alice Springs ins Palm Valley

Tipps und Adressen
Alice Springs S. 310, Glen Helen S. 333, Hermannsburg S. 334

Schroffe Bergketten und pittoreske Schluchten, ausgetrocknete Flussläufe, der größte Monolith der Erde im Kulturland der Ureinwohner, Felsen-Wallabies und eine reiche Vogelwelt, bequeme Naturlehrpfade und anspruchsvolle Bergwanderwege – das erwartet Reisende in der Urlandschaft westlich und südwestlich von Alice Springs, die viel Natur und ein moderates Geländewagenabenteuer suchen.

Ein Großteil der Naturattraktionen dieser 1450 km langen Route sind auf Asphaltstraßen leicht mit Autos erreichbar. Auch die seit 1994 für Touristen freigegebene Schotterpiste Mereenie Loop Road zwischen dem West MacDonnell National Park und dem Watarrka National Park ist begrenzt für konventionelle Fahrzeuge geeignet, doch nur ein Geländewagen garantiert ein sicheres Vorankommen. Dies gilt besonders bei Regen, der in dieser Region völlig unvorhersehbar einsetzen kann.

In Terrain für Geländewagen begibt man sich bei Abstechern zum Palm Valley sowie bei der nicht einfachen Durchquerung des Finke Gorge National Park. Als Minimum sollte man für diese Tour sieben, besser zehn Tage ansetzen, falls man längere Wanderungen plant. Treibstoff, Lebensmittel und Übernachtungsmöglichkeiten gibt es entlang der Route in Glen Helen, Hermannsburg, Kings Canyon Resort, Kings Creek, Yulara und Curtin Springs. Die maximale Entfernung ohne Tankstelle beträgt etwa 150 km. Wegen der hohen Sommertemperaturen sollte man die Gegend zwischen Dezember und Februar meiden – beste Reisezeit ist von April bis Oktober. Für die Meerenie Loop Road, die durch Aborigine-Land führt, ist eine Genehmigung erforderlich, erhältlich in Alice Springs beim Fremdenverkehrsamt oder Central Land Council sowie in der Glen Helen Lodge, in Hermannsburg und in der Kings Canyon Lodge.

Die MacDonnell Ranges, die sich von Alice Springs über jeweils 200 km nach Westen und Osten erstrecken, bestehen aus mehreren parallelen Gebirgszügen. Breite Täler trennen die steilen Bergket-

ten voneinander. Obwohl die Gipfel im Durchschnitt kaum höher als 1000 bis 1200 m sind, bilden die vor 600 bis 900 Mio. Jahren entstandenen MacDonnells das felsige Rückgrat von Zentral-Australien. Einst ragte hier ein Gebirge von Himalaya-Format aus der Ebene. Wasser und Wind, Hitze und Kälte haben an dem Urgestein genagt und die Bergrücken auf ihre heutige Größe abgetragen. Dabei entstand in einem Erosionsprozess das für die MacDonnells typische wellenförmig auf- und absteigende Relief. Vor Jahrmillionen haben Flüsse die Gebirgszüge von Nord nach Süd durchschnitten und tiefe Canyons in das Gestein gegraben.

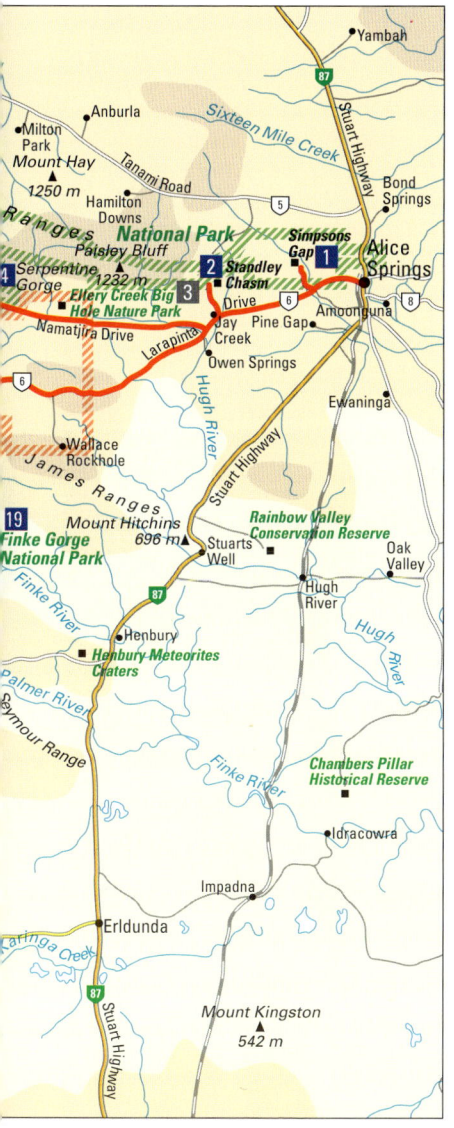

In den kühlen wasserreichen Schluchten der MacDonnells gedeihen Pflanzenarten, die von Gewächsen aus einer Epoche der Erdgeschichte abstammen, als weite Regionen Inner-Australiens von einem Tropenmeer bedeckt waren. Dort, wo Felswände Schatten spenden und es in engen Schluchten fast immer Wasser gibt, herrscht auch ein reges Tierleben. Eine Besonderheit dieser Gegend ist das schwarzfüßige Felsen-Wallaby. Weil es geschickt klettern kann, trägt es den Beinamen die ›australische Gämse‹. Es ernährt sich von den Pflanzen, die an den Wasserstellen wachsen. Da die ganzjährigen Wasserstellen Jagdbeute garantierten, waren die MacDonnells seit Menschengedenken von Aborigines bewohnt.

Fast alle Schluchten der MacDonnells lassen sich auf Wanderungen erkunden. Für extreme Wildniswanderer gibt es den Larapinta Trail, der sich über 150 km durch die westlichen MacDonnells zieht.

Asphaltiert und breit wie ein Highway führt der Larapinta Drive von Alice Springs in die West MacDonnell Ranges. Man passiert den Alice Springs Desert Park, einen ›Bio-Park‹ mit Pflanzen und Tieren der Region. Ein Besuch ist informativ, aber nicht nötig, um Kängurus und Wallabies zu sehen. Diese Tiere sind in der Bergwelt der MacDonnells keine Seltenheit. Vor dem Hintergrund des

Das ›Rote Herz‹

Mount Gillen erhebt sich nach wenigen Kilometern die Gedenkstätte Flynns Grave für den 1951 verstorbenen ›Vater des Royal Flying Doctor Service‹. Ein von den Devils Marbles 400 km nördlich von Alice Springs hierher transportierter Granitblock markiert die letzte Ruhestätte des Mannes, dem die Outback-Bewohner den größten Luftrettungsdienst der Welt verdanken.

Kaum 20 Fahrminuten westlich von Alice Springs öffnet sich in den MacDonnell Ranges die **Simpsons Gap** 1. Die mächtigste einer Reihe von Schluchten haben der Roe Creek und andere Flüsse in 60 Mio. Jahren in die Quarzitfelsen der Rungutjirba Ridge gefräst. Der Schöpfungsgeschichte der Arrernte-Aborigines zufolge entstand der Felseinschnitt, als sich die Regenbogenschlange Kunapipi auf ihrer Traumzeitwanderung den Weg durch die Gebirgsbarriere bahnte. Der pittoreske Flussdurchbruch, dessen steile Wände am frühen Vormittag oder späten Nachmittag in allen Rottönen leuchten, diente dem berühmten Aborigine-Maler Albert Namatjira aus Hermannsburg als Motiv für seine Aquarelle. Da auf einer Stichstraße bequem zu erreichen, ist der Hauptcanyon ein beliebtes Ausflugsziel von Tourveranstaltern. Die kleinen schwarzfüßigen Felsen-Wallabies, die in langen Sätzen über Felsbrocken springen, scheinen sich nicht an den vielen Besuchern zu stören.

Wanderungen führen in weniger frequentierte Regionen des Naturschutzgebietes, etwa Richtung Westen zur Bond Gap (hin und zurück 17 km/5 Std.) sowie nach Osten zur Wallaby Gap (hin und zurück 20 km/7 Std.). Eine kurze Wanderung hat den Gipfel des Cassia Hill zum Ziel, der auf halbem Weg zwischen Larapinta Drive und Simpsons Gap aus dem Buschland aufragt (hin und zurück 1 Std.). Informationen über Wanderungen im West MacDonnell National Park hält das Visitor Information Centre am Larapinta Drive bereit, wo auch eine Ausstellung über die Naturgeschichte der Bergwelt unterrichtet.

Der von 100 m hohen Quarzitwänden begrenzte **Standley Chasm** 2 ist 5 bis 9 m breit. Nur während der Mittagszeit fällt etwa eine Stunde lang Licht in die Klamm. Dann glüht das Gestein in Rot und aus den Felsspalten leuchten die Stämme der Geistereukalypten (Ghost Gums) hervor. Die Vorfahren der Iwupataka-Aborigines, denen der Standley Chasm Nature Park gehört, schabten die äußere Schicht der Rinde ab und verwendeten das Pulver als Farbstoff für ihre Felsmalereien. Eine kurze Wanderung führt vom Parkplatz zum Canyon (1,5 km/30 Min.) durch das meist ausgetrocknete, von Flusseukalypten (River Red Gums) gesäumte Bett des Hugh River.

In einem kleinen, tiefen See des **Ellery Creek Big Hole Nature Park** 3 40 km nach der Wegegabelung Larapinta Drive – Namatjira Drive spiegeln sich rostrot leuchtende, steile Felswände – an heißen Sommertagen ein bezaubernder Platz für ein Bad. Auf dem Dolomite Loop Walk kann man das Buschland der Umgebung erkunden (Rundweg 3 km/1 Std.). Wer länger bleiben möchte, findet in der Nähe des Pools einen einfachen Busch-Campingplatz. Die 2 km lange Zufahrt zu dem Naturpark ist rau, aber mit etwas Umsicht auch mit einem Auto zu bewältigen.

Mit Enten im Wasser tummeln kann man auch in den Felsenpools der **Serpentine Gorge** 4, zu denen vom Parkplatz ein halbstündiger Spaziergang führt. Beim Schluchteingang beginnt ein Trail, für den man etwas Kondition und etwa 30 Minuten Zeit benötigt, zu einem

Ellery Creek Big Hole in den West MacDonnells

Aussichtspunkt hoch über der Schlucht. Lohn für die Mühe des steilen Aufstiegs ist ein überwältigender Blick in die tief vom Serpentine Creek in die Felsbarriere gegrabene Schlucht. Die 2 km lange Zufahrt zu diesem Highlight der West MacDonnells ist zum Teil recht ausgewaschen, aber auch mit konventionellen Fahrzeugen mit guter Bodenfreiheit zu meistern. Weiter westlich liegt der einfache Zeltplatz Serpentine Chalet Busch-Camp um die Ruinen einer ehemaligen Outback-Lodge.

Aus der Grube **Ochre Pits** 5 gewannen die Aborigines einst Ocker. Der natürliche Farbstoff, der in der Kultur der Aborigines große Bedeutung besaß, wurde zum Bemalen von heiligen Stätten, Kultgegenständen und Körpern verwendet. Auch bei der Herstellung von ›Buschmedizin‹ spielte er eine Rolle. So wurden Ockerstückchen, die in Eukalyptusblätter gewickelt waren, als Heilmittel bei Erkältungen eingenommen. Obwohl heute häufig durch chemische Farben ersetzt, benutzt man natürliche Ockerfarben noch immer bei religiösen Zeremonien für die Körperdekoration. Vermischt mit Wasser oder tierischem Fett, werden sie mit Fingern oder Vogelfedern aufgetragen. Als begehrte Waren wurden Ockerfarben früher entlang der Handelswege der Aborigines gegen Bumerangs, Speere oder kultische Gegenstände getauscht. Der Abbau von Ocker ist Aufgabe der Männer. Aborigine-Frauen und -Kindern ist der Zutritt zu den Ockergruben untersagt.

Die Schlucht **Ormiston Gorge** 6 ist ein Schaufenster in die Erdgeschichte. An den Gesteinsschichten lässt sich erkennen, wie das Wasser des Ormiston Creek Ablagerungen von weichem Sandstein und Schieferton fortspülte, bis nur noch die härteren Quarzitkämme stehen blieben. Markierte Wanderwege durch das Naturschutzgebiet beginnen beim Visitor Information Centre am Parkeingang. Wer Zeit und gute Kondition hat, sollte sich für den Ormiston

Pound Walk entscheiden (Rundweg 7 km/4 Std.). Nach einem steilen Aufstieg erreicht der Rundwanderweg, der herrliche Ausblicke auf die Felswände und den ständig Wasser führenden kleinen See eröffnet, das östliche Ende der Schlucht. Auf dem Rückweg durch die Schlucht kann man an verschiedenen Stellen baden. Als Standquartier eignet sich ein schöner Campingplatz in der Nähe des Besucherzentrums.

Bei **Glen Helen** 7 kurz vor dem Ende des Asphaltbands hat der Finke River eine Schlucht mit einer großen Lagune in die Heavitree Range gegraben. Im Glauben der Ureinwohner, in deren Schöpfungsmythos die Glen Helen Gorge einen wichtigen Platz einnimmt, entstieg dem tiefen Wasserloch einst die Regenbogenschlange. Ein Spaziergang führt vom Parkplatz beim Glen Helen Resort zum Ufer des Felsensees, an dem man Vögel beobachten kann. Ein Stückchen weiter ragen die abgebrochenen Quarzitsäulen Organ Pipes auf, die wie riesige Orgelpfeifen wirken. An dem abgeschiedenen Fleckchen tummeln sich Felsen-Wallabies.

Am Mount Sonder Lookout in der Nähe von Glen Helen öffnen sich Täler in eine weite, von Erosionsschutt übersäte Ebene, aus der zwei Gipfel ragen – der Mount Zeil, mit 1531 m der höchste Berg der MacDonnell Ranges, und der 1379 m hohe Mount Sonder, an dessen Fuße der Finke River entspringt. Der meist ausgetrocknete Fluss, durch dessen Bett sich aber hin und wieder gewaltige Hochwasserfluten wälzen, ist die Lebensader des ›Roten Herzens‹.

Einst war der Finke über 1600 km lang, heute jedoch versiegt er schon 700 km von seiner Quelle entfernt am Westrand der Simpson Desert. Man kann sich kaum vorstellen, dass der Finke River gelegentlich zu einem mächtigen Strom anschwillt. Aber Bilder in der Lounge der Glen Helen Lodge dokumentieren die Flutkatastrophe von 1988, als das Wasser vor dem Hoteleingang stand – und das mitten in einer der trockensten Regionen der Welt. Wegen des weißen Sandes betrachten die Aborigines den Finke River, den sie Larapinta nennen, als Spiegelbild der himmlischen Milchstraße.

Glen Helen ist die letzte Oase der ›Zivilisation‹ für diejenigen, die Richtung Westen reisen. Auf dem Weg zur **Redbank Gorge** 8 rüttelt Schotter das Fahrzeug kräftig durch. Für die 5 km lange Zufahrt vom Namatjira Drive zur Schlucht bewährt sich ein Geländewagen. Vom Parkplatz geht es auf dem Redbank Gorge Walk durch das zunächst sandige, später felsige Flussbett des Redbank Creek zur Schlucht, deren Wände sich an manchen Stellen zu einer nur wenige Meter breiten Klamm verengen (hin und zurück 2 km/1,5 Std.). Am Ende der Wanderung wartet ein Naturpool. Unternehmungslustige können die Schlucht auf einer Luftmatratze paddelnd erforschen.

In der Mitte des Flussbettes wachsen Flusseukalypten. Die in Australien River Red Gums genannten Bäume können in der Trockenzone dank eines weit verzweigten Wurzelsystems überleben. Die Wurzeln, die sich flach ausbreiten, nehmen die Bodenfeuchtigkeit nahe der Oberfläche auf, die senkrecht nach unten wachsenden Wurzeln erreichen das Grundwasser. Zugleich verankert das Wurzelgeflecht den Baum fest im Boden und schützt ihn vor den Fluten, die bisweilen durch das Flussbett rauschen.

In winzigen Spalten und Vorsprüngen an den Felswänden haben sich Geistereukalypten festgeklammert. Mit einem Gewirr von Wurzeln finden sie selbst auf steinigem Untergrund Halt und Nährstoffe. Das Woodland Busch-Camp in der Nähe der Schlucht ist Ausgangsort für Erkundungen der Umgebung. Eine Wanderung führt zum Mount Sonder Lookout (hin und zurück 5 km/2,5 Std.). Ein anstrengender Fußmarsch, bei dem jedoch mehr die Hitze als die Höhe zu schaffen macht, hat den Gipfel des Mount Sonder zum Ziel (hin und zurück 16 km/8 Std).

Beim Tiefbrunnen Turkey Bore zweigt vom Namatjira Drive eine Schotterpiste zu den Aborigine-Siedlungen Haasts Bluff und Papunya ab, für deren Besuch man ein *permit* benötigt. Bekannt ist die Papunya Tula Artists Company. Aborigine-Künstler malen mit Acrylfarben in einer Art Pointillismus aus Kreisen, Punkten und Linien Bilder von tiefem Symbolgehalt, die ihren Ursprung in alten Sandmalereien haben. Was westlichen Besuchern als abstrakte Kunst erscheint, ist eine Illustration von Traumzeit-Wanderungen der mythologischen Vorfahren. Bewundern kann man die Gemälde der Papunya Tula Artists in einer Galerie der Kooperative in Alice Springs.

Bei Turkey Bore geht die Route auf Südkurs und schwingt sich hinauf zum 835 m hohen Tylers Pass. Von der Passhöhe bietet sich ein weiter Blick über das mit Spinifex bewachsene Hügelland. Der gezackte, 150 m hohe Ringwall **Gosse Bluff** 9, mit einem Durchmesser von 5 km markiert den Rand eines 140 Mio. Jahren alten Meteoritenkraters. Zu erreichen ist diese Naturattraktion im Zentrum der Tnorala Conservation Reserve auf einer 11 km langen holprigen Stichstraße, die südlich des Tylers Pass abzweigt. Knapp 30 km weiter östlich mündet die Schotterpiste, die nach dem Tylers Pass sandige Passagen und hartes ›Wellblech‹ aufweist, in den Larapinta Drive. Rechts geht es auf der Mereenie Loop Road zum Kings Canyon (s. S. 156ff.), links nach Hermannsburg und zum Palm Valley.

Hermannsburg 10 am Finke River wurde 1877 von deutschen Lutheranern

Hermannsburg wurde 1877 von deutschen Missionaren gegründet

als eine der ersten europäischen Missionsstationen in Zentral-Australien gegründet. Die Pastoren wollten den Ureinwohnern vom Volk der Aranda die landwirtschaftliche Nutzung des Bodens beibringen sowie die christliche Lehre vermitteln. Beiden Vorhaben war nur bescheidener Erfolg vergönnt, allerdings erwarben sich die Missionare, vor allem Karl Strehlow und dessen Sohn Theodore, große Verdienste bei der Erforschung von Leben und Kultur der Aranda.

Die umfangreichen Aufzeichnungen und Fotografien von Theodore Strehlow, der von den Aranda als Stammesmitglied aufgenommen wurde, bildeten den Grundstock für das Strehlow Research Centre in Alice Springs. Seit 1982 wird die Mission unter dem Namen Ntaria von den Aranda selbst verwaltet. Zu dem heute museal gepflegten historischen Komplex gehören ein altes Schulgebäude, in dem junge Aborigines bis 1953 unterrichtet wurden, und eine von mächtigen Ghost Gums umrahmte Kirche. Rostige Arbeitsgeräte erinnern daran, dass die Mission früher Mittelpunkt einer großen Farm war. Eine Galerie zeigt Bilder in der Tradition des Malers Albert Namatjira. Dem berühmtesten Zögling der Missionsstation hat man 12 km östlich von Hermannsburg ein Natursteindenkmal gesetzt.

Das Palm Valley

Nahe der breiten Furt durch den Finke River zweigt einige Kilometer westlich von Hermannsburg die 20 km lange, abschnittsweise sehr raue Zufahrtspiste zum **Palm Valley** 11 ab. Das von den Aranda Mpulungkinya genannte Tal, das zum Finke Gorge National Park gehört, verdankt seinen Namen einer nirgendwo sonst auf der Welt vorkommenden Palmenart. Als botanische Relikte einer längst vergangenen, feuchteren Epoche der Erdgeschichte gedeihen an den *billabongs* des Palm Creek einige tausend der Livistona mariae-Palmen (auch Red Cabbage Palms genannt). Die Fächerpalmen dokumentieren eindrucksvoll die dramatischen Klimaveränderungen, denen das Red Centre in der jüngeren Erdgeschichte ausgesetzt war.

Den 910 m hohen Mount Hermannsburg passierend, folgt der Track zum Palm Valley bis zur Einmündung des Palm Creek dem Bett des Finke River. Für die Ouvertüre zum Naturschauspiel sorgt das ›Amphitheater‹, Kalarranga in der Sprache der Aranda, kurz vor dem Busch-Campingplatz im Naturschutzgebiet. Der Kalarranga Lookout Walk führt zu einem Aussichtspunkt mit herrlichem Blick auf den von roten Sandsteinklippen umrahmten Felsenkessel, einst eine Kult- und Versammlungsstätte der Ureinwohner (Rundweg 1,5 km/45 Min.). Spätestens nach der Abzweigung zum Busch-Camp, etwa 5 km vor dem Palm Valley, muss man in Allradantrieb schalten. Der Geländewagen arbeitet sich durch tiefe Auswaschungen, ächzt über hohe Felsblöcke. Ohne gute Bodenfreiheit hat man hier keine Chance.

Einen Vorgeschmack auf das Palm Valley bietet die tropisch anmutende Cycad Gorge mit Zykadeen. Der Zauber des Palm Valley offenbart sich nur Wanderern. Am Palm Creek entlang führt der Arankaia Walk durch den östlichen Teil des palmenbestandenen Tals. Auf einem Treppenpfad erreicht man den oberen Schluchtrand und kehrt über ein Plateau zum Ausgangspunkt zurück. Unterwegs informieren Schautafeln über Geologie, Fauna und Flora des Naturschutzgebietes (Rundweg 2 km/1 Std.). Tiefer ins Palm Valley eindringen kann

Wanderer im Palm Valley

man auf dem Mpulungkinya Walk (Rundweg 5 km/2 Std.). Der einst durch die Schlucht Glen of Palms verlaufende Track zwischen dem Palm Valley und der Piste durch den Finke Gorge National Park ist mittlerweile für Autos gesperrt, so dass man für die Rückfahrt zum Larapinta Drive den gleichen Track nehmen muss, über den man gekommen ist.

Gut 20 km westlich von Hermannsburg trifft der Larapinta Drive auf die Piste von Glen Helen und Tylers Pass. Hier beginnt die Mereenie Loop Road, die durch Krichauff Range und Gardiner Range zum Watarrka National Park um den Kings Canyon führt. Mit zahlreichen Waschbrettsektionen ist die Gravel Road zwar rau, aber bei Trockenheit auch mit robusten Autos befahrbar. Da der Mereenie Loop altes Stammesgebiet der Aborigines passiert, benötigt man einen Tour Pass, den man für wenige Dollar in Hermannsburg und Glen Helen sowie in der Kings Canyon Lodge erhält. Man darf an der Ringstraße aber nicht campen und sich auch nur an den ausgewiesenen Rastplätzen aufhalten.

Die Rüttelpiste schlängelt sich durch leichtes, mit Wüstenkasuarinen durchsetztes Buschland hinauf zum Katapata Pass. Jenseits der Passhöhe zweigt eine Stichstraße zur Aborigine-Siedlung Areyonga ab, die man nur mit einem *permit* besuchen darf. Südlich der Mereenie Loop Road erstreckt sich das Mereenie Oil and Gas Field, von dem eine Pipeline bis nach Alice Springs reicht. Immer wieder zweigen Versorgungspisten zu den Bohrlöchern ab. Andere schnurgerade verlaufende Tracks dienten einst als ›seismische Linien‹, entlang derer die Gesteinsschichten nach Erdöl abgesucht wurden. Die Mereenie Loop Road verläuft nun in welligem Auf und Ab auf dem 600 m hohen Tafelland Missionary Plain Richtung Südwesten. Ein Aussichtspunkt an der Abbruchkante des Plateaus bietet einen weiten Blick über die Urlandschaft des Watarrka National Park.

Der Kings Canyon

Tipps & Adressen
Kings Canyon S. 338, Kings Creek S. 339

In asphaltierten Serpentinen schwingt sich die Mereenie Loop Road hinab ins Hope Valley, benannt nach dem 853 m hohen Mount Hope am Nordrand des Watarrka National Park. Zentrum des Nationalparks in der Westregion der George Gill Range ist der **Kings Canyon** 12. In Jahrhundertmillionen haben die Naturelemente die größte und mit über 200 m vertikal abfallenden Felswänden eindrucksvollste Schlucht des Red Centre aus dem Sandsteinplateau erodiert.

In den Klammen des Kings Canyon gedeihen die Nachkommen urzeitlicher Pflanzen, die an geschützten Stellen die Austrocknung des Zentrums von Australien überlebten. Zu den 60 Spezies so genannter Reliktpflanzen, die man im Kings Canyon ausgemacht hat, gehören verschiedene Palmfarn- und Bergfeigenarten. Der Kings Creek Walk durch das meist ausgetrocknete Flussbett vermittelt einen guten Eindruck von der Pflanzenwelt (hin und zurück 2,5 km/ 1 Std.). Feuchtigkeit bezieht die üppige Vegetation am Talgrund aus dem Sandstein, der nach Niederschlägen das Wasser wie ein Schwamm speichert.

Ausgerüstet mit Sonnenschutz und genügend Trinkwasser startet man am besten am frühen Morgen zum Kings Canyon Walk, der mit einem steilen Aufstieg zum oberen Rand der Schlucht beginnt. Lookouts bieten spektakuläre Ausblicke auf die senkrecht abstürzende Südwand des Canyon. Die Lost City ist eine Wunderwelt aus geriffelten Sandsteindomen und Natursteinskulpturen, die wie Bienenkörbe erscheinen. Hitze-, Frost- und Regenerosion modellierten die Formenvielfalt in das unterschiedlich harte Sedimentgestein. Der Garden of Eden in einer Nebenschlucht des Kings Canyon präsentiert sich als grüne Oase mit Farnen, Palmen und Zykadeen sowie einem Felsenpool. Holztreppen, die sich an die Felswand klammern, erleichtern den Aufstieg zum südlichen Canyon-Rand. Diesem folgend geht es zurück zum Ausgangspunkt (6 km/ 4 Std.). Man kann die Wanderung auch in Begleitung von Aborigines unternehmen, die aus ihrem Blickwinkel mit dem Naturwunder vertraut machen. Wer der Zivilisation für zwei Tage den Rücken kehren möchte, kann auf dem 22 km langen Giles Track durch den westlichen Teil der George Gill Range vom Kings Canyon zum kleinen Quellsee Kathleen Springs wandern.

Vom Kings Canyon zum Ayers Rock sind es in der Luftlinie 120 km, doch wegen Dünenfelder und des unpassierbaren Salzsees Lake Amadeus mussten die Landvermesser eine Route finden, die diese natürlichen Hindernisse umgeht. Zunächst geht es auf der Ernest Giles Road 103 km nach Südosten, dann auf der Luritja Road 67 km nach Süden und schließlich auf dem Lasseter Highway wieder 137 km nach Westen – zusammen 307 km auf mittlerweile durchgehend asphaltierten Landstraßen – für australische Verhältnisse *just round the corner*. Auf der Strecke liegen zwei kleine Outback-Siedlungen – **Kings Creek** 13, wo man Helikopterflüge über den Kings Canyon und Kamelsafaris buchen kann, sowie **Curtin Springs** 14, eine große *cattle station* mit Roadhouse.

Auf dem Lasseter Highway, benannt nach dem Abenteurer Harold Lasseter, der Anfang der 30er Jahre des 20. Jh. bei der Suche nach einer Goldader in

Die steile Abbruchkante des Kings Canyon

Den Aborigines gilt der Ayers Rock, den sie Uluru nennen, als heilige Stätte

den Petermann Ranges ums Leben kam (vgl. S. 160f.), geht es nach Curtin Springs. Unerwartet ragt ein gewaltiger 290 m hoher Tafelberg empor – nicht der Ayers Rock, sondern der Mount Conner, ein eckigerer, jedoch kaum weniger gewichtiger Felsbrocken in dem sonst brettebenen Landstrich. Ein schöner Blick auf den 3 km langen und 1200 m breiten Koloss bietet sich von einem Aussichtspunkt am Lasseter Highway.

Uluru und Kata Tjuta

Tipps & Adressen
Yulara S. 358

In Sichtweite des Ayers Rock taucht aus einem mit Spinifex-Gras bewachsenen roten Dünenfeld die Touristenstadt **Yulara** 15 auf, auch Ayers Rock Resort genannt. Um größere Umweltschäden zu vermeiden, hat man Anfang der 80er Jahre des 20. Jh. alle Unterkünfte aus dem Uluru- Kata Tjuta National Park verlegt und für die jährlich 300 000 Besucher den Ferienkomplex am Rande des Naturschutzgebietes errichtet, der sich harmonisch in die Wüstensteppe einfügt.

Yulara (Platz des heulenden Dingos) ist ein touristischer Mikrokosmos, der neben Hotels aller Preisklassen und Campingplätzen für 5000 Gäste Restaurants, Banken, Postämter und Reisebüros sowie ein Krankenhaus und eine Polizeistation umfasst. Während der Hauptsaison zwischen April und Oktober schwillt der Ort zur viertgrößten Stadt des Northern Territory an. Ein ›Muss‹ ist ein Besuch des Visitor Information Centre, in dem eine Ausstellung und audio-visuelle Schauen über die geologische Entwicklung sowie Fauna und Flora der Region um den Ayers Rock und die Olgas unterrichten.

Ganz gleich, ob man ihn zuerst vom Flugzeug oder vom Auto erblickt, der **Uluru** 16, der heilige Berg der Aborigines, gehört zu den eindrucksvollsten Naturattraktionen des Fünften Kontinents. Der Berg ragt wie ein riesiger Elefantenrücken 348 m aus dem flachen Nichts auf. Schon der Landvermesser William Gosse, der am 17. 7. 1873 als erster Weißer den Uluru erreichte, nannte ihn ›das größte Naturwunder‹,

das er je erblickt habe. Zu Ehren des damaligen Premierministers von South Australia, Sir Henry Ayers, gab er dem Felsklotz seinen heute noch weithin gebräuchlichen Namen. Bereits ein Jahr zuvor hatte eine Expedition unter Leitung von Ernest Giles die Region erkundet, den Uluru aber links liegen gelassen. Eine nahe gelegene Ansammlung gigantischer, durch enge Schluchten voneinander getrennter Felskuppeln hatte Giles' Interesse erregt. Da er einer württembergischen Königin offenbar näher stand als australischen Ministern, taufte er seine ›Entdeckung‹ The Olgas. Treffender bezeichneten die Anangu-Aborigines in ihrer Sprache die Buckel als **Kata Tjuta** 17 – viele Köpfe.

Bei den Felsmassiven von Kata Tjuta und Uluru, deren Kerne vor 600 bis 700 Mio. Jahren entstanden, handelt es sich um Sedimentblöcke aus Arkose-Sandstein. Aufgrund eingelagerter Feldspat- und Quarzpartikel hielten sie der Verwitterung von Jahrmillionen gut stand. Tektonische Kräfte bewirkten, dass sich dort, wo heute der Uluru aufragt, waagerechte Gesteinsschichten

Lasseters Traum
Australiens berühmtester Goldsucher

Auf dem Alice Springs Memorial Cemetery fanden zahlreiche Pioniere und Persönlichkeiten von Zentral-Australien ihre letzte Ruhestätte. Dort blickt auch ein aus rotem Sandstein gemeißelter Goldgräber mit Rauschebart und wallendem Haar in die endlose Weite des Outback. Errichtet wurde der Gedenkstein zu Ehren von Harold Lasseter, Australiens berühmtestem Goldsucher, der zeitlebens behauptete, er habe eine sagenhaft reiche Goldader entdeckt, der aber als bettelarmer Mann im Busch ums Leben kam.

Man schrieb das Jahr 1907, als Harold Lasseter, damals 17 Jahre alt, auf der Suche nach Rubinen allein die Bergwelt der West MacDonnell Ranges durchstreifte. Als er nicht fündig wurde, beschloss er, quer durch die Great Victoria Desert zu den Goldfeldern von Western Australia zu ziehen. Er verirrte sich jedoch in der menschenleeren Wildnis. Seine beiden Pferde verendeten und die Lebensmittel- und Trinkwasservorräte gingen zur Neige. Auf der Suche nach einer Quelle stieß er auf ein goldhaltiges Quarzitriff, das sich weit zu erstrecken schien. Im Delirium schleppte sich Lasseter noch einige Meilen weiter, bevor er zusammenbrach. Wie durch ein Wunder entdeckte ihn der Landvermesser John Harding.

Gemeinsam mit seinem Retter machte sich Harold Lasseter auf die Suche nach der Goldader, die sie tatsächlich fanden. Der Landvermesser bestimmte die geografische Lage des Riffs. Zurück in der Zivilisation mussten sie jedoch feststellen, dass ihre Berechnungen und Aufzeichnungen nicht stimmen konnten.

Noch gezeichnet von den Strapazen der vorangegangenen Expeditionen, fehlte Lasseter die Kraft, ein drittes Mal zu seinem sagenhaften Goldriff aufzubrechen. Als man jedoch in den 20er Jahren des 20. Jh. in verschiedenen Outback-Regionen auf das Edelmetall stieß, entflammte auch in Lasseter erneut das Goldfieber. Zusammen mit einem Konsortium finanzkräftiger Geschäftsleute gründete er 1930 die Central Australian Gold Exploration Company, deren Ziel es war, Lasseter's Gold Reef erneut aufzuspüren. Zwar bestanden Zweifel an Lasseters vagen Angaben, doch diese zählten wenig in einer Zeit, als Australien von der Weltwirtschaftskrise erfasst wurde.

Mit einem eigens für ihre Zwecke konstruierten Geländewagen, einem weiteren Lastwagen und einem kleinen Flugzeug brach am 21. 7. 1930 ein sechsköpfiges Team in Alice Springs auf. Obwohl die Expedition das bis dahin am besten ausgerüstete Unternehmen in der Geschichte der Erforschung australischer Bodenschätze war, stand sie von Anfang an unter keinem guten Stern. So ging das Leichtflugzeug schon beim Start zum zweiten Erkundungsflug zu Bruch. Wenig später blieben die Fahrzeuge im Wüstensand stecken. Nach mehreren Wochen erfolgloser Suche in der Wildnis, begannen Lasseters Gefährten an der Geschichte des Expeditionsleiters zu zweifeln und beschlossen, nach Alice Springs zurückzukehren. Trotzig zog Lasseter mit zwei Kamelen und einfacher Ausrüstung allein weiter.

Das Ende des Dramas ist nur bruchstückhaft aus Tagebuchnotizen des Abenteurers und aus Berichten von Aborigines bekannt. Angeblich fand Lasseter in den sonnenverglühten Petermann Ranges sein Goldriff wieder, entlang dessen er auch einen Claim absteckte. Doch das Glück war ihm auch dieses Mal nicht hold. Auf dem Rückweg entliefen ihm die Kamele, die mit Vorräten und Wasser beladen waren. Geschwächt von Ruhr, suchte Lasseter Zuflucht in einer Höhle nahe der heutigen Aborigine-Gemeinde Docker River. 25 Tage lang campierte er dort, bevor er sich, unterstützt von Pitjantjatjara-Ureinwohnern, aber mit nur knapp 2 l Wasser zu Fuß auf den Weg zu den 140 km östlich gelegenen Olgas machte. Dort, so hoffte er, würde er auf einen Rettungstrupp stoßen. Doch Lasseter kam nur 55 km weit. Ende Januar 1931 starb er am Irving Creek in den Pottoyu Hills, wo eine Suchmannschaft seine Leiche fand.

War Harold Lasseter, nach dem die Zufahrtsstraße zum Uluru-Kata Tjuta National Park und das Spielkasino von Alice Springs benannt sind, nur ein Fantast oder steckte mehr hinter seiner Geschichte? Dieser Frage gingen bislang rund zwei Dutzend Expeditionen nach, die auf den Spuren des glücklosen Goldsuchers in die Wildnis zogen, aber die geheimnisumwitterte Goldader nicht fanden. Lasseter's Lost Gold Reef harrt heute noch der Entdeckung.

senkrecht stellten. Ähnlich einem Eisberg, zeigt der Uluru Betrachtern nur die Spitze. Der Felsstock, zu dem er gehört, reicht als Monolith vermutlich 2000 bis 3000 m tief in die Erde.

Wind und Wasser, Hitze und Kälte zerschnitten den einst zusammenhängenden Sandsteinblock der Olgas, schliffen die Ecken rund und formten die heutigen Kuppen und Dome. Von nahem wirken die Kata Tjuta und der Uluru längst nicht so ebenmäßig wie aus der Ferne. Bei beiden Felsgebilden hat die Verwitterung eine faszinierende Formenvielfalt hervorgerufen. Charakteristisch ist eine Erosionsform, die man als Abschuppung bezeichnet – extreme Temperaturgegensätze zwischen Tag und Nacht bewirken, dass sich die Oberflächenschichten ausdehnen und zusammenziehen, um schließlich wie Zwiebelhäute abzublättern. Dadurch entstehen Risse und Spalten, in die Wasser eindringen kann, was nach und nach zum Abbrechen großer Steinportionen führt. So entstanden Gebilde wie der ›Schädel‹ an der nördlichen Seite des Uluru.

Ein Abstecher zum Ayers Rock gehört Pflichtprogramm aller Australien-Besucher. Von der Bedeutung des Uluru und der Kata Tjuta für die Aborigines wissen jedoch nur die wenigsten Reisenden. Über den ganzen Kontinent verstreute Traumplätze, an denen sie ihre religiösen Zeremonien abhielten, waren die heiligen Stätten der Ureinwohner. Als wichtiges Heiligtum gilt seit alters her der Uluru. Dort laufen die Traumzeitpfade der mythologischen Schöpferwesen zusammen, die nach der Erschaffung der Welt und des Lebens selbst in die Erde eingingen. Jedem Teil des Uluru schreiben die Anangu-Aborigines eine religiöse Bedeutung zu. So entstand nach ihrem Glauben das Wasserloch Mutitjulu, als sich eine Felsenmulde mit dem Blut der Riesenschlange Kuniya füllte, die seither in dem heiligen Ort lebt. Auch jeder Stein der Kata Tjuta, die 35 km westlich des Uluru wie schlafende Saurier in eine weite Ebene gebettet sind, symbolisiert ein Schöpferwesen aus der Traumzeit.

Bei Führungen von Aborigines geraten Wanderungen zu faszinierenden Ausflügen in die sonst so ferne Menschheitsgeschichte, die hier noch immer lebendig ist. Eindrucksvoll ist die Rundwanderung Uluru Circuit Walk, bei der Schautafeln Geschichten aus der Traumzeit erläutern und mit der mythologischen Bedeutung des Berges für die Ureinwohner vertraut machen (9,5 km/ 4 Std.). Wanderer sollten nicht vergessen, dass für die Ureinwohner besonders bedeutungsvolle Plätze, die mit dem Hinweisschild ›Aboriginal Sacred Site‹ markiert sind, weder betreten noch fotografiert werden dürfen. Die bei der Wanderung gewonnenen Eindrücke lassen sich im Uluru-Kata Tjuta Cultural Centre vertiefen.

Die für zahlreiche Besucher obligatorische Besteigung des Uluru wird von den Anangus toleriert. Sie sehen es aber nicht gern, dass ihr Heiligtum zu einem touristischen Kletterziel geworden ist. Zudem sieht der Aufstieg von unten wesentlich leichter aus, als er tatsächlich ist. Obwohl der steile und streckenweise sehr glatte Pfad durch eine Kette gesichert ist, verunglücken immer wieder Touristen. Gedenktafeln am Fuße des Berges erinnern an die Opfer.

Der schönste Wanderweg im Felskuppelmassiv der Kata Tjuta windet sich über den Domes Lookout zum Valley of the Winds (Rundweg 8 km/4 Std.). Ein anderer Pfad führt in die tief eingeschnittene, Feuchtigkeit speichernde Olga Gorge (hin und zurück 2 km/1 Std.).

Mehr noch als die Kata Tjuta fesselt der rote Felsbuckel des Uluru durch Farbenspiele, die von Witterung und Sonnenstand abhängig sind. Die Farbpalette reicht von Karmesinrot beim ersten Morgenlicht über Gelb in der Mittagszeit bis zu Feuerrot bei Sonnenuntergang, das langsam in Purpur übergeht. Schieben sich tagsüber Wolken vor die Sonne, nimmt das Gestein eine Braunfärbung an. Bei Regen bekommt der Uluru eine stahlblaue Farbe, die dann in Silber wechselt, wenn über seine Flanken schäumende Katarakte herabstürzen. Jeden Tag finden sich ab den späten Nachmittagsstunden in der Sunset Viewing Area zwischen Yulara und dem Uluru zahlreiche Touristen ein, um dieses Schauspiel zu verfolgen.

Wegen der religiösen Bedeutung des Uluru für die Anangu hat die Bundesregierung in Canberra 1985 das Eigentumsrecht der Aborigines bestätigt und ihnen in einer offiziellen Zeremonie ihren heiligen Monolithen zurückgegeben. Seitdem wirken die traditionellen Hüter des Berges bei der Verwaltung des Uluru-Kata Tjuta National Park mit. Obwohl nicht wenige weiße Australier gegen diese Entscheidung Sturm liefen, geriet der Übergabeakt zu einem Symbol für die Aussöhnung von Ureinwohnern und den späteren Einwanderern. 1987 wurde der Uluru-Kata Tjuta National Park von der UNESCO zum Erbe der Menschheit erklärt.

Durch den Finke Gorge National Park

Reisende in Eile wählen für die Rückfahrt nach Alice Springs den Lasseter Highway und den Stuart Highway, zwei asphaltierte Wüstenstraßen, die mit knapp 450 km die kürzeste Verbindung zur ›Hauptstadt‹ des Red Centre herstel-

Abendstimmung im Finke Gorge National Park

len. Unterwegs lohnt sich ein Abstecher zur Henbury Meteorites Conservation Reserve (vgl. S. 140). Eine abenteuerliche Alternative ist die Fahrt durch den Finke Gorge National Park. Diese Rückfahrtvariante nimmt auch bei günstigen Witterungsbedingungen mindestens einen Tag in Anspruch. Will man die Tour genießen, für die ein Geländewagen und etwas Fahrpraxis in schwierigem Terrain erforderlich sind, sollte man zwei oder drei Tage einplanen.

Zunächst geht es auf dem Lasseter Highway und der Luritja Road zurück zur Ernest Giles Road, die Richtung Westen, trassiert und geteert, zum Kings Canyon führt. Nach Osten, Richtung Stuart Highway, ist die Ernest Giles Road ein Outback-Track mit ›Wellblech‹ und sandigen Passagen. Immer wieder kreuzt er rote, mit Wüstenkasuarinen bewachsene Sanddünen. Der ›Einstieg‹ in die Piste, die durch den Finke Gorge National Park zum Larapinta Drive führt, erfolgt nach 38 km an einem unscheinbaren in die Fahrbahn eingelassenen Gitterrost *(cattle grid)*, der Rinder am Überqueren hindern soll. Der anfangs nicht ausgeschilderte Weg führt Richtung Norden und wird schon bald zu einem anspruchsvollen Allrad-Track.

Die erste Herausforderung heißt Palmer River, dessen 1 km breites Trockenbett man nach 3 km erreicht. Sollte der Fluss Wasser führen, muss man bereits hier den Rückwärtsweg antreten. Der Flusssand ist tief und schwer, doch im zweiten Gang mit zugeschalteter Unter-

Kamelsafari im Finke Gorge National Park

setzung L4 des Allradgetriebes wühlt sich der Geländewagen durch das weiche Hindernis. Mit viel Schwung gilt es dann eine hohe Sanddüne zu meistern. Danach wird die Piste zahmer und führt nun gut ausgebaut parallel zu Sanddünen Richtung Nordosten zur 34 km entfernten **Illamurta Springs Conservation Reserve** 18. Auf dem Weg dorthin passiert man die Aborigine-Siedlung Ilpurla. Vom Parkplatz im Naturschutzgebiet erreicht man nach einem kurzen Spaziergang die Ruinen der Illamurta Springs Police Station, von der aus vor langer Zeit Polizisten in dem einstigen Viehzuchtgebiet für Recht und Ordnung sorgten. Hinter den pittoresk verfallenen Gebäuden versteckt sich ein von Schilf überwucherter Quelltümpel.

Man muss wieder 8 km zur Hauptpiste zurückfahren, die nun zusehends schmaler und rauer wird. Immer wieder erschweren Spurenbündel, die ins Nirgendwo abzweigen, und fehlende Hinweisschilder die Orientierung. Bei einem aufgegebenen Viehpferch *(stock yard)* trifft der Track auf den Finke River, den es wenig später auf einer steinigen Furt zu durchqueren gilt. Im Kriechgang geht es über glatt geschliffene Felsbrocken. Die Passage erfordert so viel Konzentration, dass kaum Zeit bleibt für einen Blick auf die Flusseukalypten, die das Ufer säumen. Obwohl der Finke meist ausgetrocknet ist, bleibt im Untergrund stets eine feuchte Erdschicht erhalten, so dass tief wurzelnde Bäume und Sträucher an den Ufern auch lange Trockenzeiten überdauern können. Daher nennen die Aborigines den Finke auch Larapinta – ewiges Wasser. Am jenseitigen Ufer befindet sich am Fuße einer steil aufragenden Felswand ein schönes Busch-Camp.

Sich nach der Furt rechts haltend, gelangt man nach einigen Kilometern zu einem Gatter, das den südlichen Zugang zum **Finke Gorge National Park** 19 markiert. Im weiteren Verlauf sind Savanne und Buschland durchsetzt mit River Red Gums. Immer wieder müssen an sandigen oder steinigen Furten ausgetrocknete Fluss- oder Bachbetten durchquert werden. Wellblechpassagen und Sandfelder wechseln sich ab. Nicht immer ist die Streckenführung klar zu

erkennen – kurzum, die Piste fällt in die Kategorie ›Allrad-Abenteuer‹.

Boggy Hole [20] mit einem malerischen Campingplatz, allerdings ohne sanitäre Einrichtungen, ist der ideale Ort, um das Nachtlager aufzuschlagen. Hier weitet sich der Finke River zu einem ganzjährig Wasser führenden *billabong*, in dem man schwimmen kann. Für die Aborigines ist der schmale, lang gezogene See ein heiliger Ort. In ihrem Schöpfungsmythos wurde Allitere, wie sie das *billabong* nennen, von einer riesigen Traumzeit-Schlange geschaffen. Etwa 10 km nördlich von Boggy Hole mündet der Ellery Creek in den Finke River. Dort zweigte einst eine schwierige Allradpiste durch die Glen of Palms zum Palm Valley ab. Schwere Überschwemmungen haben sie jedoch unbefahrbar gemacht. Wenige Kilometer nördlich der Nationalparkgrenze trifft der Finke Gorge Track östlich von Hermannsburg auf den Larapinta Drive.

Schluchten und Geisterstädte
Von Alice Springs in die Eastern MacDonnells

Tipps & Adressen
Alice Springs S. 310, Ross River Homestead S. 352, Arltunga S. 314, Gemtree S. 332

Zu Unrecht lassen die meisten Australien-Besucher die östlichen MacDonnells links liegen. Zwar sind die Schluchten und Klammen weniger spektakulär als jene der West MacDonnell Ranges, doch kann man östlich von Alice Springs die Outback-Landschaft in Ruhe genießen. Da der Ross Highway bis zur Ross River Homestead asphaltiert ist und sich auch die Schotterstraße zur Arltunga Historical Reserve bei Trockenheit in passablem Zustand befindet, liegen die meisten Naturattraktionen der Eastern MacDonnells auch in Reichweite von Autofahrern. Einen Geländewagen mit Allradantrieb benötigt man jedoch unbedingt für die ›Knüppelpisten‹ zur N'Dhala Gorge und zur Ruby Gap. Nach Regenfällen sind die teils sehr rauen Zufahrten zu den Schluchten unpassierbar. Nur mit einem Geländewagen sollte man sich auch auf den holprigen Arltunga Tourist Drive zwischen dem verlassenen Goldrausch-Nest Arltunga und dem Stuart Highway wagen.

Die Gegend bis zur Ross River Homestead lässt sich im Rahmen eines Tagesausflugs von Alice Springs erkunden. Für die Rundfahrt, die zwischen April und Oktober am schönsten ist, sollte man mit Abstechern zur N'Dhala Gorge und zur Ruby Gap mindestens drei Tage ansetzen. Tanken kann man in der Ross

Von Alice Springs in die Eastern MacDonnells

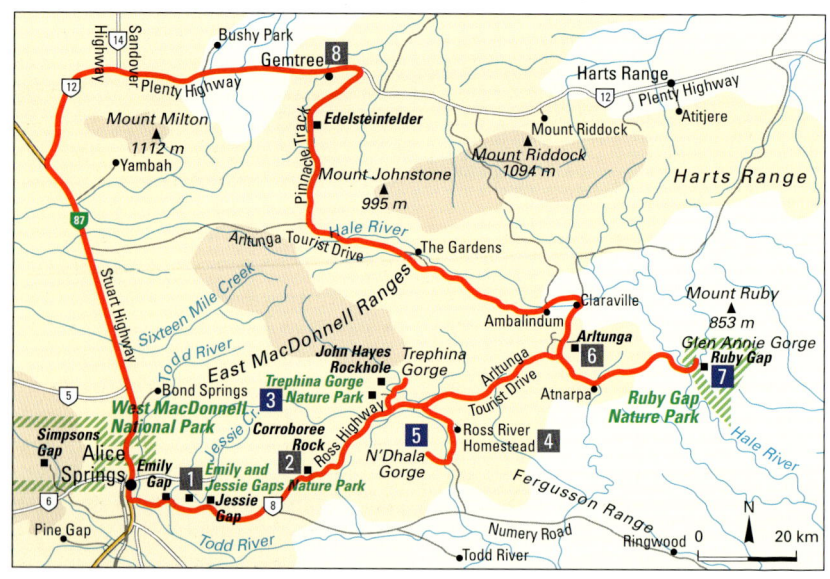

River Homestead und beim Gemtree Caravan Park am Plenty Highway.

Gut 10 km östlich von Alice Springs erstreckt sich am Ross Highway der **Emily and Jessie Gaps Nature Park** 1. Die beiden 7 km voneinander entfernten Flussdurchbrüche im zerklüfteten Gebirgskamm spielen in der Schöpfungsgeschichte der Arrernte-Aborigines eine bedeutende Rolle. Sie liegen auf dem Traumpfad der mythologischen Raupe Yipirinya, die auf ihrem Weg zur Simpson Desert die tiefen Schluchten schuf. Felsenbilder der Ureinwohner jeweils an der Ostseite von Emily Gap und Jessie Gap stellen den Raupen-Traum *(caterpillar dreaming)* dar. Da in den schattigen Schluchten das Regenwasser nur langsam verdunstet, das sich in tiefen Tümpeln sammelt, sind die Felsengalerien oft nur schwimmend oder mit einem Boot zu erreichen.

Nach der Abzweigung zu den *cattle stations* Todd River, Ringwood und Numery am Rande der Simpson Desert sticht aus dem Rot der Eastern MacDonnell Ranges der aus dunkelgrauem Dolomit bestehende **Corroboree Rock** 2 heraus. An diesem Heiligtum der Ureinwohner wurden einst männliche Jugendliche von Stammesältesten im Rahmen von Initiationszeremonien in die mythischen Geheimnisse der Gemeinschaft eingeweiht. In einer Höhle im Felsmassiv lagerten die Aborigines früher kultische Gegenstände. Die 40 bis 50 cm langen Platten aus Stein oder Hartholz, in welche die Traumzeit-Pfade der Ahnen eingeritzt sind, galten als eine Art persönliche Abstammungsurkunde. Um das Massiv führt ein Wanderpfad (1 km/20 Min.).

Der **Trephina Gorge Nature Park** 3 besteht aus der weiten, sandigen, von rostfarbenen Quarzitklippen flankierten Trephina Gorge und dem John Hayes Rock Hole, einer Kette von Naturpools in einer schmalen, tief eingeschnittenen Felsenklamm. Auf einer einstündigen Wanderung kann man während der Trockenzeit, wenn der Fluss bis auf wenige Wasserlöcher versickert ist, den Canyon des Trephina Creek mit River Red Gums und zahlreichen Felsen-Wallabies erkunden. Wer gut zu Fuß ist, kann vom Campingplatz an der Trephina Gorge auf dem Ridge Top Walk, einem der schönsten Wanderpfade des Red Centre, zum John Hayes Rock Hole laufen. Wegen des felsigen Terrains braucht man für die 10 km etwa fünf Stunden. Sonnenschutz und genügend Trinkwasser nicht vergessen! Als Ausgangspunkt empfiehlt sich die Trephina Gorge, da der Aufstieg vom John Hayes Rock Hole zum Gebirgskamm sehr steil ist. Reist man mit zwei Fahrzeugen, kann man einen Wagen für die Rückfahrt beim Rock Hole Campground parken. Der teilweise durch den John Hayes Creek führende Track dorthin ist oft nur mit einem Geländewagen zu befahren.

Ein ideales Standquartier für Erkundungen der East MacDonnell Ranges ist die **Ross River Homestead** 4, eine ehemalige Rinderfarm mit Touristenunterkünften in Blockhütten und einem Campingplatz. Im 100 Jahre alten Farmhaus, das aus dem Holz von Flusseukalypten erbaut wurde, berichten Fotos und Erinnerungsstücke von der ›guten alten Zeit‹. Für Kurzweil sorgen Ausritte auf Pferden oder Kamelen sowie Unterricht im Bumerangwerfen und Peitschenschwingen.

Tiefsandige Flussbetten, die es zu queren gilt, machen die 11 km lange Zufahrt zur **N'Dhala Gorge** 5 zu einer nicht ganz einfachen Allradpiste. ›4 WD only, to winch is expensive!‹ – ein Warnschild am Track macht auf die hohen Bergungskosten stecken gebliebener

Emily Gap in den Eastern MacDonnells

Fahrzeuge aufmerksam. Die Schlucht ist nicht nur landschaftlich sehr reizvoll. Hier finden sich an Dutzenden von Felswänden annähernd 6000 zwischen 2000 und 10 000 Jahre alte Ritzzeichnungen und Gravuren der Ureinwohner. Ein markierter Wanderpfad führt zu einigen Open-Air-Galerien im nördlichen Teil der Schlucht (hin und zurück 1,5 km/ 1 Std.). Text- und Bildtafeln erläutern die Bedeutung der Petroglyphen, die meist Traumzeit-Legenden erzählen. Als Knotenpunkt, an dem sich Traumzeit-Pfade treffen, ist die Schlucht in die Schöpfungsgeschichte der Arrernte eingewoben. Auch die Entstehung dieses Felsdurchbruchs schreiben die Aborigines der mythologischen Raupe Yipirinya zu. Auf dem einsam gelegenen Busch-Camp am Schluchteingang kann man eine ruhige Nacht im Outback verbringen.

Knapp 10 km westlich der Ross River Homestead beginnt die kurvenreiche Schotterstraße Arltunga Tourist Drive, die nur bei Trockenheit für Autos geeignet ist. Im Rhythmus der Windungen bietet die Berglandschaft der östlichen MacDonnells abwechslungsreiche Panoramen. Aus dem Nichts tauchen Ruinen und verrostete Schürfanlagen der Geisterstadt **Arltunga** 6 auf. In den 80er Jahren des 19. Jh. lockte ein Goldrausch Glücksritter in die wasserlose Felslandschaft weitab jeglicher Zivilisation. Als die Goldadern versiegt waren, kam bereits 1912 das Aus für die Siedlung, deren Überbleibsel heute unter Denkmalschutz stehen. Mit dem Wagen oder zu Fuß gelangt man vom Visitor Centre, in dem eine Ausstellung über den Goldrausch informiert, zu historischen Gebäuden. Am besten überstanden hat die Zeitenläufte die alte Polizeiwache. Ausgerüstet mit einer starken Taschenlampe können Wagemutige auf eigene Faust aufgelassene Minenschächte erforschen und nach der Untertagetour im Arltunga Bush Hotel, das mit dem Slogan ›The Pub in the Scrub‹ wirbt, ein kaltes Bier genießen.

Edelsteine, die man zunächst für Rubine hielt, die sich später aber als weit weniger wertvolle Granate entpuppten, sorgten 1886 am Hale River gut 40 km östlich von Arltunga für Wirbel. Alles, was von dem ›Rubinrausch‹ erhalten blieb, ist der Name der Fundstelle, eine Schlucht am östlichen Ende der MacDonnell Ranges. Zur **Ruby Gap 7** führt ein beschwerlicher Weg, für den man ein hochbeiniges Allradfahrzeug benötigt. Lohn der mühevollen Anfahrt sind mehrere natürliche Felsenpools.

Markierte Wanderwege gibt es im Ruby Gap Nature Park nicht. Unproblematisch ist die kurze Wanderung zur Glen Annie Gorge am meist ausgetrockneten Hale River entlang, an dessen Ufer man auch campen kann. Nach heftigen Regenfällen kann es im Hale River zu Springfluten *(flash floods)* kommen. Deshalb sollte man sein Zelt nie im Flussbett aufschlagen und den Park bei Regen sofort verlassen. Das Treibgut, das sich meterhoch über dem Boden im Geäst von Flusseukalypten verfängt, erinnert an die Hochwasserfluten, die sich von Zeit zu Zeit durch das Bett des Hale River wälzen. Aus Sicherheitsgründen muss man sich vor der Fahrt zur Ruby Gap beim Ranger, der sein Büro im Visitor Centre in Arltunga hat, ab- und später auch wieder zurückmelden. Dort erhält man auch Informationen zum Pistenzustand.

Eine Alternative für die Rückfahrt zum asphaltierten Ross Highway ist der raue, abschnittsweise durch eine wilde Bergwelt verlaufende Arltunga Tourist Drive, der über die Rinderfarmen Claraville, Ambalindum und The Gardens den Stuart Highway erreicht. Gut 20 km westlich von The Gardens zweigt der Pinnacle Track gen Norden ab. Er führt über die Edelsteinfelder der Harts Range, auf denen Touristen mit einem *permit* (erhältlich beim Fremdenverkehrsamt in Alice Springs) die Abraumhalden nach Preziosen durchwühlen dürfen, zum Plenty Highway (vgl. S. 258ff.). Touren, bei denen man unter professioneller Anleitung auf Schatzsuche gehen kann, bietet das Management des **Gemtree Caravan Park 8**. Von dort sind es nur noch 64 km auf dem einspurig asphaltierten Plenty Highway zum Stuart Highway, auf dem man in einer guten halben Stunde Alice Springs erreicht.

Ein starkes Stück Outback
Simpson Desert Loop

Tipps & Adressen
Alice Springs S. 310, Dalhousie Springs S. 327, Old Andado S. 346

Gesteinsrippen abgetragener Gebirge, Skulpturen aus Sand und Stein, rote Dünen mit tiefen Tälern sowie schier endlose Sandfelder und Steinwüsten – keine Frage, der Simpson Desert Loop gilt als eine der schönsten Allradrouten des Red Centre. Der Reiz dieser Strecke liegt in der Kombination aus wilder Natur und historischen Spuren. Obwohl vor allem im ersten Abschnitt entlang der aufgelassenen Trasse der Old Ghan Railway Line sehr rau und einsam, ist der Wüstentrack mit Umsicht und bei Trockenheit durchaus auch von Outback-Neulingen zu bewältigen, allerdings nur mit einem zuverlässigen Geländewagen. Große Vorsicht ist an unübersichtlichen Dünenkuppen und gefährlich tiefen Bulldust-Staublöchern angebracht.

Für die hochkarätige Outback-Tour sollte man drei Tage einplanen, mit Ab-

Simpson Desert Loop

stechern nach Mount Dare und zu den Dalhousie Springs vier bis fünf Tage. Am angenehmsten reist man in den ›kühlen‹ Monaten zwischen April und Oktober. Möglichkeiten, den Tank zu füllen, gibt es nur bei den Viehfarmen Maryvale und Mount Dare sowie in den Aborigine-Gemeinden Finke und Santa Teresa. Für einen Besuch der heißen Quellen von Dalhousie im Witjira National Park ist ein Desert Parks Pass oder ein Tages-*Permit* erforderlich, beides erhältlich in der Ranger Station in Dalhousie. Die weiteste Entfernung ohne Tankstelle beträgt 350 km. Motelähnliche Unterkünfte gibt es in Mount Dare und Old Andado, ansonsten nur (Busch-) Campingplätze.

Das Ende der geteerten Zivilisation beginnt in der Nähe des Flughafens von Alice Springs. Dort zweigt die Old South Road schnurgerade Richtung Süden ab. Die nächsten rund 1000 km hat man nur noch Sand, Staub und Schotter unter den Rädern. Die breite, hier noch gut gepflegte *gravel road* diente einst als Versorgungspiste für die erste Eisenbahnlinie durch das Zentrum von Australien, die Alice Springs 1929 erreichte. Nach Fertigstellung einer neuen, wetterfesten Trasse, die 200 km weiter westlich verläuft, wurde der alte, immer wieder von Überflutungen beschädigte Schienenstrang 1980 stillgelegt. Eine erste Reminiszenz an die Ghan Railway Line, so benannt nach den Kameltreibern, die vor Fertigstellung der transkontinentalen Eisenbahnlinie mit Karawanen die Versorgung der Outback-Bewohner aufrecht erhielten, ist die **Ewaninga Railway Siding** ❶ bei Kilometerstein 22. Am Bahnhof hielt der Old Ghan am 26. 11. 1980 zum letzten Mal. Die restaurierte Barracke Fettlers Cottage diente als Unterkunft für die Arbeiter, welche die Schmalspurbahn in Stand hielten.

In der **Ewaninga Rock Carvings Conservation Reserve** ❷ 4 km weiter südlich haben Arrernte-Aborigines in einem Sandsteinmassiv jahrtausendealte Petroglyphen hinterlassen. Ein halbstündiger Rundweg führt zu den Felsgalerien, in denen vielfach Tierspuren dargestellt sind. Bei den meisten der teils schon stark verwitterten Ritzungen handelt es sich jedoch um ›abstrakte‹ Motive, deren Bedeutung allein initiierten Stammesmitgliedern bekannt ist.

Tief eingegraben in roten Sand und über Dünenriegel, deren Auffahrten mit Lehm- und Schotterschichten befestigt sind, verläuft die Piste im Schatten der gezackten Ooraminna Range. Abseits des Track zeugen die Ruinen der alten Rinderfarmen Polhill und Ooraminna von dem vergeblichen Versuch weißer Siedler, dem unwirtlichen Land einen Lebensunterhalt abzutrotzen. Gut 60 km südlich von Alice Springs markieren zwei Wassertanks eine Weggabelung – links geht es auf einer Privatstraße zur Allambi Cattle Station, rechts zur Maryvale Station und zum Chambers Pillar. Weitere 12 km südlich verbindet die für riesige *road trains* zum Abtransport von Vieh angelegte Schotterstraße Hugh River Stock Route die Old South Road mit dem gut 70 km weiter westlich verlaufenden Stuart Highway. Wenig später glitzern im endlosen Nichts die Dächer des verfallenen Bahnhofs **Rodinga** ❸ im Sonnenlicht. Von hier führt die alte Ghan-Trasse Richtung Süden weiter. Ihr gleich zu folgen, hieße jedoch am Chambers Pillar vorbeizufahren.

Die Stichstraße zu der Felsnadel zweigt bei der Outback-Siedlung **Maryvale** ❹ ab. Besucher sind in der nahen Titjikala Aboriginal Community willkommen, wo man Kunsthandwerk kaufen kann. Ein Wald aus Flusseukalypten kündigt den meist ausgetrockneten

Der 50 m hohe Chambers Pillar diente Forschungsreisenden einst als Orientierungspunkt

Hugh River an, den es an einer Furt zu queren gilt. Für die wegen tiefer Bulldust-Löcher am jenseitigen Ufer schwierige Passage sollte man die Untersetzung L 4 des Allradgetriebes einlegen. Nach dem Hindernis schwingt sich die Holperpiste über einen Bergrücken, hinter dem sich die Landschaft zu einer weiten Ebene öffnet. Dort ragen rotbraune, erodierte Tafelberge empor, die aus der Entfernung wie Trutzburgen wirken. Die letzten 8 km vor dem Chambers Pillar Historical Reserve werden zu einem kleinen Wüstenabenteuer, da die Piste ein gutes Dutzend Dünenriegel kreuzt. Mit etwas Schwung und zugeschaltetem Allradantrieb lassen sich die Sandbarrieren aber gut meistern.

Weithin sichtbar ragt im Zentrum der **Chambers Pillar Historical Reserve** 5 eine 50 m hohe Felssäule aus der Spinifex-Ebene. In Millionen von Jahren haben Wind und Wetter das Gebilde aus dem weichen Sandsteinplateau modelliert. Als erster Weißer erreichte John McDouall Stuart am 6. 4. 1860 die Felssäule und benannte sie nach James Chambers, einem der Mäzene seiner Expedition. Danach diente der Chambers Pillar frühen Forschungsreisenden und Siedlern als Orientierungspunkt. Da manche ihre Initialen in den weichen Sandstein geritzt haben, steht der Fels als historisches Denkmal unter Schutz. Wer den alten Gravuren neue hinzufügt, muss mit einer Buße von 5000 Dollar rechnen.

Auch der Chambers Pillar ist mit der Schöpfungsgeschichte der Aborigines verwoben. Ihrem Glauben zufolge verwandelte sich der Eidechsen-Mann Itirkawara in die Felsskulptur, nachdem ihn sein Klan wegen eines Vergehens gegen die Stammesordnung in die Wüste geschickt hatte. Seine ebenfalls verbannte Frau ruht im etwa 500 m entfernten Castle Hill. Die beste Zeit für kurze Wanderungen ist morgens und abends, wenn die Strahlen der tief stehenden Sonne den Chambers Pillar und die anderen Sandsteinplastiken in ein märchenhaftes Felsentheater verwandeln. Das Busch-Camp im Park ist einer der schönsten Plätze im Outback.

Der Track zum Chambers Pillar ist eine Sackgasse. Es gibt weder einen Weg zum 50 km (Luftlinie) entfernten Stuart Highway im Westen noch eine direkte Verbindung mit der Ghan-Trasse im Osten. Man muss nach Maryvale zurückfahren und von dort 13 km nach Norden, bis man rechts ein Schild ›Four Wheel Drive Only‹ sieht. Weitere Hinweise auf die jenseits der Bahnhofsruine von Rodinga neben und abschnittsweise auf dem alten Bahndamm verlaufende Piste nach Finke gibt es nicht.

Südlich von Rodinga führt die Route durch die roten Längsdünen des Red Centre, die von Nord nach Süd ausgerichtet sind – eine Folge der stets gleichen Windrichtung prähistorischer Zeiten. Gespickt sind die Sandriegel mit Spinifex-Gras, Mulga-Büschen und Wüsteneichen. Biologisch ist die Desert Oak nicht verwandt mit der mitteleuropäischen Eiche. Seinen Namen erhielt dieser Baum aus der Kasuarinen-Familie von weißen Siedlern aufgrund des harten Holzes. Die selbst auf hohen Sanddünen wachsenden Wüsteneichen können überleben, weil sie mit ihren 10 bis 15 m langen Wurzeln auch tief liegendes Grundwasser erreichen.

Obwohl Schienen und Schwellen schon vor langer Zeit entfernt wurden, werden Fahrzeug und Fahrer auf dem stillgelegten Bahndamm durchgerüttelt. Da zudem die zahlreichen auf dem Weg liegenden Nägel leicht die Reifen beschädigen können, sollte man auf den parallel laufenden Track ausweichen, den Allrad-Freaks während des alljährlichen Finke Desert Race in den Busch gewalzt haben. Ein rostroter Wassertank kündigt den Eisenbahnhaltepunkt **Bundooma Railway Siding** 6 an. Vor dem Zeitalter der Dieselloks gab es entlang der Old Ghan Railway Line alle 30 bis 40 km kleine Stationen mit Wasserreservoirs, da die Dampflokomotiven regelmäßig nachtanken mussten. Die einzige Möglichkeit der Wasserversorgung in der Halbwüste bestand darin, durch Tiefbohrungen das artesische Becken anzuzapfen.

Verrostete Eisenpfosten an der Bahnlinie erinnern an die in den 70er Jahren des 19. Jh. fertig gestellte Overland Telegraph Line, eine Kette aus 36 000 Telegrafenmasten, über die Morsezeichen von Adelaide nach Darwin und von dort über ein Seekabel via Indonesien ins britische Mutterland gesendet wurden. Heute werden Telefonsignale drahtlos über ein Netz von Relaismasten gefunkt. Auch in den unwirtlichsten Outback-Gefilden ragt alle 50 km solch ein Sendemast auf, den Sonnenkollektoren mit Strom versorgen.

Mit höchstens 25 bis 30 Stundenkilometern geht es rumpelnd weiter. Von der nächsten Bahnstation **Engoordina Siding** 7 blieben ebenso wie von den Haltestellen **Mount Squire** 8 und **Rumbalara** 9 weiter südlich nur Gebäuderuinen übrig. Östlich des Ghan-Track ragt der 459 m hohe Colson Pinnacle auf, der wegen seiner Form auch als Maidens Breast (Jungfrauenbrust) bezeichnet wird. Kurz vor **Finke** 10, einst ein Streckenwärterposten der Ghan Railway Line, heute eine Aborigine-Gemeinde mit dem Namen Aputula, quert die Piste den Finke River an einer sandigen Furt. Zum Glück für Outback-Reisende wälzen sich nur alle paar Jahre Wassermassen durch das Flussbett, sonst wäre hier Endstation. Jedes Jahr im Juni treffen sich in Finke tausende

Mount Dare Homestead am Simspon Desert Loop

Motorsportbegeisterte zur Geländewagen-Ralley Finke Desert Race.

Am Coyder Creek entlang kurvt von Finke eine gute Schotterpiste zum 148 km weiter westlich verlaufenden Stuart Highway, auf dem es 300 bequeme Asphaltkilometer zurück nach Alice Springs sind. Die Route berührt das **Lambert's Centre of Australia** 11, das mit Computern ermittelte Gravitationszentrum des Fünften Kontinents. Der Simpson Desert Loop verläuft über die *cattle stations* **New Crown** 12, wo er den Finke River ein weiteres Mal kreuzt, und Andado zur alten Farm Old Andado.

Ein 183 km langer Abstecher führt über New Crown und Mount Dare Homestead zu den Dalhousie Springs im Witjira National Park. Dort beginnt der Track der 1000 Dünen, die French Line durch die Simpson Desert (vgl. S. 116f.). Für unerfahrene Outback-Fahrer hört der Geländewagenspaß jedoch auf, da eine Durchquerung der schattenlosen Sandwüste, in der Reisende bei Temperaturen von bis zu 60° Celsius auf sich selbst gestellt sind, Outback-Praxis und eine Top-Ausrüstung voraussetzt.

Unproblematisch ist dagegen der Oodnadatta Track, den man ebenfalls über New Crown erreicht (vgl. S. 95ff.). Wer nach einem Ausflug zu den heißen Quellen von Dalhousie zum Simpson Desert Loop zurückfahren möchte, kann ohne den Umweg über New Crown von Mount Dare nach Andado fahren (105 km). Entlang dieser rauen, aber mit hochbeinigen Geländewagen zu bewältigenden Piste sieht man viele Kamele. Bei der Rinderfarm **Andado** 13, mit 11 000 km² die drittgrößte *cattle station* im Northern Territory, trifft der Track auf die ›Hauptstraße‹ – links geht es nach Kulgera am Stuart Highway (250 km), rechts nach Alice Springs (324 km).

In der Nähe von Andado verlässt die Piste die Dünenlandschaft, um zu einem Schlenker durch karges Weideland anzusetzen. Kurz vor **Old Andado** 14 müssen auf einer befestigten Trasse zwei große Dünenriegel überquert werden. Die Geschichte der in Sanddünen eingebetteten Farm Old Andado Homestead reicht bis in das Jahr 1909 zurück. Nach vielen Rückschlägen mussten die Besitzer in den 80er Jahren des 20. Jh. aufgeben. Heute wirkt das von verrosteten Autos und landwirtschaftlichem Gerät umgebene Wellblech-Farmgebäude wie ein Freilichtmuseum.

Die Piste von Old Andado nach Alice Springs mit sandigen Passagen und Bulldust-Feldern führt nach anfänglichem Zickzack in gerader Linie durch die Dünenfelder der nördlichen Simpson Desert. Dazwischen schieben sich immer wieder weite Steinwüsten, in denen ›grasende‹ Kühe wie eine Fatamorgana wirken. Knapp 40 km nördlich der Old Andado Homestead zweigt ein 9 km langer Track zur **Mac Clark Acacia Peuce Reserve** 15 ab. In dem Naturschutzgebiet wachsen etwa 1000 Exemplare einer seltenen Akazienart, die sonst nur noch bei Birdsville und Boulia in Queensland vorkommt. Früher nutzte man die Acacia Peuce, die abhängig von der Niederschlagsmenge allenfalls 30 cm im Jahr wächst und bis zu 500 Jahre alt werden kann, wegen ihres harten Holzes gern für Grenzpfosten und Zaunpfähle.

Westlich der Rodinga Range und Arookara Range, deren Felswälle ein Viehzuchtgebiet vom Sand der Simpson-Wüste abschirmen, führt die Strecke durch das riesige Gebiet der **Allambi Station** 16, bevor sie die Aborigine-Gemeinde **Santa Teresa** 17 erreicht. ›Dry Area! No Grog!‹ – Schilder am Pistenrand weisen Reisende darauf hin, dass hier Alkohol verpönt ist. Der Allradkurs endet in der Nähe des Flughafens von Alice Springs.

Outback-Routen im Norden

Vom Wüstenherz zum Tropenstrand
Stuart Highway zweiter Teil

Von Alice Springs nach Mataranka

Tipps & Adressen
Alice Springs S. 310, Barrow Creek S. 315, Wycliffe Well S. 358, Wauchope S. 355, Tennant Creek S. 353, Renner Springs S. 352, Elliott S. 331, Dunmurra S. 331, Daly Waters S. 328, Larrimah S. 340, Mataranka S. 342

Der nördliche Abschnitt des Stuart Highway verbindet das trockene Red Centre mit dem schwül-warmen Top End, dem tropischen ›oberen Ende‹ des australischen Kontinents. Dazwischen liegen fast 1500 km heiße Öde, eine bis zur Grenze des Tropengürtels fast baumlose Wildnis, halb Wüste, halb Steppe, die man in Australien Salzbusch nennt. Dünn besiedelt, ist diese Region heute noch zum großen Teil Pionierland. Obwohl trassiert und geteert, verlangt der Stuart Highway Durchhaltevermögen und gutes Sitzfleisch, denn die (Natur-)-Attraktionen liegen oft hunderte von Kilometern auseinander. Ohne zeitaufwendige Abstecher sollte man für diese Route, für die zwischen April und Oktober die günstigsten Klimaverhältnisse herrschen, mindestens vier Tage einplanen. Tankstellen sowie Versorgungs- und Unterkunftsmöglichkeiten gibt es auf der Strecke im Abstand von 100 bis 150 km.

Nördlich der Abzweigung der Tanami Road (vgl. S. 250ff.) quert der Stuart Highway den südlichen Wendekreis. Knapp 40 km weiter nördlich beginnt der Plenty Highway, die raue Verbindungs-›Straße‹ zwischen Zentral-Australien und Queensland (vgl. S. 258ff.). Auf der Fährte des großen Australien-Forschers John McDouall Stuart geht es über die Outback-Siedlungen Aileron und Ti Tree am Highway zur **Central Mount Stuart Historical Reserve** [1].

Am 22. 4. 1860 hatte Stuart bei seinem ersten Versuch, den Kontinent von der Süd- zur Nordküste zu durchqueren, diesen 200 km nördlich von Alice Springs gelegenen Punkt erreicht. Mit einem Sextanten fand er heraus, dass ein unscheinbarer Berg etwas westlich des Stuart Highway, den man ihm zu Ehren später Central Mount Stuart nannte, der geografische Mittelpunkt des Fünften Kontinents sein müsse. Seine Berechnungen wurden in den 30er Jahren des 20. Jh. von dem Geologen Cecil Thomas Madigan korrigiert. Mit Hilfe eines Senkbleis ermittelte Madigan das Lambert's Centre of Australia, einen Punkt am Goyder Creek gut 30 km westlich der kleinen Aborigine-Gemeinde Finke, als Zentrum von Australien.

Barrow Creek [2] am Rande der Forster Range entstand 1872 als eine der zwölf Relaisstationen der Overland Telegraph Line zwischen Adelaide und Darwin. An die Pionierzeit erinnert die restaurierte Telegrafenstation. Davor befinden sich die Gräber von zwei Mitarbeitern der Telegrafengesellschaft, die hier am 23. 2. 1874 von Aborigines getötet wurden. Die meisten Reisenden besuchen das Barrow Creek Hotel, des-

Die Devils Marbles am Stuart Highway

sen Pub-Wände mit signierten Dollar-Noten dekoriert sind. Busch-Pubs, in denen Touristen mit *truckies* und *stockmen* bei einem Bier ins Gespräch kommen gibt es auch in **Wycliffe Well** 3, das als ›UFO Capital of Australia‹ auf sich aufmerksam macht, und in **Wauchope** 4.

Wie von Zyklopenhand verstreut, bedecken nördlich von Wauchope die **Devils Marbles** 5 ein Areal von 18 km². Die vielen hundert Steinkugeln mit Durchmessern von 10 und mehr Metern sind der Überlieferung der Aborigines zufolge die Eier der mythologischen Regenbogenschlange Wanambi. Für die Aborigines ist das Traumzeit-Wesen, das sie als Symbol der Fruchtbarkeit betrachten, Schöpfer der Welt und jeglicher Existenz. Als ebenso grausame wie fürsorgliche Erdmutter straft Wanambi die Menschen mit Dürrekatastrophen, sorgt aber auch regelmäßig mit der Regenzeit für die Erneuerung allen Lebens. Dann sieht man sie oft als Regenbogen auf ihrer Schwanzspitze stehen. Vielen Ureinwohnern ist der Platz der Devils Marbles, den sie Karlwekarlwe nennen und an dem sie früher religiöse Zeremonien abhielten, heute noch heilig. So waren sie erbost, als weiße Australier eine der Felskugeln nach Alice Springs schafften, um damit das Grab von John Flynn zu schmücken, der einst den Royal Flying Doctor Service gründete.

Geologen gehen davaon aus, dass die rostroten ›Murmeln des Teufels‹ in erdgeschichtlicher Vergangenheit durch die Erosion eines Granitmassivs entstanden. Das Gestein wurde zunächst durch Regenwasser mürbe gemacht, das in feine Risse eintrat, und später durch Verwitterung auseinander gesprengt. Ihre heutige Gestalt erhielten die Steine in Jahrmillionen durch das Wechselspiel von Hitze und Kälte in Verbindung mit den erodierenden Kräften von Wind und Feuchtigkeit. Zwischen den Felskugeln, die bei Sonnenauf- und -untergang in einem märchenhaften Rotton erglühen, verläuft ein geologischer Lehrpfad mit informativen Schautafeln. Wer länger bleiben möchte, findet am Rande der Devils Marbles Conservation Reserve einen einfachen, aber schönen Campingplatz.

Wie man in den Pubs von **Tennant Creek** 6 erzählt, wurde der Ort einst von Bierkutschern gegründet, deren mit

der wertvollen Fracht beladene Planwagen dort einst zusammenbrach. Flugs eröffneten sie eine Buschkneipe, um die herum eine Siedlung wuchs. Die Realität indes ist nüchterner – Tennant Creek entstand an der 1872 errichteten Telegrafenstation einige Kilometer nördlich der Stadt, heute ein historisches Museum. In den 30er Jahren des 20. Jh. erlebt das Städtchen den bislang letzten großen Goldrausch des Fünften Kontinents, dem 20 Jahre später die Entdeckung großer Kupferlager folgte.

Heute versucht man aus dem ›goldenen Zeitalter‹ touristisches Kapital zu schlagen. In dem Industriemuseum Gold Stamp Battery kann man sehen, wie mit einem alten Shredder goldhaltiges Erz zerkleinert wird. Bei Untertagetouren in der stillgelegten Battery Hill Mine erfährt man etwas über die Arbeitsbedingungen der Bergleute. Erinnerungsstücke aus Gold-Rush-Tagen zeigt das National Trust Museum. Etwa 20 km nordwestlich des Ortes setzen die Devils Pebbles, eine Miniaturausgabe der Devils Marbles, Akzente im landschaftlichen Einerlei.

Gut ein Drittel des langen Weges nach Darwin hat man geschafft, wenn man

Outback-Kneipe in Daly Waters

das Three Ways Roadhouse passiert. An dem Verkehrsknotenpunkt, wo der Barkly Highway nach Queensland abzweigt, errichtete man zum Gedenken an den Gründer des Luftrettungsdienstes das John Flynn Memorial. Gut 70 km weiter nördlich liegt Attack Creek, wo John McDouall Stuart am 25. 6. 1860 bei seinem ersten Versuch der Süd-Nord-Durchquerung nach Angriffen von Aborigines umkehren musste. **Renner Springs** [7] besitzt ebenso wie das Städtchen **Elliott** [8] nichts, was Reisende zu einem längeren Aufenthalt verleiten könnte.

Nach Newcastle Waters 24 km nördlich von Elliott zieht es vor allem geschichtsbewusste Australier. Der Ort war einst ein wichtiger Stützpunkt für *drovers* bei ihren langen Viehtrieben aus den Barkly Tablelands. Zu Ehren der Viehtreiber, die arbeitslos sind, seitdem die Rinder ihre letzte Reise zu den Schlachthöfen von Katherine und Darwin in *road trains* antreten, hat man in einem Park die Bronzestatue The Drover errichtet. Nördlich von **Dunmurra** [9] zweigt der ungeteerte Buchanan Highway, der ein Viehzuchtgebiet mit Rinderfarmen durchschneidet, nach West-Australien ab. **Daly Waters** [10] 3 km abseits des Stuart Highway besitzt einen Outback-Pub, der mit Memorabilien aus der Pionierzeit wie ein Museum wirkt.

Mit jedem Kilometer Richtung Norden nimmt die schwüle Hitze zu. Mit dem Klima ändert sich auch die Vegetation. Das Asphaltband verläuft nicht mehr durch Halbwüsten, sondern durch Eukalyptus- und Akazienwälder, zwischen denen Termitenbauten stehen. 70 km nördlich von **Larrimah** [11] beginnt an der Abzweigung des Roper Highway der Gulf-Savannah Track (vgl. S. 267ff.).

Mataranka 12 verdankt seinen Ruf als ›Raststätte‹ am Stuart Highway der in der Nähe sprudelnden Thermalquelle, die einen in Tropengrün eingebetteten Naturpool mit 16 500 l Wasser pro Minute versorgt. Hier lässt es sich bei Badewannentemperatur entspannen. Oder man unternimmt einen Ausflug in den Elsey National Park, wo man auf dem Roper River Kanu fahren und Barramundi angeln kann. Eine Wanderung führt vom Busch-Campingplatz im Nationalpark zu den Mataranka Falls, wo man umgeben von Regenwald baden kann (hin und zurück 8 km/2 Std.).

Wer den Roman »We of the Never Never« gelesen hat, macht vielleicht einen Ausflug zur Original Elsey Homestead Site gut 20 km südöstlich, wo Jeannie Gunn den Klassiker der australischen Outback-Literatur verfasst hat. Vom alten Farmhaus, in dem die Autorin einst lebte, ist zwar nicht mehr viel zu sehen, aber ein Rundgang über den Friedhof in der Nähe weckt Erinnerungen an die Pionierzeit. Hier fanden einige Siedler aus dem ›Niemals-Land‹, deren Schicksal Mrs. Gunn zu ihrem Roman inspirierte, ihre letzte Ruhestätte. Ein Nachbau der Elsey Homestead, der bei der Verfilmung des Buches als Kulisse diente, steht beim Eingang des Mataranka Homestead Tourist Resort.

Abstecher zur Gove Peninsula

Tipps & Adressen
Nhulunbuy S. 345, Katherine S. 337

Knapp 60 km nordwestlich von Mataranka zweigt die wegen zahlreicher Flussdurchquerungen nur in der Trockenzeit befahrbare Central Arnhem Road nach **Nhulunbuy** 13 rund 700 km nordöstlich an der Spitze der Gove Peninsula ab. Die einzige Tankstelle an der rauen Piste durch Aborigine-Land, für die ein *permit* des Northern Land Council erforderlich ist, gibt es in Bulman. Im riesigen, größtenteils völlig unberührten Arnhem Land leben nur etwa 20 000 Menschen, die meisten von ihnen Aborigines. Die weißen Australier konzentrieren sich in der 3500-Einwohner-Stadt Nhulunbuy, die 1971 für die Mitarbeiter der Nabalco-Bauxitmine gegründet wurde. Willkommen sind Besucher in der Aborigine-Siedlung Yirrkala südlich von Nhulunbuy, wo man im Yirrkala Arts and Crafts Museum Rindenmalereien und Holzschnitzereien bewundern und kaufen kann. Die Gove-Halbinsel mit langen, weißen Sandstränden gilt unter Sportfischern als Geheimtipp.

Unter einer Karstlandschaft versteckt sich 27 km südlich von Katherine die Märchenwelt der Cutta Cutta Caves. Das System von Kalksteinhöhlen, das man im Rahmen von Führungen besichtigen kann, fasziniert mit Stalaktiten und Stalagmiten.

Wie die meisten größeren Orte am Stuart Highway entwickelte sich auch **Katherine** 14 aus einer Relaisstation der alten Überland-Telegrafenleitung. Heute leben die knapp 10 000 Einwohner des Städtchens vorwiegend von der Viehzucht und vom Tourismus. Im Katherine Museum wird die Geschichte der von Ludwig Leichhardt 1844/45 bei seiner Trans-Australien-Expedition erforschten Region aufbereitet. Besucher sind in der Sendezentrale der School of the Air willkommen, von der die Kinder im Outback per Funk unterrichtet werden. Die Springvale Homestead 8 km nordwestlich wurde 1878 von Siedlern aus South Australia erbaut, die bei einem 19 Monate dauernden Viehtrieb 12 000 Schafe und 2000 Rinder von der Südküste hierher schafften.

Ausflug zur Katherine Gorge

Tipps & Adressen
Victoria River Roadhouse S. 355, Timber Creek S. 354, Pine Creek S. 348, Daly River S. 328, Batchelor S. 315

Kaum ein Reisender versäumt einen Besuch des 30 km nordöstlich von Katherine beginnenden **Nitmiluk National Park** 15. Vor der Rückgabe an die Jawoyn-Aborigines 1988 hieß das Naturschutzgebiet Katherine Gorge National Park. Der 150 km weiter nördlich entspringende Katherine River hat im Laufe von 20 Mio. Jahren 13 schroffe Schluchten bis zu 100 m tief in den Sandstein des Arnhem-Land-Plateau gefräst. Dazu reichten offensichtlich die Hochwasserfluten der kurzen Regenzeit von Dezember bis März aus. Dann schwillt der Katherine River zu einem tosenden Strom an. Sturzbäche lassen in den engen Schluchten den Wasserspiegel um bis zu 10 m ansteigen. Während der Trockenzeit trennen felsige Plateaus die einzelnen Schluchten voneinander.

Die Schluchten kann man bei einer organisierten Bootstour oder auf eigene Faust mit einem Kanu erkunden. Während der Trockenzeit verkehren Flachboote in den unteren drei Schluchten. Am Parkeingang kann man Kanus mieten – allerdings muss man sie über ausgetrocknete Stromschnellen tragen – und bis zum siebten Canyon des Oberlaufs vordringen.

Am Ende der ersten Schlucht sieht man drei Aborigine-Bildergalerien mit 80 Felszeichnungen. Weitere mehrere tausend Jahre alte Felsenkunstwerke haben die Ureinwohner an weniger leicht zugänglichen Stellen in den oberen Schluchten hinterlassen. Trotz der alljährlichen Fluten, von denen die Felswände blank gespült werden, wirken die Bilder erstaunlich frisch. Das Eisenoxid, das in den Ocker-Farbstoffen enthalten ist, ging im Laufe der Zeit mit dem Sandstein eine chemische Verbindung ein, welche die Felsbilder wasserdicht versiegelt hat. Nach der ersten Schlucht muss man etwa 800 m laufen, teils auf einem Betonpfad, teils über Felsen. Die zweite Schlucht, der schnurgerade Katherine Canyon, in dem das Wasser bis zu 30 m tief steht, ist ein beliebtes Postkartenmotiv. Die senkrecht abfallende 60 m hohe Felswand Jeddah's Leap kündet von einer tragischen Romanze. Einer Legende der lokalen Aborigines zufolge verliebte sich der Jüngling Jeddah in ein Mädchen, das seine Gefühle erwiderte. Da aber ihre Eltern die Heirat untersagten, stürzten sie sich hier gemeinsam in den Tod.

Bei Bootsausflügen kann man an Sandbänken anlegen, wo es sich gut schwimmen lässt. Krokodile, die zuweilen anzutreffen sind, zählen zu den harmlosen *freshies*, die Menschen nicht angreifen. Möglichkeiten, andere Tiere zu beobachten, gibt es bei Wanderungen im Nationalpark. Mit etwas Glück sieht man auch Warane und andere Echsen. Ausgangspunkt aller Wanderungen ist das Besucherzentrum, in dem es eine Broschüre mit Übersichtsplan und Informationen gibt.

Alle Wanderpfade beginnen mit einem steilen Aufstieg zum Plateau und enden oft bei Aussichtspunkten über den Schluchten. Relativ einfach, wenn auch schweißtreibend, sind der Lookout Loop (Rundwanderung 4 km/2 Std.) und der Windolf Walk (hin und zurück 8,5 km/3,5 Std.). Andere Wanderungen erfordern eine gute Kondition und Aus-

Bootstour im Nitmiluk National Park

rüstung, etwa der Eighth Gorge Walk (hin und zurück 33 km/2 Tage). Im Nitmiluk Visitor Centre informieren Schautafeln und Fotos über Geologie sowie Tier- und Pflanzenleben des Parks. Auch Leben und Kultur der Aborigines vom Stamm der Jawoyn und die mythologische Bedeutung, die der Fluss und die Schluchten für sie haben, werden gewürdigt. Das ideale Standquartier ist ein schöner Campingplatz in der Nähe des Besucherzentrums, auf dem sich zahlreiche handzahme Kängurus tummeln.

In Katherine zweigt der Victoria Highway Richtung Western Australia ab. Auf den ersten 150 km durchschneidet die gut ausgebaute Straße ein Viehzuchtgebiet, bevor sie sich kurvenreich durch den in zwei Sektoren aufgeteilten Gregory National Park windet. Das wenig besuchte Naturschutzgebiet mit Bergketten, Sandsteinplateaus und Schluchten zeichnet sich durch eine besondere Pflanzenwelt aus, eine Mischform aus der Flora des tropischen Nordens und des trockenen Zentrums. Die einzigen Stützpunkte für Besucher sind das **Victoria River Roadhouse** 16 und **Timber Creek** 17, wo Bootstouren auf dem Victoria River, den Lebensraum vieler Salzwasserkrokodile, starten. Jenseits der Bundesstaatengrenze Northern Territory – Western Australia beginnt die Berglandschaft der Kimberleys (vgl. S. 232ff.).

Zu den Edith Falls im Nitmiluk National Park führt eine 20 km lange, 42 km nordwestlich von Katherine abzweigende Stichstraße. In Kaskaden stürzen die Wasserfälle über die Abbruchkante des Arnhem-Land-Plateaus, bevor sie sich in einem Felsenpool sammeln. Dort bietet sich Besuchern eine Erfrischung, vor allem wenn sie verschwitzt von der Wanderung zu einem Lookout oberhalb der Fälle zurückkommen (hin und zurück 2 km/1 Std.). Wer länger bleiben möchte, findet am Fuße der Kaskaden einen schönen Campingplatz.

In der Goldgräberstadt **Pine Creek** 18 70 km weiter ›up the track‹ müssen Reisende eine Entscheidung treffen: Entweder sie steuern auf dem durchgehend geteerten Kakadu Highway den Kakadu National Park direkt an oder sie folgen dem Stuart Highway Richtung Darwin. Zweifellos ist das Naturschutzgebiet, das den westlichen Teil des Arnhem Land einnimmt, die Hauptattraktion des Top End, aber auch im weiteren Verlauf des Stuart Highway fehlt es nicht an Abwechslung. Naturliebhaber machen einen Abstecher zur Schlucht Umbrawarra Gorge 20 km südwestlich von Pine Creek, die rote Sandsteinklippen flankieren. Dort laden Felsenpools zu einem Bad ein.

Wer es gern heiß mag, fährt zum Tjuwaliyn Nature Park mit den Douglas Hot Springs knapp 40 km südlich von **Hayes Creek** 19. Bis zu 60° Celsius heiße Thermalquellen speisen mehrere natürliche Pools. In den Bäumen um die Badebecken hängen oft Flughunde. Im Butterfly Gorge Nature Park 16 km östlich des Parks, in dem man auch campen kann, flattern Schmetterlinge umher. Während der Tjuwaliyn Nature Park auf einer guten Schotterstraße erreichbar ist, benötigt man für die Holperpiste zum Butterfly Gorge Nature Park einen Geländewagen.

Eine reizvolle Alternative zum Stuart Highway zwischen Hayes Creek und Adelaide River ist die westlich verlaufende alte Trasse der Fernstraße. Ein Abstecher von dieser Route führt nach **Daly River** 20 78 km südwestlich des alten Stuart Highway. Der Ferienort ist ein Dorado für Angler, die es auf die karpfenähnlichen Barramundi abgesehen haben. Da es in dem Fluss von Salzwasserkrokodilen wimmelt, gehört Baden zu den Aktivitäten, die man besser unterlässt. Auf dem Gelände einer Mangofarm, die man besuchen kann, blieben von einer jesuitischen Missionsstation aus dem 19. Jh. nur Ruinen erhalten. In der Merrepen Fine Art Gallery der Nauiyu Nambiyu-Aborigines darf man Künstlern und Kunsthandwerkern über die Schulter gucken. Mit einem Geländewagen, einer guten Karte und einem *permit* der Nationalparkverwaltung kann man in der Trockenzeit von Daly River zum Litchfield National Park (vgl. S. 196ff.) fahren. Ein Stopp lohnt sich 15 km südlich von Adelaide River bei den Robin Falls.

Adelaide River 21 war während des Zweiten Weltkriegs ein wichtiger Stützpunkt für die Versorgung von Darwin, das 1942 unter japanischem Beschuss lag. Um den Nachschub zu sichern, hatten Australier und Amerikaner den Stuart Highway, die einzige Landverbindung nach Süden, in nur drei Monaten zu einer Asphaltstraße ausgebaut. Die fast 250 Opfer der Bombardements fanden auf dem Friedhof in der Nähe des Ortes ihre letzte Ruhestätte. Links und rechts des nördlich von Adelaide River schnurgeraden Stuart Highway sind Landebahnen zu sehen, von denen die australisch-amerikanischen Streitkräfte Entlastungsangriffe starteten. **Batchelor** 22 14 km südwestlich des Stuart Highway ist Ausgangspunkt für Fahrten in den Litchfield National Park (vgl. S.196ff.).

Darwin ist nun nicht mehr weit. Vor den Toren der Hauptstadt des Northern Territory bietet der **Territory Wildlife Park** 23 an der Cox Peninsula Road Gelegenheit, die Tierwelt des nördlichen Australiens zu studieren. Man sollte sich mindestens einen halben Tag Zeit für die bemerkenswerte Schau der lokalen Fauna nehmen, die sich in natürlichem Buschland erstreckt. Ein Netz von Spazierwegen verbindet die Freigehege und

Sehenswürdigkeiten. Wer es bequemer mag, kann im Tierpark mit einem ›Zug‹ von Station zu Station fahren. Zu den Highlights gehören das Nachttierhaus, das große Aviarium und das Aquarium mit Rochen und Schwertfischen, das man in einem gläsernen Gang unterwasser durchwandern kann. Das Feuchtbiotop des Parks ist ein Refugium für Wasservögel, die sich von Holzstegen gut beobachten lassen. Erholung verspricht der an den Zoo angrenzende Berry Springs Nature Park. Dort verbreitert sich das Flüsschen Berry Creek zu Naturpools, in denen man schwimmen kann.

In den Bassins und Gehegen der Darwin Crocodile Farm 40 km südlich von Darwin am Stuart Highway leben über 7000 Riesenechsen. In den Auslagen verschiedener Boutiquen in Darwin sowie auf den Speisekarten von Gourmet-Restaurants sieht man, welches Schicksal die Tiere erwartet. Ein beliebtes Ausflugsziel der Großstädter ist der Howard Springs Nature Park 30 km südöstlich, in dem ein von üppigem Tropengrün umrahmter Quellsee einen herrlichen Badespaß verspricht.

Darwin

Tipps & Adressen
S. 328

 Australiens Tropenmetropole, ist heute eine junge Stadt voller Lebensfreude. Mit Schrecken erinnern sich jedoch die älteren der rund 80 000 Einwohner von Darwin an jene ›große Kata-

Wandmalerei in Darwin

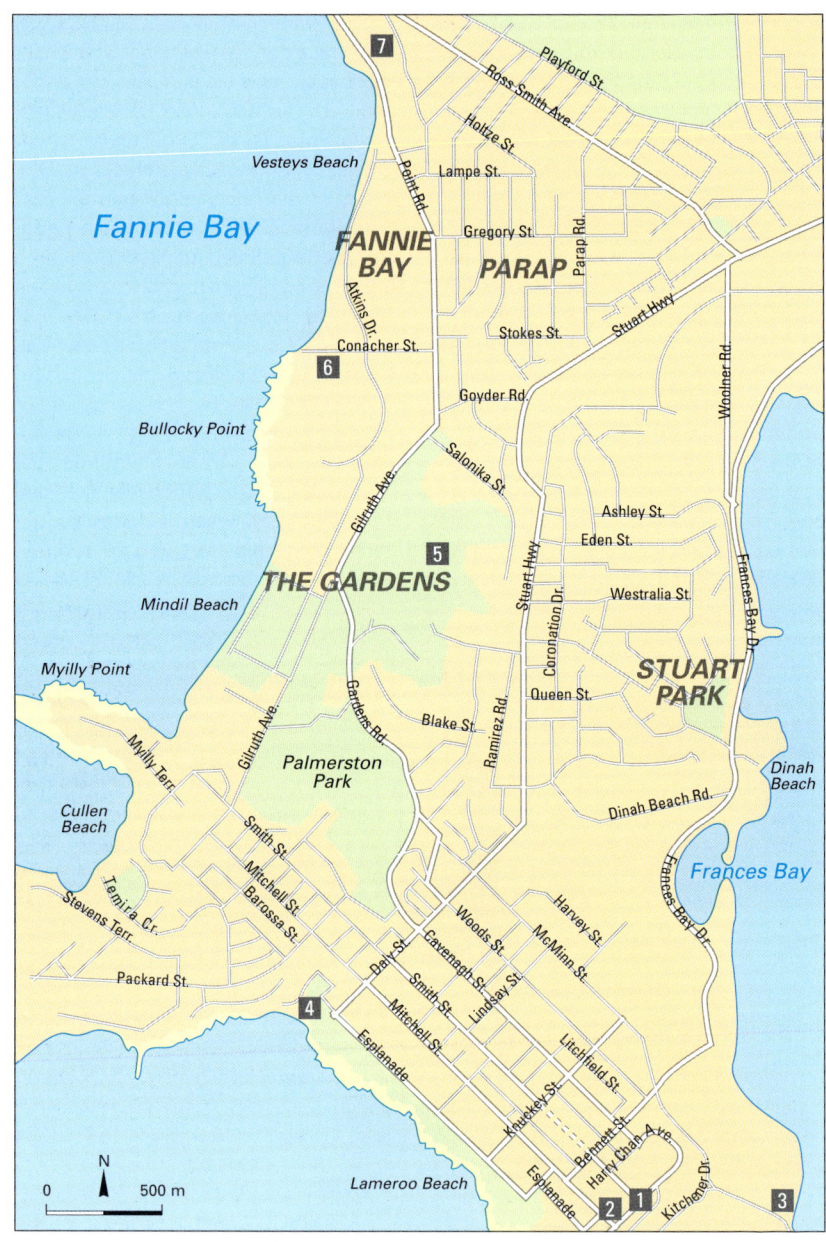

Darwin
1 Old Court House and Police Station 2 Government House 3 Indo Pacific Marine mit Australian Pearling Exhibition 4 Aquascene 5 Botanical Gardens 6 Museum and Art Gallery of the Northern Territory 7 Fannie Bay Gaol

strophe‹, die am 24. 12. 1974 über die Stadt hereinbrach. Bereits drei Tage zuvor waren auf Satellitenbildern gewaltige Wolkenmassen über der Arafura-See zwischen Australien und Neuguinea erkennbar gewesen, die langsam die bedrohliche Wirbelform eines entstehenden Zyklons annahmen. Am Weihnachtsabend nahm der mächtige Hurrikan Tracy dann Kurs auf die Hauptstadt des Northern Territory. Den Windgeschwindigkeiten von weit über 200 km in der Stunde konnten die in tropischer Leichtbauweise errichteten Häuser nicht Stand halten. Die Gebäude fielen um wie Kartenhäuser, in nicht einmal vier Stunden war beinahe die gesamte Stadt dem Erdboden gleich- gemacht. Selbst die Luftangriffe der Japaner während des Zweiten Weltkriegs hatten nicht so verheerende Zerstörungen angerichtet wie Tracy, der als bislang stärkster Wirbelsturm in die Geschichte des Landes einging.

Nach der Naturkatastrophe gab es Pläne, die Hauptstadt des Northern Territory an einer weniger gefährdeten Stelle neu zu errichten. Doch während die Politiker im weit entfernten Canberra noch um eine Entscheidung rangen, kehrten die aus der zerstörten Stadt evakuierten Bewohner zurück und begannen mit dem Wiederaufbau. Dieses Mal aber baute man ›zyklonsicher‹ mit viel Beton und in den Boden verankerten Stahlseilen. Heute kann Darwin auf einen kometenhaften Aufstieg zurückblicken. Und die Entwicklung scheint anzuhalten, denn es zieht immer mehr Australier aus dem Südosten hierher, denen es dort zu ›eng‹ geworden ist. Dank der Nähe zu Indonesien und vor allem Singapur, das näher als jede australische Großstadt ist, hat sich Darwin zu einem Handelsplatz mit Südost-Asien entwickelt.

Der Naturkatastrophe von 1974 fiel fast die gesamte historische Bausubstanz von Darwin zum Opfer. Einige der alten Gebäude hat man im viktorianischen Kolonialstil liebevoll wieder aufgebaut, wie etwa den Komplex von Old Court House and Police Station an der Ecke Smith Street und Esplanade, der auf das Jahr 1884 zurückgeht. Im alten Glanz erstrahlt auch das ursprünglich 1883 errichtete Government House, das an der Esplanade auf einer 70 m hohen Klippe thront. Im Meerwasseraquarium Indo Pacific Marine am Eingang zur Stokes Hill Wharf etwas abseits der Innenstadt staunen Besucher über die Fauna und Flora eines lebenden Korallenriffs. Informationen zum Thema Perlenzucht erhält man in der Australian Pearling Exhibition im gleichen Gebäude.

Aquascene heißt ein Strandabschnitt am nördlichen Ende der Esplanade, an dem täglich hunderte von Fischen, die mit der Flut ans Ufer kommen, Besuchern aus der Hand fressen, ein spannendes Erlebnis für Kinder. Nördlich davon erstrecken sich die üppigen Botanical Gardens von Darwin. Das Museum and Art Gallery of the Northern Territory zeigt eine interessante naturhistorische Sammlung und überrascht mit einer ethnografischen Abteilung zur Kultur der Aborigines sowie den Kulturen melanesischer und südostasiatischer Völker. Vom historischen Fannie Bay Gaol aus dem Jahre 1883, dessen wuchtige Mauern dem Wirbelsturm Tracy standhielten, bietet sich ein schöner Blick auf Vesteys Beach. Dort findet alljährlich Anfang August die berühmte Beer-Can-Regatta statt. Einen Vorgeschmack auf das ›Crocodile Country‹ des Kakadu National Park, den man von Darwin bequem erreicht, gibt der auf Riesenechsen spezialisierte Crocodylus Park in Berrimah.

Kakadu National Park und Litchfield National Park

Tipps & Adressen
Darwin S. 328, Kakadu National Park S. 335, Gurig National Park S. 333, Batchelor S. 315

Spätestens seit dem Film »Crocodile Dundee« steht der Kakadu National Park neben dem Uluru-Kata Tjuta National Park mit an der Spitze der Beliebtheitsskala australischer Nationalparks – wegen der tosenden Wasserfälle, der reichen Tierwelt und der Felsbildgalerien der Aborigines.

Arnhem Highway und Kakadu Highway, die wichtigsten Zufahrtsstraßen zum Nationalpark, sind durchgehend geteert. Einen Geländewagen benötigt man jedoch für einen Abstecher zu den Jim Jim Falls und den Twin Falls. Die meisten Naturattraktionen im Litchfield National Park sind mit Autos erreichbar. Das gilt jedoch nur für die Trockenzeit, denn während ›The Wet‹ sind beide Naturschutzgebiete überschwemmt und viele Zufahrtswege gesperrt.

Bei einem drei- bis viertägigen Ausflug von Darwin kann man die wichtigsten Sehenswürdigkeiten in der zentralen Region des Kakadu National Park kennen lernen. Für die Rundfahrt, die über den Südteil des Nationalparks zum Stuart Highway führt, benötigt man fünf bis sechs Tage. Ein Abstecher in den Litchfield National Park schlägt mit mindestens einem weiteren Reisetag zu Buche. Hauptbesuchszeit ist die Trockenperiode, während der sich die Vögel an den Wasserlöchern am besten beobachten

Kakadu National Park und Litchfield National Park

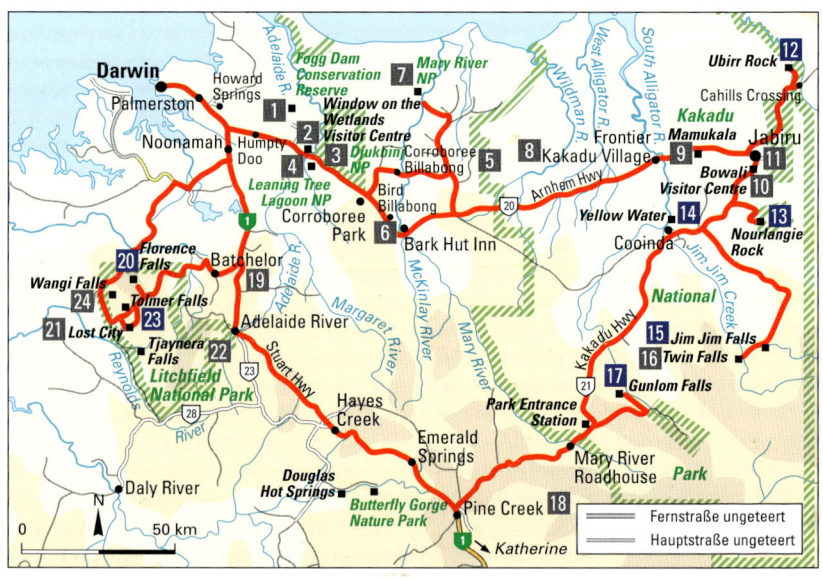

lassen und auch alle Straßen passierbar sind. Allerdings verebben in den Trockenmonaten die Wasserfälle zu Rinnsalen. Ein Kompromiss ist der Übergang von der Regen- zur Trockenperiode, also April und Mai, wenn sich beide Naturschutzgebiete noch in üppigem Grün präsentieren. Dann könnten jedoch die Tracks zu manchen Wasserfällen noch gesperrt sein, wenn vorangegangene Überflutungen Schäden verursacht haben.

Der mit knapp 20 000 km² größte Nationalpark Australiens umfasst den westlichen Zipfel des Arnhem Land. Das etwa 300 m hohe, stark zerklüftete Sandsteinplateau, das den Nordosten des Northern Territory einnimmt, fällt im Westen über eine 500 km lange, steile Abbruchkante zum nord-australischen Tiefland ab. Benannt wurde es nach dem holländischen Segler »Arnhem«, der 1623 an der Nordküste landete.

Zwischen mächtigen Flüssen und ausgedehnten Sümpfen entstanden durch Erosion Felsmassive, die seit Menschengedenken für Aborigines Wohnplätze in einem reichen Jagdrevier waren. Vermutlich haben die Ureinwohner, von Südostasien her kommend, vor etwa 45 000 bis 50 000 Jahren im Arnhem Land auch zum ersten Mal australischen Boden betreten und sich von hier über den Kontinent verbreitet. Mitte der 70er Jahre des 20. Jh. gab die Bundesregierung in Canberra nach jahrhundertelanger Verfolgung und Entrechtung den ersten Australiern ihr Stammesland zurück, das seitdem von Aboriginal Land Councils verwaltet wird. Heute leben im Arnhem Land, das mit Ausnahme des Kakadu National Park und des Ortes Nhulunbuy auf der Gove Peninsula von Weißen nur mit besonderer Erlaubnis betreten werden darf, wieder 20 000 Ureinwohner.

Der Kakadu National Park, eine ›Leihgabe‹ der Aborigine-Völker an den australischen Staat, heißt nicht etwa wegen der zahlreichen Kakadus so. Der Name stammt vom Aborigine-Wort Gagudju, wie sich einer der Ureinwohnerstämme nennt. Ströme wie Wildman River, West, South und East Alligator River durchziehen den Nationalpark. Auf die salzwassertoleranten Mangrovenwälder der Gezeitenzone entlang der Van-Diemens-Golf-Küste folgen Ebenen, über die sich während der Regenzeit bis zu einem halben Jahr lang ein Süßwassermeer ausbreitet.

Je nach Niederschlagsmenge verwandeln sich bis zu 25 % der Nationalparkfläche in eine Seenlandschaft mit Wasserlinien, Lotusblumen und Seerosen, die einen reich gedeckten Tisch für Hunderttausende von Wasservögeln bildet. Wenn sich die Wassermassen mit Beginn der Trockenzeit zurückziehen, konzentriert sich das Leben an den Billabong-Wasserlöchern. Vogelfreunde können hier Wildgänse, Brolga-Kraniche, Ibisse und Kormorane beobachten. Hin und wieder staksen Jabiru-Störche im Wasser herum – im sicheren Abstand zu den Leistenkrokodilen, die in den Lagunen auf Beute lauern.

Drei Viertel des Nationalparks bestehen aus Savannen mit Eukalyptuswäldern. Zu Beginn der Trockenzeit im Mai und Juni, wenn die Temperaturen relativ niedrig sind, werden diese Savannen von Park Rangern abgebrannt, um trockenes Unterholz und hohes Gras zu vernichten. *Controlled burning* nennt man die Maßnahme, die größeren Buschfeuern vorbeugen soll. Schon vor Eintreffen der Weißen brannten die Ureinwohner ihre Jagdreviere ab, vor allem um Kängurus und anderes Jagdwild besser aufspüren zu können. Zudem wurde der Boden durch die

Asche gedüngt, wodurch Gras wuchs – Nahrung für die Tiere, die für das Überleben der Aborigines wichtig waren. Die Grasbrände gehören zum Wachstumszyklus der Savannenwälder – die Samen mancher Eukalyptusarten können nur keimen, wenn das Feuer ihre harten Schalen knackt.

Inselartig von Monsunwald bedeckt und gespickt mit Termitenbauten, erstreckt sich im Süden des Nationalparks ein Hügelland bis zum Escarpment. Über der 30 bis 300 m hohen Abbruchkante, zur Hochebene des Arnhem Land, die sich durch den Park zieht, stürzen während der Regenzeit Wasserfälle zu Tal.

Nicht nur wegen seiner Naturschönheiten und seiner Funktion als Refugium für bedrohte Tierarten hat die UNESCO 1987 den Kakadu National Park zum Erbe der Menschheit erklärt, der Nationalpark birgt auch die reichhaltigsten prähistorischen Bildergalerien des Fünften Kontinents. An Tausenden von Plätzen haben die Vorfahren der Gagudju-Aborigines die Schöpfungsmythen ihres Volkes auf Felsen gemalt. Die über Jahrtausende hinweg rituell erneuerten Felsenkunstwerke, deren früheste auf ein Alter von 20 000 Jahren geschätzt werden, gewähren einen Einblick in die Kultur der Aborigines.

Schon die Anreise auf dem Arnhem Highway von Darwin zum Kakadu National Park gestaltet sich abwechslungsreich. Ein guter Platz, um Vögel zu beobachten, ist vor allem in den frühen Morgenstunden das **Fogg Dam Conservation Reserve** 1, das sich nördlich des Arnhem Highway erstreckt. Mit dem Wasser des aufgestauten Sees sollten in den 50er Jahren des 20. Jh. Reisfelder bewässert werden. Nachdem das Projekt fehlgeschlagen war, entwickelte sich das Binnengewässer zu einem Paradies für Enten, Gänse, Reiher, Ibisse und viele andere Vögel. Mit Geduld und etwas Glück wird man auch Wasserschildkröten sehen. Der zum großen Teil auf einem Holzsteg verlaufende Naturlehrpfad Woodlands to Waterlilies Walk führt durch Monsun- und Mangrovenwald zur Lagune, die von Papierrindenbäumen gesäumt und von Wasserlilien bedeckt ist (hin und zurück 2,2 km/ 45 Min.).

Das **Window on the Wetlands Visitor Centre** 2 thront auf dem Beatrice Hill über den *flood plains*. Multi-Visions-Schauen, Dioramen und Exponate vermitteln ein Bild von Fauna und Flora der nord-australischen Feuchtgebiete. An der Brücke über den Adelaide River legt das Ausflugsboot »Adelaide River Queen« zu *jumping crocodiles* ab. Die Bootsführer locken 800 bis 900 kg schwere und 5 bis 6 m lange *salties* mit Fleischbrocken, die an Angelruten befestigt sind. Mit olympiareifen Sprüngen schnellen die Riesenechsen aus den Fluten, um nach den Happen zu schnappen.

Im Überflutungsgebiet des Adelaide River, den Marrakai Plains nördlich des Arnhem Highway, liegt der **Djukbinj National Park** 3 mit Magpie-Gänsen und Brolga-Kranichen. Die 25 km lange Fahrt dorthin geht über Stock und Stein und ist nichts für Autos. Leichter erreichbar sind die Vogelparadiese **Leaning Tree Lagoon Nature Park** 4 am Marrakai Creek sowie **Corroboree Billagong** 5 und **Bird Billabong** 6 am Mary River. Bootstouren auf dem krokodilreichen Mary River kann man nahe der Brücke über den Fluss buchen. Einige Kilometer weiter östlich zweigt die ungeteerte, aber in der Trockenzeit auch von Autos befahrbare Point Stuart Road in den **Mary River National Park** 7 ab, ein Dorado für alle, die gern Vögel beobachten.

Nahe der Brücke über den Wildman River passiert man die Grenze zum Kakadu National Park. Etwa 50 km östlich der Parkgrenze liegt am South Alligator River das Feriendorf **Frontier Kakadu Village** 8. Der Fluss müsste eigentlich South Crocodile River heißen, da es in Australien keine Alligatoren gibt. Das Feuchtbiotop von **Mamukala** 9 7 km östlich ist während der Trockenperiode Revier vieler tausend Magpie-Gänse, die man von einer Aussichtsplattform oder auf einem Rundweg gut beobachten kann (3 km/2 Std.).

Im **Bowali Visitor Centre** 10 in der Nähe des Parkhauptquartiers südwestlich des Ortes Jabiru informieren Videos und eine Ausstellung über Fauna und Flora des Kakadu National Park. **Jabiru** 11 ist eine auf dem Reißbrett entstandene 1500-Einwohner-Stadt für die Arbeiter der Ranger Uranium Mine, wo man trotz vehementer Proteste von Natur- und Umweltschützern jährlich 3000 t Uranoxid fördert.

Eine der Attraktionen des Parks sind die Felskunstwerke am **Ubirr Rock** 12 40 km nördlich des Visitor Centre in der Nähe des East Alligator River. Viele der Aborigine-Felsenmalereien sind bis zu 20 000 Jahre alt, andere stammen, da das Felsmassiv für die Aborigines heute noch spirituelle Bedeutung hat, aus der Gegenwart. Durch die steinere ›Kunstgalerie‹ führt ein Rundweg (1 km/1 Std.). Vom Aussichtspunkt 250 m abseits ließ einst Crocodile Dundee seinen Blick über die *flood plains* des East Alligator River schweifen. Gezeitenabhängig kann der Fluss bei niedrigem Pegelstand südlich des Border Store an der Furt Cahills Crossing durchquert werden. In der Nähe tauchte während der Dreharbeiten zu »Crocodile Dundee« der Filmheld an einer durch Netze vor Krokodilen geschützten Stelle in die Fluten.

Das Land jenseits des Flusses gehört Aborigines. Wer vom East Alligator River weiter nach Osten vordringen will, benötigt eine Sondergenehmigung und ein zuverlässiges Geländefahrzeug. Eine sehr raue Piste, die ausschließlich während der Trockenzeit und nur von gut ausgerüsteten Fahrern mit Outback-Praxis zu bewältigen ist, führt hinauf zur Cobourg Peninsula, die sich wie ein Riegel zwischen den Van-Diemens-Golf und die Arafura-See schiebt.

Den größten Teil der Halbinsel nimmt der Gurig National Park ein, den Wasserbüffeln durchstreifen. Die Vorfahren der Tiere waren zu Beginn des 19. Jh. für Zuchtzwecke von der indonesischen Insel Timor importiert worden, verwilderten später, fanden aber im Arnhem Land ideale Lebensbedingungen vor und vermehrten sich ohne natürliche Feinde zu einer geschätzten Zahl von 500 000. Weil sie das ökologische Gleichgewicht des Kakadu National Park bedrohten, wurden die Wasserbüffel durch ein Abschussprogramm gezielt dezimiert. In der Black Point Ranger Station am Naturhafen Port Essington informiert eine Ausstellung über den Nationalpark. In der Nähe zeugen die Ruinen des Victoria Settlement von einem missglückten Siedlungsversuch der Briten.

Der wichtigste Anlaufpunkt im Zentrum des Kakadu National Park ist der **Nourlangie Rock** 13 30 km südlich des Bowali Visitor Centre. An dem Felsmassiv, das in der Abendsonne rot glüht, zeigen hunderte von Traumbildern Krokodile und Fische, Schildkröten und Frösche, Kängurus und Schlangen – Darstellungen der Totemtiere der vergöttlichten Schöpferahnen. Auch Bildnisse von Menschen sind zu sehen – sitzend, stehend, jagend oder sich liebend. Meist handelt es sich dabei um Fruchtbarkeitsszenen. Andere anthropomor-

phe Darstellungen zeigen den ›Blitzmann‹ Namarrgon, der für die vielen schweren Gewitter verantwortlich ist. Die Felsenbilder am Nourlangie Rock sind Beispiele für die Röntgenmalerei, bei der die Körper nicht nur in ihrer äußeren Form gezeigt werden, sondern wie bei einem Röntgenbild mit inneren Organen und Knochen. An manchen Stellen der Freilichtgalerie geistern die schlauen, lustigen Mimis, die den Menschen wohl gesonnen sind. Ein Rundwanderweg mit Schautafeln erschließt das Felsen-Bilderbuch (1,5 km/1 Std.).

Vom Gunwarrde Wardeh Lookout oberhalb der Galerien bietet sich ein Blick auf das Escarpment des Arnhem-Land-Plateaus. Das vielleicht beste Panorama des Nourlangie Rock eröffnet sich vom Nawurlandja Lookout 2 km nordwestlich (hin und zurück 1,2 km/ 40 Min.). Nur wenige Touristen besuchen die Nanguluwur-Felsgalerie an der Nordseite des Nourlangie Rock, zu der vom Parkplatz eine Wanderung führt (hin und zurück 4 km/1,5 Std.). Folgt man der Piste etwa 8 km Richtung Osten, kommt man zum Ausgangspunkt des Gubara

Die Jim Jim Falls im Kakadu National Park

doch die Mühe wird mit einem fantastischen Blick über grünes Hügelland bis zum rot leuchtenden Sandsteinwall des Escarpment belohnt (hin und zurück 3,6 km/1,5 Std.).

Ein ›Muss‹ ist die etwa zweistündige Fahrt in einem Ausflugsboot auf der Lagune **Yellow Water** [14] in der Nähe der Ferienanlage Cooinda. Am frühen Morgen oder späten Nachmittag sammeln sich hier Wasservögel und Kakadus. Auch Salzwasserkrokodile tummeln sich in dem seichten Gewässer. Den abgeschnittenen Altarm des Jim Jim Creek nennen die Gagudju-Aborigines Ngurrungurrudjba. Vögel kann man auch auf dem Yellow Water Walk beobachten, der von der Bootsanlegestelle einige hundert Meter auf einem Holzsteg am Rande der Lagune verläuft. Es lohnt sich ein Blick in das Warradjan Aboriginal Cultural Centre, eines der interessantesten Zentren des Northern Territory für die Kultur der Ureinwohner.

Einen allradangetriebenen Geländewagen und einen Tag Zeit benötigt man für den während der Regenzeit gesperrten, vor allem auf den letzten 10 km wegen Flussquerungen und Schlammlöchern nicht ganz einfachen Track zu den **Jim Jim Falls** [15]. Die mühevolle Fahrt auf 60 Holperkilometern lohnt sich insbesondere unmittelbar nach der Regenzeit, wenn die Wasserfälle 200 m vom Felsplateau des Arnhem Land hinabstürzen. Da er etwas Kletterei über Geröll und Felsen erfordert, ist der etwa 1 km lange Marsch vom Parkplatz zu den Wasserfällen beschwerlich.

Für Outback-Unerfahrene ist das Allradabenteuer bei den Jim Jim Falls zu Ende, da die Weiterfahrt zu den 10 km südlich gelegenen **Twin Falls** [16] sehr schwierig ist. Auf dem Weg muss der

Pools Walk, der sich durch Eukalyptuswald zu Sandsteinklippen und Naturpools am Rande der Abbruchkante windet (hin und zurück 6 km/4 Std.).

Möglichkeiten für Wanderungen gibt es auch auf der Weiterfahrt zum Ferienzentrum Cooinda. Nur während der Trockenzeit empfiehlt sich der Bubba Wetlands Walk durch ein Feuchtbiotop mit reicher Vogelwelt, der am Muirella Park-Campingplatz beginnt (Rundwanderung 3,5 km/2 Std.). Schweißtreibend ist der teils sehr steile Aufstieg zum Mirrai Lookout auf dem Gipfel des Mount Cahill,

Jim Jim Creek durchquert werden, in dem auch während der Trockenzeit das Wasser hüfthoch steht. Zudem sind die etwa 1 km vom Parkplatz entfernten Wasserfälle, die im Gegensatz zu den Jim Jim Falls nie austrocknen, nur (auf einer Luftmatratze) schwimmend zu erreichen. Bisweilen ist die Zufahrt gesperrt, wenn Ranger in der Twin Falls Gorge Salzwasserkrokodile gesichtet haben. Für den Abstecher zu den Twin Falls muss man einen weiteren Tag einplanen. Ein einfaches, aber schön gelegenes Busch-Camp befindet sich unweit der Jim Jim Falls.

Von Cooinda windet sich der geteerte Kakadu Highway nach Pine Creek 140 km südlich am Stuart Highway. Nahe der Southern Entrance Station zweigt vom Kakadu Highway eine 40 km lange Schotterpiste, die bei Trockenheit auch mit Autos zu bewältigen ist, zu den malerischen **Gunlom Falls** 17 ab. Die Wasserfälle, die an der Abbruchkante des Arnhem-Land-Plateaus über eine rund 100 m abfallende Felswand stürzen, sammeln sich in einem kleinen See. Dort kann man schwimmen. Zu einem Bad lädt auch ein Felsenpool auf dem Plateau oberhalb der Wasserfälle ein, erreichbar auf einem kurzen, aber steil ansteigenden Fußpfad. Zu Wasserfällen im Marrawal Plateau führen längere Wanderungen vom Yurmikmik-Parkplatz auf halbem Weg zwischen Kakadu Highway und Gunlom Falls, etwa der Motor Car Falls Walk (hin und zurück 7,5 km/ 3 Std.). Ein ideales Standquartier ist der und gut ausgestattete Campingplatz bei den Gunlom Falls.

Ab **Pine Creek** 18 geht es auf dem Stuart Highway (vgl. S. 132) zum Litchfield National Park 100 km südlich von Darwin. Outback-Erfahrene mit zuverlässigen Allradfahrzeugen wagen bei günstigen Witterungsverhältnissen auf die südliche Zufahrtspiste (vgl. S. 186), die nahe Daly River beginnt. Das wichtigste Eingangstor zum Nationalpark mit vier großen und zahlreichen kleineren Wasserfällen ist jedoch **Batchelor** 19 14 km westlich des Stuart Highway. Von dort führt die Litchfield Park Road zu den meisten Sehenswürdigkeiten am südwestlichen Rand des steilen Sandsteinplateaus der Tabletop Range.

Rund 30 km jenseits der Parkgrenze ragen wie Grabsteine auf einem Friedhof meterhohe, sehr schmale Termitenbauten auf, die in Nord-Süd-Richtung ausgerichtet sind. Die Bauweise verhindert eine Überhitzung des Nestinnern, da die Sonnenstrahlen zur heißesten Tageszeit nur auf den Kamm treffen. Die Bauten der Kompasstermiten gibt es nur in der Umgebung von Darwin sowie im Arnhem Land und auf der Cape York-Halbinsel.

Etwas später zweigt eine Stichstraße zu den **Florence Falls** 20 ab. Auf halbem Weg verspricht das Buley Rockhole Badespaß im Regenwald. Auch am Fuße der Florence Falls kann man in einem Wasserbecken schwimmen, allerdings erst nach einer kurzen Wanderung (hin und zurück 1,8 km/1 Std.). Anders als in den krokodilreichen Gewässern des Kakadu National Park ›verirren‹ sich so gut wie nie *salties* in die von Rangers überwachten Naturpools des Litchfield National Park, in denen man gefahrlos schwimmen kann.

Die verwitterten Kuppeldome und Sandsteinsäulen der **Lost City** 21 sind für viele Parkbesucher unerreichbar. Dorthin führt nur ein sehr schwieriger Track, für den viele Autovermieter keine Genehmigung erteilen. Während die von der Litchfield Park Road abzweigende nördliche Zufahrt bei Trockenheit und mit fahrerischem Geschick noch im

Termitenbauten im Litchfield National Park

Bereich des ›Machbaren‹ liegt, wird es auf der aus Südosten kommenden Piste geradezu abenteuerlich. Vor allem hochbeinige Geländewagencamper geraten auf der zu überwindenden Steilstufe in Schieflagen, so dass man jeden Augenblick mit dem Umkippen rechnen muss.

Auf extrem schwieriges Terrain begibt man sich auch bei der Fahrt zu den Tjaynera oder **Sandy Creek Falls** 22, die über eine Felswand in eine Sandsteinschlucht stürzen. Nur mit einem *permit* und nach Absprache mit den Rangers darf man die sehr schwierige Naturpiste am Reynolds River zum Ferienort Daly River befahren.

Die Litchfield Park Road schwingt sich vom Plateau hinab ins Tiefland. Nächste Station sind die in eine Felsenschlucht stürzenden **Tolmer Falls** 23, auf die sich von einer Aussichtsplattform ein schöner Blick bietet. Etwas weiter plätschert der Greenant Creek durch eine Monsunwaldoase mit Picknickplätzen. Die **Wangi Falls** 24 bilden den größten ›Swimmingpool‹ des Nationalparks und stehen daher auf dem Tourprogramm von Reiseveranstaltern obenan. Bei den Wasserfällen befindet sich ein schöner, aber oft überlaufener Campingplatz. Weiter nördlich wird es ruhiger, zumal die Asphaltstraße nach der Abzweigung zu den Wangi Falls in eine Schotterpiste übergeht. Biologen und Botaniker mit einem Faible für tropischen Regenwald gehen im Pethericks Rainforest auf Erkundungszüge. Mit etwas Glück sind seltene Blauflügel-Kookaburras zu beobachten. Wer länger bleiben möchte, findet dort ein schönes Busch-Camp. Etwa 40 km nördlich der Nationalparkgrenze trifft die Straße auf die Cox Peninsula Road, über die man – vorbei am Territory Wildlife Park und Berry Springs Nature Park – zurück zum Stuart Highway gelangt.

Outback-Routen im Westen

ber und Oktober, wenn sich der sonst karge Landstrich in einen Blütenteppich verwandelt.

Gut 100 km westlich des Städtchens Kimba zweigt in Wudinna eine 28 km lange Stichstraße zum 261 m hohen Granitmassiv des Mount Wudinna Rock ab. Zwischen Wudinna und Ceduna sind auf der Landkarte Orte mit Namen wie Minnipa, Poochera, Cungena und Wirrulla verzeichnet, die aus der Sprache der Aborigines stammen. Es lohnt sich, in Poochera den Eyre Highway zu verlassen und durch Weizenanbaugebiet zum Ferienort **Streaky Bay** 5 am südlichen Ende der gleichnamigen Bucht zu fahren. Boote bringen Touristen zu Jones Island, wo sich Seelöwen in der Sonne aalen.

Der Name der Kleinstadt **Ceduna** 6 leitet sich von dem Aborigine-Wort Cheedoona ab, was soviel wie Platz zum Hinsetzen und Entspannen bedeutet. So schätzen denn auch zahlreiche Reisende zwischen Adelaide und Perth den Ort als Übernachtungsstopp. Besucher sind auf der Denial Bay Oyster Farm willkommen. Viel Atmosphäre vermittelt ein Spaziergang durch den Fischereihafen Port Thevenard.

Durch die Nullarbor Plain

Tipps & Adressen

Penong S. 346, Yalata Roadhouse S. 358, Nullarbor Roadhouse S. 346, Border Village S. 316, Eucla Roadhouse S. 332, Madura Roadhouse S. 341, Cocklebiddy Roadhouse S. 324, Balladonia Roadhouse S. 314

Ceduna bezeichnet sich gern auch als Gateway to the Nullarbor. Das wüstenartige Karstgebiet erstreckt sich nördlich der Großen Australischen Bucht zwischen der süd-australischen ›Salzseen-Platte‹ und dem west-australischen Tafelland. Namenspatron war der Naturwissenschaftler Edmund Delisser, der die Region 1866 erforschte und sie mit den lateinischen Wörtern *nullus arbor* (kein Baum) benannte. Ganz korrekt ist

Outback-Routen im Westen

Asphaltband durch die Einsamkeit
Eyre Highway

Von Port Augusta nach Ceduna

Tipps & Adressen
Port Augusta S. 249, Whyalla S. 356, (Abstecher nach Port Lincoln S. 351 und Tumby Bay S. 354 auf der Eyre Peninsula), Streaky Bay S. 352, Ceduna S. 323

Sand und Steine, Steine und Sand – so weit das Auge reicht. Nur vereinzelt krallen sich krüppelwüchsige Büsche im kargen Erdreich fest. Über weite Abschnitte wie mit dem Lineal gezogen, durchschneidet der nach dem Australien-Forscher Edward John Eyre benannte Highway die Halbwüste der Nullarbor Plain. Zwischen den Städten im Osten und den west-australischen Goldfields erstreckt sich das sprichwörtliche Nichts. Stunde um Stunde fährt durch Einsamkeit Richtung Westen. Aber auf kaum einer anderen Outback-Route erhält man eine bessere Vorstellung von der endlosen Weite des Kontinents.

Für die ganzjährig befahrbare Strecke benötigt man etwa drei Tage, für einen Abstecher auf die Eyre Peninsula noch einmal so lang. Versorgungsmöglichkeiten bieten mehrere Roadhouses, die aber bis zu 250 km auseinander liegen – deshalb immer rechtzeitig nachtanken.

Schon wenige Kilometer außerhalb von **Port Augusta** **1** wandelt sich das Bild. Das Treiben der quirligen Mittelstadt weicht weitem, stillem Land. Knapp 30 km südwestlich von Port Augusta lockt der Lincoln Highway zu einem Abstecher auf die riesige Eyre-Halbinsel, die sich wie ein Keil zwischen den Spencer Gulf und die Great Australian Bight schiebt. Die meisten Reisenden scheuen die Strecke ins ›Küsten-Outback‹, denn sie verlängert die Route um weitere 400 km. Wer sich jedoch für den Umweg entscheidet, wird mit einer abwechslungsreichen Fahrt belohnt, die im Süden der Halbinsel durch eine Küstenlandschaft mit Steilklippen und weiten Sandstränden verläuft.

Gut 50 km südlich der Straßengabelung kunden Schornsteine und Kohlehalden zunächst vom Industriezentrum **Whyalla** **2**. Informativ ist eine Führung durch die Stahlhütte BHP Steelworks. Dem Leben am und auf dem Wasser ist das Whyalla Maritime Museum gewidmet, dessen Glanzstück die Korvette »Whyalla« aus dem Jahre 1938 ist, das erste in der Stadt gebaute Schiff.

Südlich von Whyalla erstrecken sich Weizenfelder links und rechts des Lincoln Highway. Vielerorts ragen Getreidesilos auf. Bei Cowell am Naturhafen Franklin Harbour, wo die Straße wieder auf die Küste trifft, werden die ergiebigsten Jadelager von Australien ausgebeutet. Hervorragende Sandstrände findet man am Küstenstreifen zwischen den Ferienorten Arno Bay, Port Neill und **Tumby Bay** **3**. Das Seebad Tumby Bay ist auch ein Ziel für Tierfreunde, die in den Sommermonaten auf den Inseln des Sir Joseph Bank Group Conservation Park tausende von Cape Barren-Gänsen und Pelzrobben beobachten können. Oft werden die Ausflugsboote von Delfinen begleitet.

◁ *Der Piccaninny Creek im Bungle Bungle National Park*

Die Boston Bay vor **Port Lincoln** 4, dem Heimathafen der größten Fischfangflotte von Australien, ist ein Paradies für Sportfischer. Ausflugsboote steuern das Dangerous Reef an, wo viele Szenen des Films »Der weiße Hai« gedreht wurden. Spektakuläre Blicke auf die Küste der Sleaford Bay im Lincoln National Park bieten sich von der Panoramastraße Whalers Way 30 km südwestlich von Port Lincoln.

Der Flinders Highway windet sich an der Westküste der Eyre Peninsula entlang. Im Coffin Bay National Park türmen sich Sanddünen von Sahara-Format auf. Dort kann man kilometerlange Wanderungen an einsamen, von Felsenklippen durchbrochenen Stränden unternehmen. Einer der schönsten Küstenstreifen von South Australia erstreckt sich beim Ferienort Elliston. Eine große Kolonie Australischer Seelöwen lebt am Point Labatt beim Fischer- und Ferienort Streaky Bay, von dem es noch 112 km nach Ceduna am Eyre Highway sind.

Wer sich an der Fernstraßengabelung südwestlich von Port Augusta für den Eyre Highway entschieden hat, passiert nach 42 km die Minenstadt Iron Knob, in deren Umgebung seit 1894 Eisenerz gefördert wird. In der Middleback Range südlich des Ortes, in der noch 200 Mrd. t hochwertigen Eisenerzes lagern, wird ein Großteil Rohstoffs abgebaut.

Zwischen Iron Knob und Kimba kreuzt der Eyre Highway den Lake Gilles Conservation Park, ein Dorado für Vogelfreunde, die aber einen Geländewagen brauchen, um in das Naturschutzgebiet vorzudringen. Auch nur mit einem Allradfahrzeug darf man sich auf die Piste wagen, die von Kimba Richtung Nordwesten zu den Gawler Ranges abzweigt und jenseits der Hügelkette zwischen den großen Salzseen Lake Gairdner, Lake Acraman, Lake Everard und Lake Harris verlaufend nach Glendambo am Stuart Highway führt. Der Abstecher in die Gawler Ranges lohnt sich vor allem während der Frühjahrsblüte im Septem-

Achtung vor Kamelen, Wombats und Kängurus

ber und Oktober, wenn sich der sonst karge Landstrich in einen Blütenteppich verwandelt.

Gut 100 km westlich des Städtchens Kimba zweigt in Wudinna eine 28 km lange Stichstraße zum 261 m hohen Granitmassiv des Mount Wudinna Rock ab. Zwischen Wudinna und Ceduna sind auf der Landkarte Orte mit Namen wie Minnipa, Poochera, Cungena und Wirrulla verzeichnet, die aus der Sprache der Aborigines stammen. Es lohnt sich, in Poochera den Eyre Highway zu verlassen und durch Weizenanbaugebiet zum Ferienort **Streaky Bay** 5 am südlichen Ende der gleichnamigen Bucht zu fahren. Boote bringen Touristen zu Jones Island, wo sich Seelöwen in der Sonne aalen.

Der Name der Kleinstadt **Ceduna** 6 leitet sich von dem Aborigine-Wort Cheedoona ab, was soviel wie Platz zum Hinsetzen und Entspannen bedeutet. So schätzen denn auch zahlreiche Reisende zwischen Adelaide und Perth den Ort als Übernachtungsstopp. Besucher sind auf der Denial Bay Oyster Farm willkommen. Viel Atmosphäre vermittelt ein Spaziergang durch den Fischereihafen Port Thevenard.

Durch die Nullarbor Plain

Tipps & Adressen

Penong S. 346, Yalata Roadhouse S. 358, Nullarbor Roadhouse S. 346, Border Village S. 316, Eucla Roadhouse S. 332, Madura Roadhouse S. 341, Cocklebiddy Roadhouse S. 324, Balladonia Roadhouse S. 314

Ceduna bezeichnet sich gern auch als Gateway to the Nullarbor. Das wüstenartige Karstgebiet erstreckt sich nördlich der Großen Australischen Bucht zwischen der süd-australischen ›Salzseen-Platte‹ und dem west-australischen Tafelland. Namenspatron war der Naturwissenschaftler Edmund Delisser, der die Region 1866 erforschte und sie mit den lateinischen Wörtern *nullus arbor* (kein Baum) benannte. Ganz korrekt ist

diese Bezeichnung nicht, denn baumlos ist nur das Zentrum der Wüstensteppe, das erst weit nördlich des Eyre Highway beginnt.

Im Hinterland der Great Australian Bight, das im Jahr immerhin etwa 200 mm Niederschlag erhält, wachsen vereinzelt buschartige Eukalypten und Akazien. Aber vor allem die an die Great Victoria Desert grenzende Nordregion der Nullabor Plain ist so trocken, dass früher sogar nomadisierende Ureinwohner einen weiten Bogen um das Gebiet machten. Auch heute leben in der Einöde nur einige Arbeiter, welche die transkontinentale Eisenbahnstrecke in Stand halten. Der Schienenstrang, auf dem der Indian-Pacific verkehrt, kann mit einem Weltrekord aufwarten – auf einer Strecke von 478 km gibt es nicht eine einzige Kurve.

Mit dem Ziel, eine Landverbindung von Süd- nach West-Australien zu erkunden, durchquerte 1840/41 Edward John Eyre als erster Weißer mehr oder weniger der Küstenlinie folgend die Nullarbor-Ebene. 30 Jahre später legte die Expedition von John Forrest die Trasse für eine Telegrafenleitung vom westaustralischen Albany nach Adelaide fest. Im Jahre 1875 kam Ernest Giles bei dem Versuch die nördliche Nullarbor Plain zu durchqueren fast ums Leben. Dem Verdursten nahe, fanden er und seine Gefährten jedoch noch eine rettende Quelle.

Gut 70 km westlich von Ceduna kündigen große Windräder, mit denen Grundwasser an die Oberfläche gepumpt wird, das Städtchen **Penong** [7] an. 21 km südlich versteckt sich hinter hohen Dünen mit dem Cactus Beach einer der besten Brandungsstrände von Australien. Wegen der optimalen Bedingungen geben sich hier Wellenreiter aus dem ganzen Land ein Stelldichein. Die wenigsten stört, dass in diesem für seinen maritimen Artenreichtum bekannten Meeresgebiet auch Haie einen idealen Lebensraum vorfinden und dass Surfer wiederholt von den Meeresräubern angegriffen wurden. Angler zieht es zum Fischerort Fowlers Bay 26 km südlich des Nundroo Roadhouse, wo Edward John Eyre bei seinem Gewaltmarsch durch die Nullarbor Plain im Sommer 1840/41 eine dreimonatige Pause einlegte.

Beim **Yalata Roadhouse** [8] 55 km weiter westlich kann man nicht nur auftanken, sondern auch Holzschnitzereien der Ureinwohner aus dem nahen Yalata Aboriginal Land kaufen, zu dem Weiße ohne *permit* keinen Zutritt haben. Gegen eine geringe Gebühr erhält man im Roadhouse die Genehmigung für einen Abstecher zu den Steilklippen der **Head of Bight** [9] auf Aborigine-Land 78 km westlich von Yalata. Dort kann man zwischen Mai und Oktober Buckel-

Eyre Highway

wale beobachten. Die Meeressäugetiere, die bis zu 15 m lang und über 40 t schwer werden können, ziehen nach einer sechsmonatigen Futterperiode aus ihren arktischen Nahrungsgründen in wärmere Gewässer, um ihre Jungen zu werfen. Im Australian Bight Marine Park wurden Schulen mit mehreren Dutzend ausgewachsenen Walen und zahlreichen Jungtieren gesichtet. Bei ruhigem Wellengang nähern sich die Eltern mit ihrem Nachwuchs der Steilküste, auf der eine Aussichtsplattform thront.

Aussichtspunkte auf die Bunda Cliffs erreicht man auf meist guten Schotterstraßen, die westlich des **Nullarbor Roadhouse** 10 vom Eyre Highway abzweigen. Dort heißt es jedoch vorsichtig sein, da die bröckeligen, unterspülten Klippenkanten nicht gesichert sind. Jenseits des Roadhouse durchquert die Fernstraße den Nullarbor National Park, dessen größte Attraktion sich unter der Erde befindet. Die Felskunstwerke der Ureinwohner in der Koonalda Cave sind bis zu 20 000 Jahre alt. Vermutlich hat

Die Nullarbor-Küste in Süd-Australien

Eine weitere Attraktion für Fotografen liegt inmitten einer Dünenlandschaft in der Nähe des **Eucla Roadhouse** . Die Ruinen einer 1877 erbauten Relaisstation der alten Überland-Telegrafenleitung zwischen Adelaide und Perth sind halb von Flugsand verweht. Zu jener Zeit lebten in Eucla über 100 Menschen, heute nur noch ein Bruchteil davon.

Jenseits des Eucla Roadhouse schwingt sich der Eyre Highway hinauf zum unscheinbaren Eucla Pass. **Mundrabilla Roadhouse** 13 und **Madura Roadhouse** 14 sind die nächsten Stationen auf dem Weg nach West-Australien, die Reisenden aber nicht mehr als Raststätten mit Tankstellen sowie Motel und Caravan Park bieten. Beim Madura Roadhouse auf halber Strecke zwischen Adelaide und Perth erklimmt der Highway eine weitere kleine Passhöhe, von der sich ein schöner Blick über die karge Wüstensteppe bietet.

Ein längerer Stopp beim **Cocklebiddy Roadhouse** 15 lohnt sich wegen der spektakulären Baxter Cliffs im Nuytsland Nature Reserve und der Cocklebiddy Caves. Vom Roadhouse kann man auch einen Abstecher durch eine Dünenlandschaft zum Eyre Bird Observatory in der alten Cocklebiddy Telegraph Station machen, ein ›Muss‹ für alle, die gern Vögel beobachten und mit einem Geländewagen unterwegs sind.

Westlich von **Caiguna** 16 könnte man das Lenkrad auf Mittelstellung arretieren, da der Eyre Highway nun 146 km wie mit dem Lineal gezogen verläuft. Weder Ansiedlungen noch Bergrücken bieten im brettebenen Landstrich dem Auge Halt. Es gibt kaum Gegenverkehr, der von der Einsamkeit ablenkt. Der Eyre Highway scheint aus dem Nichts zu kommen und im Nichts wieder zu ver-

die 800 m lange, 120 m breite und fast 80 m hohe Höhle den einst hier lebenden Aborigines als Wohn- und Kultstätte gedient. Die westliche Grenze des Nullarbor National Park markiert zugleich die Grenzlinie zwischen South Australia und Western Australia, die man beim **Border Village** 11 passiert. Beliebtes Fotomotiv ist der für entlegene Outback-Orte obligatorische Wegweiser, der die riesigen Entfernungen zu anderen australischen Orten und Weltmetropolen angibt.

schwinden. Unvorstellbar, dass sein Namensgeber vor gut anderthalb Jahrhunderten den Weg von Adelaide nach Albany marschiert ist, denn auf die Landkarte von Deutschland projiziert, entspricht das mehr als zweimal der Strecke München–Hamburg.

Vom **Balladonia Roadhouse** 17, wo einst eine Telegrafenstation stand, führt der raue Paramunga Track zum Cape Arid National Park und dem Cape Le Grand National Park. Mit Autos sind die Naturschutzgebiete mit traumhaften Sandstränden an einsamen Buchten und schroffen Granitgipfeln von Esperance zu erreichen.

Ins Goldgräberland

Tipps & Adressen
Norseman S. 345, Coolgardie S. 326, Kalgooorlie-Boulder S. 336

Nach 1200 Wüstenkilometern endet die Durchquerung der Nullarbor Plain in **Norseman** 18. Obwohl der 2000-Einwohner-Ort seinen Zenit als ein Zentrum der Goldförderung in Western Australia längst überschritten hat, werden hier heute noch mit modernster Technik die letzten Körnchen Gold aus dem Boden geholt. Ein weiter Blick über die Salzseen um Norseman bietet sich vom Beacon Hill Lookout.

Auch **Coolgardie** 19 166 km nördlich von Norseman hatte während der Goldära schon bessere Tage gesehen. Geblieben sind dem Städtchen die Town Hall von 1898 mit einer Ausstellung zur ›goldenen Vergangenheit‹ sowie der restaurierte ehemalige Bahnhof. 1892 war ein *digger* bei Coolgardie auf goldhaltiges Gestein gestoßen. Als ein Jahr später der Ire Patrick ›Paddy‹ Hannan im nahen Kalgoorlie einen 37-Kilo-Nugget entdeckte, brach ein Goldrausch aus.

Um die Jahrhundertwende lebte in der Region Kalgoorlie-Coolgardie rund ein Sechstel der Bevölkerung von West-Australien – über 30 000 Menschen. Mit einfachstem Gerät gruben sie in wenigen Jahren allein auf der ›Golden Mile‹ bei Kalgoorlie mehr als 1000 t des Edelmetalls aus der Halbwüste.

Ein kleines Vermögen mussten die Goldgräber damals für alles Lebensnotwendige ausgeben, denn sämtliche Waren wurden mit Kamelkarawanen aus dem 600 km entfernten Perth herbeigeschafft. Teuer war vor allem das in die Goldgräbersiedlung transportierte Trinkwasser, da es in der knochentrockenen Region um Kalgoorlie so gut wie kein Oberflächenwasser gibt. Das Grundwasser enthält so viele Mineralsalze, dass es ungenießbar ist. Die Trinkwasserversorgung war erst sichergestellt, als es 1895 gelang, Kalgoorlie durch eine knapp 560 km lange Pipeline mit dem Mundaring-Reservoir vor den Toren von Perth zu verbinden. Noch heute bezieht Kalgoorlie, das mittlerweile mit der Nachbarstadt Boulder zusammengewachsen ist, sein Frischwasser aus dem Stausee nahe der Küste.

Die Jahre, da Goldgräber mit Pickel, Schaufel und viel Glück in engen Stollen das Edelmetall zu Tage fördern konnten, neigten sich bald dem Ende zu. Schon Anfang des 20. Jh. verebbte der Goldrausch. Erst moderne Technik machte die Goldförderung in Kalgoorlie wieder attraktiv. Heute stammt über die Hälfte der australischen Goldproduktion aus der selbsternannten ›Goldhauptstadt von Australien‹. Zudem lagern in der Umgebung die reichsten Nickelvorkommen des Fünften Kontinents.

Heute noch strahlen **Kalgoorlie-Boulder** 20 viel Goldrausch-Atmosphäre aus. Viktorianische Holz- und Ziegelfassaden sowie Gaslaternen im

Viktorianische Fassaden in der ehemaligen Goldgräberstadt Kalgoorlie

und andere Überbleibsel aus der goldenen Epoche findet man vor allem in der Hannan Street, benannt nach dem Mann, dem die Stadt ihre Existenz verdankt. Zu den stattlichsten Gebäuden gehören Hotel-Pubs wie das Old Australia Hotel, das Exchange Hotel und das Palace Hotel. Statt der Bergleute drängeln sich nun Besucher in den Pubs und in den Kunsthandwerksläden.

Das Museum of the Goldfields dokumentiert die Geschichte der west-australischen Goldgräberstädte. Vom Wahrzeichen des Industriemuseums, einem ehemaligen Förderturm, bietet sich ein schöner Blick über die Hannan Street.

Zwischen Kalgoorlie und Boulder erstreckt sich die ›Golden Mile‹. Heute laufen nur noch in der großen Mount Charlotte Mine die Maschinen, allerdings nicht mehr in Stollen, sondern in einer Tagebaugrube. Einen Eindruck von den Dimensionen des Bergwerks kann man sich vom Golden Mile Superpit Lookout an der Outram Street in Boulder verschaffen. Bei einer Fläche von 2 × 4 km reicht der Riesenkrater inzwischen rund 200 m in die Tiefe. Mit Hilfe modernster Technologie fördert man hier alljährlich mehr als 20 t Gold im Wert von über 350 Mio. australischen Dollar.

Auch in Boulder gibt es Relikte aus der Goldära, nur sehen die Bauten dort etwas angestaubter aus und wirken damit auch nostalgischer. Die Attraktion in Boulder ist der alte Bahnhof mit einem kleinen Museum. Hier startet die Loopline Tourist Railway, eine Schmalspurbahn aus der Frühzeit des Eisenbahnwesens, zu Rundfahrten durch den südlichen Teil der Golden Mile.

Mit den Arbeitsbedingungen der Bergleute kann man sich bei Untertagetouren in die Hannans North Tourist Mine vertraut machen. Bekleidet mit Schutzhelm und festen Schuhen, werden die Besucher in einem Förderkorb über 60 m tief in den Schacht hinabge-

Wohnzimmer der Bushies
Outback-Pubs

Während der Woche herrscht Ruhe in der Bergbaustadt Kalgoorlie, dem Zentrum der west-australischen Goldfields. Aber freitag- und samstagabends geht es hoch her, wenn Farmer aus 100 und mehr Kilometern Entfernung in die Outback-Stadt kommen und Minenarbeiter ihren Lohn in den Pubs verjubeln. In Dreierreihen stehen sie dann vor den Tresen.

Das Grand Hotel in Kalgoorlie bietet wie 1000 andere Pubs im australischen Busch seinen Gästen neben Bier bisweilen auch derbe Unterhaltung. Australien, das zu vier Fünfteln aus Savanne und Wüste besteht, ist das Land des Durstes. Wer durch das trockene Outback reist und nicht genügend Trinkbares dabei hat, lebt gefährlich. Es sei denn, er findet eine Busch-Kneipe, in der das größte Möbelstück stets ein mit Bier gefüllter Kühlschrank ist.

Der Pub, ein Erbe aus dem englischen Mutterland, gehört zum Fünften Kontinent wie der Ayers Rock. Vor allem im Outback sind die Pinten der gesellschaftliche Mittelpunkt der Farmer und Viehzüchter, Cowboys und Trucker aus der weiten Umgebung. Busch-Pubs verbreiten Outback-Flair und dienen als wertvolle Kontakt- und Informationsbörse für Reisende. Traditionell tragen die meisten Pubs noch die Bezeichnung ›Hotel‹, die aus einer Zeit stammt, als ein Gesetz den Ausschank alkoholischer Getränke nur in Lokalen gestattete, deren Wirte einige Gästezimmer bereithielten. Das Outback hat nur erlebt, wer einmal in einem dieser Hotels übernachtet hat, die wenig Komfort, aber jede Menge Lokalkolorit bieten. Großer Vorteil – der Weg von der Kneipe ins Bett ist erfreulich kurz.

Getränke werden in einem Pub am Tresen bestellt und sofort bezahlt. Obwohl Bier, das Nationalgetränk der Australier, mit Weiß- und Rotweinen aus heimischer Produktion Konkurrenten bekommen hat, rinnt im Landesinnern immer noch vorzugsweise der edle Gerstensaft durch durstige Kehlen, denn vielen Outback-Machos gilt Wein als unmännlich. Irritierend sind die von Staat zu Staat unterschiedlichen Maßeinheiten. Wer ein *middie,* ein mittelgroßes Glas Bier, bestellt, erhält im Northern Territory ein 0,2 l, in Queensland ein 0,325 l fassendes Glas. In ein *schooner,* ein großes Bierglas, passen in South Australia 0,485 l, in Western Australia 0,575 l. In kleineren Outback-Kneipen wird nicht vom Fass gezapft. Dort sind nur Bierdosen *(cans)* und kleine Bierflaschen *(stubbies)* erhältlich. Damit das Bier in der Backofenhitze auch wirklich kühl bleibt, serviert man es in *can holders* oder *stubbie holders* aus Styropor.

Da viele Outback-Aussies ihre Stammkneipe haben, herrscht in den Pubs manchmal eine Stimmung wie auf einer Familienfeier. Fremde fühlen sich dann mitunter wie Eindringlinge. Das Eis ist gebrochen, wenn Besucher nicht mehr mit Sir oder Mister angesprochen werden, sondern mit *mate* (Kumpel). Man kann dem auch etwas nachhelfen, indem man laut in Richtung Wirt »It's my shout!« ruft. Spätestens dann ernten Neuankömmlinge anerkennende Blicke und Schulterklopfen, denn sie haben soeben eine Runde ausgegeben.

Eines der abgelegensten, aber bekanntesten *watering holes* – frei übersetzt ›Tränke‹ – des Outback ist das Birdsville Hotel, in dem während der Birdsville Races am ersten Wochenende im September das Bier hektoliterweise ausgeschenkt wird. Fährt man auf dem Birdsville Track südwärts, taucht am Pistenrand ein Schild mit der Aufschrift ›The‹ auf. Einen Kilometer weiter folgt das Schild ›Coldest‹, wieder einen Kilometer weiter ›Beer‹ und noch einen Kilometer weiter ›of Australia‹. Dann steht sie da, die Wellblechbude des Mungerannie Hotel. Vor 100 Jahren wird es im schummrigen Innenraum der Kneipe kaum anders ausgesehen haben als heute – ein paar Holztische, einige trinkfeste Männer und ein ausgedientes Klavier, das als Ablage für Gläser mit in Alkohol konservierten Giftschlangen dient.

Wer die Tür des William Creek Hotel am Oodnadatta Track öffnet, sieht sich einem überdimensionalen Büstenhalter gegenüber. Kaum ein Gast geht achtlos an dem riesigen Dessou vorbei, unwillkürlich berühren Eintretende die ausgefallene Dekoration – und schon sind ein paar Dollar für den Royal Flying Doctor Service fällig. Es gibt kaum einen Besucher, der die ungewöhnliche Sammelaktion für den auf Spenden angewiesenen australischen Luftrettungsdienst nicht unterstützen würde.

Ein ›Wasserloch‹ ganz anderer Art ist das Barrow Creek Hotel am Stuart Highway nördlich von Alice Springs. Die Wand hinter dem Tresen dieser Buschkneipe ist mit signierten Dollarscheinen tapeziert. Besucher können einen Schein mit Datum und Unterschrift versehen, ihn an die Wand pinnen und beim nächsten Besuch in ›flüssige Währung‹ umtauschen. Weiter nördlich am Stuart Highway grüßen vor dem Wycliffe Roadhouse kleine grüne Männchen die Vorbeifahrenden. Nach Auskunft des Wirtes benutzen außerirdische Wesen sein Grundstück regelmäßig als Landeplatz für ihre Ufos. Seine Gäste bekommen die Besucher aus anderen Galaxien allenfalls dann zu Gesicht, wenn sie zu viele der mehr als 100 Biersorten aus aller Welt probieren, die der Kneipier auf Lager hat.

Ein ›true blue Aussie Outback Pub‹ ist der Daly Waters Pub 3 km abseits des Stuart Highway im tropischen Top End. Kaum ein Reisender lässt die Kneipe links liegen, in der Gerümpel an den Wänden und von der Decke hängt. Visitenkarten und Autokennzeichen aus aller Welt zeugen von einer kosmopolitischen Klientel.

Wer Mitglied im Sandfire Sleezy Sleeveless Shirt Club werden möchte, hat noch einen weiten Weg vor sich – er muss quer durch die Great Sandy Desert an die Westküste fahren. Dort liegt am Great Northern Highway zwischen Port Hedland und Broome mitten im Nichts das Sandfire Roadhouse, wo Reisende nicht nur Tank und Magen füllen können. Gegen einen kleinen Obolus finden sie Aufnahme in einen der exklusivsten Klubs des australischen Outback, dessen Sinn und Zweck höheren Ortes zu bestaunen ist – an der Decke des Pub baumeln zahlreiche abgeschnittene Hemdsärmel.

lassen. Ehemalige Bergleute demonstrieren den Gebrauch von Handbohrern und anderem museal wirkenden Arbeitsgerät. In eine vergangene Epoche fühlt man sich auch bei einem Besuch der Bush Two Up School 6 km nördlich der Stadt versetzt. Die für Uneingeweihte nicht einfach zu verstehenden Regeln dieses Glücksspiels mit zwei Münzen haben sich seit den Goldrauschtagen nicht geändert.

Einstige Goldgräberorte wie Broad Arrow und Ora Banda liegen am Highway 91 zwischen Kalgoorlie-Boulder und Leonora. Wer vom Goldfieber gepackt wurde, kann mit einer Schürferlaubnis des Department of Mines und einem gemieteten Metalldetektor in den Abraumhalden sein Glück versuchen. In Leonora beginnt die nach Zentral-Australien führende Great Central Road (vgl. S. 218). Wiluna 300 km weiter nördlich ist der Ausgangs- bzw. Endpunkt für zwei abenteuerliche Outback-Pisten – die Canning Stock Route (vgl. S. 252ff.) und den Gunbarrel Highway (s.u.).

Auf dem ›Kanonenrohr‹ nach West-Australien Gunbarrel Highway

Von Yulara nach Wiluna

Tipps & Adressen
Yulara (Ayers Rock Resort) S. 358, Warakurna Roadhouse S. 355, Warburton S. 355, Carnegie S. 323, Wiluna S. 357

Der Gunbarrel Highway zwischen Great Victoria Desert, Little Sandy Desert und Gibson Desert führt durch einige der menschenleersten Regionen Australiens. Angelegt wurde das ›Kanonenrohr‹ aus militärischen Gründen. Nach dem Zweiten Weltkrieg errichteten Australien und England das Raketenzentrum Woomera am Stuart Highway (vgl. S. 133). Zur Durchführung von Atomwaffentests musste ein 2,5 Mio. km^2 großes Wüstengebiet westlich des Stuart Highway mit Verbindungstracks zwischen verschiedenen Beobachtungsposten und Wetterstationen erschlossen werden.

Mit der Trassierung beauftragte man den Landvermesser Len Beadell und sein Team, das sich ›Gunbarrel Highway Construction Party‹ nannte. Beadell erkundete mit einem Geländewagen das Terrain und nahm die Vermessungsarbeiten vor. Mit Spiegeln und Leuchtsignalen wies er seinen Männern den Weg, die ihm mit schwerem Gerät in weitem Abstand folgten. Zunächst wälzten sie mit einem Bulldozer eine Trasse durch die Wüstenvegetation. Dem Kettenfahrzeug folgte ein Planierfahrzeug, das die Oberfläche glättete und befestigte. In nur drei Jahren gelang es Len Beadell und seinem Team, eine 1500 km lange Verbindungsstraße zwischen Zentral- und West-Australien anzulegen. An den Bau der 1958 fertig gestellten Piste erinnern Aluminiumplaketten mit Positionsdaten und Entfernungsangaben entlang des Weges.

Wer den Spuren von Len Beadell von Anfang an folgen möchte, zweigt am Stuart Highway 20 km südlich des Kulgera Roadhouse Richtung Westen zur Rinderfarm Mulga Park ab. Von dort verläuft der alte Gunbarrel Highway durch

Der Gunbarrel Highway bei Camp Beadell

das Petermann Aboriginal Land Trust, für dessen Durchquerung Touristen nur selten *permits* erhalten. Man muss sich also in Mulga Park nördlich orientieren und das Curtin Springs Roadhouse am Lasseter Highway ansteuern. Da die Route über Mulga Park wenig reizvoll ist, lohnt sich dieser ›Einstieg‹ nur, wenn man einen Vorgeschmack davon bekommen möchte, was einem in puncto Einsamkeit und hartes ›Wellblech‹ im weiteren Streckenverlauf bevorsteht. Yulara, den allgemein üblichen Ausgangsort für den Gunbarrel Highway, erreicht man bequemer und schneller auf dem geteerten Lasseter Highway.

Die Schotterstraße von Yulara über Docker River und Giles bis Warburton ist relativ gut und kann mit Umsicht und bei Trockenheit auch mit robusten Autos befahren werden. Aber spätestens ab Warburton wird der Gunbarrel Highway zu einem knüppelharten Track, der Fahrer und Geländefahrzeug einiges abverlangt. Bei längeren Niederschlägen verwandeln sich weite Teile der Region in Seenlandschaften, Flüsse beginnen plötzlich zu fließen und die Piste wird zu einer wahren Schlammrutsche. Da jede Fortbewegung dann tagelang unmöglich ist, sollte man bei unsicheren Wetterverhältnissen nur mit voller Outback-Ausrüstung starten. Schneller und bequemer, allerdings auch landschaftlich weniger interessant ist die Great Central Road, die von Warburton nach Leonora in Western Australia führt. Auf dieser gepflegten Schotterstraße verkehren bei gutem Wetter sogar Linienbusse aus Perth mit Ziel Alice Springs.

Will man die Fahrt auf dem Gunbarrel Highway genießen, sollte man mindestens vier bis fünf Tage einplanen. Die besten, weil in der Regel trockensten Reisemonate sind April bis Oktober, wobei es in den Wintermonaten sehr kalt werden kann, nachts bis hin zum Frost. Da der Gunbarrel Highway unter australischen Outback-Freunden Kultstatus genießt, verkehren dort zwischen Juni und

August rund 2000 Fahrzeuge. In den übrigen Monaten ist die Piste jedoch sehr einsam und es kann passieren, dass man tagelang keinem anderen Reisenden begegnet. Plant man die Fahrt außerhalb der Hochsaison, empfiehlt sich eine Ab- und Zurückmeldung bei der Polizei in Yulara oder bei der Carnegie Homestead, wenn man von West nach Ost reist.

Tankstellen gibt es in Docker River, beim Warakurna Roadhouse nahe der Wetterstation Giles, in Warburton und Carnegie sowie in Laverton an der Great Central Road. Keinerlei Versorgungsmöglichkeiten bestehen entlang der rauen knapp 500 km langen Piste zwischen Warburton und Carnegie, für die man mindestens zwei Reisetage benötigt. Da die Strecke teilweise durch Aborigine-Gebiet führt, sind sowohl für das Northern Territory als auch Western Australia Durchfahrtserlaubnisse erforderlich. Die *permits* können in Alice Springs bei den zuständigen Land Councils (vgl. S. 311) beantragt werden. Antragsformulare gibt es auch im Yulara Visitor Centre, von wo man sie per Fax an das Central und Western Land Council schicken kann. Meist wird die Durchreisegenehmigung noch am selben Tag erteilt.

An der Grenze des Uluru-Kata Tjuta National Park geht das Asphaltband in eine gute Schotterstraße über, die trotz einiger ›Wellblech‹-Passagen *smooth travelling* erlaubt. Je weiter man nach Westen fährt, desto tiefer stößt man in

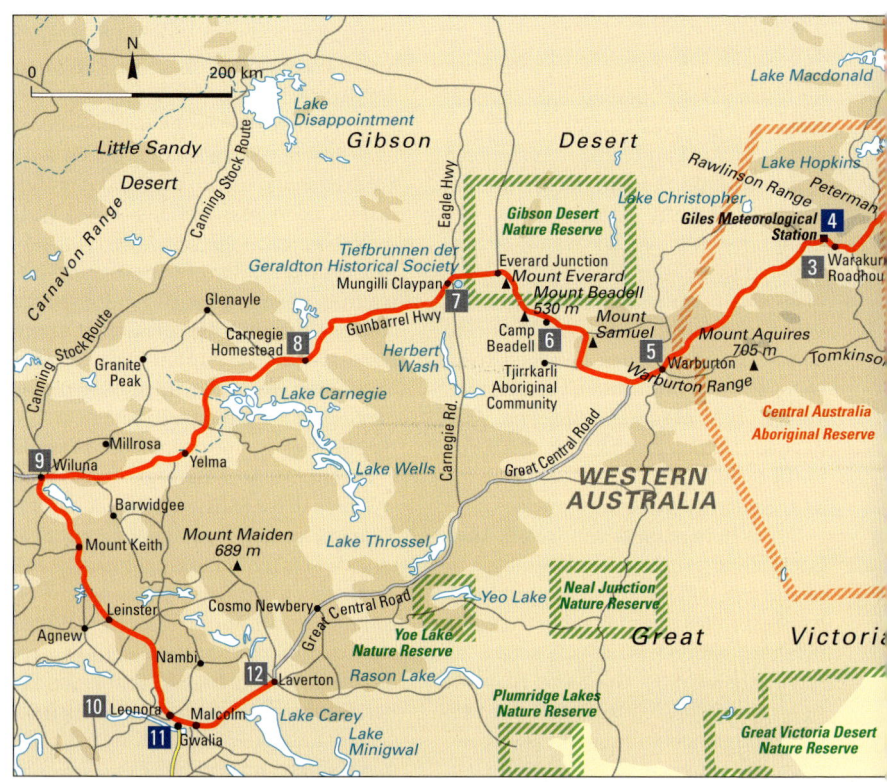

inner-australische Wüstengebiete vor: rote Sanddünen bis zum Horizont, bewachsen mit Mulga-Büschen, Spinifex-Gras und knorrigen Wüsteneichen. Immer wieder kreuzt der Busch-Highway hohe Dünenriegel. Hinweisschilder erinnern daran, dass der Gunbarrel Highway – in diesem Abschnitt korrekt Docker River Road – als Transitstrecke durch Aborigine-Land verläuft und beim Verlassen der Piste eine Geldstrafe von bis zu 1000 Dollar droht.

Östlich von Docker River sucht sich die Schotterstraße eine Passage zwischen den verwitterten Bergketten Bloods Range im Norden und Petermann Range im Süden. Letztere wurden von dem Australien-Forscher Ernest Giles 1874 bei einer Expedition im Gebiet der Great Victoria Desert und Gibson Desert nach dem deutschen Wissenschaftler August Petermann benannt. Ein Windrad markiert die Abzweigung der Stichstraße zur kleinen Höhle **Lasseter's Cave** 1 am Ostufer des Hull River, in welcher der Abenteurer Harold Lasseter im Januar 1931 25 qualvolle Tage verbrachte (vgl. S. 160f.).

Gut 40 km westlich von Lasseter's Cave liegt die Aborigine-Gemeinde **Docker River** 2, in der Sprache der Ureinwohner Kaltukatjara. An der Zufahrtsstraße steht ein Schild ›no public access‹ – betreten verboten! Kaltukatjara ist eine der in den letzten Jahrzehnten überall auf dem Kontinent gegründeten Aboriginal Communities, in denen Ureinwohner versuchen, ungestört von Weißen nach ihren Traditionen zu leben. Für die Aborigines, bei denen es kein individuelles Besitzdenken gibt, ist die Dorfgemeinschaft gleichbedeutend mit dem Familienverband. Das Dorf ist nicht öffentlicher Raum, sondern Privatsphäre, in der Fremde ebenso wenig erwünscht sind wie ungebetene Gäste in einer Wohnung von Weißen. Durchreisende dürfen zwar auf einer weiter westlich abzweigenden Straße die Tankstelle und den Laden der Community ansteuern, aber der restliche Teil der Gemeinde ist für sie tabu. Verboten sind zudem das Fotografieren und der Konsum von Alkohol auf dem Land der Aborigines.

Wenige Kilometer westlich von Docker River überschreitet man mit der Grenze zwischen Northern Territory und Western Australia auch die Grenze zwischen Central Standard Time und Western Standard Time. Will man mit der Zeit gehen, sollte man die Uhren um 90 Minuten zurückstellen. Am Rebecca Creek zweigt Richtung Norden die

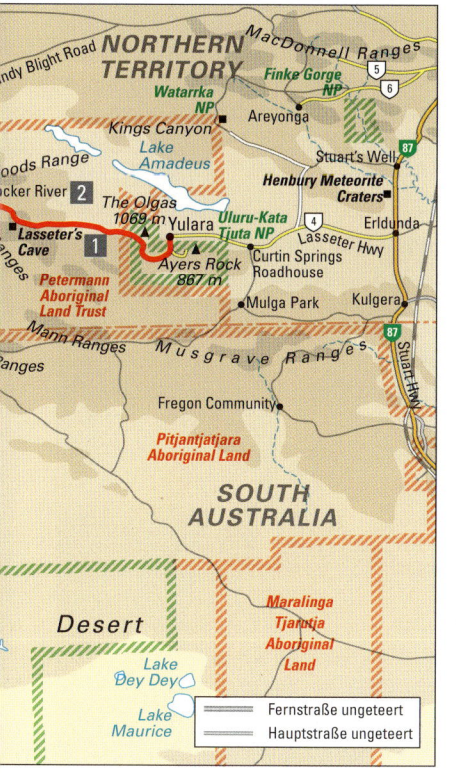

Gunbarrel Highway

wenig befahrene Sandy Blight Road ab, die in weitem Bogen über Haasts Bluff und die West MacDonnell Ranges zurück nach Alice Springs führt.

Der Gunbarrel Highway schrumpft nun abschnittsweise auf Feldwegbreite. Rechter Hand taucht am Horizont der Bergkamm der Schwerin Mural Crescent auf. Eine Holztafel informiert darüber, dass die Felswand am 22. 5. 1874 von Ernest Giles – auf Vorschlag seines Mäzens, des deutschen Botanikers Ferdinand von Müller – nach der Gräfin von Schwerin benannt wurde. Nach der Querung des Giles Creek stehen links und rechts der Piste Desert Oaks Spalier. Wenig später führt links der Original-Gunbarrel Highway südwärts durch Aborigine-Land zum Stuart Highway, rechts geht es zum 28 km entfernten **Warakurna Roadhouse** 3, das neben Treibstoff, Lebensmitteln und einem Campingplatz auch Informationen über den Zustand der westlich verlaufenden Pisten bietet.

›Visitors welcome‹, heißt es auf einem Schild, das am Eingang der **Giles Meteorological Station** 4 prangt. Die 1956 im Rahmen der Atomwaffenversuche gegründete Wetterwarte dient seit 1972 zivilen Zwecken. Besucher dürfen bei einer Führung einen Blick in die Wetterstation werfen und den Start der mit Wasserstoff gefüllten Wetterballone beobachten, die bis zu 27 km hoch in die Stratosphäre aufsteigen. Computer in der Bodenstation werten die Daten aus und leiten sie an die Zentrale in Adelaide weiter, wo Meteorologen Wetterberichte erstellen. Besetzt ist die Giles Weather Station mit drei Männern und Frauen, die hier sechs Monate ohne Heimaturlaub Dienst tun.

Vor der Wetterwarte sind alte Planierfahrzeuge der Gunbarrel Highway Construction Party ausgestellt. Außerdem werden hier aus Angst vor Andenkenjägern die originalen Markierungsplaketten mit Wegedaten, die Len Beadell beim Bau des Gunbarrel Highway

Die Giles Meteorological Station am Gunbarrel Highway

an Bäumen befestigt hatte, unter Verschluss gehalten.

Gut 15 km westlich der Giles Weather Station zweigt der ursprüngliche Gunbarrel Highway von der Hauptroute ab. Der in einer weiten Nordschleife am Rande der Rawlinson Range verlaufende Track, der den Salzsee Lake Christopher und die Ausläufer der Gibson Desert berührt, darf nur mit einem *permit* der Polizeistation beim Warakurna Roadhouse befahren werden. Der teils verwachsene, sich wiederholt ohne Ausschilderung verzweigende Naturtrack führt durch einen der landschaftlich reizvollsten, fahrtechnisch aber schwierigsten Streckenabschnitte der Route. Tiefe Auswaschungen und sandige Dünenkämme sind weitere Probleme. Bei einer Panne ist man auf der Nebenstrecke auf sich allein gestellt. Die Abzweigung ist nicht markiert, wohl um Reisende nicht ins Abenteuer zu locken.

Einfach zu befahren ist dagegen die gepflegte, bei Trockenheit auch autotaugliche Schotterpiste, die 235 km lang zwischen Warakurna Roadhouse und Warburton durch Bilderbuch-Outback mit bewachsenen Dünenriegeln verläuft. Autowracks säumen die Piste. Mag die gute Wüstenstraße auch zu schnellerem Fahren verleiten, sollte man sich doch immer bewusst sein, dass man auf Schotter und Sand gerade mit hochbeinigen Geländewagen ebenso leicht ins Schleudern kommen kann wie auf Eis und Schnee.

Vor Warburton weitet sich das Panorama zu einer sanfthügeligen Landschaft. Hier sieht man große Herden wilder Kamele, Nachkommen der ›Wüstenschiffe‹, die einst die Versorgung des Outback aufrecht erhielten. **Warburton** 5, 1934 als Missionsstation gegründet, ist ein von Aborigines bewohntes Outback-Nest mit ein paar armseligen Hütten und Wassertanks. Kein Ort, der zum Verweilen einlädt, aber ein Etappenziel mit Tankstelle, Laden, Campingplatz und Motel.

Von Warburton führt die gut trassierte Great Central Road quer durch die Great Victoria Desert nach Laverton 560 km südwestlich und weiter zu den westaustralischen Goldfields. Während diese Strecke problemlos zu bewältigen ist, begibt man sich auf dem nördlich verlaufenden Gunbarrel Highway in Allrad-Terrain. Von Warburton nach Wiluna sind es 850 km, dazwischen liegt mit der Carnegie Homestead nur ein Außenposten der Zivilisation. Hier ist man außerhalb der australischen Wintermonate allein mit dem Fahrzeug und der Natur – auf einer Strecke, die derjenigen zwischen Nürnberg und Köln entspricht. Allerdings ohne Verkehr und ohne Hilfe, ohne Teer und Telefon. Aber der freundliche Tankwart in Warburton beruhigt: »The track is allright, but don't rush it.« Zwei Reisetage und eine Übernachtung im Busch muss man einplanen für die rund 500 km zwischen Warburton und Carnegie.

Zunächst geht es auf der Great Central Road 40 km Richtung Südwesten zum Steptoes Turnoff, wo der Heather Highway Richtung Nordwesten zur Tjirrkarli Aboriginal Community abzweigt. 47 km schneidet der gut ausgebaute Heather Highway beinahe geradlinig durch Mulga-Busch und Spinifex-Savanne, folgt in welligem Auf und Ab der Landschaft, bevor er in einem Knick nach rechts, gen Norden, schwenkt. Nur ein rostiges Blechschild, auf dem Wiluna steht, weist in die korrekte Richtung. Während die geradeaus nach Tjirrkarli führende Piste breit und geschottert ist, windet sich der Heather Highway als steinig-sandiger Feldweg durch Gras und Buschland. Nach 39 km trifft er in der Nähe des Mount Samuel auf den Original-Gunbarrel Highway. Rechts geht es auf dem stillgelegten Abschnitt des Gunbarrel über Jackie Junction zurück nach Giles, links nach Wiluna. An der Einmündung beginnt das Offroad-Abenteuer. Die Strecke ist teilweise extrem ausgewaschen. Immer wieder kracht der Geländewagen in tiefe, mit *bulldust* gefüllte Schlaglöcher, aus denen er sich nur mühsam wieder herauswühlt. Stundenlang kommt man nicht über den zweiten Gang hinaus. Abschnittweise ist das ›Wellblech‹ so tief und hart, dass sich entnervte Fahrer abseits des Track ihren Weg durchs Gelände gesucht haben. Dünenkämme sind nicht mehr mit Schotter befestigt, sondern weichsandig – ohne Allradantrieb geht hier nichts mehr.

Gut 10 km nach der Einmündung steht rechter Hand ein Eukalyptusbaum mit einer Aluminiumplakette, die an den Bau des Gunbarrel Highway erinnert. Nach weiteren 26 km erreicht man das Bohrloch Notabilis Hill Bore, an dem man mit einer Handpumpe trübes und salzig schmeckendes Grundwasser zu Tage fördern kann. Hier ist auch ein guter Platz, um das Busch-Camp aufzuschlagen. 5 km nordwestlich des Bohrlochs markiert ein Steinhaufen den verwitterten Notabilis Hill. Bei Kilometer 65 ab der Einmündung des Heather Highway weist ein Schild zum ehemaligen Lagerplatz der Gunbarrel Highway Construction Party **Camp Beadell** 6, den Wüstenfahrer heute gern als Nachtlager ansteuern. 5 km weiter westlich ragt eine rote Felsenklippe aus dem grünbraunen Meer des Buschlands – der Mount Beadell wurde zu Ehren des Straßenbauers benannt. Auf dem Gipfel erinnert ein Denkmal an den ›letzten wahren Outback-Erforscher‹. Der Blick reicht weit hinein in die Gibson Desert. Auf Geröll und Sand gedeiht nur noch ein struppiges Gemisch von Sträuchern und Spinifex-Gras.

Ein Stückchen weiter passiert man die Grenze des Naturschutzgebiets, das der Gunbarrel Highway auf einer Länge von gut 70 km durchquert. Nächste Wegmarke ist der Mount Everard, der wie eine Doublette von Mount Beadell wirkt. Ein Busch-Camp am Fuße des Berges verspricht eine ruhige Nacht unter sternenklarem Himmel. Ein verrostetes Ölfass in einem alten Lkw-Reifen markiert den Outback-›Verkehrsknotenpunkt‹ Everard Junction, den man wenig später erreicht. Hier zweigt der von Len Beadell gebaute Gary Highway ab, ein schmaler, von Spinifex-Gras teilweise überwucherter Feldweg, der sich durch die grenzenlosen Horizonte der Gibson Desert nach Norden windet und die Verbindung zur Canning Stock Route (vgl. S. 252) herstellt.

Auf dieser Route den richtigen Weg zu finden, ist nicht immer ganz einfach. Ständig gabelt sich die Fahrspur, neue Spurenbündel stoßen hinzu, andere führen ins Nirgendwo – kurzum, eine Piste, auf die sich nur bestens ausgerüstete Outback-Fahrer mit guten Navigationskenntnissen wagen sollten. Die auf einer von Len Beadell am 1963 an der Everard Junction angebrachten Aluminiumtafel vermerkten Entfernungen sind in Meilen angegeben, da zur Zeit, als Beadell sein Pistennetz in die Wildnis walzte, das metrische System in Australien noch nicht eingeführt war. Dem Wegweiser zufolge sind es von hier nach Alice Springs im Osten 840 Meilen, zur Carnegie Homestead im Westen ›nur‹ noch 152 Meilen, was auf dem holprigen Track aber einer Tagesetappe gleichkommt.

Kurz vor der Westgrenze des Gibson Desert Nature Reserve fallen Termiten-

Die Mungilli Claypan kann nach Regen zu einem unüberwindlichen Hindernis werden

bauten auf, die sich aus der Grassavanne erheben. Gleich danach weist ein Schild mit der Aufschrift ›Water‹ zu einem von der Geraldton Historical Society 1989 angelegten **Tiefbrunnen** 7, eine der raren Wasserstellen in der Region. Es gibt nur einzelne, versteckt liegende Wasserlöcher, die für Wüstennomaden früher lebenswichtig waren. Das Wissen um ihre Lage wurde von den Ureinwohnern als kostbarer Schatz von Generation zu Generation weitergegeben. Beim Bohrloch befindet sich ein schönes Busch-Camp.

Gut 50 km südwestlich des Geraldton Historical Society Bore erstreckt sich die feucht schimmernde Mungilli Claypan, durch die der Gunbarrel Highway führt. Nach Niederschlägen kann sich die Lehmpfanne in ein unüberwindbares Hindernis verwandeln. Wenig später führt der Eagle Highway nach Norden in die Gibson Desert, nach Süden verläuft eine nach dem Outback-Erforscher David Carnegie benannte Piste zur Great Central Road. Etwa in Höhe der rot leuchtenden Felsformationen Mount William Lambert und Mount Nossiter wird der Pistenzustand langsam besser. Vorsicht ist jedoch bei den tief ausgewaschenen Bachbetten angebracht, die den Gunbarrel kreuzen. Davor sollte man auf Schritttempo abbremsen. Als erste Vorboten der Zivilisation warnen östlich von Carnegie Verkehrszeichen vor Kurven, Senken und Kuppen.

Viehtränken am Pistenrand kündigen die **Carnegie Homestead** 8 an. Die von fünf Frauen und Männern bewirtschaftete Viehfarm ist mit Tankstelle, Campingplatz und kleinem Motel auf Besucher eingestellt. Hier endet der Gunbarrel Highway. Weiter zum 350 km entfernten Wiluna geht es auf einer zum Abtransport von Rindern angelegten *beef road*. Windräder und Wassertanks sowie Tränken, Pferche und Verladerampen für das Vieh prägen das Bild des *cattle country.* Ein schöner Rastplatz unter Flusseukalypten befindet sich am Harry Johnston Water Creek. An den Ufern des fast ständig Wasser führenden Flusses sammeln sich Kakadus. Etwa 125 km westlich von Carnegie schwingt sich die Piste über eine Reihe von Sand- und Steinriegeln. Von einer der Anhöhen bietet sich ein weiter Blick bis zum Salzsee Lake Carnegie. Wongawol und Yelma heißen weitere große *cattle stations* an der Route. Am Pistenrand glitzern weggeworfene Getränkedosen und Bierflaschen im Sonnenlicht – man nähert sich **Wiluna** 9.

Goldfelder und Geisterstädte

Tipps & Adressen
Leonora S. 340, Laverton S. 340

Das Städtchen Wiluna verdankt seine Existenz einem Goldrausch, der in den 90er Jahren des 19. Jh. begann und seinen Höhepunkt vier Jahrzehnte später erreichte. 1938 lebten in Wiluna über 9000 Menschen. Viele von ihnen arbeiteten in der Big Mine, der damals größten Goldmine der südlichen Hemisphäre, in der monatlich 55 000 t goldhaltigen Erzes verarbeitet wurden. Als das Bergwerk 1947 schloss, sank die Bevölkerung auf wenige hundert Menschen. Heute fördert man in der Umgebung von Wiluna in drei kleineren Minen mit modernster Technik das Edelmetall. Ein Teil des Ortes präsentiert sich als Retortenstadt für die Mitarbeiter der Goldminen, der andere als eine verwahrloste Aborigine-Siedlung.

Von Wiluna verläuft der ausgebaute Goldfields Highway zunächst als Schotterpiste, später als Teerstraße nach Süden durch die west-australischen Goldfields. Die Straße säumen Gold-, Nickel- und Kupferminen sowie Bergbausiedlungen. Das einstige Goldrausch-Städtchen **Leonora** 10 hat die Zeiten als Verwaltungs- und Versorgungszentrum der nördlichen Goldfields überlebt.

Ein für Fotografen und Freunde nostalgischer Goldgräberromantik lohnender Abstecher führt nach **Gwalia** 11 wenige Kilometer südlich von Leonora. Sons of Gwalia war einst die ergiebigste Untertage-Goldmine von Western Australia außerhalb der ›Golden Mile‹ von Kalgoorlie. Bis 1963 produzierte sie das Edelmetall. Als sie geschlossen wurde, verfiel der Ort. Heute ist Gwalia eine der am besten erhaltenen und dekorativsten Geisterstädte von Australien. Um die Fördertürme und Lagerschuppen des einstigen Goldbergwerks gruppieren sich Holzhäuser und Wellblechbuden, zwischen denen alte Loren, Autokarrosserien und Pferdekarren von Gras überwuchert werden. Während der Blütezeit des *gold rush* lebten fast 1500 Menschen in Gwalia. Memorabilien aus der Epoche des Goldrausches präsentiert das Gwalia Historical Museum. Das restaurierte Gwalia State Hotel an der Zufahrt zur modernen Sons of Gwalia Mine, in der heute Kupfer und Nickel gefördert wird, dient als Verwaltungszentrale der Minengesellschaft.

Einst galt **Laverton** 12 100 km nordöstlich von Leonora an der Great Central Road als ruppigste Boomstadt im australischen ›Wilden Westen‹. Um die Wende vom 19. zum 20. Jh. hofften Abenteurer und Desperados, durch Goldfunde zu Reichtum zu kommen. Nachdem die Goldadern ausgebeutet waren, ging es mit dem Ort bergab. Einen erneuten Aufschwung erlebte Laverton, als man 1969 Nickellager entdeckte. Heute ist der Ort ein Pilgerziel von Hobby-Schürfern.

Felsenheiligtum im Nirgendwo
Abstecher zum Mount Augustus

Tipps & Adressen
Meekatharra S. 342, Mount Augustus S. 343

Er ist doppelt so groß wie der Ayers Rock, aber nicht einmal halb so berühmt. Im Burringurrah National Park ragt der wenig besuchte Mount Augustus westlich des Great Northern Highway aus einer Spinifex- und Mulga-Ebene empor. Mit einer Höhe von 1105 m, einer Länge von 7 km und einer Breite von 3 km gilt der rot leuchtende Felsrücken als größter Monolith der Erde. Wie beim Ayers Rock handelt es sich beim Mount Augustus um einen

Abstecher zum Mount Augustus

Der Mount Augustus ist doppelt so groß wie der Ayers Rock

Sedimentblock, den die erodierenden Kräfte der Natur formten. Tektonische Bewegungen hoben den Sandsteinblock während einer geologischen Faltungsperiode auf sein heutiges Niveau.

Für die Wadjeri-Aborigines hat der Mount Augustus, den sie Burringurrah nennen, eine ähnliche Bedeutung wie der Uluru für die Anangus. Seit Menschengedenken gilt er ihnen als Heiligtum, an dem die Traumzeit-Pfade ihrer mythologischen Vorfahren zusammentreffen. Als Buschnomaden durchstreiften die Wadjeris einst die weite Savanne zwischen den mächtigen Flüssen Gascoyne und Ashburton. Während anhaltender Trockenperioden kehrten sie immer wieder zum Mount Augustus zurück, an dessen Fuß nie versiegende Quellen sprudeln.

Von der Kultur der Ureinwohner zeugen gut erhaltene Malereien und Gravuren an Felswänden. Die Bildergalerien Mundee, Ooramboo und Beedoboondu sind Besuchern zugänglich. Wie der Uluru ist auch der Burringurrah heute wieder im Besitz der Aborigines, die ihn als ›Leihgabe‹ dem Department of Conservation and Land Management überlassen haben.

Von **Meekatharra** [1] am Great Northern Highway erreicht man den **Mount Augustus** [2] über die *cattle stations* Moorarie Homestead, Errabiddy Homestead und Landor Homestead. Für die etwa 360 km lange Anfahrt auf guten Schotterpisten ist bei Trockenheit kein Geländewagen erforderlich. Nach heftigen Regenfällen, die meist zwischen Dezember und Februar niedergehen, ist die Region jedoch nahezu unpassierbar. Murchison River, Gascoyne River und andere Flüsse, die nur an Furten durchquert werden können, sind dann unüberwindbare Hindernisse. Naturliebhaber, Buschwanderer und Fotografen zieht es während der Frühjahrsblüte im September und Oktober zum Mount Augustus, wenn sich der sonst karge Landstrich in einen Blumenteppich verwandelt. Für An- und Abreise sollte man je-

weils einen Tag einkalkulieren sowie mindestens einen weiteren für die Erkundung des Felskolosses. Tankstellen gibt es bei der **Cobra Station** 3 gut 40 km nordwestlich des Mount Augustus und im **Mount Augustus Outback Tourist Resort** 4 4 km nordöstlich des Berges. Mit Motels und Caravan Parks bieten sich beide Orte auch als Standquartiere an.

Um das im Gegensatz zum Ayers Rock teilweise bewachsene Massiv des Mount Augustus verläuft der 49 km lange, geschotterte Rundkurs Burringurrah Drive, von dem Stichstraßen zu Schluchten, Höhlen und Felsenpools am

Berg abzweigen. Gegenüber der Zufahrt zum Mount Augustus Outback Tourist Resort windet sich ein Track zur Gum Grove (Warrarla). In dem Hain aus Flusseukalypten beginnt der Kotka Gorge Trail, der zu einer engen Felsenschlucht führt (hin und zurück 2 km/1 Std.). Ein kurzer, aber steiler Aufstieg bringt Wanderer zum Cave Hill (Goordgeela) an der Nordflanke des Berges, von wo sich ein schöner Blick über die Savanne bis zum Lyons River bietet (hin und zurück 3 km/2 Std.). Der Fluss weitet sich nordwestlich des Mount Augustus zur tiefen, ständig Wasser führenden Lagune Cattle Pool (Goolinee). Dort kann man schwimmen, fischen und Kanu fahren oder auf dem Corella Trail, der am Ufer entlang führt, Kakadus beobachten (hin und zurück 2 km/1 Std.).

Den auf einer Stichstraße erreichbaren Felsenkessel The Pound an der westlichen Flanke des Monolithen benutzten Viehzüchter früher als Pferch, bevor sie die Rinder zum Weitertransport nach Meekatharra trieben. Ausgangspunkt für den Wanderweg auf den Gipfel des Mount Augustus ist der Parkplatz bei der Felswand Flintstone (Beedoboondu). Nur wer körperlich fit ist und genügend Wasser mit sich führt, sollte sich an den steilen Aufstieg auf dem Summit Trail wagen – es müssen 700 m Höhenunterschied bewältigt werden (hin und zurück 12 km/6–8 Std.). Aus Sicherheitsgründen empfiehlt sich die Ab- und Rückmeldung beim Mount Augustus Outback Tourist Resort.

Ein Spaziergang führt vom Parkplatz zum Flintstone Rock mit alten Petroglyphen der Aborigines. Weitere leicht erreichbare Open-Air-Galerien mit Ritzzeichnungen findet man an den Felswänden Mundee und Ooramboo an der Südflanke des Mount Augustus. Vom Aussichtspunkt Emu Hill Lookout 5 km nordwestlich an der Piste zur Cobra Station bietet sich ein vor allem bei Sonnenuntergang überwältigendes Panorama.

Bei günstigen Witterungsverhältnissen kann man mit einem Geländewagen vom Mount Augustus über die *cattle stations* Dooley Downs Homestead und Pingandy Homestead Richtung Norden zur Hamersley Range mit dem Karijini National Park fahren. Die Route, die den breiten Pingandy Creek kreuzt, ist jedoch nach Niederschlägen gesperrt. Unproblematischer ist die Rückfahrt über die Rinderfarmen Woodlands Homestead, Mulgul Homestead, Mingah Springs Homestead und Three Rivers Homestead zum Great Northern Highway, auf den man südlich des **Kumarina Roadhouse** 5 trifft. Auf zum Teil nicht ausgeschilderten Pisten geht die Fahrt quer durch eingezäuntes Weideland, was immer wieder bedeutet: anhalten, aussteigen, Tor auf, fahren, anhalten, Tor zu. Dies ist eine Pflichtübung für alle, die durch Viehzuchtgebiet reisen. Die Gatter müssen nach Passieren einer *station* unbedingt wieder geschlossen werden.

Will man vom Mount Augustus an die Westküste fahren, empfiehlt sich der Weg über Cobra Station und Dairy Creek Homestead zur kleinen Outback-Siedlung Gascoyne Junction mit Tankstelle und Pub sowie einem sehr schönen Campingplatz am Gascoyne River (310 km). Von Gascoyne Junction nach Carnarvon sind es noch einmal 170 km. Da die Route vor allem nach der Regenzeit sehr rau sein kann, empfiehlt sich ein Geländewagen. Ein Allradfahrzeug benötigt man für einen Abstecher zum Kennedy Range National Park mit zerklüfteten Bergen und tiefen Schluchten, der sich nördlich des Gascoyne River erstreckt.

Karijini National Park und Millstream-Chichester National Park

Tipps & Adressen
Newman S. 344

Pilbara heißt eine von weniger als 100 000 Menschen bewohnte Region von der Größe Frankreichs, die sich zwischen dem Indischen Ozean im Westen, der Great Sandy Desert im Norden und der Gibson Desert im Osten erstreckt. Lange Zeit galt der Landstrich, aus dem während der Sommermonate Hitzerekorde gemeldet werden, als unbewohnbar und wirtschaftlich uninteressant. Noch vor Jahrzehnten wagte sich kaum ein Weißer in das Gebiet hinein.

Das änderte sich praktisch über Nacht, als man Anfang der 50er Jahre des 20. Jh. auf Eisenerzvorkommen stieß. Bei einem Flug über bis dahin unerforschtes Gebiet waren dem Viehzüchter Langley Hancock blaugraue Adern im Gestein eines Felsmassivs aufgefallen. Er hatte einen eisenhaltigen Gebirgsstock entdeckt. 100 Mrd. t Eisenerz werden heute von Baggern und Lastwagen, deren Reifendurchmesser 3 m beträgt, im Tagebau abgeräumt und per Bahn zum Export an die Küste verfrachtet. Als man später weitere Bodenschätze fand, setzte in der Pilbara ein Bergbauboom ein. Zehntausende strömten in aus dem Boden gestampfte Minenstädte wie Newman, Tom Price und Paraburdoo. Um die Rohstoffe in alle Welt, vor allem ins ressourcenarme Japan exportieren zu können, entstanden in einst winzigen Küstenorten wie Dampier und Port Hedland Hafenanlagen.

Aber in der Pilbara gibt es nicht nur quadratkilometergroße, durch Spren-

Road train in der Pilbara

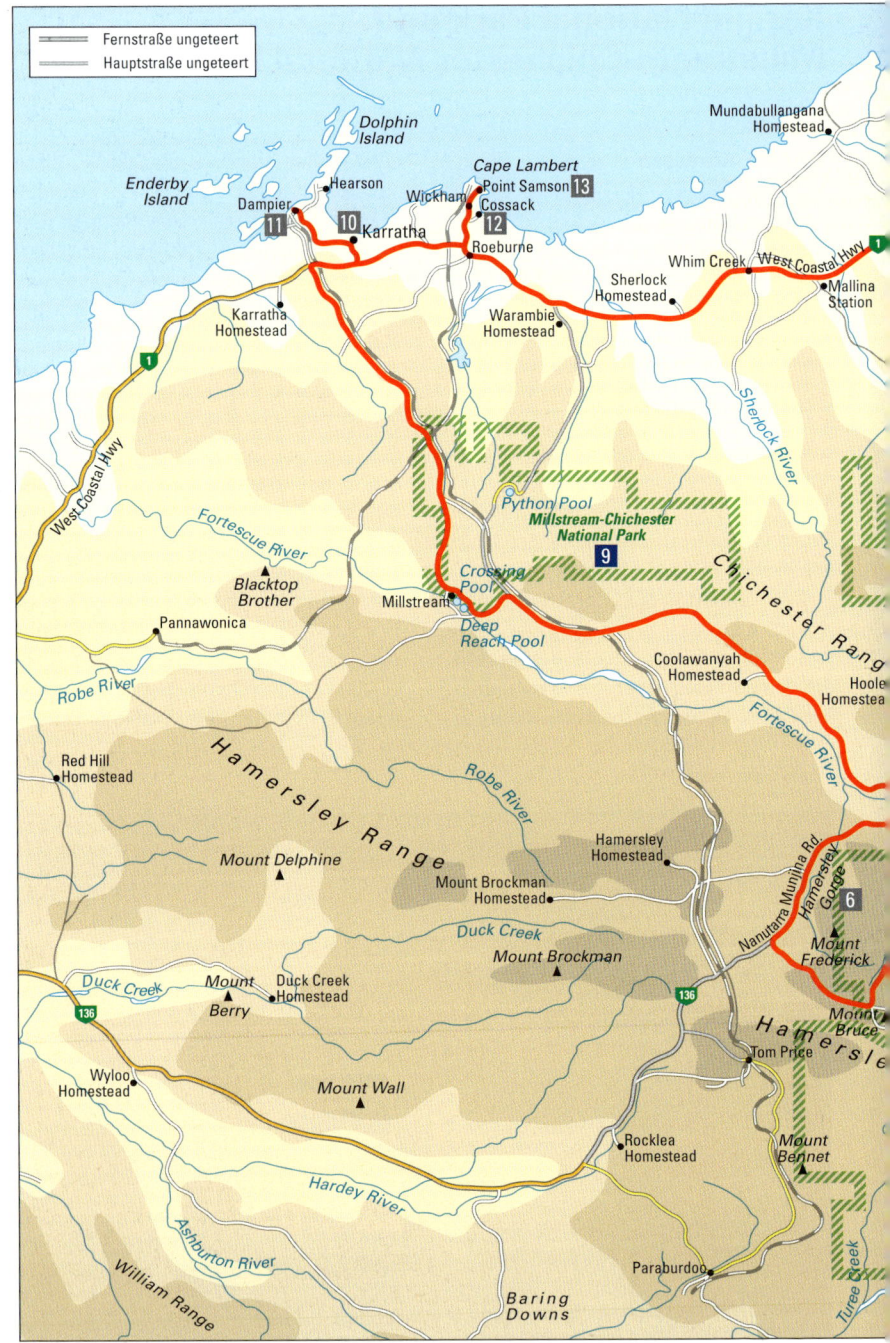

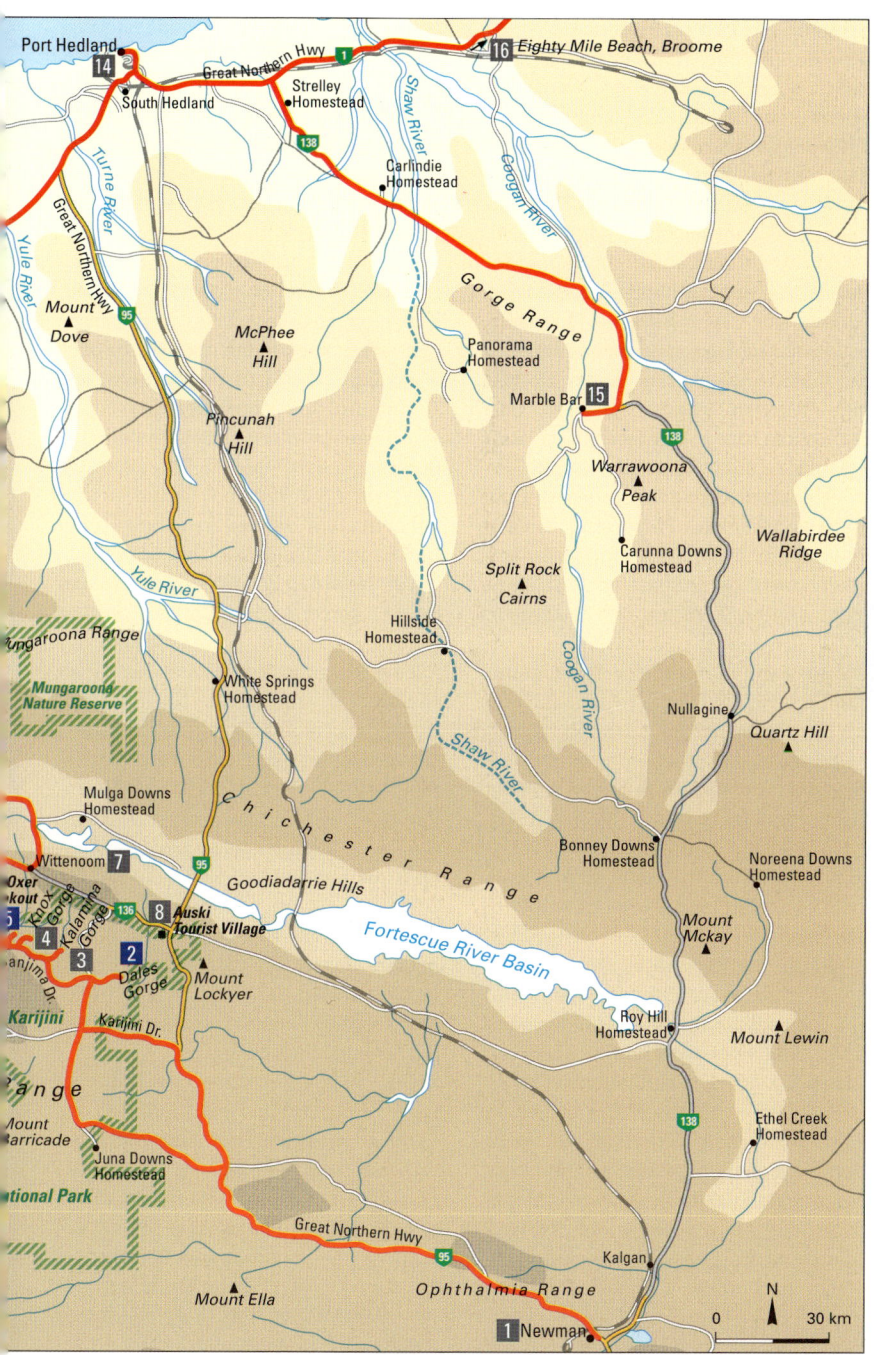

gungen in die roten Eisenberge gerissene Krater und Retortenstädte, sondern auch urwüchsige Natur. Die braunroten Felsenschluchten erinnern ein wenig an den Grand Canyon. Zwar gelten in der Pilbara ergiebige Regenfälle beinahe als ein Wunder, dennoch haben die Jahrmillionen dem Wasser Zeit gelassen, die Landschaft zu prägen. Bewachsen mit Eukalypten und Cassien winden sich meist trockene Flussläufe wie Riesenschlangen durch das Plateau. Sie führen nur alle paar Jahre für wenige Wochen Wasser, aber in den Schluchten, die in der Hochebene klaffen, gibt es auch während längerer Trockenperioden Grundwasserteiche. Dort wachsen Palmen, Farne und andere Pflanzenarten, die von Gewächsen aus einer Epoche der Erdgeschichte abstammen, als das Zentrum von Australien noch nicht ausgetrocknet war.

Zwar kann man prinzipiell das ganze Jahr über in die Pilbara reisen, doch da die Region selbst für australische Verhältnisse ausgesprochen heiß und trocken ist, empfehlen sich die ›kühlen‹ Wintermonate zwischen Mai und August. Die Tage sind dann bei meist klarem Himmel warm und sonnig, nachts kann es im Bergland allerdings empfindlich kalt werden.

Für die meisten Tracks ist zumindest bei trockenen Witterungsverhältnissen ein vierradgetriebener Geländewagen nicht unbedingt notwendig, aber von Vorteil. Da sich die Faszination der Pilbara-Schluchten nur zu Fuß erschließen lässt, sollte man sich für diese Route fünf bis sieben Tage Zeit nehmen. Versorgungsmöglichkeiten gibt es in Wittenoom und Auski sowie in den Firmenstädten der Bergbauregionen. Die maximale Entfernung ohne Tankstelle beträgt 250 km. In den Nationalparks ist Campen nur an den ausgewiesenen Plätzen erlaubt.

Ein Großteil der rund 7000 Einwohner der Minenstadt **Newman** [1] arbeitet in der Mount Whaleback Mine. In der weltweit größten Eisenerztagebaumine sind Besucher nach Voranmeldung willkommen. Dort, wo sich einst der ›Walrücken‹ erhob, klafft nun ein gigantischer, in die Erdkruste gesprengter Krater. Explosionen reißen auch heute noch bis zu über 250 000 t Gestein aus den Flanken, das zu knapp 70 % aus hochwertigem Eisenerz besteht. Informationen über den Bergbau in der Pilbara liefern Exponate im Tourist Information Centre in der Ortsmitte, vor dem ausrangierte Trucks und Bagger ausgestellt sind.

Von Newman windet sich der ausgebaute, kurvenreiche Great Northern Highway durch die Berglandschaft der Pilbara Richtung Nordwesten nach Port Hedland an der Küste. Nach 100 km zweigt links eine Schotterpiste zur Juna Downs Homestead am Südrand des Karijini National Park ab. Mit einem Geländewagen kann man sich auf dieser Route von Süden her dem Land der Canyons nähern. Asphaltiert ist der Karijini Drive, der 34 km weiter nördlich vom Great Northern Highway in den Nationalpark führt. Die Straße trifft nach 30 km auf den Banjima Drive, auf dem man rechts abbiegend ins Herz des Karijini National Park gelangt.

Das felsige Rückgrat des Nationalparks ist die von den lokalen Aborigines Karijini genannte Hamersley Range. Windungsreiche Flussläufe haben tiefe Schluchten in das verwitterte Urgebirge gefräst. Mit ständig Wasser führenden, von Vegetation umrahmten Felsenpools bildeten die Canyons für die Ureinwohner 20 000 Jahre lang Wohnplätze und Jagdreviere in einer sonst kargen Um-

◁ *Karijini und Millstream-Chichester N.P.*

Dales Gorge im Karijini National Park

welt. Die durchweg in Süd-Nord-Richtung verlaufenden Karijini-Schluchten fallen im Nordteil des Nationalparks bis zu 100 m tief ab, weiten sich flussabwärts aber zu breiten Felsentälern. Der hohe Anteil an Mineralien wie Kupfer, Asbest und Eisen lässt die Felswände vor allem bei Sonnenuntergang in Rottönen erglühen.

Durch das Land der Canyons

Tipps & Adressen
Auski Tourist Village S. 314

Während die Südregion des Karijini National Park praktisch wegelos und nur erfahrenen *bushwalkers* zugänglich ist, sind die Schluchten der Nordregion auf guten Stichstraßen erreichbar. Erstes Highlight ist die **Dales Gorge** 2 10 km östlich des Karijini Visitor Centre am Banjima Drive, in dem eine Ausstellung über Flora und Fauna des Naturschutzgebiets informiert. Wanderwege erschließen die Schlucht mit den Fortescue Falls.

Einfach ist der Gorge Rim Walk, ein Spaziergang am oberen Schluchtrand, der schöne Blicke auf den Circular Pool bietet (hin und zurück 1 km/1 Std.). Etwas anstrengender sind der Callitris Track entlang der Abbruchkante der Schlucht vom Parkplatz oberhalb des Circular Pool zum Parkplatz oberhalb der Fortescue Falls (hin und zurück 1 km/1 Std.) sowie der kurze, steile Fortescue Falls Track, der vom Plateau hinab zu den einzigen permanent Wasser führenden Kaskaden des Nationalparks führt (hin und zurück 1 km/1 Std.). Trittsicherheit und Kondition erfordert der Dales Gorge Track den Fortescue Falls am felsigen Schluchtboden entlang zum Circular Pool, der von Felswänden umrahmt wird (hin und zurück 3 km/3 Std.). Lohn der Mühe ist ein Bad

im Wasser des Felsenpools – ein einzigartiges Erlebnis in der heißesten und trockensten Region von Australien. Der Fortescue Campground nahe der Dales Gorge ist das vielleicht schönste Busch-Camp im Nationalpark.

Vom Besucherzentrum windet sich die raue, nach Regenfälle meist unbefahrbare Yampire Gorge Road zum Städtchen Wittenoom am Nordrand des Nationalparks. Gut gepflegt ist der Richtung Westen verlaufende Banjima Drive.

Eine Stichstraße führt zur **Kalamina Gorge** 3, die sich auf dem Gorge Track erkunden lässt (hin und zurück 3 km/ 3 Std.). Auf dem Weg zur **Knox Gorge** 4 lohnt sich ein Stopp bei den Joffre Falls, die in Kaskaden über eine Felswand in eine Schlucht donnern. Vom Aussichtspunkt führt der steile, schwierige Joffre Falls Track hinab in die Schlucht, wo in Felsenpools das Wasser türkisgrün schimmert. Termitenbauten kündigen die Knox Gorge an, in die sich von einem Lookout an der Abbruchkante ein teils in die Felswand gehauener Weg windet (hin und zurück 2 km/ 3 Std.). Ein Busch-Camp gibt es oberhalb der Joffre Falls.

Vom **Oxer Lookout** 5, einer steilen Felsbastion, bietet sich ein überwältigender Blick in vier Schluchten – Red, Joffre, Weano und Hancock Gorge –, die hier sternförmig zusammentreffen. Eine

Wittenoom Gorge im Karijini National Park

könnte nicht größer sein (hin und zurück 1 km/1 Std.). Wer über Nacht bleiben möchte, findet in der Nähe des Oxer Lookout einen Campingplatz.

Vom Oxer Lookout geht es auf dem Banjima Drive über den westlichen Parkeingang zurück zum Karijini Drive und – mit Blick auf den 1235 m hohen Mount Bruce – in weitem Bogen auf der Hamersley Mount Bruce Road und der Nanutarra Munjina Road um die Westregion des Nationalparks herum nach Wittenoom. Unterwegs lohnt sich ein Abstecher in die vom Fortescue River South gebildete **Hamersley Gorge** 6. Die Schlucht gilt als ein Schaufenster der geologischen Vergangenheit Australiens, weil an den Felswänden die einzelnen Gesteinsschichten und Sedimentablagerungen besonders gut erkennbar sind. Nach der Abzweigung der 5 km langen Stichstraße, die zur Schlucht führt, windet sich die Hauptpiste kurvenreich durch die Rio Tinto Gorge.

Wittenoom 7, einst das Eingangstor zum Hamersley Range National Park, hat seine besten Tage hinter sich und wird wohl früher oder später das Schicksal einer Ghosttown erleiden. Ein Schild am Ortseingang, das Besucher vor herumfliegenden Asbestfasern warnt, erklärt den Niedergang des Städtchens. 1947 begann man, in der Wittenoom Gorge Asbest abzubauen. Obwohl die Mine bereits 1966 stillgelegt wurde, besteht vor allem an windigen Tagen immer noch die Gefahr, Krebs erregende langfaserige Asbestfäden einzuatmen. Zahlreiche Häuser in Wittenoom stehen leer oder wurden abgerissen. Ausgangsort für Erkundungen des Karijini National Park ist mittlerweile das **Auski Tourist Village** 8 42 km östlich am Great Northern Highway.

Herausforderung für Unerschrockene ist die Erforschung des miteinander verbundenen Schluchtensystems, bei der Pools mit eiskaltem Wasser durchschwommen und glatte Felsvorsprünge überwunden werden müssen. Wer plant, tiefer in die *gorges* vorzudringen, sollte vorher unbedingt den Ranger informieren.

Unproblematisch ist der Handrail Pool Track, der kurze Abstieg vom Parkplatz am Oxer Lookout in die Weano Gorge, deren rund 100 m aufragenden Wände sich stellenweise zu einer nur wenige Meter breiten Klamm verengen. Der Kontrast zwischen dem trockenen Plateau und dem Grün der feuchten Schlucht

Vor den Toren des Ortes beginnt im Süden die Wittenoom Gorge, durch die der Joffre Creek mäandert. Crossing Pool, Cathedral Pool, Town Pool – so heißen einige von Eukalyptusbäumen gesäumte Lagunen. So recht genießen kann man die Schönheit der Landschaft allerdings nicht. An der 12 km langen Teerstraße, die in die Schlucht hineinführt, machen wiederholt Warnschilder auf die Asbestgefahr aufmerksam. Dennoch harren am Ende der Wittenoom Gorge in Nachbarschaft zum aufgelassenen Asbestbergwerk einige Unentwegte aus, die behaupten, in jeder Großstadt flöge mehr Asbeststaub durch die Luft als in ihrer Schlucht.

Von Wittenoom kommt man am schnellsten auf dem Great Northern Highway nach Port Hedland an der Küste. Diesen Weg zu nehmen, hieße jedoch eine weitere Sehenswürdigkeit links liegen zu lassen – den **Millstream-Chichester National Park** 9, der sich auf der holprigen Roeborne Wittenoom Road oder der genehmigungspflichtigen privaten Tom Price Railway Road erreichen lässt. Ein von Gebirgsrümpfen durchzogenes und von Schluchten zerfurchtes Plateau nimmt den östlichen Teil des Nationalparks ein. So karg dieser Landstrich wirkt, so üppig grün präsentiert sich die Westregion um die Siedlung Millstream. Eine unterirdische Quelle, aus der täglich 36 Mio. l Wasser sprudeln, hat die von Papierrindenbäumen, Dattelpalmen und Farnen gesäumte Flussoase in der Ödnis geschaffen. Das austretende Grundwasser sammelt sich zum Wüstenfluss Fortescue River, der nach kurzem Lauf in der Trockensteppe versiegt. Für die Ureinwohner war dieses Phänomen ›der Fluss, der aus dem Nichts kommt und wieder im Nichts verschwindet‹. Die Millstream-Quelle ist die größte, aber nicht der einzige Naturbrunnen in dieser Region. Deep Reach Pool, Crossing Pool und Python Pool werden ebenfals von Quellwasser gespeist.

An die Küste

Tipps & Adressen
Dampier S. 328, Port Hedland S. 350, Marble Bar S. 341, Eighty Mile Beach S. 331

Vom Eisenerzboom profitieren auch manche Küstenstädte der Pilbara, etwa **Karratha** 10, das als Verwaltungszentrale und Retortenstadt für die Mitarbeiter der Bergwerkskonzerne gegründet wurde. **Dampier** 11, ursprünglich als Erzverladehafen für die Minenstädte Tom Price und Paraburdoo angelegt, schmückt sich heute als Zentrum der Öl- und Gasindustrie mit dem Beinamen ›Dallas von Western Australia‹. Die restaurierte Geisterstadt **Cossack** 12 war Anfang des 20. Jh. ein Zentrum der Perlenfischerei, bevor Zucht- und Kunstperlen den Niedergang dieses Erwerbszweigs einleiteten. **Point Samson** 13 ist der Heimathafen der größten kommerziellen Fischereiflotte Australiens; die Strände der Umgebung ziehen zahlreiche Urlauber an. Am nahen Cape Lambert erstreckt sich ein 2,7 km langer Tiefwasserpier zur Verladung von Eisenerz.

Einen nahezu kometenhaften Aufstieg vollzog die Hafenstadt **Port Hedland** 14, die durch eine 426 km lange private Eisenbahnlinie mit dem Bergbauzentrum Newman verbunden ist. Mitte des 20. Jh. war Port Hedland eine kleine Siedlung mit wenigen hundert Einwohnern. Heute zählt Port Hedland fast 15 000 Einwohner und schlägt mehr Exporttonnage um als irgendein anderer Hafen in Australien. Alljährlich werden von dort 40 Mio. t Eisenerz in alle Welt

Port Hedland ist ein wichtiger Warenumschlagplatz

verschifft. Bei organisierten Rundfahrten können sich Besucher einen Eindruck von der Größe des Erzhafens verschaffen. Ein guter Blick auf den 658 m langen Verladepier sowie die ein- und auslaufenden Erzfrachter bietet sich vom Shipping Observation Lookout in der Nähe des Port Hedland Tourist Bureau.

Von Port Hedland nach Broome legen Reisende auf dem Great Northern Highway die monotonsten 600 Straßenkilometer in Australien zurück. Aber da muss man durch, denn die einzige Alternative ist die quer durch die Wüste führende Canning Stock Route (vgl. S. 252). Gut 40 km östlich von Port Hedland zweigt der nur anfangs asphaltierte Highway 138 nach **Marble Bar** 15 ab. Während eines kurzen Goldrausches gegen Ende des 19. Jh. lebten in dem Outback-Nest 5000 Menschen. Vom alten Glanz zeugen heute nur noch einige Steingebäude aus der Gründerzeit sowie das aus Wellblech gebaute Iron Clad Hotel an der Hauptstraße.

Die wenigen verbliebenen Bewohner von Marble Bar müssen in den Sommermonaten eine durchschnittliche Temperatur von 33,8° Celsius im Schatten ertragen. Das sind immerhin fünf Grad weniger als im Sommer 1923/24, als die Höchstwerte für lange 160 Tage stets über der Marke von 38,7° Celsius lagen. Seit dieser längsten bislang auf dem Kontinent verzeichneten Hitzewelle trägt Marble Bar das Etikett ›Australia's hottest town‹.

Der ideale Ort zum Ausspannen nach heißen Wüstentagen ist der **Eighty Mile Beach Caravan Park** 16, ein Ferienzentrum an einem 200 m breiten, puderzuckerfeinen Sandstrand, der 140 km lang ist. Auf Bali oder Phuket wäre dieser Beach der Sternekategorie schon zugebaut, doch hier kann man kilometerlang am Meer entlanglaufen ohne einem Menschen zu begegnen.

Im Land der Canyons und Kavernen
Durch die Kimberleys

Von Broome nach Derby

Tipps & Adressen
Broome S. 318, Derby S. 330

Am Cable Beach bei Broome

Die Kimberleys, im Nordwesten von Australien, erst teilweise erforscht und erschlossen zählen zu den Urlandschaften unseres Planeten. Smaragdgrüne Vegetation vor rubinrotem Fels, Schwärme weißer Kakadus, hohe Felswände, über deren Kanten in der Regenzeit Wasserfälle in die Tiefe stürzen, Canyons – die Flussoasen der Kimberleys erschienen schon früher weißen Siedlern als Land der Verheißung.

Von oben betrachtet, ist das zerklüftete Kimberley-Plateau ein Wirrwarr aus Klammen und Schluchten, Bergen und Graten, Flüssen und Mangrovensümpfen, dem Reich von *Crocodylus porosus,* dem größten und gefährlichsten Reptil der Welt. Ein unwirtliches Land voller Tücken, ein Land, das abwechselnd unter Dürre und tropischen Wolkenbrüchen zu leiden hat. Nordwestliche Monsunwinde aus der Äquatorialregion bringen zwischen Dezember und März die Regenzeit, die hier The Big Wet genannt wird – mit Betonung auf Big. Orkanartige Regengüsse, in denen der gesamte Jahresniederschlag von durchschnittlich 1600 mm ausschließlich in den Sommermonaten niederprasselt, lassen Rinnsale zu breiten Strömen anschwellen. Während der Regenzeit, in der die Temperaturen auf 40° Celsius ansteigen, sind abgelegene Farmen mitunter für Wochen oder Monate von der Außenwelt abgeschnitten. Selbst auf dem geteerten Great Northern Highway sitzen dann Autofahrer gelegentlich tagelang im Wasser oder Schlamm fest. Wenn die warmen Monsunwinde auf kühlere südöstliche Luftströme stoßen, bauen sich zwischen Dezember und März Wirbelstürme auf, die den Landstrich mit einer Spur der Verwüstung überziehen. Im Winter dagegen wehen ablandige Winde, die so trocken sind, dass sie regelmäßig lang andauernde Dürreperioden verursachen.

So mussten alle groß angelegten Besiedlungsversuche zwangsläufig scheitern und die Kimberleys blieben bis heute, was sie immer waren – eine Wildweitgehend autark ist. Während der Trockenmonate ist die Gibb River Road zwischen Derby und Kununurra zwar oft auch mit robusten Autos befahrbar, doch benötigt man für die sehr harten Tracks zu den einzelnen Schluchten, vor allem für die ›Knüppelpiste‹ zum Mitchell Plateau, einen Geländewagen.

nis. Obwohl so groß wie Deutschland, Österreich und die Schweiz zusammen, verlieren sich in der Weite der Kimberleys gerade einmal rund 20 000 Menschen, von denen jeder statistisch gesehen fast 25 km² Platz für sich hat. Viele Ortsnamen stehen nicht auf der Landkarte. Und was sich wie ein Ortsname liest, ist oft nur eine Rinderfarm mit wenigen Wellblechgebäuden.

Wer in den Nordwesten Australiens reist, muss auf manche Annehmlichkeit verzichten, denn abseits der wenigen geteerten Highways sind die Kimberleys touristisch nicht erschlossen. So bieten entlang der Gibb River Road nur Rinderfarmen mit Gästehäusern Schlafgelegenheiten. Das ideale ›Expeditionsfahrzeug‹ ist deshalb ein allradangetriebener Busch-Camper, mit dem man

Außerhalb der Reichweite von konventionellen Fahrzeugen liegt der Purnululu (Bungle Bungle) National Park.

Will man das vielleicht abenteuerlichste Naturschutzgebiet in Australien richtig erkunden, sollte man sich für die Kimberley-Rundfahrt mindestens zwei Wochen Zeit nehmen. Auch abseits der wenigen Orte gibt es keine Probleme mit der Treibstoffversorgung, denn mehrere Rinderfarmen entlang der Route besitzen Tankstellen. Die maximale Entfernung ohne Tankstelle beträgt 250 km. Da während der Regenzeit die Gibb River Road und die zum Mitchell Plateau führende Kalumburu Road wegen Überflutungen gesperrt sind, kann man die Kimberleys nur zwischen April und November bereisen. Am schönsten ist es in der Bergregion im

April und Mai, wenn sich die Landschaft noch in üppigem Grün präsentiert und die Wasserfälle noch nicht zu Rinnsalen verebbt sind.

Mit einem Flughafen und ausgezeichneter Infrastruktur ist **Broome** [1] der ideale Start- und Endpunkt einer Rundreise durch die Kimberley. Die Kleinstadt mit asiatischem Flair erlebte Anfang des 20. Jh. eine Blütezeit, als hier eine Perlfischerflotte von rund 400 Booten beheimatet war. Damals waren nicht nur die Perlen gefragt, sondern auch die Muschelschalen, das Perlmutt, aus dem man Schmuckstücke und Knöpfe fertigte. Binnen kurzer Zeit entwickelte sich Broome zu einem Zentrum der Perlmuttindustrie, das fast drei Viertel des weltweiten Bedarfs deckte.

3500 Taucher, zumeist Japaner, Indonesier und Filipinos, sammelten die handtellergroßen Pinctada-Maxima-Austern vom Meeresgrund. Ihre Arbeitgeber, die *pearlmasters,* konnten luxuriöse Villen bauen und sich einen aufwendigen Lebensstil leisten. Aus Gewinnern wurden Verlierer, als in den 30er Jahren des 20. Jh. der Kunststoffknopf seinen Siegeszug antrat und der Markt für Artikel aus Perlmutt zusammenbrach. Broome sank in Vergessenheit, obwohl einige der Perlenbarone versuchten, mit der Perlenzucht einen neuen Erwerbszweig zu schaffen. Heute erlebt der ›Hafen der Perlen‹, dessen Einwohnerzahl wieder auf 10 000 angewachsen ist, einen Boom als Urlaubsparadies.

Hier kann man sich vor dem staubigen Geländewagenabenteuer am Strand erholen. Autobahnbreit zieht sich nördlich der Stadt der Cable Beach 25 km am Indischen Ozean dahin. Weißer als weiß leuchtet der Silikatsand zwischen Dünenbergen und der Brandung. Fast schon Kultstatus haben die Sonnenuntergänge am Cable Beach. Manche Besucher genießen das Schauspiel auf dem Rücken von Kamelen. Seinen Namen erhielt der Traumstrand von dem Telegrafenkabel, das einst von hier nach Banyuwangi auf der indonesischen Insel Java führte.

Im Broome Crocodile Park in der Nähe des Cable Beach leben hunderte australischer Süß- und Salzwasserkrokodile. Am südlichen Ende des Cable Beach, dem Gantheaume Point, blieben 130 Mio. Jahre alte Dinosaurierspuren erhalten, die allerdings nur bei extremer Ebbe sichtbar sind. Die auf der Klippe einzementierten Fußstapfen sind Nachbildungen. Auf dem Japanese Cemetery zwischen Cable Beach und City findet man die Grabsteine von 140 japanischen Perlentauchern, die 1908 bei einem Taifun ums Leben kamen.

Die Geschichte der Perlenfischerei dokumentieren das Broome Historical Society Museum im Old Customs House sowie das Freilichtmuseum Pearl Luggers mit alten Küstenschiffen, die einst Perlentaucher zu den Muschelbänken brachten. Chinatown präsentiert sich heute nach architektonischem Facelifting als stilvolles Einkaufszentrum mit Souvenir- und Juwelenläden. Ein Kinoerlebnis versprechen die 1916 eröffneten Sun Pictures, das älteste noch betriebene Open-Air-Kino der Welt, in dem man unter dem Sternenhimmel in Liegestühlen die Filme anschaut.

Eine fünfstündige Holperfahrt in einem Geländewagen führt zum Cape Leveque an der Spitze der Dampier Peninsula nördlich von Broome. Am einsamen Strand legen Meeresschildkröten ihre Eier in den Sand. Ein Stopp lohnt sich in der Aboriginal Community Beagle Bay. Ende des 19. Jh. errichtete dort ein deutschstämmiger Missionar

◁ *Durch die Kimberleys*

Treibholz erinnert an das letzte Hochwasser des Fitzroy River

die katholische Sacred-Heart-Kirche, deren Glanzstück ein mit bunten Muscheln besetzter Altar ist.

Termitenhügel säumen die Straße zwischen Broome und Derby. Bisweilen recken Baobabs oder Affenbrotbäume ihre dürren Äste in den Himmel. Diese in Australien nur in den Kimberleys und in einigen Regionen des Northern Territory vorkommenden Bäume können in ihren flaschenförmigen Stämmen Wasservorräte für Trockenperioden speichern.

Derby 2 liegt nahe der Mündung des mächtigen Fitzroy River in den King Sound, dessen Tidenhub bis zu 12 m beträgt. Das 3000-Einwohner-Städtchen fungiert als Versorgungszentrum für die Viehfarmen der westlichen Kimberleys sowie Exporthafen für Rindfleisch. Beliebt ist der Ort bei Sportfischern, die ihre Angeln am fast 600 m langen Landungssteg auswerfen. Sie haben es vor allem auf Mangrovenkrebse *(mud crabs)* abgesehen, die im Schlick zu gewaltigen Größen heranwachsen können. Der über 1000 Jahre alte Baobab-Methusalem Prison Boab Tree einige Kilometer südlich von Derby diente einst als ›Zwischenlager‹ für Häftlinge, bevor sie zur Gerichtsverhandlung weiter transportiert wurden. Kunstwerke aus Baobab-Nüssen fertigen die Ureinwohner der Mowanjum Aboriginal Community 8 km östlich von Derby.

Flugsafaris, die in Derby starten, vermitteln einen guten Eindruck von der zerrissenen Küstenlandschaft im Norden der Stadt und dem vorgelagerten Buccaneer-Archipel, einem amphibischen Irrgarten aus Inseln und Halbinseln, Mangrovenwäldern und Felsenbuchten. Ein Naturschauspiel bieten die Kaskaden des Horizontal Waterfall in der Talbot Bay, die aufgrund der enormen Gezeitenunterschiede regelmäßig ihre Fließrichtung ändern.

Die Gibb River Road

Tipps & Adressen
Drysdale River Station S. 331

Bei Derby teilen sich die Wege: Geteert oder ungeteert?, lautet die Frage. Auf dem asphaltierten Great Northern Highway gelangt man über Fitzroy Crossing und Halls Creek am schnellsten in die östlichen Kimberleys. Vor den Toren der Stadt aber beginnt eine der aufregendsten Outback-Routen von Australien – die Gibb River Road. Für den Viehtransport angelegt, windet sie sich rund 700 km durch eine der wildesten Regionen des Fünften Kontinents, ein Land mit Schluchten, Savannen und Tafelbergen. Man darf nicht vergessen, in Derby noch einmal zu tanken, denn die nächste Tankstelle gibt es erst nach 300 km beim Mount Barnett Roadhouse, und dort ist Treibstoff ein Drittel teurer.

Das Abenteuer ›Gibb River Road‹ beginnt 64 km östlich von Derby, dort, wo das schmale Asphaltband in eine Schotterpiste übergeht und Kimberley-Bulldust durch alle Ritzen des Fahrzeugs zu dringen beginnt. Erste der spektakulären Schluchten ist die **Windjana Gorge** 3 145 km östlich von Derby. Die Hochwasserfluten, die sich in der Regenzeit durch das Bett des Lennard River wälzen, haben in Jahrmillionen den Canyon in die aus der Spinifex-Ebene ragende Felsbarriere der Napier Range gegraben. Der Gebirgszug ist Teil des Devonian Great Barrier Reef. Das versteinerte Korallenriff erstreckte sich vor 350 Mio. Jahren von der Gegend des heutigen Fitzroy Crossing in einem weiten Bogen über den Buccaneer- und Bonaparte-Archipel bis in das Gebiet des heutigen Kununurra. Als das Meer verdunstet war, schnitten Wasserläufe die Canyons der Kimberley-Schluchten in das 20 bis 30 km breite und über 1000 km lange ehemalige Riff. Fossilien archaischer Meereslebewesen, die man heute noch in den Felsformationen findet, legen Zeugnis von der geologischen Formung der Region ab.

Ein Naturerlebnis verspricht die Wanderung durch die 3,5 km lange und bis zu 100 m tiefe Windjana Gorge, in der sich während der Trockenmonate von Mai bis Oktober nur einige *billabongs* halten. Nicht nur die Naturkulisse entschädigt reichlich für die Strapazen des Fußmarsches über den tiefsandigen Schluchtboden, man kann hier auch zahlreiche Tiere beobachten. Am spektakulärsten sind die *freshies,* harmlose Süßwasserkrokodile, die bewegungslos im Wasser der Tümpel treiben oder sich auf Sandbänken in der Sonne aalen. Durch das knietiefe Wasser staksen weiße Reiher, während an den Felswänden darüber Schwärme von Nacktaugenkakadus ein Konzert veranstalten.

Manche der Flusseukalypten oder Papierrindenbäume am Ufer sind von riesigen Fledermäusen, so genannten Flugfüchse, bevölkert. Nicht selten spürt man auch Pythons und andere Schlangen auf. Nur schwer zu finden ist dagegen eine versteckte Grotte mit alten Felsmalereien der hier einst ansässigen Aborigines. Dargestellt sind wie in den meisten Aborigine-Felsgalerien der Kimberleys Wandjinas. Die plumpen, menschenähnlichen Gestalten mit einem ›Heiligenschein‹, aber ohne Mund und Ohren symbolisieren vermutlich mythologische Schöpferwesen. Es lohnt sich, eine Übernachtung auf dem Busch-Camp am Schluchteingang einzuplanen.

Im **Tunnel Creek National Park** 4 37 km südöstlich der Windjana Gorge hat der Tunnel Creek eine 750 m lange, 3 bis 12 m hohe und bis zu 15 m breite Kaverne in das Korallengestein der Napier Range gefräst. Ausgerüstet mit einer starken und möglichst wasserdichten Taschenlampe, kann man bei niedrigem Wasserstand den fossilen Riffkomplex ›unterwandern‹ und dabei eine märchenhafte Unterwelt entdecken. Auch während der Trockenzeit müssen einige bis zu 1,5 m tiefe Felsenpools

Die Windjana Gorge in den Kimberleys

durchwatet oder durchschwommen werden. Da die Felsen scharfkantig sind, sollte man die Schuhe anbehalten. Etwa in der Mitte fällt durch einen Deckeneinsturz Tageslicht in die Höhle. Gegen Ende des 19. Jh. diente der Naturtunnel dem Aborigine Jundumurra, genannt The Pigeon (die Taube), als Schlupfwinkel. Er und seine Gefolgsleute wehrten sich mit Waffengewalt gegen Viehzüchter, die ihnen ihr Land weggenommen hatten. Der Aufstand der Ureinwohner gegen die europäischen Eindringlinge wurde schon bald niedergeschlagen und Jundumurra in der Nähe des Tunnel Creek von einem Polizisten erschossen.

Nach der Abzweigung zum Windjana Gorge National Park windet sich die Gibb River Road kurvenreich erst durch die Napier Range, später durch die King Leopold Range. Linker Hand kommt die Felsformation des Queen Victoria's Head ins Blickfeld. Die ›Gibb‹ ist auf diesem Abschnitt stellenweise asphaltiert.

In weiten Kehren schwingt sich die Piste hinauf zur Inglis Gap, einen von Menschenhand geschaffenen Einschnitt in einem Bergsattel der King Leopold Range. Weit reicht der Blick über das Savannenland mit Baobab-Bäumen. Nach einigen Kilometern zweigt rechts die 8 km lange, nur mit einem Geländewagen zu bewältigende Stichstraße zur **Lennard River Gorge** 5 ab. Felsenpools in der 5 km langen Schlucht, die der Lennard River in jahrmillionenlanger Arbeit in die King Leopold Range gefräst hat, laden zu einem Bad ein. Ein Picknickplatz im Schatten von Schraubenpalmen ist die March Fly Glenn Rest Area, ein paar Kilometer weiter an der Gibb River Road. Rauchschwaden und Flammen am Wegesrand müssen vor allem in den Wochen nach der Regenperiode nicht immer Gefahr signalisieren. Meist handelt es sich dabei um *controlled burning*, von Rangern und Farmern entfachte Buschbrände, mit denen

Brahman-Bullen und Shorthorn-Rinder
Viehzucht im Outback

Einige Rinderfarmen im Outback sind größer als deutsche Bundesländer

Kein Haus, kein Zaun, nur weite Savanne bis zum Horizont, in der sich Rinder verlieren. Fährt man durch Australiens Rinderzuchtgebiete, wähnt man sich in Amerikas Cowboyland. Da gibt es riesige Rinderherden, Rodeos und Cowboys. Die allerdings heißen in Australien *stockmen*.

Neben der Schafzucht ist die Viehwirtschaft das wichtigste ökonomische Standbein der australischen Farmer. Die Outback-Regionen, in denen es zu heiß und zu trocken ist für Schafe, sind *cattle country*. Dazu zählen das Zentrum und der Norden des Landes, wo trotz des harten Klimas Gräser wachsen, die sich gut als Viehfutter eignen. Weit verstreut im kargen Land erstrecken sich dort *cattle stations,* wie die australischen Pendants zu den nord-amerikanischen *ranches* heißen.

Eine Durchschnitts-Station umfasst im Northern Territory etwa 2000 km², im Barkly Tableland an der Grenze zu Queensland und in der west-australischen Kimberley-Region sogar 6000 km². Anna Creek Station in der Nähe des Lake Eyre in South Australia, die größte Rinderfarm der Welt, nimmt ein Gebiet von der Größe Belgiens ein. Während die Weidegründe in den fruchtbaren Küstenebenen genügend Futter für acht bis zehn Rinder pro Hektar bieten, braucht ein Rind in den Trockenzonen wenigstens 30 ha Land, um mit dem dürren Gras und dem von

Windrädern aus der Tiefe gepumpten Wasser zu überleben. Auf australischen Viehweiden grasen je nach klimatischen Verhältnissen und Marktsituation zwischen 20 und 30 Mio. Rinder. Die größten Farmen mit jeweils bis zu 20 000 oder sogar 30 000 Stück Vieh gehören oft Agrokonzernen mit Sitz in Sydney, New York oder Tokyo. Die Hälfte des Rindfleisches aus dem Outback wird in Australien konsumiert, die andere exportiert. Hauptabnehmer sind die USA und Japan sowie einige südost-asiatische Staaten wie Malaysia, Indonesien und die Philippinen.

Den Grundstein für die Viehwirtschaft legten Pioniere, die auf bisweilen mehrjährigen Trecks mit Rinderherden vom Osten und Südosten in den Westen und Norden des Kontinents zogen. Einer dieser so genannten *overlanders* war Patrick Durack, der Anfang der 80er Jahre des 19. Jh. 10 000 Rinder über eine Entfernung von mehr als 3000 km von Queensland an der Ostküste zum Kimberley-Plateau im Nordwesten treiben ließ. Obwohl zahlreiche Tiere den zweieinhalb Jahre dauernden Viehtrieb nicht überlebten, blieben noch genügend als Grundstock für die Viehzucht in den Kimberleys übrig.

Wegen der klimatischen Bedingungen importierten die meisten Farmer Brahman- und Zebu-Rinder aus Indien, die Hitze, Trockenheit und schlechte Futterqualität besser ertragen können als die aus Europa stammenden Herefords und Shorthorns. Bei Hitzeperioden mit Temperaturen von über 40° Celsius trocknen die Wasserlöcher auf den Weiden aus. Dann müssen die Rinder oft kilometerweit zu den verbliebenen Wasserstellen oder künstlichen Tränken laufen. In der Trockenzeit magern die Rinder stark ab, denn die Gräser verlieren Nährstoffe und die Tiere müssen mit fast reiner Zellulose vorlieb nehmen. Daher werden die Rinder vor dem Transport in die Schlachthäuser an der Küste mit Grün- und Kraftfutter aufgepäppelt. Immer wieder kommt es vor, dass man während ausgedehnter Dürreperioden Rinder mit bis zu 50 m langen doppelstöckigen Lastzügen, *cattle trains*, die über 200 Tiere transportieren können, in fruchtbarere Regionen verschickt. Früher wurden die Rinder auf *stock routes* zu anderen Weidegebieten, zu Verladebahnhöfen oder in die Schlachthäuser getrieben. Doch waren die Gewichts- und Qualitätsverluste sehr hoch, die sich bei den langen Trecks ergaben.

Obwohl sie riesiggroß sind, kommen die meisten Rinderfarmen heutzutage mit einer Hand voll Männer aus, deren Hauptaufgabe es ist, Zäune, Wege und Wasserstellen zu kontrollieren und Instand zu halten. Zusätzliche Arbeitskräfte benötigt man nur beim *mustering*, wenn die Rinder zusammengetrieben werden, die 18 bis 24 Monate lang in kleinen Gruppen durch den Busch streifen. Bei tausenden von Rindern, die sich in einem unwegsamen Terrain verteilen, ist der Auftrieb eine strategische Operation. Die berittenen *stockmen* werden per Funk von einem Hubschrauberpiloten dirigiert. Haben sie das Vieh aufgespürt, treiben sie es Motorradfahrern zu, die es in Pferche scheuchen. Mit Stahlrohrbügeln und Gittern bewehrte Geländewagen dienen dazu, streunende Bullen einzufangen.

Beim *mustering* werden Tiere für den Abtransport zum Verkauf ausgesondert. Zudem versehen die Männer Kälber mit Brandzeichen oder Ohrmarken, kastrieren Jungtiere und nehmen Impfungen vor. 12 bis 14 Stunden arbeiten sie am Tag und erhalten dafür bei freier Kost und Logis etwa 500 Dollar in der Woche.

Die Bell Gorge in den Kimberleys

trockenes Unterholz und hohes Gras vernichtet werden soll.

Auf Asphalt geht es mit Blick auf den 748 m hohen Mount Bell hinauf zur Hauptkette der King Leopold Range. Nach Querung des Bell Creek an einer Furt markiert ein Wegweiser die Abzweigung zur Silent Grove (19 km) und zur Bell Gorge (29 km) im King Leopold Range National Park. Der 60 km lange ›Umweg‹ zur **Bell Gorge** 6 auf einer extrem Holperpiste, die durch drei schlammige Furten führt, ist ein ›Muss‹, denn die Schlucht ist ein weiteres Highlight an der Gibb River Road, zugleich ein Beispiel für die Erosionskraft des Wassers.

Silent Grove ist ein Busch-Camp bei der Ranger Station am Bell Creek. Weitere schöne Campingplätze am Fluss, die man in Silent Grove reservieren muss, liegen am Track zur Bell Gorge. Ein viertelstündiger Spaziergang auf steinigem Pfad führt zur Felsenschlucht, in die der Bell Creek über Kaskaden stürzt. Bademöglichkeiten gibt es im oberen und unteren Pool. Um zum Naturbassin am Fuße der Wasserfälle zu gelangen, watet man durch den Bell Creek und folgt einem über den Bergsattel auf den jenseitigen Schluchtrand führenden Pfad, der sich steil zum Schluchtboden windet.

Gut 30 km nordöstlich der Nationalparkgrenze zweigt eine raue, 100 km lange Piste zum Old Mornington Camp ab. Die Lodge mit Campingplatz nahe am Fitzroy River bietet sich als Standquartier zur Erkundung der entlegenen Diamond Gorge und Sir John Gorge an.

Wie ein Garten Eden erscheint die **Adcock Gorge** 7, die sich im Niemandsland versteckt. Während in der Spinifex-Ebene, durch die sich der Zufahrtstrack windet, Hitze und Trockenheit herrschen, ist es in der von bis zu 30 m hohen Felswällen umgebenen Schlucht schattig und feucht. Dort wachsen Schraubenpalmen und Farne, Wasser tropft aus Felsspalten in Tümpel, die von Seerosen bedeckt sind. So idyllisch sich die Oase in der Ödnis präsentiert, so rau ist die Zufahrt. Die ersten 4 km sind mit einem Geländewagen noch gut zu bewältigen, dann aber muss ein Creek an einer nach der Regenzeit sehr tiefen Furt durchquert werden. Danach

geht es im Kriechgang über Stock und Stein zur 1 km entfernten Schlucht.

Die **Galvans Gorge** 8 einen halben Kilometer abseits der Gibb River Road erreicht man auf einem kurzen Spaziergang. Über die 20 m hohen Wände der kleinen Felsenschlucht mit Pool sprüht klares Wasser.

Die wasserreiche Schlucht **Manning Gorge** 9 gilt es zu Fuß zu erkunden. Ausgangspunkt für die Wanderung zu den Wasserfällen der Upper Manning Gorge ist das Busch-Camp an der Lagune der Lower Manning Gorge, 7 km westlich des Mount Barnett Roadhouse. Der nur mit Steinen und Blechdosen markierte, am Manning Creek entlang führende Weg ist, da teilweise von hohem Gras überwuchert, nicht immer leicht zu finden. Auf der hin und zurück etwa 4 km langen Wanderung, für die man gut zwei Stunden benötigt, muss man abschnittsweise durch knietiefes Wasser waten. Etwas Zeit und Mühe spart, wer durch den See der Lower Manning Gorge ans andere Ufer schwimmt und damit den Wanderpfad abkürzt. Eine Skizze der Region und Tipps zur Wanderung gibt es im von weißen Australiern betriebenen Mount Barnett Roadhouse, das sich wie auch die umliegende über 1200 km² große *cattle station* im Besitz von Aborigines befindet.

Nach dem Roadhouse, bei dem man tanken kann, führt die Gibb River Road bis zur Abzweigung der Kalumburu Road durch wenig abwechslungsreiches Viehweideland. Über eine 5 km lange holprige Piste erreicht man die **Barnett River Gorge** 10 mit Wasserfall und Badepool. 420 km nordöstlich von Derby zweigt die nach einer Aboriginal Community an der Napier Broome Bay benannte Kalumburu Road Richtung Norden ab. In schlängelnder Linie windet sich das schmale, staubige Band nach der Querung des Gibb River durch das Gardner Plateau. Zivilisatorischer Mittelpunkt der Region ist die **Drysdale River Station** 11, eine Rinderfarm mit Motel, Campingplatz und Tankstelle.

Zum Mitchell Plateau

Nach der Drysdale River Crossing wird die Kalumburu Road mit hartem Wellblech und tiefen Auswaschungen abschnittsweise sehr ruppig. Doch dies ist nur ein kleiner Vorgeschmack auf die Port Warrender Road, die, 159 km nördlich der Gibb River Road von der Kalumburu Road abzweigend, zum Mitchell Plateau führt. Für die 82 km bis zum Campingplatz nahe der Mitchell Falls muss man mit vier bis fünf Stunden Fahrzeit rechnen. Die Schlüsselstelle des Allrad-Track, die King Edward River Crossing, ist nach 8 km erreicht.

Nach der Regenzeit beträgt der Wasserstand in der felsigen, etwa 25 bis 30 m breiten Furt bis zu 80 cm. Das Wasser schießt über die Motorhaube. Am besten hindurch geht es zügig im zweiten Gang mit zugeschalteter Untersetzung L4. Auf einem Busch-Campingplatz am jenseitigen Ufer kann man die aufregende Aktion gebührend feiern.

Durch Sand und Stein, Schlammlöcher und Furten geht es nach einem steilen Anstieg weiter auf der mühseligen, aber erlebnisreichen Allradfahrt durch das zerklüftete Mitchell Plateau, das bis Mitte des 20. Jh. kaum von Weißen betreten wurde. Heute noch entdecken hier Botaniker und Zoologen seltene Pflanzen und Tiere. Abschnittsweise säumen Livistona-Palmen die raue Piste bis zum einfachen Busch-Camp am Mertens Creek, wo die Wanderung zu den **Mitchell Falls** 12 beginnt. Von dem Campingplatz starten während der Saison Hubschrauber zu Rundflügen über die Wasserfälle. Eine Möglichkeit, die Gegend auf dem Landweg und aus der Vogelperspektive zu erkunden, wäre in den ›kühlen‹ Vormittagsstunden zu den 4 bis 5 km oder zwei Stunden entfernten Mitchell Falls zu wandern und sich dort in der Mittagszeit von einem Hubschrauber abholen zu lassen.

Auf Trittsteinen im Mertens Creek gelangt man vom Camp ans jenseitige Ufer des Wildbachs. Durch felsiges Terrain windet sich der mit Steinhaufen, weiß bemalten Steinen und an Büschen hängenden weißen Plastikbändern markierte Pfad Richtung Westen zu den Little Mertens Falls, die vom Weg zwar zu hören, aber nicht zu sehen sind. Riesige Farne und andere exotische Gewächse, die hierzulande nur Topfpflanzenformat erreichen, wuchern um den kleinen Wasserfall. Nach einem kurzen Abschnitt durch Wald geht es weiter über Felsen am palmenbestandenen Mertens Creek entlang. Dort, wo sich der Bach zu einem Felsenpool weitet,

Die Mitchell Falls in den Kimberleys

kann man an einem ockerfarbenen Felsüberhang alte Malereien der einst hier ansässigen Ureinwohner bewundern.

Dies ist nur eine von zahlreichen Aborigine-Bildergalerien, die – für Ortsunkundige schwer zu finden – in der Region verteilt sind. Wissenschaftlern geben die Felskunstwerke, die, mit ätzenden Farbstoffen aufgetragen, eine Mischung aus Malerei und Gravur sind, Rätsel über Rätsel auf. Stil und Motive sind einmalig. In ganz Australien gibt es nichts Vergleichbares. Es besteht weder eine Ähnlichkeit mit den Wandjina-Malereien in den westlichen Kimberleys noch mit den Quinkan-Darstellungen auf der Cape York Peninsula. Manche der eleganten Menschenfiguren erinnern an ägyptische Felsbilder oder Petroglyphen. Bisweilen sind Tiere dargestellt, die es im Nordwesten von Australien gar nicht gibt. Welche Bedeutung haben die Malereien? Woher kamen ihre Schöpfer? Fragen, auf die weder Wissenschaftler noch heute in der Region lebende Aborigines eine Antwort haben. Noch nicht einmal das Alter der Kunstwerke ist bestimmt. Nur eines ist sicher – die Qualität der Felsmalereien zeugt von der hohen Kunstfertigkeit ihrer Schöpfer.

Wenige hundert Meter nach der Felsbildgalerie steht man an einer 40 m abfallenden Felswand, über welche die Big Mertens Falls zu Tal stürzen. In sicherem Abstand von der Abbruchkante watet man durch den Mertens Creek. Ein Stückchen weiter künden sich mit Dröhnen die Mitchell Falls an. Die noch Wochen nach Ende der Regenzeit mächtigen Wasserfälle bestehen aus fünf Kaskaden, die, über die Abbruchkante des Mitchell-Plateaus stürzend, mehrere Lagunen bilden. Das volle Panorama der Wasserfälle lässt sich nur von einem Aussichtspunkt auf der gegenüberliegenden Seite des Mitchell River bewundern.

Wenn die Strömung nicht allzu stark ist, kann man etwa 30 m oberhalb der ersten Kaskade durch den 50 bis 60 cm tiefen Fluss waten. Ein mit Steinmarkierungen versehener Track führt zu einem Aussichtspunkt mit Blick auf das tosende Spektakel (hin und zurück 30 Min.). Ein weiterer Pfad, in dessen Verlauf einfache Kletterei über Felsen erforderlich ist, windet sich hinab zum großen Naturpool am Fuße der Wasserfälle (hin und zurück 1,5 Std.). So verlockend das kühle Wasser auch sein mag, schwimmen sollte man bei den unteren Fällen nicht, denn es könnten Salzwasserkrokodile in der Lagune lauern. Da die Riesenechsen die steilen Wasserfälle jedoch nicht überwinden können, kann man im Mitchell River auf dem Plateau bedenkenlos baden. Spektakulär ist der Helikopterflug zurück zum Camp, eventuell mit einer weiten Schleife über den Surveyor's Pool, einen entlegenen, von Sandsteinklippen umrahmten Naturpool.

Wieder zurück auf der Kalumburu Road gelangt man Richtung Nordosten zur **Theda Station** 13, dem Ausgangspunkt für den Besuch des Drysdale River National Park. Die Aborigine-Gemeinde **Kalumburu** 14 weiter nördlich hat sich aus einer in den 30er Jahren des 20. Jh. gegründeten Missionsstation entwickelt.

In die östlichen Kimberleys

Tipps & Adressen
El Questro Station S. 332, Wyndham S. 358, Kununurra S. 339, Turkey Creek S. 354

Vergleichsweise Unspektakulär geht es nach der Kalumburu-Abzweigung auf der Gibb River Road weiter. Aufregend wird es erst wieder an der breiten Furt durch den Durack River. Knapp 30 km weiter zweigt eine Stichstraße zum Naturpool Jack's Waterhole und zur **Durack River Homestead** 15 ab. Die über

Bei Kununurra

10 000 km² große *cattle station* ist mit mehr als 12 000 Rindern die größte Viehfarm der Kimberley-Region.

Für einen Adrenalinstoß sorgt nach der Regenzeit die Querung des Bindoola Creek an der Bluey O'Malley's Crossing. Wenig später bietet sich vom Pentecost Lookout ein schönes Panorama der in Rot- und Ockertönen leuchtenden Tafelberge der Cockburn Range, die jenseits des breiten Pentecost River aufragen. Die lange, steinige Furt durch diesen Fluss ist die letzte Prüfung für Geländewagenfahrer auf der Gibb River Road. Nach der Furt zweigt Richtung Norden die Old Karunjie Road ab, auf der man in der Trockenzeit mit einem allradangetriebenen Fahrzeug Wyndham am südlichen Ende des Cambridge Gulf ansteuern kann.

Den Schlussakkord der Gibb River Road setzt eine Bootsfahrt auf dem Chamberlain River durch die **Chamberlain Gorge** [16] mit hohen, rot leuchtenden Sandsteinwänden. Bootstouren sowie Helikopterflüge starten bei der **El Questro Station** [17], 16 km südlich der ›Gibb‹. Eine dreistündige Wanderung führt zur El Questro Gorge, in der Ureinwohner viele tausend Jahre alte Felsmalereien hinterlassen haben. Kürzere Wanderwege erschließen die nahe **Emma Gorge** [18].

Gut 30 km östlich trifft die Gibb River Road auf den Victoria Highway. **Wyndham** [19] liegt an der Mündung fünf mächtiger Flüsse – Durack, Forrest King, Ord und Pentecost River – in den Cambridge Gulf. In den mit Schlick befrachteten Strömen und dem Meeresarm leben große Salzwasserkrokodile. In freier Wildbahn kann man die Panzerechsen vom Crocodile Lookout beobachten, wo einst die Schlachtabfälle der mittlerweile geschlossenen Fleisch verarbeitenden Betriebe ins Meer gekippt wurden. Die Wyndham Zoological Gardens and Crocodile Park präsentieren neben Süß- und Salzwasserkrokodilen auch Komodo-Warane.

Der Name des Städtchens **Kununurra** [20] an der Grenze zum Northern Territory bedeutet ›großes Wasser‹. Der Ort entstand Anfang der 60er Jahre des 20. Jh. als Versorgungs- und Verwaltungszentrum für das Bewässerungsprojekt Ord River Irrigation Scheme (ORIS). Der Fluss wurde südlich von Kununurra in den Bergen zum Lake Argyle aufgestaut, dem mit 1000 km² größten künstlichen See des Fünften Kontinents. Lake Argyle dient dazu, die vorher ungenutzt in die Timor-See abfließenden Wassermassen des größten Flusssystems im Norden von Australien aufzufangen.

Über ein Kanal- und Grabensystem bewässert der See eine 6000 km² große Anbaufläche für Sojabohnen, Erdnüsse, Sonnenblumen, Reis und Futtergetreide. Das Projekt hat zwar nie alle Erwartungen erfüllt, aber die Bewohner von Kununurra verstanden es, aus dem Stausee touristisches Kapital zu schlagen, indem sie am Lake Argyle ein Ferienzentrum bauten. Man kann auf dem See, aus dem Dutzende Berggipfel als kleine Inseln ragen, Wassersport betreiben und angeln oder auf Bootstouren Wasservögel wie Kormorane, Ibisse und Pelikane sowie Krokodile beobachten. Besucher sind in der Argyle Diamond Mine im Süden des Sees willkommen, wo rund 2000 Beschäftigte fast die Hälfte des Weltbedarfs an Industriediamanten fördern.

Ein Ausflug führt zum Keep River National Park, in dem man Aborigine-Felskunstwerke mit einem Alter von möglicherweise über 50 000 Jahren entdeckte. Reizvoll sind Spaziergänge im Mirima (Hidden Valley) National Park, dem Mini-Bungle-Bungle vor den Toren von Kununurra.

Südlich von Kununurra windet sich der durchgehend geteerte Great Northern Highway durch das Bergland der östlichen Kimberleys nach **Turkey Creek** 21. Dort lohnt sich ein Blick in das Daiwul Gidja Culture Centre der lokalen Aborigines.

In den Bungle Bungle National Park

Tipps & Adressen
Halls Creek S. 333, Fitzroy Crossing S. 332

Von Turkey Creek starten Helikopter zu Rundflügen über den **Purnululu (Bungle Bungle) National Park** 22. Aus der Vogelperspektive erscheinen die geriffelten Felsdome und die von grau-orangefahrbenem Streifen durchzogenen Sandsteinkuppeln des Nationalparks surreal. Riesigen Bienenkörben gleich ragen die Natursteinskulpturen in die Höhe. Die orangefarbenen Streifen entstanden durch die Oxidation von Eisenpartikeln in den Gesteinsschichten, die grauen durch auf feuchten Oberflächen wachsende Algen und Flechten.

Den lokalen Kija-Aborigines gilt das Sandsteinmassiv, das sie Purnululu nennen, als heilig. Nachdem sie die Welt und die Lebewesen erschaffen hatten, zogen sich ihre Traumzeitvorfahren in die Felsenwelt zurück. Viele tausend Jahre lang bestatteten die Ureinwohner ihre Verstorbenen in den Purnululu-Schluchten. Erst 1982 von einem Fernsehteam ›entdeckt‹, machten die zuvor von weißen Farmern als Viehweidegebiet zweckentfremdeten ›Bienenkorb-Berge‹ schon bald als geologisches Wunder Furore. 1987 wurde die Region zunächst unter dem Namen Bungle Bungle National Park unter Naturschutz gestellt. Besonders eindrucksvoll sind die Berge am frühen Morgen und späten Nachmittag, wenn die tief stehende Sonne das märchenhafte Felsentheater zum Leuchten bringt.

Die einzige Zufahrt zum Nationalpark, eine sehr raue Piste, auf der sich ein Geländewagen bewährt, zweigt 53 km südlich von Turkey Creek vom Great Northern Highway Richtung Osten ab. Bis zur Ranger Station am Parkeingang sind es noch einmal 53 km, für die man je nach Zustand des Track bis zu drei Stunden braucht. Während der Regenzeit von Anfang Januar bis Ende März ist der Purnululu National Park geschlossen. Trinkwasser ist rar im Park, deshalb genügend Vorräte mitnehmen.

Als Quartiere für Erkundungen des Naturreservats gibt es zwei schöne Buschcampingplätze mit Toiletten – das Kurrajong Camp und das Walardi Camp, wo man Helikopterflüge über das Massiv buchen kann. Der Nationalpark ist durch ein Netz guter Wanderwege erschlossen. Da die Sandsteinformationen brüchig sind, sollte man sie keinesfalls betreten und sich stets auf den angelegten Pfaden bewegen, die meist Fluss- und Bachbetten folgen.

Ein Fußmarsch führt zum Echidna Chasm, einer mehrere hundert Meter langen Schlucht im Felsenlabyrinth. Die aufragenden Wände rücken abschnittsweise so nah zusammen, dass der Himmel nur noch als schmales Band zu erkennen ist. Die Wanderung endet bei einer 300 m abfallenden Felswand, über die während der Regenzeit ein Wasserfall tost (hin und zurück 3 km/1,5 Std.). In den nahen Schluchten Frog Hole Gorge und Mini Palm Gorge wachsen Livistona-Palmen (hin und zurück 3 km/1,5 Std. bzw. 5 km/3 Std.). Weitere schöne Wanderungen kann man im Südteil des

Echidna Chasm im Bungle Bungle National Park

Parks in der Region der ›steinernen Bienenkörbe‹ unternehmen. Ausgangspunkt für zwei Wanderungen ist der Parkplatz beim Piccaninny Creek. Einfach ist der Weg von dort zur Cathedral Gorge (hin und zurück 2,5 km/2 Std.). Eine Übernachtung in der Wildnis und etwas Buscherfahrung erfordert die anstrengende Wanderung zur Piccaninny Gorge (hin und zurück 30 km/2 Tage).

In der Nähe von **Halls Creek** 23 am Great Northern Highway ging es zwischen 1883 und 1885 turbulent zu, als hier Gold gefunden wurde. Damals hausten in eilends in die Halbwüste gebauten Barackensiedlungen 3000 Goldgräber. Heute sind in Old Halls Creek 15 km östlich an der Duncan Road nur noch verrostetes Gerät, Ruinen und ein halb von Flugsand bedeckter Friedhof zu sehen. Gut 15 km südlich von Halls Creek zweigt vom Great Northern Highway die nach Zentral-Australien führende Tanami Road ab (vgl. S. 250ff.).

Der Ort ist auch Start oder Ziel einer der einsamsten und abenteuerlichsten Buschpisten von Australien – der Canning Stock Route (vgl. S. 252).

Fitzroy Crossing 24 ist während der Regenzeit, wenn sich der Fitzroy River von seiner normalen Breite von 100 m auf über 10 km ausdehnt, oft tage-, wenn nicht wochenlang von der Außenwelt abgeschnitten. In der vom Fitzroy River in die Geikie Range geschnittenen **Geikie Gorge** 25 20 km nordöstlich des Ortes markiert ein helles Band an der Felswand den Hochwasserstand, der bis zu 16,5 m über dem Trockenzeitniveau liegen kann. Bei den farbigen, bis zu 30 m hohen Klippen der 14 km langen Schlucht handelt es sich um Teile eines jahrmillionenalten, fossilen Korallenriffs. In dem Gewässer tummeln sich neben harmlosen Süßwasserkrokodilen auch Schwertfische, Stachelrochen und Haie, Nachkommen der Fische, die das seichte, einst weite Teile des Nordwestens von Australien bedeckende Tropenmeer bevölkerten. Der Reef Walk Nature Trail verläuft durch einen Wald aus Flusseukalypten und Papierrindenbäumen am westlichen Steilufer (hin und zurück 5 km/1,5 Std.). Den besten Eindruck von der Schlucht vermitteln von Ranger veranstaltete Bootsfahrten.

Von Fitzroy Crossing sind es auf dem Great Northern Highway 391 Kilometer nach Broome. Auf einer ruppigen Piste, die 42 km nordwestlich von Fitzroy Crossing vom Great Northern Highway abzweigt, kann man den Tunnel Creek National Park und den Windjana Gorge National Park erreichen.

Outback-Pfad durch ›grüne Wüste‹
Tanami Road

Von Halls Creek nach Billiluna

Tipps & Adressen
Halls Creek S. 333

Unendlich dehnt sich die Savanne von Horizont zu Horizont, ab und zu Tupfer niedrigen Buschwerks, zumeist Akazien. Eukalypten wachsen nur vereinzelt an ausgetrockneten Flussläufen. Wer auf der ›Straße‹ durch die Tanami Desert von Western Australia das ›Rote Herz‹ ansteuert, kreuzt ein Meer von Eintönigkeit. Wie mit einem Lineal gezogen durchschneidet die Piste über lange Strecken eine halbwüstenartige Savannen- und Steppenlandschaft – über 1000 größtenteils monotone Straßenkilometer, die ›a lot of nothing‹ bieten, aber mit Ausnahme des Wolfe Creek-Meteoritenkraters keine landschaftlichen Höhepunkte. Bevor sie von Geländewagentouristen ›entdeckt‹ wurde, diente die Tanami Road zur Versorgung Aboriginal Communities und *cattle stations* sowie der Goldbergwerke Tanami Mine und The Granites Mine.

An der einzigen direkten Verbindung zwischen dem Norden von Western Australia und dem Zentrum wechseln gut ausgebaute Schotterstrecken mit langen Waschbrettsektionen und flussbettartigen Sandpassagen. Für Geländewagen ist die Tanami Road keine große Herausforderung, allerdings geht das oft sehr tiefe ›Wellblech‹ trotz harter Federung in die Knochen. Ungeachtet des relativ guten Pistenzustands ist die Durchquerung der Tanami Desert noch immer ein kleines Abenteuer, das man nicht unterschätzen sollte. Wasserstellen sind auch in der ›grünen Wüste‹ rar. Selbst heute noch kommen in dieser einsamen, so gut wie unbesiedelten Region unvorsichtige Reisende ums Leben.

Entlang der Tanami Road gibt es nicht viel, was einen davon abhält, Kilometer zu ›machen‹. So wird man für die Strecke kaum mehr als zwei bis drei Tage benötigen. Die besten, weil trockensten Reisemonate liegen zwischen April und Oktober. Im Hochsommer sollte man wegen unerträglich heißer Temperaturen die Region meiden. Dann erhält die Tanami Desert auch die meisten Niederschläge, die den Track oft unpassierbar machen. Die maximale Entfernung ohne Tankstelle beträgt 300 km. Versorgungsmöglichkeiten und Schlafgelegenheiten bieten das Rabbit Flat Roadhouse (nur Fr–Mo geöffnet) und das Tilmouth Roadhouse. Zum Tanken darf man auch ohne *permit* in die Aboriginal Communities Billiluna (Mo–Fr geöffnet) und Yuendumu fahren, Übernachten ist dort allerdings nicht gestattet.

Halls Creek 1 (vgl. S. 249) am Great Northern Highway ist der westliche Start- bzw. Endpunkt der Tanami Road. In der Nähe des Ortes lösten 1883 Goldfunde den ersten *gold rush* in Western Australia und damit eine Invasion von Abenteurern aus, die sich nach dem Abflauen des Goldfiebers zwei Jahre später in alle Winde verstreuten. Heute dient Halls Creek als Versorgungszentrum für Rinderfarmen und Touristen.

Dass die Grenzen im Outback nicht fließend, sondern schroff sind, zeigt sich 16 km südlich von Halls Creek, wo die Tanami Road vom Great Northern Highway abzweigt. Kaum hat man das Asphaltband verlassen, ist man schon mitten in der Tanami Desert und erhält anhand eines verbeulten Wegweisers eine Lektion in australischen Dimensionen – Alice Springs 1040 km. Dazwischen liegt nichts, was die Bezeichnung Ortschaft verdiente.

Als breit gewalzter, zunächst noch autotauglicher Busch-Highway verliert sich die Tanami Road am Horizont, mäandert durch wellige Halbwüste, schwingt sich über bewachsene Sandhügel. Schon bald wird die Landschaft flacher und monotoner: Spinifex und Busch, Busch und Spinifex – über hunderte von Kilometern. Der Satz ›Der Weg ist das Ziel‹ stimmt hier leider nicht. Das Ziel heißt Alice Springs und es gibt wenig, was Reisende daran hindern könnte, dieses Ziel möglichst rasch zu erreichen.

Nach 130 km kündigt ein Hinweisschild das einzige landschaftliche Highlight der Route an, den **Wolfe Creek Meteorite Crater** 2 23 km östlich der Piste. Vor 50 000 Jahren hat hier ein Himmelskörper ein 50 bis 100 m tiefes und 800 m weites Loch in den Boden gerissen. Wanderwege erschließen den Kraterwall und den von Akazien bewachsenen Kraterboden. Die Dimension der Einschlagstelle lässt sich aber erst aus der Vogelperspektive erfassen. Im Glauben der lokalen Aborigines hat die mythologische Regenbogenschlange den Riesenkrater in der Traumzeit geschaffen, als sie sich hier aus der Erde herauswand, um sich auf ihre Wanderung quer durch die Tanami Desert zu begeben.

Bis zur **Billiluna Aboriginal Community** 3, wo man an Wochentagen

Tanami Road

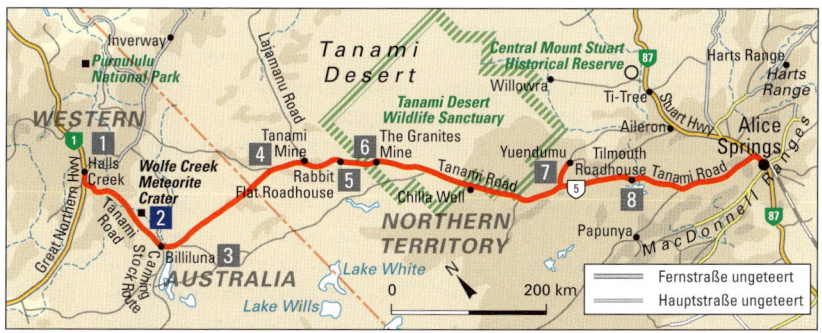

tanken kann, zieht sich die Tanami Road mehr oder weniger geradlinig durch die Spinifex-Savanne. Die gute Schotterpiste verleitet zu hoher Geschwindigkeit. Oft übersieht man dabei Auswaschungen, die als tiefe Rinnen quer zur Fahrbahn verlaufen und bei zu hohem Tempo Schäden bis hin zum Achsenbruch verursachen können.

Die Canning Stock Route

Tipps & Adressen
Capricorn Roadhouse S. 322, Rabbit Flat Roadhouse S. 351, Tilmouth Roadhouse S. 354

In Billiluna beginnt die Canning Stock Route, die längste und einsamste Viehtriebpiste der Welt. Als braune Narbe im gelben Grasland windet sie sich 1600 km lang quer durch Great Sandy Desert und Little Sandy Desert nach Wiluna. Die abenteuerliche Wüstendurchquerung ist eine Herausforderung für hartgesottene Zeitgenossen. Der Landvermesser Alfred Canning legte den Track zwischen 1906 und 1908 an. Canning war von der west-australischen Regierung beauftragt worden, eine Route zu erkunden, auf der man Rinder von den Kimberley-Farmen zu den Goldfeldern von Kalgoorlie und den Märkten der besiedelten Südregion von Western Australia treiben konnte.

Die Weißen folgten im Wesentlichen einer von den Aborigines schon seit Urzeiten benutzten Handelsstraße, auf der Ockerfarben, Muscheln und Steinbeile transportiert wurden. Lebensquell der Ureinwohner waren Dutzende von Grundwasserbrunnen. Canning und sein Team ergänzten die natürlichen Quellen durch eine Kette von 52 Ziehbrunnen, die das Überleben von Rindern und *stockmen* in dieser trockenen Region ohne Oberflächenwasser sicherte. Bis 1958 wurden auf der Canning Stock Route Viehherden nach Süden getrieben. Danach geriet der Track in Vergessenheit. Erst mit dem Aufkommen des Outback-Tourismus wird die seit der australischen Zweihundert-Jahr-Feier 1988 als Heritage Trail teilweise ausgeschilderte Piste in den Wintermonaten zwischen Mai und September von Geländewagenteams befahren.

Die Canning Stock Route, die weit entfernt von jeglicher Zivilisation eine menschenleere Landschaft durchschneidet, gilt als härteste und abenteuerlichste Outback-Piste von Australien. Da es auf der Strecke keinerlei Versorgungsmöglichkeiten gibt, hat eine Reise in diese Region Expeditionscharakter und bedarf einer exakten Vorbereitung und perfekten Ausrüstung. Auf der Route müssen zahlreiche Flussbetten durchquert werden, die nach plötzlichen Regenfällen tiefmorastig sein können. Zudem gilt es Lehm- und Salzpfannen sowie hunderte weichsandiger Dünenriegel zu meistern. Daher sollte die extrem schwierige Route nur von versierten Allrad-Fahrern sowie idealerweise im Konvoi mehrerer Geländewagen in Angriff genommen werden.

Da der Track oft nicht mehr ist als zwei Reifenspuren im Sand, die sich nach wenigen Windungen im kniehohen Gras verlieren, sind ein Kompass und erstklassige Navigationskenntnisse unerlässlich. Bezüglich Wasser, Nahrung, medizinischer Versorgung und mechanischer Ersatzteile sollte man völlig autark sein. Treibstoff wird bei rechtzeitiger Vorbestellung und Bezahlung vom Besitzer des Capricorn Roadhouse am Great Northern Highway südlich von Newman beim Well (Brunnen) 23 an der Canning Stock Route deponiert. Die geplante Route sollte unbedingt mit der

Polizeistation in Halls Creek oder Wiluna abgesprochen werden. Zusätzliche Sicherheit gewährleistet ein RFDS-Funkgerät. Von Geländewagenvermietern wird das Befahren der Canning Stock Route wegen der enormen Beanspruchung der Fahrzeuge in der Regel nicht genehmigt.

Nach der Billiluna-Abzweigung wird die Tanami Road rauer und sandiger. Man kann aber weiterhin mit konventionellem Hinterradantrieb ohne zugeschaltete Vorderachse fahren. Gute Möglichkeiten, das Nachtlager aufzuschlagen, bieten sich beim Sturt Creek sowie bei den Eslkey Hills und den Selby Hills, 48 km bzw. 72 km östlich der Billiluna Aboriginal Community. Spurenbündel, die von der Tanami Road abzweigen, weisen den Weg zu ›wilden‹ Busch-Camps. In Balgo und anderen Aborigine-Gemeinden südlich der Tanami Road sind unangemeldete Besucher nicht erwünscht. Man darf die Orte der Ureinwohner nur im Notfall ansteuern.

Auf einer kleinen Anhöhe markiert ein von Gewehrkugeln durchsiebtes Schild die Grenze zwischen West-Australien und dem Nord-Territorium – ›Welcome to the Northern Territory of Australia‹. Man kommt nun in eine andere Zeitzone und muss die Uhr um eineinhalb Stunden vorstellen. Kurz vor dem Goldbergwerk **Tanami Mine** 4, das für Touristen ›off limits‹ ist, zweigt die nur mit allradangetriebenen Geländewagen befahrbare Lajamuna Road Richtung Norden ab, wo sie nach 400 km beim Ort Wave Hill auf den abschnittsweise geteerten Buchanan Highway trifft. Als Verbindung zwischen Zentral-Australien und der Victoria-River-Region im nordwestlichen Northern Territory ist die Route eine raue, aber beliebte Alternative zum Stuart Highway. Das Land links und rechts der Piste teilt sich in große *cattle stations* und Reservate der Ureinwohner.

Goldfunde in der Gegend lockten um 1900 zahlreiche Abenteurer an, von denen nicht wenige ihre Suche nach dem Edelmetall mit dem Leben bezahlten. Sie verdursteten in der praktisch wasserlosen Einöde oder starben an Fieber und Skorbut. Nach zehn Jahren waren die nahe der Oberfläche verlaufenden Goldadern erschöpft und die Goldgräber zogen weiter. Im Rhythmus steigender und fallender Goldpreise wurde die Tanami Mine aufgegeben und wieder in Betrieb genommen. Mit moderner Technologie fördert man derzeit 1 Mio. t goldhaltiges Erz im Jahr.

Das **Rabbit Flat Roadhouse** 5 44 km südöstlich der Tanami Mine ist ein nur von Freitag bis Montag geöffneter Stützpunkt der Zivilisation in der Halbwüste. Hier kostet der Liter Treibstoff fast doppel so viel wie am Stuart Highway. Der aber ist weit und so lässt sich der Pächter den Lieferweg und die exklusive Lage teuer bezahlen.

Nach der Tankstelle im Nirgendwo gräbt sich die Tanami Road oft kilometerlang tief in den sandigen Untergrund ein, gibt kaum mehr den Blick frei auf die Savanne, in der das Spinfex-Gras wuchert. 52 km weiter südöstlich markieren Abraumhalden den Eingang zum Goldbergwerk **The Granites Mine** 6. Auch hier untersagen große Schilder den Zutritt, sowohl zu den neuen Tagebau-Anlagen, in denen 200 Arbeiter goldhaltiges Erz fördern, als auch zur alten, 1900 gegründeten Mine, in der Requisiten aus der Pionierzeit in der Wildnis verrotten. Der Name des Bergwerks stammt von großen Granitblöcke, die, wie von Gigantenhand aufgehäuft, einige Kilometer weiter südlich ein imposantes Felsenszenarium bilden.

Das harte ›Wellblech‹ der Tanami Road rüttelt das Fahrzeug kräftig durch. Und deutlich wird erneut, dass die Tanami Road keine Panoramastraße ist, sondern eine Trasse zwischen zwei Regionen des Kontinents. Die weite Spinifex-Savanne mit eintönigem Gelb, flach wie ein Tisch und ohne Bäume, beginnt unbehaglich zu werden. Doch bis auf die langsam näher kommende Hügelkette der Gibbesmurray Hills bleibt die Szenerie gleich: rote Erde, gelbes Gras, Dornbüsche und Akazien. Ab und zu ist ein versandetes Flussbett zu queren. In re-

Termitenhügel an der Tanami Road

der Insekten ragen wie die Miniaturausgaben gotischer Kathedralen in den Himmel. Weiter südlich gibt sich die Tanami Road launisch – mal hat sie die Dimension einer Landepiste, mal verengt sie sich auf Feldwegbreite, mal ist sie glatt wie Asphalt, mal knüppelhart. Der Pistenzustand ändert sich ständig, je nachdem wo Instandhaltungstrupps gerade die Schäden der letzten Wolkenbrüche beseitigt haben. Zerfetzte Reifen und die Autowracks am Pistenrand zeugen davon, wie Material verschleißend das harte ›Wellblech‹ ist. Aber es wird emsig gearbeitet an der Tanami Road. Zahlreiche Furten sind mittlerweile geteert und zwischen Yuendumu und Tilmouth Roadhouse rollt der Wagen schon einige Kilometer auf Asphalt.

Die 1500 Einwohner zählende Aboriginal Community **Yuendumu** 7, bekannt wegen ihrer Maler, wirkt schäbig: Barackenhäuser in Fertigbauweise, inmitten von Baumaschinen und ausgeschlachteten Autowracks. Wind wirbelt Plastiktüten und Müll durch die Luft. Kinder und Hunde toben durch den Staub. Reisende auf der Tanami Road dürfen hier nur tanken und im kleinen Supermarkt die Vorräte ergänzen, sich aber nicht länger aufhalten. Unterkunft bietet das **Tilmouth Roadhouse** 8 am Napperby Creek 107 km südöstlich.

Rote Bergkämme rücken ins Blickfeld und kündigen das Ende der Tanami Desert an. Gut 140 km vor Alice Springs hat man wieder Asphalt unter den Rädern. Es ist zwar nur eine einspurige Teerpiste – bei Gegenverkehr muss man auf den schottrigen Randstreifen ausweichen, doch fühlt man sich nach 900 km Rüttelpiste erlöst.

gelmäßigen Abständen zeigen Kilometerschilder die Entfernung zum Stuart Highway an: SH 420, SH 415 ...

Zwischen den Gibbesmurray Hills und dem McDiarmid Hill setzen Termitenhügel Akzente ins landschaftliche Einerlei. Die mannshohen Wohnburgen

Der Frangipani Beach am Cape York ▷

Outback-Routen im Osten

Im Land der weiten Horizonte
Plenty Highway und Sandover Highway

Von Alice Springs nach Mount Isa

Tipps & Adressen
Alice Springs S. 310, Gemtree S. 332, Tobermorey Station S. 354, Boulia S. 317, Urandangi S. 355

Der bequemste Weg von Zentral-Australien nach Queensland führt von Alice Springs zunächst nach Norden zum Three Ways Roadhouse 25 km nördlich von Tennant Creek, von wo man Mount Isa über den Barkly Highway erreicht. Als Alternative bieten sich die schottrig-staubigen Buschpisten Plenty Highway und der Sandover Highway an, auf denen man auf dem Weg nach Queensland zwar Kilometer, aber kaum Zeit spart. Beide durchschneiden tiefstes, von Savannen und Buschland geprägtes Outback, in dem sich abseits der Pisten riesige *cattle stations* verteilen. Beide Strecken sind Verbindungstrassen, die einen guten Eindruck von der Weite des Landes vermitteln, aber keine Sehenswürdigkeiten bieten.

Die Verbindungsstrecken werden als ›Highway‹ bezeichnet, was man nicht falsch verstehen darf. Es sind Buschtracks, die man allwettertauglich ›hochgelegt‹ hat. Während auf dem Plenty Highway oft scharfkantige Steine und tiefe Bulldust-Löcher zu schaffen machen, bilden auf dem Sandover Highway lange Sandpassagen Hindernisse. Prinzipiell reist man auf dem Sandover Highway ruhiger als auf dem recht ruppigen Plenty Highway. Beide Pisten sind für Geländewagen keine große Heraus-

Viehsperren, so genannte cattle grids, hindern Rinder daran, die Weiden zu verlassen

forderung, mit einem Auto ist man aber auf dem geteerten Barkly Highway besser aufgehoben. Da es unterwegs nur wenige Anlässe für Stopps gibt, kann man die Strecke Alice Springs – Mount Isa gut in zwei Tagen schaffen – egal für welche der beiden Straßen man sich entschieden hat. Tankmöglichkeiten gibt es auf dem Plenty Highway beim Gemtree Caravan Park, in der Atitjere Aboriginal Community bei Harts Range, bei den Rinderfarmen Jervois und Tobermorey sowie in Urandangi. Auf dem Sandover Highway kann man in Camooweal sowie in den Aboriginal Communities Alpurrurulam, Ammaroo und Ariparra tanken. Die maximale Entfernung ohne Tankstelle beträgt rund 200 km. Campingplätze und einfache Motelzimmer bieten Gemtree, Tobermorey Station, Urandangi und Camooweal, entlang beider Strecken finden sich genügend Busch-Camps. Beide Pisten sind ganzjährig befahrbar, können in den Sommermonaten zwischen Dezember und Februar jedoch nach Regenfällen vorübergehend unpassierbar sein.

Der anfangs geteerte Plenty Highway zweigt 68 km nördlich von Alice Springs vom Stuart Highway ab. Nach wenigen Kilometern franst der ›Plenty‹ zu einem schmalen Asphaltband aus, auf dem jede Begegnung mit einem *cattle train*, einem 50-Meter-Truck zum Abtransport von Vieh, für einen Adrenalinstoß sorgt. Früher trieben hier die *drovers* oder *overlanders* genannten australischen Cowboys Rinderherden von Queensland zur Bahnverladung nach Alice Springs. Nach der Abzweigung des Sandover Highway durchschneidet der Plenty Highway die große Rinderfarm Bushy Park.

Auf die Suche nach Granaten, Zirkonen und anderen Halbedelsteinen kann man sich in der Umgebung von **Gemtree** **1** begeben. Ideales Standquartier ist der Gemtree Caravan Park, wo man die zum *fossicking*, dem Durchwühlen von Abraumhalden auf den Edelsteinfeldern, erforderliche Ausrüstung mieten kann. Morgens starten hier Touren, bei denen man in Begleitung von Experten durch die *gemfields* streift. Die Ausbeute wird von Profis gesichtet und sortiert, die auf Wunsch die entdeckten Preziosen in der eigenen Schleiferei schneiden, polieren und zu Ringen, Anhängern und Broschen fassen. Mud Tank, einige Kilometer östlich von Gemtree am Pinnacles Track Richtung Arltunga ist das ergiebigste Edelsteinfeld.

Jenseits von Gemtree bleibt die Landschaft rechts und links des roststaubigen Asphaltbands gleich: rote Erde, blassgelbes Mitchell-Gras, Dornbüsche und vereinzelt Eukalyptusbäume. Ab und zu ausgetrocknete Flussbetten, die der Plenty Highway an Furten durchquert. Dann hört der Teerbelag auf und es heißt *travel on gravel*. Die Straße wird schlechter, der Geländewagen zieht einen dunkelroten Staubschleier hinter sich her. Im Outback-Nest **Harts Range** **2** werden alljährlich Ende Juli die Harts Range Races ausgetragen. Das hoch dotierte Pferderennen lockt Zuschauer aus einem weiten Umkreis an.

Die Harts Range Police Station ist das vermutlich größte Ein-Mann-Polizeirevier der Welt. Der Dienst habende Beamte kontrolliert ein 130 000 km^2 großes Gebiet, das sich bis nach Queensland erstreckt. In der Weite dieser Region verlieren sich 25 Viehfarmen und zehn Aborigine-Gemeinden mit etwa 1500 Menschen. Manchmal braucht der Polizeibeamte einen halben Tag oder länger, bis er zu einem Verkehrsunfall oder anderen Notfall am Rande seines Reviers gelangt.

Den Plenty Highway begleitet im weiteren Verlauf die Harts Range, die rech-

Diesel im Blut
Mit dem Road Train durch das Outback

This bloody bastard! – Stubbie, der nicht nur so heißt, sondern auch so aussieht wie die kleinen bauchigen Flaschen, in die man sein Lieblingsgetränk abfüllt, ist sauer. Reifenpanne – und das bei über 40° Celsius im Schatten! Der kleine Mann in der Einheitsuniform der australischen Arbeiter – blaues Unterhemd, schwarze Fußballshorts und Stiefel – ist ein *truckie*, Herr über einen 50 m langen *road train*. Stubbie schimpft, aber es hilft nichts, er muss raus aus der klimatisierten Fahrerkabine und in der Backofenhitze einen geplatzten Reifen wechseln, der ihm fast bis zur Schulter reicht. Ein Reifenwechsel in sengender Sonne ist der Horror jedes australischen Fernfahrers, denn er kostet viel Zeit. Aber Reifenpannen gehören auf den rauen Pisten von Zentral-Australien zum Trucker-Alltag.

Von Derby nach Alice Springs, von der Nordwestküste in das ›Rote Herz‹ des Kontinents und wieder zurück – das ist die Strecke, die Stubbie einmal in der Woche zu bewältigen hat. Dabei legt er rund 3000 km zurück, zwei Drittel davon auf einer harten ›Wellblech‹-Piste quer durch die trostlose Tanami Desert, eine Distanz, die etwa viermal der Entfernung von den Alpen zur Nordsee entspricht. Sein *road train* ist im wahrsten Sinne des Wortes ein Straßenzug: eine 750 PS starke Zugmaschine mit einem Sattelauflieger, an den noch einmal zwei Anhänger gekoppelt sind. Macht zusammen 120 t Gesamtgewicht, 50 m Länge, 16 Achsen, 62 Reifen – und ein Fahrer. Mit dem rollenden

Koloss transportiert er Diesel-Kraftstoff zur Tanami Mine, einem großen Goldbergwerk mitten in der Wüste.

Mit ihren Lastwagengespannen, die wie Lokomobile über die Highways und Pisten des Fünften Kontinents brausen, versorgen die *truckies* das menschenarme Zentrum des riesigen Landes mit allem Lebensnotwendigen. Tag und Nacht rollen sie durch die Wildnis und legen dabei Entfernungen zurück, von denen ihre Kollegen in Europa noch nicht einmal träumen. Lohn der Fron ist eine Hand voll Dollars am Monatsende, reich wird niemand in diesem Job. »150 000 Kilometer fahre ich in einem Jahr«, rechnet Stubbie vor. Viel Zeit für Frau und Kinder bleibt da nicht. Fragt man Fernfahrer wie Stubbie, weshalb sie Tag für Tag hinter dem Lenkrad sitzen, meint mancher lapidar: »Ich habe eben Diesel im Blut.«

Andere *truckies* fahren nicht unbedingt, weil sie Spaß daran finden. Viele von ihnen stehen als selbstständige Kleinunternehmer unter finanziellen Druck. Sie haben sich für 200 000 Dollar oder mehr einen Truck gekauft, für den sie nun die Raten abzahlen müssen. Aber der Wettbewerb unter den Spediteuren wird wegen des sinkenden Frachtaufkommens immer härter und gerade die Subunternehmer müssen zu Bedingungen fahren, die ihnen von großen Firmen diktiert werden – nicht selten weit unter den üblichen Tarifen. Mancher hat schon seinen Truck trotz Aufputschmittel aus Übermüdung in den Graben gelenkt.

Nicht nur kontinentale Entfernungen machen den australischen Fernfahrern zu schaffen. Auf Outback-Pisten, die über hunderte von Kilometern einem Waschbrett ähneln, werden die Vibrationen im Fahrerhaus so stark, dass das Lenkrad wie ein Presslufthammer in den Händen schlägt. Alle paar Stunden müssen die Fernfahrer den Lastzug stoppen, um die Reifen zu kontrollieren. Dabei klopfen sie jeden Pneu mit einer Eisenstange ab und stellen am Klang fest, welcher gewechselt werden muss.

Vor Überraschungen sind Trucker im Outback dennoch nie sicher, vor allem nicht bei Regen. Dann verwandelt sich auf manchem Streckenabschnitt das Staubpulver *bulldust,* das noch wenige Stunden zuvor durch jede Ritze in das Innere der Fahrerkabine drang, in zähen Schlamm. Die Trucks versinken bis zu den Achsen im Morast und hängen fest, oft tagelang. Stubbie erzählt von einem Kollegen, der mit seinem *road train* nach einem heftigen Wolkenbruch einmal eine Woche zwischen zwei reißenden Flüssen eingeschlossen war. Die über 2 m hohen Messlatten, die den Hochwasserstand an den Furten markieren, seien in den tosenden Fluten nicht mehr zu erkennen gewesen.

Eine andere Gefahr sind Tiere, die sich auf die Fahrbahn verirren. Gefährlich nicht für die Trucks, sondern für die Rinder, die sich in nicht eingezäunten Weidegebieten einem solchen stählernen Monster in den Weg stellen. »Bei 90 Sachen und 120 Tonnen im Rücken kannst du in einer solchen Situation nicht mehr bremsen«, erklärt Stubbie. Mächtige Rammgestänge aus Stahlrohr in Scheunentorgröße schützen die Trucks vor Aufprallschäden. Kuh- und Kängurukadaver links und rechts der Pisten im Outback zeigen, dass die PS-Ungetüme immer und überall Vorfahrt haben. Auch Autofahrer tun gut daran, auf Schotterpisten den *road trains,* die eine gewaltige Staubwolke hinter sich herziehen, Platz zu machen – so kann auch die Windschutzscheibe am ehesten den niederprasselnden Steinhagel unbeschadet überstehen.

ter Hand gut 1000 m hoch aus der Savanne ragt. Angeblich ist die verwitterte Bergkette, hinter der die Dünenfelder der Simpson Desert beginnen, nach einem deutschen Goldsucher namens Herz benannt. 20 km östlich von Harts Range zweigt eine Stichstraße zur **Dneiper Station** 3 ab, in deren Nähe der Boxhill Meteorite Crater liegt. Vor 5 Mio. Jahren schlug hier ein Meteorit auf die Erde ein. Der Aufschlag pulverisierte den Himmelskörper und riss ein 15 m tiefes und 170 m weites Loch in den Erdboden.

In den Überflutungsebenen des Plenty River wachsen Gidgee Trees, eine in Zentral-Australien weit verbreitete Akazienart mit silbrig-grauen Blättern und gelben Blüten. Die Aborigines mischten die weiße Asche von verbranntem Gidgee-Holz einst mit den zermahlenen Samenkapseln des Pitcheri-Busches zu einem milden Narkotikum. Der Gidgee Tree trägt den Beinamen *stinking wattle*, weil er während der Blütezeit oder bei Regen ein nach faulen Eiern riechendes Gas verströmt.

Breit wie eine Buschautobahn wälzt sich der Plenty Highway nun durch monotones Weideland. Immer wieder verschluckt *bulldust* das Fahrzeug, dichte Staubwolken steigen in den blauen Himmel. Der Staub dringt durch alle Ritzen ins Wageninnere. Nach kurzer Zeit sind Insassen und Gepäck mit einer grauen Patina bedeckt. Trifft man an einem Bulldust-Feld auf Gegenverkehr, ist man für lange Zeit jeder Sicht beraubt. Da gibt's nur eines – runter vom Gas und eventuell stehen bleiben und abwarten, bis sich die Staubwolke wieder gelegt hat.

Der Pistenbelag wechselt ständig – mal glatt wie eine Asphaltstraße, dann wieder tiefes, hartes Wellblech, das nur erträglich wird, wenn man mit etwa 80 km/h darüber ›fliegt‹. Das Hinweisschild an der Furt durch den Plenty River sollten Busch-›Piloten‹ unbedingt beherzigen. ›Unmarked bulldust holes and sandrifts next 100 km – drive with care!‹ Trotz vorsichtiger Fahrweise kracht der Wagen immer wieder in tiefe, von fei-

Plenty Highway und Sandover Highway

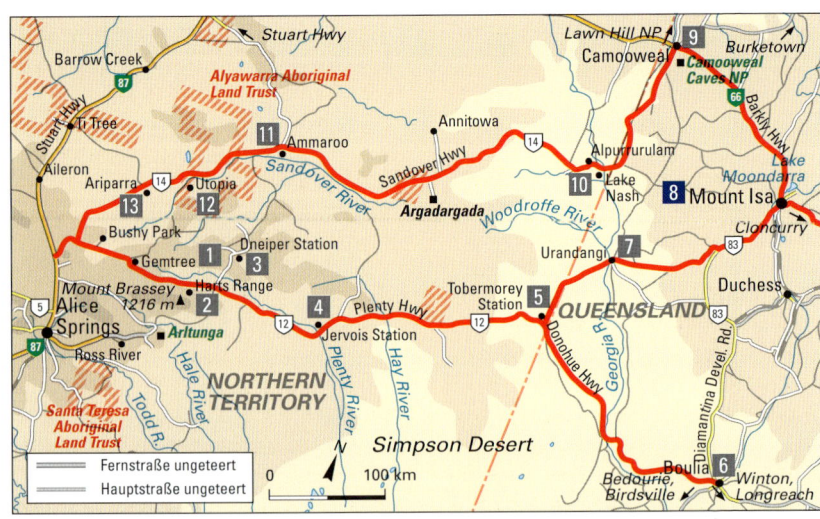

nem Staub fast unsichtbar gemachte Löcher. Zum Glück für Outback-Reisende führt der Plenty River nur selten Wasser, sonst müsste man hier umdrehen oder lange Wartezeiten in Kauf nehmen, bis sich die Wassermassen wieder verlaufen haben.

Nicht ganz auf halber Strecke bietet die **Jervois Station** 4 Treibstoff, Verpflegung, einen schattigen Rastplatz – und jede Menge Fliegen. Einige Kilometer weiter östlich zweigt eine Piste zum stillgelegten Goldbergwerk Jervois Mine ab. Tafelberge und Felshügel setzen die einzigen landschaftlichen Akzente in der spärlich mit Spinifex-Gras bewachsenen, ebenen Steinwüste, durch die sich der Geländewagen schlingernd seinen Weg bahnt. Kurz vor der **Tobermorey Station** 5 nahe der Bundesstaatengrenze zwischen dem Northern Territory und Queensland verzweigen sich an einer Kreuzung die ›Straßen‹ nach Nirgendwo.

Geradeaus führt der Plenty Highway über die *state border*, nach der er sich unter dem neuen Namen Donohue Highway durch das Channel Country nach Boulia windet. Seinen Namen verdankt dieser flache Landstrich dem Netz meist ausgetrockneter Flussläufe und Bachbetten. Hier fallen kaum mehr als 100 mm Niederschlag pro Jahr. Aber wenn der Himmel seine Schleusen öffnet, wälzen sich innerhalb kurzer Zeit Wassermassen durch die Betten des Barcoo River, Diamantina River, Georgina River, Thompson River und Cooper Creek, die über ihre Ufer treten und sich zu einem Binnensee vereinigen. Dann kommt in der Gegend sämtlicher Überlandverkehr zum Erliegen.

Autofahrer, die von der Sintflut überrascht wurden, stecken tage- oder wochenlang in Wasser und Morast fest. Sobald die Fluten abgeflossen sind, verwandelt sich die vorher ausgedörrte Region in eines der üppigsten Viehweidegebiete des Kontinents. Aber in diesem Land der klimatischen Extreme lässt die nächste Dürreperiode nicht lange auf sich warten. Da die dünne Vegetationsschicht durch Überweidung zerstört wurde, treten in der Region während der Trockenzeit verheerende Staubstürme auf, denen unzählige Rinder zum Opfer fallen.

›Hauptstadt‹ des Channel Country ist das 300-Einwohner-Städtchen **Boulia** 6, das sich von einem Versorgungszentrum für Rinderfarmen und einer Viehverladestation zu einem Etappenziel von Outback-Touristen entwickelt hat. Sehenswert ist das in den 80er Jahren des 19. Jh. erbaute Stone Cottage, das heute als Regionalmuseum ein Sammelsurium von Erinnerungsstücken aus der Pionierzeit präsentiert. Von Boulia kann man Winton und Longreach am Matilda Highway (vgl. S. 295ff.) erreichen oder Birdsville, den Ausgangspunkt für den Birdsville Track (vgl. S. 105ff.) und Startpunkt für eine Durchquerung der Simpson Desert in Ost-West-Richtung (vgl. S. 112ff.).

Extrem viel *bulldust* erwartet Reisende auf der über weite Abschnitte parallel zur Bundesgrenze verlaufenden Piste zwischen Tobermorey Station und **Urandangi** 7. Der Ort am Georgina River ist ein Punkt ›in the middle of nowhere‹, kein Glanz, keine Größe, ein trostloses 20-Seelen-Nest, das kaum mehr zu bieten hat als eine lange Staubstraße mit zwei, drei wellblechgedeckten Häusern und einer Buschkneipe. Seine Blütezeit erlebte Urandangi, in dem heute Kauze und Künstler zu Hause sind, in den 30er Jahren des 20. Jh., als der Ort eine Raststation für Viehtreiber und ihre Herden war. Viel ist heute nicht mehr übrig vom einstigen Glanz. Nur

The Dangi Pub, der mit dem Slogan ›the coldest beer in the most outback pub‹ wirbt, ist nach wie vor das wichtigste, da einzige *watering hole* für durchreisende Touristen und Farmer im Umkreis von 100 km. Ein Eintrag ins Gästebuch ist ein ›Muss‹. Bilder im Pub zeigen eine Überschwemmung nach einem Jahrhundert-Regenfall, als der Georgina River über seine Ufer trat und das Wasser vor der Kneipentür stand.

Mount Isa
Die größte Stadt der Welt
Tipps & Adressen
S. 343

8 Von Urandangi sind es 183 km auf passabler Schotterpiste bis Mount Isa, das im ›Guiness-Buch der Rekorde‹ als flächenmäßig größte Stadt der Welt verzeichnet ist. Der 25 000-Einwohner-Ort breitet sich auf 41 255 km² aus, was der Fläche der Schweiz entspricht. Mount Isa ist in einem guten halben Jahrhundert als eine *company town* über einer der größten Schatzkammern des Fünften Kontinents zu seiner jetzigen Größe herangewachsen. Der Reichtum an Bodenschätzen hat in dieser unfruchtbaren Gegend das größte Bergwerk von Australien entstehen lassen. 1931 wurde die Mount Isa-Bergwerkgesellschaft gegründet und mit der damals ungeheueren Investition von 8 Mio. Dollar begann man, die Erzlagerstätten zu erschließen. Heute sind die Mount Isa Mines, in denen über 3500 Menschen arbeiten, das weltweit größte Blei-Silber-Bergwerk und die zweitgrößte Zinkmine. Und es heißt, dass die Schätze im Boden unter Mount Isa erst ›angekratzt‹ seien. Obwohl dort täglich rund 35 000 t Erz abgebaut werden, belaufen sich die Reserven der Stadt immer noch auf 50 Mrd. t Erz. Dazu kommen riesige Vorkommen in den 20 km entfernten Lagerstätten Hilton und Hilton North.

Die von dem Minengiganten zur Beherbergung der Bergleute und ihrer Familien aus dem Boden gestampfte Stadt verfügt über alle Annehmlichkeiten, die ein Leben in der Halbwüste erträglich machen. Einen Eindruck von der Dimension der Mount Isa Mines erhalten Besucher bei einer Besichtigung der Tagebau-Anlagen und Schmelzen sowie eines Teils des Untertagebergwerks, das aus einem über 600 km langen und bis zu über 1500 m in die Tiefe reichenden Stollensystem besteht.

Informationen über die Förderung und Verarbeitung der Erze vermitteln Schautafeln und Videos im John Middlin Mining Display and Visitor Centre, dem teilweise einem Stollen nachempfundenen Besucherzentrum des Bergwerkkonzerns. Mit den Arbeitsbedingungen der Bergleute in den Pionierjahren macht das Frank Aston Underground Museum vertraut. Auf dem Programm von Besuchern mit Interesse an Leben und Kultur der australischen Ureinwohner sollte das von Aborigines geleitete Kalkadoon Cultural Centre stehen. Einblick in die Arbeit der ›fliegenden Ärzte‹ vermittelt ein Besuch der Bodenstation des Luftrettungsdienstes. Wissenswertes über den Schulunterricht per Funk erfährt man in der School of the Air. 30 Mio. Jahre alte Fossilien urweltlicher Tiere, die bei Grabungen in den Kalkformationen des Riversleigh-Massivs 250 km nördlich von Mount Isa entdeckt wurden, kann man im Riversleigh Fossils Interpretive Centre bewundern.

Ein Naherholungsgebiet und wichtiges Wasserreservoir der Stadt ist der vom Leichhardt River gebildete Stausee Lake Moondarra 15 km nördlich von Mount Isa.

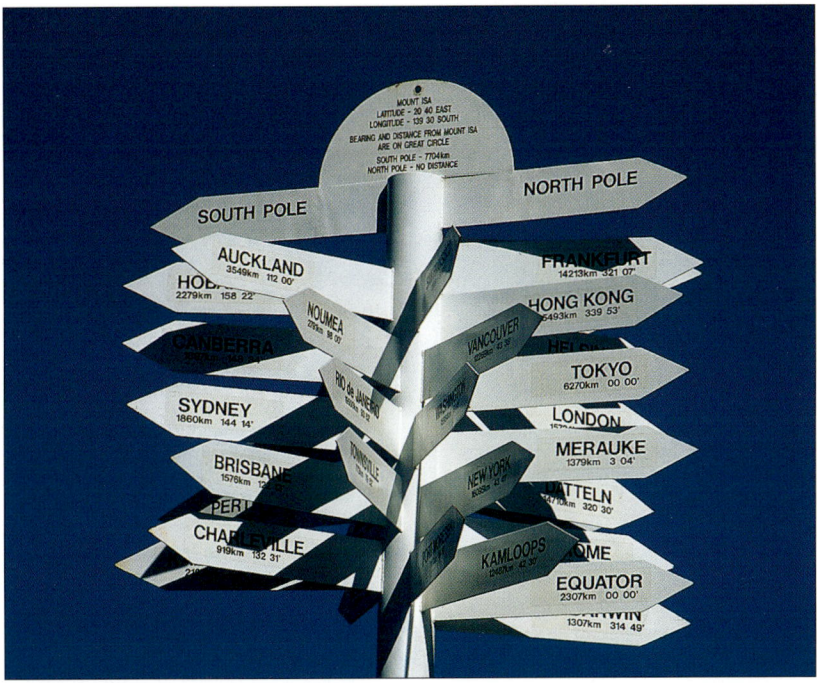

Entfernungen im Outback ...

Auf dem Sandover Highway nach Alice Springs

Von Mount Isa gelangt man Richtung Osten zum Matilda Highway (vgl. S. 295ff.), Richtung Norden erreicht man mit einem Abstecher zum Lawn Hill National Park den Gulf-Savannah Track (vgl. S. 267ff.). Oder man kehrt auf dem Sandover Highway nach Zentral-Australien zurück. Der Einstieg in diese Piste ist nicht ganz einfach zu finden, denn westlich von Mount Isa zweigen mehrere oft nicht ausgeschilderte Tracks Richtung Südwesten ab. Einige führen nach Lake Nash, dem östlichen Start- bzw. Endpunkt des Sandover Highway. Hobby-Speläologen werden einen Umweg über **Camooweal** 9 machen. Im verkarsteten Kalkboden bei dem Outback-Städtchen haben unterirdische Wasserläufe ein weit verzweigtes Höhlensystem geschaffen, das noch lange nicht vollständig erforscht ist.

Lake Nash 10, im Besitz des Agrokonzerns Stanbroke Pastoral Company, ist eine der größten *cattle stations* des Barkly Tableland. Am Eingang der Farm bilden alte Dampfmaschinen ein nostalgisches Open-Air-Museum. In der großen, gepflegten Aboriginal Community Alpurrurulam sollte man tanken, da die Ureinwohner-Gemeinden am Sandover Highway nicht immer Treibstoff vorrätig haben.

Big Sky Country nennen die Einheimischen das brettebene Land westlich von Lake Nash. Hier öffnen sich die Horizonte des Barkly Tableland zu Breit-

Lake Nash ist Start- oder Endpunkt des Sandover Highway

wandbildern mit Rindern auf kargem, schier grenzenlosem Weideland. Außer einigen Enklaven der Aborigines und Viehfarmen gibt es bis Alice Springs keinen größeren Ort, nur eine unermesslich weite Landschaft..

Stark bedrängt von Spinifex-Gras schrumpft der Sandover Highway abschnittweise auf Feldwegbreite, bleibt aber gut befahrbar. Kaum Wellblech, fast keine Bulldust-Löcher – *smooth travelling* wie die Australier sagen. Stundenlang fährt man auf der Sand-Lehm-Piste, die als *beef road* zum Transport von Rindern angelegt wurde, durch praktisch menschenleeres Gebiet, ohne einem Fahrzeug zu begegnen.

Nach den Abzweigungen zu den Rinderfarmen Annitowa und Argadargada folgt die Piste dem meist ausgetrockneten Sandover River. Nun sind lange, weichsandige Passagen und tiefe Bulldust-Löcher zu bewältigen. Für einen Geländewagen kein Problem, für Autos sehr mühsam. Bei der Aboriginal Community **Ammaroo** 11, wo man eventuell tanken kann, zweigt eine Allradpiste Richtung Nordwesten nach Wycliffe Well am Stuart Highway ab. Ab Ammaroo ist der Sandover Highway eine schnurgerade Trasse, die breit wie eine Autobahn durch den Busch verläuft. Die Aborigine-Gemeinde **Utopia** 12 am Sandover River ist durch ihre Maler bekannt, deren Werke in namhaften Galerien in Alice Springs zu sehen sind. Ein Schild am Ortsrand weist darauf hin, dass Alkoholkonsum auf dem Land der Ureinwohner verboten ist und dass bei Zuwiderhandlungen Strafen drohen.

Vorbei an der Aboriginal Community **Airparra** 13, wo es eine Tankstelle gibt, durchschneidet der Sandover Highway Buschland, bevor er auf den Plenty Highway trifft. Nun sind es noch 24 km bis zum Stuart Highway, auf dem man in einer halben Stunde Alice Springs erreicht.

Durch das Never Never Land
Gulf-Savannah Track

Von Mataranka nach Burketown

Tipps & Adressen
Mataranka S. 347, Roper Bar S. 352, Borroloola S. 316, Wollogorang Roadhouse S. 357, Hells Gate Roadhouse S. 334, Burketown S. 319

Ihren Namen verdankt die Golf-Savanne den von Flüssen durchzogenen Savannenebenen südlich der Küste des Gulf of Carpentaria. Bis hierhin stießen als erste Europäer Robert O'Hara Burke und William John Wills im Februar 1861 auf ihrer 3400 km langen Kontinentdurchquerung vor. Auf dem Rückweg nach Melbourne kamen sie ums Leben. Siedlungsbestrebungen löste ihre Expedition nicht aus, selbst heute gilt die vom übrigen Australien isolierte Golfregion als unterentwickelt. Die Entdeckung von Gold lockte in den 80er Jahren des 19. Jh. vorübergehend Zuwanderer an, die sich jedoch nach Abflauen des Goldbooms wieder in alle Winde zerstreuten. Geblieben sind nur einige hundert Viehzüchter und Garnelenfischer.

Nur wenige Australier haben Interesse, sich in der Golfregion dauerhaft niederzulassen. Die Randgebiete des Arnhem-Land-Plateau und des Barkly Tableland mit trockenen Fels- und Sandböden tragen nur eine Vegetation aus hartem Spinifex- und Mitchell-Gras, eignen sich also nur für Viehwirtschaft und sind keine Lebensgrundlage für eine größere Bevölkerung. Hinzu kommen klimatische Unbilden. Sintflutartige Regenfälle lassen zwischen November und März reißende Flüsse entstehen, die über die Ufer treten und die Golfregion, halb so groß wie Deutschland, in eine Seenplatte verwandeln. Dann sind entlegene Siedlungen und einsame *cattle stations*, die keinen Landeplatz für Propellermaschinen besitzen, nicht selten wochenlang von der Außenwelt abgeschnitten. Dort, wo während ›The Wet‹ Schlammfluten zwischen Felswänden schäumen, bleiben in der Trockenzeit nur einige Tümpel in den Flussbetten zurück. Aus wolkenlosem Himmel fällt zwischen April und Oktober kein Tropfen Regen. Die Vegetation verdorrt und nicht selten wüten Buschbrände in der graubraunen Landschaft.

Das Gulf-Savannah Country zieht nur wenige australische Touristen und noch weniger Besucher aus Übersee an. Die Bezeichnung Gulf-Savannah Track findet man in keiner Landkarte. Es ist eine Kombination von Pisten und Straßen, die von Mataranka am Stuart Highway meist in weitem Abstand parallel zum Gulf of Carpentaria bis in die Südregion der Cape York Peninsula verlaufen.

Der Track führt durch das Never Never Land, dem ›Jeannie‹ Gunn mit dem Outback-Klassiker »We of the Never Never« ein literarisches Denkmal gesetzt hat. Die Schriftstellerin war Ende des 19. Jh. als eine der ersten weißen Frauen an der Seite ihres Mannes in das Küsten-Outback gekommen, wo sie es allerdings nur wenige Jahre lang aushielt.

Der auch in der Trockenzeit abschnittsweise sehr raue und nur mit Geländewagen befahrbare Gulf-Savannah Track ist während der Regenmonate unpassierbar. Mit Abstechern zu den Nationalparks an der Route sollte man etwa eine

Woche Reisezeit einkalkulieren. Versorgungsmöglichkeiten und Schlafgelegenheiten gibt es in den Orten und *roadhouses* am Track. Die weiteste Entfernung ohne Tankmöglichkeit beträgt 360 km. In den Flüssen und Meeresgebieten der Golfregion leben aggressive Salzwasserkrokodile – Badefreuden beschränken sich im Gulf-Savannah Country deshalb auf Swimmingpools.

Ausgangspunkt für den Gulf-Savannah Track ist das für seine Thermalquellen bekannte Städtchen **Mataranka** 1 am Stuart Highway (vgl. S. 183). Auf den ersten 130 km nach der Abzweigung 7 km südlich von Mataranka gibt sich der Gulf-Savannah Track, der hier unter der Bezeichnung Roper Highway firmiert, noch zahm. Die Piste, die dem Verlauf des fisch- und krokodilreichen Roper River folgt, ist einspurig geteert, so dass man bei Gegenverkehr auf den geschotterten Randstreifen ausweichen muss. In schlängelnder Linie windet sich das schmale Asphaltband durch die welligen Ausläufer des Barkly Tableland durch Buschland, bis es in der Ferne mit dem stählernen Blau des Himmels verschmilzt. Termitenbauten ragen hervor. Immer wieder zweigen Stichstraßen zu Rinderfarmen ab.

Das Ortsschild von **Roper Bar** 2 gibt Auskunft über die Einwohnerzahl: elf Menschen, drei Hunde, ein Kakadu. Der letzte Eintrag ist allerdings durchgestrichen, da der Vogel, wie eine Notiz erklärt, entflog. Als erster Europäer erkundete der Deutsche Ludwig Leichhardt während seiner Trans-Australien-Expedition 1845 die Region des Roper River. Er entdeckte auch die Felsbarriere, die den Fluss in eine Salz- und eine Süßwasserzone teilt. Heute ist der Roper River gleichermaßen beliebt bei Anglern und Salzwasserkrokodilen. Auf beider Speisekarte steht der Barramundi, ein karpfenähnlicher Süßwasserfisch. Angler dürfen pro Tag nur fünf Barramundis fangen, die eine Mindestgröße von 55 cm haben müssen.

An der 3 km südlich von Roper Bar Richtung Südosten nach Borroloola abzweigenden Nathan River Road steht ein Hinweisschild ›Warning – no fuel for 360 km‹. Man tut also gut daran, vor der Weiterfahrt noch einmal zu tanken. Die

Schotterpiste erweist sich als passabel, doch hängt ihre Qualität davon ab, wie schnell die Bautrupps die Schäden der letzten Regenzeit behoben haben. Und an diesem Streckenabschnitt haben die Arbeiter nach Hochwasserfluten stets alle Hände voll zu tun, da der Track nun einen Fluss nach dem anderen durchquert. Alle streben dem Gulf of Carpentaria zu. Die Piste gleicht einer Achterbahn. Immer wieder taucht sie tief hinab in Flussbetten, von denen einige auch in der Trockenzeit 20 bis 30 cm Wasser führen. Die Floodway-Schilder vor manchen harmlosen *creek crossings* erscheinen in den niederschlagsarmen Monaten zwar fehl am Platze, aber das Treibgut in den Kronen hoher Flusseukalypten erinnert an Ströme, die während der Regenperiode jedes Fortkommen unmöglich machen.

Den Auftakt bildet die Furt durch den breiten Hodgson River, in deren Nähe die Ruinen der St. Vidgeon Station vom Scheitern eines Viehzüchters künden. Weitere Herausforderungen für Geländewagenfahrer sind Tollgate Creek, Mountain Creek und Towns River. Dazwischen liegt die von Seerosen bedeckte Lomarieum Lagoon. Von Bäumen und Büschen gesäumte Lagunen und Billabong-Wasserlöcher sind alles, was in der Trockenzeit von den Flüssen der Golfregion zurückbleibt. Hier finden Tausende von Vögeln Schutz vor Trockenheit und Hitze.

Die Nathan River Road alias Gulf-Savannah Track folgt weit landeinwärts der Golfküste, an die hin und wieder Stichstraßen stoßen, etwa der 44 km lange Track nach Port Roper an der Limmen Bight. Zwischen Towns River und Cox River windet sich eine weitere Stich-›Straße‹ zur Maria Lagoon mit dem Limmen River Fishing Camp, einem Pilgerziel von Barramundi-Anglern. Am Limmen Bight River verlockt klares Wasser in Felsenpools zum Bad. Doch das ist nur etwas für Lebensmüde, denn der Fluss wimmelt vor Krokodilen. Nicht ohne Grund stehen an der Furt Warnschilder. Als Außenposten der Zivilisation trotzt am Ufer des Limmen Bight River die **Nathan River Station** 3 der Wildnis. Danach folgt der reizvollste Streckenabschnitt. Der Gulf-Savannah Track verlässt das Tiefland und mäandert, gesäumt von rostbraunen Felsenkliffs, durch bergiges Terrain.

Am McArthur River trifft die Nathan River Road auf den asphaltierten Carpentaria Highway. Rechts abbiegend gelangt man zum Cape Crawford Roadhouse mit der Buschkneipe Heartbreak Hotel. Auf dem Weg liegt das **Caranbirini Conservation Reserve** 4. Die glühende Sonne, der Wind und seltene, aber heftige Regengüsse haben dort im Laufe von Jahrmillionen ein steinernes Märchenland aus Felsnadeln und Sandsteinkuppeln aus dem Boden modelliert – ein Wanderrevier wie eine Mondlandschaft.

Gulf-Savannah Track

Vor der Ortseinfahrt von **Borroloola** 5 vermitteln Reklametafeln den Eindruck, man nähere sich einer Stadt. Doch außer zwei Pubs, einer Tankstelle, einem Laden, einem Motel und einem Caravan Park gibt es dort nicht viel. Immerhin schmückt sich Borroloola mit dem Beinamen ›Gateway to Barradise‹, ein Hinweis auf die reichen Fischgründe im nahen McArthur River. Schon Jahrhunderte vor den heutigen Barramundi-Anglern zog es Fischer in die seichten Küstengewässer des Gulf of Carpentaria. Seit dem 16. Jh. besuchten Buginesen von der Insel Celebes (heute Sulawesi) die Gestade der Carpentaria-Küste, um nach Trepang zu tauchen. Die Seegurken wurden getrocknet und an Chinesen verkauft, die sie als Delikatesse schätzten. In manchen Jahren kreuzten im Carpentaria-Golf Buginesen-Flotten mit bis zu 60 Segelbooten und 1000 Mann Besatzung. Über weitere Details der Regionalgeschichte setzt das heimatkundliche Museum in der Borroloola Old Police Station aus dem Jahre 1886 Besucher ins Bild.

Das Asphaltband des Carpentaria Highway endet kurz hinter Borroloola – wieder lautet das Motto *travel on gravel*. Die Schotterpiste zum Wollogorang Roadhouse an der Grenze zu Queens-

Die Lomarieum Lagoon am Gulf-Savannah Track

land ist zwar jetzt mit der Nummer Eins gekennzeichnet, was sie als Teil des den Kontinent umspannenden Highway One ausweist, doch tiefe *washouts* und hartes ›Wellblech‹ rütteln Fahrzeug und Insassen kräftig durch.

Ouvertüre der Wollogorang Road ist die Furt durch den McArthur River, an dessen Ufer in einem Bergwerk Blei und Zink gefördert werden. Weitere Flüsse und Bäche müssen durchquert werden. In alle Wasserläufe führen tiefe Senken hinab, vor denen man in den ersten Gang zurückschalten muss. Flüsse wie der Wearyan River und der Foelshe River führen selbst in der Trockenzeit Wasser,

sind aber für Geländewagen keine unüberwindbaren Hindernisse. Besonders ausgeprägt ist der *floodway* durch den Calvert River, nach dem die über die Calvert Hill Station zum Tablelands Highway führende Calvert Road abzweigt.

Wie eine Oase in der Wildnis wirkt das **Wollogorang Roadhouse** 6 am breiten und tiefen Settlement Creek. Nur noch 6 km sind es zur Bundesgrenze Northern Territory – Queensland. Auch nach der *state border* verläuft der Gulf-Savannah Track in weitem Abstand zur Küste, zu der raue, bis zu 100 km lange Stichstraßen führen. Einer dieser 4 WD-Tracks ist die Eight Miles Fishing Beach Road, die beim **Hells Gate Roadhouse** 7 abzweigt. Bevor man sich auf eine der meist sehr schlechten Pisten wagt, sollte man unbedingt Einheimische nach dem Zustand befragen. Die Doomadgee Aboriginal Community und das Tirranna Roadhouse sind die nächsten Stationen, bevor am Horizont die Wellblechdächer von **Burketown** 8 auftauchen.

Der 200-Einwohner-Ort 25 km landeinwärts am Albert River ist die älteste Siedlung im Gulf-Savannah Country. Das im Norden von Feuchtgebieten, dem Lebensraum unzähliger Leistenkrokodile, und im Süden von Weideland umgebene Burketown wurde 1865 als Versorgungszentrum für Rinderfarmen gegründet. Als ›Barramundi Capital of Australia‹ dient der Ort heute als Stützpunkt für Angeltouren auf dem Albert River. Sportfischer zieht es auch zu den Inseln des Wellesley-Archipels, vor allem zur kleinen Sweers Island. Wer Mornington Island, die zu einem Aboriginal-Reservat gehört, besuchen möchte, muss zuvor ein *permit* beim Mornington Shire Council beantragen.

Richtig Reisen
Tipp

Als Cowboy in Australien
Urlaub auf einer Cattle Station

Lässig im Sattel zurückgelehnt und mit wirbelndem Lasso neben einer Rinderherde über weites Land zu galoppieren – dieser Traum vom Cowboy-Leben lässt sich auf Gästefarmen im Outback verwirklichen. Urlaub auf dem Bauernhof gibt es auch auf dem Fünften Kontinent. Nur heißt der Bauernhof dort *station* und ist mitunter so groß wie bei uns ein Bundesland.

Zahlreiche australische Farmer haben neben der Viehzucht den Outback-Tourismus als lukrative Einnahmequelle entdeckt. Sie wandelten einen Teil ihrer Betriebe in Gästefarmen um, in denen Besucher das wahre Australien kennen lernen können, ohne auf Komfort verzichten zu müssen. Immer mehr Australier und Touristen aus Übersee steuern mit ihren Geländewagen *stations* an, wo sie eine herzliche Gastlichkeit in der Wildnis erwartet. An australischen Familientischen können sie viel über die Menschen im Outback, ihre Sorgen und Nöte, aber auch die Vorzüge des Lebens fernab großer Städte erfahren.

Auf einer *working station* wird Outback live geboten, ohne dass die Gäste das Gefühl haben, Teil einer Theaterinszenierung zu sein. Viele Farmer binden die Besucher in den normalen Tagesablauf ein. Wer will, packt mit an, denn zu tun gibt es auf einer *station* immer etwas.

Gäste nehmen das Frühstück zusammen mit den *stockmen* ein, den australischen Cowboys, oft in einem Esszimmer, bisweilen aber auch irgendwo draußen im Busch. Dazu gibt es Tee aus dem *billy* genannten Blechkessel und *damper*, das Brot des Outback.

Danach dürfen sattelfeste Outback-Urlauber das Lasso schwingen und beim *mustering* helfen. Dabei werden die Rinder von weit entfernten Weiden zusammengetrieben, ausgemustert und gebrandmarkt. Zu den Tätigkeiten, die auf einer *cattle station* anfallen und bei denen Gäste helfen können, gehört auch die Kontrolle und Instandsetzung von Viehtränken und Weidezäunen. Trotz zahlreicher Neuerungen wie dem Einsatz von Hubschraubern beim Zusammentreiben des Viehs, ist auf mancher Farm viel von der Cowboy-Romantik vergangener Tage erhalten geblieben.

Damit die Ferien nicht in Arbeit ausarten, verfügen viele Gästefarmen über Swimmingpools, manche sogar über Tennisplätze und oder ein Fitnesscenter. Obwohl das Alltagsleben auf einer *station* im Mittelpunkt steht, organisieren einige Gastgeber zusätzliche Unternehmungen. Auf dem Programm stehen dann Unterricht im Peitschenknallen oder Bumerangwerfen, Vogel- und Wildbeobachtungen sowie Wildniswanderungen, Ausritte per Pferd oder Kamel und Geländewagentouren oder Helikopterflüge zu Naturattraktionen der Umgebung. Abends sorgen Barbecues und Country Music am Lagerfeuer für Outback-Flair. Mitunter schlafen die Gäste in spartanischen Quartieren, in denen sonst Saisonarbeiter übernachten, häufig bieten die Farmen aber klimatisierte und komfortabel ausgestattete Zimmer in motelähnlichen Gästehäusern oder in restaurierten alten Farmgebäuden.

Wer einige Tage auf einer *station* verbringen möchte, erhält Adressen und Informationen bei der Queensland Host Farm Association (Level 1, 130 Bundall Rd., Bundall, QLD 4271, Tel. 07-55 74 12 22, Fax 07-55 74 15 33, E-Mail: act@fan.net.au) und der Farm & Holiday Association of Western Australia (c/o Western Australian Tourist Centre, Forrest Pl., Perth, WA 6000, Tel. 13 00-36 13 51, Fax 08-94 81 01 90). Informative Broschüren versenden auch die Informationsstellen von Queensland und Western Australia in Deutschland. Da die australische Variante der Ferien auf dem Bauernhof immer beliebter wird und die meisten Gästefarmen nur wenige Besucher aufnehmen können, sollte man in der Hauptsaison rechtzeitig buchen.

Ein gutes Renommee haben die Avington Outback Holiday Station am Barcoo River beim queensländischen Blackall (Tel. 07-46 57 59 52, Fax 07-46 57 50 25), die Ban Ban Springs Station 25 km östlich des Stuart Highway zwischen Hayes Creek und Adelaide River im Northern Territory (Tel. 18 00-33 14 54 oder 08-89 78 24 38, Fax 08-89 78 26 30; für Besucher nur zwischen Mai und Oktober geöffnet), die Beverley Springs Station 42 km nördlich der Gibb River Road in den west-australischen Kimberleys (Tel. u. Fax 08-91 91 46 46) und die Escott Lodge 18 km westlich des queensländischen Burketown im Gulf-Savannah Country (Tel. 07-47 48 55 77, Fax 07-47 48 55 51).

Zum Lawn Hill National Park

Tipps & Adressen
S. 340

Die Lawn Hill Gorge 230 km südwestlich von Burketown ist über **Gregory Downs** 9 an der Wills Developmental Road erreichbar. Die Fahrt dorthin führt durch abgegrastes Weideland. Nach der Querung des Gregory River nahe Gregory Downs schlängelt sich das staubige Band der Piste über eine von Mulga- und Spinifex-Vegetation bedeckte Ebene. Die mehrere Kilometer lange und bis zu 60 m tiefe Schlucht im **Lawn Hill National Park** 10 hat der Lawn Hill Creek in Jahrmillionen in das Sandsteinmassiv der Constance Range gefräst.

Eine Kanufahrt eröffnet die Welt der lotrechten, rostroten Felswände, der von Livistona-Palmen und Palmfarnen gesäumten Sandbänke, der Wasserfälle und der Felsenpools. Ein Besuch sollte sich nicht auf das Wasser beschränken, denn ein Netz gut angelegter Wanderwege erschließt den Nationalpark.

Einen guten Eindruck von der Schlucht vermittelt der Rundwanderweg Indarri Circuit zu Wasserfällen am Ende der Middle Gorge. Der Hinweg führt vom Campingplatz steil hinauf zur Abbruchkante, an der sich spektakuläre Blicke auf die Schlucht bieten zu den Indarri Falls. Im großen Pool bei den Kaskaden kann man im kühlen Wasser schwimmen. Am Steg tummeln sich Fische, die man nicht füttern sollte. Die Catfish haben drei Giftstacheln, die schmerzhafte Stiche verursachen können. Zurück zum Campingplatz geht es durch flaches Gelände auf dem Plateau (Rundweg 3,8 km/1,5 Std.).

Ein Spaziergang führt von der Ranger Station zu der Aborigine-Felsgalerie

Wild Dog Dreaming mit 17 000 Jahre alten Malereien. Dort stößt man auch auf Haufen von Muschelschalen. Die *midden* sind Reste zahlloser Festmahle, welche die Ureinwohner hier einst im Rahmen von Corroborees abhielten. Der Weg endet bei der mit Wasserlilien bedeckten Lagune der Lower Gorge, in der sich harmlose Süßwasserkrokodile, Merten-Wasserwarane und Kurzhalsschildkröten tummeln. In den Bäumen am Ufer nisten Flughunde (hin und zurück 2 km/1 Std.). Zum Lawn Hill National Park gehört auch die **Riversleigh**

Fossil Site 11 50 km südöstlich der Ranger Station. Dort haben Archäologen in den Kalkterrassen am Gregory River 30 Mio. Jahre alte Fossilien urzeitlicher Tiere entdeckt.

Durch das Küsten-Outback

Tipps & Adressen
Normanton S. 345, Karumba S. 337

Zurück zum Gulf-Savannah Track, der östlich von Burketown einige Kilometer asphaltiert ist, aber schon bald wieder in

Der Leichhardt River wurde nach dem deutschen Forscher Ludwig Leichhardt benannt, der 1845 eine Trans-Australien-Expedition durchführte

Denkmal an die Ausstralien-Forscher Robert O'Hara Burke und William John Wills, die hier Anfang Februar 1861 auf ihrem Gewaltmarsch zum Gulf of Carpentaria ein Camp aufschlugen.

Normanton 12 ist das wirtschaftliche und administrative Zentrum der Golfregion. Seine Existenz verdankt das 1867 gegründete Städtchen den Kupferbergwerken von Cloncurry 375 km südlich, für die es als Versorgungshafen diente. Eine Blütezeit erlebte Normanton in den 90er Jahren des 19. Jh., als man bei Croyden 150 km südöstlich auf Goldadern stieß und sämtlicher Personen- und Warenverkehr über den Binnenhafen am Norman River lief. Heute besteht der Ort aus nicht viel mehr als einer kurzen Hauptstraße, ein paar Holzhäusern, einer Tankstelle und einem lila gestrichenen Pub. Von der Normanton Railway Station, einem Beispiel viktorianischer Kolonialarchitektur, verkehrt einmal in der Woche der ›Gulflander‹ aus der Frühzeit des Eisenbahnwesens nach Croyden. Während großflächiger Überschwemmungen ist der Bummelzug neben Flugzeugen häufig die einzige Verbindung ins Küstentiefland. An der Hauptstraße reißt ›Krys the Savannah King‹ sein Maul auf – die lebensgroße Replik des mit 8,63 m längsten je gefangenen Salzwasserkrokodils, das im Juli 1957 im Norman River ins Netz ging.

Karumba 13 72 km nordwestlich von Normanton an der Mündung des Norman River in den Gulf of Carpentaria ist Heimathafen einer großen Garnelenfischerflotte. Während der Fangsaison leben hier zahlreiche Arbeitskräfte mit ihren Familien. Die Bevölkerung schwillt

eine raue Piste übergeht. Erstes Highlight auf der Strecke sind die vom gleichnamigen Fluss gebildeten Leichhardt Falls, in der Trockenzeit ein müdes Rinnsal, bei Regen tosende Kaskaden.

Nach der 1 km langen, steinigen Furt durch den Leichhardt River macht der nach Normanton führende Gulf-Savannah Track einen Knick nach links. Der Alexandra River, durch den der Track auf einer holprigen Furt führt, ist während der Regenzeit ein unüberwindbares Hindernis. Am Bynoe River einige Kilometer westlich von Normanton erinnert ein

dann von einigen hundert Menschen auf bis zu 5000 an. Nahe Karumba erreichte am 11. 2. 1861 die Burke-Wills-Expedition den Carpentaria-Golf.

In den 30er Jahren diente der Ort den großen Sunderland-Wasserflugzeugen des Royal Mail Service als Tankstopp auf der Route Sydney – London. Heute verkehrt von Karumba in der Trockenzeit eine Autofähre nach Weipa auf der Cape York Peninsula. Dank dieser Verbindung können Reisende mit Ziel Cape York die lange Anfahrt etwas verkürzen. Um Karumba erstrecken sich Sumpfgebiete, die bekannt für ihre Vogelwelt sind. Dort kann man neben Jabiru-Störchen und Brolga-Kranichen weiße Reiher, schwarze Schwäne und Pelikane beobachten. Blendend weiß sind die Strände um Karumba, türkisgrün leuchtet das Wasser. Doch wegen *Crocodylus porosus* gehören hier Baden und Schwimmen zu den Aktivitäten, die man besser bleiben lässt.

Zur Ostküste

Tipps & Adressen
Croyden S. 327, Mount Surprise S. 344, Undara Volcanic National Park S. 354, Chillagoe-Mungana Caves National Park S. 324

In Karumba endet der Gulf-Savannah Track, dort beginnt der Matilda Highway (vgl. S. 295ff.). Von Normanton führt der fast durchgehend asphaltierte Savannah Way Richtung Ostküste. Erste Station ist **Croyden** 14, wo Ende des 19. Jh. ein Goldrausch für Wirbel sorgte. An die turbulente Vergangenheit erinnern heute nur noch einige denkmalgeschützte Gebäude sowie tausende aufgelassener Schächte und Stollen. Der General Store an der Hauptstraße wirkt wie ein Museum.

Über Georgetown und **Mount Surprise** 15 erreicht man den **Undara Volcanic National Park** 16, unter dem sich ein Netz von bis zu 20 m hohen und 30 m breiten Lavakanälen erstreckt. Das Röhrensystem, dessen Länge über 150 km beträgt, entstand vor etwa 190 000 Jahren. Nach einem Ausbruch des heute erloschenen Undara Volcano nahe Mount Surprise ergossen sich Laväströme in die Savanne und in die Flussbetten. Durch den Kontakt mit dem Wasser erkaltete die äußere Lavaschicht, während die dünnflüssige Masse unter der Kruste weiterfloss. Ein Teil der kilometerlangen Undara-Lavatunnels kann in Begleitung von Park Rangers erkundet werden.

Eine raue Schotterpiste windet sich östlich von Mount Surprise durch die Ausläufer der Great Dividing Range zum **Chillagoe-Mungana Caves National Park** 17. Das Gebiet umfasst ein verkarstetes Kalksteinmassiv, aus dem die Naturelemente eine Wunderwelt aus Felsnadeln und -pyramiden modelliert haben. Die Hauptattraktionen verbergen sich allerdings unter der Erde. Große Tropfsteingrotten faszinieren mit unterschiedlichen Formen und Farben. Wie überdimensionale Nadelkissen hängen Zapfen und Spieße von den Decken der Kavernen. Vom Boden erheben sich Säulen, Pfähle und Blöcke, grazil und hoch aufschießend wie Modelle orientalischer Märchenpaläste.

Einige Höhlen kann man mit einer starken Taschenlampe auf eigene Faust erkunden, andere sind nur im Rahmen von geführten Touren zugänglich. Von Chillagoe verläuft eine gute, fast durchgehend geteerte Straße nach Mareeba im Atherton Tableland und weiter nach Cairns, dem beliebtesten Ausgangspunkt für Fahrten zur Cape York Peninsula (vgl. S. 278).

Zwischen Regenwald und Palmenstrand
Von Cairns nach Cooktown

Von Cairns nach Daintree

Tipps & Adressen
Cairns S. 320, Palm Cove S. 346, Ellis Beach S. 331, Port Douglas S. 350, Mossman S. 343, Daintree S. 327

Der trockenste Kontinent der Erde überrascht im nördlichen Queensland mit feuchtheißen Urwäldern. Über 1000 Pflanzenarten hat man im Küstenregenwald des Cape Tribulation gezählt. Der weitgehend unberührte Bergdschungel, der auf Buchten mit kilometerlangen Sandstränden trifft, ist Lebensraum einer reichen Vogel- und Reptilienwelt. Beobachten kann man dort auch Beuteltiere wie Zwergkängurus und Possums sowie mit Glück und Geduld Flugbeutler, die von Baum zu Baum fliegen.

Trotz einiger noch nicht asphaltierter Abschnitte nördlich des Daintree River genügt für diese Route bis zum Cape Tribulation ein Auto. Dort müssen Fahrer von konventionellen Vehikeln jedoch umkehren, denn den nach Cooktown

Von Cairns nach Cooktown

führenden Bloomfield Track kann man wegen einiger Flüsse, die an steinigen Furten durchquert werden müssen, sowie aufgrund extremer Steigungen nur mit allradgetriebenen Geländewagen bewältigen. Autotauglich ist jedoch die weit im Inland verlaufende Peninsula Developmental Road, die bis Lakeland fast durchgehend geteert ist. Der geschotterte Abschnitt Lakeland – Cooktown bereitet auch Personenwagen keine Probleme.

Da es auf dieser Route viel zu sehen und zu erleben gibt, sollte man sich – ohne Ausflüge zum Great Barrier Reef – mindestens drei bis vier Tage Zeit nehmen. Die beste Reisezeit liegt zwischen April und November, in den Regenmonaten ist der Bloomfield Track meist unpassierbar. Die maximale Entfernung ohne Tankstelle beträgt weniger als 100 km.

Einst ein verschlafenes Provinzstädtchen, ist **Cairns** 1 heute als eine der wichtigsten Eingangspforten des Fünften Kontinents überflutet vom Tourismus. Das Great Barrier Reef mit märchenhafter Unterwasserwelt liegt vor der Haustür und der Regenwald im feuchten Hintergarten. Mag die Umgebung von Cairns Besucher mühelos ein paar Tage lang beschäftigen, der von modernen Hotel- und Apartmentblocks geprägte Ferienort selbst hat nur wenige Sehenswürdigkeiten zu bieten.

Im Jachthafen starten die Ausflugsboote zum Great Barrier Reef. Der dahinter aufragende Pier Marketplace beherbergt Hotels und Restaurants, Souvenirläden und Reiseagenturen. Ohne

Cairns
1 Marlin Marina   2 The Pier Marketplace mit Undersea World Aquarium   3 School of the Air

nass zu werden, kann man dort im Undersea World Aquarium in die Unterwasserwelt des Großen Barriereriffs abtauchen. Mit der Arbeit der fliegenden Ärzte und funkenden Lehrer machen Besuche in der Bodenstation des Luftrettungsdienstes im Vorort Edge Hill und in der School of Distance Education im benachbarten Manunda vertraut.

Eine Gelegenheit, den tropischen Regenwald aus der Vogelperspektive zu sehen, bietet die zwischen Smithfield 15 km nördlich von Cairns und Kuranda im Atherton Tableland verkehrende Skyrail Rainforest Cableway, die mit 7,5 km längste Seilbahn der Welt. In sechssitzigen Gondeln schweben die Fahrgäste über den Wipfeln von Urwaldriesen hinweg, wobei der Blick über den Dschungel bis zu Inseln des Great Barrier Reef reicht.

Ebenfalls in Smithfield befindet sich der Tjapukai Aboriginal Cultural Park. Die Initiatoren des Kulturparks, ausnahmslos Aborigines, versuchen sehr engagiert, die traditionellen Werte der Ureinwohner zu vermitteln. Auf dem Programm stehen Lektionen in Bumerangwerfen und Speerschleudern. Besuchern wird die Atemtechnik beim Spielen des Didgeridoo erklärt, sie erfahren auch Wissenswertes über Kräutermedizin und *bush tucker,* Nahrung aus dem Busch.

Höhepunkte sind Tanzaufführungen von Angehörigen des Tjapukai-Stammes, bei denen sich Elemente traditioneller Tänze mit Stilmitteln moderner Musicals mischen. Abgerundet wird das Programm der Stadtbesichtigung durch eine Bootsfahrt auf den Everglades des von Mangroven gesäumten Trinity Inlet südöstlich von Cairns, dem Lebensraum zahlreicher Leistenkrokodile und Wasservögel. Bekanntschaft mit den Panzerechsen kann man auch in der Cairns Crocodile Farm am Südende des Trinity Inlet machen.

Nördlich von Cairns windet sich der Captain Cook Highway kurvenreich, aber gut ausgebaut an der Marlin Coast entlang nach Port Douglas. Von der Küstenstraße führen Stichstraßen zu Stränden der Sterne-Kategorie, die Namen tragen wie Machans Beach Yorkeys Knob Beach, Trinity Beach, Kewarra Beach, Holloways Beach, Clifton Beach und Palm Cove. An den meisten Stränden der Marlin Coast kann man das ganze Jahr hindurch sicher schwimmen und surfen, da sie mit Netzen vor den gefährlichen, zwischen November und April angeschwemmten Box Jelly Fish-Quallen geschützt sind.

Im Faunapark Wild World bei **Palm Cove** 2 kann man Riesenechsen und die giftigsten Schlangen der Welt betrachten. Ebenfalls auf australische Reptilien spezialisiert ist die Hartley's Creek Crocodile Farm bei **Ellis Beach** 3. Ein weiter Blick über die Marlin Coast bietet sich vom Rex Lookout nördlich des Wangetti Beach.

Über **Port Douglas** 4, das 1877 als Versorgungshafen für die Goldbergwerke am Palmer River gegründet wurde, liegt heute ein Hauch von Saint Tropez. Das Image als mondäner Badeort verdankt das auf einer felsigen Landzunge thronende Städtchen weniger den eher mittelmäßigen Stränden als vielmehr der günstigen Lage zum Great Barrier Reef. Täglich legen vom großen Jachthafen Marina Mirage Katamarane und andere Ausflugsboote zum Outer Great Barrier Reef ab, wo man tauchen und schnorcheln kann. Obwohl man sich das Vergnügen mit zahlreichen anderen Ausflüglern teilen muss, lohnt sich der Trip. Einen Miniatur-Regenwald samt Papageien und anderen Bewohnern präsentiert das Rainforest Habitat am

Captain Cook Highway 5 km südlich von Port Douglas. In der Nähe des Tropenstädtchens **Mossman** 5 versteckt sich im Dschungelgrün des Daintree National Park die Mossman Gorge, wo ein krokodilfreier Fluss mit Kaskaden und Naturpools nach einer kurzen Regenwaldwanderung Abkühlung verspricht (Rundwanderung vom Picknickplatz am Parkeingang 2,5 km/1 Std.).

In den Regenwäldern des Daintree National Park leben seit vielen tausend Jahren die Kuku Yalanji-Aborigines. Mitglieder des Stammes erläutern auf geführten Wanderungen Flora und Fauna aus ihrer Perspektive. Von **Daintree** 6 35 km nördlich von Mossman starten Ausflugsboote zu Fahrten auf dem Daintree River, in dessen Fluten sich zahlreiche Leistenkrokodile tummeln.

Cape Tribulation National Park

Tipps & Adressen
S. 322

7 Mit einer Autofähre gelangt man an das jenseitige Ufer des Daintree River. Die dort beginnende schmale Straße, auf der abschnittsweise Asphalt- und Schotterbelag wechseln, mäandert durch den Cape Tribulation National Park. Mit Dschungel bewachsene Berge und Buchten mit herrlichen Sandstränden und vorgelagerten Korallengärten sind dort unmittelbare Nachbarn – »where the reef meets the rainforest«, wie es in einem Slogan der Fremdenverkehrswerbung heißt. Die Vegetationszonen reichen vom Mangrovengürtel an der Küste über Sümpfe und Heideland bis zu Bergregenwäldern. Flora und Fauna der Region werden im Rainforest Environment Centre 10 km nördlich der Daintree River-Fähre präsentiert. Einblicke in die ›Etagen‹ des Regenwaldes bietet ein 23 m hoher Turm mit fünf Aussichtsplattformen.

Der Naturlehrpfad Marrdja Botanical Walk verläuft durch Regen- und Mangrovenwald in der Nähe des Noah Creek. Durch einen ›Tunnel‹ aus tropischer Vegetation geht es weiter zum Noah Beach mit einem schönen Busch-Camp. Rechts und links der Straße zum Cape Tribulation verstecken sich komfortable Lodges sowie preiswerte Backpacker-Hostels im Dickicht des Regenwalds. Das Nonplusultra unter den Stränden des Nationalparks ist der halbmondförmige Cape Tribulation Beach, hinter dem grün überwucherte, oft wolkenverhangene Berggipfel aufragen. Badefreuden kommen dennoch nicht auf, denn im Wasser lauern *salties* und von November bis April auch Würfelquallen, deren Tentakel ein tödliches Gift absondern. Als Entschädigung kann man eine Strandwanderung machen oder durch den Küstenregenwald auf einem gut angelegten Pfad zum Myall Beach 2 km südlich laufen. ›Taufpate‹ des Cape Tribulation (Kap des Kummers) war Captain James Cook, dessen Schiff »Endeavour« einen Tag nachdem er das Felsenkap gesichtet hatte, an einem Korallenriff leckschlug.

Nach Cooktown

Tipps & Adressen
Wujal Wujal S. 357

Am Cape Tribulation beginnt der Richtung Cooktown führende Bloomfield Track, den die queensländische Regierung Mitte der 80er Jahre des 20. Jh. trotz massiver Proteste von Umweltschützern durch den bis dahin unberührten Regenwald anlegen ließ. Der raue Track schlängelt sich an der Küste entlang und gibt an Lichtungen den Blick auf den brandenden Pazifik frei. Obwohl manche extreme Steigungen und Gefällstrecken durch Betontrassen entschärft sind und die Durchquerung des Bloomfield River dank einer hoch gelegenen, zementierten Furt heute unproblematisch ist, benötigt man für den Bloomfield Track einen Geländewagen.

An der Schotterpiste von der freundlichen Aborigine-Gemeinde **Wujal Wujal** 8 am Bloomfield River nach Cooktown verlocken schöne Campingplätze und Lodges dazu, die Fahrt zu unterbrechen. Ein Stopp empfiehlt sich beim Lion's Den Hotel in der Siedlung **Helenvale** 9, einer Buschkneipe, in der es heute kaum anders aussieht als vor 100 Jahren. Bei dem schwarzen Granitmassiv des Black Mountain, das wie eine riesige Kohlenhalde aus der Landschaft ragt, mündet der Bloomfield Track in die Inlandroute. Richtung Norden sind es noch 28 km bis Cooktown.

Cooktown

Tipps & Adressen
S. 326

10 Während seiner Entdeckungsreise entlang der Ostküste von Australien ließ Captain James Cook seine leckgeschlagene Bark »Endeavour« am 17. 6. 1770 an jenem Ort zur Reparatur an Land ziehen, an dem sich heute Cooktown befindet. Über sechs Wochen dauerte der Aufenthalt an der Mündung des nach Captain Cooks Schiff benannten Endeavour River.

Gut 100 Jahre später herrschte knapp 200 km westlich von Cooktown Betriebsamkeit, als Goldsucher das Unterste zuoberst wendeten. Ein Ire namens Mulligan hatte am Palmer River große Nuggets gefunden und damit einen der spektakulärsten Goldbooms in der Geschichte Australiens ausgelöst. Innerhalb kurzer Zeit waren mehr als 10 000 Männer in die Gegend geströmt. Als

Viktorianisches Hotel in Cooktown

Versorgungsbasis der Goldgräbersiedlungen Palmerville und Maytown wuchs Cooktown schnell zu einem wohlhabenden Ort heran, der Ende des 19. Jh. mit 35 000 Einwohnern als zweitgrößte Stadt von Queensland galt. Knapp die Hälfte der Bevölkerung stellten chinesische Arbeitskräfte.

Stattliche Gebäude aus Stein und Holz säumten die breite Hauptstraße Charlotte Street, große Segelschiffe lagen im Hafen vor Anker. Unzählige Kneipen verteilten sich im Stadtgebiet. Doch schon vor der Wende zum 20. Jh. waren Cooktowns große Zeiten vorbei. Als die Goldadern erschöpft waren, verstreuten sich die Menschen in alle Himmelsrichtungen. Um 1900 lebten in Cooktown noch 2000 Leute. 1907 tobte ein Wirbelsturm, der große Teile der Stadt zerstörte, ein weiterer Wirbelsturm folgte 1949. Heute kommen Touristen in immer größerer Zahl, um die restaurierten Gebäude aus den Zeiten des Goldrausches zu besichtigen.

Ein ehemaliger Konvent bildet den Rahmen für das James Cook Historical Museum. Dort wird eine der sechs eisernen Kanonen, die Cook 1770 über Bord werfen ließ, ebenso präsentiert wie der Anker der »Endeavour«. Am Ufer des Endeavour River, unweit jener Stelle, an der er einst an Land ging, blickt Captain James Cook heute mit bronzener Gelassenheit auf das Treiben unter ihm. Ein weiter Blick über die Stadt und das Endeavour-Delta bietet sich vom Grassy Hill. Auf einer Bootsfahrt kann man das Mangrovendickicht des Endeavour River erkunden, in dem Salzwasserkrokodile leben. Wie bei vielen australischen Städten, in denen ein Goldrausch seine Spuren hinterlassen hat, ist auch der Friedhof von Cooktown eine Besichtigung wert. Auf dem Cooktown Cemetery, der nach Konfessionen in einzelne Sektionen getrennt ist, erinnern Grabsteine von Goldgräbern und Pionieren sowie ein chinesischer Schrein an die ›goldene‹ Vergangenheit der Stadt.

Zum nördlichsten Punkt des Kontinents
Cape York Track

Von Cooktown nach Laura

Tipps & Adressen
Cooktown S. 326, Lakeland Downs S. 340, Laura S. 340

»Wer durch dieses Land reist, geht durch die Hölle«, notierte der Australien-Erforscher Edmund Kennedy kurz vor seinem Tode in seinem Tagebuch. 1848 hatte er versucht, mit einer zwölf Mann starken Expedition von Cairns aus die Cape York Peninsula zu durchqueren und zum nördlichsten Punkt des Fünften Kontinents vorzustoßen. Sintflutartige Regenfälle, Sumpfgebiete voller Krokodile, reißende Flüsse und Angriffe von Aborigines machten für ihn die Durchquerung der Halbinsel zu einem Albtraum. Nachdem er seine erkrankten Gefährten in Versorgungslagern zurücklassen musste, machte sich Kennedy mit dem schwarzen Pfadfinder Jackey Jackey auf den Weg zu Australiens

Nordspitze, wo ein Schiff auf die Expeditionsgruppe wartete. Doch bei einem Angriff von Aborigines wurde Kennedy schwer verwundet und starb wenig später. Als einziger Teilnehmer an dem waghalsigen Unternehmen erreichte Jackey Jackey das wartende Schiff.

Eine kompromisslose Natur beschert der über 200 000 km² großen Region, in deren Weite sich lediglich 10 000 Menschen verlieren, abwechselnd Dürren und Überschwemmungen. Dünn besiedelt, wenig erforscht, kaum erschlossen und schwer zugänglich, gilt die Cape York Peninsula als eines der letzten großen Wildnisgebiete der Welt. Daran ändern weder einige Rinderfarmen von der Größe kleinerer deutscher Bundesländer noch die Schotterpiste Peninsula Developmental Road etwas.

Obwohl die Region im australischen Tropengürtel liegt, ist die Halbinsel nicht, wie viele Besucher erwarten, von Dschungel mit Farnen, Lianen, Schlingpflanzen und Urwaldriesen bewachsen. Regenwälder wuchern nur am Cape Tribulation und um Cooktown sowie in Nationalparks an der Ostküste. Diese Urwaldregionen sind Refugien für eine Mischform zwischen der Fauna und Flora Australiens und Neuguineas. Hier gibt es Tier- und Pflanzenarten, die man zwar auf der nur 150 km entfernten Insel Neuguinea findet, aber nirgendwo sonst auf dem Fünften Kontinent, etwa der Tüpfelkuskus, der vom Aussterben bedrohte Palmkakadu und der Grüne Baumpython sowie die Insekten ›fressende‹ Kannenpflanze.

Im Innern der Cape York Peninsula wechseln Grassteppen, aus denen Termitenburgen ragen, mit Baumsavannen aus Eukalyptusbäumen und Buschwerk sowie Sumpfebenen. Die Mangrovenwälder am Gulf of Carpentaria sind Lebensraum von Salzwasserkrokodilen. Flüsse, die während der Regenzeit über ihre Ufer treten, bilden dann Binnenseen. Die Aborigine-Kunststätten mit Felsmalereien und -gravierungen der Cape York-Halbinsel gehören zu den bedeutendsten Australiens.

Durch die Einsamkeit der Halbinsel windet sich die Peninsula Developmental Road, landläufig Cape York Track genannt. Diese Piste ist befestigt und somit nicht mehr die ganz große Herausforderung, auch wenn sie Fahrer und Fahrzeuge nach wie vor auf eine harte Probe stellt. Trotz mancher Flussdurchquerungen gilt der Cape York Track als ein kalkulierbares Abenteuer, das etwas Vorbereitung und Outback-Erfahrung sowie einen allradangetriebenen Geländewagen erfordert.

Wer nicht vergisst, an einer der raren Zapfsäulen zu tanken, wer die Reise nicht in der Regenzeit zwischen November und April antritt, wer nicht plant, auf dem sehr schwierigen Abschnitt der Old Telegraph Road zwischen Wenlock River und Jardine River das Cape York anzusteuern und wer nicht in einem der krokodilreichen Flüsse schwimmt, wird unversehrt am nördlichsten Punkt des Fünften Kontinents angelangen. Da der Cape York Track eine ›Kult-Strecke‹ für Outback-Fans ist, ist man während der Haupttreisemonate zwischen Juli und Oktober nie allein auf der Piste, so dass bei einer Panne Hilfe nicht lange auf sich warten lässt.

Für das Geländewagen-Abenteuer sollte man mindestens sieben bis zehn Tage einplanen, mit Abstechern in Nationalparks besser zwei Wochen. Kleine Ortschaften und *roadhouses* im Abstand von maximal 400 km sichern die Versorgung mit Treibstoff und Lebensmitteln. Letzte Stadt vor der Wildnis der Cape York Peninsula ist **Cooktown** 1. Dort sollte man noch einmal die Gelegenheit nutzen, Vorräte zu kaufen. Den **Lakefield National Park** 2 kann man auf einer rauen Piste von Cooktown ansteuern. Gut 10 km nordwestlich der Stadt überquert die Straße auf einer Brücke den Endeavour River, nach dem ein nur mit einem Boot erreichbarer Nationalpark nördlich von Cooktown benannt ist. Einige Kilometer vor der Grenze zum Lakefield National Park passiert man Battle Camp, wo es im November 1873 zu einem Kampf zwischen Aborigines und Goldsuchern auf dem Weg zu den Palmer River Goldfields kam. Bereits im Park liegen die Ruinen der verlassenen Old Laura Homestead, dem einstigen Mittelpunkt einer großen *cattle station*, deren Areal heute Teil des Naturschutzgebiets ist.

Mit Flüssen und deren Zuflüssen sowie Lagunen und Wasserstellen hat der Lakefield National Park Ähnlichkeit mit dem Kakadu National Park. Auch dieses Naturschutzgebiet erlebt dramatische Veränderungen, wenn sich in der Regenzeit Wassermassen durch die Flussbetten wälzen.

Die Überflutungsgebiete der Regenperiode sind ebenso wie die in den Trockenmonaten zurückbleibenden Teiche, Tümpel und Sümpfe ein Paradies für Brolga-Kraniche, Kormorane, Weiße Reiher und Schwarze Schwäne. Zahlreich vertreten sind auch Salz- und Süßwasserkrokodile. Die Bauten der Kompass- oder Magnettermiten sind in Nord-Süd-Richtung angelegt, um die Temperatur im Innern niedrig zu halten. Busch-Campingplätze verteilen sich über den Nationalpark, besonders schön ist das Kalpowar Crossing Camp, von wo man eine kurze Wanderung am Normanby River machen kann.

In der Regel ist der Lakefield National Park zwischen Dezember und März wegen Überflutung gesperrt. Oft ist die östliche Zufahrt von Cooktown auch noch im April und Mai wegen Hochwasserschäden unpassierbar. Unproblematischer, bei günstigen Bedingungen sogar autotauglich ist meist die Anfahrt von Süden über die kleinen Outback-Siedlungen **Lakeland Downs** 3 und **Laura** 4 zur New Laura Ranger Station, wo man wie auch bei den Ranger Stations in Lakeland und Bizant die erforderlichen *camping permits* und Informationen über den Nationalpark erhält.

Zu den Felsgalerien bei Laura

Südlich von Laura erstreckt sich die **Quinkan Reserve** 5 mit bedeutenden Aborigine-Felsgalerien, die bis zu 25 000 Jahre alte Malereien und Petroglyphen der Ureinwohner bergen. Die Zeugnisse einer weit zurückliegenden Menschheitsgeschichte erzählen von den

Felsmalereien bei Laura

Richtig Reisen
Tipp

Aborigine-Kultur live
Cape York Aboriginal Dance Festival

Viele kulturelle Errungenschaften der australischen Ureinwohner, die sich in Jahrtausenden entwickelten, sind heute vergessen. Vermutlich leben nur noch wenige hundert Aborigines nach Art der Vorväter als halbnomadische Jäger und Sammler im Busch. Aber es gibt Anzeichen für eine Renaissance der Aborigine-Kultur. Junge Ureinwohner sammeln die mündlichen Überlieferungen der Alten, fragen Künstler nach ihren Geheimnissen, gründen Kindergärten und Schulen, in denen die alten Sprachen und Mythen sowie die traditionellen Fertigkeiten der Ureinwohner gelehrt werden.

Das reiche kulturelle Erbe der Aborigines zu bewahren, ist auch Anliegen der Ureinwohner vom Volk der Ang-Gnarra, deren Heimat die Cape York-Halbinsel im nördlichen Queensland ist. Im Juni oder Juli der Jahre mit ungeraden Zahlen organisiert die Aborigine-Gemeinde das drei Tage dauernde Cape York Aboriginal Dance Festival. Dieses großes Kulturfest der Ureinwohner in der Nähe des Outback-Städtchens Laura bietet für Besucher, die sich um ein tieferes Verständnis der Aborigine-Kultur bemühen, eine der seltenen Gelegenheiten, authentische Tänze der Ureinwohner zu sehen.

Säkulare oder rituelle Tänze, die von Musik und Gesang begleitet wurden, waren einst bei allen Aboriginal-Völkern verbreitet. Sie dienten den australischen Ureinwohnern, die nie eine Schrift entwickelt hatten, als Medien, mit denen sie ihre Schöpfungsmythen und andere Überlieferungen von Generation zu Generation weitergaben. In entlegenen Stammesgebieten in Zentral-Australien und im tropischen Norden, vor allem in Arnhem Land und auf der Cape York Peninsula, spielen traditionelle Tänze bei zeremoniellen Zusammenkünften heute noch eine wichtige Rolle. In den Sakraltänzen werden pantomimisch die Schöpfungsakte der mythischen Traumzeit-Vorfahren dargestellt und beschrieben, die mit ihren übernatürlichen Kräften alles erschufen, was es auf der Welt gibt. Zur Vorbereitung der kultischen Tänze, die mehrere Tage und Nächte dauern können, gehört das rituelle Bemalen und Dekorieren der Körper. Sakrale Ockerfarben

Schöpfungsmythen aus der Traumzeit, als die Erde und das Leben entstanden. Häufig dargestellt sind so genannte Quinkans, die in der Mythologie der Aborigines als Übel wollende Geister erscheinen.

Viele der Fels- und Höhlenmalereien der Quinkan Reserve, die weltweit als eine der bedeutendsten Stätten prähistorischer Kunst gelten, werden wohl im Laufe der Zeit verschwinden, da immer weniger Aborigines über die Fertigkei-

sowie oftmals auch mit eigenem Blut angeklebte Daunenfedern verwandeln die Akteure vorübergehend in die Gestalten von Schöpferwesen. Während des magischen Tanzrituals vollziehen sie in einem symbolischen Akt das Schöpfungswerk der Traumzeit-Heroen nach. Es gibt aber auch Tänze die nur dem Vergnügen und der Entspannung dienen.

Tanzzeremonien ohne Chorbegleitung sind kaum denkbar. Die monoton klingenden Gesänge, die oft aus hunderten von Versen bestehen, beschreiben meist die Schöpfungsgeschichte des jeweiligen Stammes. Bumerangs oder Klanghölzer, die gegeneinander geschlagen werden, begleiten die Liederzyklen als Rhythmusinstrumente. Bei keiner Aufführung darf das Didgeridoo fehlen, ein Blasinstrument aus Holz, dessen magische Klänge die Zuhörer in eine andere Welt tragen.

Da die wenigen Zimmer des kleinen Quinkan Hotel in Laura für die Zeit des Festivals meist schon lange im Voraus ausgebucht sind, sollten Besucher mit Campmobil oder Zelt anreisen. Auskunft erteilen Nancy Coleman und Lydia King, c/o Post Office, Laura, QLD 4871, Australia, Tel. 00 61-7-40 60 32 14, Fax 00 61-7-40 60 32 31. Organisierte Ausflüge zum Kulturfest und den Aborigine-Felsgalerien in der Umgebung von Laura, die in Cairns starten, veranstaltet die Agentur Trezise Bush Guides, P.O. Box 5740, Cairns, QLD 4870, Tel. 00 61-7-40 51 47 77, Fax 00 61-7-40 51 48 88.

ten verfügen, sie gemäß der alten Traditionen aufzufrischen. Die Galerien am Split Rock unweit der Peninsula Developmental Road sind am leichtesten zugänglich (ab Parkplatz bei der Ranger Station 15 Min.). Der auch wegen des Blicks, der sich von den hohen Sandsteinklippen bietet, sehr schöne Split Rock Circuit Trail führt von der Ranger Station über den Split Rock und die Felsgalerien Flying Fox, Tall Spirits und Catfish zum Turtle Rock Lookout. Zurück geht es über den Guguyelangi Rock und die kleineren Felskunststätten Northern Art Sites (Rundwanderung 3 Std.).

Weitere Felsgalerien kann man im Westteil der Quinkan Reserve erkunden. Ausgangspunkt für die sehr anspruchsvollen Wanderungen zu den Open-Air-Galerien ist das von dem Felsbildexperten Stephen Trezise gegründete **Jowalbinna Bushcamp** 6 35 km südlich von Laura. Von Jowalbinna führt ein abenteuerlicher Allrad-Track zu den alten Goldfeldern am Palmer River. Vom einstigen Glanz der Goldstadt **Maytown** 7, in deren Umgebung in den 70er Jahren des 19. Jh. rund 15 000 Europäer und Chinesen das Edelmetall schürften, zeugen zwar nur Ruinen und verrostete Gerätschaften, aber auch als Geisterstadt strahlt Maytown heute noch viel Atmosphäre aus.

Abstecher an die Westküste

Tipps & Adressen
Coen S. 325, Weipa S. 355

Etwa in Höhe der Jowalbinna-Abzweigung biegt hinter Laura der Track zum Lakefield National Park ab. Die Fahrt durch den Nationalpark ist die rauere und zeitaufwändigere, aber interessantere Alternative zur Peninsula Developmental Road. Die zur Versorgung von Siedlungen und Rinderfarmen sowie der großen Bauxitmine von Weipa an der Westküste der Cape York-Halbinsel angelegte Schotterstraße ist gut ausgebaut, wenngleich sie immer wieder in tiefe Senken *(dips)* abtaucht, vor denen man die Geschwindigkeit deutlich drosseln muss.

Die Fluten, die sich während der Regenzeit oft meterhoch durch die Wasserwege wälzen, machen die Cape York-Piste zwischen Dezember und März nördlich von Laura unpassierbar. Die Bewohner der Halbinsel müssen dann aus der Luft oder auf dem Seeweg versorgt werden. Einziger Außenposten der Zivilisation auf diesem Abschnitt ist das **Hann River Roadhouse** 8 mit Tankstelle, Laden und Campingplatz. Ein schönes Busch-Camp befindet sich knapp 30 km weiter nördlich am Ufer des breiten Morehead River.

Beim **Musgrave Roadhouse** 9 (Tankstelle, Pub und Campingplatz) zweigt eine 227 km lange Geländewagenpiste zur **Edward River (Pormpuraaw) Aboriginal Community** 10 an der Westküste der Halbinsel ab. Die Bewohner dieser Siedlung, die sich aus einer in den 30er Jahren des 20. Jh. gegründeten Missionsstation entwickelt hat, betreiben eine Krokodilfarm, auf der Besucher willkommen sind. Bei Musgrave, das 1887 als Relaisstation für die Telegrafenleitung zum Cape York entstand, mündet der Lakefield Track in die Peninsula Developmental Road, die im weiteren Verlauf wegen zahlreicher *dips* einer Berg- und Talbahn gleicht.

›Höhepunkt‹ der Strecke ist die 270 m hohe Bamboo Range. Auf den Ausläufer der Great Dividing Range windet sich die Schotterpiste in vielen Kurven. In den Wäldern rechts und links der Piste fällt der Grasbaum – Grass Tree oder auch Black Boy genannt – auf. Die Bäume tragen auf ihrem Stamm Büschel hartgrasartiger Blätter, die wie ein zerzauster Haarschopf aussehen. Ein Grass Tree kann bis zu 6 m hoch werden, benötigt dafür aber bei einem jährlichen Wachstum von nur knapp 3 mm ziemlich lange.

Als heimliche ›Hauptstadt‹ der Cape York Peninsula bietet **Coen** 11 Annehmlichkeiten wie Tankstelle, Reparaturwerkstatt, Laden, Campingplatz, Postamt, Krankenhaus und einen Pub. Seine

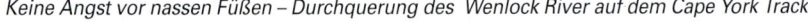

Keine Angst vor nassen Füßen – Durchquerung des Wenlock River auf dem Cape York Track

Existenz verdankt das Outback-Städtchen mit etwa 350 Einwohnern einem Goldrausch Ende des 19. Jh. Je weiter man nun nach Norden fährt, desto größer werden die Abstände zwischen den Orten und desto kleiner die Orte selbst.

Nördlich des im Zweiten Weltkrieg angelegten Coen Airport windet sich die Cape York-Piste durch den Ostteil des **Mungkan Kandju National Park** 12. In den teils schwer zugänglichen Nationalpark, der die Überschwemmungsgebiete des Archer-Coen-Flusssystems und die mit Regenwald bedeckte McIllwraith Range umfasst, führt ein nördlich des Coen Airport abzweigender Track. In der Ranger Station in Rokeby 72 km westlich der Peninsula Developmental Road erklärt der Parkhüter gern, an welchen Lagunen und Wasserstellen Vögel und andere Tiere zu beobachten sind und wo sich Busch-Camps befinden.

Etwa 20 km nördlich des **Archer River Roadhouse** 13 mit Tankstelle, Pub, Motel und Campingplatz zweigt die nur mit Allrad befahrbare Zubringerpiste zum **Iron Range National Park** 14 ab, der den größten Tieflandregenwald im nördlichen Australien schützt (108 km bis zum Parkeingang). Die weitgehend unberührte Wildnis ist nur erfahrenen Wanderern zugänglich. Am Chili Beach kann man in einem der schönsten Campingplätze der Cape York-Halbinsel sein Lager unter Kokosnusspalmen aufschlagen. Versorgungsmöglichkeiten bietet die Aborigine-Gemeinde Lockhart River an der Lloyd Bay außerhalb des Naturschutzgebietes. Die raue Piste Frenchmans Track verbindet den Nationalpark mit der zum Cape York führenden Old Telegraph Road. Kritisch ist hier vor allem die Durchquerung des auch in der Trockenzeit recht tiefen und schnell fließenden Pascoe River an einer steinigen Furt.

Knapp 50 km nördlich des Archer River Roadhouse geht die Peninsula Developmental Road auf Westkurs und führt, in Stand gehalten von der Minengesellschaft Comalco, zur Bergbaustadt **Weipa** 15 an der Westküste (145 km). Am Golf von Carpentaria wurden die weltweit reichsten Vorkommen von Bauxit entdeckt, dem Ausgangsstoff für die Aluminiumgewinnung. Aus Kostengründen wird das Bauxiterz nicht am Gewinnungsort verarbeitet, sondern in einer Menge von jährlich 6 Mio. t zur Verhüttung nach Gladstone, 400 km nördlich von Brisbane, verschifft. Dort waren die Einrichtungen zur Wasser- und Energieversorgung leichter und billiger zu schaffen als auf der Cape York Peninsula.

Die 3500-Einwohner-Stadt Weipa hat Touristen außer einem wohl sortierten Supermarkt und einigen guten Unterkunftsmöglichkeiten kaum etwas zu bieten. Während der Saison verkehrt von Weipa eine Autofähre nach Karumba (vgl. S. 296).

Der raue Weg nach Norden

Tipps & Adressen
Bamaga S. 314, Seisia S. 352, Cape York S. 322

Das wahre Cape York-Abenteuer beginnt nördlich der Weipa-Abzweigung. Reisende mit Ziel Cape York sollten unbedingt in Weipa oder beim Archer River Roadhouse noch einmal tanken, denn die nächsten Zapfsäulen gibt es erst wieder im knapp 400 km entfernten Bamaga. Während man in der Trockenzeit bei umsichtiger Fahrweise auch mit einem robusten Wagen bis nach Weipa kommt, begibt man sich nördlich der Straßengabelung in ›klassisches‹ Allradterrain. Die Cape York-Piste, die jetzt

Busch-Camp in Moreton

unter der Bezeichnung Old Telegraph Road firmiert, wird rauer. Immer wieder kracht der Wagen in tiefe Bulldust-Löcher, ächzt durch Auswaschungen und über blanken Fels. Rechts und links über viele Kilometer das gleiche Bild – trockenes, endloses Buschland. Fast absurd erscheinen während ›The Dry‹ die gelben Warnschilder mit der Aufschrift ›Floodway‹ vor ausgetrockneten Flussbetten. Es lässt sich kaum vorstellen, dass in der südsommerlichen Regenzeit das andere Extrem herrscht – reißende Flüsse, Schlamm und unpassierbare Wege. Die Höhe der Pegelstände markiert Treibgut, das sich in Ufernähe in Bäumen verfangen hat.

Die Old Telegraph Road folgt der 1987 stillgelegten Telegrafenlinie. Der Pfad wurde in die Wildnis geschlagen, um die Leitungen kontrollieren und vom wuchernden Dschungel freihalten zu können. Unter Strapazen legten ein paar Dutzend Männer die Telegrafentrasse von Cooktown nach Cape York zwischen 1883 und 1886 an. Da die Morsezeichen nicht weiter gesendet werden konnten, mussten alle 200 bis 300 km Relaisstationen errichtet werden. Die meisten dieser Posten wie etwa Musgrave, Coen oder Moreton am Wenlock River baute man zum Schutz vor feindseligen Aborigines zu kleinen Festungen aus.

Das letzte Telegramm lief am 24. 6. 1964 über die Drähte, danach benutzte man die Telegrafenleitung noch für Telefonverbindungen. Als in den 70er Jahren des 20. Jh. Satelliten-Übertragungstechnik die Kupferkabel überflüssig machten, verfiel auch die Old Telegraph Road, für die keine Verwendung mehr bestand. Aber noch heute markieren die ausgedienten, in den Himmel ragenden Eisenmasten den Weg zum nördlichsten Punkt des Fünften Kontinents.

Die erste große Herausforderung für Geländewagenfahrer ist die sandige Furt des schnell fließenden Wenlock

River, in dem der Wasserstand auch in der Trockenzeit 60 cm beträgt. Spätestens vor der Durchquerung dieses Flusses sollte man sich vergewissern, dass der Luftansaugstutzen des Motors hoch genug angebracht ist, um kein Wasser anzusaugen. Dringt Wasser in die Zylinder, ist der Motor meist irreparabel beschädigt – und der nächste Abschleppdienst ist weit.

Da an der Wenlock River Crossing in der Saison reger Verkehr herrscht, haben Unerfahrene Gelegenheit zu beobachten, wie andere das nasse Hindernis meistern – gewöhnlich im zweiten Gang mit der Untersetzung L 4 des Allradgetriebes und kraftvoll-zügig bei etwa 2500 Umdrehungen. Bisweilen ist gegen Ende der Regenzeit der Wasserstand im Wenlock River noch so hoch, dass kein Fahrzeug passieren kann. Outback-Fahrer, denen die Wartezeit bis zum Absinken des Pegels zu lange dauert, bauen dann gelegentlich Flöße aus alten Ölfässern, mit denen sie ihre Vehikel über den Fluss bringen. Das kleine, idyllische Busch-Camp am jenseitigen Ufer des Wenlock River ist leider meist belegt. Einen weitläufigen Campingplatz mit Duschen und Toiletten sowie Schlafstätten in halboffenen Verschlägen gibt es oberhalb des Flusses bei der alten **Moreton Telegraph Station** 16.

Wer glaubt, mit der Durchquerung des Wenlock River das Schlimmste hinter sich zu haben, wird eines Besseren belehrt, wenn er an der Weggabelung gut 40 km nördlich der Wenlock River Crossing der Old Telegraph Road Richtung Norden folgt. Der Zustand des Track, den manche als einen Albtraum, andere als Dorado für Geländewagenfahrer beschreiben, bewegt sich jenseits mitteleuropäischer Vorstellungsvermögens. Die Off-Road-Achterbahn führt durch tiefe Flüsse und morastige Sümpfe, eine extreme Piste für versierte Geländewagen-›Piloten‹ mit Fahrpraxis und guter Ausrüstung. Für Nervenkitzel sorgen sehr steile, sandige oder schlammige Überböschungen, die sich bei ungünstigen Verhältnissen nur mit Hilfe einer Winde bewältigen lassen.

Besonders berüchtigte *crossings* führen durch den Gunshot Creek und den Cockatoo Creek. Ersteren sollte man auf einem 26 km langen Track über die Heathlands Ranger Station umfahren, denn an dem Wildbach mit 4 m hohen, fast lotrechten Uferböschungen gibt es ohne Teamwork oder Winde kein Durchkommen. Da die Furten noch lange nach Ende der Regenzeit sehr tief sein können, sollte man sich nicht vor August auf den Track wagen und ihn von Süd nach Nord befahren, weil man somit steile Südböschungen im Gefälle angehen kann. Der Pistenzustand, vor allem bei den *creek crossings,* ändert sich jedoch nach jeder Regenzeit. Viele Verleihfirmen verbieten die Benutzung ihrer Fahrzeuge auf diesem Streckenabschnitt. Schöne Busch-Camps gibt es bei Dulhunty Creek, Bertie Creek und Cockatoo Creek.

Hartes ›Wellblech‹, tiefe Auswaschungen und Bulldust-Passagen sowie eine monotone Heidelandschaft kennzeichnen die in weitem Schwung nach Osten abzweigende Southern Bypass Road. Die von der Telefongesellschaft Telstra zur Wartung von Sendemasten angelegte Trasse führt durch höher gelegenes Terrain und umgeht einige Flüsse. Nach einer Gedenkstätte für die im Jahre 1848 gescheiterte Kennedy-Expedition zweigt links ein Track zur Heathlands Ranger Station ab, über die man zur Old Telegraph Road gelangt.

55 km weiter nördlich eine erneute Weggabelung – nach links führt die Umgehungsstraße Northern Bypass Road

zur Fähre über den Jardine River. Die Old Telegraph Road bleibt auf Nordkurs. Ihr muss man einige raue Kilometer folgen, will man sich einen Badespaß nicht entgehen lassen. Schon bald zweigt eine kurze Stichstraße zu den **Fruit Bat Falls** 17 ab. Lohn der holprigen Fahrt ist ein Bad in einem natürlichen Felsenpool, in den Kaskaden kühlen Wassers stürzen. Aufmerksame Spaziergänger werden am Ufer Insekten ›fressende‹ Kannenpflanzen entdecken.

In den **Eliot Falls** 18 8 km weiter nördlich, die auch unter dem Namen Twin Falls bekannt sind, kann man sich ebenfalls abkühlen. Die Naturbecken der beiden Wasserfälle sind die einzigen Orte auf der Cape York Peninsula, an denen man ohne Angst vor Krokodilen haben zu müsen in der Wildnis baden kann. Wer bei den Eliot Falls übernachten möchte, findet dort ein Busch-Camp, das in der Hauptsaison allerdings oft überlaufen ist.

Die Eliot Falls am Cape York Track

Die Old Telegraph Road endet am Jardine River, der während der Trockenzeit rund 150 m breit ist, in ›The Wet‹ jedoch beinahe zu Amazonas-Format anschwillt. Seitdem man das größte Hindernis auf dem Weg zum Cape York einige Kilometer weiter westlich an der Northern Bypass Road mit einer teuren Autofähre überwinden kann, suchen nur noch wenige Unerschrockene den ultimativen Off-Road-Kick. Die Durchquerung des zumindest oberschenkeltiefen Fluss an der tiefsandigen Furt ist ein Abenteuer mit ungewissen Ausgang, da der Jardine River nicht nur breit und tief ist, sondern auch eine starke Strömung hat. Schwimmen sollte man im Jardine River nicht, dort tummeln sich Leistenkrokodile. Wer die letzte Fähre am späten Nachmittag verpasst hat, findet bei der Ablegestelle einen Campingplatz. Betrieben wird die Jardine River Ferry von Mitgliedern der Injinoo Aboriginal Community, in deren Sprache die Cape York Peninsula Pajinka heißt.

Nördlich des Jardine River führt die Piste an der Westgrenze des unwegsamen, weitgehend unberührten **Jardine River National Park** [19] entlang, der die Moore und Marschen, Sumpf- und Mangrovenwälder in den Überschwemmungsebenen des Jardine River und seiner Nebenflüsse umfasst. Frühe Entdeckungsreisende wie Edmund Kennedy nannten diese amphibische Welt die ›nasse Wüste‹. Nur im Jardine River National Park und sonst nirgendwo in Australien leben so seltene Spezies wie der Gelbschnabel-Kingfisher, der Graukopf-Laubenvogel und der bis zu 80 cm große Palmkakadu, ein ›Einwanderer‹ aus Neuguinea. Einen Eindruck von der Vielfalt der Vogelfauna erhält man bei Wasserstellen an der 62 km langen,

Die von den Eliot Falls weiter nach Norden führende Old Telegraph Road fällt wie auch der südliche Abschnitt in die Kategorie ›Allrad-Abenteuer‹. Nur im ersten Kriechgang bewältigt man die tiefen Auswaschungen und Felsbrocken. Einige Flüsse und Wildbäche auf der Strecke, die so markante Namen wie Mistake Creek und Cannibal Creek tragen, sind so tückisch, dass man sie vor der Durchfahrt erst einmal zu Fuß erkunden sollte.

rauen Piste zum Ussher Point an der Ostküste, wo es einen schönen Campingplatz am Strand gibt.

Kurz vor Bamaga zweigt eine Straße Richtung Osten zum Injinoo Airport ab. Das Jackey Jackey Airfield wurde nach dem Aborigine-Pfadfinder der Kennedy-Expedition benannt. Über die 3 km lange in den Busch gewalzte Landebahn lief im Zweiten Weltkrieg der Nachschub für die Kriegsschauplätze im benachbarten Neuguinea. Die Gegend ist übersät mit den Wracks einiger Dutzend Flugzeuge, die das Airfield verfehlten. Heute sind die *crash sites* Gedenkstätten für die Opfer des Pazifischen Krieges.

Bamaga 20, ein größerer, hauptsächlich von Aborigines und Torres Strait Islanders bewohnter Ort mit Krankenhaus, Schule und sämtlichen Versorgungseinrichtungen, strahlt mit bunt gestrichenen Stelzenhäusern, Kokospalmen und Bougainvilleen karibisches Flair aus. Vom Ferienort **Seisia** 21 5 km nordwestlich verkehren Passagierboote zur Thursday Island 30 km entfernt in der Torres Strait. Das Eiland ist das Verwaltungszentrum der vielen kleinen Inseln, die sich in der Meeresstraße zwischen Australien und Neuguinea verteilen. Bewohnt wird die Inselgruppe, die politisch zu Australien gehört, obwohl einige der Eilande nur wenige Kilometer vor der Küste von Papua-Neuguinea liegen, vorwiegend von 10 000 Torres Strait Islanders, die ethnisch mit melanesischen Volksstämmen Neuguineas verwandt sind.

Rund 30 km nordöstlich ragt das **Cape York** 22 in die nur 150 km breite Torres Strait, die Australien von Asien trennt. Dem australischen ›Nordkap‹ kann man sich nur zu Fuß nähern. Vom Parkplatz nahe der Pajinka Wilderness Lodge führt ein Pfad durch Monsunwald zunächst zum feinen Sandstrand Frangipani Beach. Von dort sind es noch 400 m über Klippen zum kahlen Felskap, wo ein Steinhaufen den nördlichsten Punkt des Fünften Kontinents markiert. An keiner anderen Stelle kommt Australien einem Nachbarland so nahe wie hier. Der zerrissenen Küste, an welche die Brecher des Pazifik schlagen, sind Felseninseln vorgelagert. Auf Possession Island ließ James Cook am 22. 8. 1770 den Union Jack hissen und nahm damit den Fünften Kontinent offiziell für die britische Krone in Besitz.

Drei Kanonen bewachen die Ruinen von Somerset südöstlich von Cape York, zu erreichen auf einer 11 km langen, sehr rauen Stich-›straße‹. Die erste Siedlung auf der Halbinsel, die John Jardine 1863 als kolonialer Außenposten von Sydney gründete, wurde 1877 wieder aufgegeben, da sich Thursday Island als der geeignetere Standort erwies. John Jardine und seine Söhne Alex und Frank trieben bei einem legendären Viehtreck in zehn Monaten eine Rinderherde von Rockhampton zum Cape York und legten damit den Grundstein für die Viehwirtschaft auf der Halbinsel, die heute nach der Bauxitgewinnung der zweitwichtigste Erwerbszweig der Region ist.

Am Strand von Somerset liegen die letzten Ruhestätten von Frank Jardine und seiner Frau Sana Solia, einer Nichte des damaligen Königs von Samoa. Frank Jardine, der nach dem Tode seines Vaters dessen Amt als Polizist übernahm, erhielt von den Aborigines wegen seines ungerechten Verhaltens den Beinamen ›Devil-Devil-Jardine‹. Einer Legende zufolge gruben die Ureinwohner nach Jardines Tod 1919 den Leichnam wieder aus, um ihn mit dem Antlitz nach unten zu beerdigen. Sie glaubten, so könnte der Geist des verhassten Polizisten nicht entweichen und sie weiter verfolgen.

1500 Kilometer durch australische Geschichte
Matilda Highway

Von Karumba nach Blackall

Tipps & Adressen
Karumba S. 337, Normanton S. 345, Cloncurry S. 324, McKinlay S. 342, Winton S. 357, Longreach S. 341, Ilfracombe S. 334, Barcaldine S. 315, Blackall S. 316

Von Karumba am tropisch-schwülen Gulf of Carpentaria nach Charleville im trockenen Hinterland, in einer Woche einmal längs durch das Outback von Queensland und quer durch die jüngere australische Geschichte auf den Spuren von Australien-Erforschern und Flugpionieren, Goldsuchern und Opalgräbern, Rinderhirten und Schafscherern. Der asphaltierte Matilda Highway, eine der einfacheren Outback-Routen, ist eine Kombination aus mehreren Überlandstraßen. Seinen Namen erhielt der Highway nach Australiens inoffizieller Nationalhymne »Waltzing Matilda«. Der Buschbarde Andrew Barton (Banjo) Paterson schrieb die auf einer wahren Begebenheit beruhende Ballade von einem armen Wanderarbeiter, der zum Schafdieb wird und sich seiner Verhaftung durch den Freitod in einem *billabong* entzieht, 1895 am Combo Waterhole nahe Kynuna.

Neben Einblicken in die Geschichte vermittelt der Matilda Highway auch ein Bild von der schier grenzenlosen Weite des Outback. Endlos zieht sich das schnurgerade Asphaltband durch Grassavannen und Halbwüsten, auf denen große Vieh- und Schafherden weiden. Eine Landschaft flach wie ein Brett und darüber ein wolkenloser Himmel, der

Matilda Highway – im Land der Drovers und Overlanders

den Eindruck von Weite noch vertieft. Mit Ausnahme der Golfregion, wo es zwischen November und März heftig regnet, lässt sich diese Route ganzjährig bereisen. Wegen sehr hoher Sommertemperaturen sind jedoch die Monate zwischen April und Oktober am besten geeignet. Für die Fahrt sollte man vier bis fünf Tage einplanen, für einen Abstecher zum Carnarvon National Park weitere drei bis vier Tage. Hotels, Restaurants und Gaststätten gibt es in allen Orten an der Route. Die maximale Entfernung ohne Tankstelle beträgt 250 km.

Nördlicher Ausgangs- bzw. Endpunkt des Matilda Highway ist der von Sumpfgebieten umgebene Garnelen-Fischerort **Karumba** 1 am Golf von Carpentaria (vgl. S. 275). Im Städtchen **Normanton** 2 72 km südöstlich endet der von Mata-

Matilda Highway

ranka herführende Gulf-Savannah Track (vgl. S. 267ff.). Südlich der fruchtbaren Küstenregion um Normanton durchschneidet der Matilda Highway unter dem Namen Burke Developmental Road flaches, braunes Grasland, aus dem nur vereinzelt Baumbestände ragen.

Beim Bang Bang Jump Up 100 km südlich von Normanton schwingt sich die Straße auf ein Hochplateau, das mit den Zinnen und Türmen unzähliger Termitenbauten gesprenkelt ist. Auf halbem Weg zwischen Normanton und Cloncurry liegt an einer Straßenkreuzung im Nirgendwo das **Burke and Wills Roadhouse** 3. Von hier führt die nur abschnittsweise geteerte Wills Developmental Road, für die man jenseits von Gregory Downs einen Geländewagen benötigt, Richtung Westen durch fast menschenleeres Gebiet zum Lawn Hill National Park (vgl. S. 273f.).

Am Verkehrsknotenpunkt **Cloncurry** 4 treffen sich Matilda, Barkly, Flinders und Landsborough Highway. Die aufgelassenen Gold- und Kupferminen rund um das 2700-Seelen-Städtchen werden nach jahrelanger Flaute wieder in Betrieb genommen. Untrennbar verbunden mit dem Ort ist der Name John Flynn. Hier gründete der presbyterianische Geistliche 1928 den Royal Flying Doctor Service, der die medizinische Versorgung des Outback sicherstellt. Die Ausstellung zur Geschichte der ›fliegenden Ärzte‹ im Museum John Flynn Place zeigt neben dem originalgetreuen Modell des ersten RFDS-Flugzeugs ein pedalgetriebenes Zwei-Wege-Funkgerät sowie historische Fotografien und Dokumente.

Im Mary Kathleen Memorial Park hat man vier mit Erinnerungsstücken vollgepfropfte Gebäude aus dem Anfang der 80er Jahre des 20. Jh. geschlossenen Uranmine von Mary Kathleen wieder aufgebaut. Der einzig verbliebene Wellblechhangar aus der Anfangszeit der nationalen Fluglinie auf dem kleinen Airport von Cloncurry erinnert an die Pioniertage der Fliegerei im Outback. Über dem Tor prangt die Bezeichnung, aus der später das Akronym Qantas wurde – Queensland and Northern Territory Aerial Service. Die Ehre ›Geburtsort‹ der Qantas zu sein, macht Cloncurry das 340 km weiter südöstlich gelegene Winton streitig, wo 1920 die erste Aufsichtsratssitzung der Fluglinie stattfand.

Südlich von Cloncurry geht der Matilda Highway, der nun offiziell als Landsborough Highway firmiert, auf Südostkurs. Häuser tauchen erst nach gut 100 km am Straßenrand auf. **McKinlay** 5 ist der Name des Outback-Nestes mit 30 Einwohnern, an dem man achtlos vorbei fahren würde, stünde nicht an der Hauptstraße das Walkabout Creek Hotel aus dem Film »Crocodile Dundee«. Obwohl die um die Jahrhundertwende erbaute Buschkneipe nur als Kulisse für einige Außenaufnahmen diente und die Inneneinstellungen in einem Nachbau des Pub im Studio gedreht wurden, verstand es der Wirt, das unspektakuläre Hotel als Touristenattraktion zu vermarkten. Die Wände des düsteren Schankraums sind mit Fotos tapeziert, die an die Dreharbeiten erinnern.

Südöstlich von McKinlay verläuft der Matilda (Landsborough) Highway kilometerlang schnurgerade durch hügeliges Savannenland, in dem sich Rinderherden verlieren. Auch die Fünf-Seelen-Gemeinde **Kynuna** 6 kann mit einem bekannten Pub aufwarten – dem Blue Heeler Hotel. Gäste dürfen sich, sofern sie noch einen freien Platz finden, mit einer Widmung an den Kneipenwänden verewigen. Alljährlich am letzten Wochenende im August avanciert Kynuna

Waltzing Matilda
Australiens inoffizielle Nationalhymne

Once a jolly swagman camped by a billabong,
Under the shade of a Coolabah tree,
And he sang as he watched and waited till his billy boiled:
›Who'll come a-waltzing Matilda with me?
Who'll come a-waltzing Matilda my darling?
Who'll come a-waltzing Matilda with me?
Waltzing Matilda, waltzing Matilda,
You'll come a-waltzing Matilda with me.‹

Down came a jumbuck to drink at the billabong,
Up jumped the swagman and grabbed him with glee.
And he sang as he stowed him away in his tucker-bag:
›You'll come a-waltzing Matilda with me.‹

Down came the squatter mounted on his thoroughbred,
Down came policemen – one, two and three.
›Whose is the jumbuck you've got in the tucker-bag?
You'll come a-waltzing Matilda with me.‹

Up jumped the swagman and sprang into the billabong.
›You'll never catch me alive‹, said he.
And his ghost may be heard as you pass by that billabong:
›Who'll come a-waltzing Matilda with me?‹

Ob an einem bierseligen Abend in einem Lokal in Sydney oder am Lagerfeuer in einem Outback-Camp – an diesem Song kommt kein Australien-Besucher vorbei. Im Januar 1895 schrieb Andrew Barton (Banjo) Paterson, Australiens berühmtester Buschpoet, am Combo Waterhole nahe dem queensländischen Städtchen Kynuna unter dem Eindruck eines Streiks von Schafscherern den Text zur Waltzing Matilda. Seine zu einer alten schottischen Melodie gesungene Ballade wurde ein Dauerhit.

Es ist die Geschichte von einem *swagman* oder *swaggie,* einem Wanderarbeiter, der auf der Suche nach Arbeit durch das Outback zieht. Seinen Schlafsack und seine persönlichen Habseligkeiten trägt er zu einem Bündel *(swag)* zusammengerollt auf dem Rücken. Eines Abends schlägt er sein Lager an einem *billabong* auf und stiehlt ein Schaf. Als Polizisten ihn festnehmen wollen, springt er in das Wasserloch und ertrinkt. Heute noch, so sagt man, hause sein Geist in dem *billabong*.

Die traurige Buschballade, die australische Soldaten im Ersten und Zweiten Weltkrieg auf europäischen Schlachtfeldern sangen und die 1956 bei der Eröffnung der Olympischen Sommerspiele in Melbourne erklang, wurde zur inoffiziellen Nationalhymne. Das Lied besingt die von Australiern hoch geschätzten Ideale wie Loyalität, Integrität und Freiheitsliebe. Der Buschmythos beschwört jedoch eine Lebensweise, die längst der Vergangenheit angehört. Während man heute kaum mehr wandernden Landarbeiter antrifft, zogen Ende des 19. Jh. noch Scharen von *swagmen* von Farm zu Farm, um sich für eine Weile zu verdingen. Für ein Nachtquartier und Verpflegung boten sie ihre Hilfe an – beim Schafscheren, Zäuneflicken oder anderen Arbeiten, die auf einer *station* täglich anfallen.

Meist waren die *swagmen* Arbeitslose, die aus Protest gegen unmenschliche Arbeitsbedingungen und niedrige Löhne auf die Walz gegangen waren. Zu großen Wanderschaften von *swagmen* kam es während der Wirtschaftskrise Anfang der 30er Jahre des 20. Jh. In anderen westlichen Kulturen verachtete man solche Wanderarbeiter meist als Landstreicher oder Vagabunden, in Australien wurden sie jedoch durch den Text der »Waltzing Matilda« unvergesslich gemacht. Als immer mehr Maschinen auf den Farmen zum Einsatz kamen, verschwanden die wandernden Landarbeiter im Laufe des 20. Jh. nach und nach. Die Freiheit der Buschpfade übt jedoch heute noch eine große Faszination auf viele Australier aus, nur reisen sie heute nicht mehr auf Schusters Rappen, sondern im Geländewagen durchs Outback.

zum Mittelpunkt der australischen Surfer-Welt, wenn hier der Kynuna Surf Carnival ausgetragen wird (vgl. S. 75).

Das Combo Waterhole 16 km südöstlich von Kynuna ist der bekannteste *billabong* von Australien. Hier schrieb der Dichter Andrew Barton Paterson im Januar 1895 den Text zur Ballade »Waltzing Matilda«, die zur inoffiziellen Nationalhymne Australiens wurde.

Im North Gregory Hotel von **Winton** **7** wurde »Waltzing Matilda« am 6. 4. 1895 zum ersten Mal vor Publikum dargeboten. Vor dem Waltzing Matilda Centre an der Hauptstraße blickt Andrew Barton (Banjo) Paterson in Bronze gegossen in den Himmel. Im Heimatmuseum hat man die Szene am Combo Waterhole nachgestellt, als der hungrige Vagabund bei seinem Lager von einem Polizisten und dem Farmer, dessen Schaf er gestohlen hatte, überrascht wurde. Schautafeln informieren über einen Streik von 500 Schafscherern, der 1891 landesweit für Furore sorgte. Eine andere Ausstellung ist der im Jahre 1920 in Winton gegründeten nationalen Fluglinie Qantas gewidmet. Die Statue auf der gegenüberliegenden Straßenseite wurde zum Gedenken an alle umherziehenden Landarbeiter *(swagmen)* errichtet, die Australiens Outback einst, von Farm zu Farm wandernd, durchstreiften.

Gut 110 km südwestlich von Winton kann man in einer Sandsteinschlucht des Lark Quarry Environmental Park tausende 100 Mio. Jahre alte Fußabdrücke von Dinosauriern bewundern. In den Opalfeldern von Opalton 120 km südlich der Stadt schürfen *diggers* seit 1888 mehr oder weniger erfolgreich. Will man Opale kaufen, muss man nicht unbedingt die lange Fahrt auf sich nehmen, die Preziosen sind – zu Schmuckstücken gefasst – auch in Winton erhältlich.

Kneipe in Barcaldine am Matilda Highway

Longreach 8 176 km südöstlich von Winton ist wegen der Stockman's Hall of Fame landesweit bekannt. Auf mehreren Etagen ehrt die didaktisch exzellent aufgebaute und mit ihrer mächtigen, gewölbten Dachkonstruktion auch architektonisch ansprechende ›Ruhmeshalle‹ die Pioniere, die das Outback erschlossen. Multi-Visionsschauen, Dioramen und Exponate dokumentieren die Erforschung Australiens durch ›Entdeckungsreisende‹ wie Robert O'Hara Burke, William John Wills, William Landsborough und Ludwig Leichhardt, deren Spuren die ersten Siedler mit großen Schaf- und Rinderherden folgten. Nachbildungen der Hütten der Pioniere samt Einrichtung und Arbeitsgerät veranschaulichen die Härten des Existenzkampfes. Breiten Raum nimmt das Leben der Menschen im Outback der Gegenwart ein. Besucher erfahren Wissenswertes über Methoden des *mustering*, des Zusammentreibens von Rindern, auf *cattle stations*, über die Arbeitsbedingungen von Viehtreibern und Schafscherern. So wird in der Sektion »Fencing« anhand von zwei Dutzend Arten von Stacheldraht und ausgestelltem Werkzeug veranschaulicht, wie Outback-Farmer ihre Viehweiden einzäunen.

Funkschule live können Besucher in der School of Distance Education erleben, in der rund 40 Lehrkräfte über 300 Kinder auf Farmen und Siedlungen in einem 400 000 km^2 großen Einzugsbereich unterrichten. Auch Longreach ist mit der nationalen Fluglinie Australiens verbunden – hier hob am 2. 11. 1922 das erste Qantas-Flugzeug mit nur einem Passagier an Bord zu seinem Jungfernflug ab. Dieses und andere Ereignisse in der Geschichte der Fluggesellschaft dokumentiert das Qantas Founders Museum am Airport.

Bunte Kühlschränke, die als Briefkästen dienen, und bizarre Schrottsammlungen in den Vorgärten deuten im

Outback-Nest **Ilfracombe** 9 auf eigenwillige Einwohner hin. Die Durchgangsstraße gleicht einem Freilichtmuseum mit ausrangierten Autos, Lastwagen, Traktoren und Dampfmaschinen. Glasflaschen jeglicher Form und jeglichen Alters werden in Australia's Best Bottle Museum präsentiert. Um 1890, als man die Eisenbahntrasse von Brisbane nach Longreach in den Busch schlug, wurde das Wellshot Hotel errichtet, das den Gleisarbeitern Unterkunft bot. An der bierfleckigen Holztheke in dem mit Erinnerungsstücken aus den Pioniertagen reich dekorierten Schankraum fühlt man man sich um ein gutes Jahrhundert zurückversetzt.

In **Barcaldine** 10 betreten Besucher erneut historischen Boden. Hier befand sich das Zentrum des Schafschererstreiks von 1891. Während des sechsmonatigen Arbeitskampfes versuchte die Gewerkschaft der *shearers* bessere Arbeitsbedingungen und höhere Löhne durchzusetzen. Zwar scheiterten die Schafscherer, doch ihr Arbeitskampf blieb nicht ohne Folgen für das politische Leben in Australien. Aus der Organisation der Schafscherer entstand später die Australian Labour Party.

An die Zeit, als in Barcaldine noch Geschichte geschrieben wurde, erinnern Ausstellungen im Australian Workers Heritage Centre. Ein Pilgerziel traditionsbewusster Gewerkschafter und Sozialdemokraten ist der Tree of Knowledge. Unter dem Geistereukalyptusbaum hielten die später verhafteten und nach St. Helena Island verbannten Anführer der Schafscherer ihre Reden.

Von Barcaldine führt der Capricorn Highway zu den Edelsteinfeldern *(gemfields)* von Zentral-Queensland, die sich um das Städtchen Anakie erstrecken. Hier wird neben Rubinen, Topasen, Amethysten und Diamanten ein Großteil der Weltproduktion an Saphiren gefördert. Der Matilda Highway verläuft südlich von Barcaldine durch weite Ebenen, in denen sich helle Flecken bewegen, als hätten Felsen Beine bekommen – die Reise geht jetzt durch *sheep country*.

In **Blackall** 11 am Barcoo River erinnert ein Denkmal an den Schafscherer John Robert (Jackie) Howe, der 1892 einen jahrzehntelang unübertroffenen Rekord aufstellte – er schaffte es, mit einer Handschermaschine in nur sieben Stunden und 40 Minuten 321 Schafe aus ihrem Wollkleid herauszupelen. Bis in die 70er Jahre des 20. Jh. arbeiteten seine Kollegen in der Historical Woolscour 5 km nördlich der Stadt. Heute klappern in dem düsteren Holzgebäude von 1906 keine Scheren mehr, aber in dem einzigen noch vollständig erhaltenen Schafschererschuppen in Queensland erinnern angerostete Wollpressen sowie altes Werkzeug und Wollbüschel an vergangene Zeiten. Eine dampfbetriebene Schafwollwasch und -trockenanlage ist die einzige noch erhaltene ihrer Art in Australien. Mit dieser Maschine wurden die Vliese von ihrer Fettschicht befreit.

Von Blackall bis Charleville, wo der Matilda Highway endet, sind es noch 300 km. In **Tambo** 12 ließen sich Anfang der 60er Jahre des 19. Jh. weiße Siedler nieder. Einige Gebäude aus der Gründerzeit wie das Old Post Office, das heute ein Heimatmuseum beherbergt, und das Royal Carrangarra Hotel haben die Zeitläufe überlebt. Der **Salvator Rosa National Park** 13, 200 km östlich von Tambo, ist Teil des Carnarvon National Park. Das wenig besuchte Naturschutzgebiet, das eine vom Nogoa River in das Sandsteinplateau des Consuelo Tableland gefräste Schlucht umfasst, ist auf einer rauen Piste nur mit einem Geländewagen zu erreichen.

Zur Carnarvon Gorge

Tipps & Adressen
Carnarvon Gorge S. 323, Charleville S. 323

Bei **Augathella** 14 schwenkt der Landsborough Highway, der in den Warrego Highway mündet, ostwärts Richtung Brisbane ab. Über Mitchell oder Roma am Warrego Highway erreicht man die **Carnarvon Gorge** 15, zu der man in der Trockenzeit auch mit einem Wagen gelangt. In den Carnarvon National Park haben der Carnarvon Creek und seine Zuflüsse ein 30 km langes, bis zu 200 m tiefes Schluchtsystem mit hohen Sandsteinklippen in das Consuelo Tableland geschnitten. Während sich auf dem trockenen Plateau Eukalyptuswälder erstrecken, erscheint die Flora in der Carnarvon Gorge und ihren Nebenschluchten wie aus einer anderen Welt. In feuchten Nischen gedeihen Palme und Palmfarne sowie Moose und Orchideen.

Bei einer längeren Wanderung durch die Flussoase des Carnarvon Creek kann man Buntwarane, Wasserdrachen und Felsen-Wallabies beobachten, mit etwas Glück sogar Schnabeltiere. Vorbei an Wasserfällen und Klammen, erreicht man Felsgalerien mit uralten Malereien der Aborigines (hin und zurück 19 km/ 6 Std.). Ka Ka Mundi und Mount Moffatt sind sehr entlegene, weitgehend un-

Carnarvon Gorge am Matilda Highway

berührte Abschnitte des Carnarvon National Park im Norden beziehungsweise im Süden der Carnarvon Gorge, in die man nur mit einem Allradfahrzeug und kompletter Outback-Ausrüstung fahren sollte.

Charleville 16, mit etwa 7000 Einwohnern zweitgrößte Stadt des queensländischen Outback nach Mount Isa, ist Basis des Royal Flying Doctor Service, der von dort Outback-Bewohner im Umkreis von einigen hundert Kilometern medizinisch versorgt. Besucher sind in der Bodenstation des Luftrettungsdienstes ebenso willkommen wie in der School of Distance Education. Am Funkunterricht nehmen rund 400 Kinder im Grundschulalter teil, von denen einige auf bis zu 700 km entfernten Farmen leben.

Mit Hilfe eines mächtigen Teleskops kann man in den Abendstunden in der Sternwarte Skywatch an der südlichen Peripherie der Stadt unweit des Airport den ›südlichen‹ Sternenhimmel bewundern. Ebenfalls im Süden stößt man auf eine kuriose Sehenswürdigkeit – ein Steiger Vortex Rainmaker Gun. Mit der Kanone versuchte ein Meteorologe 1902 während der schlimmsten Dürreperiode seit der Besiedlung von Queensland durch Europäer Regen vom Himmel zu ›schießen‹ – ohne Erfolg. Dagegen ertrank die Stadt 1990 beinahe in Hochwasserfluten, als der Warrego River nach sintflutartigen Regenfällen über die Ufer trat. Eine Markierung an der Wand des Fremdenverkehrsamtes in 2 m Höhe erinnert an den damaligen Pegelstand. Das Historic House Museum, untergebracht im ansehnlichen Gebäude der ehemaligen Queensland National Bank, präsentiert Möbel, Erinnerungsstücke und Dokumente aus der Pionierzeit.

Von Charleville sind es Richtung Osten auf dem Warrego Highway 750 km bis Brisbane sowie südostwärts auf dem Mitchell und Great Western Highway 1250 km bis Sydney. Einen Geländewagen benötigt, wer auf der Diamantina Developmental Road nach Birdsville fahren will, dem Ausgangsort für den Birdsville Track (vgl. S. 105ff.) und die Durchquerung der Simpson Desert (vgl. S. 112ff.). Opalliebhaber machen auf der Reise nach Westen einen Umweg über **Quilpie** 17 211 km westlich von Charleville, wo im Tagebau die begehrten *boulder opals* gefördert werden.

Der ausgetrocknete Salzsee Lake Hart am Stuart Highway ▷

Information

 Unterkunft

 Restaurant

 Sehenswert

 Einkauf

 Nachtleben

 Unterhaltung

 Feste

 Aktivitäten

 Verkehr

Tipps & Adressen

Inhalt

Hinter den Ortsnamen sind in Klammern die jeweiligen Bundesstaaten bzw. Territorien genannt: NSW – New South Wales, NT – Northern Territory, QLD – Queensland, SA – South Australia, WA – Western Australia

■ **Adressen und Tipps von Ort zu Ort**

Ort	Seite
Adelaide (SA)	309
Alice Springs (NT)	310
Andamooka (SA)	313
Arkaroola (SA)	313
Arltunga (NT)	314
Auskie Tourist Village (WA)	314
Balcanoona (SA)	314
Balladonia Roadhouse (WA)	314
Bamaga (QLD)	314
Barcaldine (QLD)	315
Barrow Creek (NT)	315
Batchelor (NT)	315
Birdsville (QLD)	315
Blackall (QLD)	316
Blinman (SA)	316
Border Village (WA)	316
Borroloola (NT)	316
Boulia (QLD)	317
Broken Hill (NSW)	317
Broome (WA)	318
Burketown (QLD)	319
Cadney Homestead (SA)	320
Cairns (QLD)	320
Cape Tribulation N. P. (QLD)	322
Cape York (QLD)	322
Capricorn Roadhouse (WA)	322
Carnarvon Gorge (QLD)	323
Carnegie Homestead (WA)	323
Ceduna (WA)	323
Charleville (QLD)	323
Chillagoe-Mungana Caves N.P. (QLD)	324
Cloncurry (QLD)	324
Cocklebiddy Roadhouse (WA)	324
Coen (QLD)	325
Coober Pedy (SA)	325
Cooktown (QLD)	326
Coolgardie (WA)	326
Copley (SA)	327
Croyden (QLD)	327
Daintree (QLD)	327
Dalhousie Springs (SA)	327
Daly River (NT)	328
Daley Waters (NT)	328
Dampier (WA)	328
Darwin (NT)	328
Derby (WA)	330
Drysdale River Station (WA)	331
Dunmurra (NT)	331
Eighty Mile Beach (WA)	331
Elliott (NT)	331
Ellis Beach (QLD)	331
El Questro Station (WA)	332
Erldunda (NT)	332
Eucla Roadhouse (WA)	332
Fitzroy Crossing (WA)	332
Gemtree (NT)	332
Glendambo (SA)	332
Glen Helen (NT)	333
Gurig National Park (NT)	333
Halls Creek (WA)	333
Hawker (SA)	333
Hells Gate Roadhouse (QLD)	334
Hermannsburg (NT)	334
Ilfracombe (QLD)	334
Innamincka (SA)	334
Kakadu N.P. (NT)	335

Kalgoorlie-Boulder (WA) 336	Port Augusta (SA). 349
Karumba (QLD) 337	Port Douglas (QLD) 350
Katherine (NT). 337	Port Hedland (WA) 350
Kings Canyon (NT) 338	Port Lincoln (SA) 351
Kings Creek (NT) 339	Quorn (SA). 351
Kulgera (NT). 339	Rabbit Flat Roadhouse (NT) 351
Kununurra (WA). 339	Renner Springs (NT) 352
Lakeland Downs (QLD). 340	Roper Bar (NT) 352
Larrimah (NT) 340	Ross River Homestead (NT) 352
Laura (NT) 340	Roxby Downs (SA) 352
Laverton (WA). 340	Seisia (QLD) 352
Lawn Hill N.P. (QLD) 340	Streaky Bay (SA) 352
Leonora (WA) 340	Stuart's Well (NT) 353
Longreach (QLD) 341	Tennant Creek (NT) 353
Lyndhurst (SA) 341	Theda Station (WA). 353
Madura Roadhouse (WA) 341	Tibooburra Roadhouse (NT). 353
Marble Bar (WA) 341	Tilmouth Roadhouse (NT) 354
Marla (SA) 342	Timber Creek (NT) 354
Marree (SA) 342	Tobermorey Station (NT) 354
Mataranka (NT) 342	Tumby Bay (SA). 354
McKinlay (QLD) 342	Turkey Creek (WA) 354
Meekathara (WA) 342	Undara Volcanic N.P. (QLD) 354
Mossman (QLD). 343	Urandangi (QLD) 355
Mount Augustus (WA) 343	Victoria River Roadhouse (NT) . . . 355
Mount Dare Homestead (SA) 343	Warakurna Roadhouse (WA) 355
Mount Isa (QLD)) 343	Warburton (WA). 355
Mount Surprise (QLD) 344	Wauchope (NT) 355
Mungerannie Roadhouse (SA) . . . 344	Weipa (QLD) 355
Mungo N.P. (NSW) 344	White Cliffs (NSW) 355
Newman (WA). 344	Whyalla (SA). 356
Nhulunbuy (NT). 345	William Creek (SA) 356
Normanton (QLD). 345	Wilpena (SA) 356
Norseman (WA). 345	Wiluna (WA). 357
Nullarbor Roadhouse (SA). 346	Winton (QLD) 357
Old Andado (NT) 346	Wollogorang Roadhouse (NT) . . . 357
Oodnadatta (SA) 346	Woomera (SA). 357
Palm Cove (QLD) 346	Wujal Wujal (QLD) 357
Parachilna (SA) 346	Wycliffe Well (NT). 358
Penong (SA). 346	Wyndham (WA). 358
Perth (WA). 347	Yalata Roadhouse (SA). 358
Pine Creek (NT) 348	Yulara (NT). 358
Point Samson (WA). 349	

Reiseinformationen von A bis Z

Anreise 360
   Reisedokumente 360
   Einreise- und Zollbestimmungen 360
   ... mit dem Flugzeug 361
Ärztliche Versorgung 361
Apotheken 362
Auskunft 362
Ausrüstung 363
Autofahren 364
Automobilklubs 371
Behinderte 371
Camping 372
Diplomatische Vertretungen
   von Australien 373
Diplomatische Vertretungen
   in Australien 374
Drogen 374
Elektrizität 374
Essen und Trinken 374
Feste und Feiertage 375
Veranstaltungen 375
Frauen allein im Outback 378
Geld und Banken 378
Gesundheit 378
Karten 379
Kinder 379
Lesetipps 380
Maße, Gewichte und
   Temperaturen 380
National- und Naturparks 380
Notfälle 382
Öffnungszeiten 382
Organisierte Touren 382
Post 383
Radio und Fernsehen 383
Reisezeit und -kleidung 383
Routenplanung 384
Souvenirs 385
Sperrzonen 385
Sprache 386
Telefonieren 388
Trinkgeld 388
Unterkunft 388
Wasser 389
Zeit 389
Zeitungen und Zeitschriften 389

■ Kleines Outback-Glossar . . . 390

■ Abbildungsnachweis 391

■ Register 392

Bitte schreiben Sie uns, wenn sich etwas geändert hat!
Alle in diesem Buch enthaltenen Angaben wurden vom Autor nach bestem Wissen erstellt und von ihm und dem Verlag mit größtmöglicher Sorgfalt überprüft. Gleichwohl sind – wie wir im Sinne des Produkthaftungsrechts betonen müssen – inhaltliche Fehler nicht vollständig auszuschließen. Daher erfolgen die Angaben ohne jegliche Verpflichtung oder Garantie des Verlages oder des Autors. Beide übernehmen keinerlei Verantwortung und Haftung für etwaige inhaltliche Unstimmigkeiten. Wir bitten um Verständnis und werden Korrekturhinweise gerne aufgreifen.

                        DuMont Buchverlag, Postfach 10 10 45, 50450 Köln
                                      E-Mail: reise@dumontverlag.de

Tipps und Adressen von Ort zu Ort

■ **Preiskategorien der Hotels**
sehr preiswert   bis 65 DM
günstig   bis 100 DM
moderat   bis 150 DM
teuer   bis 200 DM
sehr teuer   ab 250 DM
Für zwei Personen im Doppelzimmer ohne Frühstück, Einzelzimmer sind nur unwesentlich günstiger

■ **Preiskategorien der Restaurants**
günstig   15–25 DM
moderat   25–35 DM
teuer   ab 35 DM
Jeweils für ein dreigängiges Menü ohne Getränke

Generell kann Australien im Vergleich zu Mitteleuropa als ein preiswertes Reiseland gelten. Vor allem die Treibstoffpreise liegen erheblich unter mitteleuropäischem Niveau, selbst wenn Benzin und Diesel im Outback etwa 20 bis 30 % teurer sind als an der Küste.

Durchweg günstiger als in Mitteleuropa sind auch die Kosten für Übernachtungen, sei es in Hotels oder auf Campingplätzen. So kann man in Outback-Städten für 60 bis 70 DM und in Metropolen wie Adelaide oder Perth für 100 bis 120 DM ein akzeptables Doppelzimmer finden. Wegen der hohen Transportkosten sind Lebensmittel, vor allem Frischwaren wie Obst und Gemüse, im australischen Outback jedoch etwas teurer als in Mitteleuropa. Etwa ebenso viel wie in Mitteleuropa muss man für Dienstleistungen und für Restaurantbesuche bezahlen.

Adelaide (SA)

*Lage: vordere Umschlagkarte F3
Stadtplan S. 86*

The South Australian Travel Centre, 1 King William St., City, Tel. 08-83 03 20 33, Fax 08-83 03 22 31, E-Mail: SouthAusTour@Tourism.sa.gov.au, Website: http://www.tourism.sa.gov.sa, Mo–Fr 8.45–17, Sa, So u. feiertags 9–14 Uhr
Royal Automobile Association of SA (RAA), 41 Hindmarsh Sq., City, Tel. 08-82 02 46 00, Automobilklub, Kartenmaterial
Department of Road & Transport, Tel. 08-82 23 45 55 u. 13 00-36 10 33, Auskunft über Straßen- und Pistenzustand
Department for Environment, Heritage and Aboriginal Affairs, Information Centre, 77 Grenfell St., City, Tel. 08-82 04 19 10, Fax 08-82 04 19 19, Informationen über Nationalparks
Flinders Ranges & Outback South Australia Visitor Centre, 142 Gawler Pl., City, Tel. 18 00-63 30 60

Adelaide Travelodge, 208 South Terr., City, Tel. 08-82 23 27 44, Fax 08-82 24 05 19, zentral, aber ruhig, Restaurant und Pool, moderat bis teuer

Festival Lodge Motel, 140 North Terr., City, Tel. 08-82 12 78 77, Fax 08-82 11 81 37, zentral, mit Restaurant, günstig
Norfolk Motor Inn, 71 Broadway, Glenelg, Tel. 08-82 95 63 54, Fax 08-82 95 68 66, kleines ruhiges Motel nahe Glenelg Beach, sehr preiswert

Camping
West Beach Caravan Park, Military Rd., West Beach, Tel. 08-83 56 76 54, Fax 08-82 35 14 92, 8 km westl. der City, sehr gut ausgestattet, mit großer Auswahl an Cabins und On-Site-Vans

Boltz Café, 286 Rundle St., City, Tel. 08-82 32 52 34, australisches Spezialitätenlokal mit innovativen Gerichten, große Weinkarte, moderat
Red Ochre Grill, 129 Gouger St., City, Tel. 08-82 12 72 66, deftige Aussie-Hausmannskost bei Outback-Atmosphäre, Spezialitäten: Büffel-, Emu-, Kamel-, Känguru- und Krokodilsteaks, moderat

 Art Gallery of South Australia, North Terr., City, Tel. 08-2 07 70 00, tägl. 10–17 Uhr, Kunstmuseum
Ayers House, 288 North Terr., City, Tel. 08-82 23 12 34, Di–Fr 10–16, Sa, So, feiertags 13–16 Uhr, Museum mit Erinnerungsstücken an die Familie Ayers
Festival Centre Complex, King William Rd., City, Tel. 08-82 16 86 00, weitläufiger Kulturkomplex für die darstellenden Künste mit mehreren Bühnen
Migration Museum, 82 Kintore Ave., City, Tel. 08-82 07 75 70, Mo–Fr 10–17, Sa, So u. feiertags 13–17 Uhr, der Einwanderung gewidmetes Museum
South Australian Maritime Museum, 126 Lipson St., Port Adelaide, Tel. 08-82 40 02 00, tägl. 10–17 Uhr, ausgezeichnetes Seefahrtsmuseum
South Australian Museum, North Terr., City, Tel. 08-82 07 75 00, tägl. 10–17 Uhr, erlesene naturgeschichtliche und ethnographische Sammlungen
Tandanya Aboriginal Cultural Institute, 253 Grenfell St., City, Tel. 08-82 23 24 67, tägl. 10–17 Uhr, Zentrum für die Kultur der Ureinwohner mit Kunstausstellungen sowie Musik-, Tanz- und Theaterveranstaltungen

 Aussie Gifts, 173 Rundle St., City, Tel. 08-82 23 73 53, großes Angebot an ›typisch australischen‹ Mitbringseln
Jam Factory, 19 Morphett St., City, Tel. 08-84 10 07 27, u. 74 Gawler Pl., City, Tel. 08-82 23 68 09, gute Adressen für kunstgewerbliche Souvenirs

 Adelaide Botanic Gardens, North Terr, City, Tel. 08-82 28 23 11, Mo–Fr 8 Uhr bis zum Sonnenuntergang, Sa, So 9 Uhr bis zum Sonnenuntergang, botanischer Garten mit einem riesigen, auf Regenwaldpflanzen spezialisierten Gewächshaus
Adelaide Zoo, Hackney Rd., City, Tel. 08-82 67 32 55, tägl. 9.30–17 Uhr, Tierpark mit Nachttier- und Reptilienhaus sowie einem großen Avarium

Alice Springs (NT)

Lage: vordere Umschlagkarte E5
Stadtplan S. 141

Central Australian Tourism Industry Association, Gregory Terr., Tel. 08-89 52 58 00, Fax 08-89 53 02 95, E-Mail:vis-info@catia.asn.au, Mo–Fr 8.30–17.30, Sa, So u. feiertags 9–16 Uhr
Northern Territory Holiday Information Helpline, gebührenfreies Info-Telefon 18 00-62 13 36
Parks and Wildlife Commission of the Northern Territory, c/o Arid Zone

Research Institute, Tom Hare Bldg., South Stuart Hwy, Tel. 08-89 51 82 11, Fax 08-89 51 82 68, Informationen über Nationalparks
Central Land Council, 33 Stuart Hwy, P.O. Box 3321, Alice Springs, NT 0871, Tel. 08-89 51 63 20, Fax 08-89 53 43 45, *permits* für die Durchquerung von Aborigine-Land
Western Australia Land Council (Ngaanyatjarra Council), P.O. Box 644, Alice Springs, NT 0871, Tel. 08-89 50 17 11, Fax 08-89 53 18 92, *permits* für die Durchquerung von Aborigine-Land auf dem Gunbarrel Highway
Automobile Association of the Northern Territory, 58 Sargent St., Tel. 08-89 52 10 87, Automobilklub
Central Australian Road Information, Tel. 08-89 51 18 88, Informationen über Outback-Pisten und deren Zustand

 Alice Springs Vista Hotel, 46 Stephens Rd., Tel. 08-89 52 61 00, Fax 08-89 52 19 88, elegantes Hotel mit komfortablen Zimmern, Restaurant und Pool, moderat
The Territory Inn, 11 Leichhardt Terr., Tel. 08-89 50 66 66, Fax 08-89 52 78 29, zentral, Motel der gehobenen Mittelklasse, Restaurant und Pool, moderat
Desert Rose Inn, 15 Railway Terr., Tel. 08-89 52 14 11, Fax 08-89 52 32 32, ordentliches Touristenmotel mit Restaurant und Pool, günstig bis moderat
Elkira Motel, 65 Bath St., Tel. 09-89 52 12 22, Fax 08-89 53 13 70, zentral, Restaurant und Pool, günstig bis moderat
Heavitree Gap Outback Resort, Palm Circuit, Tel. 08-89 50 44 44, Fax 08-89 52 93 94, outback-typische Ferienanlage 3 km südl. der City mit Restaurant, Pool und Campingplatz, wo sich regelmäßig handzahme Felsen-Wallabies einfinden, günstig

The Swagmans Rest Motel, 67–69 Gap Rd., Tel. 08-89 53 13 33, Fax 08-89 53 04 04, familienfreundliche, geräumige Apartments, mit Pool, günstig
Toddy's, 41 Gap Rd., Tel. 08-89 52 13 22, Fax 08-89 52 17 67, bei jungen Leuten beliebte Unterkunft mit Einzel- und Doppelzimmern sowie Schlafsälen, mit Pool, sehr preiswert

Camping
Stuart Range Caravan Park, Larapinta Dr., Tel. 08-89 52 25 47, Fax 08-89 52 52 36, 2 km westl. der City, sehr gut ausgestattet, mit Pool und großer Auswahl an Cabins
Wintersun Caravan Park, North Stuart Hwy, Tel. 08-89 52 40 80, Fax 08-89 52 45 88, 3 km nördl. der City, gute Ausstattung, mit Pool und On-Site-Vans

 Red Ochre Grill, Todd Mall, Tel. 08-89 52 96 14, australisches Spezialitätenlokal mit innovativen Gerichten, moderat
Bojangles, 80 Todd St., Tel. 08-89 52 28 73, deftige Kost und viel Outback-Flair, Spezialitäten: Büffel-, Emu-, Kamel-, Känguru- und Krokodilsteaks, tägl. Live-Musik, günstig bis moderat
Keller's Swiss & Indian Restaurant, Shop 1, Diplomat Motor Inn, Gregory Terr., Tel. 08-89 52 31 88, kreative Küche ›east meets west‹, günstig bis moderat

Adelaide House, Todd Mall, Tel. 08-89 52 18 56, Mo–Fr 10–16, Sa 10–12 Uhr, historisches Krankenhaus mit einer Ausstellung über den Royal Flying Doctor Service
Alice Springs Telegraph Station Historical Reserve, North Stuart Hwy, Tel. 08-89 51 82 11, Nov.–März tägl. 8–21, April–Okt. tägl. 8–19 Uhr, historischer Gebäudekomplex, Keimzelle des heutigen Alice Springs

Araluen Arts Centre, Larapinta Dr., tägl. 10–17 Uhr, Tel. 08-89 52 50 22, Mehrzweckzentrum für Kunst und Kultur
Central Australian Aviation Museum, Larapinta Dr., Tel. 08-89 52 50 22, tägl. 9–17 Uhr, Luftfahrtmuseum
Château Hornsby Winery, 126 Petrick Rd., Tel. 08-89 55 51 33, Mo–Sa 9–17, So 9–21 Uhr, Weingut
Ghan Preservation Society, 93 Norris Bell Ave., Tel. 08-89 55 50 47, März bis Okt. tägl. 9–17, Nov.–Feb. tägl. 9 bis 13 Uhr, Zugfahrten mehrmals wöchentlich 10 Uhr, Eisenbahnmuseum
Museum of Central Australia, Larapinta Dr./Memorial Ave., Tel. 08-89 51 55 32, tägl. 9–17 Uhr, reich bestücktes naturhistorisches Museum
National Pioneer Women's Hall of Fame, Old Court House, 27 Hartley St., Tel. 08-89 52 90 06, tägl. 10–14 Uhr, Ruhmeshalle der weiblichen Outback-Pioniere
Old Hartley Street School, 37–43 Hartley St., Tel. 08-89 52 45 16, Mo–Fr 10–14.30 Uhr, ältestes Schulgebäude in Alice Springs, heute Sitz des Amtes für Denkmalpflege
Old Stuart Gaol, 8 Parsons St., Tel. 08-89 52 45 16, Mo–Fr 10–12.30 Uhr, historisches Gefängnis
Old Timers Folk Museum, South Stuart Hwy, Tel. 08-89 52 28 44, März–Okt. tägl. 14–16 Uhr, Museum für Heimatkunde und Regionalgeschichte
Panorama Guth, 65 Hartley St., Tel. 08-89 52 20 13, Mo–Sa 9–17, So 14–17 Uhr, Monumentalgemälde
Pitchi Richi Sanctuary, Palm Circuit, Tel. 08-89 52 19 31, tägl. 9–14 Uhr, Zentrum für die Kultur der Ureinwohner sowie Skulpturengarten mit Aborigine-Motiven
Road Transportation Hall of Fame, 95 Norris Bell Ave., Tel. 08-89 52 71 61, tägl. 9–17 Uhr, Oldtimer-Kollektion

Royal Flying Doctor Service, Stuart Terr., Tel. 08-89 52 11 29, Mo–Sa 9–16, So u. feiertags 13–16 Uhr, Hauptquartier des regionalen Luftrettungsdienstes
School of the Air Visitor Centre, 80 Head St., Tel. 08-89 51 68 34, Mo–Sa 8.30–16.30, So 13.30–16.30 Uhr, Fernunterricht über Funk
Strehlow Research Centre, Larapinta Dr., Tel. 08-89 51 80 00, tägl. 10–17 Uhr, Museum zur Kultur der zentralaustralischen Ureinwohner, gewidmet dem deutschstämmigen Völkerkundler Theodore Strehlow, der mehr als 45 Jahre lang die Sitten und Gebräuche der Aranda-Aborigines erforschte
The Residency, Parsons/Hartley Sts, Tel. 08-89 52 50 22, Mo–Fr 9–16, Sa, So u. feiertags 10–16 Uhr, ehemaliger Sitz des Gouverneurs, heute Museum zur Regionalgeschichte

 Alice Springs Disposals, Todd Mall, Tel. 08-89 52 57 01, Buschhüte, Safari-Shorts, Lederstiefel – hier gibt's alles, was ein Crocodile Dundee braucht
Papunya Tula Artists, 78 Todd St., Tel. 08-89 52 47 31, Gemälde namhafter Aborigine-Künstler sowie hochwertiges Kunsthandwerk der Ureinwohner, im Besitz von Aborigines
The Big Opal, 75 Todd Mall, Tel. 08-89 52 44 44, Opale und Opalschmuck sowie Videos zum Thema Opale
The Original Dreamtime Gallery, 63 Todd Mall, Tel. 08-89 52 88 61, Gemälde und Kunsthandwerk der Aborigines
Todd Mall Markets, Todd Mall, Tel. 08-89 52 92 99, Markt in der Fußgängerzone, jeden zweiten So 9–18 Uhr

 Sounds of Starlight Theatre, 40 Todd Mall, Tel. 08-89 53 08 26, Di–Sa 19 Uhr, audiovisuelle Effekte zu Didgeridoo-Klängen

Scotty's Tavern, Todd Mall, Tel. 08-89 522257, urige Kneipe mit viel Outback-Atmosphäre, üppige und preiswerte *counter meals,* Di, Do, Fr, Sa Live-Musik
Lasseters Casino, 93 Barrett Dr., Tel. 08-8950 7777, So–Do 10–3 Uhr, Fr u. Sa 10–4 Uhr, Spielkasino, in dem angemessene Kleidung erwünscht ist

Aboriginal Art & Culture Centre, 86–88 Todd St., Tel. 08-89523408, Aboriginal Cultural Tours in der Umgebung von Alice Springs mit Tanzvorführungen, im Besitz von Aborigines
Alice Springs Desert Park, Larapinta Dr., Tel. 08-89518788, tägl. 7.30–18 Uhr, auf die zentral-australische Flora und Fauna spezialisierter Park
Arid Australian Reptile Park, Ross Hwy, Tel. 08-89530444, tägl. 9–17 Uhr, umfangreiche Reptiliensammlung auf dem Gelände der Frontier Camel Farm
Frontier Camel Farm, Ross Hwy, Tel. 08-89530444, Fax 08-89555015, tägl. 9–17 Uhr, Führungen tägl. 10.30 Uhr sowie April–Okt. zusätzlich tägl. 14 Uhr, unterschiedlich lange Kameltouren, Kamelfarm
Mecca Date Gardens, Palm Circuit, Tel. 08-89522425, Mo–Fr 9–17, Sa 9–13 Uhr, Dattelpalmenplantage
Olive Pink Botanic Garden, Tel. 08-89522154, tägl. 10–18 Uhr, auf Gewächse der Trockenzone spezialisierter botanischer Garten
Outback Mail Flights, Ngurratjuta Aboriginal Air Services, Alice Springs Airport, Tel. 08-89535000, Fax 08-89535060, mit dem fliegenden Postboten ins Outback
Spinifex Ballooning, Tel. 1800-677893, Ballonfahrten in der Morgendämmerung mit anschließendem Sektfrühstück

The Aboriginal Dreamtime & Bushtucker Tour (Rod Steinert Tours) c/o Winjeel Tours, 76 Todd St., Tel. 08-89530870, Fax 08-89532322, tägl. 8 Uhr, Tour, die einen guten Einblick in Leben und Kultur der Ureinwohner gibt
The Alice Wanderer, Tel. 08-89522111, tägl. ab 9 Uhr, Abfahrt Todd Mall/Gregory Terr., Touristenbus, der im 70-Minuten-Rhythmus zu allen Sehenswürdigkeiten fährt
Winjeel Tours, 76 Todd St., Tel. 08-89530870, Fax 08-89532327 von Aborigines geführte Ausflüge in die Umgebung von Alice Springs, deutschsprachiges Management

Andamooka (SA)

Lage: vordere Umschlagkarte F4 (bei Woomera)

Andamooka Opal Motel Hotel, Main Rd., Tel. 08-86727078, Pub-Hotel mit viel Outback-Flair, sehr günstig
Dukes Bottlehouse, 275 Opal Creek Blvd., Tel. 08-86727007, Fax 08-86727062, einfache Unterkunft in einem zum Teil aus leeren Bierflaschen erbauten Haus, sehr günstig

Camping
Andamooka Caravan Park, Tel. 08-86727117, einfach

Arkaroola (SA)

Lage: vordere Umschlagkarte F4 (bei Marree)

Arkaroola Wilderness Sanctuary Resort, Tel. 08-86484848, weitläufige Ferienanlage mit Pool in herrlicher Berglandschaft, Motel und Caravan Park, Buchung: Arkaroola Travel Centre, Tel. 18 00-67 60 42, Fax 08-84 31 79 11, moderat

 Ridgetop Tour, Tel. 08-86 48 48 48, abenteuerliche Geländewagen-Tour von Arkaroola in die wilde Bergwelt des Mount Painter

Arltunga (NT)

Lage: vordere Umschlagkarte E5 (bei Alice Springs)

 Ranger Station Ruby Gap Nature Park, c/o Visitor Centre Arltunga Historical Reserve, Tel. 08-89 56 97 70, tägl. 8–17 Uhr, Informationen über die Befahrbarkeit der Piste zur Ruby Gap, Ab- und Rückmeldung

 Arltunga Tourist Park, Tel. 08-89 56 97 97, Fax 08-89 56 96 61, rustikale Bush Cabins und einfacher Campingplatz, günstig

 Arltunga Bush Hotel, Tel. 08-89 56 97 97, Outback-Pub mit preiswerten *counter meals*, günstig

 Arltunga Historical Reserve Visitor Centre, Tel. 08-89 56 97 70, tägl. 9–17 Uhr, Geschichte der historischen Goldgräbersiedlung

Auski Tourist Village (WA)

Lage: vordere Umschlagkarte B6 (bei Wittenoom)

 Auski Tourist Village, Great Northern Hwy, Munjina, Tel. 08-91 76 69 88, Fax 08-91 76 69 73, 42 km

östl. von Wittenoom, Motel mit gemütlichen, klimatisierten Zimmern sowie Caravan Park, Restaurant, Tankstelle, günstig

 Helicopter Scenic Flights, Tel. 08-91 76 69 79, Hubschrauberflüge über die Schluchten des Karijini National Park

Balcanoona (SA)

Lage: vordere Umschlagkarte F4 (bei Marree)

 National Parks & Wildlife Service, Tel. 08-86 48 48 29, Informationen über den Flinders Ranges National Park und Gammon Ranges National Park, Auskunft über den Pistenzustand

Balladonia Roadhouse (WA)

Lage: vordere Umschlagkarte C3 (bei Norseman)

 Balladonia Motel Hotel, Eyre Hwy, Tel. 08-90 39 34 53, klimatisierte Zimmer, Restaurant, Bar und Pool angeschlossener Caravan Park, günstig

Bamaga (QLD)

Lage: vordere Umschlagkarte G8 (bei Cape York)

 Bamaga Police Station, Tel. 07-40 69 31 56, Auskunft über den Pistenzustand

 Su-Rose Motel, Tel. 07-40 69 33 28, freundliche Zimmer mit Klima-Anlage, günstig

Camping
Loyality Beach Campground, 3 km nordwestl. von Bamaga, gut ausgestattet, schöne Lage am Strand

Barcaldine (QLD)

Lage: vordere Umschlagkarte G/H5 (bei Blackall)

 Tourist Information Centre, Oak St., Tel. 07-46 51 17 24

 Landsborough Lodge Motel, Landsborough Hwy, Tel. 07-46 51 11 00, Fax 07-46 51 17 44, geräumige Zimmer mit Klima-Anlage, mit Restaurant und Pool, günstig

Camping
Homestead Caravan Park, Matilda Hwy, Tel. u. Fax 07-46 51 13 08, gut ausgestattet, mit Cabins und On-Site-Vans

 Australian Workers Heritage Centre, 34 Ash St., Tel. 07-46 51 24 22, Mo–Sa 9–17, So 10–17 Uhr, Museum für Regional- und Sozialgeschichte
Mad Mick's Funny Farm, 84 Pine St., Tel. 07-46 51 11 72, tägl. 9–17 Uhr, Farm mit Erinnerungsstücken an Pioniertage

Barrow Creek (NT)

Lage: vordere Umschlagkarte E6 (bei Alice Springs)

 Barrow Creek Hotel, Stuart Hwy, Tel. 08-89 56 97 53, Fax 08-89 56 98 45, einfaches Outback-Motel mit klimatisierten Zimmern und Caravan Park, mit Busch-Pub, sehr preiswert

Batchelor (NT)

Lage: vordere Umschlagkarte E8 (bei Darwin)

 Rum Jungle Motor Inn, Tel. 08-89 76 01 23, Tel. 08-89 76 02 30, modernes Motel mit Restaurant und Pool, günstig bis moderat

Camping
Batchelor Caravillage, Rum Jungle Rd., Tel. 08-89 76 01 66, Fax 08-89 76 01 18, sehr gut ausgestattet mit motelähnlichen Unterkünften

 Batchelor Butterfly Farm, Meneling Rd., Tel. 08-89 76 01 99, tägl. 9.30–16.45 Uhr, Schmetterlingspark

Birdsville (QLD)

Lage: vordere Umschlagkarte F5

 Birdsville Police Station, Tel. 07-46 56 32 20, Informationen über den Pistenzustand, Ab- und Rückmeldung vor oder nach der Durchquerung der Simpson Desert
Queensland Parks & Wildlife Service, Billabong Blvd./Jardine St., Tel. 07-46 56 32 72, Fax 07-46 56 32 73, Informationen über den Simpson Desert National Park

 Birdsville Hotel/Motel, Tel. 07-46 56 32 44, Fax 07-46 56 32 62, Outback-Kneipe mit einfachem Motel, Zimmer für die Birdsville Races müssen Jahre im Voraus gebucht werden, günstig

Camping
Birdsville Caravan Park, Tel. 07-46 56 32 14, Fax 07-46 56 32 05, weitläufi-

ger, gut ausgestatteter Campingplatz am Diamantina River mit motelähnlichen Unterkünften

 Birdsville Working Museum, Tel. 07-46 56 32 59, tägl. 8–18 Uhr, Touren tägl. 9, 11, 13, 15, 17 Uhr, etwas verstaubtes ›Industriemuseum‹

Blackall (QLD)

Lage: vordere Umschlagkarte H5

 Tourist Information Centre, Short St., Tel. 07-46 57 46 37

 Acacia Motor Inn, Shamrock/Short Sts, Tel. 07-46 57 60 22, Fax 07-46 57 60 77, komfortable Zimmer mit Klima-Anlage, Restaurant und Pool, günstig bis moderat
Coolibah Motel, Matilda Hwy, Tel. 07-46 57 43 80, einfach, mit Salzwasserpool, sehr preiswert

Camping
Blackall Caravan Park, Tel. 07-46 57 48 16, Fax 07-46 57 43 27, gut ausgestattet, mit On-Site-Vans und Cabins

 Historical Woolscour, Short St., Tel. 07-46 57 46 37, tägl. 8 bis 16 Uhr, alter Schafscherschuppen und Schafwoll-Waschanlage

Blinman (SA)

Lage: vordere Umschlagkarte F4 (bei Marree)

 Angorichina Tourist Village, Tel. 08-86 48 48 48 42, 17 km westl., Ferienpark mit Holzhütten sowie Stellplätzen für Wohnmobile und Zelte, günstig bis moderat

Border Village (WA)

Lage: vordere Umschlagkarte D4 (bei Eucla)

 WA/SA Border Village Motel, Eyre Hwy, Tel. 08-90 39 34 74, Highway-Motel mit klimatisierten Zimmern und Restaurant sowie angeschlossenem Caravan Park, günstig

Borroloola (NT)

Lage: vordere Umschlagkarte F7

 Borroloola Community Government Council, Robinson Rd./Broad St., Tel. 08-89 75 87 73

 Borraloola Inn, Robinson Rd Tel. 08-89 75 87 66, Fax 08-89 75 87 73, mit klimatisierten Zimmern und Pool, sehr preiswert

Camping
McArthur River Caravan Park, Robinson Rd., Tel. 08-89 75 87 34, Fax 08-89 75 87 12, gut ausgestattet, mit Cabins

 Borroloola Old Police Station, Robinson Rd., Tel. 08-89 75 87 42, Mo–Fr 10–17 Uhr, Kolonialgebäude aus dem Jahre 1886 mit Museum für Regionalgeschichte

 Borroloola Estuary Fishing Tours, Tel. u. Fax 08-89 75 87 16, Barramundi angeln im Mündungsdelta des McArthur River
Borroloola Gulf Country Scenic Flights, c/o Shawflight Aviation, Borro-

loola Airport, Tel. 08-89 75 86 88, Rundflüge über die Golfküste

Boulia (QLD)

Lage: vordere Umschlagkarte F6

 Boulia Tourist Information Office, Herbert St., Tel. 07-47 46 33 86
Boulia Police Station, Tel. 07-47 46 31 20, Informationen über die Befahrbarkeit des Birdsville Track und anderer Pisten im Channel Country

 Boulia Desert Sands Motel, Herbert/Burke Sts, Tel. u. Fax 07-47 46 31 44, gemütliche Zimmer mit Klima-Anlage, günstig

Camping
Boulia Caravan Park, Tel. 07-47 46 31 31, Fax 07-47 46 33 92

 Stone Cottage, Burke St., tägl. 10–17 Uhr, Museum für Regionalgeschichte

Broken Hill (NSW)

Lage: vordere Umschlagkarte G4

 Broken Hill Tourist and Travellers Centre, Blende/Bromide Sts, Tel. 08-80 87 60 77, Fax 08-80 88 52 09, E-Mail: tourist@pcpro.-net.au, Website: www.murrayoutback.org.au, tägl. 8.30–17 Uhr, hier auch Buchung der Underground Mining Tours sowie Tickets für die School of the Air
National Parks & Wildlife Service, 183 Argent St., Tel. 08-80 88 59 33, Fax 08-80 88 44 48, Informationen über den Mootwingee National Park und den Kinchega National Park
Roads Information, Tel. 08-80 87 06 60 u. Tel. 08-80 91 51 55, Auskunft über den Straßenzustand

 The Imperial, 88 Oxide St., Tel. 08-80 87 74 44, Fax 08-80 87 72 34, stilvoll nächtigen in einem kolonialen Gemäuer, moderat
Hilltop Motor Inn, 271 Kaolin St., Tel. 08-80 88 29 99, Fax 08-80 88 46 04, mit Restaurant und Pool, günstig
Daydream Motel, 77 Argent St., Tel. 08-80 88 30 33, Fax 08-80 88 58 73, mit Restaurant und Pool, sehr preiswert bis günstig
Old Vic Guesthouse, 230 Oxide St., Tel. 08-80 87 11 69, gemütliche Bed & Breakfast-Pension in einem viktorianischen Kolonialgebäude, sehr preiswert
Sturt Motel, 153 Rakow St., Tel. 08-80 87 35 58, Fax 08-80 87 38 72, mit Pool, sehr preiswert

Camping
Broken Hill Caravan Park, Rakow St. (Adelaide Rd.), Tel. 08-80 87 38 41, gut ausgestattet, mit Cabins und On-Site-Vans

Pussycat, 425 Argent St., Tel. 08-80 87 43 54, deftige Aussie-Hausmannskost, günstig

 Absalom's Gallery, 638 Chapple St., Tel. 08-80 87 58 81, tägl. 10–17 Uhr, Gemäldegalerie
Ant Hill Gallery, 24 Bromide St., Tel. 08-80 87 24 41, Mo–Sa 9–17, So 13.30–17 Uhr, Gemäldegalerie
Broken Hill City Art Gallery, Civic Centre, Chloride/Blende Sts, Tel. 08-80 88 54 91, Mo–Fr 10–17, Sa, So 13 bis 17 Uhr, Galerie mit Werken der Brushmen of the Bush

Eric McCormick Gallery, 367 McCulloch St., Tel. 08-80 87 84 00, Mo–Fr 14 bis 17, Sa, So 10–18 Uhr, Gemäldegalerie

Geo Centre, Bromide/Crystal Sts, Tel. 08-80 87 65 38, Mo–Fr 10–17, Sa, So 13–17 Uhr, interaktives Museum für Geologie und Bergbau

Minchin Gallery, 105 Morgan St., tägl. 9–17 Uhr, Tel. 08-80 87 58 53, Gemäldegalerie

Pro Hart Gallery, 108 Wyman St., Tel. 08-80 87 24 41, Mo–Sa 9–17, So 13.30–17 Uhr, Gemäldegalerie

Railway, Mineral and Train Museum, 48 Sulphide St., tägl. 10–15 Uhr, Museum für Regionalgeschichte

Royal Flying Doctor Service, Broken Hill Airport, Tel. 08-80 80 17 77, Mo–Fr 9 bis 12, 15–17, Sa, So 9–12 Uhr

School of the Air, Lane/McCulloch Sts, Fernunterricht über Funk, Unterrichtsbeginn Mo–Fr 8.30 Uhr, außer während der Schulferien, Anmeldung beim Fremdenverkehrsamt

Silverton Gaol Museum, Silverton, Tel. 08-80 88 53 17, tägl. 9.30–16.30 Uhr, kleines Museum für Regionalgeschichte

Sculpture Park, außergewöhnliche Ausstellung großer Sandsteinskulpturen unter freiem Himmel, 5 km nördl.

White's Mineral Art Gallery and Mining Museum, 1 Allendale St., Tel. 08-80 87 28 78, tägl. 9–18 Uhr, Museum für Bergbaugeschichte

 Silver City Minerals, 687 Williams St., Tel. 08-80 88 28 79, große Mineralienbörse

Silver City Mint & Art Centre, 66 Chloride St., Tel. 08-80 88 61 66, Silberschmuck und Mineralien

 Bush Mail Run, Crittenden Air, Broken Hill Airport, P.O. Box 346, Broken Hill, NSW 2880, Tel. 08-80 88 57 02, zweimal wöchentl. mit dem fliegenden Postboten durchs Outback

Daydream Mine Underground Tours, Tel. 08-80 88 56 82, mehrmals tägl. 10–15 Uhr, Untertagetouren in einem stillgelegten Bergwerk, 33 km nordwestl. der Stadt, Buchung beim Fremdenverkehrsamt

Delprats Mine Underground Mining Tours, Tel. 08-80 88 16 04, Mo–Fr 10.30, Sa 14 Uhr, Untertagetouren in einem stillgelegten Bergwerk, Buchung beim Fremdenverkehrsamt

Silverton Camel Farm, P.O. Box 751, Broken Hill, NSW 2880, Tel. 08-80 88 53 16, Kameltouren vom 15-minütigen Ausritt bis zur dreitägigen Safari

South Mine Surface Tours, 260 Eyre St., Tel. 08-80 88 60 00, zweistündige Tour tägl. 10, 14 Uhr, vierstündige Tour tägl. 9 Uhr, Besichtigung der Tagebau-Anlagen

Broome (WA)

Lage: vordere Umschlagkarte C7

Broome Tourist Bureau, Broome Hwy/Bagot Rd., Tel. 08-91 92 22 22, Fax 08-91 92 20 63, Mo–Fr 8–17, Sa u. So 9–16 Uhr, E-Mail: tourism @broome.wt.com.au, Website: http://www.ebroome.com.tourism

Cable Beach Inter-Continental Resort, Cable Beach Rd., Tel. 08-91 92 04 00, Fax 08-91 92 22 49, luxuriöses Bungalowhotel im süd-pazifischen Stil inmitten eines herrlichen Tropengartens, mit Restaurant, Pool und vielfältigen Sportmöglichkeiten, sehr teuer

Ocean Lodge, Cable Beach Rd., Tel. 08-91 93 77 00, Fax 08-91 93 74 96, ruhig, mit Pool, günstig bis moderat

Roebuck Bay Hotel, Carnarvon St., Tel. 08-9192 12 21, Fax 08-9192 23 90, historisches Haus mit tropischem Charme, mit Restaurant und Pool, günstig
Broometime Lodge, 59 Forrest St., Tel. 08-9193 50 67, Fax 08-9193 67 64, beliebt bei jungen Leuten, mit Pool und Tropengarten, sehr preiswert

Camping
Cable Beach Caravan Park, Millington Rd., Tel. 08-9192 20 66, Fax 08-9192 19 97, strandnah, sehr gute Ausstattung

 Murray's Seafood and Asian Restaurant, 56 Dampier Terr., Tel. 08-9192 20 49, Fischspezialitäten, chinesische und indonesische Gerichte, moderat

 Broome Historical Society Museum, Old Customs House, Saville St., Tel. 08-9192 20 75, Mo–Fr 10–16, Sa u. So 10–13 Uhr, Museum zur Regionalgeschichte
Pearl Luggers, 44 Dampier Terr., Tel. 08-9192 20 59, Führungen tägl. 9.30, 11, 13, 15 Uhr, Freilichtmuseum zur Geschichte der Perlenfischerei

 Broome Pearls Showroom, 38 Dampier Terr., Tel. 08-9192 20 61, Perlenschmuck und Videos über die Perlenzucht

 Sun Pictures, Chinatown, Tel. 08-9192 10 77, ältestes Freilichtkino der Welt mit aktuellen Filmen

 Broome Aviation, Broome Airport, Tel. 08-9192 13 69, Fax 08-9192 24 76, Rundflüge über das westliche Kimberley-Plateau und den Buccaneer-Archipel

Broome Crocodile Park, Cable Beach Rd., Tel. 08-9192 14 89, April–Okt. Mo bis Sa 10–17, So 14–17 Uhr, Fütterung Mi–So 15 Uhr, Krokodilfarm
Koongkoora Bush Walks, Tel. 08-9193 53 62, Einführung in die Flora und Fauna der Region bei einer dreistündigen Wanderung
Red Sun Camel Safaris, Tel. 08-9193 74 23, Fax 08-9192 21 85, tägl. beim Sonnenuntergang Kamelritte am Cable Beach
Seair Broome, Tel. 08-9192 62 08, Fax 08-9192 61 85, mit dem Wasserflugzeug zu den Horizontal Falls in der Talbot Bay
Willie Creek Pearl Farm Tours, Tel. 08-9193 60 00, Besichtigung der Willie Creek-Zuchtperlenfarm

Burketown (QLD)

Lage: vordere Umschlagkarte F7

 Burke Shire Council, Musgrave St., Tel. 07-47 45 51 00

 Escott Lodge, Tel. 07-47 48 55 77, Fax 07-47 48 55 51, 18 km westl. von Burketown, Gästezimmer und weitläufiger Campingplatz auf einer *cattle station,* mit Restaurant, Bar und Pool, Flüge zur Sweers Island im Gulf of Carpentaria, günstig
Burketown Pub (Albert Hotel), Beames/Mulgrave Sts, Tel. 07-47 45 51 04, Fax 07-47 45 51 46, einfache, klimatisierte Zimmer im ältesten Gebäude der Golfregion, mit Buschkneipe, sehr preiswert
Savannah Lodge, Beames/Bowen Sts, Tel. 07-47 45 51 77, Fax 07-47 45 52 11, Motelzimmer in klimatisierten Wohncontainern, sehr preiswert

**Camping
Burketown Caravan Park,** Sloman St., Tel. 07-47 45 51 18, gut ausgestattet, mit klimatisierten Cabins

 Burketown Marine Charters, Tel. 07-47 45 52 66, Fax 07-47 45 52 52, Bootstouren auf dem Albert River zum Angeln und zur Krokodilbeobachtung

Cadney Homestead (SA)

Lage: vordere Umschlagkarte E5 (bei Alice Springs)

 Cadney Homestead Hotel & Motel, Stuart Hwy, Tel. 08-8670 79 94, Fax 08-8670 79 34, Motel mit Restaurant, Pool und angeschlossenem Caravan Park, günstig

Cairns (QLD)

Lage: vordere Umschlagkarte H7 Stadtplan S. 278

 Visitor Information Centre, Fogarty Rd./The Esplanade, Tel. 07-4051 35 88, Fax 07-4051 01 27, tägl. 9.30–17.30 Uhr
Destination Cairns Marketing, 36 Aplin St., Tel. 07-4051 40 66, Fax 07-4052 12 29, tägl. 9–18 Uhr, E-Mail: dcm@destinationcairns.com.au, Informationen und Buchungen für Hotels und Touren
National Parks & Wildlife Service, 10–12 McLeod St., Tel. 07-4052 30 96
Royal Automobile Club of Queensland, 112 Sheridan St., Tel. 07-4051 67 11, Automobilklub, Informationen über Fahrten zur Cape York Peninsula

 Bay Village Tropical Retreat, Lake/Gatton Sts, Tel. 07-4051 46 22, Fax 07-4051 40 57, elegantes Hotel mit Bambusmobiliar, Restaurant und Pool, teuer bis sehr teuer
All Seasons Sunshine Tower, 136 Sheridan St., Tel. 07-4051 52 88, Fax 07-4031 24 83, komfortables Stadthotel mit Restaurant und Pool, moderat
Coral Tree Inn, 166 Grafton St., Tel. 07-4031 37 44, Fax 07-4031 30 64, zentral, aber ruhig, mit Restaurant und Pool, günstig bis moderat
Abbey Bed & Breakfast, 396 Draper St., Tel. u. Fax 07-4051 73 52, freundliche Familienpension am Rande der City, moderat
Inn the Tropics, 141 Sheridan St., Tel. 07-4031 10 88, Fax 07-4051 71 10, Guesthouse mit Pool, beliebt bei jungen Leuten, sehr preiswert

**Camping
Cairns Coconut Caravan Resort,** Bruce Hwy South, Tel. 07-4054 66 44, Fax 07-4054 75 91, sehr gut ausgestattet, mit Pool und Cabins
Crystal Cascades Holiday Park, Intake Rd., Redlynch, Tel. 07-4039 10 36, Fax 07-4039 16 11, 10 km nordwestl. der City, schön gelegen und gut ausgestattet, mit Pool und komfortablen Cabins

Charlie's on the Esplanade, The Esplanade, Tel. 07-4051 50 11, hervorragende Fischgerichte und fangfrisches Seafood, moderat
Dundee's, 29 Spence St., Tel. 07-4051 0 399, moderne, australische Küche, vor allem Steaks und Seafood, moderat
Limmy, 80 Sheridan St., Tel. 07-4041 79 39, malaysische und indonesische Spezialitäten, moderat
Nightmarkets & Foodcourt, The Esplanade, tägl. 16.30–23 Uhr, Imbissstände mit kleinen Gerichten, günstig

Australian Woolshed, Captain Cook Hwy, Smithfield, Tel. 07-4038 11 33, tägl. 8–17, Schurvorführung tägl. 9, 10.30, 12.30, 14, 15.30 Uhr, 15 km nördl. von Cairns, Agrarmuseum zum Thema Wolle
Cairns Historical Museum, City Place, Tel. 07-4051 55 82, Mo–Sa 10 bis 15 Uhr, Heimatmuseum
Royal Flying Doctor Service, 1 Junction St., Edgehill, Tel. 07-4053 56 87, tägl. 9–16.30 Uhr, Bodenstation und Besucherzentrum des lokalen Luftrettungsdienstes
School of the Air, Hoare St., Tel. 07-4051 01 55, Fernunterricht über Funk, Mo–Fr 9–16.30 Uhr, außer während der Schulferien
Tjapukai Aboriginal Cultural Park, Captain Cook Hwy, Smithfield, Tel. 07-4042 99 99, tägl. 9–17 Uhr, 15 km von Cairns, Kulturzentrum der Ureinwohner mit regelmäßigen Tanzvorführungen
Undersea World Aquarium, The Pier Marketplace, Marlin Marina, Tel. 07-4041 17 77, tägl. 8–20 Uhr, Handfütterung der Haie, tägl. 10.30, 12, 13.30, 15 Uhr, Aquarien mit lebenden Korallen und farbenprächtigen Fischen

 The Original Dreamtime Art Gallery, Orchid Plaza, Abbott St., Tel. 07-4051 32 22, Holzschnitzereien, Didgeridoos und anderes Kunsthandwerk der Aborigines
The Pier Marketplace, Marlin Marina, tägl. 9–21 Uhr, Einkaufszentrum mit Boutiquen, Souvenirläden u. a., am Wochenende (Floh-)Markt

 Big Cat Cruises, The Pier Marketplace, Marlin Marina, Tel. 07-4051 04 44, Tagesausflüge zur Green Island Cairns Crocodile Farm, Redbank Rd., via Gordonvale, Tel. 07-4056 30 95, tägl. 9–17 Uhr, Krokodilfarm mit über 7000 Riesenechsen
Croc Cat Tours, The Pier Marketplace, Marlin Marina, Tel. 07-4041 09 77, Mo, Mi, Sa 18 Uhr, nächtlicher Ausflug zu den Everglades des Trinity Inlet mit Krokodilbeobachtung
Diversion Dive Travel, Tel. 07-4039 02 00, Fax 07-4039 03 00, Tauchreisen unter deutscher Leitung
Great Adventure Cruises, Wharf St., Tel. 07-4051 04 55, Tagesausflüge zur Green Island, Fitzroy Island, Michaelmas Cay und zum Outer Reef
Jayrow, Cairns Airport, Tel. 07-4031 42 14, Helikopterflüge zum Outer Reef
Kuranda Scenic Railway, Queensland Rail Travel Centre, McLeod St., Tel. 07-4052 62 67, nostalgische Eisenbahnfahrt nach Kuranda
Mail Run, Cape York Air Services, Cairns Airport, Tel. 07-4035 93 99, Fax 07-4035 91 08, Postflug zu Siedlungen auf der Cape York-Halbinsel
Skyrail Rainforest Cableway, Smithfield, Tel. 07-4038 15 55, in einer Seilbahn hoch über dem Regenwald nach Kuranda im Atherton Tableland
»S.S. Louisa« Everglades Cruises, The Pier Marketplace, Marlin Marina, Tel. 07-4054 11 45, tägl. 10 u. 13 Uhr, Fahrt mit einem Raddampfer zu den Everglades mit Krokodilbeobachtung
Wait-a-while, Tel. 07-4033 11 53, Fax 07-4033 59 99, Mo, Mi, Do 14 Uhr, Regenwaldwanderungen in kleinen Gruppen

 Airport Shuttlebus, Tel. 07-4031 35 55, Flughafenbus
Cairns Explorer, Tel. 07-4033 52 44, tägl. 9–16 Uhr im 60-Minuten-Takt, Touristenbus auf einer 42 km langen Route, Start beim Hides Hotel, City Place, Shields/Lake Sts

Cape Tribulation N.P. (QLD)

Lage: vordere Umschlagkarte H7

Coconut Beach Rainforest Resort, Cape Tribulation Rd., Coconut Beach, Tel. 07-4098 0033, Fax 07-4098 0047, Postanschrift: P.O. Box 334, Edge Hill, QLD 4870, 30 km nördl. der Daintree River-Fähre, unter Beachtung ökologischer Richtlinien erbaute Luxus-Lodge in herrlicher Lage, komfortable Zimmer, großzügige Bungalows, schöner Pool, Restaurant, sehr teuer
Daintree-Cape Tribulation Heritage Lodge, Cape Tribulation Rd., Thornton Beach, Tel. 07-4098 9138, Fax 07-4098 9004, Postanschrift: P.O. Box 14, Mossman, QLD 4873, 18 km nördl. der Daintree River-Fähre, Holzbungalows im Regenwald, mit Restaurant und Pool, teuer
Wait-a-While, Buchanan Creek Rd., Cow Bay, Tel. u. Fax 07-4098 9195, 15 km nördl. der Daintree River-Fähre, gemütliche Bed and Breakfast-Pension mit Pool, günstig
The Rainforest Retreat, Cape Tribulation Rd., Cow Bay, Tel. 07-4098 9101, Fax 07-4098 9120, 12 km nördl. der Daintree River-Fähre, einfache Einzel-, Doppel- und Mehrbettzimmer, mit Pool, sehr preiswert

Camping
Rainforest Village, Cape Tribulation Rd., Tel. 07-4098 9015, 16 km nördl. der Daintree River-Fähre, einfacher Campingplatz in sehr schöner Lage

Cafe on Sea, Cape Tribulation Rd., Thornton Beach, Tel. 07-4098 9118, 23 km nördl. der Daintree River-Fähre, mediterrane Gerichte und Seafood, günstig

Daintree Rainforest Environment Centre, Cape Tribulation Rd., Tel. 07-4098 9171, 10 km nördl. der Daintree River-Fähre, tägl. 9–17 Uhr, Präsentation der regionalen Tier- und Pflanzenwelt sowie Naturlehrpfad und ein 23 m hoher Aussichtsturm

Cooper Creek Wilderness Cruise, Cape Tribulation Rd., Thornton Beach, Tel. 07-4098 9052, 20 km nördl. der Daintree River-Fähre, Bootstour auf dem Cooper Creek mit Krokodilbeobachtung, Abfahrtszeiten auf Anfrage

Cape York (QLD)

Lage: vordere Umschlagkarte G8

Pajinka Wilderness Lodge, Tel. 07-4069 2100, Fax 07-4069 2110, komfortables Resorthotel mit Bungalows auf Stelzen, Pool und Restaurant, Vollpension, sehr teuer

Camping
Punsand Bay Safari & Fishing Lodge, Tel. 07-4069 1722, Fax 07-4069 1403, 15 km südwestl. des Cape York, gut ausgestatteter Campingplatz in sehr schöner Lage am Strand mit kleinem Salzwasserpool und ausgezeichnetem Restaurant, auch komfortable Cabins mit Klima-Anlage, Zufahrt nur mit Allradantrieb

Capricorn Roadhouse (WA)

Lage: vordere Umschlagkarte B6 (bei Newman)

Capricorn Roadhouse, Great Northern Hwy, Tel. 08-9175 1535,

Fax 08-9175 24 08, einfaches Motel und Campingplatz, mit Restaurant und Tankstelle, sehr preiswert, bei sechswöchiger Vorbestellung und rechtzeitiger Bezahlung deponieren die Betreiber des Capricorn Roadhouse Treibstoff-Fässer beim Well 23 an der Canning Stock Route sowie in der Gegend des Rudall River National Park

Carnarvon Gorge (QLD)

Lage: vordere Umschlagkarte H5 (bei Roma)

 **National Parks & Wildlife Service,** Carnarvon Gorge Ranger Station, Tel. 07-49 84 45 05

 **Oasis Lodge,** Tel. 07-49 84 45 03, Fax 07-49 84 45 00, 3 km östl. der Ranger Station nahe der Carnarvon Gorge, komfortable Cabins, Vollpension, teuer

Camping
National Parks & Wildlife Service Camping Area, Tel. 49 84 45 05, Fax 07-49 84 45 19, einfach, aber sehr schön gelegen, von Mai–Okt. reservieren

Carnegie Homestead (WA)

Lage: vordere Umschlagkarte C5 (bei Lake Carnegie)

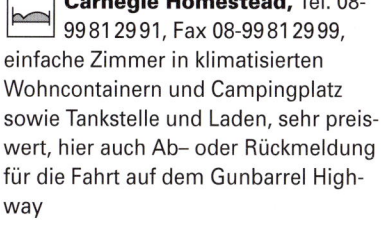 **Carnegie Homestead,** Tel. 08-99 81 29 91, Fax 08-99 81 29 99, einfache Zimmer in klimatisierten Wohncontainern und Campingplatz sowie Tankstelle und Laden, sehr preiswert, hier auch Ab– oder Rückmeldung für die Fahrt auf dem Gunbarrel Highway

Ceduna (SA)

Lage: vordere Umschlagkarte E4

 Ceduna Gateway Tourist Centre, 58 Poynton St., Tel. 08-86 25 27 80, Fax 08-86 25 32 94

 East West Motel, 66 McKenzie St., Tel. 08-86 25 21 01, Fax 08-86 25 28 29, komfortables Motel mit Restaurant und Pool, günstig

Camping
Ceduna Foreshore Caravan Park, Poynton St./South Terr., Tel. u. Fax 08-86 25 22 90, gut ausgestattet mit Cabins

 Denial Bay Oyster Farm, Tel. 08-86 25 27 80, tägl. 9–18 Uhr, 12 km westl., Austernfarm

 Ceduna Tours, c/o Ceduna Gateway Tourist Centre, s. o., Mai–Okt. Bootstouren mit Walbeobachtung

Charleville (QLD)

Lage: vordere Umschlagkarte H5

 Charleville Visitor Information Centre, Sturt St. (Matilda Hwy), Tel. 07-46 54 30 57

 Mulga Country Motor Inn, Cunnamulla Rd., Tel. 07-46 54 32 55, Fax 07-46 54 33 81, geräumige Zimmer mit Klima-Anlage, mit Restaurant und Pool, günstig
Waltzing Matilda Motor Inn, Alfred St., Tel. 07-46 54 30 49, Fax 07-46 54 17 20, mit Restaurant und Pool, herzliche Atmosphäre, sehr preiswert

Camping
Bailey Bar Caravan Park, 196 King St., Tel. 07-46 54 17 44, Fax 07-46 54 37 40, gut ausgestattet, mit geräumigen Cabins

 Historic House Museum, Alfred St., Tel. 07-46 54 22 26, Mo–Fr 9–17 Uhr, Museum für Regionalgeschichte
Royal Flying Doctor Service, Old Cunnamulla Rd., Tel. 07-46 54 12 33, Fax 07-46 54 16 29, tägl. 8.30–17 Uhr, Bodenstation und Besucherzentrum des Luftrettungsdienstes
School of Distance Education, c/o Charleville High School, Parry St., Tel. 07-46 54 13 41, Mo–Fr 10 u. 14 Uhr außer während der Schulferien, größte Funkschule von Queensland mit einem 1 Mio. km² großen ›Klassenzimmer‹
Skywatch, Airport Rd. (Matilda Hwy), Tel. 07-46 54 30 57, tägl. ab 19 Uhr, Sternwarte

Chillagoe-Mungana Caves National Park (QLD)

Lage: vordere Umschlagkarte G7

 Chillagoe Caves Lodge, 7 King St., Tel. 07-40 94 71 06, einfach und gemütlich, mit Restaurant und Pool, sehr preiswert

Camping
Chillagoe Caravan Park, Queen St., Tel. 07-40 94 71 77

 **Limestone Caves,** Chillagoe-Mungana National Park, Tel. 07-40 94 71 63, Führungen tägl. 9, 11, 13.30 Uhr, Kalksteinhöhlen

Cloncurry (QLD)

Lage: vordere Umschlagkarte G6

 Tourist Information Centre, c/o John Flynn Pl., Daintree St., Tel. 07-47 42 12 51

 Gidgee Inn, Matilda Hwy, Tel. 07-47 42 15 99, komfortables Motel mit Restaurant, moderat
Wagon Wheel Motel, 54 Ramsay St., Tel. 07-47 42 18 66, Fax 07-47 42 18 19, traditionsreiche Unterkunft mit einfachen Zimmern, Restaurant und Pool, sehr preiswert bis günstig

Camping
Gilbert Park Holiday Village, Matilda Hwy, Tel. 07-47 42 23 00, Fax 07-47 42 23 03, gut ausgestatteter Caravan Park mit gemütlichen Cabins und Pool

 John Flynn Place, Daintree St., Tel. 07-47 42 13 33, Mo–Fr 7–16, Sa, So u. feiertags 9–15 Uhr, Ausstellung über den australischen Luftrettungsdienst, angeschlossen ist ein Kulturzentrum mit Kunstgalerie und Theater
Mary Kathleen Memorial Park, McIllwraith St., tägl. 8–18 Uhr, Freilichtmuseum der aufgelassenen Uranmine von Mary Kathleen

Cocklebiddy Roadhouse (WA)

Lage: vordere Umschlagkarte D4 (bei Eucla)

 Wedgetail Inn, Eyre Hwy, Tel. 08-90 39 34 62, Motel mit klimatisierten Zimmern, Restaurant und Bar sowie Caravan Park, günstig

Eyre Bird Observatory, Tel. 08-9039 34 50, Abzweigung 17 km östl. von Cocklebiddy, dann 12,5 km Richtung Süden, nur mit Allradantrieb, Forschungsstation der Royal Ornithological Society, Tagesbesucher und Übernachtungsgäste willkommen, voranmelden

Coen (QLD)

Lage: vordere Umschlagkarte G7 (bei Laura)

 Coen Police Station, Tel. 07-4060 11 50, Auskunft über den Pistenzustand
National Parks & Wildlife Service, Tel. 07-4060 11 37

 Homestead Guesthouse, Tel. 07-4060 11 57, Fax 07-4060 11 58, gemütliche Bed & Breakfast-Pension mit familiärer Atmosphäre, sehr preiswert

Camping
Armbrust Caravan Park, Tel. 07-4060 11 34, Fax 07-4060 11 28, einfacher Campingplatz bei der Shell-Tankstelle

Coober Pedy (SA)

Lage: vordere Umschlagkarte E4

 Coober Pedy Tourist Centre, Hutchison St., Tel. 08-8672 52 98, Mo–Fr 9–17 Uhr

 Desert Cave Hotel, Hutchison St., Tel. 08-8672 56 88, Fax 08-8672 51 98, stilvoll nächtigen in einem luxuriösen Höhlenhotel, mit Restaurant und Pool, teuer

Mud Hut Motel, St. Nicholas St., Tel. 08-8672 30 03, Fax 08-8672 30 04, klimatisierte, geräumige Zimmer, freundlicher Service, günstig bis moderat
The Underground Motel, Catacomb Rd., Tel. 08-8672 53 24, Fax 08-8672 59 11, komfortable Zimmer unter der Erde, günstig

Camping
Stuart Range Caravan Park, Stuart Hwy/Hutchison St., Tel. 08-8672 51 79, Fax 08-8672 51 48, gut ausgestattet, mit motelähnlichen Cabins und Pool

 John's Pizza Bar, Hutchison St., Tel. 08-8672 55 61, die besten Pizzas im süd-australischen Outback, günstig
Opal Run Restaurant, Hutchison St., Tel. 08-8672 35 55, deftige Aussie-Hausmannskost, günstig

Crocodile Harry's Dugout, 17 Mile Rd., tägl. 10–18 Uhr, sehr fantasievoll eingerichtete Höhlenwohnung
Diggers Dream Underground Home, Brewster St., Tel. 08-8672 54 42, tägl. 11.30–18 Uhr, komfortable unterirdische Wohnung in einer aufgegebenen Opalmine
Fayes Underground Home, nahe dem Drive-In-Theatre, Mo–Sa 8–17 Uhr, behagliche Höhlenwohnung
Old Timers Mine, Crowders Gully Rd., Tel. 08-8672 55 55, tägl. 9–17 Uhr, aufgelassene Opalmine
The Big Winch, Tel. 08-8672 52 64, Opalgalerie und Aussichtspunkt
Umoona Opal Mine, Hutchison St., Tel. 08-8672 52 88, tägl. 8–21 Uhr, Opalmuseum in einer alten Opalmine
Underground Bookstore, Post Office Hill Rd., Tel. 08-8672 55 58, unterirdischer Buchladen

Underground Pottery, Hutchison St., Tel. 08-86 72 52 26, tägl. 8.30–18 Uhr, unterirdische Töpferei

 The Opal Cutter, Post Office Hill Rd., Tel. u. Fax 08-86 72 30 86, Opalschleiferei und -galerie, gute Adresse zum Kauf von Opalschmuck

 Coober Pedy Explorer Tour, Greyhound Bus Terminal, Tel. 18 00-19 65 00, tägl. 9 Uhr, Besichtigung einer Opalmine und einer Opalschleiferei
Mail Run Tour, Tel. 18 00-06 99 11, zweimal wöchentlich mit dem Outback-Postie in einem Geländewagen zu entlegenen Siedlungen und Farmen am Oodnadatta Track
Martin's Night Sky Presentation, c/o Radeka's Underground Motel, Hutchison St., Tel. 08-86 72 52 23, unterhaltsame Sternenkunde
Opal Quest, c/o Underground Bookstore, Post Office Hill Rd., Tel. 08-86 72 55 58, tägl. 9 u. 14 Uhr, Besichtigung einer Opalmine und einer Opalschleiferei

Cooktown (QLD)

Lage: vordere Umschlagkarte G/H7

 Cooktown Tourist Information Centre, c/o Croc Shop, Charlotte St., Tel. 07-40 69 58 80

 The Sovereign, Charlotte/Green Sts, Tel. 07-40 69 54 00, Fax 07-40 69 55 82, nostalgisches Kolonialhotel mit modernem Interieur, mit Restaurant und schönem Pool, moderat
Cooktown River of Gold Motel, Hope/Walker Sts, Tel. 07-40 69 52 22, Fax 07-40 69 56 15, geräumige Zimmer, Restaurant, Pool, günstig

Camping
Tropical Breeze Caravan Park, Charlotte St./McIvor Rd., Tel. 07-40 69 54 17, Fax 07-40 69 57 40, gut ausgestattet, mit Cabins und On-Site-Vans sowie Pool

 James Cook Historical Museum, Helen St., Tel. 07-40 69 53 86, tägl. 9.30–16 Uhr, historisches Museum mit den Schwerpunkten Stadtgeschichte und Entdeckungsreisen von James Cook

 Endeavour River Cruises, Cooks Landing Kiosk, Charlotte St., Tel. 07-40 69 57 12, tägl. 9 u. 14 Uhr, Bootsfahrt auf dem Endeavour River mit Krokodilbeobachtung

Coolgardie (WA)

Lage: vordere Umschlagkarte C4

 Coolgardie Tourist Bureau, 62 Bayley St., Tel. 08-90 26 60 90

 Coolgardie Motor Inn, 49 Bayley St., Tel. 08-90 26 60 02, Fax 08-90 26 63 10, mit Restaurant und Pool, sehr preiswert bis günstig

Camping
Coolgardie Caravan Park, Bayley St., Tel. 08-90 26 60 09

 Priors Museum, Bayley St., tägl. 9–17 Uhr, Open-Air-Museum mit Dampfmaschinen und Gerätschaften aus aufgelassenen Goldbergwerken
Railway Station Museum, Woodward St., Tel. 08-90 26 63 88, tägl. 9 bis 16 Uhr, Eisenbahnmuseum
Town Hall Goldfields Exhibition, 62 Bayley St., Tel. 08-90 26 60 90, tägl. 9–17 Uhr, Museum zur Regionalgeschichte

Coolgardie Camel Farm, Great Eastern Hwy, Tel. 08-90 26 61 59, tägl. 10–16, unterschiedlich lange Kameltouren

Copley (SA)

*Lage: vordere Umschlagkarte F4
(bei Marree)*

 Copley Caravan Park, Tel. u. Fax 08-86 75 22 88, gut ausgestattet, mit Cabins

 The Leigh Creek Hotel, Tel. 08-86 75 22 81, gemütliches Pub-Restaurant, günstig

 Coalmine Tour, Tel. 08-86 75 22 88, während der Schulferien Mo bis Sa zweimal tägl. Besichtigung der Tagebau-Anlagen der Leigh Creek Coalmine
Thursday Mail Run, Tel. 08-86 75 22 88, jeden Do mit dem fliegenden Postboten zu abgelegenen Vieh- und Schaffarmen zwischen Copley und Arkaroola

Croyden (QLD)

*Lage: vordere Umschlagkarte G7
(bei Normanton)*

 Croyden General Store & Historical Museum, Tel. 07-47 45 61 63, tägl. 9–18 Uhr, Tante-Emma-Laden mit etwas angestaubtem Heimatmuseum

 The Gulflander, Croyden Railway Station, Do 8.30 Uhr, vierstündige Fahrt in einem Bummelzug zwischen Croyden und Normanton

Daintree (QLD)

*Lage: vordere Umschlagkarte H7
(bei Port Douglas)*

 Daintree Manor, Tel. u. Fax 07-40 90 70 41, 1 km nördl. der Daintree River-Fähre, komfortable Unterkunft im tropischen Kolonialstil, günstig
Red Mill House, Tel. u. Fax 07-40 98 62 33, gemütliche Bed & Breakfast-Pension mit Pool, sehr preiswert

**Camping
Riverview Caravan Park,** Tel. 07-40 90 42 07, einfach, aber schöne Lage

 Timber Museum, tägl. 10.30 bis 16 Uhr, Holzmuseum

 Crocodile Express, Tel. 07-40 98 61 20, tägl. 9.30, 10.30, 11.30, 12.30, 13.30, 14.30, 15.30, 16 Uhr, Bootstour auf dem Daintree River mit Krokodilbeobachtung
Daintree Lady River Cruise, Tel. 07-40 98 61 38, tägl. 9.30, 11, 11.30, 12.45, 14, 14.30, 15.45 Uhr, Bootstour auf dem Daintree River mit Krokodilbeobachtung
Daintree Wildlife Safari, Tel. 07-40 98 61 25, tägl. 9.30, 10.30, 11.30, 12.30, 13.30, 14.30, 15.30, 16 Uhr, Bootstour auf dem Daintree River mit Krokodilbeobachtung

Dalhousie Springs (SA)

*Lage: vordere Umschlagkarte F5
(bei Oodnadatta)*

 National Parks & Wildlife Service, Desert Parks Hotline, Tel. 18 00-81 60 78, Fax 08-86 48 53 01

 **Einfaches Bush Camp** mit Toiletten und Duschen bei den Thermalquellen

Daly River (NT)

Lage: vordere Umschlagkarte E8 (bei Darwin)

 Mango Farm Tourist Park, Tel. 08-89 78 24 64, Fax 08-89 78 23 31, Caravan Park in einer Mangoplantage mit gemütlichen Cabins
Woolianna on the Daly Tourist Park, Tel. 08-89 78 24 78, Fax 08-89 78 26 34, sehr gut ausgestatteter Caravan Park mit motelähnlichen Unterkünften

 Merrepen Fine Art Gallery, Nauiyu Nambiyu Community, Tel. 08-89 78 25 33, Aborigine-Kunst und -Kunsthandwerk

Daly Waters (NT)

Lage: vordere Umschlagkarte E7 (bei Mataranka)

 Daly Waters Pub, Stuart Hwy, Tel. 08-89 75 99 27, Fax 08-89 75 99 82, historischer Outback-Pub mit einfachem Motel und Caravan Park, sehr preiswert

Dampier (WA)

Lage: vordere Umschlagkarte B6

 Karratha & Districts Tourist Bureau, Karratha Rd., Karratha, Tel. 08-91 44 46 00

 Mercure Inn, The Esplanade, Tel. 08-91 83 12 22, Fax 08-91 83 10 28, gemütlich, mit Restaurant und Pool, moderat

Camping
Dampier Transit Caravan Park, The Esplanade, Tel. 08-91 83 11 09, klein, schöne Lage am Meer

 North West Shelf Natural Gas Project, Visitor Centre, Burrup Rd., Burrup Peninsula, Tel. 08-91 58 82 92, Mo–Fr 10–16 Uhr

 Dampier Salt Tour, Besichtigung von Salinen, in denen aus Meerwasser durch Verdunstung Salz gewonnen wird, genaue Zeiten und Buchung beim Fremdenverkehrsamt s. o.
Hamersley Dampier Port Facility Tour, Besichtigung des Erzverladehafens, genaue Zeiten und Buchung beim Fremdenverkehrsamt s. o.

Darwin (NT)

Lage: vordere Umschlagkarte E8 Stadtplan S. 188

 Darwin Region Tourism Association, Beagle House, Knuckey/Mitchell Sts, Tel. 08-89 81 43 00, Fax 08-89 81 06 53, E-Mail: drtainfo@ozemail.com.au, Mo–Fr 8.15–19, Sa 10 bis 15, So 10–14 Uhr
Parks and Wildlife Commission of the Northern Territory, P.O. Box 496, Palmerston, NT 0831, Tel. 08-89 89 55 11, Fax 08-89 32 38 49, Informationen über Nationalparks
Northern Land Council, 9 Rowlings St., P.O. Box 42921, Casuarina, NT 0811, Tel. 08-89 20 51 00, Fax 08-89 45 26 33, *permits* für die Durchquerung von

Aborigine-Land sowie für Ausflüge nach Bathurst Island und Melville Island, mindestens einen Monat vorher beantragen
Automobile Association of the Northern Territory, MLC Bldg., 79–81 Smith St., Tel. 08-8981 38 37, Automobilkub
Top End Road Information, Tel. 08-8927 03 81, Informationen über Outback-Pisten und deren Zustand

Novotel Atrium Hotel, Peel St./The Esplanade, Tel. 08-8941 07 55, Fax 08-8981 90 25, elegantes Hotel mit Pool, Restaurant und schönem Tropengarten, sehr teuer
Centra Darwin, 122 The Esplanade, Tel. 08-8981 53 88, Fax 08-8981 57 01, ruhig, komfortabel, guter Service, teuer
Poinciana Inn, Mitchell/McLachlan Sts, Tel. 08-8981 81 11, Fax 08-8941 24 40, gemütliche Zimmer, schöner Garten, Pool und Restaurant, moderat
Asti Motel, Smith St. West/Packard Pl., Tel. 08-8991 82 00, Fax 08-8981 80 38, ruhige, geräumige Zimmer, Restaurant, Salzwasserpool, günstig
Seabreeze Motel, East Point Rd., Fannie Bay, Tel. 08-8991 84 33, Fax 08-8981 37 93, 5 km nördl. der City, am Meer, mit Restaurant und Pool, günstig
Melaleuca Lodge, 50 Mitchell St., Tel. 08-8941 33 95, Fax 08-8941 33 68, zentral, einfach und ordentlich, beliebter Treffpunkt junger Leute aus aller Welt, sehr preiswert

Camping
Boomerang Caravan Park, Virginia Rd., Virginia, Tel. 08-8983 12 02, 34 km südl. der City, gut ausgestattet, mit motelähnlichen Unterkünften
Howard Springs Caravan Park, 170 Whitewood Rd., Howard Springs, Tel. 08-8983 11 69, Fax 08-8983 24 87, 30 km südöstl. der City, schön gelegen, gut ausgestattet, mit Cabins
Palms Caravan Park, Stuart Hwy, Berrimah, Tel. 08-8932 28 91, 17 km südl. der City, gut ausgestattet, mit gemütlichen Cabins

 Buzz Café, Cullen Bay Marina, Tel. 08-8941 11 41, erlesene Meeresfrüchte und edle Weine vor dem Panorama des Jachthafens, teuer
The Rock Oyster, 21, Cavenagh St., Tel. 08-8981 34 72, Seafood vom Feinsten, teuer
The Magic Wok, 48 Cavenagh St., Tel. 08-8981 33 32, asiatische Küche mit australischem Einschlag, moderat
Tree Tops, Mirambeena Complex, 69 Woods St., Tel. 08-8946 02 13, Steaks und Seafood, moderat

Australian Pearling Exhibition, Stokes Hill Wharf, Tel. 08-8999 65 73, tägl. 10–17 Uhr, Wissenswertes über die australische Perlenindustrie
Botanical Gardens, Gilruth Ave., Tel. 08-8947 21 45, Mo–Fr 7.30–17, Sa, So u. feiertags 8.30–17 Uhr, botanischer Garten mit vielen Tropenpflanzen
Fanny Bay Gaol Museum, East Point Rd., Fannie Bay, Tel. 08-8989 82 90, tägl. 10–17 Uhr, Stadtgeschichte liebevoll präsentiert
Indo Pacific Marine, Stokes Hill Wharf, Tel. 08-8981 12 94, April–Okt. tägl. 10–17, Nov.–März tägl. 9–13, Mi, Fr, So auch 19.30–21.30 Uhr, Aquarium mit lebenden Korallenbänken
Museum & Art Gallery of the Northern Territory, Conacher St., Fannie Bay, Tel. 08-8999 82 01, Mo–Fr 9–17, Sa, So 10–17 Uhr, naturgeschichtliche und ethnografische Sammlungen

 Aboriginal Fine Arts Gallery, Mitchell/Knuckey Sts, Tel. 08-

8981 13 15, Kunsthandwerk der Ureinwohner
Mindil Beach Sunset Market, Mindil Beach, Mai–Okt. Do 17–22, So 16 bis 21 Uhr, Darwins populärster (Floh-)-Markt, viel Kunsthandwerk und zahlreiche Stände mit internationalen Delikatessen
Nightcliff Markets, Pavonia Way, Nightcliff, So 8–14 Uhr, ältester Trödelmarkt der Stadt
Parap Market, Parap Place, Parap, Sa 8–14 Uhr, Flohmarkt mit gutem asiatischen ›Fast Food‹

 Beachfront Hotel, Casuarina Dr., Rapid Creek, Tel. 08-89 81 45 73, am Wochenende Live-Musik mit Tanz
Blue Heeler Bar, Herbert/Mitchell Sts, Tel. 08-89 41 79 45, Pub mit Live-Musik
Victoria Hotel, Smith Street Mall, Tel. 08-89 81 32 07, fast tägl. Live-Musik von Jazz bis Rock
Sunset Jazz Session, MGM Grand Casino, Gilruth Ave., The Gardens, Tel. 08-89 43 88 88, Mai–Sept. So 16.30 bis 20.30 Uhr, Open-Air-Jazz
The Deckchair Cinema, Stokes Hill Wharf, Tel. 08-89 81 07 00, Kino unter freiem Himmel mit Liegestühlen, April–Okt. Mi–So

 Aquascene, 28 Doctors Gully Rd., Tel. 08-89 81 78 37, Fische füttern und streicheln, abhängig von den Gezeiten
Berry Springs Nature Park, Cox Peninsula Rd., 50 km südl., tägl. 8 bis 18.30 Uhr, Badespaß im Regenwald
Crocodylus Park, McMillans Rd., Berrimah, Tel. 08-89 47 25 10, tägl. 9–17, Fütterung 10, 12, 14 Uhr, alles zum Thema Krokodile
Darwin Crocodile Farm, Stuart Hwy, Tel. 08-89 88 14 50, 40 km südl., tägl. 10 bis 16, Fütterung tägl. 14 Uhr, Krokodilfarm
Howard Springs Nature Reserve, 30 km südöstl., tägl. 8–20 Uhr, Regenwald mit Naturpool
»Spirit of Darwin«, Cullen Bay Marina, Tel. 08-89 81 37 11, April–Sept. tägl. 10, 17.45, Okt.–März tägl. 17.45 Uhr, Hafenrundfahrten
Territory Wildlife Park, Cox Peninsula Rd., Tel. 08-89 88 72 00, 50 km südl., tägl. 8.30–18 Uhr, Tierarten des Northern Territory in ihrer natürlichen Umgebung
Tiwi Tours, P.O. Box 2023, Darwin, NT 0801, Tel. 08-89 81 51 15, Fax 08-89 41 10 16, Ein- und Mehrtagesausflüge nach Bathurst Island und Melville Island

Derby (WA)

Lage: vordere Umschlagkarte C7

 Derby Tourist Bureau, Clarendon House, 1 Clarendon St., Tel. 08-91 91 14 26, Fax 08-91 91 16 09, E-Mail: derbytb@comswest.net.au, Mo–Fr 8.30–16.30, Sa, So u. feiertags 9–13 Uhr, das Fremdenverkehrsamt verschickt auf Anfrage den für Interessenten aus Übersee kostenlosen, jährlich aktualisierten »Travellers Guide Gibb River and Kalumburu Roads«

King Sound Resort Hotel, Loch St., Tel. 08-91 93 10 44, Fax 08-91 91 16 49, komfortable Ferienanlage mit Restaurant und Pool, moderat
West Kimberley Lodge, Sutherland/Stanwell Sts, Tel. u. Fax 08-91 91 10 31, gut geführte Familienpension, mit Pool, sehr preiswert

Camping
Kimberley Entrance Caravan Park,

Rowan St., Tel. 08-91 93 10 55, Fax 08-91 93 15 03, gut ausgestattet, mit On-Site-Vans

 The Wharf Restaurant, Jetty Rd., Tel. 08-91 91 11 95, Gartenlokal am Pier mit kreativer ›New Australian Cuisine‹, moderat

 Royal Flying Doctor Service, Clarendon St., Tel. 08-91 91 12 11, Führungen Mo–Fr 9, 11, 14 Uhr, Bodenstation des Luftrettungsdienstes
School of the Air, Fairbairn St., Mo–Do 8–9 u. 10–11 Uhr, außer während der Schulferien, Funkunterricht

 Derby Air Services, Tel. 08-91 93 13 75, Fax 08-91 91 17 22, Rundflüge über die Kimberleys und den Buccaneer-Archipel mit den Horizontal Falls in der Talbot Bay

Drysdale River Station (WA)

Lage: vordere Umschlagkarte D7 (bei Wyndham)

 Drysdale River Station, Kalumburu Rd., Tel. 08-91 61 43 26, E-Mail: drysdaleriver@bigpond.com, einfache, klimatisierte Zimmer in Wohncontainern

Camping
Buschcampingplatz am Fluss, Essen auf Vorbestellung, Tankstelle und Laden, ab hier Flüge in Propellermaschinen zum Mitchell Plateau, günstig

Dunmurra (NT)

Lage: vordere Umschlagkarte E7 (bei Newcastle Waters)

 Dunmurra Wayside Inn, Stuart Hwy, Tel. 08-89 75 99 22, Fax 08-89 75 99 81, Motel und Caravan Park, sehr preiswert

Eighty Mile Beach (WA)

Lage: vordere Umschlagkarte B6 (bei Port Hedland)

 Eighty Mile Beach Caravan Park, Tel. 08-91 76 59 41, 250 km östl. von Port Hedland, gut ausgestattet, mit schattigen Stellplätzen für Zelte und Wohnmobile sowie gemütlichen, klimatisierten Cabins, sehr preiswert

Elliott (NT)

Lage: vordere Umschlagkarte B6 (bei Port Douglas)

 Elliott Hotel, Stuart Hwy, Tel. 08-89 69 20 69, einfache, klimatisierte Zimmer, sehr preiswert

Ellis Beach (QLD)

Lage: vordere Umschlagkarte E7 (bei Newcastle Waters)

 Ellis Beach Caravan Park, Captain Cook Hwy, Tel. 07-40 55 35 34, gute Ausstattung, sehr schöne Lage

 Hartley's Creek Crocodile Farm, Captain Cook Hwy, Tel. 07-40 55 35 76, tägl. 8.30–17, Snake Show 14, Crocodile Show 11 u. 15 Uhr, auf die australische Fauna spezialisierter Tierpark mit großer Reptiliensammlung

El Questro Station (WA)

*Lage: vordere Umschlagkarte D7
(bei Kununurra)*

 El Questro Station, Gibb River Rd., Tel. 08-91 69 17 77, Fax 08-91 69 13 83, schöner Campingplatz am Pentecost River sowie Bungalows und gemütliche Zimmer mit moderatem Preisniveau oder sehr teure luxuriöse Suiten in der Homestead auf einer Steilklippe über dem Chamberlain River

Erldunda (NT)

*Lage: vordere Umschlagkarte E5
(bei Alice Springs)*

 Desert Oaks Motel, Stuart Hwy, Tel. 08-89 56 09 84, Fax 08-89 56 09 42, gemütliches Motel mit Restaurant, Pool, Garten und angeschlossenem Caravan Park, günstig

Eucla Roadhouse (WA)

*Lage: vordere Umschlagkarte D4
(bei Eucla)*

 Eucla Motor Hotel, Eyre Hwy, Tel. 08-90 39 34 68, Fax 08-90 39 34 01, komfortabel, mit Restaurant, Pool und Caravan Park, günstig

Fitzroy Crossing (WA)

Lage: vordere Umschlagkarte D7

 Fitzroy Crossing Tourist Bureau, Flynn Dr., Tel. 08-91 91 53 55, Fax 08-91 91 50 85

 Fitzroy River Lodge, Great Northern Hwy, Tel. 08-91 91 51 41, Fax 08-91 91 51 42, komfortables Motel mit Restaurant und Pool sowie Caravan Park, moderat

 Danggu Heritage Cruise, Tel. 08-91 91 53 55, April–Nov. Mo–Fr 8.15 Uhr, halbtägiger, von Aborigines veranstalteter Bootsausflug in der Geikie Gorge
Geikie Gorge Cruises, Tel. 08-91 91 51 21, April–Nov. tägl. 8, 11 u. 15 Uhr, anderthalbstündige Bootsfahrten in der Geikie Gorge

Gemtree (NT)

*Lage: vordere Umschlagkarte E5
(bei Alice Springs)*

 Gemtree Caravan Park, Plenty Hwy, Tel. 08-89 56 98 55, Fax 08-89 56 98 60, gut ausgestattet, mit Cabins

 Fossicking Tour, Tel. 08-89 56 98 55, tägl. 9 Uhr, mit Profis auf Edelsteinsuche

Glendambo (SA)

*Lage: vordere Umschlagkarte F4
(bei Woomera)*

 Glendambo Motel, Stuart Hwy, Tel. 08-86 72 10 30, Fax 08-86 72 10 39, komfortables Motel mit Restaurant, Bar und Pool, günstig

**Camping
Glendambo Caravan Park,** Stuart Hwy, Tel. 08-86 72 10 35, Fax 08-86 72 10 39, einfach, mit On-Site-Vans

Glen Helen (NT)

*Lage: vordere Umschlagkarte E5
(bei Alice Springs)*

 Glen Helen Resort, Namatjira Dr., Western MacDonnell Ranges, Tel. 08-89 56 74 89, Fax 08-89 56 74 95, Lodge mit gemütlichen Doppel- und einfachen Mehrbettzimmern, Restaurant, Pub, Tankstelle und einfacher Campingplatz, sehr preiswert bis günstig

Gurig National Park (NT)

*Lage: vordere Umschlagkarte E8
(bei Darwin)*

 Cobourg Peninsula Sanctuary and Marine Park Board, P.O. Box 496, Palmerston, NT 0831
Gurig National Park, Black Point Ranger Station, Tel. 08-89 79 02 44, Fax 08-89 79 02 46

 Seven Spirit Bay, Tel. 08-89 79 02 77, exklusives Wilderness Resort mit allem Komfort, sehr teuer

Halls Creek (WA)

Lage: vordere Umschlagkarte D7

 Halls Creek Information Centre, Great Northern Hwy, Tel. 08-91 68 62 62, Fax 08-91 68 64 67
Halls Creek Police Station, Great Northern Hwy, Tel. 08-91 68 60 00, Informationen über die Befahrbarkeit der Tanami Road

 Kimberley Hotel, Roberta Ave., Tel. 08-91 68 61 01, Fax 08-91 68 60 71, komfortabel, mit Restaurant und Pool, günstig bis moderat

**Camping
Halls Creek Caravan Park,** Roberta Ave., Tel. 08-91 68 61 69, Fax 08-91 68 62 77, gut ausgestattet mit Cabins und On-Site-Vans sowie Pool

 Oasis Air, Tel. 08-91 68 64 62, Fax 08-91 68 62 77, Rundflüge in Propellermaschinen über das Bungle-Bungle-Massiv und den Wolfe Creek Meteorite Crater

Hawker (SA)

*Lage: vordere Umschlagkarte F4
(bei Port Douglas)*

 Information Centre for Flinders Ranges and the North, c/o Hawker Motors, Wilpena/Cradock Rds, Tel. 08-86 48 40 14, Fax 08-86 48 42 83, E-Mail: hawkmts@dove.mtx.net.au, tägl. 8–18 Uhr
National Parks & Wildlife Service, Tel. 08-86 48 42 44, Fax 08-86 48 42 42, Informationen über den Flinders Ranges National Park

 Hawker Hotel-Motel, Elder Terr., Tel. 08-86 48 41 02, Fax 08-86 48 41 51, gut ausgestattete Zimmer im Motel, einfache Zimmer im Pub-Hotel, sehr preiswert
Outback Motel, Wilpena Rd., Tel. 08-86 48 41 00, Fax 08-86 48 41 09, familiär und gemütlich, mit Restaurant, günstig

**Camping
Hawker Caravan Park,** Wilpena Rd./Chaceview Terr., Tel. 08-86 48 40 06, Fax 08-86 48 41 39, gut ausgestattet, mit gemütlichen Cabins

Old Ghan Restaurant, Hawker Railway Station, Tel. 08-8648 4176, australische Hausmannskost, raffiniert zubereitet, mit Kunstgalerie, günstig

 FRAY Cultural Tours, Tel. 08-8648 4122, von Aborigines geführte Touren in den Flinders Ranges
Kev's Kamel Kapers, c/o Jeff Morgan Gallery, Tel. 08-8648 4299, Fax 08-8648 4363, Kameltouren

Hells Gate Roadhouse (QLD)

Lage: vordere Umschlagkarte F7 (bei Burketown)

 Hells Gate Roadhouse, Tel. 07-4745 8258, Fax 07-47 45 82 25, Tankstelle und Campingplatz, hier auch Savannah Guide Station, wo man Touren in die Umgebung buchen kann

Hermannsburg (NT)

Lage: vordere Umschlagkarte E5 (bei Alice Springs)

 Wallace Rockhole Tourist Park & Camping Ground, Tel. 08-89 56 79 93, Fax 08-89 56 74 91, 51 km östl. der Stadt, Caravan Park im Besitz der Aranda-Aborigines mit Cabins und On-Site-Vans, viermal tägl. von Ureinwohnern geführte Touren zu Felsengalerien

 Hermannsburg Historic Precinct, Tel. 08-89 56 74 02, tägl. 9–16 Uhr, Missionsstation aus dem Jahre 1877, im Kata-Anga Tearoom gibt es ausgezeichneten Kuchen

Ilfracombe (QLD)

Lage: vordere Umschlagkarte G5 (bei Longreach)

 Wellshot Hotel, Landsborough Hwy, Tel. 07-4658 2106, Fax 07-4558 39 26, Pub-Hotel aus dem Jahre 1890, einfache Zimmer mit Gemeinschaftsbad, aber viel Outback-Atmosphäre, mit Caravan Park, sehr preiswert

 Back to the Bush Show, c/o Wellshot Hotel, Tel. 07-4658 2106, Mo, Mi, Do, Sa, So 19 Uhr, etwas gekünsteltes Outback-Spektakel mit Peitschenknallen und Hirtenhund-Shows

 Australia's Best Bottle Museum, Landsborough Hwy, tägl. 9–17 Uhr, Flaschenmuseum

Innamincka (SA)

Lage: vordere Umschlagkarte F4 (bei Marree)

 Innamincka Regional Reserve Park Headquarter, Tel. 1800-816078, hier Kauf des Desert Park Pass und Informationen über den Naturpark nördlich von Innamincka
Innamincka Trading Post, Tel. 08-8675 9900, Fax 08-8675 9920, Auskunft über den Pistenzustand

 Burke Lodge Cabins, Tel. 08-8675 9900, Fax 08-8675 9920, klimatisierte Wohncontainer, die von außen ungemütlicher aussehen, als sie tatsächlich sind, günstig
Innamincka Hotel, Tel. u. Fax 08-8675 9901, rustikales Outback-Hotel und Pub, sehr preiswert

Camping
Ein sehr schöner und kostenloser Busch-Campingplatz erstreckt sich unter Flusseukalypten am Cooper Creek; öffentliche Toiletten und Duschen gibt es beim Innaminka Hotel

 Australian Inland Mission Hospital, tägl. 8–16 Uhr, ehemaliges Busch-Krankenhaus, heute Naturparkverwaltung und Ausstellung über die Geschichte sowie die Fauna und Flora der Region

 M. V. Cooper Discoverer Cruises, Tel. 08-86759599, tägl. 9, 16.15 Uhr zweistündige Bootsfahrten auf dem Cooper Creek mit Vogelbeobachtung

Kakadu National Park (NT)

Lage: vordere Umschlagkarte E8

Bowali Visitor Centre, Kakadu Hwy, Tel. 08-89381120, Fax 08-89381123, 5 km südwestl. von Jabiru, tägl. 8–17 Uhr, informatives Besucherzentrum mit einer Ausstellung zur Ökologie des Nationalparks, hier auch Tipps zur Routenplanung und Auskunft über Touren und andere Aktivitäten im Park

 Zwischen Mai und Oktober ist der Park überlaufen, Unterkünfte dann im Voraus buchen!
Gagudju Crocodile Hotel, Flinders St., Jabiru, Tel. 08-89792800, Fax 08-89792707, komfortables Hotel, das aus der Vogelperspektive wie ein gigantisches Krokodil aussieht, mit Restaurant und Pool, sehr teuer
Frontier Kakadu Village, Arnhem Hwy, Tel. 08-89790166, Fax 08-89790147, weitläufige Ferienanlage am Rande des Nationalparks unweit des South Alligator River, teuer, hier auch ein gut ausgestatteter Caravan Park
Frontier Kakadu Lodge & Caravan Park, Jabiru Dr., Jabiru, Tel. 08-89792422, Fax 08-89792254, Feriendorf mit komfortablen motelähnlichen Unterkünften sowie Restaurant und Pool, moderat, hier auch ein sehr gut ausgestatteter Caravan Park
Gagudju Lodge Cooinda, Kakadu Hwy, Cooinda, Tel. 08-89790145, Fax 08-89790148, Ferienanlage mit komfortablen Zimmern, mit Restaurant und Pool, nahe der Yellow Water Lagoon, moderat, hier auch ein gut ausgestatteter Caravan Park mit Cabins
Wildman River Wilderness Lodge, Point Stuart Rd., 40 km nördl. des Arnhem Hwy, Tel. 08-89788912, Fax 08-89788907, rustikal und gemütlich, mit Restaurant und Pool, günstig, hier auch ein gut ausgestatteter Caravan Park
Kakadu Hostel, nahe Ubirr Rock, Tel. 08-89792232, jugendherbergsähnliche Unterkunft mit Doppelzimmern und Schlafsälen, sehr preiswert
Mary River Park, Arnhem Hwy, Tel. 08-89788877, Fax 08-89788899, schöner Caravan Park mit Cabins am Mary River, Bootstouren mit Krokodilbeobachtung

Campingplätze
Im Nationalpark gibt es rund zwei Dutzend naturbelassene Buschcampingplätze mit Toiletten und bisweilen auch Duschen

 Warradjan Aboriginal Cultural Centre, Cooinda, Tel. 08-89790145, tägl. 9–18 Uhr, informatives, auch architektonisch interessantes Zentrum zur Kultur der lokalen Aborigines
Window on the Wetlands, Beatrice Hill, Arnhem Hwy, Tel. 08-89888188,

60 km östl., tägl. 7.30–19.30 Uhr, Informationen über die Tier- und Pflanzenwelt der nord-australischen Feuchtgebiete

 »Adelaide River Queen«, Arnhem Hwy, Tel. 08-89 88 81 44, 60 km östl., Mai–Aug. tägl. 9, 11, 13, 15, Sept.–April 9, 11, 14.30 Uhr, Flussfahrt auf dem Adelaide River mit Fütterung der *jumping crocodiles*

Crocodile Cruises, c/o Mary River Park, Arnhem Hwy, Tel. 08-89 78 88 77, Fax 08-89 78 88 99, tägl. 7, 9, 11, 13, 15, 17 Uhr, Bootstouren auf dem Mary River mit Krokodilbeobachtung

Davidson's Arnhem Land Safaris, P. O. Box 41905, Casuarina, Darwin, NT 0810, Tel. 08-89 27 52 40, Fax 08-89 45 09 19, E-Mail: dassafaris@onaustralia.com.au, Website: http://www.allaust.com.au, individuell gestaltete Touren ins Arnhem Land, u. a. zum Mount Borradaile mit Aborigine-Felsmalereien

Guluyambi Culture Cruise, Kakadu Parklink, Tel. 18 00-08 91 13, Fax 08-89 79 23 03, Mai–Okt. tägl. 9, 11, 13, 15 Uhr, zweistündige Bootstour auf dem East Alligator River, die Einblick in die traditionelle Lebensweise der hiesigen Ureinwohner gibt

Kakadu Air, Jabiru Airport, Tel. 18 00-08 91 13, Fax 08-89 79 23 03, Rundflüge in Propellermaschinen mit spektakulären Ausblicken, besonders lohnend während der Regenzeit

Kakadu Gorge & Waterfall Tours, Tel. 08-89 79 01 11, Mai–Okt. tägl. 5.45 Uhr, Geländewagentour zu den Jim Jim Falls und Twin Falls

Ranger Uranium Mine Tour, Kakadu Parklink, Tel. 18 00-08 91 13, Fax 08-89 79 23 03, tägl. 10.30, 13.30 Uhr, Besichtigung der Tagebau-Anlagen der Uranmine nahe Jabiru, Treffpunkt am Jabiru Airport

The Arnhemlander, Kakadu Parklink, Tel. 18 00-08 91 13, Fax 08-89 79 23 03, Mai–Okt. tägl. 8 Uhr, Ausflug ins Arnhem Land in Begleitung von Aborigines

Willi's Walkabouts, 12 Carrington St., Millner, Darwin, NT 0810, Tel. 08-89 85 21 34, Fax 08-89 85 23 55, E-Mail: walkabout@ais.net.au, von Experten geführte mehrtägige Wanderungen im Kakadu National Park

Yellow Water Cruises, Cooinda, Tel. 08-89 79 01 11, April–Okt. tägl. 6.45, 9, 11.15, 13, 14.45, 16.30 Uhr, zweistündige Bootstour in der vogelreichen Yellow Water-Lagune mit Krokodilbeobachtung

Kalgoorlie-Boulder (WA)

Lage: vordere Umschlagkarte C4

Kalgoorlie-Boulder Tourist Centre, 250 Hannan St., Kalgoorlie, Tel. 08-90 21 19 66, tägl. 9–17 Uhr

Hospitality Inn, Hannan/Throssell Sts, Kalgoorlie, Tel. 08-90 21 28 88, Fax 08-90 21 12 37, elegant, mit Restaurant und Pool, moderat

Hannans View Motel, 430 Hannan St., Kalgoorlie, Tel. 08-90 91 33 33, Fax 08-90 91 33 31, gemütliche Zimmer, am Rande der Innenstadt, günstig

Camping
Kalgoorlie Accommodation Village, Burt St., Boulder, Tel. 08-90 39 48 00, Fax 08-90 39 48 88, bestens ausgestatteter Caravan Park mit Pool und einer großen Auswahl komfortabler Cabins

Akudjura, 420 Hannan St., Kalgoorlie, Tel. 08-90 21 52 27, moderne australische Küche, moderat

Top End Thai Restaurant, 71 Hannan St., Kalgoorlie, Tel. 08-90 21 42 86, authentische Thai-Küche, günstig
The Grand Hotel, 198 Hannan St., Kalgoorlie, Tel. 08-90 21 72 99, *counter meals,* fast tägl. Live-Musik, günstig

 Eastern Goldfields Historical Society Display Centre, Boulder Railway Station, Boulder, tägl. 9 bis 12 Uhr, Museum zur Regionalgeschichte
Museum of the Goldfields, 17 Hannan St., Kalgoorlie, Tel. 08-90 21 85 33, tägl. 10–16.30 Uhr, ausgezeichnetes Museum zur Geschichte des Bergbaus in Kalgoorlie und Umgebung
Royal Flying Doctor Service, Kalgoorlie-Boulder Airport, Tel. 08-90 93 15 00, Mo–Fr 11–15 Uhr, Bodenstation des regionalen Luftrettungsdienstes

 Desert Art Shop, 9 Hannan St., Kalgoorlie, Tel. 08-90 91 55 05, Aborigine-Kunsthandwerk

 Bush Two Up School, Broad Arrow Road, ›Spielhölle‹, 6 km nördl. der Stadt, tägl. ab 16.30 Uhr
Hannans North Tourist Mine, Tel. 08-90 91 40 74, Führungen mehrmals tägl. 9–17 Uhr, Untertagetouren in einer stillgelegten Goldmine
Loopline Tourist Railway, Boulder Railway Station, Boulder, Tel. 08-90 93 30 55, Mo–Sa 10, So u. feiertags 10, 11.45 Uhr, Rundfahrten in einer Schmalspurbahn durch die ›Goldene Meile‹

Karumba (QLD)

Lage: vordere Umschlagkarte G7 (bei Normantown)

 Karumba Lodge Hotel, Yappar St., Tel. 07-47 45 91 43, Fax 07-47 45 93 79, mit klimatisierten Zimmern und Restaurant, günstig
Jay Seas Holiday Units, Palmer St., Tel. 07-47 45 94 14, klimatisierte Zimmer mit Miniküche, sehr preiswert

Camping
Karumba Point Sunset Caravan Park, Palmer St., Tel. 07-47 45 92 77, Fax 07-47 45 94 80, gut ausgestattet, mit Cabins und Pool, in Strandnähe
Karumba Point Tourist Park, Palmer St., Tel. 07-47 45 93 06, Fax 07-47 45 92 38, mit On-Site-Vans und Pool

 Sunset Tavern, Tel. 07-47 45 91 83, den Sonnenuntergang am Strand genießen, günstig

 Karumba Air Services, 65 Yappar St., Tel. 07-47 45 93 49, Fax 07-47 45 92 59, Flüge zur Sweers Island

Katherine (NT)

Lage: vordere Umschlagkarte E7

 Katherine Visitor Information Centre, Stuart Hwy/Lindsay St., Tel. 08-89 72 26 50, Fax 08-89 72 29 69, E-Mail: krta@nt-tech.com.au, Mo–Fr 8.30 bis 17, Mai–Sept. auch Sa, So 9 bis 15 Uhr
Parks and Wildlife Commission of the Northern Territory, Giles St., Tel. 08-89 73 88 88, Fax 08-89 73 88 99, Informationen über Nationalparks

 All Seasons Frontier Motor Inn, Stuart Hwy, Tel. 08-89 72 17 44, Fax 08-89 72 27 90, komfortabel, mit Pool, großem Garten und Caravan Park, moderat

Pine Tree Motel, 3 Third St., Tel. 08-89 72 25 33, Fax 08-89 72 29 20, ruhige Lage, zweckmäßige Zimmer, Pool, günstig
Kookaburra Backpackers Lodge, Third/Lindsay Sts, Tel. 18 00-80 82 11, einfach und ordentlich, beliebt bei jungen Leuten, sehr preiswert

Camping
Katherine Low Level Caravan Park, Shadforth Rd., Tel. 08-89 72 39 62, Fax 08-89 72 22 30, 5 km westl., bestens ausgestattet
Katherine Gorge Caravan Park, Nitmiluk National Park, Tel. 08-89 72 12 53, 31 km östl., gut ausgestattet, ideal gelegen für die Erkundung des Nationalparks

Katherine Museum, Gorge Rd., Tel. 08-89 72 39 45, März–Okt. Mo bis Fr 10–16, So 14–17, Nov.–Feb. Mo–Fr 10–13, So 14–17 Uhr, Museum zur Regionalgeschichte
School of the Air, Giles St., Tel. 08-89 72 25 52, April–Dez. Mo–Fr 9, 10, 11, 13 u. 14 Uhr, Funkunterricht live
Springvale Homestead, Shadforth Rd., Tel. 08-89 72 14 54, 8 km nordwestl., Führungen April–Sept. tägl. 10 u. 15 Uhr, älteste Rinderfarm des Northern Territory mit zahlreichen Erinnerungsstücken aus der Pionierzeit

Katherine Scenic Flights, Tel. 08-89 72 37 77, Fax 08-89 72 30 83, Rundflüge in Propellermaschinen über die Katherine Gorge sowie Flüge von Katherine nach Cooinda im Kakadu National Park
Crocodile Night Adventure, Tel. 08-89 72 25 52, Mai–Nov. tägl. 18.30 Uhr, nächtliche Bootstour mit Krokodilbeobachtung auf dem Katherine River
Cutta Cutta Caves, Stuart Hwy, Tel. 08-89 72 19 40, 27 km südl., Führungen

März–Nov. tägl. 9, 10, 11, 13, 14 u. 15 Uhr, Tropfsteinhöhlen
Katherine Gorge Heli Tours, Tel. 08-89 72 31 50, Helikopter-Rundflüge über die Katherine Gorge
Manyallaluk, Tel. 08-89 75 47 27, Fax 08-89 75 47 24, von Aborigines geführte Touren, u. a. ein ›Four Day Walkabout‹ im Nitmiluk National Park
Nitmiluk Tours, Tel. 18 00-08 91 03, Fahrten in Flachboden-Booten auf dem Katherine River
Travel North, 6 Katherine Terr., Tel. 18 00-08 91 03, Fax 0 89-72 39 89, Website: http://www.travelnorth.com.au, Flugsafaris zum Kakadu National Park und von Aborigines geführte Touren im Nitmiluk National Park

Kings Canyon (NT)

Lage: vordere Umschlagkarte E5 (bei Yulara)

Conservation Commission, Watarrka National Park Ranger Station, Tel. 08-89 56 74 60

Kings Canyon Resort, Luritja Rd., Watarrka National Park, Tel. 08-89 56 76 60, Fax 08 89 56 74 26, komfortable Lodge mit Restaurant und Pool, teuer

Camping
Kings Canyon Caravan Park, Luritja Rd., Watarrka National Park, Tel. 08-89 56 74 42, Fax 08-89 56 74 10, sehr gute Ausstattung, schöne Lage

Lilla Aboriginal Tours, Tel. 08-89 56 74 42, Fax 08-89 56 74 10, von Aborigines geführte Touren im Kings Canyon, die Einblicke in die traditionelle Lebensweise und Kultur der Ureinwohner geben

Kings Creek (NT)

Lage: vordere Umschlagkarte E5
(bei Yulara)

 Kings Creek Station, Luritja Rd., Tel. 08-89 56 74 74, Fax 08-89 56 74 68, rustikale Lodge in schöner Lage mit Caravan Park, günstig

Kulgera (NT)

Lage: vordere Umschlagkarte E5
(bei Alice Springs)

 Kulgera Roadhouse Hotel-Motel, Stuart Hwy, Tel. 08-89 56 09 73, einfaches Motel mit Restaurant und Campingplatz, günstig

Kununurra (WA)

Lage: vordere Umschlagkarte D7

 Kununurra Tourist Bureau, East Kimberley Tourism House, Coolibah Dr., Tel. 08-91 68 11 77, Fax 08-91 68 25 98, April–Okt. tägl. 8–17 Uhr
Department of Conservation and Land Management, Konkerberry Dr./Messmate Way, Tel. 08-91 68 02 00, Informationen über Nationalparks

 Mercure Inn, Duncan Hwy., Tel. 08-91 68 14 55, Fax 08-91 68 26 22, komfortabel, mit Restaurant und Pool, moderat

Camping
Kona Lakeside Tourist Park, Lakeview Dr., Tel. 08-91 68 10 31, Fax 08-91 69 11 35, schöne Lage am Lake Kununurra, sehr gute Ausstattung, gemütliche Cabins

Lake Argyle Tourist Village, Ord Dam, Lake Argyle, Tel. 08-91 68 73 60, Fax 08-91 68 73 55, 75 km südl. der Stadt, schöne Lage nahe dem Lake Argyle, gute Ausstattung

 Kelly's Bar & Grill, c/o Country Club Hotel, 47 Coolibah Dr., Tel. 08-91 68 10 24, herzhafte Aussie-Hausmannskost, moderat

 Durack Argyle Homestead, Ord Dam, Lake Argyle, tägl. 8.30 bis 16.30 Uhr, koloniales Farmhaus mit Familienmuseum, 75 km südl. der Stadt

 Waringarri Aboriginal Arts, Speargrass Rd., Tel. 08-91 68 22 12, Mo–Fr 8.30–12 u. 13–16.30 Uhr, Kunstobjekte und Kunsthandwerk der Ureinwohner, im Besitz von Aborigines

 Alan Clarke's Heliventures, Tel. 08-91 68 19 03, Helikopterflüge u. a. zum Bungle-Bungle-Massiv
Alligator Airways, Tel. 18 00-63 25 33, Flüge in kleinen Propellermaschinen zum Purnululu National Park
Belray Diamond Tours, Tel. 18 00-63 25 33, tägl. 9 Uhr, Besichtigung der Argyle Diamond Mine
Kimberley Ecotours, Tel. 08-91 68 20 38, April–Okt. tägl. 8 u. 13 Uhr, Bootstouren auf dem Lake Kununurra mit Vogel- und Krokodilbeobachtung
Lake Argyle Cruises, Tel. 08-91 68 73 61, Mai–Sept. tgl. 10, 12, 15 Uhr, Bootsausflug auf dem Lake Argyle mit Vogel- und Krokodilbeobachtung
Slingair, Tel. 08-91 68 13 00, Fax 08-91 68 11 29, Rundflüge in kleinen Propellermaschinen und Hubschraubern über das östliche Kimberley Plateau
Triple J Tours, Tel. 18 00-24 26 82, April–Okt. tägl. 8.15 Uhr, 55 km lange Bootstour auf dem Ord River von

Kununurra zum Lake Argyle mit Tierbeobachtung

Lakeland Downs (QLD)

*Lage: vordere Umschlagkarte G7
(bei Laura)*

 Lakeland Downs Hotel-Motel, Tel. u. Fax 07-40 60 21 42, einfaches Outback-Motel mit Kneipe, sehr preiswert

Camping
Lakeland Downs Caravan Park, Tel. 07-40 60 20 08, Fax 07-40 60 21 79, mit motelähnlichen Unterkünften

Larrimah (NT)

*Lage: vordere Umschlagkarte E7
(bei Mataranka)*

 Larrimah Wayside Inn, Stuart Hwy, Tel. 08-89 75 99 31, einfaches Motel mit Caravan Park, sehr preiswert

Laura (QLD)

Lage: vordere Umschlagkarte G7

 Quinkan Hotel, Tel. 07-40 60 32 55, Pub-Hotel aus dem Jahre 1887 mit einfachen Zimmern und einem Schlafsaal sowie kleinem Campingplatz, sehr preiswert

Camping
Ang-Gnarra Caravan Park, Tel. 07-40 60 32 00, von Aborigines geleitet, einfach, mit großem Pool
Jowalbinna Bush Camp, Tel. 07-40 60 32 36, 35 km südl. von Laura, Busch-Campingplatz mit Cabins, geführte Wanderungen zu Aboriginal-Felsgalerien

Laverton (WA)

Lage: vordere Umschlagkarte C4

 Desert Inn, 2 Laver St., Tel. 08-90 31 11 88, Motel mit klimatisierten Zimmern und Restaurant, günstig
Laverton Downs Station, Tel. u. Fax 08-90 37 59 98, stilvolle Unterkunft in einem ehemaligen Farmhaus, sehr preiswert

Lawn Hill National Park (QLD)

*Lage: vordere Umschlagkarte F6
(bei Mount Isa)*

 Ranger Station, Tel. 07-47 48 55 72

 Adel's Grove Campground, Tel. u. Fax 07-47 48 55 02, 10 km nördl. des Nationalparks, schön gelegener und gut ausgestatteter Busch-Campingplatz
Lawn Hill National Park Campground, Tel. 07-47 48 55 72, sehr schöner Campingplatz am Lawn Hill Creek, während der Hauptsaison von Juni bis August Reservierung erforderlich, hier auch Kanuverleih

Leonora (WA)

Lage: vordere Umschlagkarte C4

 Leonora Motor Inn, Tower St., Tel. 08-90 37 60 30, kleines Highway-Motel, sehr preiswert

Camping
Leonora Caravan Park, Tower St., Tel. 08-90 37 62 48, gut ausgestattet

 Gwalia Historical Museum, Gwalia, tägl. 10–16 Uhr, etwas verstaubtes Goldrausch-Museum

Longreach (QLD)

Lage: vordere Umschlagkarte G5

 Longreach Visitor Information Centre, Qantas Park, Tel. 07-46 58 35 55

 Longreach Motor Inn, 84 Galah St., Tel. 07-46 58 23 22, Fax 07-46 58 18 28, gemütliche Zimmer, mit Restaurant und Pool, günstig
Jumbuck Motel, Sir Hudson Fysh Dr., Tel. 07-46 58 17 99, Fax 07-46 58 18 32, komfortabel, mit Restaurant und Pool, günstig
Hallview Lodge, 81 Wompoo Rd., Tel. 07-46 58 37 77, familiäre Bed & Breakfast-Pension, sehr preiswert

Camping
Gunnadoo Caravan Park, Thrush Rd., Tel. 07-46 58 17 81, Fax 07-46 58 00 34, mit Cabins und Pool

 Qantas Founders Museum, Longreach Airport, Tel. 07-46 58 37 37, tägl. 9–17 Uhr, Museum zur Geschichte der nationalen Fluglinie Australiens
School of Distance Education, Landsborough Hwy, Tel. 07-46 58 42 22, Mo-Fr 8.30 Uhr, außer während der Schulferien Funkunterricht live
Stockman's Hall of Fame, Ilfracombe Rd., Tel. 07-46 58 21 66, tägl. 9–17 Uhr, informatives Outback-Museum

 Dundee Station, Tel. 07-46 58 22 06, 10 km östl., Besichtigung einer Schaf- und Rinderfarm

Lyndhurst (SA)

Lage: vordere Umschlagkarte F4 (bei Marree)

 Lyndhurst Roadhouse & Store, Tel. u. Fax 08-86 75 77 82, Informationen über die Befahrbarkeit des Strzelecki, des Oodnadatta und des Birdsville Track

 Talc Alf Gallery, 2 km nordöstl., Talkskulpturen von Fabelwesen

Madura Roadhouse (WA)

Lage: vordere Umschlagkarte F4 (bei Marree)

 Madura Pass Oasis Motel, Eyre Hwy, Tel. 08-90 39 34 64, komfortables Motel mit Restaurant und Pool sowie Caravan Park, günstig

Marble Bar (WA)

Lage: vordere Umschlagkarte B6

 Marble Bar Tourist Information Centre, Francis St., Tel. 08-91 76 10 45

 Iron Clad Hotel, Tel. 08-91 76 10 66, einfaches, aber originelles Pub-Hotel, sehr preiswert

Camping
Marble Bar Caravan Park, Tel. 08-91 76 10 67

Marla (SA)

Lage: vordere Umschlagkarte E5

 Marla Police Station, Stuart Hwy, Tel. 08-86 70 70 20, Information über die Befahrbarkeit des Oodnadatta Track, *permit* für Mintabie

 Marla Travellers Rest Hotel-Motel, Tel. 08-86 70 70 01, funktionelle Unterkunft mit Restaurant, Pool und einfachem Caravan Park, günstig

Marree (SA)

Lage: vordere Umschlagkarte F4

 Maree Police Station, Tel. 08-86 75 83 46, Information über den Pistenzustand

 Great Northern Hotel, Tel. 08-86 75 83 44, Fax 08-86 75 83 28, stimmungsvolles Outback-Hotel mit Restaurant, sehr preiswert

Camping
Marree Caravan & Campers Park, Tel. u. Fax 08-86 75 83 71, einfach, mit klimatisierten On-Site-Vans
Oasis Caravan Park, Tel. 08-86 75 83 52, Stellplätze für Zelte und Wohnmobile sowie Cabins

 Arabunna Aboriginal Communication Centre and Museum, Tel. 08-86 75 83 57, Mo–Fr 10–16 Uhr, ethnologisches Museum zur Kultur der regionalen Ureinwohner

 Lake Eyre Scenic Flights, c/o Oasis Café, Tel. 08-86 75 83 52, Rundflüge über dem Lake Eyre

Mataranka (NT)

Lage: vordere Umschlagkarte E7

 The Stockyard Gallery, Stuart Hwy. u. Fax 08-89 75 45 30, Aborigine-Kunsthandwerk

 Mataranka Homestead, Tel. 08-89 75 45 44, Fax 08-89 75 45 80, Ferienanlage mit viel Outback-Flair, schöne Lage bei den Thermalquellen, Motel mit Restaurant sowie Caravan Park mit Cabins, günstig
Elsey National Park Camp Area, John Hauser Dr., Tel. 08-89 75 47 89, schöner Campingplatz nahe dem Roper River, Kanuverleih

McKinlay (QLD)

*Lage: vordere Umschlagkarte G6
(bei Cloncurry)*

 Walkabout Creek Hotel, Matilda Hwy, Tel. 07-47 46 84 24, Fax 07-47 46 87 68, durch den Film »Crocodile Dundee« berühmt gewordenes, traditionsreiches Outback-Hotel mit einer Kneipe und einfachen Zimmern, sehr preiswert

Camping
Walkabout Creek Caravan Park, Matilda Hwy, Tel. 07-47 46 84 24, gut ausgestattet, mit Cabins

Meekatharra (WA)

Lage: vordere Umschlagkarte B5

 Auski Inland Motel/Hotel, Main/Roberts Sts, Tel. 08-99 81 14 33, Fax 08-99 81 14 78, komfortable, klimatisierte Zimmer und Restaurant, günstig

Camping
Meekatharra Caravan Park, Great Northern Hwy, Tel. 08-99 81 12 53, gut ausgestattet, On-Site-Vans und Cabins

Mossman (QLD)

Lage: vordere Umschlagkarte H7 (bei Port Douglas)

 White Cockatoo, 1–9 Alchera Dr., Tel. 07-40 98 22 22, Fax 07-40 98 22 21, komfortable Holzhäuser in tropischem Ambiente, mit Salzwasserpool, günstig
Mossman Gorge B&B, Gorge View Cres., Tel. 07-40 98 24 97, Fax 07-40 41 18 16, gemütliche Bed & Breakfast-Pension am Eingang der Mossman Gorge, sehr preiswert

Camping
Mossman Bicentennial Pool & Caravan Park, Foxton Ave., Tel. 07-40 98 19 22, gut ausgestattet, mit Pool

 Kuku Yalanji Dreamtime Walks, 58 Pringle St., Tel. 07-40 99 53 27, Mo–Fr 10, 12, 14 Uhr, von Aborigines geführte Wanderung in den Regenwald mit Einblick in Leben und Kultur der Ureinwohner

Mount Augustus (WA)

Lage: vordere Umschlagkarte B5

 Cobra Station, Tel. 08-99 43 05 65, Fax 08-99 43 09 92, 40 km nordwestl., geschl. Fr 18 – Sa 18 Uhr, Oase in der Halbwüste mit Dattelpalmen und Orangenbäumen, motelähnliche Unterkünfte und Zimmer im Farmhaus sowie Campingplatz, Restaurant und Tankstelle, günstig
Mount Augustus Tourist Resort, Tel. u. Fax 08-99 43 05 27, 4 km nordöstl., einfache, klimatisierte Zimmer in Wohncontainern und Caravan Park sowie Restaurant, Bar und Tankstelle, günstig

Mount Dare Homestead (SA)

Lage: vordere Umschlagkarte F5 (bei Oodnadatta)

 Mount Dare Homestead, Tel. 08-86 70 78 35, Fax 08-86 70 78 64, einfache Zimmer und schöner Busch-Campingplatz, mit Tankstelle, Laden und Kneipe, sehr preiswert

Mount Isa (QLD)

Lage: vordere Umschlagkarte F6

 Mount Isa Tourist Information Centre, c/o Riversleigh Fossil Display, Civic Centre, Marian St., Tel. 07-47 49 15 55, Fax 07-47 43 62 96, E-Mail: riversleigh@tpgi.com.au

 Burke & Wills Isa Resort, Grace/Camooweal Sts (Barkly Hwy), Tel. 07-47 43 80 00, Fax 07-47 43 84 24, komfortables Motel mit Restaurant und Pool, moderat
Inland Oasis, 195 Barkly Hwy, Tel. 07 47 43 34 33, Fax 07-47 43 55 69, mit Restaurant und Pool, sehr preiswert

Camping
Riverside Tourist Park, 195 West St., Tel. u. Fax 07-47 43 39 04, sehr gut ausgestattet, mit gemütlichen Cabins

Frank Aston Underground Museum, Shackleton St., Tel. 07-47 43 06 10, tägl. 9–16 Uhr, Bergbaumuseum

John Middlin Mining Display and Visitor Centre, Church St., Tel. 07-47 49 14 29, Mo–Fr 9–16, Sa 10–13 Uhr, informatives Besucherzentrum der Mount Isa Mines

Kalkadoon Cultural Centre, Marian St., Tel. 07-47 49 14 36, Mo–Fr 9–17 Uhr, Zentrum für die Kultur der Ureinwohner

Riversleigh Fossil Display, Civic Centre, Marian St., Tel. 07-47 49 15 55, Mo–Fr 9–16.30, Sa u. So 10–14.30 Uhr, Fossilienausstellung

Royal Flying Doctor Service, Grace/Camooweal Sts (Barkly Hwy), Tel. 07-47 43 28 00, Mo–Fr 9–17 Uhr, Besucherzentrum des lokalen Luftrettungsdienstes

School of the Air, Abel Smith Par., Tel. 07-47 43 51 57, Mo–Fr 10 u. 11 Uhr, außer während der Schulferien, Funkunterricht

 Mount Isa Mines Tour, dreistündige Besichtigung der Tagebau-Anlagen sowie eines Teils des Untertagebergwerks, Mindestalter 16 Jahre, Buchung und genaue Tourzeiten beim Fremdenverkehrsamt s. o.

Mount Surprise (QLD)

Lage: vordere Umschlagkarte G7 (bei Normanton)

 Bedrock Village, Garnet St., Tel. 07-40 62 31 93, Fax 07-40 62 31 66, Motel mit klimatisierten Zimmern, gut ausgestatteter Caravan Park mit Pool, sehr preiswert

Mount Surprise Tourist Van Park & Motel, Tel. 07-40 62 31 53, Motel mit klimatisierten Zimmern, gut ausgestatteter Caravan Park mit On-Site-Vans, sehr preiswert

 The Savannahlander, Mount Surprise Railway Station, Tel. 07-40 62 31 08, Mo, Do 12.30 Uhr, fünfstündige Fahrt in einem Bummelzug zwischen Mount Surprise und Forsayth

Mungerannie Roadhouse (SA)

Lage: vordere Umschlagkarte F5

 Mungerannie Hotel, Tel. 08-86 75 83 17, einfache Zimmer, Busch-Camp am Derwent River, mit Tankstelle und Kneipe, sehr preiswert

Mungo National Park (NSW)

Lage: vordere Umschlagkarte G3 (bei Mildura)

 National Parks & Wildlife Service, 20 Madden Ave., Mildura, Tel. 03-50 23 12 78

 Mungo Lodge, Arumpo, Tel. 03-50 29 72 97, Motelzimmer und geräumige Blockhütten, günstig

Newman (WA)

Lage: vordere Umschlagkarte B6

 Newman Tourist Information Centre, Newman Dr./Fortescue Ave., Tel. 08-91 75 28 88, hier auch Ausstellung zur Geschichte des Bergbaus in der Pilbara

 All Seasons Newman Hotel, Newman Dr., Tel. 08-91 77 86 66,

Fax 08-91 77 86 55, komfortabel, mit Restaurant und Pool, moderat

Camping
Newman Caravan Park, Kalgan Dr., Tel. 08-91 75 14 28, Fax 08-91 75 14 84, sehr gut ausgestattet, mit Cabins, On-Site-Vans und Pool

Chinese Kitchen, Boulevard Shopping Centre, Tel. 08-91 75 22 74, bester ›Chinese‹ weit und breit, günstig

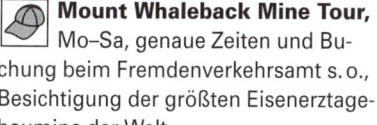
Mount Whaleback Mine Tour, Mo–Sa, genaue Zeiten und Buchung beim Fremdenverkehrsamt s. o., Besichtigung der größten Eisenerztagebaumine der Welt

Nhulunbuy (NT)

Lage: vordere Umschlagkarte F8

East Arnhem Land Tourist Association, P.O. Box 1212, Nhulunbuy, NT 0881, Tel. u. Fax 08-89 87 22 55

Walkabout Lodge, 12 Westal St., Tel. 08-89 87 17 77, Fax 08-89 87 23 22, komfortabel, mit Pool, moderat
Hideaway Safari Lodge, nahe dem Gove Airport, Tel. 08-89 87 39 33, einfache, klimatisierte Zimmer, sehr preiswert

Normanton (QLD)

Lage: vordere Umschlagkarte G7

Carpentaria Shire Council, Landsborough St., Tel. 07-47 45 12 68

Gulfland Motel, Landsborough St., Tel. 07-47 45 12 90, Fax 07-47 45 11 38, gut geführt, mit Pool und Restaurant, günstig

Camping
Normanton Caravan Park, Brown St., Tel. 07-47 45 11 21, Fax 07-47 45 13 19, gut ausgestattet, mit On-Site-Vans und Pool

National Hotel, Landsborough St., Tel. 07-47 45 13 24, auf ein Bier mit Einheimischen in den berühmten ›Purple Pub‹

Norman River Fishing & Cruises, Tel. 07-47 45 13 47, Bootstouren auf dem Norman River zum Barramundifischen oder Krokodilbeobachten
The Gulflander, Normanton Railway Station, Tel. 07-47 45 13 91, Fax 07-47 45 12 22, Mi 8.30 Uhr, vierstündige Fahrt in einem Bummelzug zwischen Normanton und Croyden

Norseman (WA)

Lage: vordere Umschlagkarte C3

Norseman Tourist Bureau, 68 Roberts St., Tel. 08-90 39 10 71

Great Western Motel, Prinsep St., Tel. 08-90 39 16 33, Fax 08-90 39 16 92, komfortables Motel, mit Restaurant und Pool, günstig

Camping
Gateway Caravan Park, Prinsep St., Tel. 08-90 39 15 00, sehr gut ausgestattet, mit Cabins und On-Site-Vans

Central Norseman Corporation Gold Mining Operations,

Mo–Fr 9.30 Uhr, Besichtigung der Goldmine, Buchung und Treffpunkt im Tourist Bureau

Nullarbor Roadhouse (SA)

Lage: vordere Umschlagkarte E4 (bei Ceduna)

 Nullarbor Hotel/Motel, Eyre Hwy, Tel. 08-86 25 62 71, Fax 08-86 25 62 61, Motel mit klimatisierten Zimmern und Restaurant sowie Caravan Park, günstig

Old Andado (NT)

Lage: vordere Umschlagkarte E5 (bei Alice Springs)

 Old Andado Homestead, Tel. 08-89 56 08 12, einfache Zimmer und Campingplatz, Essen auf Bestellung, sehr preiswert

Oodnadatta (SA)

Lage: vordere Umschlagkarte F5

 Pink Roadhouse, Tel. 08-86 70 78 22, Fax 08-86 70 78 31

 Transcontinental Hotel, Tel. 08-86 70 78 04, einfaches Pub-Hotel mit viel Outback-Flair, mit Restaurant, sehr preiswert

Camping
Oodnadatta Caravan Park, Tel 08-86 70 78 22, Fax 08-86 70 78 31, einfach, mit Cabins

 Oodnadatta Railway Museum, Eisenbahn-Museum, Schlüssel gegenüber im Transcontinental Hotel

Palm Cove (QLD)

Lage: vordere Umschlagkarte H7 (bei Cairns)

 Wild World, Captain Cook Hwy, Tel. 07-40 55 36 69, tägl. 8.30 bis 17 Uhr, Snake Show tägl. 10.45 u. 14.15, Crocodile Show tägl. 11.15 u. 15.30 Uhr, großer Zoo mit australischen Tieren, insbesondere Reptilien

Parachilna (SA)

Lage: vordere Umschlagkarte F4 (bei Marree)

 Prairie Hotel, High St./West Terr., Tel. 08-86 48 48 44, rustikales Pub-Restaurant mit viel Outback-Atmosphäre, Spezialitäten: ›Roo Burger‹ und Emusteak, günstig

Penong (SA)

Lage: vordere Umschlagkarte E4 (bei Ceduna)

 Penong Hotel, Eyre Hwy, Tel. 08-86 25 10 50, einfaches Outback-Hotel mit Pub, preiswerte *counter meals,* sehr preiswert

Camping
Cactus Beach Caravan Park, 21 km südl., schön gelegen, einfach

Perth (WA)

*Lage: vordere Umschlagkarte B4
Stadtplan S. 88*

 Western Australian Tourist Centre, Forrest Pl., City, Tel. 13 00-36 13 51, Fax 08-94 81 01 90, Mo–Do 8.30–18, Fr 8.30–19, Sa 8.30–17, So 10–17 Uhr
Royal Automobile Club of Western Australia (RAC), 228 Adelaide Terr., City, Tel. 08-94 21 44 44, Automobilklub, Auskunft über den Straßenzustand
Department of Conservation and Landmanagement (CALM), Information Centre, 47 Henry St., Fremantle, Tel. 08-94 30 86 00, tägl. außer Di 10 bis 7.30 Uhr, Informationen über Nationalparks

 Esplanade Hotel, Marine Terr./Essex St., Fremantle, Tel. 08-94 32 40 00, Fax 08-94 32 48 36, traditionsreiche Luxusherberge mit Restaurant und Pool, sehr teuer
Centra Perth, 778 Hay St., City, Tel. 08-92 61 72 00, Fax 08-94 81 22 50, Stadthotel mit komfortablen Zimmern, Restaurant und Pool, teuer
Sullivans Hotel, 166 Mounts Bay Rd., City, Tel. 08-93 21 80 22, Fax 08-94 81 67 26, beliebtes Haus in der Nähe des Kings Park, mit Restaurant und Pool, moderat
Perth City Hotel, 200 Hay St., City, Tel. 08-92 20 70 00, Fax 08-92 20 70 07, zentrale, aber ruhige Lage, freundliche Zimmer, günstig

Camping
Fremantle Village Caravan Park, Cockburn/Rockingham Rds, Fremantle, 18 km südw. der City, Tel. 08-94 30 48 66, Fax 08-94 30 80 53, gut ausgestattet mit geräumigen Cabins
Perth Central Caravan Park, 34 Central Ave., Redcliffe, 7 km östl. der City, Tel. 08-92 77 17 04, Fax 08-84 79 44 34, sehr gut ausgestattet, mit Cabins und On-Site-Vans

Coco's Riverside Bar & Restaurant, The Esplanade, South Perth, Tel. 08-94 74 30 30, Steaks und Seafood vor dem Panorama der City Skyline, teuer
Miss Maud Swedish Restaurant, 97 Murray St., City, Tel. 08-93 25 39 00, skandinavische Küche, mit opulentem Buffett-Lunch und -Dinner, moderat
White Elephant, 323 William St., Northbridge, Tel. 08-92 27 57 38, hervorragendes Thai-Lokal, So–Mi abends thailändische Tänze, moderat

 Old Court House, Stirling Gardens,/St. Georges Terr., City, Tel. 08-93 25 47 87, Mo–Fr 10–14.30 Uhr, Justizmuseum
Old Perth Boys School, 139 St. Georges Terr., City, Tel. 08-93 21 27 54, tägl. 7–16 Uhr, altes Schulgebäude, heute stilvolles Café
Old Round House, Arthur Head, Fremantle, Tel. 08-94 36 10 77, tägl. 9 bis 17 Uhr, altes Gefängnis
Underwater World, Hillarys Boat Harbour, West Coast Dr., Hillarys, Tel. 08-94 47 75 00, tägl. 9–17 Uhr, großes Ozeanarium mit artenreicher Unterwasserfauna
Western Australian Art Gallery, Perth Cultural Centre Mall, James St., City, Tel. 08-94 92 66 00, tägl. 10–17 Uhr, Kunstmuseum mit Schwerpunkt auf australischer Malerei
Western Australian Maritime Museum, Cliff St./Marine Terr., Fremantle, Tel. 08-94 31 84 44, tägl. 10.30–17 Uhr, Seefahrtsmuseum
Western Australian Museum, Perth Cultural Centre Mall, James/Francis Sts,

City, Tel. 08-94 27 27 00, So–Fr u. feiertags 10.30–17, Sa 13–17 Uhr, naturgeschichtliche und ethnologische Sammlungen sowie Ausstellung zur Geschichte von Western Australia

 Bannister Street Craftworks, 8–12 Banister St., Fremantle, Tel. 08-93 26 20 35, Di–Sa 10–17, So u. feiertags 12.30–17 Uhr, hochwertige kunsthandwerkliche Souvenirs
Creative Native Aboriginal Art Gallery, 32 King St., City, Tel. 08-92 22 33 98, Mo–Do 9–17.30, Fr 9–21, Sa 9–17, So 11–17 Uhr, hochwertiges Kunsthandwerk der Ureinwohner
Fremantle Markets, South Terr./Henderson St., Fremantle, Tel. 08-93 35 25 15, Fr 9–21, Sa 9–17, So, Mo u. feiertags 10–17 Uhr, hunderte von Ständen, die vor allem frische Lebensmittel anbieten
Paddy Pallin, 884 Hay St., City, Tel. 08-93 23 79 67, Outback-Bekleidung, unter dem gleichen Dach das Perth Map Centre mit einer großen Auswahl an Straßen- und Wanderkarten
Purely Australian Clothing, Hay Street Mall/William St., City, Tel. 08-93 21 46 97, legere Mode für Damen und Herren ›Made in Australia‹

 Perth Concert Hall, 5 St. Georges Terr., City, Tel. 08-94 84 11 33, Musikveranstaltungen
Fly By Nightclub, 121 Holdsworth St., Fremantle, Tel. 08-94 30 59 76, Jazz und Blues live
His Majesty's Tavern, Hay/King Sts, City, Tel. 08-93 21 53 24, Pub, fast jede Nacht Live-Unterhaltung

 Captain Cook Cruises, Pier 3, Barrack Street Jetty, City, Tel. 08-93 25 33 41, mehrmals tägl. ab 9.45 Uhr, Bootsausflüge auf dem Swan River

Perth Tram Tours, Tel. 08-93 22 20 06, mehrmals tägl. ab 8.30 Uhr, Stadtrundfahrt im Nachbau einer Tram, Abfahrt City Stop 565, Hay/Barracks Sts
Perth Zoo, 20 Labouchere Rd., South Perth, Tel. 08-94 74 35 51, tägl. 9–17 Uhr, Tierpark
Rottnest Express, C Shed, Victoria Quay, Fremantle, Tel. 08-93 35 64 06, tägl. 7.30, 9.30, 11.15, 15.30, 17.15, 18.45 Uhr, Schnellboote nach Rottnest Island
Swan Valley River & Vineyard Cruise, c/o Boat Torque Cruises, Pier 3, Barrack Street Jetty, City, Tel. 08-92 21 58 44, tägl. 13.45 Uhr, Bootsausflug auf dem Swan River mit Besichtigung einer Winzerei

 Im Innenstadtbereich gibt es drei kostenlose Buslinien (Central Area Transit, CAT) im Zehn-Minuten-Takt, Mo–Do 7–18, Fr 7–1, Sa 8.30–13, So 10–17 Uhr, Informationen (Stadt- und Vorortverkehr): Transperth Information Centre, 125 St. Georges Terr., City, Tel. 08-13 62 13, Mo–Fr 7–18, Sa 7.30–15 Uhr
Flughafenbus: Zwischen dem Domestic Airport für Inlandflüge (11 km nordöstl. der City) bzw. dem International Airport (16 km nordöstl. der City) und dem Zentrum pendelt tägl. alle 30 Min. von 5–21 Uhr ein Shuttle Bus des Perth Airport Bus Service, Fahrzeit 30–40 Min., Auskunft: Tel. 08-94 79 41 31

Pine Creek (NT)

Lage: vordere Umschlagkarte E7

 Bonrook Lodge, Tel. 08-89 76 12 32, Fax 08-89 76 14 69, gemütlich, mit Garten und Pool sowie gutem Restaurant, moderat

Pine Creek Motel, 40 Moule St., Tel. 08-89 76 12 88, Fax 08-89 76 13 74, zweckmäßig, mit Restaurant, günstig

Camping
Kakadu Gateway Caravan Park, 181 Buchanan St., Tel. 08-89 76 11 66, Fax 08-89 76 11 77, gut ausgestattet, mit klimatisierten Cabins

 Pine Creek National Trust Museum, Railway Terr., Tel. 08-89 76 12 21, Mo–Fr 10–17, Sa, So 10–14 Uhr, heimatkundliches Museum

Point Samson (WA)

Lage: vordere Umschlagkarte B6 (bei Dampier)

 Point Samson Lodge, 56 Samson Rd., Tel. 08-91 87 10 52, Fax 08-91 87 16 03, gut geführt und gemütlich, mit Pool, moderat
Delilah's Bed & Breakfast, 303 Meares Dr., Tel. 08-91 87 14 71, Fax 08-91 87 15 96, gemütliche Pension am Strand, günstig

Camping
Point Samson Caravan Park, Tel. 08-91 87 14 14, gut ausgestattet, am Meer

 Moby's Kitchen, Tel. 08-91 87 14 35, gemütliches Gartenrestaurant mit ausgezeichnetem Seafood, moderat

Port Augusta (SA)

Lage: vordere Umschlagkarte F3

 Port Augusta Tourist Information Office, Wadlata Outback Centre, 41 Flinders Terr., Tel. 08-86 41 07 93, Mo–Fr 9–17.30, Sa, So 10 bis 16 Uhr
National Parks & Wildlife Service, 9 Mackay St., Tel. 08-86 48 53 00, Fax 08-86 48 53 01, Informationen über Nationalparks

 Hi-Way One Motel, Highway One, Tel. 08-86 42 27 55, Fax 08-86 41 05 88, gut geführtes Motel mit Restaurant und Pool, günstig
Acacia Ridge Motel, 33 Stokes Terr., Tel. 08-86 42 33 77, Fax 08-86 42 43 23, gemütlich, mit Restaurant und Pool, sehr preiswert

Camping
Port Augusta Holiday Park, Highway One/Stokes Terr., Tel. 08-86 42 29 74, Fax 08-86 42 64 55, gut ausgestattet, mit Cabins und On-Site-Vans

 King Po, 39 Flinders Terr., Tel. 08-86 42 58 51, der beste ›Chinese‹ weit und breit, günstig

 Homestead Park Pioneer Museum, Elsie St., Tel. 08-86 42 20 35, tägl. 9–17 Uhr historische Farm mit vielen Erinnerungsstücken aus der Pionierzeit
Royal Flying Doctor Service, 4 Vincent St., Tel. 08-86 42 20 44, Mo–Fr 10 bis 15 Uhr, Bodenstation der ›fliegenden Ärzte‹
School of the Air, 59 Power Crescent, Tel. 08-86 42 20 77, Mo–Fr 10 Uhr, außer während der Schulferien Funkunterricht
Wadlata Outback Centre, 41 Flinders Terr., Tel. 08-86 42 45 11, Mo–Fr 9–17.30, Sa, So 10–16 Uhr, alles zum Thema Outback

 Arids Lands Botanic Garden, Stuart Hwy, Tel. 08-86 41 10 49,

Mo–Fr 9–17, Sa, So 10–16 Uhr, auf die Flora der Trockenzone spezialisierter botanischer Garten

World's Longest Mail Run, Augusta Airways, Port Augusta Airport, P. O. Box 1756, Port Augusta, SA 5700, Tel. 08-86 42 31 00, jedes Wochenende von Port Augusta via Innamincka und Birdsville nach Boulia in Queensland, längster Postflug der Welt, der Touristen eine interessante Möglichkeit bietet, das Outback kennenzulernen

Port Douglas (QLD)

Lage: vordere Umschlagkarte H7

 Port Douglas Information Centre, 23 Macrossam St., Tel. 07-40 99 55 99

 Lazy Lizard Motor Inn, 121 Davidson St., Tel. 07-40 99 59 00, Fax 07-40 99 51 05, mit Restaurant und Salzwasserpool in einem tropischen Garten, moderat

Coconut Grove Motel, 58 Macrossan St., Tel. 07-40 99 51 24, Fax 07-40 99 51 44, komfortabel, gute Lage, mit Pool und Restaurant, günstig

Camping
Port Douglas Glengarry Caravan Park, Mowbray River Rd., Tel. 07-40 98 59 22, Fax 07-40 99 31 58, 5 km westl., sehr gut ausgestattet, mit gemütlichen Cabins und Pool

 On the Inlet, 3 Inlet St., Tel. 07-40 99 52 55, fangfrisches Seafood vom Feinsten, teuer

The Vue, 2 Island Point Rd., Tel. 07-40 99 53 23, leichte mediterrane Gerichte, asiatisch beeinflusst, $$

 Ben Cropp's Shipwreck Museum, Tel. 07-40 99 58 58, tägl. 9 bis 17 Uhr, originelles Seefahrtsmuseum

 Cotters Markets, Anzac Park, So 9–14 Uhr Kunstgewerbe, Souvenirs, Imbissbuden

 Karnak, Tel. 07-40 98 81 44, ›Sound & Light Show‹ im Regenwald nördlich von Port Douglas in Verbindung mit traditionellen Tänzen der Kuku-Yalanji-Aborigines, Mi, Sa 19 Uhr

 »P. S. Lady Douglas«, Marina Mirage, Tel. 07-40 99 50 51, tägl. 9.30 u. 13.15 Uhr, Fahrt auf einer Raddampferreplik zu den Everglades des Dickson Inlet

Quicksilver Connections, Marina Mirage, Tel. 07-40 99 54 55, Fax 07-40 99 55 25, Katamarane nach Cairns und Cooktown sowie zu den Low Isles und zum Outer Reef

Rainforest Habitat, Port Douglas Rd., Tel. 07-40 99 32 35, tägl. 8–17.30 Uhr, Pflanzen und Tiere des Regenwalds

Port Hedland (WA)

Lage: vordere Umschlagkarte B6

 Port Hedland Tourist Bureau, 13 Wedge St., Tel. 08-91 73 17 11, Fax 08-91 73 26 32

 Hospitality Inn, Webster St., Tel. 08-91 73 10 44, Fax 08-91 73 14 64, komfortabel, mit Restaurant und Pool, teuer

Pier Hotel, The Esplanade, Tel. 08-91 73 14 88, Fax 08-91 73 23 43, klimatisierte Zimmer unterschiedlicher Qualität, mit Restaurant und Biergarten, sehr preiswert bis günstig

Camping
South Hedland Caravan Park, Hamilton Rd., South Hedland, Tel. 08-91721197, Fax 08-91721838, gut ausgestattet, mit Cabins, On-Site-Vans und Pool

 Tip Pa Ros, 13 Edgar St., Tel. 08-91732629, sehr gute Thai-Küche, günstig

 BHP Iron Ore Tour, Mo–Fr 9.30 Uhr, Besichtigung des Erzhafens der Minengesellschaft BHP, Buchung und Treffpunkt im Tourist Bureau s.o.

Port Lincoln (SA)

Lage: vordere Umschlagkarte F3

 Port Lincoln Visitor Information Centre, 66 Tasman Terr., Tel. u. Fax 08-86833544
Eyre Peninsula Tourism Association, Jobomi House, 50 Liverpool St., Tel. 08-86824688, Fax 08-86826809

 Blue Seas Motel, 7 Gloucester Terr., Tel. 08-86823022, Fax 08-86826932, mit schönem Blick über die Bosten Bay, günstig

Camping
Kirton Point Caravan Park, Hindmarsh St., Kirton Point, Tel. 08-86822537, sehr gut ausgestattet, mit großer Auswahl an gemütlichen Cabins

 Apex Tuna Boat Wheelhouse, Hindmarsh St., Kirton Point, tägl. 9–17 Uhr, kleines Fischereimuseum
Rose Wall Shell Museum, 12 Adelphi Terr., Tel. 08-86822776, tägl. 14 bis 16.30 Uhr, erlesene Muschelsammlung

 Sea Charters Dangerous Reef Cruises, Tel. 08-86822425, Tauchabenteuer mit Haibeobachtung

Quorn (SA)

Lage: vordere Umschlagkarte F4 (bei Port Augusta F3)

 The Flinders Ranges Visitor Information Centre, 3 Seventh St., Tel. u. Fax 08-86486419, E-Mail: tourism@flindersrangescouncil.sa.gov.au, Mo–Fr 10–16 Uhr

 Quorn Mill Motel, 2 Railway Terr., Tel. 08-86486016, Fax 08-86 486279, stilvolle Unterkunft in einer alten Mühle, mit ausgezeichnetem Restaurant, günstig
Transcontinental Hotel, 15 Railway Terr., Tel. 08-86486076, Fax 08-86486759, traditionsreiches Hotel aus dem Jahre 1878 mit einfachen Zimmern, sehr preiswert

Camping
Quorn Caravan Park, Silo Rd., Tel. u. Fax 08-86486206, gut ausgestattet, mit Cabins

 Pichi Richi Railway, Tel. 08-86581109, April–Okt. mehrmals monatlich, nostalgische Fahrt mit einer Dampfeisenbahn zwischen Woolshed Flat und Quorn über den Pichi Richi Pass

Rabbit Flat Roadhouse (NT)

Lage: vordere Umschlagkarte D6

 Rabbit Flat Roadhouse, Fr–Mo 7–22 Uhr, Tanami Rd., Tel. 08-

89 56 87 44, einfache Motelzimmer und Campingplatz, mit Tankstelle, sehr preiswert

Renner Springs (NT)

Lage: vordere Umschlagkarte E7 (bei Newcastle Waters)

 Desert Hotel/Motel, Stuart Hwy, Tel. 08-89 64 45 05, Fax 08-89 64 45 25, einfaches Motel mit klimatisierten Zimmern und Caravan Park, sehr preiswert

Roper Bar (NT)

Lage: vordere Umschlagkarte E7 (bei Mataranka)

 Leichhardt's Caravan Park, Tel. 08-89 75 49 92, schöner und gut ausgestatteter Campingplatz nahe dem Roper River

Ross River Homestead (NT)

Lage: vordere Umschlagkarte E5 (bei Alice Springs)

 Ross River Homestead, Tel. 08-89 56 97 11, Fax 08-89 56 98 23, Lodge mit viel Outback-Flair, klimatisierte Blockhütten mit Dusche/WC, ohne Telefon und Fernsehen, mit Restaurant, Campingplatz und Tankstelle, moderat

Roxby Downs (SA)

Lage: vordere Umschlagkarte F4 (bei Woomera)

 Roxby Downs Motor Inn, Richardson Pl./Arcoona St., Tel. 08-86 71 03 11, komfortables Motel mit Restaurant und Pool, moderat

Camping
Roxby Downs Caravan Park, Tel. 08-86 71 10 00, gut ausgestattet

 Olympic Dam Tours, Tel. 08-86 71 07 88, Fax 08-86 71 08 47, Besichtigung der Tagebau-Anlagen der größten Kupfer-Uran-Mine der Welt

Seisia (QLD)

Lage: vordere Umschlagkarte G8 (bei Seisia)

 Seisia Resort, Tel. 07-40 69 32 43, Fax 07-40 69 33 07, 5 km nordwestl. von Bamaga, Bungalows im polynesischen Stil und Caravan Park am Strand, mit Restaurant, hier auch Buchung der Thursday Island Ferry, moderat

 Peddells Ferry & Tour Bus Service, Tel. 07-40 69 15 51, Bootsausflug nach Thursday Island mit Inselrundfahrt
Roko Island Pearl Farm Tours, Tel. 07-40 69 39 00, Besichtigung einer Zuchtperlenfarm

Streaky Bay (SA)

Lage: vordere Umschlagkarte E3 (bei Ceduna E4)

 Streaky Bay Community Hotel, 35 Alfred Terr., Tel. 08-86 26 10 08, Fax 08-86 26 16 30, schön gelegenes Hotel mit Restaurant, günstig

Camping
Foreshore Tourist Park, Wells St., Tel. 08-86 26 16 66, Fax 08-86 26 17 88, schöne Lage am Meer, sehr gut ausgestattet, mit Cabins und On-Site-Vans

Stuart's Well (NT)

Lage: vordere Umschlagkarte E5 (bei Alice Springs)

 Jim Cotterill's Wayside Inn, Stuart Hwy, Tel. 08-89 56 08 08, Fax 08-89 56 08 09, Motel mit klimatisierten Zimmern und Caravan Park, günstig

 Camel Outback Safaris, c/o Noel Fullerton's Camel Farm, Stuart Hwy, Tel. 08-89 56 09 25, Fax 08-89 56 09 09, unterschiedlich lange Kameltouren

Tennant Creek (NT)

Lage: vordere Umschlagkarte E6

 Tennant Creek Regional Tourist Association, Battery Hill Regional Centre, Peko Rd., Tel. 08-89 62 33 88

 Eldorado Motor Lodge, Paterson St. (Stuart Hwy), Tel. 08-89 62 24 02, Fax 08-89 62 30 34, mit Restaurant und Pool, günstig

Camping
Outback Caravan Park, Peko Rd., Tel. 08-89 62 24 59, Fax 08-89 62 12 78, gut ausgestattet, mit Pool und Cabins

 Gold Stamp Battery, Peko Rd., Tel. 08-89 62 12 81, Führungen tägl. 9.30, 15.30, 17 Uhr, Industriemuseum,

National Trust Museum, Schmidt St., Mai-Sept. tägl. 14-16 Uhr, Museum für Regionalgeschichte

 Underground Mine Tour, c/o Norm`s Gold & Scenic Tours, Tel. 08-89 62 12 81, Besichtigung der stillgelegten Battery Hill Mine

Theda Station (WA)

Lage: vordere Umschlagkarte D7 (bei Kalumburu)

 Theda Stadion, Kalumburu Rd., Tel. 08-91 61 43 29, E-Mail: theda station@wn.com.au, einfache Zimmer und Campingplatz, Essen auf Vorbestellung, günstig

Tibooburra (NSW)

Lage: vordere Umschlagkarte G4 (bei Broken Hill)

 National Parks & Wildlife Service, Briscoe St., Tel. 08-80 91 33 08, Informationen über den Sturt National Park

 Family Motel Lodge, Briscoe St., Tel. 08-80 91 33 14, Fax 08-80 91 34 31, gemütliche Holzhäuser mit Klima-Anlage, gegenüber dem Family Hotel, mit Pub-Restaurant, günstig
The Granites Motel – Caravan Park, Briscoe St., Tel. 08-80 91 33 05, Fax 08-80 91 33 40, einfaches Motel, Pool, Stellplätze für Wohnmobile, sehr preiswert

 Court House Museum, Briscoe St., Mo–Fr 10–16 Uhr, Museum für Regionalgeschichte

Tibooburra Outback School of the Air, Briscoe St., Tel. 08-89 91 33 17, Mo, Di, Mi 9–12.30, Do 9–14, Fr 9–11 Uhr, Fernunterricht über Funk

Tilmouth Roadhouse (NT)

Lage: vordere Umschlagkarte E6 (bei Alice Springs E5)

 Tilmouth Roadhouse, Tanami Rd., Tel. 08-89 56 87 77, Fax 08-89 56 87 87, gemütliche Motelzimmer mit kleiner Terrasse und Campingplatz, mit Tankstelle, günstig

Timber Creek (NT)

Lage: vordere Umschlagkarte E7

 Circle ›F‹ Caravan Park & Motel, Victoria Hwy, Tel. 08-8975 07 22, Fax 08-89 75 07 72, gut ausgestatteter Ferienpark mit motelähnlichen Unterkünften sowie Stellplätzen für Wohnmobile und Campingplatz für Zelte, sehr preiswert

Tobermorey Station (NT)

Lage: vordere Umschlagkarte F6 (bei Boulia)

 Tobermorey Station, Plenty Hwy, Tel. 07-47 48 49 96, Fax 07-47 48 49 51, Campingplatz, Tankstelle, Imbiss, Telefon

Tumby Bay (SA)

Lage: vordere Umschlagkarte F3 (bei Port Lincoln)

 Tumby Bay Motel, 4 Berryman St., Tel. u. Fax 08-86 88 23 11, Motel mit Restaurant und Pool, günstig

Camping
Tumby Bay Caravan Park, Tel. u. Fax 08-86 88 22 08, am Strand, gute Ausstattung, mit Cabins und On-Site-Vans

 Tumby Bay Charters, Tel. 08-86 88 28 11, Bootstouren zu Inseln des Sir Joseph Banks Group Conservation Park

Turkey Creek (WA)

Lage: vordere Umschlagkarte D7 (bei Wyndham)

 Turkey Creek Roadhouse, Great Northern Hwy, Tel. 08-91 68 78 82, Fax 08-91 68 79 25, einfaches Motel und Campingplatz, Tankstelle, sehr preiswert

 Helowork, Tel. 08-91 68 73 37, Fax 08-91 68 73 38, Helikopterflüge zum Bungle-Bungle-Massiv

Undara Volcanic N.P. (QLD)

Lage: vordere Umschlagkarte G7 (bei Normanton)

 Ranger Station, Tel. 07-40 52 30 96

 Undara Lava Lodge, Tel. 07-40 97 14 11, Fax 07-40 97 14 50, nostalgische Eisenbahnwaggons mit Abteilen, die zu Zimmern umgebaut wurden, mit angeschlossenem Campingplatz, moderat

Urandangi (QLD)

*Lage: vordere Umschlagkarte F6
(bei Mount Isa)*

 The Dangi Pub, Tel. 07-47 48 49 88, Fax 07-47 48 49 21, einfache Zimmer in einem originellen Pub-Hotel, einfacher Campingplatz, sehr preiswert

Victoria River Roadhouse (NT)

*Lage: vordere Umschlagkarte E7
(bei Timber Creek)*

 Victoria River Wayside Inn, Victoria Hwy, Tel. 08-89 75 07 44, Fax 08-89 75 08 19, gut ausgestattet

 Max's Victoria River Boat Tours, Tel. 08-89 75 08 50, Flussfahrt auf dem Victoria River mit Krokodilbeobachtung

Warakurna Roadhouse (WA)

*Lage: vordere Umschlagkarte D5
(bei Warburton)*

 Warakurna Roadhouse, Tel. 08-89 56 73 44, einfaches Outback-Hotel mit Campingplatz sowie Tankstelle und Laden, sehr preiswert

 Giles Meterological Station, Tel. 08-89 56 73 58, Wetterwarte, tägl. ab 2.30 Uhr alle sechs Stunden Start eines Wetterballons, beste Zeit für einen Besuch ist 8.30 Uhr, Achtung: Obwohl bereits in Western Australia gelegen, gilt in Gildes die Central Standard Time

Warburton (WA)

Lage: vordere Umschlagkarte D5

 Warburton Roadhouse, Tel. 08-89 56 76 56, einfaches Outback-Motel mit Campingplatz sowie Tankstelle und Laden, sehr preiswert

Wauchope (NT)

*Lage: vordere Umschlagkarte E6
(bei Tennant Creek)*

 Wauchope Hotel, Stuart Hwy, Tel. u. Fax 08-89 64 19 63, einfaches Motel mit klimatisierten Zimmern, Restaurant, Pool, Caravan Park, sehr preiswert

Weipa (QLD)

Lage: vordere Umschlagkarte G8

 Paxhaven Camping Ground, Nanum Shopping Centre, Tel. 07-40 69 78 71, gut ausgestattet

 Weipa Mine Tours, Tel. 07-40 69 78 71, Besichtigung der Tagebau-Anlagen des Bauxitbergwerks, Treffpunkt am Paxhaven Camping Ground, genaue Zeiten auf Anfrage

White Cliffs (NSW)

*Lage: vordere Umschlagkarte G4
(bei Broken Hill)*

 PJ's Underground, Dugout 72, Turley's Hill, Tel. u. Fax 08-80 91 66 26, E-Mail: pjsunderground@bigpond.com, originelle, gemütliche Bed &

Breakfast-Pension unter der Erde mit familiärer Atmosphäre, moderat
Underground Motel, Tel. 08-80 91 66 77, Fax 08-80 91 66 54, unkonventionelle, unterirdische Herberge, mit Restaurant und Pool, günstig
White Cliffs Family Inn, Tel. u. Fax 08-80 91 66 45, einfache Zimmer mit Klima-Anlage, sehr preiswert

Camping
Opal Pioneer Reserve, Tel. u. Fax 08-80 91 66 88, Caravan Park mit Pool

 Eagles Gallery, Tel. 08-80 91 67 53, tägl. 9–17 Uhr, Kunstgalerie
Jock's Place, Tel. 08-80 91 67 53, tägl. 9–17 Uhr, komfortable unterirdische Wohnung
Wellington's Underground Art Gallery, Tel. 08-80 91 66 27, tägl. 14–17 Uhr, Kunstgalerie

Whyalla (SA)

Lage: vordere Umschlagkarte F3

Whyalla Tourist Centre, c/o Whyalla Maritime Museum, Lincoln Hwy, Tel. 08-86 45 79 00

Alexander Motor Inn, 99 Playford Ave., Tel. 08-86 45 94 88, Fax 08-86 45 22 11, komfortabel, Restaurant und beheizbarer Pool, günstig

Camping
Whyalla Foreshore Caravan Park, Broadbent Terr., Tel. 08-86 45 74 74, gut ausgestattet, Cabins und On-Site-Vans

 **Whyalla Maritime Museum,** Lincoln Hwy, Tel. 08-86 45 79 00, tägl. 10–16 Uhr, Seefahrtsmuseum

 Steelwork Tours, Mo, Mi u. Sa 9.30 Uhr, Besichtigung der BHP-Stahlhütte, Buchung und Treffpunkt im Tourist Centre

William Creek (SA)

Lage: vordere Umschlagkarte F6 (bei Marree)

 William Creek Hotel, Tel. 08-86 70 78 80, uriges Outback-Hotel mit Pub, sehr preiswert

Camping
William Creek Caravan Park, Tel. 08-86 70 78 80, einfacher Campingplatz

 Lake Eyre Scenic Flights, Tel. 08-86 70 78 80, Fax 03-97 43 19 23, Rundflüge in Propellermaschinen über dem Lake Eyre, Air Safaris zu den Thermalquellen von Dalhousie
South Australian Outback Research, Tel. 08-86 70 78 46 u. 18 00-06 42 44, individuell gestaltete Kamelsafaris

Wilpena (SA)

Lage: vordere Umschlagkarte F4 (bei Marree)

 National Parks & Wildlife Service, Tel. 08-86 48 00 48

 Wilpena Pound Resort, Tel. 08-86 48 00 04, Fax 08-86 48 00 28 E-Mail: wilpena@adelaide.on.net, komfortables Hotel mit Restaurant und Pool sowie schönes, gut ausgestattetes Busch-Camp, Buchung von Flügen über den Wilpena Pound, moderat
Rawnsley Park Station, Tel. 08-86 48 00 08 (Campingplatz) u. 08-86 48 00

30 (Motel), Fax 08-86 48 00 50, Ferienpark mit gemütlichen Bungalows und einfacheren Cabins sowie Stellplätzen für Wohnmobile und Zelte, günstig

Wiluna (WA)

*Lage: vordere Umschlagkarte C4
(bei Leonora)*

 Wiluna Police Station, Tel. 08-99 81 70 24, Informationen über die Befahrbarkeit des Gunbarrel Highway

 Wiluna Caravan Park, Tel. 08-99 81 35 67, einfach

Winton (QLD)

Lage: vordere Umschlagkarte G6

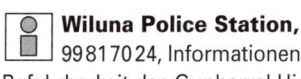 **Winton Information Centre,** c/o Waltzing Matilda Centre, Elderslie St., Tel. 07-46 57 14 66

 **Matilda Motel,** 20 Oondooroo St., Tel. 07-46 57 14 33, Fax 07-46 57 16 23, gut geführt, freundliche Atmosphäre, sehr preiswert
North Gregory Hotel, Elderslie St., Tel. u. Fax 07-46 57 13 75, traditionsreiches Haus mit einfachen, aber ordentlichen Zimmern und einem stilvollen Outback-Pub, sehr preiswert

**Camping
Matilda Country Caravan Park,** 43 Chirnside St., Tel. 07-46 57 16 07, gut ausgestattet, mit Pool

 Royal Theatre, Elderslie St., Tel. 07-46 57 12 96, nostalgisches Open-Air-Kino, ›Klassiker‹ Mi 20 Uhr, moderne Filme Sa 20 Uhr

 Waltzing Matilda Centre, Elderslie St., Tel. 07-46 57 14 66, tägl. 8.30–17 Uhr, Heimatmuseum

 Diamantina Outback Tours, Tel. 07-46 57 13 09, Geländewagentour zum Lark Quarry Environmental Park

Wollogorang Roadhouse (NT)

Lage: vordere Umschlagkarte F7

 Gulf Wilderness Lodge, Wollogorang Rd., Tel. 08-89 75 99 44, Fax 08-89 75 98 54, klimatisierte Motelzimmer und gut ausgestatteter Caravan Park, günstig

Woomera (SA)

Lage: vordere Umschlagkarte F4

 Woomera Eldo Hotel, Kotara Crescent, Tel. 08-86 73 78 67, einfaches Outback-Hotel mit familiärer Atmosphäre, sehr preiswert

**Camping
Traveller's Village & Caravan Park,** Old Pimba Rd., Tel. 08-86 73 78 00, Fax 08-86 73 77 00, gut ausgestattet, mit On-Site-Vans und Cabins

 Woomera Heritage Museum and Missile Park, März–Nov. tägl. 9–17, Dez.–Feb. tägl. 10–14 Uhr, Museum zur Geschichte des Raketenversuchsgeländes

Wujal Wujal (QLD)

*Lage: vordere Umschlagkarte H7
(bei Cooktown)*

Bloomfield Camping and Cabins, Bloomfield Rd., Ayton, Tel. 07-40 60 82 07, Fax 07-40 60 81 87, 11 km nördl. der Furt durch den Bloomfield River, gemütliche Blockhütten und schöner Campingplatz, mit Seafood-Restaurant, günstig
Home Rule Rainforest Lodge, Bloomfield Rd., Rossville, Tel. 07-40 60 39 25, Fax 07-40 60 39 02, 25 km nördl. der Furt durch den Bloomfield River, einfache Mehrbett-Cabins und Campingplatz, sehr preiswert

Wycliffe Well (NT)

Lage: vordere Umschlagkarte E6 (bei Tennant Creek)

 Wycliffe Well Holiday Park, Stuart Hwy, Tel. 08-89 64 19 66, Fax 08-89 64 19 61, Highway-Motel mit klimatisierten Zimmern und Caravan Park, im Pub mehr als 100 verschiedene Biersorten aus aller Welt, günstig

Wyndham (WA)

Lage: vordere Umschlagkarte D7

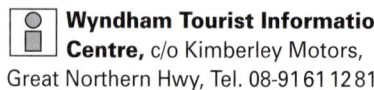 **Wyndham Tourist Information Centre,** c/o Kimberley Motors, Great Northern Hwy, Tel. 08-91 61 12 81

 Wyndham Town Hotel, O'Donnell St., Tel. 08-91 61 10 03, Fax 08-91 61 11 90, einfach, mit Restaurant, günstig

Camping
Wyndham Caravan Park, Baker St., Tel. 08-91 61 10 64, Fax 08-91 61 12 95, gut ausgestattet

 Wyndham Zoological Gardens and Crocodile Park, Barytes Rd., Tel. 08-91 61 11 24, März–Nov. tägl. 8.30–16, Fütterung tägl. 11 Uhr, Tierpark mit Süß- und Salzwasserkrokodilen sowie Komodo-Waranen

Yalata Roadhouse (SA)

Lage: vordere Umschlagkarte E4 (bei Ceduna)

 Yalata Aboriginal Roadhouse, Eyre Hwy, Tel. 08-86 25 69 86, Fax 08-86 25 69 87, einfaches Motel mit Caravan Park, sehr preiswert, hier auch das *permit* für die Walbeobachtung

Yulara (NT)

Lage: vordere Umschlagkarte E5

 Yulara Visitor Information Centre, Tel. 08-89 57 73 77, tägl. 8.30–19.30 Uhr, Besucherzentrum mit informativer Ausstellung
Yulara Police Station, Tel. 08-89 56 21 66, Informationen über die Befahrbarkeit des Gunbarrel Highway, außerhalb der Saison hier Ab- bzw. Rückmeldung

 Für alle Unterkünfte ist von Mai–Okt. eine rechtzeitige Buchung dringend empfohlen, am besten bereits von Europa aus. Buchungen über die zentrale Reservierungsstelle des Ayers Rock Resort, Tel. 02-93 60 90 99, Fax 02-93 60 64 08, gebührenfreies Info-Telefon 18 00-08 96 22
Sails in the Desert Hotel, luxuriöse Herberge in der Wildnis, mit Restaurant, Pool und Fitnesscenter, sehr teuer

Desert Gardens Hotel, Spitzenhotel mit Restaurant und Pool, sehr teuer
Outback Pioneer Hotel, elegantes Hotel mit Pool, sehr teuer, angeschlossen sind eine Cabin Section mit moderaten Preisen sowie eine Bunkhouse Section mit Schlafsälen, sehr preiswert
Emu Walk Apartments, großzügig ausgestattete Apartments mit einem oder zwei Schlafzimmern sowie kompletter Küche, ideal für Familien, sehr teuer
Spinifex Lodge, sehr gut ausgestattete Jugendherberge, moderat

Camping
Ayers Rock Campground, Tel. 08-8956 2055, Fax 08-89 5622 60, gut ausgestattet, mit On-Site-Vans

 Uluru-Kata Tjuta Cultural Centre, Tel. 08-8956 3138, tägl. 7–17.30 Uhr, hervorragende Einführung in die Kultur der Anangu-Aborigines

 Maruku Arts & Craft Centre, Uluru-Kata Tjuta National Park, Tel. 08-8956 2153, tägl. 7–17.30 Uhr, Kunsthandwerk der Ureinwohner

 Anangu Tours, Tel. 08-8956 2123, Fax 08-8956 3136, von Aborigines geführte kürzere Wanderungen, die Einblicke in die traditionelle Lebensweise der Ureinwohner geben
Ayers Rock Helicopters, Tel. 08-8956 2077, Fax 08-8956 2060, Hubschrauber-Rundflüge
Frontier Camel Tours, Tel. 08-8956 2444, Fax 08-8956 2251, unterschiedlich lange Kamelsafaris
Mala Walk, Tel. 08-8956 2299, tägl. 9 Uhr, von Aborigine-Rangers geführte Tour am Ayers Rock, die sich mit der geologischen Entstehung des Berges und der mythologischen Bedeutung des Uluru für die Ureinwohner befasst
Rockayer Scenic Flights, Tel. 08-8956 2345, Rundflüge in Propellermaschinen
Uluru Experience, Tel. 1800-803174, geführte Tagestouren, die einen guten Einblick in die Fauna und Flora des Naturreservats vermitteln sowie mit der Kultur der Aborigines vertraut machen, Night Sky Show mit lehrreicher Präsentation des ›südlichen‹ Sternenhimmels

Reiseinformationen von A bis Z

Ein Nachschlagewerk – von A wie Anreise über N wie Notfälle bis Z wie Zeitungen – mit vielen nützlichen Hinweisen, Tipps und Antworten auf Fragen, die sich vor oder während der Reise stellen. Ein Ratgeber für die verschiedensten Reisesituationen.

Anreise

■ Reisedokumente

Für die Einreise nach Australien benötigen Besucher aus Deutschland, Österreich und der Schweiz einen Reisepass, der über das Rückreisedatum hinaus mindestens drei Monate gültig sein muss, sowie ein Besuchervisum. Einige Reisebüros und Australien-Reiseveranstalter können mit der Reise- oder Flugbuchung ein ›elektronisches‹ Visum über das Reservierungssystem ausstellen. Benötigt werden die Passnummer und einige Angaben zur Person. Alternative: Bei der Winfield Australia Shop GmbH, Dachauer Str. 109, 80335 München, Tel. 0 89-5 42 83 91, Fax 0 89-52 31 54 87, Antragsformulare sowie ein Merkblatt bestellen (mit 3 DM frankierten DIN A4-Rückumschlag beilegen). Deutsche und Schweizer reichen den Antrag bei der australischen Botschaft in Berlin ein, Österreicher bei der australischen Botschaft in Wien (s. S. 374). Die Bearbeitungszeit für die kostenlose Ausstellung des Visums beträgt etwa drei Wochen.

■ Einreise- und Zollbestimmungen

Im Flugzeug erhält man eine Einreisekarte, die man vor der Ankunft ausfüllen sollte.

Es bestehen keine Devisenbeschränkungen, allerdings müssen Beträge über 5000 A-$ in australischer oder anderer Währung bei der Ein- und Ausreise deklariert werden. Gegenstände, die für den persönlichen Gebrauch bestimmt sind, können unbeschränkt mitgebracht werden, etwa Fotoapparate, Videokameras, Ferngläser, Kofferradios u. ä. Reisende über 18 Jahre dürfen 250 Zigaretten oder 250 g Tabak sowie 1 l Spirituosen zollfrei einführen. Andere anmeldepflichtige Waren außer Tabak oder Spirituosen sind bis zu einem Betrag von 400 A-$, bei unter 18-jährigen bis zu 200 A-$, zollfrei.

Um die australische Landwirtschaft vor importierten Schädlingen und Krankheiten schützen, hat man sehr strenge Quarantänebestimmungen sowie Einfuhrrestriktionen für Lebensmittel, Pflanzen und Tiere erlassen. So ist es verboten, Lebensmittel ausgenommen sind Brot und Kekse), Gemüse, Obst und Pflanzensamen einzuführen. Im Zweifelsfall wendet man sich an einen der Immigrationsbeamten in der Ankunftshalle, denn bei Verstößen drohen hohe Geldstrafen. Genaue Informationen erhält man bei den diplomatischen Vertretungen (s. S. 337f.).

Um das Einschleppen von Insekten zu verhindern, werden die Innenräume aller Flugzeuge, die aus Übersee in Australien landen, mit einem von der Weltgesundheitsorganisation zugelassenen Sprühmittel desinfiziert, bevor die Passagiere die Kabine verlassen dürfen.

■ ... mit dem Flugzeug

Die reine Flugzeit von Mitteleuropa nach Adelaide, Perth, Darwin oder Cairns, den günstigsten Ausgangsorten für Outback-Reisen mit internationalen Flughäfen, beträgt auf der Ostroute über Südostasien rund 20 Stunden plus Zwischenstopp in Singapur oder Bangkok. Verbindungen mit relativ kurzen Umsteigezeiten bieten die australische Staatslinie Qantas und die Singapore Airlines, die beide mehrmals wöchentlich von Frankfurt mit nur einem Zwischenstopp australische Metropolen anfliegen.

Weitere Fluglinien mit günstigen Verbindungen auf der Asienroute sind British Airways, Cathay Pacific, KLM, Korean Airlines, Lauda Air, Malaysian Airlines und Thai International. Die längere Route über Nord-Amerika bedient neben amerikanischen Gesellschaften Air New Zealand. Möglichkeiten zu Zwischenstopps bestehen u. a. in Los Angeles, Vancouver und Auckland sowie auf aud den Südsee-Inseln Hawaii, Tahiti, Fiji, Cook Island, Tonga oder West-Samoa.

Die Preise unterliegen erheblichen saisonalen Schwankungen. Hochsaison ist in Australien von Oktober bis Mitte April, Nebensaison von Ende April bis Juni und Zwischensaison von Juli bis September. Am teuersten sind die Tickets zwischen dem 10. 12. und 31. 12. Bei der Qantas kostet der Flug nach Australien und zurück abhängig vom Zielort und der Reisesaison zwischen 1800 und 2900 DM (Jugend- und Studententarif 1600 bis 2400 DM). Günstiger sind südost-asiatische Fluggesellschaften, die auch in der Hauptsaison Flüge für deutlich unter 2000 DM im Angebot haben.

Man sollte darauf achten, ob die Bahnfahrt zum europäischen Flughafen eingeschlossen ist, in Australien ein oder mehrere Gratis-Inlandsflüge enthalten sind oder ob man Coupons für inner-australische Flüge erwerben kann. So beinhalten bestimmte Tarife von Qantas und Singapore Airlines zwei Anschlussflüge in Australien. Wer plant, viel zu fliegen, ist mit Air-Pässen gut beraten, etwa dem ›Boomerang Pass‹ der Qantas oder dem ›G'Day Air Pass‹ der Ansett Australia Airlines. Auskunft dazu gibt jedes Reisebüro. Wegen der starken Nachfrage nach Australien-Flügen ist eine frühzeitige Buchung unbedingt zu empfehlen. Achtung: Auf allen Flügen von und nach Australien sowie allen Inlandsflügen herrscht Rauchverbot!

Ärztliche Versorgung

Im Notfall können sich Touristen auf hervorragende medizinische Versorgung verlassen. Selbst wer im menschenarmen Outback erkrankt oder einen Unfall hat, muss nicht verzweifeln, denn dort sorgt der Royal Flying Doctor Service für rasche ärztliche Hilfe. Während der Luftrettungsdienst in der Regel auch für Besucher kostenlos ist, stellen Ärzte und Krankenhäuser für ihre Leistungen recht hohe Honorare in Rechnung, die in bar oder mit Kreditkarte zu bezahlen sind. Daher lohnt sich der Abschluss einer Reise- bzw. Auslandskrankenversicherung auf jeden Fall. Für die Rückerstattung der entstandenen Kosten benötigt man detaillierte

Rechnungen über die Versorgungsleistungen.

Apotheken

Europäischen Apotheken entsprechen in Australien die *chemists,* welche die meisten in Europa gebräuchlichen Medikamente führen. Von europäischen Ärzten ausgestellte Rezepte müssen von einem australischen Arzt bestätigt werden. In allen größeren Städten gibt es *chemists,* rund um die Uhr geöffnet haben. Nicht verschreibungspflichtige Medikamente und Verbandsmaterial erhält man in Drugstores, die sich oft in Supermärkten oder Einkaufszentren befinden.

Auskunft

■ ... in der Bundesrepublik Deutschland
Australian Tourist Commission, Neue Mainzer Str. 22, 60311 Frankfurt/Main, Tel. 069-27 400 60, Fax 069-27 40 06 40

Australia's Northern Territory Tourist Commission, Bockenheimer Landstr. 45, 60325 Frankfurt/Main, Tel. 069-7 19 14 40, Fax 069-71 91 44 22, E-Mail: nttc_frankfurt_m@t-online.de

Tourism Queensland, Neuhauser Str. 27, vierter Stock, 80331 München, Tel. 089-23 17 71 77, Fax 089-2 60 35 30, E-Mail: info@queensland.de

South Australian Tourism Commission, Herzogspitalstr. 5, 80331 München, Tel. 089-23 66 21 37, Fax 089-2 60 40 09, E-Mail: think@magnum.de

Western Australian Tourism Commission, München, Tel. 089-43 76 62 50, Fax 089-43 76 61 59, E-Mail: watc-germany@t-online.de

Aussie Helpline, Tel. 069-95 09 61 73, für allgemeine Auskünfte zu Australienreisen und zur Anforderung von Broschüren

■ ... in Österreich
Aussie Helpline, Tel. 01-79 56 73 44, Info-Telefon zum Ortstarif

■ ... in der Schweiz
Aussie Helpline, Tel. 01-8 38 53 30, Info-Telefon zum Ortstarif

Die australischen Fremdenverkehrsämter versenden auf Anfrage kostenlos Informationsmaterial. Besonders hilfreich für die Reiseplanung ist der jährlich aktualisierte Australia-Reiseführer.

■ ... im Internet
http://www.aussie.net.au – allgemeine touristische Informationen auf Englisch, Veranstaltungshinweise u. a.

http://www.australia.com – allgemeine touristische Informationen auf Deutsch

http://www.dumontverlag.de – nützliche Reise-Links

http://www.nttc.com.au – touristische Informationen zum Northern Territory

http://www.ausac.com – touristische Informationen zu Australien

http://www.queensland.de – touristische Informationen zu Queensland http://www.visit-southaustralia.com.au – touristische Informationen zu South Australia

http://www.westernaustralia.net – touristische Informationen zu Western Australia

http://www.calm.wa.gov.au – Informationen zu Nationalparks in Western Australia

Ausrüstung

Die meisten Mietfahrzeuge verfügen nur über eine Minimalausrüstung, die für Fahrten auf einfachen bis mäßig schwierigen Outback-Pisten während der Hochsaison genügt, wenn bei einer Panne hilfsbereite Australier in perfekt ausgerüsteten Geländewagen nicht lange auf sich warten lassen. Für längere Touren abseits der üblichen Wege ist die Standardausstattung allerdings nicht ausreichend.

Für extreme Routen wie etwa die Durchquerung der Simpson Desert oder die Canning Stock Route benötigt man ein gutes Sortiment an Werkzeugen und Ersatzteilen sowie eine Reparaturanleitung und die Fähigkeit, kleinere Arbeiten am Fahrzeug selbst durchführen zu können. Schaufel oder Spaten und ein Abschleppseil sowie eventuell eine Winde erweisen sich als nützlich, wenn der Camper im Sand stecken bleibt. Einen langhubigen Wagenheber *(hi-lift jack)* benötigt man nicht nur zum Reifenwechsel, er leistet auch gute Dienste beim Bergen eines festsitzenden Fahrzeugs. Wichtig sind eine solide Holzplatte als Unterlage auf Sand oder Matsch sowie eine elektrische Kompressorpumpe mit Druckmesser, um Reifen, deren Druck man bei Fahrten auf Sandpisten vermindert hat, wieder aufpumpen zu können.

Sicherheit für Fahrten ins tiefe Outback, wo man tage- oder wochenlang allein auf sich gestellt ist, versprechen eine zweite Batterie, die im Wagen eingebaut und an die Lichtmaschine angeschlossen wird, und ein zweiter Reservereifen sowie ein Funkgerät, das man auf den Frequenzen des Royal Flying Doctor Service benutzen kann, oder zumindest ein Notsignalsender und ein Kompass oder ein Satellitennavigationsgerät (Global Positioning System, GPS). In keinem Busch-Camper sollten ein Hammer oder eine Axt sowie ein Feuerlöscher und eine Taschenlampe fehlen. Manchmal gehören auch Gegenstände wie Klappstühle und -tische sowie Campinggaslampen nicht zur Standardausrüstung der Verleihfirmen.

Während große Verleihfirmen diese Gegenstände meist nicht zur Verfügung stellen, kann man sie bei kleineren Vermietern oft gegen einen Aufpreis entleihen. Bei Geländewagenverleihen oder Fremdenverkehrsämtern erfährt man die Adressen von Firmen, die Camping- und Outback-Ausrüstung sowie Funkgeräte verkaufen oder vermieten.

Man tut gut daran, sich vor Fahrten ins Outback in größeren Städten an der Küste mit Lebensmitteln und Treibstoff einzudecken, denn je weiter man ins Landesinnere fährt, desto spärlicher ist – mit Ausnahme von Städten wie Alice Springs, Broken Hill oder Mount Isa – das Warenangebot und desto höher das Preisniveau.

Busch-Camper (vgl. S. 365) und andere allradangetriebene Wohnmobile sind in der Regel mit zwei 80-Liter-Tanks ausgerüstet, so dass sich die Mitnahme von Kraftstoffkanistern, abgesehen von extremen Tracks wie der Canning Stock Route, erübrigt. Ist man auf Reservekanister angewiesen, darf man diese wegen der durch die hohen Temperaturen gegebenen Explosionsgefahr nicht im Innern des Fahrzeugs transportieren. Die Behälter müssen aus Metall und dürfen nicht aus Plastik sein.

Um die Verbreitung von Insekten zu verhindern, ist es an manchen Bundesstaatengrenzen verboten, Obst und Gemüse mitzuführen. Dies gilt vor allem für die Obst- und Weinanbaugebiete von New South Wales, South Australia und Victoria. Da beim Grenzübertritt oft alles Obst und Gemüse an Bord konfisziert wird, sollte man sich bei Einkäufen vor geplanten ›Grenzübertritten‹ zurückhalten.

Eine vollständige Outback-Ausrüstung kann bei Fahrten in entlegenen Gebieten lebenswichtig sein. Man sollte sein Gefährt aber nicht überladen, denn ein zu hohes Gewicht verschlechtert die Fahreigenschaften im Gelände. Schwere Gepäckstücke wie Ersatzreifen oder Treibstoffkanister sollten nicht auf einem Dachgepäckträger verstaut werden, da sich dadurch der Schwerpunkt zu sehr nach oben verlagert und sich das Überschlag- oder Kipprisiko bei plötzlichen Richtungsänderungen oder Fahrten in abschüssigem Gelände erhöht.

■ Checkliste für die Outback-Ausrüstung

X = eventuell von Zuhause mitbringen,
? = eventuell mitnehmen
Abschleppseil
Arbeitshandschuhe
Axt
Bordwerkzeug (Hammer, Radkreuz, Schraubenschlüssel, Schraubenzieher, Zange u. a.)
Campinggaslampe (X)
Campingstühle und -tisch
Eisbox *(eskie)* bzw. Kompressorkühlschrank
Ersatzbatterie
Ersatzteile (u. a. Keilriemen, Kühlwasserschlauch, Kraftstoff- und Luftfilter, Sicherungen)
Ersatz- ›Windschutzscheibe‹ aus Plastik
Fernglas zur Tierbeobachtung (X)
Feuerlöscher
Funkgerät (?)
Gasflasche
Gaskocher
Grillrost
Holzplatte
Klebeband bzw. Isolierband
Kompass (X)
Kraftstoffkanister (?)
Luftpumpe mit Druckmesser
Motoröl
Müllbeutel
Notfallapotheke
Notsignalgeber (?)
Reparaturanleitung
Reservereifen (zwei)
Satellitennavigationsgerät (?)
Schaufel oder Spaten
Sonnenbrille (X)/Sonnenhut/Sonnenschutzcreme
Taschenlampe (X)
Taschenmesser (X)
Tier- und Pflanzenbestimmungsbuch
Überbrückungskabel (?)
Wagenheber
Waserkanister
Winde (?)

Autofahren

Zwar lassen sich verschiedene Outback-Pisten, etwa der Ooodnadatta Track, der Birdsville Track und der Strzelecki Track bei trockenen Verhältnissen auch mit Personenwagen oder sogar Wohnmobilen befahren, doch ist ein allradangetriebener Geländewagen (Four Wheel Drive; 4 WD) das ideale Gefährt, um Australien abseits der großen Durchgangsstraßen auf Sand- und Schotterpisten zu erforschen, zumal für alle Mietwagen außer Geländefahrzeugen Beschränkungen für unbefestigte Straßen bestehen.

Von der Konstruktion her ist ein hochbeiniger Geländewagen einem konventionellen Vehikel auf rauen Outback-Tracks überlegen. Dafür sorgen neben der hohen Bodenfreiheit größere und griffigere Reifen sowie ein soliderer Rahmen, eine härtere Federung und eine robustere Karosserie, die auch hartes ›Wellblech‹ und tiefe Schlaglöcher gut verkraften. Australien-Besucher, die nicht länger als vier bis sechs Wochen im Land bleiben, mieten ein Fahrzeug. Erst bei längeren Aufenthalten lohnt sich der Kauf eines Wagens.

Das ideale Vehikel ist ein Busch-Camper. Vor allem in Gebieten ohne Unterkunfts- und Versorgungsmöglichkeiten bietet der Allradcamper mit Hochdach und ausgebautem Heck mit robustem 4,2-Liter-Dieselmotor unschätzbare Vorteile. Der Wagen ist für zwei bis drei Personen geeignet und verfügt über eine komplette Camper-Innenausrüstung, zu der ein Gaskocher und eine Gasflasche sowie ein 40-Liter-Wassertank, eine Spüle und eine Eisbox *(eskie)* oder ein Kühlschrank gehören. Schlafgelegenheiten gibt es auf einer zur Liege ausklappbaren Sitzbank im ›Untergeschoss‹ sowie unter dem Hochdach. Schlafsäcke, Kissen, Bettlaken, Geschirr und Kochutensilien werden von den Verleihfirmen gestellt. Da das Fahrzeug mit zwei 80-Liter-Tanks ausgerüstet ist, beträgt die Reichweite gut 1000 km. Aufgrund der großen Bodenfreiheit ist der Busch-Ccamper auch für schwieriges Allradterrain geeignet, wobei der leichte Camperaufbau die Geländeeigenschaften kaum beeinträchtigt.

Die Preise für einen Busch-Camper betragen je nach Mietdauer und Saison 150 bis 250 DM pro Tag inklusive Freikilometer. Hinzu kommen noch etwa 25 bis 50 DM pro Tag für die freiwilligen, aber sinnvollen Zusatzversicherungen *collision damage waiver* oder *complete cover*, mit denen die meist im Mietpreis inbegriffene maximale Haftpflichtversicherung aufgebessert werden kann.

Wer über ein kleineres Budget verfügt, kann einen Geländewagen mieten und von Zuhause ein Zelt mitbringen. Zu beachten ist allerdings, dass Allradfahrzeuge der Golfklasse nicht so hervorragende Fahreigenschaften im Gelände haben wie große Allradfahrzeuge und dass sie meist auch nicht für die Durchquerung tieferer Flüsse ausgerüstet sind. Am preiswertesten sind Busch-Camper und Geländewagen von bekannten Verleihfirmen wie Britz: Australia, Maui oder Hertz meist über die Kataloge der großen Anbieter wie CA Ferntouristik, FTI Touristik oder Dertour zu buchen. Dennoch lohnt sich ein Preisvergleich mit kleinen, auf Busch-Camper und Geländewagen spezialisierten Vermietern, die recht günstige Konditionen bieten. Einen guten Ruf haben folgende Vermieter:

Apollo Motorhomes Holidays, 698 Nudgee Rd., Northgate, Brisbane, QLD 4013, Tel. 00 61-7-32 60 54 66, Fax 00 61-7-32 60 54 75, E-Mail: into@apollocamper.com.au, Website: http://www.apollocamper.com.au
easy life tours & rentals, P.O. Box 6135, Mooloolah Valley, QLD 4553, Tel. 00 61-7-54 94 79 61, Fax 00 61-7-54 94 79 41, E-Mail: infodr@easylife-rentals.com.au, Website: http://www.easylife-rentals-com.au. Unerfahrene erhalten von den deutschsprachigen Besitzern eine gründliche Unterweisung

South Perth 4 WD Rentals, 80 Canning Hwy, Victoria Park, WA 6100, Tel. 00 61-8-93 62 54 44, Fax 00 61-8-94 70 31 58, E-Mail: enquire@sp4wd.com.au, Website: http://www.sime.net.com/sp4wd

Travel-Service Australien, Rehagenring 10D, 22949 Ammerbeck, Tel. 0 45 32-2 20 56, Fax 0 45 32-2 46 19, E-Mail: TSAkoester@aol.com, Website: http://www.t-s-a.de (Vermittlungsbüro für australische Wohnmobil- und Geländewagenvermieter)

Vor allem während der Hauptsaison ist wegen der großen Nachfrage nach Busch-Campern und Geländewagen eine frühzeitige Reservierung zu empfehlen. Klären sollte man, ob die Preise unbegrenzte Freikilometer *(unlimited mileage)* enthalten, ob man bei Einwegmieten für die Rückführkosten aufkommen muss und ob die Verleihfirma ein Mindestalter verlangt – für Busch-Camper und Geländewagen oft 25 Jahre.

Es lohnt sich, Angebote von Veranstaltern einzuholen, die Flüge kombiniert mit Busch-Camper- oder Geländewagenverleih anbieten. Beim Mieten eines Leihwagens muss man je nach Bundesstaat einen internationalen Führerschein oder den Führerschein des Heimatlandes bzw. eine beglaubigte englische Übersetzung des nationalen Führerscheins vorlegen. Sinnvoll ist es, eine Kreditkarte mitzunehmen, weil man ansonsten eine größere Summe als Garantie hinterlegen muss. Man sollte darauf achten, dass die Pfandsumme im Kreditkartenabdruck eingetragen ist und niemals Blankobelege unterschreiben.

Der technische Zustand von Miet-Geländewagen ist in der Regel gut. Da der Verschleiß an den Fahrzeugen durch Schotterpisten, Wüstensand und Flusswasser aber sehr hoch ist, sollte man bei der Übernahme alle Details auf Funktionstüchtigkeit prüfen, insbesondere das Werkzeug, den Wagenheber und den Zustand des Reservereifens.

Wer einen längeren Aufenthalt Down Under plant, wird den Kauf eines Fahrzeugs in Erwägung ziehen, eventuell bei einer Firma, die eine Rückkaufgarantie bietet. Für einen Allradcamper, der nicht älter als fünf Jahre ist, muss man etwa 25 000 A-$ zahlen. Bei Rückgabe nach drei Monaten erhält man zwischen 18 000 und 19 000 A-$ zurück.

Mietkauf rechnet sich bei einem Aufenthalt von mehr als sechs Wochen. Die Fahrzeuge sind, obwohl oft älteren Fabrikats, technisch meist in gutem Zustand. Allerdings ist die Inneneinrichtung nach vielen Vorbesitzern nicht immer in einwandfreiem Zustand. Zu beachten ist, dass man nur mit gekauften oder auf der Basis von Mietkauf erworbenen Fahrzeugen extreme Outback-Tracks wie die Canning Stock Route oder die Old Telegraph Road des Cape York Track befahren kann. Vermieter von Geländewagen erlauben es in der Regel nicht, dass ihre Fahrzeuge auf diesen Pisten benutzt werden. Mietkauf-Arrangements lassen sich bereits vor Reiseantritt organisieren, was den Vorteil hat, dass man gleich nach Ankunft in Australien sein Fahrzeug übernehmen kann. Hinzu kommt die Zeitersparnis beim Wiederverkauf vor der Abreise. Der Nachteil ist der höhere Preis gegenüber einem Kauf ohne Rücknahmegarantie. Ein gutes Renommee haben folgende Firmen:

Skippy Camper Rentals, c/o Catherine & Felice Romano-Pockey, Brunnwil 4, CH 5637 Beinwil/Freiamt, Tel. und Fax 00 41-56-6 68 24 45, E-Mail: feliceromano@freesurf.ch

Swiss Am Drive, Daimler Str. 8e, 44805 Bochum, Tel. 02 34-86 65 33, Fax 02 34-86 67 46, E-Mail: info@swiss-am-drive.de, Website: http://www.swiss-am-drive.de

Travel Car Centre, c/o Bruno Frischknecht, 54 Orchard Rd., Brookvale, Sydney, NSW 2100, Australia, Tel. 00 61-2-99 05 69 28, Fax 00 61-2-99 05 48 81; E-Mail: tcc@travelcar.com.au, Website: http://www.travelcar.com.au

■ Unterwegs mit dem Geländewagen

Obwohl immer mehr Teerstraßen das Binnenland vernetzen und einige der Naturwunder Australiens - der Ayers Rock, die Olgas und der Kakadu National Park - mit normalen Mietwagen gut erreichbar sind, ist das Outback zum größten Teil Allradterrain.

Da fast alle Mietwagenfirmen verbieten, mit Personenwagen und Wohnmobilen von asphaltierten Straßen abzuweichen, benötigt man für die meisten Routen einen allradgetriebenen Geländewagen, für einige, etwa die Gibb River Road und die Durchquerung der Simpson Desert, sollte man auch über Fahrpraxis in rauem Terrain verfügen.

In der Regel sind alle Outback-Pisten außerhalb der Regenzeit, also zwischen April/Mai und November, befahrbar. Gesperrt sind viele Tracks in den regenreichen Südsommermonaten sowie nach heftigen Niederschlägen, die in manchen Regionen unvorhersehbar auch in der Trockenperiode fallen können. Daher ist es auch schwierig, den Zustand von Sand-Schotter-Pisten und Naturtracks zu beschreiben. Ein Streckenabschnitt, der heute noch in erstklassigem Zustand ist, kann sich nach einem nur halbstündigen Platzregen in eine Schlammwüste verwandeln, in der selbst ein Geländewagen versinkt.

Da sich der Zustand der meisten Outback-Pisten ständig ändert, sollte man sich vor Reiseantritt bei Automobilklubs und Polizeistationen, Nationalparkverwaltungen, Fremdenverkehrsämtern, *caravan parks* oder *roadhouses* nach den Straßenverhältnissen erkundigen. Am Startpunkt vieler Tracks stehen Hinweisschilder, die Auskunft über die Beschaffenheit der Route geben und auch darüber informieren, ob die Piste befahren werden darf oder gesperrt ist. Wer eine wegen Nässe gesperrte Piste befährt, wird kräftig zur Kasse gebeten – er muss für die von seinem Fahrzeug auf dem aufgeweichten Belag verursachten Schäden aufkommen, zudem droht eine Geldstrafe.

Bei Trockenheit verleiten gute Outback-Pisten zu hoher Geschwindigkeit. Das kann gefährlich werden, denn auf Schotter und Sand ist die Traktion ebenso gering wie auf Eis und Schnee. Mit Geländewagen, deren Schwerpunkt recht hoch liegt, kann man bei zu großem Tempo leicht ins Schleudern geraten. Dies gilt vor allem für Busch-Camper mit Hochdach, die eine Gesamthöhe von 2,7 m haben. Damit diese Fahrzeuge nicht noch ›kopflastiger‹ werden, sollte man keine schweren Gepäckstücke unter dem Dach verstauen.

Oft übersieht man bei schneller Fahrweise auch Bulldust-Löcher und Auswaschungen *(washouts),* die als tiefe Rinnen quer zur Fahrbahn verlaufen und bei zu hoher Geschwindigkeit Fahrzeugschäden bis zum Achsenbruch verursachen können. Manchmal weisen Schilder (Traffic Hazard Ahead) oder improvisierte Warnzeichen wie alte Reifen, quergelegte Äste und Plastikbändchen an Büschen und Bäumen auf Gefahrenstellen hin.

Gewöhnungsbedürftig ist das Fahren auf Pisten, auf denen sich der Belag zu kleinen Wellen *(corrugations)* verformt hat. Oft ist das ›Wellblechgerüttel‹ nur dann erträglich, wenn man mit 70 bis 80 km/h über die Spitzen der in Abständen von 10 bis 30 cm parallel verlaufenden Bodenwellen und Querfurchen ›fliegt‹. Bei höheren Geschwindigkeiten lassen die Vibrationen merklich nach, allerdings auch die Bodenhaftung – deshalb vor Kurven runter vom Gas und rasche Lenkmanöver vermeiden.

Seine Tücken hat auch auf Outback-Pisten der Linksverkehr. Nicht selten weicht man vor allem auf schmalen Tracks bei plötzlichem Gegenverkehr auf die falsche Seite aus. Ein an der Windschutzscheibe angebrachter Richtungspfeil erinnert auch in Schrecksekunden an die richtige Fahrbahnseite. Wichtig ist es, von anderen Verkehrsteilnehmern rechtzeitig gesehen zu werden, daher sollte man auf Staubstraßen sicherheitshalber das Abblendlicht einschalten. Bei Fahrten über Dünenkämme sind hoch angebrachte Signalwimpel sehr hilfreich.

Weitere Gefahrenstellen sind einspurige Brücken oder Furten sowie Fahrbahnverengungen an *grids,* in die Straße eingelassenen Gittern aus Metall, die Rinder am ›Wildwechsel‹ hindern. Auf Teerstraßen kann man *grids* mit relativ hohem Tempo passieren, auf Schotterpisten muss man jedoch mitunter auf Schritttempo abbremsen, weil die Übergänge vom Straßenbelag auf die Betonfundamente der Metallgitter häufig tief ausgefahren sind. Mit ähnlichen Situationen hat man beim Wechsel des Straßenbelags von Schotter auf Asphalt und umgekehrt zu rechnen. Die Geschwindigkeit sollte auch vor trocken liegenden Senken *(dips)* und Furten *(floodways)* reduziert werden, denn die Wassermassen, die an diesen Stellen während der Regenzeit die Pisten überfluten, führen häufig zu tiefen Auswaschungen und anderen Fahrbahnschäden.

Es empfiehlt sich, zu vorausfahrenden Wagen immer ausreichenden Abstand zu halten, denn aufgewirbelte Steine können leicht die Windschutzscheibe und Scheinwerfergläser zerstören.

■ Etwas Allrad-Technik

Im Allgemeinen benötigt man selbst auf rauen Outback-Pisten nur gelegentlich den Allradantrieb. Routen wie die Tanami Road oder den Gunbarrel Highway bewältigt ein Geländewagen bei Trockenheit auch im normalen Heckantrieb, also wenn der kleine Hebel direkt neben dem Schaltknüppel auf der Position H2 *(high range,* Zweiradantrieb) steht. Bei sandigen und schlammigen Passagen oder bei Flussdurchquerungen kann man den Antrieb der Vorderachse zuschalten, also den Hebel in die Stellung H4 *(high range,* Allradantrieb) bringen. Man darf bei Fahrzeugen mit manuell sperrbaren Freilaufnaben *(free wheel hubs)* an den Vorderrädern nicht vergessen, diese von Hand auf die Position *lock* zu drehen. Sollte der Markierungspfeil auf *free* zeigen, erfolgt keine Kraftübertragung auf die Vorderachse, man fährt also – obwohl sich der kleine Schalthebel für das Zwischengetriebe in der Stellung Allrad-H4 befindet – nur mit Hinterradantrieb.

Ist es wegen des Pistenzustands erforderlich, häufig zwischen Zweirad- und Vierradantrieb hin- und herzuschalten, kann man die Freilaufnaben gesperrt lassen. Es ist dann möglich, je nach Bedarf während der Fahrt bei getretener Kupplung zwischen H2 und H4 zu wechseln. Benötigt man längere Zeit keinen Allradantrieb, sollten die Freilaufnaben immer auf *free* stehen – das verringert den Materialverschleiß und spart Kraftstoff. Moderne Geländewagen, nicht aber die von den meisten Outback-Reisenden benutzten Toyota-Busch-Camper, besitzen automatisch sperrende Freilaufnaben, bei denen dieses Prozedere überflüssig ist.

Die Übersetzung ist bei H2 und H4 gleich, der Wagen fährt je nach eingelegtem Gang bei H2 genauso schnell wie bei H4. Bringt man den kleinen Schalthebel im Cockpit auf die Position L4 *(low range,* Allradantrieb), was nur bei stehendem Fahrzeug möglich ist, wird die Geländeuntersetzung zugeschaltet, die Geschwindigkeit des Wagens wird verringert, die Kraft maximiert. Dies ist nötig bei tiefem, weichem Sand, bei ausgedehnten Schlamm- oder Bulldust-Feldern, bei Flüssen mit hohem Wasserstand, in felsigem Terrain sowie bei extremen Steigungen und Gefällen. Dann ist meist die Kombination zweiter Gang und Modus L4 die richtige Wahl. Damit die Antriebskraft auch auf die Vorderräder geleitet wird, müssen die Freilaufnaben auf *lock* stehen.

Brücken über tiefes Wasser, weichen Sand und Schlamm gibt es im Outback häufig nicht. Die Pisten führen mitten durch die Flüsse, die zur Regenzeit zu Strömen anschwellen. Strecken mit vielen Flussdurchquerungen, etwa die Gibb River Road, der Cape York Track oder der Gulf-Savannah Track, sind während der Regenzeit unpassierbar.

Bereits bei der Wagenübernahme sollte man klären, in welcher Höhe sich der Luftansaugstutzen befindet. Geländewagen die über einen hochgezogenen Luftansaugstutzen verfügen, meistern Wassertiefen von 50 bis 60 cm ohne Probleme. Neben dem Pegelstand spielen Untergrund und Strömung eine Rolle. Auch ein schwerer Geländewagen bekommt die Kraft fließender Flüsse zu spüren, wenn die Achsen abtauchen und die Karosserie den Fluten eine breite Angriffsfläche bietet. Im Notfall kann es helfen, die Türen zu öffnen, damit das Wasser durchfließen kann und den Wagen nicht von der Furt spült.

Vor jeder Flussdurchquerung muss man außer der Wassertiefe den Untergrund und die Strömungsverhältnisse erkunden. Vor allem bei steinigen und felsigen Furten sollte der Beifahrer vorausgehen und dem Fahrer die günstigste Passage zeigen – eine heikle Angelegenheit in nord-australischen Gewässern, in denen sich Krokodile tummeln. Eventuell wartet man besser eine Weile und beobachtet, wie Outback-erfahrene Einheimische das Hindernis meistern – gewöhnlich kraftvoll und zügig, aber nicht zu schnell im zweiten Gang mit der Untersetzung L4 des Allradgetriebes.

Wichtig ist es, den Motor auf etwa 2500 bis 3000 Touren zu halten, weil er dann meist das maximale Drehmoment entwickelt. Bei der Durchquerung auf dem Gas bleiben und nicht auskuppeln, da sonst Wasser zwischen Druckplatte und Kupplungsscheibe gelangt, die Kupplung rutscht und das Fahrzeug stehen bleibt. Zu beachten ist, dass eine zu hohe Geschwindigkeit bei einer Flussdurchquerung einen Wasserstau vor dem Kühler verursacht. Das Wasser wird dann vom Kühlerpropeller im Motorraum versprüht, was zum Ausfall der Elektrik führen kann. Im Zweifelsfall sollte man auf eine Flussdurchquerung verzichten und einen Motorschaden vermeiden. Wasserschäden werden von keiner Versicherung gedeckt.

Weichsandige Passagen geht man ähnlich an wie Furten, zügig im zweiten Gang in der Geländeuntersetzung L4 bei kraftvoller Drehzahl. Man darf in einem sandigen Trockenbett oder an einer Dünenauffahrt keinesfalls anhalten, denn beim erneuten Anfahren kommt es häufig zum gefürchteten *bogging*, Festfahren. Hat man jedoch das Gefühl einzusanden, darf man kein Gas mehr geben, damit sich das Fahrzeug nicht bis zu den Achsen eingräbt, was eine Bergung schwieriger gestaltet.

Dem Versanden kann man vorbeugen, indem man den Reifendruck auf bis zu 50% reduziert, um die Auflagefläche zu vergrößern. Vor Normalbetrieb müssen die Reifen wieder aufgepumpt werden, denn sie könnten sonst bei Kurvenfahrten von den Felgen rutschen. Ist das Fahrzeug eingesandet, kann man durch behutsames Vorwärts- und Rückwärtsfahren versuchen, den Sand unter den Reifen zu verdichten. Mit unter die Reifen gelegten Zweigen, Blättern, Holzstücken oder Steinen lässt sich damit ein festsitzendes Fahrzeug oft ohne fremde Hilfe oder Winde bergen.

Schwierige Tiefsandpassagen lassen sich am besten in den Morgenstunden bewältigen, wenn der Sand durch die Feuchtigkeit der Nacht noch hart und tragfähig ist. Zu beachten ist, dass bei langen Fahrten in der Geländeuntersetzung L4 in schwierigem Terrain der Treibstoffverbrauch fast doppelt so hoch ist wie auf Teerstraßen, wobei die Verbrauchswerte von Dieselfahrzeugen günstiger sind als die von Benzinern.

Schlammfelder sowie Salz- und Lehmpfannen, die nach Niederschägen tiefmorastig sind, umfährt man nach Möglichkeit, denn eine Bergung von Fahrzeugen, die im Schlamm versackt sind, ist meist mit großem Aufwand verbunden und oft ohne Winde und andere Hilfsmittel kaum möglich. Versinkt man beim Sondieren des Geländes zu Fuß schon bis zum Knie im weichen Morast und lässt sich das Hindernis auch nicht umfahren, bleiben nur zwei Möglichkeiten – umkehren oder warten, bis die Sonne den aufgeweichten Streckenabschnitt wieder hart gebacken hat.

Fahrer ohne Allradpraxis sollten zunächst auf einfachen Pisten wie dem Oodnadatta Track oder Birdsville Track Erfahrung sammeln, bevor sie sich an schwierige Unternehmungen wie den Cape York Track oder die French Line durch die Simpson Desert wagen. Vor allem in den Hauptreisemonaten, wenn zahlreiche einheimische Touristen unterwegs sind, können sich Outback-Neulinge auf harten Tracks einem Konvoi australischer Geländewagenfahrer anhängen.

Sinnvoll mag es sein, einen Urlaubstag für einen Geländewagen-Fahrkurs zu opfern. Adressen von Trainingslagern vermitteln Geländewagenvermieter und Automobilklubs. Ein gutes Renommee hat die Allradschule Spear Creek in den Flinders Ranges in South Australia (P.O. Box 84, Port Augusta, Sa 5700, Tel. 08-86 43 62 25, Fax 08-86 43 66 76).

■ Verkehrsregeln

Auf den meisten Highways beträgt die Höchstgeschwindigkeit 100 km/h. Ausnahmen sind die Überlandstraßen in South Australia, auf denen man 110 km/h fahren darf, und das Northern Territory, wo es keine Geschwindigkeitsbegrenzung gibt. Sofern nicht anders ausgeschildert, ist die Höchstgeschwindigkeit in Ortschaften auf 60 km/h begrenzt. Vor allem auf dem ganz Australien entlang der Küste umzirkelnden Highway One nimmt die Polizei häufig Geschwindigkeitskontrollen vor. Bei Überschreitungen drohen hohe Geldstrafen.

In Australien herrscht Linksverkehr, dennoch gilt ›rechts vor links‹, es sei denn die Vorfahrt *(give way)* ist anders geregelt. Fahrzeuge im Kreisverkehr haben Vorfahrt. Sicherheitsgurte müssen auf allen Sitzen, auch im Fond, angelegt werden. Die Alkoholgrenze liegt bei 0,5 Promille. Will man keinen Strafzettel *(ticket)* bekommen, empfiehlt es sich, vor allem in größeren Städten die Parkvorschriften genau zu beachten. Vor unbeschrankten Bahnübergängen ohne Signalanlage muss man kurz stoppen.

An den großen Überlandstraßen ist das Tankstellennetz ausreichend dicht, abseits der Hauptrouten wird es jedoch recht dünn. Allerdings liegen auch auf Outback-Pisten, außer entlang extremer Tracks wie der Canning Stock Route, meist nicht mehr als 300 bis 400 km zwischen den Tankstellen.

Vor allem in der Morgen- und Abenddämmerung sollte man auf wilde Tiere wie Kängurus und Emus achten. Groß ist das Risiko von Zusammenstößen mit Rindern in den nicht eingezäunten Weidegebieten des Outback. Hier sollte man die Hinweisschilder beachten. Vorsicht ist bei Begegnungen mit *road trains* angebracht., den bis zu 50 m langen und bis zu 120 t schweren Lastwagengespannen aus Zugmaschine mit drei Anhängern. Gewöhnlich lässt man den Kolossen die Vorfahrt und fährt auf schmalen Straßen links ran, um ihnen den Weg freizumachen. Beim Überholen eines *road train* muss man die Überlänge beachten.

Automobilklubs

Mitglieder eines Automobilklubs, welcher der Alliance Internationale de Tourisme oder der Fédération Internationale de l'Automobile angeschlossen ist, etwa der ADAC, können die Dienste der Australian Automobile Association (AAA) in Anspruch nehmen. Diese ist in jedem Bundesstaat mit Unterorganisationen vertreten. Gegen Vorlage des Mitgliedsausweises des Heimatlandes erhält man bei den australischen Automobilklubs kostenlos oder preisgünstig Kartenmaterial, Reiseinformationen, ein Hotel- und Caravan Park-Verzeichnis u. a. Zum Service der australischen Automobilklubs gehört auch die Pannenhilfe in Notfällen (Breakdown Service, Tel. 13 11 11 landesweit).

Behinderte

In größeren Outback-Städten bemüht man sich sehr um Behinderte. So verfügen die meisten öffentlichen Einrichtungen sowie zahlreiche Hotels, Restaurants und Museen über eine behindertengerechte Ausstattung. Immer mehr Stadtbusse werden mit ebenerdigen Türen ausgerüstet, viele Bahnhöfe haben rollstuhlgerechte Eingänge und Rampen, an Fußgängerampeln haben die Bürgersteige rollstuhlfahrerfreundliche, abgeflachte Übergänge. Da Spezialverleihfirmen Geländewagen mit automatischem Getriebe anbieten, müssen Behinderte auch nicht auf Reisen jenseits der geteerten Highways verzichten. Allerdings ist zu beachten, dass abseits der ›Zivilisation‹ keinerlei behindertengerechte Infrastruktur mehr besteht.

Zu empfehlen sind einfachere Outback-Routen mit Etappenzielen, die über behindertengerechte Einrichtungen verfügen, etwa Flinders Ranges, Oodnadatta Track, Birdesville Track, Strzelecki Track, MacDonnell Ranges westlich und östlich von Alice Springs, Uluru-Kata Tjuta National Park, Kings Canyon, Kakadu National Park, die Pilbara-Region sowie der Stuart Highway, Matilda Highway und die Route Caims-Cooktown. Nur in Begleitung eines erfahrenen Helfers sollten sich Behinderte an wenig befahrene Routen wie Simpson Desert Loop, Gunbarrel Highway oder Cape York Track wagen. Weniger geeignet für Gehbehinderte sind die Kimberleys, da sich die Naturschönheiten nur auf zum Teil schwierigen Wanderungen erschließen.

Informationen erhält man vom Dachverband der australischen Behindertenorganisationen:

Australian Council for Rehabilitation of the Disabled (ACROD), P. O. Box 60, Curtin, ACT 2605, Tel. 02-62 82 43 33, Fax 02-62 81 34 88.

Hinweise auf behindertengerechte Hotels, Verkehrsmittel und weitere Hilfsorganisationen enthält ein bei der Australian Tourist Commission in Frankfurt erhältliches »Fact Sheet«, das unter der Fax-Nummer 0 69-27 40 06 40 angefordert werden kann. Informationen finden Behinderte zudem im Internet unter www.australia.com.

Camping

Weite und Wetter schaffen in Australien ideale Voraussetzungen für das Übernachten in freier Natur. In der Nähe von Städten und Siedlungen oft auch bei *roadhouses* gibt es zahlreiche meist ausgezeichnet gewartete Campingplätzen und Caravan Parks. Die meisten dieser Einrichtungen sind sowohl auf Urlauber mit Wohnmobilen als auch auf Camper mit Zelten eingestellt. Zur Grundausstattung gehören Stellflächen mit und ohne elektrische Anschlüsse *(powered sites* bzw. *unpowered sites),* Duschen und Toiletten sowie Münzwaschautomaten und -trockner. Meist gibt es auch Grillplätze mit münzbetriebenen Gas- oder Elektro-Barbecues

sowie Swimmingpools, Kinderspielplätze und Lebensmittelläden.

Auf den meisten großen Caravan Parks gibt es neben Einrichtungen für Camper fest installierte, eingerichtete Mietwohnwagen *(on-site-vans)* sowie gelegentlich komfortable Hütten *(cabins).* Vor allem im Outback sind Caravan Parks häufig Moteleinheiten mit Kochnische und Kühlschrank sowie Koch- und Essutensilien angeschlossen. Die sanitären Einrichtungen müssen bisweilen mit den Campern geteilt werden. Besonders gut ausgestattet sind die Plätze der großen Caravan Park-Ketten wie Big Four Tourist Parks und Top Tourist Parks. Diese geben auch teilweise kostenlos Mitgliedsausweise aus, mit denen man einen Preisnachlass erhält.

Außer den privaten, auf kommerzieller Basis betriebenen Caravan Parks gibt es in den Nationalparks an landschaftlich schönen Stellen Campingplätze, die vom staatlichen National Parks and Wildlife Service unterhalten werden. Die Palette reicht von Campingplätzen mit dem Standard von Caravan Parks bis zu einfachen Busch-Camps, die häufig nur über ›Plumpsklos‹ *(dunnies)* und improvisierte Duschen, mitunter aber auch über keinerlei sanitäre Einrichtungen verfügen.

In der Hochsaison, vor allem in der australischen Ferienzeit, sind die Campingplätze in vielen Nationalparks überfüllt. Nur Buchung oder frühzeitiges Kommen sichert dann einen Stellplatz. Brennmaterial für die Grillplätze sollte ausreichend mitgeführt werden, denn oft ist in Nationalparks das Sammeln von Feuerholz verboten. Die meist recht geringen Campinggebühren werden am Parkeingang bezahlt, von Rangers während ihrer abendlichen Rundgänge eingesammelt oder in einer am Camp aufgestellten *money box* deponiert.

›Wildes‹ Campen ist in Australien prinzipiell überall dort erlaubt, wo es nicht ausdrücklich verboten ist. Restriktionen bestehen in Nationalparks und in Aborigine-Reservaten sowie innerhalb und in der Nähe von Städten. Da sich der Großteil des Landes in Privatbesitz befindet, sollte man, wenn möglich, die Besitzer um Erlaubnis fragen, bevor man das Camp aufschlägt.

■ Einige Tipps für das BuschCamp

– In Nationalparks und anderen Naturschutzgebieten nur an den ausgewiesenen *campsites* übernachten
– Wegen Staub und Lärm möglichst nicht unmittelbar am Rande von Buschpisten campen, aber auf der Suche nach einem Busch-Camp nicht unnötig *off road* durch die Gegend fahren, denn dies fördert die Bodenerosion. Um die Natur zu schonen, bereits vorhandene Camps nutzen
– Auch wenn es nicht regnet, nie in ausgetrockneten Flüssen und Bächen campieren. Niederschläge in weit entfernten Regionen können zu Springfluten *(flash floods)* führen, welche die Trockenbetten in Ströme verwandeln. Es sind schon Camper mitten in der Wüste ertrunken!
– Das Lager in übersichtlichem Terrain aufschlagen. Hohes Gras meiden, denn dort fühlen sich Schlangen wohl
– Um Rinder und Schafe sowie wilde Tiere nicht zu verscheuchen, nie an Wasserstellen campieren
– Zelte nach Verlassen des Camps verschließen und somit gegen unliebsame Eindringlinge sichern
– Lebensmittel und Mülltüten nicht herumliegen lassen, denn wilde Tiere bedienen sich gern aus Vorrats- und Abfallbehältern.
–Wegen des hohen Gehalts an ätherischen Ölen in den Blättern brennen Eukalyptusbäume leichter als andere Baumarten, deshalb darf man Lagerfeuer nie unter oder in unmittelbarer Nähe von Eukalypten entfachen. Auch trockenes Gras, verdorrtes Buschwerk und anderes leicht entflammbares Material sollte im Umkreis von 3 bis 5 m um die Feuerstelle entfernt werden. Nach Möglichkeit für das Lagerfeuer alte Feuerplätze verwenden und vor Verlassen des Camps die Glut mit Wasser oder Sand löschen. Wegen der Gefahr von Funkenflug bei Wind auf das Lagerfeuer verzichten und in gefährdeten Trockengebieten Warntafeln, die den Grad der Feuergefahr anzeigen, beachten.
– Abfälle verbrennen oder mitnehmen und an geeigneten Stellen entsorgen. Müll zu vergraben, nützt nichts, denn er wird von wilden Tieren wieder ausgegraben oder von Flutwasser freigelegt. In sicherem Abstand von Wasserstellen sollte man jedoch seinen ›Biomüll‹ vergraben. Das Toilettenpapier vorher verbrennen
– Beim Waschen und Baden in Bächen, Flüssen und Naturpools keine Seife und kein Shampoo verwenden

Diplomatische Vertretungen von Australien

■ ... in der Bundesrepublik Deutschland

Australische Botschaft, Visa-Abteilung, Philip-Johnson-Haus, sechster Stock, Friedrichstr. 200, 10117 Berlin, Tel. 0 30-88 00 88-0, Fax 0 30-22 48 92 91; Visa-Information-Telefonservice der Australischen Botschaft: Tel. 01 90-24 11 40 (CompuTel, 1,21 DM pro Minute)

Australisches Generalkonsulat, Grüneburgweg 58–62, 60322 Frankfurt/Main, Tel. 069-905580, Fax 069-9055819 (keine Visa)

■ ... in Österreich
Australische Botschaft, Mattiellistr. 2, A-1040 Wien, Tel. 01-5128580, Fax 01-5132908

■ ... in der Schweiz
Australisches Generalkonsulat, 2 Chemin des Fins, Grand Saconner, CH-1211 Genève 19, Tel. 022-7999100, Fax 022-7999178 (keine Visa). Für Visaanträge ist die australische Botschaft in Bonn zuständig

Diplomatische Vertretungen in Australien

■ ... der Bundesrepublik Deutschland
Deutsche Botschaft, 119 Empire Circuit, Yarralumla, Canberra, Tel. 02-6270 1911, Fax 02-6270 1951

■ ... von Österreich
Österreichische Botschaft, 12 Talbot St., Forrest, Canberra, Tel. 02-6295 1533, Fax 02-6293 6751

■ ... der Schweiz
Schweizer Botschaft, 7 Melbourne Ave., Forrest, Canberra, Tel. 02-6273 3977, Fax 02-6273 3428 Öffnungszeiten allgemein Mo–Fr 9 bis 12 Uhr.

Konsulate der Bundesrepublik Deutschland, Österreichs und der Schweiz gibt es in Sydney, Melbourne, Brisbane, Adelaide, Perth und Darwin.

Drogen

Strenge Gesetze verbieten in Australien den Besitz, Verkauf und Konsum von Drogen. Bei Verstößen – auch wenn es sich nur um kleine Mengen handelt – drohen harte Strafen.

Streng sind auch die Alkoholgesetze – zum Kaufen und Konsumieren muss man mindestens 18 Jahre alt sein. In öffentlichen Gebäuden, Flugzeugen, Bussen und Bahnen sowie in Geschäften und Einkaufszentren, Kinos und Theatern ist Rauchen verboten. Die meisten Hotels und Restaurants haben Nichtraucherbereiche, in manchen anderen ist Rauchen gänzlich untersagt.

Elektrizität

Die Netzspannung in Australien beträgt 240/250 Volt Wechselstrom mit einer Frequenz von 50 Hertz. Für die Steckdosen, die drei Ausgänge besitzen, benötigt man einen dreipoligen Zwischenstecker, den man bereits vor der Reise kaufen sollte.

Essen und Trinken

Während in Großstädten und Ferienzentren Restaurants kulinarische Streifzüge durch beinahe alle Küchen der Welt ermöglichen, ist das Angebot in ländlichen Gebieten eher monoton. Aufgrund der australischen Alkoholgesetze gibt es drei Arten von Restaurants: Not Licensed Restaurants sind Lokale, in denen keine alkoholischen Getränke konsumiert werden dürfen. In Fully Licensed Restaurants serviert man Bier und Wein, allerdings meist nur mit Mahlzeiten. BYOs sind Restaurants ohne Ausschankgenehmigung für Alkoholika, BYO ist die Abkürzung für *Bring Your Own*. Gästen ist es erlaubt, Bier und Wein mitzubringen, was in der Regel preiswerter ist, als in einem lizensierten Restaurant alkoholische Getränke zu bestellen.

Die Preise liegen in den Restaurants aller Kategorien auf mitteleuropäischem Niveau. Teuer sind Spitzenrestaurants, bei denen meist eine telefonische Voranmeldung erforderlich ist und von Gästen auch angemessene Kleidung erwartet wird. Preiswert isst man an den Theken vieler Pubs, wo so genannte *counter lunches* oder *counter meals* serviert werden, oder in den Food Malls von Einkaufszentren. Kleine, preiswerte Mahlzeiten servieren auch Take away-Restaurants sowie Bistros und Cafeterien. In größeren Outback-Städten findet man Schnellrestaurants.

Aufgrund der Alkoholgesetze kann man in Australien Bier, Wein und andere alkoholische Getränke nicht im Supermarkt kaufen. Alkoholika gibt es in lizensierten Läden, die Bezeichnungen tragen wie bottle shop, liquore store oder winery. Häufig haben diese Geschäfte nur von der Mittagszeit bis in die frühen Abendstunden geöffnet.

Feste und Feiertage

1. 1. – New Year's Day, Neujahr
26. 1. – Australia Day, Tag der Gründung der ersten europäischen Siedlung auf dem Fünften Kontinent
Ostern – März/April
Erster Montag im März – Labour Day in Western Australia, Tag der Arbeit
Zweiter Montag im März – Labour Day in Victoria, Tag der Arbeit
Dritter Montag im März – Labour Day im Australian Capital Territory, Tag der Arbeit
25. 4. – Anzac Day, Gedenktag zu Ehren der in den beiden Weltkriegen gefallenen Australier
Erster Montag im Mai – Labour Day in Queensland, Tag der Arbeit
Zweiter Montag im Juni – Queen's Birthday, nicht in Western Australia
14. 9. – National Aboriginal Day
Erster Montag im Oktober – Labour Day in New South Wales, Tag der Arbeit
Zweiter Montag im Oktober – Labour Day in South Australia, Tag der Arbeit.
25. 12. – Christmas Day, Erster Weihnachtstag
26. 12. – Boxing Day, Zweiter Weihnachtstag, benannt nach den Geschenkkartons *present boxes*, nicht in Western Australia
26. 12. – Proclamation Day, nur in South Australia
Fällt ein Staatsfeiertag auf einen Sonntag, so ist der darauffolgende Montag arbeitsfrei

Veranstaltungen

Januar
Perth (WA): Perth Cup, Pferderennen, Neujahrstag
Katherine (NT): Australia Day Bush Picnic, Volksfest mit Pferderennen, 26. 1.
Landesweit: Chinese New Year, Drachenumzüge, Feuerwerke u. a., variabel Jan./Feb.

Februar
Adelaide (SA): Adelaide Arts Festival, dreiwöchiges Kunst- und Kulturfestival, variabel Feb./März der geradzahligen Jahre
Adelaide (SA): Adelaide Fringe Festival, avantgardistisches Pendant zum Adelaide Arts Festival, variabel Feb./März der geradzahligen Jahre

Adelaide (SA): Womadelaide, Musik- und Tanzfestival, variabel Feb./März in Jahren mit ungeraden Zahlen

Perth (WA): Festival of Perth, Kulturspektakel, variabel Feb./März

März

William Creek (SA): William Creek Gymkhana and Picnic Races, zweitägiges Fest mit Pferde- und Kamelrennen, Misswahl, Bierbauchwettbewerb, Wochenende vor Ostern

Coober Pedy (SA): Opal Festival, Volksfest mit Umzügen und Sportwettbewerben, Ostersamstag

Adelaide (SA): Australian Festival for Young People, Jugendkunstfestival mit Tanz-, Theater- und Musikveranstaltungen, variabel März/April in Jahren mit ungeraden Zahlen

April

Alice Springs (NT): Heritage Week, Führungen zu historisch bedeutsamen Stätten

Pine Creek (NT): Pine Creek Goldrush Festival, Volksfest, letztes Wochenende

Port Augusta (SA): Country Music Festival

Winton (QLD): Waltzing Matilda Festival, Volksfest

Alice Springs (NT): Alice Springs Jazz Festival, letztes Wochenende

Alice Springs (NT): Alice Springs Cup Carnival, Pferderennen an vier aufeinander folgenden Wochenenden, variabel April/Mai

Charters Towers (QLD): Country Music Festival, variabel April/Mai

Mai

Adelaide (SA): Adelaide Cup, Pferderennen

Alice Springs (NT): Bangtail Muster, Volksfest mit Umzügen und Rodeo, erster Montag im Monat

Oodnadatta (SA): Oodnadatta Cup, Pferderennen

Tennant Creek (NT): Tennant Creek Cup, Pferderennen

Juni

Alice Springs (NT): Finke Desert Race, Rennen für Motorräder und Geländewagen über eine Distanz von 440 km

Borroloola (NT): Lijakarda Cultural Festival, großes Aborigine-Kulturfest, in Jahren mit ungeraden Zahlen

Cloncurry (QLD): Bush Festival, Volksfest mit Rodeo

Daly River (NT): Merrepen Arts Festival, Aborigine-Kulturfest

Katherine (NT): Barunga Festival, großes Aborigine-Kulturfest 80 km südl. von Katherine

Marree (SA): Marree Gymkhana and Picnic Races, Volksfest mit Pferderennen und anderen Sportveranstaltungen sowie viel Klamauk

Port Augusta (SA): Port Augusta Cup Carnival, Volksfest mit Pferderennen, letztes Wochenende im Juni

Alice Springs (NT): Alice Springs Show, Landwirtschaftsausstellung mit vielfältigem Beiprogramm, variabel Juni/Juli

Broome (WA): Fringe Arts Festival, Kunst- und Kulturfestival, variabel Juni/Juli

Laura (QLD): Laura Races and Rodeo, Pferderennen und Rodeo, variabel Juni/Juli

Laura (QLD): Cape York Aboriginal Dance Festival, großes Aborigine-Kulturfest, variabel Juni/Juli in Jahren mit ungeraden Zahlen

Juli

Alice Springs (NT): Lion's Camel Cup, Dromedarrennen und Poloturniere mit Dromedaren

Boulia (QLD): Desert Sands, Dromedarrennen

Derby (WA): Boab Festival, Volksfest mit Rodeo

Katherine (NT): Katherine Festival, Volksfest mit Rodeo

Marree (SA): Marree Camel Cup, Dromedarennen

Darwin (NT): Darwin Cup Carnival, Volksfest mit Pferderennen, letzter Samstag im Juli bis erster Montag im August

Tennant Creek (NT): Tennant Creek Rodeo, variabel Juli/Aug.

August

Barrow Creek (NT): Barrow Creek Races, Pferderennen

Broome (WA): Broome Rodeo

Coen (QLD): Picnic Races, bekanntestes Pferderennen auf der Cape York-Halbinsel

Darwin (NT): Beer-Can-Regatta, Wettrennen von Dosenschiffen

Halls Creek (WA): Halls Creek Carnival, Volksfest mit Pferderennen und Rodeo

Harts Range (NT): Harts Range Races, Pferderennen mit Beiprogramm, erstes Wochenende

Kununurra (WA): Ord River Festival, Volksfest mit Rodeo und kulturellen Veranstaltungen

Kynuna (QLD): Kynuna Surf Carnival, ›Wellenreiten‹ in der Wüste

Mataranka (NT): Mataranka Bushman's Carnival, Volksfest mit Rodeo

Mount Isa (QLD): Mount Isa Rodeo, eines des landesweit größten Rodeos mit Volksfest

Port Augusta (SA): Apex Camel Cup, Dromedarrennen und -auktionen

Alice Springs (NT): Alice Springs Rodeo, variabel Aug./Sept.

Broome (WA): Shinju Matsuri Festival, Festival der Perlen, variabel Aug./Sept.

Darwin (NT): Festival of Darwin, Kunst- und Kulturfestival mit Open-Air-Veranstaltungen, Konzerten u.v.m., variabel Aug./Sept.

Katherine (NT): Katherine Flying Fox Festival, Kunst- und Kulturfest, variabel Aug./Sept.

September

Adelaide (SA): Royal Adelaide Show, Landwirtschaftsausstellung

Alice Springs (NT): Henley-on-Todd-Regatta, ›Bootsrennen‹ im Trockenbett des Todd River, letzter Samstag im Monat

Bamaga (QLD): Bamaga Show, Volksfest

Birdsville (QLD): Birdsville Races, berühmtestes Pferderennen von Australien mit berüchtigtem Beiprogramm, erstes Wochenende im Monat

Winton (QLD): Outback Festival, großes Volksfest mit Sport- und Kulturveranstaltungen, in Jahren mit ungeraden Zahlen

Perth (WA): Royal Perth Show, Landwirtschaftsausstellung, variabel Sept./Okt.

Oktober

Andamooka (SA): Andamooka Opal Festival, Volksfest mit Schatzsuche, Schubkarrenrennen und anderen skurrilen Highlights

Cairns (QLD): Fun in the Sun Festival, Volksfest mit Karnevalsatmosphäre

Curdimurka (SA): Curdimurka Outback Ball, verrückteste Party des Fünften Kontinents im Nichts der australischen Wüste 750 km nördlich von Adelaide mit Live-Bands sowie Light- and Sound-Show, zweites Wochenende im Oktober der geradzahligen Jahre

Fremantle (WA): Fremantle Week, Volksfest mit Kultur- und Sportveranstaltungen, variabel Okt./Nov.

Frauen allein im Outback

Australien ist ein sehr sicheres Urlaubsland und allein reisende Frauen setzen sich im Outback bei entsprechender Umsicht keinen größeren Risiken aus als Männer. Etwas Vorsicht ist bei Kneipenbesuchen angebracht, da Outback-Pubs traditionell eine Männerdomäne mit oft rauer Atmosphäre sind. Auf das Trampen im Outback sollten Frauen verzichten.

Geld und Banken

Landeswährung ist der Australische Dollar (A-$), der in 100 Cents (c) unterteilt ist. Im Umlauf befinden sich Banknoten zu 5, 10, 20, 50 und 100 Dollar. Münzen gibt es zu 1, 2, 5, 10, 20 und 50 Cents sowie zu 1 und 2 Dollar. Etwas irritierend ist es, dass geringerwertige Münzen größer sind als höherwertige. 1 A-$ entspricht etwa 1,23 DM (Stand: April 2000).

Bargeld sollte man in Australien tauschen, da dort der Wechselkurs deutlich günstiger ist als Zuhause. Sinnvoll ist es, etwas Bargeld für die Ankunft dabei zu haben, etwa für Gepäckwagen oder Taxifahrten. Es empfiehlt sich die Mitnahme von auf australische Dollars ausgestellten Travellers Cheques, die selbst in entlegenen Gebieten in Banken und Postämtern gewechselt werden können. Reiseschecks in DM oder sFr werden häufig nur in Großstädten und Touristenzentren eingelöst.

Mit MasterCard, Visa, American Express und anderen international gebräuchlichen Kreditkarten kann man in Hotels, guten Restaurants und Supermärkten sowie den meisten Geschäften und Tankstellen bezahlen. Kreditkarten erleichtern auch das Anmieten von Fahrzeugen vor Ort. In Verbindung mit dem PIN-Code kann man mit Kreditkarten an den meisten Geldautomaten (Automatic Teller Machines; ATM) Bargeld abheben, wofür allerdings Gebühren erhoben werden. Obwohl man mit ›Plastikgeld‹ selbst in entlegenen Outback-Regionen gut über die Runden kommt, ist es ratsam, stets einen ausreichenden Vorrat an Bargeld mit sich zu führen.

Gesundheit

Für Besucher aus infektionsfreien Gebieten sind keine Impfungen vorgeschrieben. Zur Sicherheit empfiehlt sich die Auffrischung des Impfschutzes gegen Tetanus (Wundstarrkrampf) und Kinderlähmung. Da selbst der tropische Norden Australiens frei von Malaria ist, benötigt man keine Prophylaxe.

Schutzmaßnahmen erfordern die oft große Hitze und die durch die klare Luft intensive Sonneneinstrahlung besonders während der australischen Sommermonate. In Australien, dem Land mit einer der höchsten Hautkrebsraten der Welt, gilt selbst an bewölkten Tagen die Devise: »Slip! Slop! Slap! Wrap!« »Zieh dir ein Hemd an! Crem' dich ein! Trag einen Hut! Setz eine Sonnenbrille auf!« Man sollte die Sonne zwischen 11 und 15 Uhr meiden, da dann die UV-Strahlung am stärksten ist.

Wichtig ist es, vor allem bei Wanderungen und anderen körperlichen Betätigungen genügend Wasser oder ungesüßten Tee zu trinken. Aufgrund der trockenen Hitze, die den Schweiß auf der Haut rasch verdunsten lässt, hat man selten das Gefühl zu schwitzen. Der Körper verliert aber dennoch Flüssigkeit und Mineralien, die ersetzt werden müssen.

Da in Apotheken die meisten in Europa gebräuchlichen Präparate erhältlich sind, empfiehlt sich nur die Mitnahme von rezeptpflichtigen Medikamenten. In Deutschland, Österreich und der Schweiz ausgestellte Rezepte werden nicht anerkannt, es sei denn, sie wurden von einem australischen Arzt beglaubigt. Wegen Sand und Staub sowie des grellen Lichts im Outback sollten Träger von Kontaktlinsen eine Brille mitnehmen.

Da die meisten europäischen Krankenversicherungen ärztliche Behandlungen in Australien nicht erstatten, ist es ratsam, für die Reise eine zusätzliche Auslandskrankenversicherung abzuschließen. Diese sollte sowohl die ambulante als auch stationäre Behandlung sowie einen Krankenrücktransport umfassen.

Karten

Zur Routenplanung empfehlen sich die Autokarte »Australien« (Maßstab 1:4 500 000) von freytag & berndt sowie die Atlanten und Straßenkarten verschiedener Mineralölgesellschaften. Karten über die Bundesstaaten und Stadtpläne gibt es oft gratis bei Fremdenverkehrsämtern.

Ausgezeichnetes und häufig kostenloses oder sehr preisgünstiges Kartenmaterial erhalten Mitglieder eines deutschen Automobilklubs gegen Vorlage des Mitgliedsausweises auch bei den Unterorganisationen der Australian Automobile Association (AAA). Sehr gute Spezialkarten (Maßstab 1:500 000 bis 1:1,5 Mio.) für die meisten Outback-Pisten und -Tracks haben die Firmen Westprint und HEMA im Programm, erhältlich in Buch- und Zeitschriftenhandlungen sowie bei Fremdenverkehrsämtern. Topografische Karten im Maßstab 1:250 000 gibt es fast nur in Spezialgeschäften in den Großstädten an der Küste.

Kinder

Tagelange Fahrten auf Rüttelpisten sind vor allem für kleinere Kinder der reinste Horror. Verzichtet man aber auf extreme Routen und reduziert die Tagesetappen auf 300 km auf Teerstraßen und 200 km oder weniger auf Schotterpisten und Naturtracks, so finden auch Kinder an einer Outback-Reise Gefallen.

Da die meisten Caravan Parks und Campingplätze mit Spiel- und Picknickplätzen sowie Swimmingpools ausgestattet sind, bietet sich als Reisevehikel ein Wohnmobil an. Auf Campingplätzen schließen Kinder beim Spielen oder beim Grillen rasch Freundschaft mit einheimischen Kids. Vor allem in Busch-Camps in Nationalparks kommt es immer wieder zu aufregenden Begegnungen mit Kängurus und Emus.

Wegen der Schlangengefahr dürfen Kinder nur in übersichtlichem Gelände, nicht in hohem Gras, spielen. Tabu als Spielplatz sind im tropischen Norden die Ufer von Flüssen, Seen und Wasserstellen, in denen Krokodile lauern könnten. Gefahr besteht dort auch an vielen Strandabschnitten am Meer, vor allem in der Nähe von Flussmündungen.

Große Attraktionen für die Kleinen sind Bootsfahrten, bei denen man den Riesenechsen und anderen Tieren sehr nahe kommt, und Besuche von Zoos oder Krokodilparks sowie Kamelfarmen, wo sie Ausritte den ›Wüstenschiffen‹ unternehmen können.

Schulkindern macht Funkunterricht live in einer School of the Air Spaß.

Sprechen sie schon etwas Englisch, dürfen sie bisweilen sogar über Funk mit Outback-Kindern plaudern. Ein ›Höhepunkt‹ für Kinder ist ein Flug in einer Propellermaschine oder einem Hubschrauber oder auch eine Ballonfahrt über dem Ayers Rock.

Lesetipps

Cerny, Christine: Magisch reisen – Australien, München 1995, sensible Einführung in die Lebenswelt der Aborigines und die Mythen der Traumzeit, Beschreibung australischer Natursehenswürdigkeiten aus ungewöhnlicher Perspektive

Chatwin, Bruce: Traumpfade, München–Wien 1990, Stimmungsbericht aus dem Outback, der auch die Mythen der Aborigines aufgreift

Davidson, Robyn: Spuren – Eine Reise durch Australien, Reinbek bei Hamburg 1991, eine junge Australierin verwirklicht einen verrückten Traum – sie durchquert mit vier Kamelen und einem Hund in acht Monaten die Wüstenregionen zwischen Zentral-Australien und der Westküste

Dressler, Hauke (Fotos)/**Viedebantt, Klaus** (Text): Begegnungen mit dem Horizont – Australien Outback, München 1997, Bildband zur Einstimmung auf eine Outback-Reise mit kenntnisreichen Begleittexten

Korsukéwitz, Sabine: Koalamond, Frankfurt/Main 1998, ein deutscher Literaturstudent reist mit seiner Harley Davidson durch das Outback, verliebt sich in eine Farmerstochter und begibt sich mit ihr auf die Suche nach einem verschollenen Goldschatz. Da taucht ein Stein mit mysteriösen Zeichen auf und ein machtvoller Aborigine tritt in Erscheinung. Spannend zu lesen

Turner Hospital, Janette: Oyster, Köln 1999, in einem trostlosen, sonnenverbrannten Opalgräbernest im Outback von Queensland, in dem sich der Sektenführer Oyster und seine Anhänger niedergelassen haben, passieren mysteriöse Dinge. Dann tauchen zwei Fremde auf der Suche nach vermissten Familienangehörigen auf und entdecken innerhalb kurzer Zeit die schreckliche Wahrheit

White, Patrick: Voss, diverse englischsprachige Ausgaben, deutsche Ausgabe z. Zt. vergriffen, die Geschichte des deutschen Australienforschers Ludwig Leichhardt, der beim Versuch der Durchquerung des Fünften Kontinents mit einer ganzen Expeditionsmannschaft spurlos verschwand

Wood, Barbara: Traumzeit, Frankfurt/Main 1991, eine junge Engländerin begibt sich in Begleitung einer australischen Ureinwohnerin auf ihren persönlichen Traumpfad ins Herz des Fünften Kontinents und wird dabei mit der Welt der Aborigines konfrontiert

Maße, Gewichte und Temperaturen

Für Maße und Gewichte ist in Australien im Allgemeinen das metrische System gebräuchlich. Gelegentlich erfolgen Höhenangaben noch in Fuß (1 foot – 38,48 cm) sowie Entfernungsangaben in Yards (1 yard – 91,44 cm) und Meilen (1 mile – 1609,34 m). Temperaturen werden in Celsius, seltener in Fahrenheit angegeben.

National- und Naturparks

In Australien gibt es fast 3500 nationale, bundesstaatliche oder regionale Naturschutzgebiete, die rund 4% der gesamten Landesfläche einnehmen und beliebte Ausflugsziele für einheimische und ausländische Besucher sind. Für ein möglichst reibungsloses Zusammenspiel zwischen Tourismus und Natur sorgen die Naturschutzbehörden, die in den meisten Bundesstaaten unter der Bezeichnung National Parks & Wildlife Service bzw. Department of Conservation & Land Management (in Western Australia) firmieren.

Abgesehen von sehr entlegenen unter Naturschutz stehenden Wildnisgebieten sind die meisten Nationalparks von gut ausgebauten und meist auch markierten Wegenetzen durchzogen. In der Regel ist in Nationalparks an ausgewiesenen Stellen oder mit einer Genehmigung *(permit)* der Rangers das Campieren im Busch erlaubt.

In Nationalparks wie dem Uluru-Kata Tjuta National Park oder Kakadu National Park bieten Besucherzentren Informationen über Fauna und Flora, Wander- und Campingmöglichkeiten. Auskünfte erteilen zudem die Zentralbüros der Naturschutzbehörden in den Hauptstädten der Bundesstaaten. An den Parkeingängen oder in den Visitor Centres sind mitunter Eintrittsgeld und Campinggebühren zu entrichten.

Für einige Naturschutzgebiete in South Australia benötigen Besucher den so genannten Desert Parks Pass. Mit dem zwölf Monate gültigen Pass, der in allen Außenstellen des National Parks & Wildlife Service sowie in vielen *roadhouses,* Tankstellen und Polizeistationen erhältlich ist, bekommt man Broschüren und Landkarten.

Besucher von Naturschutzgebieten sollten folgende Regeln beachten:

– Die Pflanzen- und Tierwelt der Parks ist geschützt. Keine Pflanzen ausreißen und (vor allem bei der Fotopirsch) keine Tiere aufscheuchen

– Es ist verboten, Felsmalereien und -ritzungen der Aborigines sowie archäologische Fundstätten zu beschädigen

– Jagdwaffen sind ebenso untersagt wie Hunde, Katzen und andere Haustiere

– Zelten ist in den meisten Parks nur auf den dafür vorgesehenen Campingplätzen erlaubt

– Da bereits ein Funke ein Buschfeuer verursachen kann, ist größte Vorsicht mit Lagerfeuern angebracht. In der Regel ist Feuermachen nur an den dafür vorgesehenen Stellen erlaubt. Beachten sollte man die *days of total fire ban,* an denen jegliches offene Feuer verboten ist. Nach Möglichkeit Gas- oder Spirituskocher benutzen

– Abfälle darf man nicht vergraben, sondern muss sie an den dafür vorgesehenen Stellen entsorgen oder wieder mitnehmen. Menschliche Ausscheidungen sollten immer mit Erdreich bedeckt werden

– Flüsse, Bäche und Wasserstellen niemals mit Speiseresten, Abwaschmitteln und Seife verschmutzen

– Um die Vegetation zu schonen und Erosionsschäden vorzubeugen, immer auf den angelegten Wegen bleiben und nie querfeldein wandern. Auch Off-Road-Fahrten sind streng verboten – man darf nur auf Straßen und Pisten fahren

– Möglichst in kleinen Gruppen wandern, da diese die Umwelt weniger belasten als große Trupps

– Vor mehrtägigen und schwierigen Touren immer Rücksprache mit den Rangers nehmen

– Immer folgendes Motto beherzigen. »Take nothing but pictures, leave nothing but footprints!« – »Nimm nichts mit außer Fotos, hinterlasse nichts außer Fußabdrücken!«

Notfälle

Die landesweite, kostenlose Notrufnummer für Polizei, Ambulanz und Feuerwehr ist 000.

Wer in entlegenen Outback-Regionen auf Nummer sicher gehen will, kann in Spezialgeschäften ein Funkgerät leihen. Grundkenntnisse der englischen Sprache sowie des Funkverkehrs sind erforderlich . Wegen ihrer geringen Reichweite sind die bei uns bekannten CB-Funkgeräte ungeeignet für das Outback. In Frage kommen nur Hochfrequenz-Funkgeräte (HF Radio) mit einer Reichweite von bis zu 1000 km, die auch die Bezeichnung RFDS-Radio tragen, da man sie auf den Frequenzen des Royal Flying Doctor Service benutzt.

Meist genügt ein Notsignalsender (Emergency Position Indicating Radio Beacon; EPIRB). Mit dem Gerät, das man für wenige Dollar am Tag bei Geländewagenvermietern leihen kann, kann man auf einer international reservierten Notfrequenz SOS funken. Aufgrund der Signale, die von Polizeistationen oder dem Luftrettungsdienst empfangen werden, kann dann der genaue Standort lokalisiert und eine Hilfsaktion in die Wege geleitet werden. Da Hilfsaktionen im Outback teuere Unternehmungen sind, darf der Notsignalsender nur in wirklichen Notfällen verwendet werden.

Öffnungszeiten

Geschäfte und Läden sind meist Mo–Fr 9–17.30 und Sa 9–13 Uhr geöffnet. In größeren Städten haben viele Kaufhäuser und Supermärkte ein- oder zweimal pro Woche bis 21 Uhr geöffnet. Geschäfte in Fußgängerzonen *(malls)* oft auch sonntags von 10–17 Uhr. Roadhouses im Outback, die neben Tankstelle, Restaurant und Kneipe oft auch über einen kleinen Lebensmittelladen verfügen, sind häufig bis in die späten Abendstunden sowie an Sonn- und Feiertagen geöffnet.

Auskunftsbüros für Touristen
Regional recht unterschiedlich, meist Mo–Fr 9–17 Uhr, gelegentlich auch Sa u. So halbtags

Banken
Mo–Do 9.30–16, Fr 9.30–17 Uhr; länger geöffnet sind gewöhnlich die Wechselstuben auf den internationalen Flughäfen und in großen Hotels

Geschäfts- und Regierungsbüros
Mo–Fr 9–17 Uhr

Museen und Galerien
Regional recht unterschiedlich, generell am ersten Weihnachtstag, am Karfreitag sowie meist auch am Anzac Day (25. 4.) geschlossen

Postämter
Mo–Fr 9–17, gelegentlich in größeren Städten auch Mo–Fr 8.30–17.30 sowie Sa 8.30–12 Uhr

Organisierte Touren

Auf Australien spezialisierte Reiseveranstalter in Deutschland, Österreich und der Schweiz bieten mehrwöchige Bus-Camping-Reisen in leichter erreichbaren Outback-Regionen sowie ausgehend von größeren Städten Mehrtagesausflüge mit Geländewagen ins Umland an. Man kann organisierte Touren auch bei lokalen Agenturen buchen. Manche australischen Veranstalter bieten maßgeschneiderte Outback-Reisen in komfortablen Allradbussen mit Übernachtung in Zelten oder einfachen Lodges an; Informationen in Reisebüros und bei den Fremdenverkehrsämtern.

Post

Von den australischen Großstädten nach Mitteleuropa dauert die Luftpost fünf bis sieben Tage, von Outback-Orten oft bis zu zwei Wochen und länger. Briefmarken gibt es in Postämtern, bei Zeitungshändlern und in Hotels. Pakete kann man nur bis zu einem Gewicht von 20 kg aufgeben (Spezialkartons und Verpackungsmaterial sind bei allen größeren Postämtern erhältlich). Luftpostpakete benötigen bis Mitteleuropa 10 bis 14 Tage, auf dem Seeweg dauert es etwa zwei bis drei Monate.

Radio und Fernsehen

Neben der öffentlich-rechtlichen Rundfunk- und Fernsehanstalt ABC (Australian Broadcating Comission) gibt es rund 140 private Rundfunk- sowie etwa 50 private Fernsehgesellschaften, bei denen es sich durchweg um kommerzielle, oft regional begrenzte Sender handelt. An den großen Highways zeigen Hinweisschilder mit der Aufschrift ›Tourist Radio‹ die Frequenzen an, auf denen man Nachrichten und Verkehrshinweise sowie touristische Informationen empfangen kann.

Reisezeit und -kleidung

Down Under stehen die Jahreszeiten Kopf – Frühling von September bis November, Sommer von Dezember bis Februar, Herbst von März bis Mai, Winter von Juni bis August. Da sich der Fünfte Kontinent über verschiedene Klimazonen erstreckt, herrscht immer irgendwo ideales Reisewetter. Die Faustregel für die beste Reisezeit lautet: September bis April im Süden, Mai bis Oktober im Norden und im Landesinnern.

Ausgeprägte Jahreszeiten gibt es nur im südlichen Australien, wo vor allem in den Küstenregionen die australischen Wintermonate von Juni bis August oft regnerisch und kühl sind und in den Bergen der Great Dividing Range Schnee fällt. Für das Landesinnere mit ausgeprägtem Wüstenklima gelten die trocken-warmen australischen Wintermonate als beste Reisezeit. Zwischen Juni und August herrschen im ›Roten Herzen‹ an meist klaren, sonnigen Tagen moderate Temperaturen. Nachts kann die Quecksilbersäule bis gegen den Gefrierpunkt absinken. In den australischen Sommermonaten reisen bei oft unerträglicher Hitze mit Tagestemperaturen von 40° Celsius und mehr nur noch *mad dogs and tourists* in die Outback-Regionen. Zudem erhält das Zentrum des Kontinents seine geringen Niederschläge im Sommer, so dass dann wegen Überflutung manche Pisten gespeert sind.

Den tropischen Norden des Kontinents charakterisiert der Rhythmus von Regenzeit *(The Wet)* und Trockenperiode *(The Dry)*. Während der häufig von verheerenden Wirbelstürmen begleiteten Regenzeit zwischen November bis April setzen Wolkenbrüche oft das ganze Land unter Wasser. Hohe Luftfeuchtigkeit und Schwüle machen dann zu schaffen. Zudem sind die Reisemöglichkeiten wegen überfluteter Straßen und Pisten sehr eingeschränkt.

Outback-Tracks wie die Gibb River Road in den Kimberleys, der Gulf-Savannah Track, die Cape-York-Route und die Zufahrt zu den Jim Jim Falls und

Twin Falls im Kakadu National Park sind in den Regenmonaten gesperrt, da die Hochwasser führenden Flüsse nicht mehr an Furten durchquert werden können. In der Regenzeit treiben gefährliche Box Jelly Fish-Quallen an die Strände im nördlichen Queensland. Doch zeigt sich der Norden während *The Wet* von seiner grünsten Seite und die zahlreichen Wasserfälle der Region kann man nur dann in ihrer vollen Pracht bewundern.

Von den Temperaturen und Niederschlägen her liegt die ideale Reisezeit für das australische ›Top End‹ in den Spätherbst- und Wintermonaten, wobei sich ab Juli/August weite Landstriche braun und verdorrt präsentieren und die Wasserfälle zu Rinnsalen verkümmern. Eine gute Reisezeit für die Pilbara- und Kimberley-Regionen sowie für den Kakadu National Park sind die Wochen nach Ende der Regenzeit, wenn das Land noch grünt und die Wasserfälle tosen. Allerdings kann es gegen April/Mai vorkommen, dass manche Tracks aufgrund der Schäden der vorausgegangenen Regenzeit noch gesperrt sind. Zudem muss man in diesen beiden Monaten mit hohen Pegelständen von Bächen und Flüssen rechnen, so dass etwas Praxis im Durchqueren von Wasserläufen erforderlich ist. Reisen auf der Cape York-Halbinsel sollte man erst für die ›Hoch‹-Trockenzeit zwischen Juli und Oktober planen, da manche Flüsse oft noch bis Mai/Juni Hochwasser führen.

Während für Outback-Reisen in den Südsommermonaten Shorts und T-Shirt ausreichen, sollten Camper für kühle Winterabende Jeans, Pullover und eine Jacke einpacken. Wichtig ist gutes Schuhwerk. Plant man, zu wandern, empfehlen sich knöchelhohe leichte Wanderstiefel. Qualitativ hochwertige Outdoor-Bekleidung ist in Touristenzentren wie Alice Springs, Cairns und Darwin erhältlich. Auch in teuren Outback-Hotels und Lodges, Restaurants und Bars geht es selbst am Abend leger zu. In den Spielkasinos von Alice Springs und Darwin wird angemessene Kleidung erwartet, Männer sollten lange Hosen tragen.

Routenplanung

Australien-Neulinge verblüffen die endlosen Distanzen – von Adelaide nach Darwin sind es über 3000 km. Oft liegen zwischen (Natur-)Attraktionen Hunderte von Kilometern wüstenähnlicher Landschaft. Wenn der Outback-Urlaub nicht zu einer Fahrt gegen die Uhr werden soll, muss man versuchen, sich auf Teilgebiete zu konzentrieren.

Man sollte nicht übermäßig viele Kilometer auf Straßen und Pisten abspulen. Auf asphaltierten Highways kann man bis zu 1000 km an einem Tag zurücklegen, um monotone Streckenabschnitte zu überbrücken. Auf Schotterpisten und Naturtracks sollte das Tageslimit bei 300 km liegen.

Bei einem zeitlich begrenzten Urlaub sollte man die Ausdehnungen zwischen einzelnen Sehenswürdigkeiten überfliegen und an den interessanten Punkten ein Fahrzeug mieten. Die Staatslinie Qantas und die private Ansett Australia Airlines unterhalten ein dichtes Streckennetz, das Besuchern dank eines flexiblen Coupon-Systems preisgünstig in Anspruch nehmen können. Qantas gewährt Passagieren Sondertarife in Form des Boomerang Pass, bei Ansett heißt das Coupon-Heft G'Day Air Pass. Beide Air-Pässe müssen bereits in Europa gekauft werden.

Bei der Reiseplanung sollte man neben den klimatischen Gegebenheiten auch die Ferientermine und Hauptreisezeiten in Australien berücksichtigen. Wer zwischen Juni und August in den Uluru-Kata Tjuta National Park oder Kakadu National Park fährt, bekommt dort ohne rechtzeitige Reservierung oft keinerlei Unterkunft mehr. Dann sind auch viele Flüge zwischen Outback-Destinationen über Tage hinweg ausgebucht. Zu Engpässen kommt es in den südlichen Wintermonaten häufig auch bei Verleihfirmen von auf Geländewagen und Allradcamper. In den Touristenzentren der südlichen Küstenregionen herrschen ähnliche Verhältnisse während der Sommerferien von Mitte Dezember bis Anfang Februar.

Souvenirs

Originelle Mitbringsel, die bereits während einer Outback-Tour gute Dienste leisten, sind strapazierfähige Kleidungsstücke, wie sie die *stockmen,* die australischen Cowboys, tragen. Zu der Ausstattung à la Crocodile Dundee gehört ein Akubra, ein breitkrempiger Hut aus dem Filz von Kaninchenhaar, ebenso wie Moleskin-Jeans und Aussie Boots, halbhohe Stiefel aus Känguruleder mit seitlichem Gummieinsatz und einer Halteschlaufe am Schaft, die derb genug für den Busch und fein genug für den Pub sind. Nicht fehlen darf ein Driza-Bone, die australische Variante des Ostfriesen-Nerzes. Die gewachsten, wasserdichten Regenmäntel halten auch beim stärksten Tropenguss, was ihr Name verspricht: ›Dry as a bone‹ – knochentrocken.

Nicht eben billige Souvenirs, die man von einer Outback-Reise mitbringen kann, sind Opale und Opalschmuck sowie andere Edel- und Halbedelsteine, etwa Achate, Saphire oder Topase. Im tropischen Norden werden Zuchtperlen und Perlenschmuck angeboten.

Ebenfalls nicht billig sind Kunstwerke und Kunsthandwerk der Ureinwohner, wie Gemälde, Holzschnitzereien, Bumerangs und Didgeridoos.

Souvenirs sind in Großstädten und Touristenzentren in Duty Free Shops relativ günstig erhältlich. Allerdings dürfen dort nur Besucher aus Übersee gegen Vorlage des Reisepasses und eines internationalen Flugtickets einkaufen.

Sperrzonen

Nachdem das Bundesparlament 1977 das Land Rights-Gesetz ratifiziert hatte und die Landbesitzansprüche der Aborigines offiziell anerkannt wurden, erhielten die australischen Ureinwohner nach und nach Stammesgebiete, meist in den trockenen Zonen Inner-Australiens und im tropischen Norden des Kontinents, zurück. Mittlerweile sind rund 10% der Landesfläche wieder Eigentum der Ureinwohner.

Touristen, die beabsichtigen, durch (Aboriginal Land) zu reisen, benötigen eine Genehmigung der Land Councils, die als Organisationen der Ureinwohner die Stammesgebiete der Aborigines verwalten. Während Transit-Permits auch kurzfristig vor Ort ausgestellt werden, sollten sich diejenigen, die vorhaben, Aborigine-Land zu besuchen (etwa Arnhem Land oder Bathurst Island und Melville Island), mindestens vier bis sechs Wochen vor dem geplanten Termin schriftlich an das jeweils zuständige Land Council wenden:

... für das Northern Territory (Top End)
Northern Land Council, 9 Rowlings St., P. O. Box 42921, Casuarina, Darwin, NT

0811, Tel. 08-89 20 51 00, Fax 08-89 45 26 33

... für das Northern Territory (›Rotes Herz‹)
Central Land Council, 33 Stuart Hwy, P. O. Box 3321, Alice Springs, NT 0871, Tel. 08-89 51 63 20, Fax 08 89 53 43 45

... für South Australia
Pitjantjatjara Council, 3 Wilkinson St., P. O. Box 2584, Alice Springs, NT 0870, Tel. 08-89 50 15 11, Fax 08-89 50 15 10

... für Western Australia
Aboriginal Affairs Department, Governor Stirling Tower, 197 St. Georges Terr., Perth, WA 6000, Tel. 08-92 35 81 40, Fax 08-92 35 80 88
Western Australia Land Council (Ngaanyatjarra Council), P. O. Box 644, Alice Springs, NT 0871, Tel. 08-89 50 17 11, Fax 08-89 53 18 92 (für den Gunbarrel Highway in Ost-West-Richtung)

Für alle geteerten Highways und viele Sand-Schotter-Pisten, die Aboriginal Land berühren, ist kein *permit* erforderlich. Reisende dürfen diese Straßen auch verlassen, um in Aboriginal Communities zu tanken oder Lebensmittel einzukaufen. Auf Aborigine-Land ist Alkoholkonsum allerdings verboten. Transitreisenden ist jedoch gestattet, alkoholische Getränke für den Eigenbedarf mitzuführen. In vielen Gemeinden der Ureinwohner ist Fotografieren untersagt.

Sprache

In vielen Situationen können Reisende im australischen Outback ihr Schulenglisch vergessen. Offiziell spricht man auf dem Fünften Kontinent zwar Englisch, doch hat es wenig gemein mit dem Idiom des ehemaligen Mutterlandes. Vom Oxford-Englisch unterscheidet sich die in Anlehnung an die genuschelte Aussprache von Australian Strine genannte Dialektvariante sowohl im Klang als auch in der Bedeutung.

Besucher haben oft Probleme, Australier zu verstehen, weil sie die Sätze aus halb geschlossenem Mund und sehr schnell hervorpressen, was zur Bildung ungewohnter Wortungetümer führt. »Owyergoinmateorright?« An diese gängige Begrüßungsformel muss sich der Neuling ebenso erst gewöhnen wie an manche Fragen und Redewendungen, wie etwa »Wotsontermorrer?« (Was steht morgen auf dem Programm?) oder »Wottayerreckonmate?« (Was meinst du, Kumpel?).

Nicht eben erleichtert wird das Verständnis durch Wörter und Begriffe, die man vergeblich in einem Englisch-Wörterbuch sucht. Darüber hinaus gelten die Aussies als Weltmeister der Abkürzungen. So wird aus *breakfast* (Frühstück) *brekkie* und aus *vegetables* (Gemüse) *veggies*. Gewöhnungsbedürftig sind auch die nasalen und oft langgezogenen Vokale – day (Tag) klingt wie ›dai‹ und take (nehmen) wie ›taik‹. Konsonanten werden häufig verschluckt und verwischt, so dass etwa Sydney zu ›Sinny‹ mutiert. Bereichert wird eine Konversation häufig durch Kraftausdrücke wie *bloody* (verdammt, toll, super).

Nachstehend eine kleine Auswahl an typisch australischen Wörtern und Begriffen:

abo, boong	abwertend für Eingeborener (Aborigine)
about right	ganz recht
amber fluid	Bier (eigentlich: Bernsteinflüssigkeit)

Aussie	Australier
bad egg	hinterhältiger Typ
barbie	Barbecue
bastard	›freundliche‹ Anrede
bikie	(Motor-)Radfahrer
bikkies	Biskuits
blackfella	Ureinwohner
bloke	Kumpel, Freund
blowies	Schmeißfliegen
bomb	altes Auto
booze	alkoholisches Getränk
brekkie	Frühstück
bulldust	feiner Staub
bush	alles Land jenseits der Städte, Outback
bushie	Bewohner des Outback
to go bush	sich verdrücken
ciggie	Zigarette
cop shop	Polizeiwache
cozzie	Badeanzug, Badehose
croc	Krokodil
cuppa	Tasse Tee
damper	Brot des Outback
drongo	Depp, Dussel
dunny	Toilette
eskie	Kühlbehälter
fair dinkum	ehrlich, wirklich
fair enough	gut, einverstanden
fella	Kumpel, Freund
to fossick	nach Edelsteinen/Gold suchen
freshie	Süßwasserkrokodil
G'day!	Guten Tag, hallo!
to go bung	kaputtgehen
Good on yer!	Gut gemacht, bravo!
grog	alkoholisches Getränk
gum tree	Eukalyptusbaum
Have a go!	Versuch's mal!
to have one with the flies	allein einen heben
Huns	abwertend für Deutsche
idiot box	Fernseher
jackeroo (männl.)	Cowboy-Lehrling;
jilleroo (weibl.)	allgemein für Anfänger
joey	Känguru-›Baby‹
mate	Kumpel, Freund (gebräuchliche Anrede)
middie	mittelgroßes Glas Bier
mozzie	Moskito
My oath!	Genau!
No worries!	Okay! Kein Problem!
ocker	Tölpel, Hinterwäldler
outback	Busch, Hinterland
Oz	Australien
plonk	billiger Wein, Fusel
plonkie	Betrunkener
pokie	Spielautomat
Pom, Pommie	abwertend für Engländer
postie	Postbote
pressie	Geschenk
ratbag	Halunke, Gauner
Righto!	Okay! Einverstanden!
ringer	australischer Cowboy
roo	Känguru
saltie	Salzwasserkrokodil
sammie	Sandwich
schooner	großes Glas Bier
She'll be right!	Geht in Ordnung!
sheila	junge Frau
My shout!	Meine Runde!
smoko	Zigarettenpause
snags	Würstchen
spunky	sexy
squareheads	Quadratschädel; auch abwertend für Deutsche, Österreicher und Schweizer
station	große Vieh- oder Schaffarm
stockman	australischer Cowboy
stubbie	kleine Flasche Bier
swagman	Landstreicher
ta	danke

tea	einfaches Abendessen
thongs	Gummischlappen
tinnie	Bierdose
Too right!	Sehr richtig!
truckie	Lastwagenfahrer
tucker	Essen
veggies	Gemüse
wog	abwertend für Asiate
to yabber	schwatzen
yank	abwertend für Amerikaner
yankee shout	Kneipenrunde, bei der jeder selbst bezahlt
yummie	lecker

Telefonieren

Selbst aus Outback-Nestern kann man Telefonate nach Übersee führen. Öffentliche Fernsprecher der staatlichen Gesellschaft Telstra sind für Münzen und Telefonkarten eingerichtet. Häufig findet man auch Kreditkartentelefone. Telefonkarten sind in Drogerien und Zeitschriftenläden erhältlich.

Auslandsnummern kann man von den meisten Fernsprechzellen und Hoteltelefonen ohne Vermittlung anwählen. Am billigsten sind Überseegespräche werktags von 22 bis 8 Uhr sowie von Sa 18 Uhr bis Mo 8 Uhr. In vielen Telefonzellen kann man sich auch zurückrufen lassen. Die Vorwahl nach Australien lautet 0061.

Für Auslandsgespräche gilt die Nummernfolge: 0011, Ländervorwahl, Ortskennziffer (ohne 0), Teilnehmernummer (Ländervorwahlen: Deutschland 49, Österreich 43, Schweiz 41). Nach etwa 15 Sekunden zeigt ein Signalton an, dass der Anruf geschaltet wird.

Die Rufnummer der Auskunft ist 1223 (national) und 1225 (internatio-nal). Für Anrufende gebührenfreie Anschlüsse haben die Vorwahl 1300 oder 1800.

Trinkgeld

In einem Urlaubsland wie Australien, wo man großen Wert auf guten Service legt, freuen sich Taxifahrer, Hotelgepäckträger, Kellner oder Zimmermädchen im Hotel über Trinkgelder *(tips)*, wenngleich keine Verpflichtung dazu besteht. Als Richtwert gelten in Restaurants der gehobenen Kategorie 10% der Rechnungssumme. Bei Taxifahrten rundet man auf den vollen Betrag auf.

Unterkunft

An den Durchgangs- und Ausfallstraßen größerer Orte findet man Motels, die auf die Bedürfnisse von Autoreisenden eingerichtet sind. Oft gibt es in den Ein- oder Mehrzimmereinheiten Kochnischen und Kühlschränke, fast immer stehen eine elektrische Tee- bzw. Kaffeekanne sowie Teebeutel, Pulverkaffee, Milch und Zucker zur Verfügung. An den großen Überlandrouten sind Motels oft *roadhouses* angeschlossen – eine Kombination aus Tankstelle, Restaurant, Motel und Campingplatz mit Stellplätzen für Wohnmobile und Zelte. Was in einem *roadhouse* als Motel firmiert sind bisweilen Wohncontainer oder Hütten in Fertigbauweise, die innen – ausgestattet mit Klima-Anlage und sanitären Anlagen – oft komfortabler sind, als sie von außen wirken.

Im Unterschied zu Motels besitzen Hotels eine Bar oder Kneipe. Im Outback gibt es in vielen kleinen Siedlungen Hotelkneipen, die über dem

Schankraum einige Gästezimmer haben. Viel Atmosphäre besitzen auch die stilvoll restaurierten Kolonialhotels in größeren Outback-Orten.

Luxuriös sind manche Lodges und Wilderness Resorts, die sich vor allem nahe des Cape Tribulation in Queensland und in den west-australischen Kimberleys konzentrieren. Für eine Hand voll Dollar finden Rucksackreisende in Backpacker Hostels, die es in jedem größeren Outback-Ort gibt, ein Dach über dem Kopf. Die australische Variante von ›Ferien auf dem Bauernhof‹ bieten im Outback große Schaf- und Rinderfarmen, die Gästequartiere haben.

Während der Hauptreisezeit im Outback zwischen Juni und August empfehlen sich frühzeitige Vorausbuchungen für Unterkünfte in touristischen Zentren. Reservierungen sind meist bereits von Zuhause per Fax oder E-Mail oder über Reisebüros möglich. Während einer Australien-Reise kann man Buchungen über Fremdenverkehrsbüros vornehmen lassen, die auch Informationen über Unterkunftsmöglichkeiten geben. Beliebt sind vor der Abreise im Heimatland gekaufte Gutscheine von Hotel- und Motelketten, mit denen man eine Ermäßigung auf die Preise erhält.

Wasser

Im Outback enthält Leitungswasser oft so viele Mineralsalze, dass es nicht nur schlecht schmeckt, sondern auch zu Magen- und Darmproblemen führen kann. Auch unbehandeltes Wasser aus Brunnen sollte man nur im Notfall trinken. Unbedenklich ist der Genuss von Regenwasser, das in großen Tanks gesammelt wird.

Zeit

Der Fünfte Kontinent ist aufgrund seiner enormen Ost-West-Ausdehnung in drei Zeitzonen eingeteilt: Eastern Standard Time (EST, mitteleuropäische Zeit plus neun Stunden) in New South Wales (außer Broken Hill), Victoria, Queensland und Tasmania; Central Standard Time (CST, mitteleuropäische Zeit plus achteinhalb Stunden) in South Australia (einschließlich Broken Hill/NSW) und im Northern Territory; Western Standard Time (WST, mitteleuropäische Zeit plus sieben Stunden) in Western Australia.

In allen australischen Staaten außer Queensland und Western Australia beginnt im Oktober die Sommerzeit (Daylight Saving Time), die bis März dauert. Die Uhren werden dann um eine weitere Stunde vorgestellt.

Wie in Großbritannien und den USA sind in Australien die Zeitangaben häufig mit dem Zusatz a. m. (ante meridiem, von 0 bis 12 Uhr) und p. m. (post meridiem, von 12 bis 24 Uhr) versehen.

Zeitungen und Zeitschriften

Die landesweit vertriebene Tageszeitung »The Australian« sowie die beiden wichtigsten städtischen Tageszeitungen »Sydney Morning Herald« und die in Melbourne erscheinende »Age« sind auch im Outback erhältlich – allerdings mit oft tage-, wenn nicht wochenlanger Verspätung. Relativ aktuell sind die Ausgaben, die man in Zeitschriftenhandlungen *(news agencies)* in größeren Outback-Städten wie Alice Springs kaufen kann. Dort liegen auch die bedeutendsten Zeitschriften des Landes aus – die australischen Ausgaben der Nachrichtenmagazine »Time« und »Newsweek«.

Kleines Outback-Glossar

beef road	Piste zum Abtransport von Rindern
bight	Bucht
billabong	Stehendes Gewässer, Tümpel oder kleiner See, der beim Austrocknen des Überschwemmungsgebiets eines Flusses zurückbleibt.
billy	Blechbehälter zum Erhitzen von Teewasser
bitumen	Asphaltstraße
bore	Brunnen, Bohrloch
bulldust	Pulverisierter Lehmboden, feinster, mehlartiger Staub, der Schlaglöcher schwer erkennbar macht
bush tucker	Essbares aus dem Busch
cairn	Pyramidenförmig aufgeschichtete Steinhaufen, Wegmarken an Outback-Pisten
gorge	Schlucht, tiefes Tal
chasm, gap	Enger Felsdurchbruch
claypan	Lehmpfanne
corrugations	Auf einer Sand- oder Schotterpiste in Querrichtung verlaufende wellblechartige Wellen
cove	Kleine Bucht
creek	Nicht ständig fließender Bach oder Fluss, dessen Bett flach und voller Geröll ist. Wenn er ausgetrocknet ist, markieren ihn gewöhnlich lichte Wälder
crest	Kuppe, wichtiger Hinweis auf Warnschildern
desert	Sand-, Stein- oder Geröllwüste
dip	Senke, die sich in der Regenzeit mit Wasser füllt, wichtiger Hinweis auf Warnschildern
dirt road	Ungeteerte Naturstraße
flat	Vegetationslose Salzpfanne
floodplain	Überflutungsgebiet eines Flusses während der Regenzeit
floodway	Furt oder Senke, durch die sich bei Regen die Wassermassen ihren Weg bahnen, wichtiger Hinweis auf Warnschildern
gate	Tor oder Gatter zwischen zwei Weidegebieten
gibber plain	Karstige Steinwüste
grader	Planierfahrzeug
gravel road	Schotterstraße
grid	An der Grenze eines Weidegebiets in die Fahrbahn eingelassener Gitterrost aus Metallrohren oder alten Eisenbahnschienen, der als Barriere für Rinder fungiert
homestead	(Historisches) Farmhaus
inlet	Meeresarm
paddock	Vieh- oder Schafweide
range(s)	Gebirgs- oder Hügelkette

roadhouse	Tankstelle mit Schnellimbiss oder Restaurant und Laden sowie Motel und Campingplatz	stock route	Historische Viehtriebroute
		tableland	Plateau, Hochland
		track	Wenig oder überhaupt nicht gepflegte Naturpiste, unterste Straßenkategorie, nur mit Allradfahrzeugen befahrbar
road train	Sattelschlepper mit ein oder zwei zusätzlichen Anhängern		
sanctuary	Naturschutzgebiet		
scrub	Buschland	unsealed road	Nicht mit Teer befestigte Straße
sealed road	Asphaltstraße		
station	Vieh- oder Schaffarm im Outback	willy-willy	Windhose, vom Wind aufgewirbelte Sandsäule

Abbildungsnachweis

Regina Bermes / laif, Köln: S. 81 Mitte, 130

Clemens Emmler / laif, Köln: S. 2 unten, 8 unten, 45, 48, 52, 87, 89, 136, 187

Roland Dusik, Lauf: Titelbild, Umschlaginnenklappe, Umschlagrückseite, S. 2 oben, 3 oben, 3 unten, 4 oben, 5 oben, 5 unten, 6 oben, 6 unten, 7 oben, 7 unten, 8 oben, 9, 10/11, 16, 19, 20, 24, 28, 35, 37, 39, 47, 50, 59, 60, 63, 67, 68, 73, 76, 78, 81 oben, 81 unten, 82, 90, 93, 95, 98, 100, 102, 105, 108/09, 114, 117, 119, 122, 124, 128, 146, 151, 153, 155, 157, 168, 172, 174/75, 176/77, 180/81, 182, 185, 194, 197, 198/99, 201, 204/05, 207, 211, 214, 217, 220/21, 223, 227, 228/29, 231, 232/33, 237, 239, 240, 242/43, 245, 246, 249, 254/55, 256/57, 258, 260, 265, 266, 270, 274, 281, 285, 288, 290, 292/93, 295, 300, 302/03

J.M. La Roque / laif, Köln: S. 4 unten, 22, 54, 111, 135, 143, 163, 164/65

Karten:
Berndtson & Berndtson Productions GmbH, Fürstenfeldbruck
© DuMont Buchverlag, Köln

Register

■ **Personen- und Sachregister**

Aborigines 14, 32, 42, 43, **60ff.**, 76f., 126, 144, 145, 147, 148, 151, 153, 161f., 164, 167, 168, 172, 180, 182, 183, 189, 190, 203, 204f., 212, 213, 215, 230, 237, 238, 246, 248, 251, 252, 255, 262, 264, 266, 271, 274, 279, 281, 284, 286, 294
Adnyamathanha, Aborigine-Stamm 91, 93
Aines, Peter 113
Anangu, Aborigine-Stamm 159, 161, 162
Aranda, Aborigine-Stamm 154
Arrernte, Aborigine-Stamm 167, 171
Ayers, Sir Henry 87, 159

Banks, Joseph 24, 39
Beadell, Len 210, 214, 216
Blaxland, Gregory 40
Bodenschätze (s. auch Gold, Opale) **54ff.**, 134, 201, 218, 223, 226, 227, 229, 253, 264, 287, 289, 297, 301
Burke, Robert O'Hara 41, 42, 125, 126, 275, 276, 300

Canning, Alfred 252
Carnegie, David 217
Chambers, James 172
Colson, Edmund 113
Cook, James 14, 24, 39, 42, 62, 77, 281, 282, 294
Curtin, John 46

Dampier, William 38, 39
Darcy, Jimmy 56
Darling, Sir Ralph 40
Darwin, Charles 24
Delisser, Edmund 202
Dieri, Aborigine-Stamm 108
Dog Fence (Dingozaun) 107f., 111, 123

Eureka Stockade 15, 44
Eyre, Edward John 40f., 100, 200, 203

Felszeichnungen **68ff.,** 91, 93, 126, 168, 171, 184, 192, 193, 194f., 204, 220, 238, 245, 247, 274, 284, 285, 286, 287
Flinders, Matthew 90
Flynn, Dr. John 56f., 145, 150, 180, 297
Forrest, John 203
Fullerton, Noel 140

Gagudju, Aborigine-Stamm 195
Ghan, The 72, 95, 97, 98f., 100, 103, 104, 117, 146, 171
Giles, Ernest 42, 159, 203, 213, 214
Gold 44, 160f., 181, **206ff.**, 218, 249, 251, 253, 275, 281, 287, 288, 297
Gosse, William 158
Grey, Charlie 41, 42
Gunn, Jeannie 183, 267
Guth, Henk 145

Hancock, Langley 54, 223
Hannan, Patrick (Paddy) 206
Harding, John 160
Hayward, John 92
Henley-on-Todd-Regatta, Alice Springs (NT) 75
Hergott, David 96
Heysen, Hans 91
Holland, Dr. 56
Howe, John Robert (Jackie) 301
Hutchison, Willie 139

Indian Pacific 98f., 203
Injinoo, Aborigine-Stamm 293

Jackey Jackey, Pfadfinder 282f.
Janszoon, Willem 38
Jardine, John und Frank 294
Jawoyn, Aborigine-Stamm 184
Jundumurra, Aufständischer 239

Kennedy, Edmund 282f., 291
Kija, Aborigine-Stamm 248

King, John   41
Kuku Yalanji, Aborigine-Stamm   280

Landsborough, William   300
Lasseter, Harold   156, 160f., 213
Lawson, William   40
Leichhardt, Ludwig   41, 183, 268, 275, 300

Macquarie, Lachlan   40, 43
Madigan, Cecil Thomas   113, 178
Manyallaluk, Aborigine-Stamm   64f.
Mendona, Alvaro de   38
Mitchell, Thomas   40
Müller, Ferdinand von   214

Namatjira, Albert   150, 154

Opale   127f., **134ff.**, 299, 303

Paterson, Andrew Barton (Banjo)   24, 295, 298f.
Petermann, August   213
Pflanzenwelt   **24ff.**
Phillip, Arthur   14, 42, 43, 61
Poeppel, Augustus   113
Poole, John   127
Postflieger   144
Pubs   208f.

Quirós, Pedro Fernández de   38

Redford, Harry (Captain Starlight)   122, 125
Ricketts, William   146
Rodeos   58f., 73f.
Royal Flying Doctor Service   56f., 58, 75, 129, 132, 145, 209, 264, 297, 303

Schafzucht   **52ff.**
School of the Air (School of Distance Education)   58, 127, 129, 132, 146, 183, 264, 279, 300, 303
Shute, Nevil   145
Skyrail Rainforest Cableway   279
Solander, Daniel Carl   24, 39
Strehlow, Karl   154
Strehlow, Theodore   147, 154
Strzelecki, Paul Edmund von   40, 122
Stuart, John McDouall   42, 95, 96, 118, 132, 145, 172, 178, 182
Sturt, Charles   40, 41, 113, 120, 126, 127

Tierwelt   **30ff.**
Tiwi, Aborigine-Stamm   64
Todd, Alice und Charles   141
Torres Strait Islanders   294
Torres, Luis Vaéz de   38
Tuckett, John   56

Viehzucht   54, 103, 107, 183f., 240f.

Wadjeri, Aborigine-Stamm   220
Waltzing Matilda (inoffizielle Nationalhymne)   298f.
Warburton, Peter   101
Wentworth, William Charles   40
White, Patrick   41
Whitlam, Edward Gough   47
Wills, William John   41, 42, 125, 126, 275, 276, 300

Zyklone   23, 189

■ **Ortsregister**

Hinter den Ortsnamen sind in Klammern die jeweiligen Bundesstaaten bzw. Territorien genannt:
NSW   –   New South Wales,
NT   –   Northern Territory
QLD   –   Queensland
SA   –   South Australia
WA   –   Western Australia

Adcock Gorge (WA)   242
Adelaide (SA)   43, **86ff.**
Adelaide River (NT)   186
Airparra Aboriginal Community (NT)   266
Alice Springs (NT)   15, 52, 57, 70, 75, **140ff.**
Alice Springs Desert Park (NT)   149
Allambi Station (NT)   175
Alpurrurulam Aboriginal Community (QLD)   265
Ammaroo Aboriginal Community (NT)   266
Anakie (QLD)   301
Andado (NT)   174
Andamooka (SA)   134

Anna Creek Station (SA)   103, 240
Archer River Roadhouse (QLD)   289
Arkaroola (SA)   94
Arltunga (NT)   168, 169
Arnhem Land (NT)   69, 184, 185, 191, 195, 286
Aroona Homestead (SA)   92
Atitjere Aboriginal Community (NT)   259
Auski Tourist Village (WA)   226, 229
Ayers Rock (NT)   s. Uluru
Ayers Rock Resort (NT)   s. Yulara

Balcanoona (SA)   93
Balr (WA)   253
Balladonia Roadhouse (WA)   206
Ballarat (Victoria)   15, 44, 45
Bamaga (QLD)   289, 294
Barcaldine (QLD)   300, 301
Barkly Tableland (NT,QLD)   265, 268
Barnett River Gorge (WA)   244
Barrow Creek (NT)   178f., 209
Batchelor (NT)   186, 196
Bathurst Island (NT)   64
Bell Gorge (WA)   242
Beresford Siding (SA)   102
Berrimah (NT)   189
Berry Springs Nature Park (NT)   187
Big Red, Düne (QLD)   120
Billiluna Aboriginal Community (WA)   251
Bird Billabong (NT)   192
Birdsville (QLD)   71f., 111f., 174, 209
Birdsville Track (QLD,NT)   **105ff.**
Blackall (QLD)   301
Blanche Cup (SA)   101
Blanchewater Station (SA)   123
Blinman (SA)   92
Border Village (WA)   205
Borroloola (NT)   270
Boulder (WA)   s. Kalgoorlie-Boulder
Boulia (QLD)   112, 175, 263
Bowali Visitor Centre (NT)   193
Boxhill Meteorite Crater (NT)   262
Brachina Gorge (SA)   92
Brisbane (QLD)   51, 107
Broken Hill (NSW)   57, 128f.
Broome (WA)   **236ff.**
Bundooma Railway Siding (NT)   173
Bungle Bungle (Purnululu) National Park (WA)   233, **248ff.**
Bunyeroo Valley (SA)   82/83, 92

Burke and Wills Roadhouse (QLD)   297
Burketown (QLD)   271
Butterfly Gorge National Park (NT)   186

Cable Beach (WA)   233, 236
Cadney Homestead (SA)   139
Caiguna (WA)   205
Cairns (QLD)   278f.
Callanna Siding (SA)   100
Cameron Corner (NSW, QLD, SA)   125
Camooweal (QLD)   259, 265
Camp Beadell (WA)   216
Canberra (Australian Capital Territory)   14, 15, 46
Canning Stock Route (WA)   116, **252ff.**
Cannuwaukaninna Bore (SA)   108
Cape Arid National Park (WA)   206
Cape Le Grand National Park (WA)   206
Cape Tribulation National Park (QLD)   280
Cape York (QLD)   294
Cape York Peninsula (QLD)   69, **282ff.**
Cape York Track (QLD)   **282ff.**
Capricorn Roadhouse (WA)   252
Caranbirini Conservation Reserve (NT)   269
Carnarvon Gorge (QLD)   302f.
Carnegie Homestead (WA)   212, 214, 217f.
Ceduna (WA)   202
Central Eastern Lowlands (NSW, QLD, SA)   21
Central Mount Stuart Historical Reserve (NT)   178
Chamberlain Gorge (WA)   247
Chambers Gorge (SA)   93
Chambers Pillar Historical Reserve   172f.
Channel Country (QLD)   107, 112, 263
Charleville (QLD)   303
Chillagoe-Mungana Caves National Park (QLD)   276
Clayton Homestead (SA)   108
Clifton Hills Homestead (SA)   110
Cloncurry (QLD)   23, 57, 275, 297
Cobra Station (WA)   221
Cocklebiddy Roadhouse (WA)   205
Coen (QLD)   288f.
Coffin Bay National Park (SA)   201
Coober Pedy (SA)   54, 132, **133ff.**
Cooinda (NT)   195
Cooktown (QLD)   281f., 284

Coolgardie (WA) 44, 206
Coongie Lakes (SA) 126
Copley (SA) 94
Corroboree Billabong (NT) 192
Corroboree Rock (NT) 167
Cossack (WA) 230
Coward Springs (SA) 102
Croyden (QLD) 275, 276
Curdimurka Siding (SA) 71, 101
Curtin Springs (NT) 147, 156

Daintree (QLD) 280
Dales Gorge (WA) 227
Dalhousie Homestead (SA) 118
Dalhousie Springs (SA) 118
Daly Waters (NT) 182, 209
Dampier (WA) 230
Darwin (NT) 15, 46, 52, 75, **187ff.**
Darwin Crocodile Farm (NT) 187
Death Rock (SA) 84
Derby (WA) 237
Devils Marbles (NT) 180
Djukbinj National Park (NT) 192
Dneiper Station (NT) 262
Drysdale River Station (WA) 244
Dulkaninna Homestead (SA) 108
Dunmurra (NT) 182
Durack River Homestead (WA) 246f.

Eastern MacDonnells (NT) **166ff.**
Echidna Chasm (WA) 248f.
Edith Falls (NT) 185
Edward River (Pormpuraaw) Aboriginal Community (QLD) 288
Eighty Mile Beach Caravan Park (WA) 231
El Questro Station (WA) 247
Eliot Falls (QLD) 292f.
Ellery Creek Big Hole Nature Park (NT) 150, 151
Elliott (NT) 182
Ellis Beach (QLD) 279
Elliston (SA) 201
Elsey National Park (NT) 183
Emily and Jessie Gaps Nature Park (NT) 167
Emma Gorge (WA) 247
Engoordina Siding (NT) 173
Erldunda (NT) 132, 140
Etadunna Homestead (SA) 50, 108
Eucla Roadhouse (WA) 205

Ewaninga Railway Siding (NT) 171
Ewaninga Rock Carvings Conservation Reserve (NT) 171
Eyre Highway (SA, WA) **200ff.**

Farina (SA) 123
Finke (NT) 173f., 178
Finke Gorge National Park (NT) 147, 154, 155, **162ff.**
Fitzroy Crossing (WA) 249
Flinders Ranges (SA) 82/83, **84ff.**
Florence Falls (NT) 196
Fogg Dam Conservation Reserve (NT) 192
Fowlers Bay (SA) 203
Frangipani Beach, Cape York Track 256/57
Frontier Kakadu Village (NT) 193
Fruit Bat Falls (QLD) 292

Galvans Gorge (WA) 243
Gammon Ranges **92ff.**
Gascoyne Junction (WA) (SA) 222
Geikie Gorge (WA) 249
Gemtree Caravan Park (NT) 167, 169, 259
Gibb River Road (WA) **237ff.**
Gibson Desert (WA) 21, 144
Giles Meteorological Station (WA) 212, 214
Glen Helen (NT) 147, 152
Glendambo (SA) 132, 133
Gosse Bluff (NT) 153
Gove Peninsula (NT) 183, 191
Great Barrier Reef (QLD) 278, 279
Great Central Road (WA) 211
Great Sandy Desert (WA) 21
Great Victoria Desert (WA, SA) 21
Great Western Plateau (WA) 21
Gregory Downs (QLD) 273
Gulf-Savannah Track (NT, QLD) **267ff.**
Gunbarrel Highway (NT, WA) **210ff.**
Gunlom Falls (NT) 196
Gurig National Park (NT) 193
Gwalia (WA) 218

Haasts Bluff (NT) 153
Halls Creek (WA) 56, 249
Hamersley Gorge (WA) 16, 229
Hamilton Homestead (SA) 117
Hann River Roadhouse (QLD) 288
Harts Range (NT) 259

Hawker (SA)   90
Hayes Creek (NT)   186
Heather Highway (WA)   214
Helenvale (QLD)   281
Hells Gate Roadhouse (QLD)   271
Henbury Meteorite Crater (NT)   140
Hermannsburg (NT)   147, 153f.
Heysen Range (SA)   92

Ilfracombe (QLD)   301
Illamurta Springs Conservation Reserve (NT)   164
Innamincka (SA)   122, 125
Iron Range National Park (QLD)   289
Italowie Gorge (SA)   94

Jabiru (NT)   193
Jardine River National Park (QLD)   293
Jervois Station (NT)   259, 263
Jim Jim Falls (NT)   195
Joffre Falls (WA)   228
Jones Island (SA)   202
Jowalbinna Bushcamp (QLD)   287

Kakadu National Park (NT)   68, 69, **190ff.**
Kalamina Gorge (WA)   228
Kalamurina Homestead (SA)   110
Kalgoorlie-Boulder (WA)   16, 44, 52, **206ff.**
Kalumburu (WA)   246
Karijini National Park (WA)   16, **223ff.**
Karratha (WA)   230
Karumba (QLD)   275f., 296
Kata Tjuta (The Olgas, NT)   **159ff.**
Katherine (NT)   64, 183
Katherine Gorge (NT)   184
Kennedy Range National Park (WA)   222
Kimberleys (WA)   20, 69, **232ff.**
Kinchega National Park (NSW)   129
Kings Canyon (NT)   147, 156, 157
Kings Creek (NT)   147, 156
Knox Gorge (WA)   228
Kulgera (NT)   140
Kumarina Roadhouse (WA)   222
Kununurra (WA)   247
Kynuna (QLD)   75, 297, 298

Lake Cadibarrawirracanna (SA)   103
Lake Callabonna (SA)   124
Lake Eyre (SA)   100f.
Lake Harry (SA)   107
Lake Hart (SA)   304
Lake Kopperamanna (SA)   108
Lake Larry Homestead (SA)   109
Lake Nash (QLD)   265, 266
Lake Quarry Environmental Park (QLD)   299
Lakefield National Park (QLD)   285
Lakeland Downs (QLD)   340
Lambert's Centre of Australia (NT)   174, 178
Larrimah (NT)   182
Lasseter's Cave (NT)   213
Laura (NT)   60, 285, 287
Laverton (WA)   212, 218
Lawn Hill National Park (QLD)   273
Leaning Tree Lagoon Nature Park (NT)   192
Leichhardt River (QLD)   275
Leigh Creek (SA)   94
Lennard River Gorge (WA)   239
Leonora (WA)   210, 218
Litchfield National Park (NT)   190, 196f.
Lomarieum Lagoon (NT)   269, 270/71
Longreach (QLD)   300
Lost City (NT)   196
Lyndhurst (SA)   86, 94, 123

Mac Clark Acacia Peuce Reserve (NT)   175
MacDonnell Ranges (NT)   19, **148ff.**
Madura Roadhouse (WA)   205
Mamukala (NT)   193
Manning Gorge (WA)   243
Marble Bar (WA)   231
Marla (SA)   104, 132, 140
Marlin Coast (QLD)   279
Marree (Hergott Springs, SA)   86, 94, 96f., 107, 135
Mary River National Park (NT)   192
Maryvale (NT)   171
Mataranka (NT)   183, 268
Matilda Highway (QLD)   **295ff.**
Maytown (QLD)   287
McKinlay (QLD)   297
Meekathara (WA)   220
Meerenie Loop Road   148
Melbourne (Victoria)   51
Melville Island (NT)   64

Millstream-Chichester National Park (WA) 230
Milparinka (NSW) 127
Mintabie (SA) 140
Mirima (Hidden Valley) National Park (WA) 247f.
Mirra Mitta Bore (SA) 110
Mitchell Falls, Kimberleys (WA) 20, 244, 245
Mitchell Plateau (WA) **244ff.**
Monte Collina Bore (SA) 124
Moomba (SA) 125
Mootwingee National Park (NSW) 128
Moreton Telegraph Station (QLD) 290, 291
Mornington Island (QLD) 271
Mossman (QLD) 280
Mount Augustus (Burringurrah, WA) **219ff.**
Mount Barnett Roadhouse (WA) 238, 244
Mount Dare Homestead (SA) 118, 171
Mount Hopeless Homestead (SA) 124
Mount Isa (QLD) 73, 264
Mount Kosciusko (NSW) 20, 40
Mount Squire (NT) 173
Mount Surprise (QLD) 277
Mowanjum Aboriginal Community (WA) 237
Mulga Park (NT) 210f.
Mundrabilla Roadhouse (WA) 205
Mungerannie Gap (SA) 110
Mungerannie Roadhouse (SA) 107, 110
Mungilli Claypan (WA) 217
Mungkan Kandju National Park (QLD) 289
Mungo National Park (NSW) 129
Murnpeowie Station (SA) 123
Musgrave Roadhouse (QLD) 288

N'Dhala Gorge (NT) 167f.
Nathan River Station (NT) 269
Natterannie Sandhills (SA) 109
New Crown (NT) 174
Newman (SA) 223, 226
Nhulunbuy (NT) 183, 191
Nitmiluk National Park (NT) 176/77, 184f.
Nooldoo Nooldoona Waterhole (SA) 93, 94
Normanton (QLD) 275, 296
Norseman (WA) 206

Notabilis Hill Bore (WA) 216
Nourlangie Rock (NT) 68, 193f.
Nullarbor Plain (WA, SA) **202ff.**
Nullarbor Roadhouse (SA) 204

Oasis Country (NSW) 129
Ochre Pits (NT) 151
Old Andado (NT) 171, 174
Old Mulka Homestead (SA) 109f.
Olgas, The (NT) s. Kata Tjuta
Oodnadatta (SA) 97, 104
Ooranillanie Homestead (SA) 110
Orientos Station (QLD) 126
Original Elsey Homestead Site (NT) 183
Ormiston Gorge (NT) 151
Oxer Lookout (WA) 228f.

Painted Desert (SA) 104
Palm Cove (QLD) 346
Palm Valley (Mpulungkinya, NT) **154ff.**
Pandie Pandie Homestead (SA) 110
Papunya (NT) 153
Paraburdoo (WA) 223
Parachilna (SA) 93
Paralana Hot Springs (SA) 94
Peake Old Telegraph Station (SA) 104
Pedirka (SA) 117f.
Penong (SA) 203
Perth (WA) 43, 51, 86, 88f.
Pethericks Rainforest 197
Piccaninny Creek, Bungle Bungle National Park (WA) 198/99
Pilbara (WA) 54, **223ff.**
Pine Creek (NT) 186, 196
Pitchi Ritchi Sanctuary (NT) 145
Plenty Highway (NT) **258ff.**
Poeppel Corner (NT, QLD, SA) 120
Point Labatt (SA) 201
Point Samson (WA) 230
Port Augusta (SA) 94, 132f., 200
Port Douglas (QLD) 279
Port Essington (NT) 41, 193
Port Hedland (WA) 230f.
Port Jackson (NSW) 14, 43
Port Lincoln (SA) 201
Purni Bore (SA) 118

Quilpie (QLD) 303
Quinkan Reserve (QLD) **285ff.**
Quorn (SA) 84

Rabbit Flat Roadhouse (NT)   251, 254
Rainbow Valley (NT)   140
Redbank Gorge (NT)   152
Renner Springs (NT)   182
Riversleigh Fossil Site (QLD)   274
Rodinga (NT)   171
Roper Bar (NT)   268
Ross River Homestead (NT)   166, 167
Roxby Downs (SA)   100, 134
Ruby Gap (NT)   169
Rumbalara (NT)   173

Salvator Rosa National Park (QLD)   301
Sandfire Roadhouse (WA)   209
Sandover Highway (NT, QLD)   258, **265ff.**
Santa Teresa (NT)   175
Santos Station (QLD)   127
Seisia (QLD)   294
Serpentine Gorge (NT)   150
Silverton (NSW)   129
Simpson Desert (NT, Qld, SA)   **112ff.**
Simpson Desert Loop (NT; SA)   **169ff.**
Simpsons Gap (NT)   150
Sir Joseph Banks Group Conservation Park (SA)   200
Smithfield (QLD)   279
Springvale Homestead (NT)   183
Stirling North (SA)   84
Strangeway Bore Siding (SA)   102
Streaky Bay (SA)   201, 202
Strzelecki Track (SA)   **120ff.**
Stuart Highway, erster Teil (NT, SA) **132ff.**
Stuart Highway, zweiter Teil (NT)   **178ff.**
Stuart's Well (NT)   353
Sturt National Park (NSW)   127
Sydney (NSW)   14, 15, 36, 51

Tambo (QLD)   301
Tanami Mine (NT) (NT, WA)   253
Tanami Road (NT)   **250ff.**
Tennant Creek (NT)   180f.
Territory Wildlife Park (NT)   186f.
Theda Station (WA)   246
Tibooburra Roadhouse (NT)   123, 127
Tilmouth Roadhouse (NT)   251, 255
Timber Creek (NT)   185
Tobermorey Station (NT)   259, 263
Tolmer Falls (NT)   197

Tom Price (WA)   223
Trephina Gorge Nature Park (NT)   167
Tumby Bay (SA)   200
Tunnel Creek National Park (WA)   238
Turkey Creek (WA)   248
Twin Falls (NT)   195

Ubirr Rock (NT)   193
Uluru (Ayers Rock, NT)   21, 61, 70, 130/31, **158ff.**
Uluru-Kata Tjuta National Park (NT)   70, **158ff.**
Umbrawarra Gorge (NT)   186
Undara Volcanic National Park (QLD)   276
Urandangi (QLD)   259, 263f.

Victoria River Roadhouse (NT)   185

Wangi Falls (NT)   197
Warakurna Roadhouse (WA)   212, 214
Warburton (WA)   212, 215f.
Warrina Siding (SA)   103
Wauchope (NT)   180
Weipa (QLD)   289
Wenlock River (QLD)   290f.
West MacDonnell National Park (NT)   150, 151
White Cliffs (NSW)   123, 127f.
Whyalla (SA)   200
William Creek (SA)   102, 103, 209
Wilpena Pound (SA)   91
Wiluna (WA)   87, 218
Windjana Gorge (WA)   238, 239
Winton (QLD)   57, 299
Witjira National Park (SA)   118
Wittenoom (WA)   226, 229
Wolfe Creek Meteorite Crater (WA)   251
Wollogorang Roadhouse (NT)   271
Woomera (SA)   132, 133f.
Wujal Wujal (QLD)   281
Wycliffe Well (NT)   180, 209
Wyndham (WA)   247

Yalata Roadhouse (SA)   203
Yaningurie Waterhole (SA)   125
Yellow Water (NT)   195
Yourambulla Caves (SA)   87
Yuendumu (NT)   251, 255
Yulara (Ayers Rock Resort, NT)   147, 158, 211, 212

Titelbild: Auf dem Gunbarrel Highway
Umschlaginnenklappe: Bei Eucla in der Nullarbor Plain, der Ebene ohne Bäume
Umschlagrückseite: Am Cable Beach bei Broome

Über den Autor: Roland Dusik, geboren 1956, arbeitet als freier Journalist und Fotograf und veröffentlichte zahlreiche Reisereportagen sowie Aufsätze vor allem über Südostasien und Australien. Bei DuMont erschienen von ihm die Richtig-Reisen-Bände ›Australien‹, ›Indonesien‹ und ›Philippinen‹, die Reise-Taschenbücher ›Ost-Australien‹ und ›Bali‹ sowie die Extras ›Bali‹ und ›Sydney‹.

Danksagung

Der besondere Dank des Autors gilt der Autoverleihfirma Britz: Australia für die großzügige Unterstützung, vor allem Frau Alex Hirsch in der Zentrale Melbourne.

Die deutsche Bibliothek – CIP-Einheitsaufnahme

Dusik, Roland:
Australien Outback/ Roland Dusik. – Köln : DuMont, 2000
  (Richtig Reisen)
ISBN 3-7701-4898-3

© 2000 DuMont Buchverlag, Köln
Alle Rechte vorbehalten
Satz und Druck: Rasch, Bramsche
Buchbinderische Verarbeitung: Bramscher Buchbinder Betriebe

Printed in Germany ISBN 3-7701-4898-3

Outback-Routen

Klassifizierung

Einfach	(grün)	auch für Personenwagen möglich (bei Trockenheit)
Mäßig schwierig	(blau)	Geländewagen erforderlich
Sehr schwierig	(rot)	Geländewagen und Fahrpraxis erforderlich
Extrem schwierig	(lila)	Geländewagen, Fahrpraxis und sehr gute Ausrüstung erforderlich

1 Flinders Ranges
Einfach bis mäßig schwierig

2 Oodnadatta Track
Einfach bis mäßig schwierig

3 Birdsville Track
Einfach bis mäßig schwierig

4 Simpson Desert
Extrem schwierig

5 Strzelecki Track
Einfach bis mäßig schwierig

6 Stuart Highway, erster Teil
Einfach

7 Das ›Rote Herz‹
Einfach bis sehr schwierig

8 Eastern MacDonnells
Einfach bis mäßig schwierig

9 Simpson Desert Loop
Mäßig schwierig

10 Stuart Highway, zweiter Teil
Einfach

11 Kakadu National Park und Litchfield National Park
Einfach bis sehr schwierig

12 Eyre Highway
Einfach

13 Gunbarrel Highway
Mäßig schwierig

14 Mount Augustus
Mäßig schwierig

15 Pilbara
Einfach bis mäßig schwierig

16 Kimberleys
Einfach bis sehr schwierig

17 Tanami Road
Einfach bis mäßig schwierig

18 Highway und Sandover Highway
Einfach bis mäßig schwierig

19 Gulf-Savannah Track
Einfach bis mäßig schwierig

20 Cairns – Cooktown
Einfach bis mäßig schwierig

21 Cape York Track
Mäßig schwierig bis extrem schwierig

22 Matilda Highway
Einfach